思想与文化 第三十二辑

Thought & Culture No.32

杨国荣 主编

哲学·经学·语言

ZHEXUE JINGXUE YUYAN

华东师范大学中国现代思想文化研究所 主办

华东师范大学出版社
·上海·

图书在版编目(CIP)数据

思想与文化.第三十三辑,哲学·经学·语言/杨
国荣主编.—上海:华东师范大学出版社,2024
ISBN 978-7-5760-4734-9

Ⅰ.①思…　Ⅱ.①杨…　Ⅲ.①社会科学-文集　Ⅳ.
①C53

中国国家版本馆 CIP 数据核字(2024)第 051665 号

哲学·经学·语言
思想与文化(第三十三辑)

主　　编　杨国荣
执行主编　刘梁剑
责任编辑　吕振宇
特约审读　王莲华
责任校对　王丽平　时东明
装帧设计　刘怡霖

出版发行　华东师范大学出版社
社　　址　上海市中山北路 3663 号　邮编 200062
网　　址　www.ecnupress.com.cn
电　　话　021-60821666　行政传真 021-62572105
客服电话　021-62865537　门市(邮购)电话 021-62869887
地　　址　上海市中山北路 3663 号华东师范大学校内先锋路口
网　　店　http://hdsdcbs.tmall.com

印 刷 者　上海昌鑫龙印务有限公司
开　　本　787 毫米×1092 毫米　1/16
印　　张　29.75
字　　数　481 千字
版　　次　2024 年 1 月第 1 版
印　　次　2024 年 1 月第 1 次
书　　号　ISBN 978-7-5760-4734-9
定　　价　88.00 元

出 版 人　王　焰

华东师范大学中国现代思想文化研究所　主办

主　　编:杨国荣

副 主 编:陈卫平　王家范

执行主编:刘梁剑

学术委员会(以姓氏拼音为序)
　　　　陈思和　葛兆光　黄　勇
　　　　茅海建　王论跃　王中江

Contents

1

目录

逻辑研究

析取词[*]

阿洛尼　著　刘小飞　张留华　译^{**}

[摘　要]　在逻辑学上,析取词(∨)是一个二元联结词,其经典解释是作为一种真值函数:函数的输出端,在输入端语句(析取支)至少一个为真时为真,其他情况下均为假。长期以来,哲学家、逻辑学家和语言学家一直对它与自然语言析取词(如"or/或")之间的应有联系感兴趣。本文以逻辑和语言接合点的进展情况为聚焦点,综论关于析取词的逻辑分析和语言分析:经典逻辑和大量非经典解释下作为二元联结词的

* 基金项目:国家社科基金重大项目"逻辑词汇的历史演进与哲学问题研究"(20&ZD046)。原文出处:
Maria Aloni, "Disjunction", *The Stanford Encyclopedia of Philosophy* (Winter 2016 Edition), Edward
N. Zalta (ed.), URL =＜https://plato.stanford.edu/archives/win2016/entries/disjunction/＞. 本文为
该词条的 2016 版,获取当前可能有的最新版本,可访问 https://plato.stanford.edu/entries/disjunction/。
感谢斯坦福哲学百科全书和词条原作者授权翻译和发表此文中文版。
* * 阿洛尼(Maria Aloni, 1969—　),荷兰阿姆斯特丹大学逻辑、语言和计算研究中心副教授,主要研究领
域为形式语义学、语言哲学、哲学逻辑,个人网页为 https://www.marialoni.org/。
刘小飞(1994—　),男,河南郑州人,华东师范大学哲学系博士研究生,主要研究领域为现代逻辑与逻
辑哲学。
张留华(1976—　),男,河南西华人,哲学博士,华东师范大学哲学系教授,主要研究领域为逻辑学、知
识论与方法论交叉研究。

析取词;自然语言析取词的若干基本事实,及作为(布尔)代数中求并(join)算子的一种广义跨范畴析取概念;会话场景下所用"or/或"的格莱斯解释,以及新近讨论自然语言析取词相容和不相容用法的进展情况;新近有关自然语言析取词的两种非经典解释,它们在"自由选择"现象、选言问句以及具有选言前件的反事实条件句中的应用情况。

[**关键词**]　析取词;解释;逻辑分析;语言分析

1. 经典逻辑中的析取词

在经典逻辑中,析取($\lor$)是二元语句算子,其解释由以下真值表给定:

(1) 经典逻辑中的析取词

ϕ	ψ	$\phi \lor \psi$
T	T	T
T	F	T
F	T	T
F	F	F

也就是说,析取式($\phi \lor \psi$)为真,当且仅当至少有一个析取支为真。

若是采用自然演绎系统,析取词在证明论上的功用可由以下两个规则来界定。它们分别规定了如何能得到析取式结论(析取引入规则,$I_\lor$,也称为附加律)以及如何从析取式中得出结论(析取消去规则,$E_\lor$,也称为分情形推理[①])。

---

① 此所谓"分情形推理"(reasoning as cases),有时也笼统地称作"选言推理"(disjunctive reasoning)或"二难推理"(dilemma)。——译者注

（2）析取引入规则（$I_\vee$）①

$$\frac{\phi}{\phi \vee \psi} I_\vee^R \qquad \frac{\psi}{\phi \vee \psi} I_\vee^L$$

（3）析取消去规则（$E_\vee$）

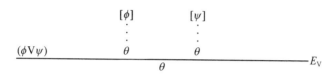

直观上，前者告诉我们的是：我们可以由 ϕ（或者 ψ）推出（$\phi \vee \psi$），后者则是规定：如果由 ϕ 可推出 θ 并且由 ψ 也能推出 θ，那么由（$\phi \vee \psi$）能推出 θ。

逻辑系统的目标之一是达到对"有效性"概念的严格刻画。在一套逻辑系统（通常包括语言、证明理论和语义等）中，有效性可以从证明论或语义学上进行定义。从证明论上讲，有效性是用形式证明来定义的。一个论证，如果存在一个从它的部分或全部前提通往其结论的证明，就可以说它是证明论上有效的（用"⊢"标示）。从语义上或模型论上来说，有效性通常是根据保真性来定义的。一个论证，如果不存在任何（在特定语义中的）解释使得其前提全都为真而结论为假，就可以称作是模型论上有效的（用"⊨"标示）。在经典逻辑中，证明论视角与模型论视角所刻画的有效性已被证明是同一种概念（此即经典逻辑的可靠性和完备性定理）：一个论证在模型论上有效，当且仅当其在证明论上有效。②

以下是作为经典逻辑有效式的一些带有析取词的原则。在罗列这些原则时，我们采用了模型论记法（⊨），因为此种视角在下一节中会显得更重要一些。"⊨ ϕ"意思是：ϕ 在所有的解释中都为真。该列表中最后两条原则，分别为析取

---

① 下列型式中的"L""R"是对"左引入规则"和"右引入规则"的区分，取决于析取式结论中所引入的是左析取支还是右析取支。这不同于矢列演算中的"左规则"和"右规则"之分。矢列演算中，每个联结词的规则都可区分为左规则和右规则，取决于结论矢列中所引入的联结词是位于推演符的左边还是右边。——译者注

② 一般而言，经典逻辑的"可靠性"是说：任何证明论上有效的公式（即系统内的定理）都是模型上有效的（即满足保真性的逻辑后承），经典逻辑的"完备性"是说：任何模型上有效的公式（即满足保真性的逻辑后承）都是证明论上有效的公式（即系统内的定理）。——译者注

引入规则和析取消去规则在模型论上的对应公式。

$$\vDash(\phi \lor \neg\phi) \qquad\qquad\qquad\qquad (排中律)$$

$$\vDash\neg(\phi \land \psi)\leftrightarrow(\neg\phi \lor \neg\psi) \qquad (德摩根定律:否定对合取)$$

$$\vDash\neg(\phi \lor \psi)\leftrightarrow(\neg\phi \land \neg\psi) \qquad (德摩根定律:否定对析取)$$

$$\vDash\phi \land (\psi_1 \lor \psi_2)\leftrightarrow(\phi \land \psi_1) \lor (\phi \land \psi_2) \quad (分配律:合取对析取)$$

$$\vDash\phi \lor (\psi_1 \land \psi_2)\leftrightarrow(\phi \lor \psi_1) \land (\phi \lor \psi_2) \quad (分配律:析取对合取)$$

$$\neg\phi,(\phi \lor \psi)\vDash\psi \qquad\qquad\qquad (选言三段论)$$

$$\phi\vDash(\phi \lor \psi),\psi\vDash(\phi \lor \psi) \qquad\qquad (附加律)$$

$$\phi\rightarrow\theta,\ \psi\rightarrow\theta\vDash(\phi \lor \psi)\rightarrow\theta \qquad (分情形推理)$$

这些原则在逻辑哲学文献中受到广泛讨论,有时还会被拒斥。接下来一节简要总结了此类讨论的部分内容,重点关注此类讨论把我们引向了何种不一样的"∨"解释。

2. 非经典逻辑中的变异解释

2.1 排中律和二值原则

排中律(LEM)是说:任何形如($\phi \lor \neg\phi$)的命题都是逻辑有效式。二值语义原则是说:每一命题要么为真要么为假(但不能既真又假)。二值原则和LEM在经典逻辑中是叠合的,但在(譬如)超赋值主义那里是区分开的,它保留后者的同时拒斥前者。[①] 自亚里士多德首次提出以来,二值原则和 LEM 一直受到基于各种不同理由的批评。本节首先讨论直觉主义逻辑,其中 LEM(以及部分德摩根律)失效;然后给出一些反驳二值原则的经典论证,并讨论了"∨"在包括多值逻辑、动态语义、超赋值主义和量子逻辑(它不仅拒斥二值原则还令经典分配原则失效)在内的大量非二值系统中如何解释。

---

① 参见 B. van Fraassen, "Singular terms, truth-value gaps and free logic," *Journal of Philosophy*, Vol.63 (1966):481 - 495。

2.1.1　直觉主义逻辑中的析取词

LEM 在构造主义那里(尤其是在直觉主义逻辑中)被拒斥。对直觉主义逻辑中逻辑算子的标准非形式解读,是所谓的"证明解释"(proof-interpretation)或曰"BHK 解释"(Brouwer-Heyting-Kolmogorov interpretation)。在此种解释下,命题 ϕ 的意义指定方式是通过说明是什么构成了 ϕ 的证明,而不是根据其真值。对析取词的 BHK 解释,如下所示:

(4)$(\phi \vee \psi)$的证明由 ϕ 的证明或 ψ 的证明构成。

在这样的解释下,LEM 的有效性问题就等于是不可解(数学)问题的可能性问题[1]。于是,LEM 应该是无效的,因为我们高度怀疑是否对任何数学陈述 ϕ 都要么有一个 ϕ 的证明要么有一个 $\neg\phi$ 的证明。[2]

直觉主义逻辑可描述为不带 LEM(或不带双重否定律($\neg\neg\phi \rightarrow \phi$)[3])但带有经典矛盾律($\neg(\phi \wedge \neg\phi)$)和爆炸原理($\neg\phi \rightarrow (\phi \rightarrow \psi)$)的经典逻辑。与拒斥 LEM 相关,直觉主义逻辑满足"析取性质"。[4] 一个逻辑,倘若每当$(\phi \vee \psi)$在其中可证时析取支 ϕ 和 ψ 就至少有一个也是可证的,就称该逻辑具有析取性质。经典逻辑不具有这样的性质,因为:$\vdash_{CL} (p \vee \neg p)$,但并非要么$\vdash_{CL} p$ 要么$\vdash_{CL} \neg p$。[5] 不过,它有一种被称作"哈尔登完备性"的弱性质:任一可证析取式,倘若

---

① 参见 L. E. J. Brouwer, "De onbetrouwbaarheid der logische principes," *Tijdschrift voor Wijsbegeerte*, Vol. 2(1908):152 - 158. English translation in A. Heyting (ed.), *L. E. J. Brouwer: Collected Works (Volume 1: Philosophy and Foundations of Mathematics)*, Amsterdam and New York: Elsevier, 1975, pp. 107 - 111。

② "因此,排中律的有效性问题等同于'不可解(数学)问题是否可能存在'这样的问题。有一种信念有时被提出来,认为完全不存在不可解的数学问题。但是,对此信念,我们完全拿不出任何证明。"(Brouwer, 1908, Heyting (ed.), 1975, p. 109)

③ 严格说来,这只是"双重否定律"的一个方向,即,双重否定消去规则。双重否定引入规则($\phi \rightarrow \neg\neg\phi$)是直觉主义逻辑的有效式。——译者注

④ 参见 K. Gödel, "Zum intuitionistischen Aussagenkalkül," *Anzeiger der Akademie der Wissenschaftischen in Wien*, Vol. 69(1932):65 - 66。

⑤ 这一点与排中律的相关性在于:直觉主义逻辑不允许在无法证明"p"也无法证明"¬p"的情况下直接断言"p∨¬p",但经典逻辑却可以。——译者注

所有析取支不共享任何命题变元,则其中至少有一个析取支也是可证的。[①]

直觉主义逻辑拒斥 LEM,这同时意味着它不再把经典归谬法$((\phi \to \psi) \to ((\phi \to \neg \psi) \to \neg \phi))$作为一种合法的(数学)证明方法。依照直觉主义的方式,归谬法只能用来证明否定命题,那是借助于否定引入规则$(\phi \to \bot) \to \neg \phi$。之所以这样,是因为双重否定律$(\neg \neg \phi \to \phi)$在直觉主义逻辑中不成立。倘若它成立的话,LEM 将会由直觉主义逻辑中的可证公式$\neg \neg (\phi \lor \neg \phi)$[②]根据 MP 规则推出来。

最后还要指出,仅有一条德摩根律是直觉主义有效的,另外一条也仅有一个方向成立:

$$\vDash_{IT} (\neg \phi \land \neg \psi) \leftrightarrow \neg (\phi \lor \psi) \text{(德摩根律:否定对析取)}$$

$$\vDash_{IT} (\neg \phi \lor \neg \psi) \to \neg (\phi \land \psi),\text{但是} \nvDash_{IT} \neg (\phi \land \psi) \to (\neg \phi \lor \neg \psi)$$

直观上看,$\neg (\phi \land \psi)$在直觉主义上所断定的是:已给出一种有效的方法将对于$(\phi \land \psi)$的任何证明转化为对于一种矛盾的证明。但这并不意味着:要么已给出对于$\neg \phi$的证明(即有一种算法把任何对于ϕ的证明转化为对于一种矛盾的证明),要么已给出对于$\neg \psi$的证明。后者乃$(\neg \phi \lor \neg \psi)$在直觉主义上所断定的内容。

2.1.2　多值逻辑中的析取词

语义二值原则说的是:每个命题要么为真要么为假(但不能既真又假)。驳斥二值原则的早期论证与决定论(determinism)难题有关。在《解释篇》(第 9 部分)中,亚里士多德讨论了关于未来偶然事件的陈述句的地位,所得出的结论似乎是:对于这些陈述句,应该拒斥二值原则,否则就会导致决定论。他的论证可以重构如下:考虑陈述句 A"明天将会发生一场海战"。如果该陈述句是真

---

① "哈尔登完备性"(Halldén-completeness)一语最初是在模态命题逻辑的有关讨论中引入的,参看 S. Halldén, "On the semantic non-completeness of certain Lewis calculi," *Journal of Symbolic Logic*, Vol. 16(1951):127 - 129; E. J. Lemmon, "A note on Halldén-imcompleteness," *Notre Dame Journal of Formal Logic*, Vol.7(1966):296 - 300。——译者注

② 需要注意,虽然排中律"$\phi \lor \neg \phi$"在直觉主义逻辑中失效,但其对应的双重否定公式"$\neg \neg (\phi \lor \neg \phi)$"却是直觉主义逻辑中的有效式。一种比这更一般的现象是:任意公式ϕ,若在经典逻辑中可证,则相应公式$\neg \neg \phi$在直觉主义逻辑中可证。——译者注

的,海战必将发生;如果该陈述句为假,海战将不可能发生。假设陈述句要么为真要么为假,我们就可得出结论说:这场海战要么是必然的,要么是不可能的。为避免此种宿命论的结论,亚里士多德拒斥二值原则(但可能保留了排中律[1])。亚里士多德的海战论证虽然受到许多人的批评,它却是卢卡西维茨提出三值逻辑的最初动机之一。[2] 自那以后,已提出各式各样对形式析取词"∨"作非经典解释的多值逻辑。在卢卡西维茨最初的系统中,以及在强克林三值逻辑[3]中,对于析取词的解释是依照以下真值表,其中"♯"在卢卡西维茨那里代表"不确定"(indefinite)或"可能"(possible),在克林那里代表"未定义"(undefined)(卢卡西维茨系统和克林系统在对蕴涵词的解释上有分歧,我们这里将忽略这个议题)。普里斯特(G. Priest)的"悖论逻辑"(Logic of Paradox,简记为 LP)所采用的析取词解释也是下列真值表[4],"♯"在他那里应读作"既真又假":

(5)强克林逻辑中的析取词

$\vee_s$	1	♯	0
1	1	1	1
♯	1	♯	♯
0	1	♯	0

根据此种解释,一个析取式,当至少一个析取支为真时为真,当两个析取支均为假时为假,其他情况下则为"未定义"。

---

① 参见 B. van Fraassen, 1966, pp. 493 – 495。

② 参见 J. Łukasiewicz, "O logice trójwartościowej," *Ruch Filozoficzny*, Vol. 5(1920):170 – 171. English translation in S. McCall (ed.), *Polish Logic 1920 – 1939*, Oxford: Oxford University Press, 1967, pp. 16 – 18。

③ 参见 S. Kleene, *Introduction to Metamathematics*, Amsterdam: North-Holland, 1952。

④ 参见 G. Priest, "The logic of paradox," *Journal of Philosophical Logic*, Vol. 8 No. 1(1979):219 – 241。

在鲍契瓦尔（D. A. Bochvar）的内三值逻辑（也称作"弱克林三值逻辑"）中[1]，析取词得到一种不同的解释。符号"♯"在这里应读作"无意义"：

（6）弱克林逻辑中的析取词

$\vee_w$	1	♯	0
1	1	♯	1
♯	♯	♯	♯
0	1	♯	0

在强克林解释下，即使某一析取支"未定义"，整个析取式也可以是真的，但在弱克林解释下，若有一个析取支"无意义"，则整个析取式也"无意义"。

否定词在这些系统中的解释是以下真值表：

（7）强克林和弱克林逻辑中的否定词

¬	
1	0
♯	♯
0	1

因而，在强克林和弱克林逻辑中，$(\phi \vee \neg \phi)$不会取值为 0，但也不总是取值为 1：

---

[1] 跟克林一样，鲍契瓦尔也提出两类三值逻辑：内三值逻辑和外三值逻辑。虽然内三值逻辑与弱克林三值逻辑叠合，但外三值逻辑并不同于强克林三值逻辑。在鲍契瓦尔的外三值逻辑那里，第三值"♯"实际上的作用像是"假"，譬如，当 ϕ 取值"♯"时，¬ϕ 取值为"真"；当 ϕ 和 ψ 均取值"♯"时，$\phi \vee \psi$ 取值为"假"。关于鲍契瓦尔的三值命题逻辑，详情可参看英文版：D. A. Bochvar, "On a Three-Valued Calculus and Its Application to the Analysis of the Paradoxes of the Classical Extended Functional Calculus," translated by Merrie Bergmann, *History and Philosophy of Logic*, Vol. 2(1981):87－112。——译者注

如果将 ϕ 赋值为"♯",其否定也取值为"♯",于是,对于" $\lor$ "不论作强克林解释还是作弱克林解释,$(\phi \lor \neg\phi)$ 都将取值为"♯"。因此,$(\phi \lor \neg\phi)$ 在这些系统中不是逻辑有效的(除非像在普里斯特的 LP 系统中那样把"1"和"♯"都作为特指值,那样将使得 LEM 有效。本节后面对普里斯特的"有效性"概念有界定)。出于类似的原因,其他多值逻辑,如卢卡西维茨的无穷值逻辑(continuum-valued logic),也都令 LEM 失效。在无穷值逻辑中,真值集是 0 到 1 之间的实数集,其中 1 代表完全真,0 代表完全假,0.5 代表半真,如此等等。对于析取词和否定词的解析分别为 $F_\lor(x, y) = \max(x, y)$ 和 $F_\neg(x) = 1 - x$,其中"max"表示"取最大值"。由此,$\max(x, 1-x)$ 不必等于 1,所以 $(\phi \lor \neg\phi)$ 无法在该系统中完全为真。[①]

通过考察预设现象,可以更好地理解关于析取词的强克林解释与弱克林解释之间的不同。预设现象是从语言学上拒斥二值原则的最著名动因之一(其他构成动因的现象包括语义悖论和模糊性,参见下文 2.1.4 节)。让我们来看罗素(B. Russell)的例句:[②]

(8) The King of France is Bald.(法国国王是秃子。)

根据二值原则,(8)必须要么真要么假。究竟是真的还是假的呢? 罗素的回答众所周知。根据他的摹状词理论,(8)表达的是一个合取句,"存在唯一的法国国王并且他是秃头",其中第一个合取支是假的,因此整个语句是假的。然而,斯特劳森(P. Strawson)批评罗素的分析法,认为法国国王的存在和唯一性并不是我们说(8)时所断定内容的一部分,而是属于"被视作当然之理"或"被预设"的东西。[③] 如果没有法国国王,这句话就不算是假的,毋宁说它既不真也不假。若采用三值逻辑,我们可以给(8)指派"♯"值。现在考虑下列三个析取例句,其中均出现有(8):

(9) Either the king of France is bald or the king of France is not bald.

---

① 之所以说"不完全为真",是因为在某些情况下,譬如在 ϕ 取值为 0 或 1 时,$\phi \lor \neg\phi$ 为真。——译者注

② B. Russell, "On denoting," *Mind*, Vol. 14(1905): 479-493.

③ 参见 P. Strawson, "On referring," *Mind*, Vol. 59(1950): 320-344。

（或者法国国王是秃子，或者法国国王不是秃子。）

(10) Either there is no king of France or the king of France is bald.

（或者不存在法国国王，或者法国国王是秃子。）

(11) Either Barack Obama is tall or the king of France is bald.

（或者奥巴马个子高，或者法国国王是秃子。）

对于(9)，强克林和弱克林的三值逻辑系统都预测为"未定义/无意义"，因为它两个析取支的值都是"未定义/无意义"。不过，两个系统对于(10)和(11)的预测出现了分歧：强克林系统断言(10)和(11)全都为真，因为它们都至少有一个析取支为真（设定奥巴马事实上个子高），而弱克林系统则预测(10)和(11)均"无意义"，因为它们都至少有一个析取支是"无意义"。然而，从直觉上看，(10)是真的，(11)则更容易被判定为"未定义/无意义"。如此来看，两个系统的预测都不符合常识判断。语言学家已注意到，(10)和(11)之间的直观差异是：在前者中，但并非在后者中，"存在唯一的法国国王"（其中一个析取支的预设）被另一析取支的否定所蕴涵。卡图南(L. Karttunen)系统地研究了预设现象中的投射行为（即构件语句的预设如何投射到复合语句层面）[1]，他把析取词描述为一种"滤子"(filters)。在他对嵌入性算子的分类法中，"塞子"(plugs)阻挡了其辖域内的所有预设（一个例子是"told that/被告知"）[2]，"孔洞"(holes)允许预设自由地投射（如否定词[3]），而"滤子"只允许部分预设被投射。[4] 一句话当

---

① 参见 L. Karttunen, "Presuppositions of compound sentences," *Linguistic Inquiry*, Vol. 4(1973)：167 - 193。

② 在单说"你不要再打老婆了"时，通常认为它预设了"他有老婆"或"他过去打过老婆"。不过，在"他被告知不要再打老婆了"这句话中，塞子算子"被告知"阻挡了此类预设。——译者注

③ 严格说来，作为空洞类算子的否定词仅限于"法国国王不是秃子"(The king of France isn't bald)中所出现的"内部否定"，而不包括"并非法国国王是秃子"(it is not the case that the king of France is bald)中所出现的"外部否定"。"法国国王不是秃子"这句话中，作为内部否定词的"不是"，被认为使得被否定之句子"法国国王是秃子"中的预设可以投射到这个否定句中。不过，"并非法国国王是秃子"的外部否定词"并非"，有时可以被当作塞子类算子，即，可以阻挡被否定语句"法国国王是秃子"中原有的预设"法国有国王"等。——译者注

④ 卡图南把析取词作为滤子类算子，这意味着：有些析取句带有析取支的预设，有些却不带有析取支的预设。对照文中例句来看，通常认为，(9)带有两个析取支的预设"法国有国王"等，而(10)并不带有后一析取支中的预设"法国有国王"等。除了析取词，作为滤子类算子的还有条件词、合取词等。某些条（转下页）

被嵌入到析取句或其他复合句时,其中的预设究竟是如何投射的? 为尝试抓取这种行为,已有各种分析法被提出来。彼得斯(S. Peters)的工作属于杰出代表,他展示了如何在一种带有特殊的非对称联结词①的多值逻辑中解释卡图南的观察结果。②

2.1.3 动态语义中的析取词

对卡图南关于预设投射现象的概括结果进行形式化尝试,另一项有影响力的工作是海姆(I. Heim)的动态解释③,后来在比弗(D. Beaver)那里有进一步发展。④ 在动态语义中,对于句子的解释是根据其能改变语境的潜力,而不是根据它们的真值条件。一个语境(或信息状态)c 被定义为一个可能世界集,这些世界均兼容于会话者已获得的信息,类似于斯达尔内克(R. Stalnaker)的"语境集"(context set)⑤概念。原子语句 p 的意义等同于它能更新语境 c 的潜力,即,它能从 c 中消除所有 ¬p 世界的潜力:$c[p] = \{w \in c \mid w(p) = 1\}$。以下是关于析取词的动态语义条款:

(接上页)件句,其前件或后件中的预设会投射到整个条件句,如:"如果秃头会遗传,他所有孩子都是秃头。"但也有一些条件句,其前件或后件中的预设会被条件词("如果")过滤掉。譬如:"如果他有孩子,他所有孩子都是秃子。"单说"他所有孩子都是秃子"时带有预设"他有孩子",但当把它作为后件置于条件句中时,此种预设就消失了。类似地,虽然合取式通常(尤其是当合取支之间在语义上不相关时)会带有其中合取支所带的预设,但是也有一些合取式会过滤掉其中合取支原本带有的预设,如"他有孩子而且他所有孩子都是秃头"。——译者注

① 所谓"非对称"是指:合取式或析取式中左右两个支命题(在经典逻辑中它们是对称可交换的)对于复合命题真值的影响作用不同,尤其是左右支命题的预设对整个复合句的投射行为不同。譬如:左合取支的"未定义"一定会使得整个合取式"未定义"(即其预设会投射到整个合取式),但右合取支的"未定义"仅在有些时候才会使得整个合取式"未定义"(即其预设仅在部分情况下投射到整个合取式)。这种不对称性体现在真值表上会导致一种既不同于强克林合取词又不同于弱克林合取词的新型合取词(或可称作"中克林合取词")。——译者注

② 参见 S. Peters, "A truth-conditional formulation of Karttunen's account of presupposition," *Synthese*, Vol. 40 No. 2(1979):301 – 316。

③ 参见 I. Heim, "On the projection problem for presupposition," *Second Annual West Coast Conference on Formal Linguistics*, M. Barlow & D. Flickinger & M. Westcoat (eds.), Dept. of Linguistics, Stanford University, 1983, pp. 114 – 126。

④ 参见 D. Beaver, *Presupposition and Assertion in Dynamic Semantics*, Stanford University: CSLI Publications, 2001。

⑤ 参见 R. Stalnaker, "Assertion," *Syntax and Semantics 9: Pragmatics*, P. Cole (ed.), New York: Academic Press, 1978, pp. 315 – 332。

(12) 动态语义中的析取词

$$c[(\phi \lor \psi)] = c[\phi] \cup (c\backslash c[\phi])[\psi]$$

用析取式($\phi \lor \psi$)更新语境 c 的结果在于(1)用 ϕ 更新语境 c 所获得的结果与(2)用 ψ 更新语境 c\c[ϕ](通过从 c 中减去所有验证 ϕ 的世界而获得)的结果的并集。为了能在语境 c 中界定某一语句所带来的更新,将该语句的预设定义为在 c 中必须为真(或被接受)的东西。以此方式,析取词的动态解释可以抓取(9)—(11)中的一种行为式样。简言之,假设语境 c 不支持信息"存在法国国王",那么(9)和(11)在 c 中都将属于未定义的,因为 c[ϕ]以及(或者)c\c[ϕ]是未定义的。但是,(10)将属于已定义的。这是因为(10)中的第二个析取支预设了存在法国国王,这里对它的解释是相对于局部语境 c\c[ϕ],即,通过从 c 中减去所有验证第一析取支的世界(即所有不存在法国国王的世界)而获得的语境。该局部语境将支持信息"存在法国国王"。所以,就整个析取式而言,并没有预设任何东西。然而,两个析取支的次序在动态解释中有重大影响,因而这种分析法预测(10)与以下变种(其中的预设触发点出现在第一析取支而非第二析取支)之间具有预设上的不同:

(13) Either the king of France is bald or there is no king of France.

(或者法国国王是秃子,或者没有法国国王。)

然而这种预测似乎无法得到证实。

与之相关的一种讨论涉及析取语境中的回指(anaphora)行为,特别是由帕蒂(Barbara Partee)的所谓"浴室"例句(14)带来的挑战。(14)第二析取支中的回指代词"it"往回指涉第一析取支中的否定短语"no bathroom",而如(15)所示,非析取句中的否定短语,在它们后面通常是找不到相应代词的:

(14) Either there is no bathroom in the house, or it is in a funny place.

（或者房子里没有浴室,或者那是一个好玩的地方。）

（15）There is no bathroom in the house. ♯It is in a funny place.

（房子里没有浴室。♯它是一个有趣的地方。）

(14)和(15)之间的此种对照效果,似乎为(12)所呈现的析取词分析法提供了证据支持。依照那种分析法,对第二析取支的解释必须相对于一种支持第一析取支否定式的语境(因而也就是一种支持信息"房子里有浴室"的语境)。然而需要注意的是,双重否定原则($\neg\neg\phi\rightarrow\phi$)在关于回指的标准动态语义中失效[①],因此为了能充分解释这些例句,需要有某种调整。已有各式解决方案提出[②],但有关析取句回指(以及预设投射)现象的讨论,至今未有定论。

不难看出,在涉及预设现象的动态语义中,LEM 失效,因为,如果 ϕ 包含一个预设触发点(a presupposition trigger),则($\phi\vee\neg\phi$)在任何不满足 ϕ 之预设的语境中都是"未定义"。然而,对于不涉及预设现象的动态语义片段,LEM 是有效的,只是二值原则仍在一种并非不足道(non-trivial)的意义上被拒绝:动态语义中的真和假是相对于语境定义的,例如,ϕ 在 c 中为真(或受到支持)当且仅当 $c[\phi]=c$;ϕ 在 c 中为假当且仅当 $c[\phi]=\varnothing$。但那样的话,在某一语境 c 中(如假设 c 既包含 p 世界又包含 $\neg$p 世界)p 可能既不为真也不为假,虽然对于所有语境 c 都可以说:($p\vee\neg p$)在 c 中为真。

2.1.4 超赋值主义中的析取词

另一种把 LEM 当作有效式却拒绝二值原则的系统是超赋值主义。[③] 令 V 为经典赋值 v 的集合,其中的经典赋值是一个函数,将 T 或 F 指派给相关语言中任一陈述句。然后,超赋值 s_v,作为一个函数,则是将 T(F)仅仅指派给那些被 V 中所有赋值指派 T(F)的语句。由于集合 V 中所包含的经典赋值会对同一个陈述句指派不同的值(譬如,有可能 $v_1=T$, $v_2=F$, 而 v_1, $v_2\in V$),超赋值具有真值间隙(此时 $s_v(p)$ 是未定义的),所以二值原则失效。相比之下,

① 参见 J. Groenendijk & M. Stokhof, "Dynamic predicate logic," *Linguistics and Philosophy*, Vol. 14 No. 1(1991):39 - 100。

② 参见 M. Simons, "Disjunction and anaphora," in *Proceedings of Semantics and Linguistic Theory (SALT6)*, 1996, pp.245 - 260。

③ 参见 B. van Fraassen, 1966。

LEM 却在其中有效,因为,对于所有的 ϕ 和经典赋值 v 来说 $v(\phi \lor \neg\phi) = T$,如此一来,对任意 s_v,$s_v(\phi \lor \neg\phi) = T$。因此,在超赋值主义中,析取句可以是超真的(supertrue,即可在某 s_v 中指派为 T),而其中任何析取支都不是超真的。

超赋值语义主要是用于解释模糊现象。[①] 对于谓词 P 来说,如果存在不清楚 P 是否真正适用其中的边界情形,P 就是模糊的。模糊谓词的典型例子是像"tall"(高)或"clever"(聪明)这样的相对形容词(relative adjectives),而像"3 is a prime number"(3 是质数)中的形容词"prime",通常不认为是模糊谓词。有关模糊性的超赋值解释,其基本洞见在于:模糊语言允许多种不同的精准刻画(即形式化为一个经典赋值集 V),仅在所有这些精准刻画相一致的地方,陈述句的语义值才是固定的:任一语句 ϕ,如果是超真的($s_v(\phi) = T$),即在每种可允许的精准刻画下均为真($v(\phi) = T$,对于所有 $v \in V$),那么,ϕ 就是真的;如果它是超假的(superfalse),即在每种允许的精准刻画下均为假($v(\phi) = F$,对于所有 $v \in V$),那么,ϕ 就是假的;在其他情形下,ϕ 均无语义值。有一个用来支持超赋值主义的常见论证,它依赖于这样一种观察评论:虽然像"all"这样的谓词可能是模糊的,但是复合谓词"tall or not tall"(高或不高)和"tall and not tall"(高又不高)并非模糊谓词,在"tall"所适用的领域内,前一复合谓词对其中所有实体均为真,而后一复合谓词对其中所有实体均为假。因此,尽管"a is tall"(某人个子高)可能不为真或不为假(它的否定也是如此),但正如超赋值语义所预测的那样,"a is either tall or not tall"(某人个子或高或不高)和"a is tall and not tall"(某人个子既高又不高)总是分别为真和假。然而,最近的实验性工作对这些评论提出了一些质疑。[②] 对超赋值主义的其他一种批评是说它使得一些常

---

① 参见 D. Lewis, "General semantics," *Synthese*, Vol. 22 No. 1/2(1970):18 - 67; K. Fine, "Vagueness, truth and logic," *Synthese*, Vol. 54(1975):235 - 259; H. Kamp, "Two theories about adjectives," in *Formal Semantics of Natural Language: Papers from a Colloquium Sponsored by the King's College Research Centre, Cambridge*, E. Keenan (ed.), Cambridge: Cambridge University Press, 1975, pp. 123 - 155。

② 在一场以大学本科生为被试的实验中,大多数参与者认同(至少是有些认同)包含模糊词的形如 Fa $\land$ $\neg$Fa 的"边界矛盾句"(borderline contradiction)。关于模糊词问题的其他相关实验研究,可参看 Sam Alxatib & Francis Jeffry Pelletier, "The Psychology of Vagueness: Borderline Cases and Contradictions," *Mind and Language*, Vol. 26 No. 3(2011):287 - 326; Phil Serchuk, Ian Hargreaves and Richard Zach, "Vagueness, Logic and Use: Four Experimental Studies on Vagueness," *Mind and Language*, Vol. 26 No. 5(2011):540 - 573。——译者注

用的推理模式出现反例。① 譬如,很容易看到,在这个框架中,我们丧失了析取消去规则,至少在带有确定真/超真(determinately/supertrue)算子 D 的语言中是这样的。给定一个经典赋值集 V,我们可引入算子 D,并规定:$v(D\phi) = 1$,当且仅当,对于 V 中所有的 v_1,都有 $v_1(\phi) = 1$。依据"保超真"(preservation of supertruth)定义"超有效性"(supervalidity,记作 $\vDash_{sv}$),我们可以得到:$p \vDash_{sv} Dp$,$\neg p \vDash_{sv} D \neg p$,$\vDash_{sv} p \vee \neg p$,但是 $\nvDash_{sv} Dp \vee D \neg p$。所以,析取消去规则在这种语言中并不保持"超有效性"(supervalidity)。② 不过,"超有效性"是否是超赋值主义观点下正确的有效性概念,这是有争议的。③

2.1.5 量子逻辑中的析取词

另一种不承认二值原则的逻辑是量子逻辑,它通常也拒斥经典逻辑的分配律。④ 量子逻辑是由伯克霍夫(G. Birkhoff)和冯诺依曼(J. von Neumann)为研究量子物理中物理可观测物之间的关系而创立的。量子逻辑拒斥二值原则,那是因为量子系统中的一种状态通常会给实验命题指派概率值,而不简单为真或为假。为弄清楚为何可以认为量子物理学提供了拒斥经典逻辑分配律的证据,我们考虑有一个粒子在一条线上移动。假设 p 断言该粒子的动量在某一区间内,而 q 和 r 断言粒子的位置分别在区间 α 和 β 中。再假设我 p∧(q∨r)被我们的观测所证实,所以它是真的(或取值为 1)。根据分配律,我们可以在经典逻辑中得出结论:(p∧q)∨(p∧r)。但是,在量子理论中,后者可能仍是假的(取值为 0),因为两个合取式(p∧q)和(p∧r)所断定的可能是对位置和动量同时值的一种更严格限制,超出了海森堡测不准原理所允许的程度。因此,在"量子物理的逻辑"中,析取式(q∨r)可以在一种状态取值为 1,而其任何一个析取支都不必取值为 1:如果 q 取值为 1 或者 r 取值为 1,那么(q∨r)取值为 1,但是

① 参见 T. Williamson, *Vagueness*, London: Routledge, 1994, pp. 151 – 163,进一步的讨论可参看 R. Keefe, *Theories of Vagueness*, Cambridge: Cambridge University Press, 2000; J. Williams, "Supervaluationism and logical revisionism," *Journal of Philosophy*, Vol. 105 No. 4(2008):192 – 212。

② 参见 L. Humberstone, *The Connectives*, Cambridge, MA: MIT Press, 2011, pp. 830 – 833。

③ 参见 A.C. Varzi, "Supervaluationism and its logics," *Mind*, Vol. 116(2007):633 – 676。

④ 参见 G. Birkhoff & J. von. Neumann, "The logic of quantum mechanics," *Annals of Mathematics*, Vol. 37(1936):823 – 843; H. Putnam, "Is logic empirical?" *Boston Studies in the Philosophy of Science*, R.S. Cohen & M.W. Wartofsky (eds.), Dordrecht, Holland: D. Reidel, 1968, pp. 216 – 241。

反过来却不成立。①

已有各种办法提出来发展量子逻辑，试图在拒斥分配律的同时尽可能多地保留经典逻辑。达米特(M. Dummett)(他并不倡导量子逻辑)讨论过的一种办法是：限制析取消去规则②，从而使得分配律不再能推得出来。③ 可以说，对量子逻辑更自然的刻画法还是使用代数语义和概率论。

2.2　选言三段论和附加律

选言三段论(Disjunctive syllogism，简记为 DS)是说：由($\phi \vee \psi$)和¬ϕ可推出ψ。DS 在经典逻辑中是有效的，在直觉主义逻辑和前一节讨论的多值逻辑中也是有效的(PL 除外)，但是在相干逻辑中被拒斥。④ 相干逻辑是为避免实质蕴涵怪论和严格蕴涵怪论而发展起来的非经典逻辑系统。这些"实质蕴涵悖论"是经典逻辑中的有效原则，如 p→(q∨¬q)，但在我们看来是违背直觉的。之所以如此，在相干逻辑学家看来，是因为包含一种相干谬误：在这些"悖论"中，前件通常与后件不相关。贝尔纳普关于相干性的形式标准(也称为变元共享原则)是说：在任何可证的蕴涵式中，其前件和后件应至少共享一个命题变元，因而，一个推理，假若不是前提与结论至少共享一个命题变元，就无法表明是有效的。

从历史上看，相干逻辑之所以拒斥 DS，是因为它在刘易斯(C. I. Lewis)如下对于一种事实的"独立"证明中所扮演的角色。它所要证明的事实就是：由不可能命题(A∧¬A)可以推出不论任何命题，此即严格蕴涵怪论之一。

1. (A∧¬A)　　　　　　　[假设]

2. A　　　　　　　　　[由 1，根据合取消去规则]

---

① 假若单考虑 p∧(q∨r)的后一合取支(q∨r)，量子逻辑中分配律(单向)失效的问题似乎就变成了析取式真值条件(单向)失效的问题，即，当两个命题至少有一个为真时，二者组成的析取式也是真的；但是，已知一个析取式为真，并不能由此推断至少一个析取支为真。——译者注

② 参见 M. Dummett, *Truth and Other Enigmas*, Cambridge, MA: Harvard University Press, 1978。简单来说，达米特的限制主要是：在两难推理，前提中的两个推演式不允许借助"附加公式"(side-formulas)。——译者注

③ 参看 L. Humberstone, 2011, pp. 298 - 302, pp. 918 - 922。

④ 参见 A. Anderson & N. Belnap, "Tautological entailment," *Philosophical Studies*, Vol. 13 No. 1/2 (1962): 9 - 24; A. Anderson & N. Belnap, *Entailment: the Logic of Relevance and Necessity*, Princeton: Princeton University Press, 1975。

3. ¬ A   ［由 1，根据合取消去规则］

4. A∨B   ［由 2，根据析取引入规则或曰附加律］

5. B   ［由 3 和 4，根据选言三段论］

安德森和贝尔纳普认为，"从¬A 和 A∨B 到 B 的推理是错误的：[……]一种相关谬误"。[①] 从形式上看，此类推理被拒斥，是因为：根据安德森和贝尔纳普的"重言式推衍"(tautological entailment)概念，¬A∧(A∨B)可推衍 B，当且仅当(¬A∧A)∨(¬A∧B)可推衍 B，仅当(¬A∧A)可推衍 B，然而这是不可能的，因为前提(¬A∧A)和结论 B 不相干（没有共享命题变元）。安德森和贝尔纳普进一步指出，我们仍然可以有一个涉及内涵析取概念 ∨ᵢ 的选言三段论版本，只是附加律不再成立。内涵析取(intensional disjunction)定义如下：(A∨ᵢB)：=(¬A→ᵢB)，其中"→ᵢ"是一个内涵蕴涵联结词，即满足前面引入的形式相干性标准的蕴涵词。于是，英语中的"or"是有歧义的，或作为内涵析取词，或作为外延(真值函数)析取词，而附加律只在后者那里成立。直观上看，内涵型的"or"是要求析取支之间带有相干性的那一种。在内涵式解读中，"A or B"意味着：A 和 B 如此关联，以至于我们有权说"倘若 A 不是真的，B 就会是真的"或"倘若 B 不是真的，A 就会是真的"等等。类似"Either Napoleon was born in Corsica or else the number of the beast is perfect"（或者拿破仑出生在科西嘉岛或者"野兽数字"是完美的曲子）的析取式，显然不具备这样的属性，因此属于真值函数型的。而"That is either Drosophilia Melanogaster or D. virilis, I'm not sure which"（这或者是黑蜂蝇或者是黑果蝇，我不确定是哪个）似乎意味着：如果它不是这一种，那么它就是另一种，因此属于内涵型的。内涵析取与外延析取之分遭受到了包括伯吉斯(J. Burgess)在内的许多学者的批评[②]，但是里德(S. Read)对其进行了辩护。[③] 里德提出以下例子作为附加律失效的真值函

① 参见 A. Anderson & N. Belnap, 1962, p.19。

② 参见 J. Burgess, "Relevance: A fallacy?" *Notre Dame Journal of Formal Logic*, Vol. 22 No. 2(1981): 97 – 104; J. Burgess, "Common sense and 'relevance'," *Notre Dame Journal of Formal Logic*, Vol. 24 No. 1(1983): 41 – 53。

③ 参见 S. Read, "What is wrong with disjunctive syllogism?" *Analysis*, Vol. 41 No. 2(1981): 66 – 70; S. Read, "Burgess on Relevance: A Fallacy indeed," *Notre Dame Journal of Formal Logic*, Vol. 24 No. 4 (1983): 473 – 481。

19

析取词

项析取的清晰案例:"You qualify for a grant if either you are over 65 or you can earn less than 2 000 pounds a year"(如果你超过 65 岁或者你年收入不到 2 000 英镑,你就有资格获得资助)。[1] 现在,倘若英语中的"or"同时有内涵上和外延上的意义,我们理应能在各种各样的语言环境下同时发现这两种用法。然而,仔细检查后似乎可以发现,在诸如条件句前件(如里德的例句中)或否定句等内嵌位置上,很难找到清晰的内涵析取案例。譬如,"That is not Drosophilia Melanogaster or D. virilis"(这不是黑蜂蝇或黑果蝇),在最自然的解读中,它的意思不过是说:这两者都不是。但这样的话,"or"在这里必定是外延型的,因为从"并非(A or B)"[2]推出"非 A 且非 B"需要有附加律。这似乎是在暗示:相干现象的抓取应该立足于语用层面而不是逻辑层面。[3] 西蒙斯(M. Simons)提出了一种关于析取句相干性的明确带有格莱斯风格的解释。[4] 她注意到,恰当说出的"A or B"[5],要求各析取支属于彼此相关的选项,并认为这种条件(她称之为"关联性条件")可以从一般性的对话原则与"or"的真值函数解释之间的互动关系推导出来。在《再论逻辑与会话》一文中,格莱斯提出,若要恰当地使用析取句"A or B",说话人必须拥有一个以"A or B"为结论(依据"质的原则")但不以任何析取支作为中间步骤(依据"量的原则")的一个合理论证。[6] 根据西蒙斯的观点,要达到这样一类证据几乎肯定是不可能的,假若各析取支(在语境中)彼此并不相关(如在贝尔纳普和安德森的拿破仑例子中那样,实际上那需要一个特殊的上下文才能算是可接受的说法)的话。西蒙斯还讨论了析取句需要满足才能算是对日常对话做出恰当贡献的第二个要件,即,她所谓的"独特性条件"(the distinctness condition),亦称为"赫尔福德约束"(Hurford's constraint)。[7] 该要件

① 参见 S. Read, 1981, p.68。

② 例句"That is not Drosophilia Melanogaster or D. virilis"中的否定词是一种外部否定,因而其结构是"not (A or B)"。——译者注

③ 参见 P. Grice, *Studies in the Way of Words*, Cambridge, MA: Harvard University Press, 1989。

④ 参见 M. Simons, "Disjunction and alternativeness," *Linguistics and Philosophy*, Vol. 24 No. 5(2001): 597 – 619。

⑤ 提醒一下,在格莱斯的对话理论中,一句话为真并不意味着这句话总是可以恰当地说出或断言。——译者注

⑥ 参见 P. Grice, 1989, p.44。

⑦ 出自 J. Hurford, "Exclusive or inclusive disjunction," *Foundations of Language*, Vol. 11(1974):409 – 411。

规定:处在句子析取式中的各析取支必须是独特性选项。① 以下例句,由于其中一个析取支蕴涵另一个析取支,并不满足这样的约束条件。它实际上是高度反常的:②

> (16) Either there is dirt in the fuel line or there is something in the fuel line.
>
> (或者燃油管路中有污垢,或者燃油管路中有某种东西。)

"赫尔福德约束",因为在梯级隐涵(scalar implicatures)③的局部主义与全局主义之争中所扮演的角色,最近在语义学/语用学文献中受到一些关注。④

选言三段论在普里斯特的"悖论逻辑"(LP)中也是无效的(或最好说是"准有效的")。在 LP 中,"1"和"♯"都是特指值(即,这些值在有效推理中被保持⑤),其中"♯"代表既真又假。更正式地讲,有效性定义如下:$\Sigma \vDash \phi$,当且仅当,不存在赋值 v,使得对所有的 $\psi \in \Sigma$,$v(\psi)=1$ 或 ♯,而 $v(\phi)=0$。若采用上文提出的关于析取词和否定词的强克林真值表,我们得到 $\phi, (\neg\phi \vee \psi) \nvDash \psi$,因为 ϕ 和 $(\neg\phi \vee \psi)$ 可能都是既真又假,而 ψ 却是假的。然而,$\phi, (\neg\phi \vee \psi) \vDash \psi$ 这一型式仅在 ϕ 为双面真语句(既真又假)时才失效,在此意义上,可以说该型式是准有效的。于是,普里斯特也提出:假若 $(\phi \wedge \neg\phi)$ 能被合理拒斥的话,选言三

---

① 此处所谓"独特性",主要是指:不会出现其中一个选项在逻辑上蕴涵另一选项的情况。——译者注

② 参见 M. Simons, 2001。

③ "梯级隐涵"主要是指这样一种现象:英语中有些表达式在信息量上形成了一种梯级(scale),如"some"与"all","or"与"and","can"与"must"。日常对话中,当用到低一级的表达式(如"Some of the students passed the exam")时,往往带有一种隐含意:带有更高级表达式的相应语句(如"All the students passed the exam")是假的,尽管从字面上看,"some of the students"(有学生)与"all the students"(所有学生)是可兼容的。类似地,当有人说到"A or B"时,常被听者解读为"并非(A and B)",尽管"A and B"只是"A or B"(相容析取)的一种极端情形而已。——译者注

④ 譬如,G. Chierchia & D. Fox & B. Spector, "Scalar implicature as a grammatical phenomenon," *Semantics. An International Handbook of Natural Language Meaning*, C. Maienborn & K. von Heusinger & P. Portner (eds.), Berlin: Mouton de Gruyter, 2012, pp. 2297–2332。

⑤ 可以说,保真性只是"保特指值"(preservation of designated values)的一种特例,即,仅把"1"作为特指值。——译者注

段论的适用就可以得到辩护(即被视作合理的)。①

　　本节最后,我们来说一下附加律。根据安德森和贝尔纳普的观点,附加律不适用于内涵型析取。附加律的有效性在涉及祈使句逻辑(imperative logic)时也存在争议。我们似乎无法从(17)推出(18),此即"罗斯悖论":②

　　　　(17) Post this letter! (把这封信寄出去!)
　　　　(18) Post this letter or burn it! (把这封信寄出去或烧掉!)

解决这一问题的一种办法是将(18)中的"or"处理为内涵型析取的一种情形。可以说,如此解读选言祈使句,能够解释附加律在这些情形下何以失效。但这种解决方案无法说明此类祈使句的一个特有方面,即,它们是在向我们提供选择。对选言祈使句的最自然解释是认为它们提供了可在不同行动之间做出的选择:(18)意味着你可以邮寄这封信,也可以烧掉它(一种"自由选择"推理)。因此,祈使句(17)不能蕴涵(18),否则的话,在你被告知前者时,你将有理由烧掉信件而不是邮寄它。③ 第6节将详细讨论"自由选择"问题。

3. 自然语言中的析取词

　　从语言学的角度来看,析取是一种对等现象(coordination),这里的"对等"是指一些句法构造,它们把同一类型下的两个或多个单元组合成一个更大的单元,并仍能令其与周围其他元素保持相同的语义关系。④ 一个悬而未决的问题

---

① 参见 G. Priest, *In Contradiction: A Study of the Transconsistent*, Oxford: Oxford University Press, 2006, ch.8。

② 参见 A. Ross, "Imperatives and logic," *Theoria*, Vol.7 No.1(1941):53-71。

③ 参见 R. Mastop, *What Can You Do? Imperative Mood in Semantic Theory*, PhD thesis, University of Amsterdam, 2005; M. Aloni, "Free choice, modals and imperatives," *Natural Language Semantics*, Vol.15(2007):65-94; M. Aloni & I. Ciardelli, "A logical account of free choice imperatives," *The dynamic, inquisitive, and visionary life of φ, ?φ, and ◇φ*, M. Aloni & M. Franke & F. Roelofsen (eds.), Institute for Logic, Language and Computation, 2013, pp.1-17。

④ 参见 M. Haspelmath, "Co-ordination," *Language Typology and Syntactic Description*, T. Shopen (ed.), Cambridge: Cambridge University Press, 2007, pp.1-51。

是,析取对等(disjunctive coordination)是否是所有语言中都出现的普遍现象。所有的语言似乎都拥有某种对等结构,但并不是所有的语言都有像"并且"和"或"这样明确的对等结构。例如,马里科帕语(Maricopa,亚利桑那州一种尤马语①)和迪厄巴尔语(Dyirbal,一种澳大利亚土著语言②)似乎缺乏明确的对等结构,因此这些语言中没有对应于"or"的词。③ 然而,这并不一定意味着这些语言缺乏表达析取意义的方式。马里科帕语和迪厄巴尔语似乎都有办法传达"A or B"而不带有明确的析取对等结构,其策略是在主动词上添加一个表不确定性的后缀/小词。(19)例示了马里科帕语的这一策略:④

(19) Johnš   Billš   vʔaawuumšaa.

John-nom   Bill-nom   3-come-pl-fut-infer

英译为"John or Bill will come."(约翰或比尔会来。)

正是"不确定性"后缀"šaa"才使得它具有析取式解释,这一点可以通过一个事实来证明,即,如果把这个前缀去掉,整个句子的解释就变成了合取式。语言上的析取与不确定性(或不知道)之间的密切联系,将在接下来几节中进一步讨论。现在让我们转向专门带有"or"之类析取词的语种。逻辑析取词(∨)与人类语言中析取词之间的第一个区别是:前者是一个二元算子,而后者可联结单元的数量在理论上并不要求是某个有穷值。另一个显著的区别是,逻辑析取词是一个语句算子,但自然语言析取词通常是跨范畴的。例如,英语中的"or"可以把下列所示来自不同句法范畴的表达式对等起来。(20a)中的句法单元是名词短语,(20b)中的则是动词短语:

(20) John or Mary sang. (⇔John sang or Mary sang.)

　　(约翰或玛丽唱歌。⇔ 约翰唱歌或玛丽唱歌。)

---

① 参见 D. Gil, "Aristotle goes to Arizona, and finds a language without *and*," *Semantic Universals and Universal Semantics*, D. Zaefferer (ed), Berlin, New York: Foris, 1991, pp.96 – 130。

② 参见 R. Dixon, *The Dyirbal Language of North Queensland*, Cambridge: Cambridge University Press, 1972。

③ 另见 Y. Winter, "Syncategorematic conjunction and structured meanings," *Proceedings of Semantics and Linguistic Theory (SALT5)*, M. Simons & T. Galloway (eds.), Ithaca, NY: CLC Publications, Cornell University, 1995。

④ 参见 D. Gil, 1991, p.102。

(21) Every man sang or danced. (⇔ every man sang or every
man danced.)

（每个人都唱歌或跳舞。⇔ 每个人都唱歌或每个人都
跳舞。）

基南和福兹(E. Keenan & L. Faltz)采用代数视角表明,通过把析取等同于布尔代数的求并算子(或简化一点说,求并集),我们可以抓取所有这些用法。[①] 就语句层面的析取这一具体情况来说,这个布尔算子可归结为真值表上所示的一种经典命题算子(新近有一种解释把析取词等同于海丁代数的并算子从而在语句层面上导致一种非经典(探询型)命题算子,参见 7.1 节)。作为一种例示,我们来看下列根据广义并集对于广义跨范畴"or"的解释,这种解释方式改编自加兹达尔(G. Gazdar)。[②] 这种定义方式背后的关键设定是,"John/约翰"或"every man/每个人"之类的名词短语所指称的是集合或函数,而不是个体。[③]

(22) 广义跨范畴析取词

$$[[or]] = \bigsqcup\nolimits_{\langle\tau,\,\tau\tau\rangle} = \begin{cases} \vee_{\langle t,\,tt\rangle} & \text{if}\,\tau = t \\ \lambda X_\tau \lambda Y_\tau \lambda Z_{\sigma_1}.\, X(Z) \bigsqcup\nolimits_{\langle\sigma_2,\,\sigma_2\sigma_2\rangle} Y(Z) & \text{if}\,\tau = \sigma_1\sigma_2 \end{cases}$$

假设(ⅰ)动词短语(VPs)指称从个体到真值的函数,类型为$\langle e, t\rangle$,(ⅱ)名词短语指称由 VP 的指称到真值的函数,类型为$\langle\langle e, t\rangle, t\rangle$,(ⅲ)语句指称真值,类型为 t。于是,把特征函数当作集合来谈论,我们可以说:"John"指称的是一个由所有约翰属性组成的集合,"Mary"指称的是一个由所有玛丽属性组成的集合,"sang"指称的是一个由所有唱歌的个体组成的集合。在给定

① 参见 E. Keenan & L. Faltz, *Boolean Semantics for Natural Language*, Dordrecht: D. Reidel, 1985。

② 参见 G. Gazdar, "A cross-categorial semantics for coordination," *Linguistics and Philosophy*, Vol. 3 No.3(1980):407 – 409。另见 Y. Winter, *Flexibility Principles in Boolean Semantics: Coordination, Plurality and Scope in Natural Language*, Cambridge, MA: MIT Press, 2001。

③ 譬如 R. Montague, "The proper treatment of quantification in ordinary English," *Approaches to Natural Language*, K. J. J. Hintikka & J. M. E. Moravcsik & P. Suppes (eds.), Dordrecht, Holland and Boston, USA: D. Reidel, 1973。

(22)的情况下,"John or Mary"所指称的便是约翰属性和玛丽属性的并集,即一个仅仅包含那些属于约翰或玛丽的属性的集合。所以,只要这一并集把唱歌属性作为元素,"John or Mary sang"就会是真的。只有约翰唱歌或玛丽唱歌时才会有这种情况(参见 23a)。另一方面,在给定(22)的情况下,"sang or danced"指所指称的是唱歌个体的集合与跳舞个体的集合的并集。所以,只要这一并集是"every man"所指称的那个属性集的元素,"every man sang or danced"就会是真的。由此,我们并不能推断:或者每个人唱歌或者每个人跳舞(参见 23b)。

(23) a. John or Mary sang. (约翰或玛丽唱歌。)

$$\text{Sing}' \in \{P \mid j \in P\} \cup \{P \mid m \in P\}$$

$$\Leftrightarrow \text{Sing}' \in \{P \mid j \in P \text{ 或 } m \in P\}$$

$$\Leftrightarrow j \in \text{Sing}' \vee m \in \text{Sing}'$$

b. Every man sang or danced. (每个人唱歌或跳舞。)

$$\text{Sing}' \cup \text{dance}' \in \{P \mid \text{man}' \subseteq P\}$$

$$\Leftrightarrow \text{man}' \subseteq \text{Sing}' \cup \text{dance}'$$

$$\nLeftrightarrow \text{man}' \subseteq \text{Sing}' \vee \text{man}' \subseteq \text{dance}'$$

这种跨范畴分析背后的设定之一是,对语义成分的语法输入牵涉"表面结构"上的对等单元,也就是说,不做句法上的"合取归约",即,不把非语句层面上的对等映射到"深层结构"的语句对等。[①] 这一点对于(例如)抓取例句(23b)是至关重要的,这句话中的非语句型析取(non-sentential disjunction)无法在不改变意义的情况下归约为语句型析取的句法。不过,鲁斯和帕蒂(M. Rooth & B. Partee)讨论了此种分析法的大量反例,涉及晦暗语境中宽域"or"的用法。[②] 来自他们的一个著名例句复制如下:

---

① "合取归约"(conjunction reduction)是转换语法中的一条规则,是把亚语句层面的"联言"(如句子"我看到了你和你妹妹"中的"你和你妹妹")归约为语句层面的"联言"(如"我看到了你并且看到了你妹妹")。——译者注

② 参见 M. Rooth & B. Partee, "Conjunction, type ambiguity and wide scope 'or'," in *Proceedings of the First West Coast Conference on Formal Linguistics*, Dept. of Linguistics, Stanford University, 1982.

(24) Mary is looking for a maid or a cook.

（玛丽正在寻找女仆或厨师。）

鲁斯和帕蒂注意到,这句话有三种解读:(ⅰ)正规"从言模态"解读。根据这种解读,如果玛丽找到一名女仆,她会感到满意,如果她找到一名厨师,她也会感到满意。这种读法的生成方式是将动词直接与析取型名词短语("a maid or a cook")组合起来。(ⅱ)正规"从物模态"解读。根据这种解读,玛丽正在寻找某个特定的人,这个人或者是女仆或者是厨师。这种读法的生成方式是对析取型名词短语进行量化处理,从而把原句翻译为"Mary is looking for him_1"。(ⅲ)基于宽域"or"的从言模态解读。根据这种解读,或者玛丽在寻找一名女仆(任何女仆),或者她在寻找一名厨师(任何厨师),但我们不知道是这两者中哪一种情况。后一种解读不能用标准的蒙塔古技术生成。为抓取这些解读方式,鲁斯和帕蒂提出了析取词的动态分析法[1],而温特(Y. Winter)[2],在拉森(R. Larson)工作[3]的基础上,则提议一种句法解释,其中的"or"可以移到与"either"可显现位置相关联的各种不同位置。

4. 对话场景下的析取词

从断言(25)之类的析取句出发,我们通常可以得出各种不同的结论:

(25) Mary is patriotic or quixotic.

（玛丽是爱国主义者或异想天开的人。）

a. 两者中至少有一个是真的。

---

① 参见 M. Rooth & B. Partee, 1982。

② Y. Winter, "On some scopal asymmetries of coordination," *Interface Strategies*, H. J. Bennis, M. Everaert, & E. Reuland (eds.), Amsterdam: KNAW, Royal Netherlands Academy of Arts; Sciences, 2000.

③ R. Larson, "On the syntax of disjunction scope," *Natural Language and Linguistic Theory*, Vol. 3 (1985):217-264.

b. 两者中最多有一个是真的（"排他推论"）。

c. 说话人不知道哪个是真的（"无知推论"）。

由于只有(25a)是在遵循对析取词的经典真值函数解释，在经典逻辑"∨"与自然语言对应词之间似乎存在意义分歧。格赖斯提出一种有影响力的观点，他认为："此种分歧确实存在"这样的设定是错误的，根源于"未能充分关注支配会话的那些条件的本质和重要性"。[①]

让我们展开叙述格赖斯著名论证的部分内容。[②] 假设有人提议以这样一种方式分析"or"：从(25)出发，不仅能合乎逻辑地推出(25a)，也能合乎逻辑地推出(25b)和(或)(25c)。但是，对"或"作如此强分析，有一个主要问题是：它无法解释这样一个事实，即，上述排他推论和无知推论都很容易取消掉。我们可以说"Mary invited John or Bill or both"（玛丽邀请了约翰或比尔或两人都邀请了），从而取消掉排他推论；也可以说"The prize is either in the attic or in the garden. I know that because I know where I put it, but I am not going to tell you"（奖品或者在阁楼里或者在花园里。我知道这一点，是因为我把它放那里了，但我不会告诉你），从而取消掉无知模态推论。然后，可能有坚持强分析的理论家回应说："or"有两种意义，一个强的意义，一个弱的（真值函数）意义，前述可取消情形下所用到的是后者。但是，正如格赖斯回答的那样：

如果"or"被认为拥有一种强意义，那么它（"or"）就应该有可能在相当广泛的语言环境中负载这种意义，譬如，我们就应该可以在否定"A or B"时说"It is not the case that A or B"（其中的"or"在强意义上使用）。[③]

但这并不是可行的用法。作为例示，可以提到以下两个句子的怪异性："It is not the case that Mary invited John or Bill, because she invited both"（并非玛丽邀请了约翰或比尔，因为她两个都邀请了），或是"It is not the case that the

---

① 参见 P. Grice, 1989, p. 24。

② 参见 P. Grice, 1989, pp. 44 – 46。

③ P. Grice, 1989, p. 45.

prize is either in the attic or in the garden, because I know that it is in the garden"(并非奖品或者在阁楼或者在花园里,因为我知道它在花园里)。① 由于"or"的强意义似乎仅限于"非包围性"(unenclosed)②用法,而对于后者,可以有另一种解释,格赖斯得出的结论是:只有(25a)才应视作该语句语义贡献(所说的内容)的一部分。(25b)和(25c)的排他推论和无知推论,仅仅是语用效应(会话隐含意),它们衍生于"or"的弱(真值函数)解释与一般性会话原则之间的互动。

根据格赖斯的解释,会话是一种有目的的合作性事业,受制于他所谓的"合作原则"(Cooperative Principle):

(CP)在会话所处的当前阶段,按照你所参与的谈话交流的公认目的或方向的要求,做出你的会话贡献。

在这一总原则下,格赖斯区分了四类更具体的准则,其中包括量的准则(这里做了简化处理):

量的准则
(ⅰ)做出(当前交流目的)所要求信息量的贡献;
(ⅱ)不要让你的贡献超出所要求的信息量。

会话隐含意正是由基本(弱)语义内容与社会交往原则相互作用而产生的语用推论。说话人以会话方式隐含了为维护"他在遵守 CP 和诸准则"这一设定而必须认为他在相信的一些东西。

前述从断言一个析取式到无知推论和排他推论所构成的格莱斯推理(Gricean reasoning),可以概述如下:

(26) Mary is patriotic or quixotic. ⇒说话人不知道是哪个

---

① 这两个"怪异"句子中的"or"用法分别对应于(25b)和(25c)的"强意义"。——译者注
② 这是在暗指:在日常语言中,强意义的"or"通常不会出现在嵌套语境中(如出现在否定词等联结词的辖域内)。——译者注

倘若说话人早已知道玛丽是爱国主义者,(依照量的准则)她就会这样说了。假设说话人做出了他所能作的最有信息量的相关陈述,听者便可推断:说话人不知道玛丽是爱国主义者。对第二个析取支,也可做类似的推理。

(27) Mary is patriotic or quixotic. ⇒并非两者都是

倘若说话人早已知道玛丽是爱国主义者和异想天开的人(依照量的准则),她就本不应使用"or",而是使用"and"。假设说话人做出了他所能作的最有信息量的相关陈述,听者便可推断:说话人并不知道玛丽是爱国主义者**而且**是异想天开的人。再假设说话人固执己见(要么相信(A 和 B),要么相信并非(A 和 B)),我们就可得出结论:玛丽并非既是爱国主义者又是异想天开的人。

(27)中假定说话人对于合取陈述必定固执己见,这是有问题的。有鉴于"or"的用法隐含说话人不知道是哪一个,为什么非要认为若这句话为真时说话人就能两者都是? 实际上,许多作者已经提出:格赖斯隐含意在认识论上总是模态化的;由此,在(27)中,只有"说话人**不知道**玛丽是爱国主义者和异想天开的人"这一命题才可借助格赖斯方法推导出来,这与加兹达尔借助经典逻辑对格赖斯隐含意形式化所作的预测结果相反。① 当前文献中也有提议对格赖斯推理(变体)进行其他形式化尝试。② 所有这些形式化方案都设定:对于析取词

---

① 参见 G. Gazdar, *Pragmatics: Implicature, Presupposition, and Logical Form*, New York: Academic Press, 1979; S. Soames, "How presuppositions are inherited: A solution to the projection problem," *Linguistic Inquiry*, Vol. 13(1982):521; L. Horn, *A Natural History of Negation*, Chicago, IL: University of Chicago Press, 1989, p.543。

② 相关文献包括 L. Horn, "Towards a new taxonomy for pragmatic inference: Q-based and R-based implicature," *Meaning, Form and Use in Context (GURT '84)*, D. Schiffrin (ed.), Washington, D.C.: Georgetown University Press, 1984, pp. 11 - 42; U. Sauerland, "Scalar implicatures in complex sentences," *Linguistics and Philosophy*, Vol. 27 (2004): 367 - 391; R. van Rooij & K. Schulz, "Exhaustive interpretation of complex sentences," *Journal of Logic, Language, and Information*, Vol. 13 No.4(2004):491 - 519; M. Franke, "Quantity implicatures, exhaustive interpretation, and rational conversation," *Semantics & Pragmatics*, Vol.4 No.1(2011):1 - 82。

和其他联结词的真值函数分析法,是语用推理的基准线。接下来,我们将讨论在析取词的语言学分析方面的新进展,也包括对格赖斯语用观点的挑战。

5. "or"的相容用法和不相容用法

前一节中的格赖斯论证确定无疑要排除英文词"or"在相容解释和不相容解释之间的含混性(这是在反对有些人如塔尔斯基(A. Tarski)①的观点)②,然而最近一些语言学家观察到,出现于英语之外其他语言中的一些析取结构似乎只允许不相容用法。萨博尔茨(A. Szabolcsi)讨论了匈牙利语中的案例"vagy-vagy"③,斯佩克特(B. Spector)讨论了法语中的案例"soit-soit"。④ 俄语的"ili-ili"、意大利语的"o-o"、法语的"ou-ou"和德语的"entweder-oder"似乎也都有着相似的行为方式。这些实例都是完全叠加型(fully-iterated)析取结构:在每个析取支之前都有一个析取小词。但请注意,并不是所有的完全叠加型析取结构都表示此类析取,例如,英语中的"either-or"结构并不总是不相容析取,"Nobody ate either rice or beans simply"意思只是"没人吃两者(米饭或豆子)中任何一个",而在僧伽罗语(Sinhala)和马拉雅拉姆语(Malayalam)中,叠加型

① 参见 A. Tarski, *Introduction to Logic and to the Methodology of the Deductive Sciences*, Oxford: Oxford University Press, 1939, p. 21。

② "假设我们看到书店里张贴这样的通告:'Customers who are teachers or college students are entitled to a special reduction'(身为教师或大学生的顾客有权享受特价优惠)。这里的'or'一词无疑是在第一种[相容]意义上使用的,因为它无意对一个同时具有大学生和教师身份的人拒绝优惠。另一方面,如果一个孩子请求上午徒步旅行,下午去剧院,而我们回答说:'No, we are going on a hike or we are going to the theatre'(不,我们去徒步旅行或者去剧院),那么,我们所用的'or'一词显然是第二种[不相容]意义上的,因为我们只打算遵守这两种请求中的一种"(A. Tarski, 1939, p. 21.)。然而,有学者已注意到,塔尔斯基的第二个例子并不是很有说服力,因为位于析取句之前的单词"No"似乎已准确传达出不相容的"非兼有"推论,因此,后者不必是"or"语义贡献的一部分。参看 L. T. F. Gamut, *Logic, Language and Meaning, Volume I: Introduction to Logic*, Chicago: University of Chicago Press, 1991, p. 200。

③ A. Szabolcsi, "Hungarian disjunctions and positive polarity," *Approaches to Hungarian*, Vol. 8, I. Kenesei & P. Siptár (eds.), Akadémiai Kiadó, 2002, pp. 217 – 241; A. Szabolcsi, "What do quantifier particles do?" *Linguistics and Philosophy*, Vol. 38(2015):159 – 204.

④ B. Spector, "Global positive polarity items and obligatory exhaustivity," *Semantics and Pragmatics*, Vol. 7(2014):1 – 61.

析取结构完全不属于不相容析取。① 最后还有拉丁语中的"aut",它常被视为不相容析取式的范例②,但也被表明可以有相容的用法(至少在非叠加结构中),如"Nemo timebat tribunos aut plebes"意思不过是"没有人害怕两者(治安官和暴民)中任何一个"。③

法语中的"soit-soit"结构往往要求有排他推论,而法语中的普通析取词"ou"则没有这样的要求。为表明这一点,斯佩克特讨论了下列例子。(28)和(29)中的回应句(b)与排他推论相抵触,同时又断言第一句话(a)是真的。斯佩克特认为,此种回应在(29)中是不恰当的,这一事实表明:这种情况下(即用"soit-soit"时)必须有排他推论。

(28) a. Marie ira au cinéma lundi ou mardi.

英译为"Marie will go to the movies on Monday or Tuesday."

(玛丽将在星期一或星期二去看电影。)

b. Absolument! Et elle ira même à la fois lundi ET mardi.

英译为"Absolutely! She will even go both days."

(完全正确! 她甚至两天都会去。)

(29) a. Marie ira au cinéma soit lundi soit mardi.

英译为"Marie will go to the movies SOIT on Monday SOIT on Tuesday."

(玛丽将去看次电影,要么是在周一要么是在周二。)

b. ♯ Absolument! Et elle ira même à la fois lundi ET mardi.

英译为"Absolutely! She will even go both days."

---

① 参见 A. Szabolcsi, 2015。

② "拉丁语单词'vel'表示弱的或相容意义上的析取,拉丁语单词'aut'则对应强的或不相容意义上的'or'。" 参见 I. Copi, *Introduction to Logic*, New York: Macmillan, 1971, p.241。

③ 相关讨论及更多实例,可参看 S. C. Dik, *Coordination: Its Implications for the Theory of General Linguistics*, Amsterdam: North Holland Publishing Company, 1968, pp. 274 – 276; R. Jennings, *The Genealogy of Disjunction*, Oxford: Oxford University Press, 1994, pp. 239 – 251。

（完全正确！她甚至两天都会去。）

　　在这里，重要的一点是要注意到：逻辑教科书中的不相容析取词（在下面的真值表中用∞表示）无法对这些结构做出正确裁断。

ϕ	ψ	$\phi \vee \psi$	$\phi \infty \psi$
1	1	1	0
1	0	1	1
0	1	1	1
0	0	0	0

　　首先，众所周知，对于带有两个以上析取支的析取式，使用∞时会做出错误的预测。例如，若所有的析取支均为真，$\alpha \infty (\beta \infty \gamma)$就是真的，但"Marie ira au cinéma soit lundi soit mardi soit mercredi"（玛丽将去看场电影，要么是在周一要么是在周二要么是在周三）并不为真。[1] 其次，此种不相容析取用法也不能解释"soit-soit"结构的某些嵌入用法。把这些结构放在否定词辖域内是不合语法的，因此前一节的格莱斯论证很难适用于这些情况。这些结构倒是允许出现在全称量词的辖域内，但与不相容解读相对应的那些推论在这些情况下不再出现：

（30） a.　Tous mes étudiants étudient soit l'allemand soit l'anglais.

英译为"Every student of mine studies SOIT German SOIT English."

（我的每个学生学习的或者是德语或者是英语。）

b.　Absolument! Et certains étudient même les deux.

---

① 参见 H. Reichenbach, *Elements of Symbolic Logic*, New York: MacMillan, 1947; M. Simons, *Issues in the Semantics and Pragmatics of Disjunction*, New York: Garland, 2000.

哲学·经学·语言

英译为"Absolutely! And some even study both. "①

（完全正确！有些人甚至两者都学习。）

另一方面，斯佩克特注意到以下说法作为对(30a)的回应却是不合常规的：

(31) ♯Absolument! Et ils étudient même les deux.

英译为"Absolutely! And they even study both. "

（完全正确！他们甚至两者都学习。）

需要看到，(31)否定了那种从(30a)出发，以(32)作为相关选项，依据格莱斯推理所得到的不相容(梯级)隐含意。②

(32) Tous mes étudiants étudient l'allemand et l'anglais.

英译为"Every student of mine studies German and English. "

（我的每个学生都学德语和英语。）

因此，斯佩克特所提出的一种概括性观点是，"soit-soit"以及其他叠加型析取强制触发在普通析取结构那里仅选择性触发的格莱斯式排他推论。

上文已提及，除传达强制性的排他效果外，这些叠加型析取式结构在否定词辖域内也是不合语法的。本节最后，我来说下析取词和否定词之间的互动。在经典逻辑中，析取词、合取词和否定词之间的互动受制于德摩根律。英语中的"or"似乎使得第二条德摩根律 $\neg(\phi \vee \psi) \leftrightarrow (\neg\phi \wedge \neg\psi)$ 有效。根据一种首选解读，(33)意思是说：我们没有关门，而且我们没有关窗。

(33) We didn't close the door or the window.（我们没关闭门或窗。）

---

① "And some even study both"，虽然兼容于(30a)，但它是(30a)之外的补充断言，并非(30a)的逻辑蕴涵，也不是(30a)的隐含意。——译者注

② 这种隐含意是"不是我的每个学生都学德语和英语"，即，(32)的否定。之所以称之为"梯级隐含意"是相对于"我有些学生德语和英语都学"（即(30b)的后半句）而言的。——译者注

然而,(33)也有第二种解读,其意思是说:我们没有关门,或者没有关窗,但我不确定是哪一个。如萨博尔茨所论[1],在包括匈牙利语、俄语、意大利语和法语在内的许多语言中,说到与(33)相对应的句子时,仅带有这第二种意思。在这种解读中,析取词的辖域大于否定词的辖域,因此萨博尔茨提议将这些语言中的析取词处理为正极项(positive polarity items),即,粗略地说,这些表达式不能在否定词的最近辖域内进行解释(即"反向许可"[2]),除非该否定词本身处于否定语境或(更一般地)向下蕴涵(downward entailing)语境中。斯佩克特引入了局部正极项和全局正极项之分,认为法语和其他语言中的单析取词如萨博尔茨所提议的那样属于局部正极项(即,在**否定词的最近辖域**内反向许可,除非出现有特定的约束条件),但是上文讨论过的叠加型析取结构属于全局正极项(在否定词辖域内反向许可,**不论否定词距之有多远**,除非出现有特定的约束条件)。

6. 析取词的模态解释以及"自由选择"现象

我们可以把析取看作持有不同选项的一种方式。如果我说"either it is raining or it is snowing"(天在下雨或者天在下雪),我所传达的通常是:两个选项对我来说都是开放项。我们刚刚看到,格赖斯不赞成对此类效应作语义解释,他把此类效应称为析取词的"非真值函数根由"。[3] 与之相对照,齐默尔曼(E. Zimmermann)对于自然语言中的析取词提出了一种模态分析[4],认为"or"的语义贡献刚好就是这些认知效应。[5] 根据齐默尔曼的解释,自然语言中的析取句应分析为由诸多认知可能性组成的合取列表:

---

[1] 参见 A. Szabolcsi, 2002。

[2] 通常而言,正极项只允许出现在肯定语境或向上蕴涵语境,而负极项只允许出现在否定语境或向下蕴涵语境。当一个正极项允许出现于否定语境时,被称作"反向许可"(anti-licensed)。——译者注

[3] 参见 P. Grice, 1989。

[4] 参见 E. Zimmermann, "Free choice disjunction and epistemic possibility," *Natural Language Semantics*, Vol. 8(2000):255 - 290。

[5] 关于这一想法的进一步发展,另可参见 B. Geurts, "Entertaining alternatives: Disjunctions as modals," *Natural Language Semantics*, Vol. 13(2005):383 - 410。

$$(34)\ S_1\,\text{or}\cdots\text{or}\ \ S_n \longmapsto \Diamond S_1 \land \cdots \land \Diamond S_n,$$

其中,$\Diamond$是认知可能性算子。

某人说出形如"$S_1\,\text{or}\cdots\text{or}\ \ S_n$"的一句话,通常是在传达:(ⅰ)"$S_1,\cdots,\ S_n$"中的任何一个都可能是真的("真实性");(ⅱ)"$S_1,\cdots,\ S_n$"它们这些涵盖了所有相关的可能性("穷尽性")。[①] 基于标准的真值函数分析,只有(ⅱ)是"or"的意义的一部分,而齐默尔曼则把(ⅰ)看作自然语言析取词的主要贡献,"穷尽性"是通过语调或其他设置(如"either … or")来传达的。如此分工[②],一种证据是来自所谓的"开放"析取句实例,即,句末带有升调(terminal rise)的析取句。下面的例句中,↑和↓分别表示上升和下降的基音轮廓。

(35) Where shall we go?(我们将要去哪里?)

    a. London↑ or Berlin↑ or Paris↓

    b. London↑ or Berlin↑ or Paris↑

闭合析取句(35a)句末的降调表示说话人认为他的选项列表是穷尽的,而开放析取句(35b)句末的升调则表示相反的效果。根据齐默尔曼的分析,是句末降调而不是"or"贡献了"穷尽性"。

然而,齐默尔曼模态分析法背后的主要动机来自于"自由选择"现象。理解形如"You may A or B"(你可以 A 或 B)的语句时,通常认为它暗指"You may A and you may B"(你可以 A 而且你可以 B)。不过,以下公式在标准道义逻辑[③]中不属于有效的原则:

[①] 除这两种"效果"之外,析取句有时还带有"独立性"(independence)效果:各个析取支的真值应彼此独立,其中一个的真假不会影响另一个的真假。它通常也被认为是"语用"效果而非"语义"效果。——译者注

[②] 此处所谓"分工"主要是指:一个表达式在特定语境下所传达出的东西,有些属于它的"语义"效果,有些属于它的"语用"效果。存在争议的是,某些效果(如析取句中各析取支均被认为可能为真,即,文中所谓的"真实性")有时(如在真值函数解释中)分配到"语义效果",有时(如在模态解释中)分配到"语用效果"。——译者注

[③] 譬如 G. von Wright, *An Essay on Deontic Logic and the Theory of Action*, Amsterdam: North Holland, 1968。

$$(36) \quad P(\alpha \lor \beta) \rightarrow P\alpha \quad \text{[自由选择原则]}$$

正如坎普(H. Kamp)指出[1],直接令自由选择原则成为有效式,譬如将其添加为公理,是不行的,因为,如(37)所示,那使得我们可以从 Pp 推导出 Pq,但这显然是不可接受的:

$$(37) \quad 1. \; Pp \qquad \qquad \text{[假设]}$$
$$\quad 2. \; P(p \lor q) \quad \text{[由1,根据原则(38)]}$$
$$\quad 3. \; Pq \qquad \qquad \text{[由2,根据自由选择原则]}$$

(37)中推出"2"的这一步使用了以下原则,它在标准道义逻辑中是成立的:

$$(38) \quad P\alpha \rightarrow P(\alpha \lor \beta)$$

然而,直觉上看,(38)似乎是无效的("你可以去海滩"似乎并不意味着"你可以去海滩或电影院"),(36)倒似乎是成立的,直接相背于道义逻辑原则。冯赖特(G. von Wright)将此称作"自由选择许可"(free choice permissions)悖论。[2] 类似的悖论也出现在祈使句(参见第 2 节介绍过的罗斯悖论)、认知模态[3]及其他模态结构中。

对于自由选择悖论,已有各种各样的解决方案提出来。许多人提出,我们所谓的"自由选择原则"仅仅是一种语用推论,因此(37)中推出"3"的那一步是站不住脚的。有一种支持此种语用解释的论证,它发端于这样一种观察:自由选择效应在否定语境中会消失。譬如,"No one is allowed to eat the cake or the ice-cream"(没有人被允许吃蛋糕或冰淇淋),并非如在把自由选择效应当作语义蕴涵而非语用隐含意时所预期的那样,只是意味着"no one is allowed to eat

① 参见 H. Kamp, "Free choice permission," *Proceedings of the Aristotelian Society*, Vol. 74(1973):57 – 74。

② 参见 G. von Wright, 1968。

③ 参见 E. Zimmermann, 2000。

the cake and the ice-cream"（没有人被允许吃蛋糕和冰淇淋）。① 关于如何把自由选择推论作为隐含意推导出来，已有各种方式被提出。② 此外，也有关于"自由选择"语用解释路径的批评性讨论。③

其他一些人提出了模态系统，认为(37)中推出"3"的那一步是正当的，而推出"2"的那一步却不再有效。譬如，阿洛尼(M. Aloni)对模态语句和祈使句中析取词和不定词④的自由选择效应提出了一种统一解释。⑤ 西蒙斯和巴克(C. Barker)也提出了关于自由选择推论的语义解释⑥，后者的关键是：通过线性逻辑的加法析取词(additive disjunction)⑦来分析"or"，同时采用道义归约策略⑧来表征一种强许可(strong permission)。⑨

最后，齐默尔曼⑩把(36)与以下直观有效的原则(39)区分开来。⑪ 在他看

析取词

---

① 参见 L. Alonso-Ovalle, *Disjunction in Alternative Semantics*, PhD Thesis, University of Massachusetts, Amherst, 2006。

② 譬如 G. Gazdar, 1979; A. Kratzer & J. Shimoyama, "Indeterminate pronouns: The view from Japanese," *The Proceedings of the Third Tokyo Conference on Psycholinguistics (TCP 2002)*, Y. Otsu (ed.), Tokyo: Hituzi Syobo, 1975, pp. 1-25; K. Schulz, "A Pragmatic Solution for the Paradox of Free Choice Permission," *Synthese*, Vol. 142(2005):343-377; D. Fox, "Free choice and the theory of scalar implicatures," *Presupposition and Implicature in Compositional Semantics*, U. Sauerland & P. Stateva (eds.), Hampshire: Palgrave MacMillan, 2007, pp. 71-120; M. Franke, 2011。

③ 参见 M. Fusco, "Free choice permission and the counterfactuals of pragmatics," *Linguistics and Philosophy*, Vol. 37(2014):275-290。

④ 在英语中，"不定词"(indefinites)泛指一类指称不确定个体或个体集的表达式，包括"不定名词短语""不定冠词""不定代词"等等。——译者注

⑤ 参见 M. Aloni, 2007。

⑥ 参见 M. Simons, "Dividing things up: The semantics of or and the modal/or interaction," *Natural Language Semantics*, Vol. 13 No. 3(2005):271-316; C. Barker, "Free choice permission as resource sensitive reasoning," *Semantics and Pragmatics*, Vol. 3 No. 10(2010):1-38。

⑦ 在线性逻辑中，析取词和合取词都区分为"加法型的"和"乘法型的"。——译者注

⑧ 参见 Gert-Jan C. Lokhorst, "Andersonian deontic logic, propositional quantification, and Mally," *Notre Dame Journal of Formal Logic*, Vol. 47 No. 3(2006):385-395。

⑨ "道义还原策略"是借助于一个表示"所有东西都如所要求那样"的命题常项δ把含有道义词的语句还原为一种"推理"，譬如：如果 A 可以从其中所有事情都如所要求的状态(δ)推出来，那么，A 就是"有义务的"。此种策略的一个好处是：它使得我们在谈论"许可"问题时不必因涉及道义算子及其规则而使逻辑系统变得复杂。——译者注

⑩ E. Zimmermann, 2000.

⑪ 这里，齐默尔曼的一个明确观点是：(39)这一直观原则在逻辑上不应形式化为(36)。——译者注

来,(36)是一个不合理的逻辑原则。

$$(39)\ X\ \text{may}\ A\ \text{or may}\ B \vDash X\ \text{may}\ A\ \text{and}\ X\ \text{may}\ B$$

通过将析取式分析为由诸认知可能性组成的合取式,从逻辑上对(39)的正确翻译似乎是如下公式:

$$(40) \Diamond P\alpha \wedge \Diamond P\beta \vDash P\alpha \wedge P\beta$$

然而,齐默尔曼实际上(在包括"权威原则"在内的一些设定之下)所推导出的只是一种较弱的原则(41)。其中的□α,在此应读作"肯定是α"(it is certain that α)。①

$$(41) \Diamond P\alpha \wedge \Diamond P\beta \vDash \Box P\alpha \wedge \Box P\beta$$

尽管多位学者在自由选择悖论的解决方案方面存有分歧②,但他们都同意对"or"采取"基于选项"(alternative-based)的分析法:据此,析取句"A or B"贡献的是一个命题选项集{A,B}。譬如,阿隆索-奥瓦列(Alonso-Ovalle)用这种选项集从语用上推导"自由选择"隐含意。③ 与之不同的是,阿洛尼认为,模态词和祈使动词明确地作用于其辖域内所引入的选项集。④ 举例来说,根据她的

---

① 在齐默尔曼的解释中,关键的一点是:析取式中的"You may A"作为一种认知可能性,何以就能担保实际上"You may A"? 他承认通常是不存在这样的担保,但强调:有些时候,即,当说话人完全了解所谈论的东西(属于谈论对象上的权威)时,认知可能性的确担保知识。他那里所谓的"权威原则"(authority principle),大致是说:如果"某东西 x 具有某性质 F"是与某位权威的知识相一致,那么,这位权威就知道 x 具有性质 P。将此应用到道义问题上,如果某人在"什么可以做什么不可做"方面具有权威(譬如他是一位法律顾问),他所报告的认知可能性"You may A"就可以(在此语境下)理解为一种必然性,即,肯定"You may A"。——译者注

② 参见 A. Kratzer & J. Shimoyama, 1975; L. Alonso-Ovalle 2006; L. Alonso-Ovalle, "Counterfactuals, correlatives, and disjunction," *Linguistics and Philosophy*, Vol. 32 No. 2(2009):207 – 244; M. Aloni 2007; M. Simons, 1996; M. Simons, 2000; M. Simons, 2001; M. Simons, 2005; E. Zimmermann, 2000.

③ 参见 L. Alonso-Ovalle, 2006。

④ 参见 M. Aloni, 2007。

分析,只有当"may/可以"的日常意义使得由 ϕ 产生的所有选项命题均为真时, "may(ϕ)"才是真的。因此,只有当"You may go to the beach"(你可以去海滩) 和"You may go to the cinema"(你可以去电影院)都为真时,"You may go to the beach or to the cinema"(你可以去海滩或电影院)才是真的。在下一节,我们要深入了解这种"基于选项"的观点。

7. 基于选项的析取词解释

我们在前一节中看到,新近的语义学研究提出,在处理像"A or B"这样的析取句时,应认为它生成了一个命题集{A, B},而不是产生两个析取支的经典并集。这些解释背后的直觉是,析取句的主要功能是提供一个选项集。析取句提供了对(至少)两个不同的可能事态的刻画,并(在某些场景下)断言这些刻画至少有一个在现实世界中成立。除上一节讨论过的"自由选择"现象外,已有其他语言学事实被提出用于支持基于选项的析取词分析法。本文最后一节里,我们首先介绍新近作为"基于选项"系统出现的、带有成熟逻辑理论的"探询语义"(inquisitive semantics),然后简要讨论新提出的那些语言学动机。

7.1 探询语义

在基于标准逻辑的语言意义分析中,语句 ϕ 的"语义内容"(semantic content)定义为由证实 ϕ 的各赋值点(evaluation points)所组成的一个集合。通常,赋值点被认为就是可能世界,因此一个语句的语义内容等同于一个由诸可能世界(该语句在其中为真的那些世界)组成的集合(一个命题)。与之不同,在探询语义中,赋值点不是世界,而是信息状态,它们被定义为由诸可能世界(与该状态中编译信息可兼容的那些世界)组成的集合。于是,ϕ 的语义内容,依照探询语义,可等同于一个由支持 ϕ 的诸状态组成的集合,因而它是一个**由诸可能世界集组成的集合**,而不是一个可能世界集。此举最初的动机是为了获致一种既适用于"陈述句意义"(declarative meaning)又适用于"疑问句意义"(interrogative meaning)的、统一的"语义内容"概念[①],因为"疑问句意义"通常

---

① 参见 I. Ciardelli & J. Groenendijk & F. Roelofsen, "On the semantics and logic of declaratives and interrogatives," *Synthese*, Vol. 192(2015):1689 – 1728。

被刻画为命题集而不是可能世界集。探询语义将状态而非世界作为赋值点，这种做法对析取词有着重要的影响。对析取词的探询语义条款，作如下解读：

$$(42)\, s \vDash (\phi \vee \psi) \quad \text{iff} \quad s \vDash \phi \text{ or } s \vDash \psi$$

这里给出的对联结词"$\vee$"的解释，是根据"在信息状态中受到支持"（而不是"在世界中为真"）。一个析取句若要在一状态 s 中受到支持，至少得有一个析取支在该状态中受到支持，而其中的原子句在状态 s 中受支持当且仅当它在 s 中所有世界中均为真。图1例示了由此所产生的对于析取句语义内容的刻画与经典刻画之间所存在的关键区别。[①] 图中设定了一套仅含两个原子句 p 和 q 的命题语言；世界"11"使得 p 和 q 均为真；世界"10"使得 p 真 q 假，如此等等。图中(a)描绘的是(p∨q)的经典意义：一个由所有使得 p 或 q 或它们二者为真的世界所组成的集合。图中(b)描绘的是探询语义中与(p∨q)相关的语义内容。它只描绘了支持析取句的那些极大状态(the maximal states)，即，所谓的"选项"(alternatives)。当且仅当一个状态 s 包含于这两个选项之一时，该状态才支持这个析取句。因此，(p∨q)的语义内容包含两个选项。一个选项由所有使得 p 为真的世界所组成，另一选项由所有使得 q 为真的世界所组成。

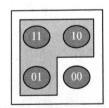

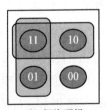

(a) 经典逻辑　　(b) 探询逻辑

图 1　经典逻辑和探询逻辑中的(p∨q)

从逻辑的视角看，用克莱塞尔-普特南公理型式[②]"(¬ ϕ →(ψ_1 ∨ ψ_2)) →

① 此图出自 I. Ciardelli & F. Roelofsen, "Alternatives in Montague grammar," *Proceedings of Sinn Und Bedeutung 19*, E. Csipak & H. Zeijlstra (eds.), 2015, pp.161–178。

② 克莱塞尔-普特南公理(the Kreisel-Putnam axiom)，最早出现于 G. Kreisel and H. Putnam, "Eine Unableitbarkeitsbeweismethode für den intuitionistischen Aussagenkalkül," *Archiv für mathematische Logik und Grundlagenforschung*, Vol. 3(1957):74–78。——译者注

哲学·经学·语言

$(\neg \phi \rightarrow \psi_1) \lor (\neg \phi \rightarrow \psi_2)$"和限于原子层面的双重否定律扩充直觉主义逻辑,可得到一种公理化的探询逻辑。[①] 因此,这种逻辑属于直觉主义逻辑和经典逻辑之间的一种中间逻辑。如同在直觉逻辑中一样,在探询逻辑中 LEM 不可证但析取性质成立(即,$(\phi \lor \psi)$ 在探询逻辑上可证,当且仅当 ϕ 在探询逻辑上可证或 ψ 在探询逻辑上可证)。从模型理论的观点看,LEM 并非探询逻辑上的有效式,因为在表示"对 ϕ 一无所知"的状态下,ϕ 和 $\neg \phi$ 都可能无法受支持。回想一下,探询逻辑背后的主要动机是同时抓取语句的信息内容和问询内容。直观上看,$(\phi \lor \neg \phi)$ 是无效的,因为,它虽然在信息上是空洞的,仍可能提出一个问题,即"ϕ 是否属实",因此,从探询语义的观点看,它并非不足道(trivial)。

从代数的视角看,正如我们在第 3 节中看到的,自然语言语义学的一个悠久传统是,认为析取词就是在表达布尔代数中的一种求并算子,在语句层面上表示两个析取支最小上界(就经典推理而言)。新近研究表明,基于选项的系统不必放弃经典分析法这种简洁而统一的视角:经典推理产生一种布尔代数,而探询推理则产生一个具有交算子、并算子和相对伪补(relative pseudo-complement)算子的完整海丁代数。[②] 因此,如果我们把析取词等同于此种海丁代数中的求并算子,会自动生成一种我们所需要的基于选项的跨范畴概念。[③]

7.2 语言应用实例

许多语言学现象已被提出用作对基于选项的析取词分析法的辩护。前一节中,我们讨论了"自由选择"现象。本节余下部分将简要评述其他两种现象:条件句和问句。

7.2.1 条件句前件中的析取词

第一种现象涉及对反事实条件句前件中的析取词进行解释。根据斯达尔内克(R. Stalnaker)和刘易斯(D. Lewis)开创的经典处理方式[④],反事实条件句

---

① 参见 I. Ciardelli & F. Roelofsen, "Inquisitive logic," *Journal of Philosophical Logic*, Vol. 40 No. 1 (2011):55 - 94。

② 参见 F. Roelofsen, "Algebraic foundations for the semantic treatment of inquisitive content," *Synthese*, Vol. 190 No. 1(2013):79 - 102。

③ 参见 I. Ciardelli & F. Roelofsen, 2015。

④ 参见 R. Stalnaker, "A theory of conditionals," *Studies in Logical Theory*, N. Resher (ed.), Oxford: Blackwell, 1968, pp. 98 - 112; D. Lewis, *Counterfactuals*, Oxford: Blackwell Publishers, 1973。

$\phi \leadsto \psi$ 在世界 w 中为真,仅当在所有使得 ϕ 为真的世界中,那些与 w 存在**极小差异**的世界[1]也能使得 ψ 为真。然而,众所周知,刘易斯/斯达尔内克分析法使得下列推理型式无效:[2]

$$(43)\ (\phi_1 \vee \phi_2) \leadsto \psi \vDash \phi_1 \leadsto \psi$$

因为,无限接近(indefinitely close)的"ϕ_1-世界"可能是"$\neg\psi$-世界",尽管所有更接近的"ϕ_2-世界"都是"ψ-世界"。然而,反事实条件句"Thorpe or Wilson were to win the next General Election, Britain would prosper"(倘若索普或威尔逊能赢得下一届大选,英国就会繁荣)似乎可以蕴涵反事实条件句"if Thorpe were to win the next General Election, Britain would prosper"(倘若索普能赢得下一届大选,英国就会繁荣)。[3]

对此,一种可能的回应是:放弃关于反事实条件句的刘易斯/斯达尔内克处理法。不过,另有一种解决方案是采用析取词的选项处理法。[4] 实际上,如果析取式前件被认为能产生两个选项,而且验证反事实条件句时要求分别检查由该前件所产生的每一个选项,上述难题就可以避免。

7.2.2 疑问句中的析取词

析取词的选项分析法还使得我们可以清晰地表征类似(44)的析取问句的歧义性:或进行两极解读(预期回答"yes"或"no"),或进行选项解读(预期回答"coffee"或"tea")。[5]

(44) Do you want coffee or tea?(你想要咖啡或茶吗?)

---

① 这里的"与……存在极小差异"不过是模态逻辑关系语义框架中一种特殊的"可通达关系"。——译者注

② 参见 K. Fine, "Critical notice on Counterfactuals by D. Lewis," *Mind*, Vol. 84 No. 1(1975):451 – 458; D. Nute, "Counterfactuals and the similarity of words," *The Journal of Philosophy*, Vol. 72 No. 21 (1975):773 – 778。

③ 参见 K. Fine, "Critical notice on Counterfactuals by D. Lewis", p. 453。

④ 参见 L. Alonso-Ovalle, 2006; L. Alonso-Ovalle, 2009; R. van Rooij & K. Schulz, 2004。

⑤ 关于嵌入式例句,可看看 A. von Stechow, "Focusing and backgrounding operators," *Discourse Particles*, W. Abraham (ed.), Amsterdam: John Benjamins, 1991, pp. 37 – 83; M. Aloni & P. Égré & T. de Jager, "Knowing whether A or B," *Synthese*, Vol. 190 No. 4(2013):2595 – 2621。

选项解读,对于标准的问句分析法来说是成问题的①,但若采用选项/探询析取,可以很容易得到表征(见图1)。两极解释也可随之而来,因为通过向选项解释添加一个闭包算子可以很容易恢复到经典析取概念。

在英语中,问句的选项解读和两极解读可以通过语调或使用对比标记"either … or"来区分,问句"Do you want either coffee or tea?"只具有两极解释。在包括汉语普通话、芬兰语和巴斯克语在内的许多语言中,可使用不同的析取对等词来消除这些情况下的歧义。② 这些语言有对应于疑问句析取词和标准析取词的两个词。③ 疑问句析取词(如巴斯克语"ala")只出现在疑问句中,此时只可进行选项解读;标准析取词(如巴斯克语"edo")既可以出现在陈述句中也可以出现在疑问句中,但在后者只能进行两极解读。以下巴斯克语例句④,可以作为例子说明:

(45) Te-a **ala** kafe-a nahi duzu?
tea-ART or-INT coffee-ART want you. it
英译为"Do you want coffee or tea?"(预期回答:coffee/tea)

(46) Te-a **edo** kafe-a nahi duzu?
tea-ART or-STA coffee-ART want you. it
英译为"Do you want either coffee or tea?"(预期回答:yes/ no)

析取词、问句和语调之间的互动现象,要远比本文所揭示的更复杂。⑤

---

① 参见 J. Groenendijk & M. Stokhof, *Studies on the Semantics of Questions and the Pragmatics of Answers*, *PhD thesis*, University of Amsterdam, Amsterdam, 1984。

② 参见 M. Haspelmath, 2007。

③ 就现代汉语而言,疑问句中的析取词通常是"还是",而不用"或者"。——译者注

④ 例句出自 M. Saltarelli, *Basque*, London: Routledge, 1988, p.84。

⑤ 对于相关语料的描述以及举例说明如何使用基于选项的系统来澄清这些现象,可参看 K. Pruitt & F. Roelofsen, "The interpretation of prosody in disjunctive questions," *Linguistic Inquiry*, Vol. 44 No. 4 (2013):632 – 650。

Disjunction

Maria Aloni

Abstract: In logic, disjunction is a binary connective (∨) classically interpreted as a truth function, the output of which is true if at least one of the input sentences (disjuncts) is true, and false otherwise. Its supposed connection with disjunctive words of natural language like "or" has long intrigued philosophers, logicians and linguists. In this paper we give an overview of logical and linguistic analyses of disjunction with focus on developments at the interface between logic and language: disjunction as a binary connective in classical logic and in a number of non-classical interpretations; some basic facts concerning disjunctive words in natural language, and a generalized, cross-categorial notion of disjunction as the join operator in a (Boolean) algebra; Grice's account of the use of or in conversation and recent developments in the discussion on inclusive and exclusive uses of linguistic disjunctive words; two recent non-classical accounts of linguistic disjunction and their applications to phenomena of free choice, disjunctive questions and counterfactuals with disjunctive antecedents.

Keywords: disjunction, interpretation, logical analyses, linguistic analyses

哲学·经学·语言

IF 一阶逻辑视域下的量词与量化观念 [*]

颜中军^{**}

[**摘　要**]　IF 一阶逻辑及博弈论语义学比标准一阶逻辑及塔斯基语义学更加充分、更加动态和更加精细地刻画了量词之间的依赖关系。把量词视为一类选择函数,利用玩家之间的信息依赖来建模量词之间的函数依赖,严格区分约束辖域与优先辖域,为我们提供了一套全新的量化理论。但是,IF 一阶逻辑及博弈论语义学并不意味着必须放弃组合原则。只要适当改变博弈方式,采用团队赋值博弈,那么组合原则又可得以复活。所以,应该正确看待 IF 一阶逻辑带来的"变革"与挑战。

[**关键词**]　IF 一阶逻辑;博弈论语义学;量词依赖;选择函数;组合原则

　　标准一阶逻辑本质上是关于量词的,故而又称为标准量化理论或者标准谓

＊　基金项目:国家社科基金重大项目"逻辑词汇的历史演进与哲学问题研究"(20&ZD046);湖南省教育厅优秀青年项目"现代逻辑多样性及其演变脉络研究"(20B234)。

＊＊　颜中军(1982—　),男,湖南衡阳人,哲学博士,湖南科技大学马克思主义学院教授,主要研究领域为现代逻辑及其哲学问题。

词逻辑。但是，"[标准]一阶逻辑表达力的真实来源不在于量词概念本身，而在于量词依赖观念"。① 因为孤立地看存在量词和全称量词，不过是亚里士多德量词的一般化，标准一阶逻辑不过是亚里士多德三段论的温和扩充。然而，标准一阶逻辑真正令人感兴趣的地方在于，它可以表达各种各样的关系，由此需要量词的嵌套组合，并且域窄的量词(主要针对存在量词)依赖于域宽的量词(主要针对全称量词)。"量词依赖因此成为[标准]一阶逻辑有力量的真正秘密之所在。人们几乎可以说，理解[标准]一阶逻辑就是理解量词依赖概念。"②

但令人遗憾的是，弗雷格并没有穷尽量词依赖模式，没有充分地刻画量词的逻辑功能，仅仅考虑了量词之间的依赖关系，而忽视了可能的独立性。所以，"弗雷格对一阶逻辑的刻画包含一个基本错误。它已经体现在他的形成规则之中。并且这个病毒感染了所有一阶逻辑的后续刻画和版本。"③如果要克服这个"弗雷格错误"(Frege's mistake)④，移除那些施加在量词之上的人为限制，那么就会得到一种更加强大、更加灵活和更具一般性的 IF 一阶逻辑(Independent-friendly (IF) first order logic)。IF 一阶逻辑揭示了量词独立与量词依赖的孪生性，严格区分了约束辖域与优先辖域，把量词视为一类选择函数(choice function)，量词的意义体现在"寻找且找到"(seeking and finding)相应个体的博弈行动之中，利用玩家之间的信息依赖关系来建模量词之间的函数依赖关系。如果说标准一阶逻辑是受限的一阶逻辑，那么 IF 一阶逻辑是更加自由的一阶逻辑。所以，亨迪卡(Jaakko Hintikka)与桑杜(Gabriel Sandu)认为："真正的量化逻辑，或者说逻辑大厦的真正基础，不是通常的一阶逻辑，而是IF 一阶逻辑。"⑤

---

① Hintikka, J., *The Principles of Mathematics Revisited*, Cambridge: Cambridge University Press, 1996, p.47.

② Hintikka, J. and Sandu, G., "A Revolution in Logic?" *Nordic Journal of Philosophical Logic*, Vol. 1 No. 2(1996):170.

③ Hintikka, J. and Sandu, G., "A Revolution in Logic?" *Nordic Journal of Philosophical Logic*, Vol. 1 No. 2(1996):169.

④ Hintikka, J. and Sandu, G., "A Revolution in Logic?" *Nordic Journal of Philosophical Logic*, Vol. 1 No. 2(1996):169.

⑤ Hintikka, J. and Sandu, G., "A Revolution in Logic?" *Nordic Journal of Philosophical Logic*, Vol. 1 No. 2(1996):171.

一、量词依赖与量词独立是不可或缺的孪生范畴

量词最重要的逻辑功能体现在它们相互作用的关系模式之中,而不是它们各自的定义。量词依赖与量词独立是量词关系模式的两种基本情形,理解了量词依赖就自然理解了量词独立。标准一阶逻辑把每个紧随量词之后的子公式当作该量词的辖域,不同量词的辖域或者相互排斥,或者相互嵌套,并且量词辖域的嵌套关系是非自反、可传递和反对称的,具有线性序特征。但是,这种辖域定义和辖域关系并不充分。因为量词之间不仅存在依赖关系,还存在独立关系;除了句法上的约束辖域外,还应该区分语义上的优先辖域;辖域关系除了线性序外,还应该考虑非线性序。特别是,对于自然语言来说,句法上没有明确的辖域标记,也没有变元符号可供量词约束。所以,仅仅凭借句法结构分析并且只有一个辖域概念的话,无法为自然语言提供恰当的解释。

1. 独立关系的记法表征

独立关系是相对于依赖关系而言的,我们可以采用不同的方法来刻画量词之间的独立关系,主要有:括号表示法、司寇仑函数表示法、分枝表示法和斜杠表示法等①。尽管括号表示法理论上是可行的,但操作起来太笨拙以至于难以认读。而司寇仑函数主要针对域窄的存在量词,不宜推广至非标准量词和其他类型的逻辑算子。分枝表示法虽然比较直观,但排版不太方便,对一阶语言的改动幅度比较大。所以,亨迪卡提议一种简洁、温和且通用的方案,即用斜杠符"/"表示"独立"。凡是原来具有依赖关系的地方,都可以通过插入斜杠符来阻断这种依赖关系。因此,IF 一阶语言只需在标准一阶语言基础之上新增一个斜杠符"/"和一条形成规则即可:设 $Q \in \{\exists, \forall\}$,W 为任意有穷量词变元

---

① 当然,我们还可以采用其他方法来表达量词独立,例如类型提升方法。亨金(Leon Henkin)在首次提出量词偏序结构时就是将其定义为一个多价量词 H(xyzw)或者 H(xy; zw)。H 同时约束四个变元或者两个二元组,相当于林德斯特仑(Per Lindström)意义上的<4>型广义量词或者<2, 2>型广义量词。但是,这种记法会掩盖变元之间的依赖关系。并且,它只能刻画单个独立量词,不能刻画更一般的或更复杂的独立关系,例如量词与联结词、模态词、认知态度词等其他算子之间的独立关系。

集,若 Q 位于 W 的约束辖域范围之内,则(Q/W)是公式。斜杠公式(Q/W)表示 Q 的量词变元独立于 W 中的量词变元。不难理解,当 W 为空集时,实际上就是标准量词。因此,标准量词可以视为斜杠量词的特例,即 $Q = (Q/\varnothing)$。

例如:

(1) $\forall x \forall z (\exists y / \forall z)(\exists w / \forall x)\Phi(x, y, z, w)$[①]。

这意味着:$\exists y$ 仅依赖于 $\forall x$ 而独立于 $\forall z$,$\exists w$ 仅依赖于 $\forall z$ 而独立于 $\forall x$。很显然,(1)可等价地用司寇仑函数表示为:

(2) $\forall x \forall z \Phi(x, f(x), z, g(z))$。

当然,也可以更直观地用二维的分枝式来刻画:

$$(3) \quad \begin{matrix} \forall x \longrightarrow \exists y \\ \forall z \longrightarrow \exists w \end{matrix} \Big\rangle \Phi(x, y, z, w)。$$

独立关系不仅可以出现在量词之间,也可以出现在量词与语句联结词之间,甚至任意的逻辑算子之间。例如:

① 为了便于比较,假定公式具有前束范式形式,所有量词均位于公式前端并且否定符号仅出现在原子公式(或原子公式的等式)之前。另外,严格来说(1)应该改为 $\forall x \forall z (\exists y / \forall z)(\exists w / \{\forall x; \exists y\})\Phi(x, y, z, w)$。因为亨迪卡对 IF 一阶逻辑的表述明显地受到了司寇仑化程序(Skolemization procedure)的影响,默认存在量词之间、全称量词之间皆不具有依赖关系,排除了玩家可能具有完美记忆(perfect recall),特别是"我方"总是忘记自己之前已采取的行动和所知道的信息,忽视了空约束、重复约束可能传递信号、间接泄露玩家的信息,从而弱化独立性。所谓完美记忆是指,玩家在采取行动时能够记住(知道或者利用)之前已采取的行动(行动记忆)和所知道的信息(知识记忆),否则就是非完美记忆(imperfect recall)。不难理解,如果玩家具备完美记忆,那么 IF 一阶逻辑的表达力并没有超出标准一阶逻辑。例如在(1)中,尽管 $\exists w$ 独立于 $\forall x$,但是 $\exists y$ 依赖于 $\forall x$,所以当"我方"对 $\exists w$ 做出选择时,若"我方"拥有完美记忆,允许 $\exists y$ 传递 $\forall x$ 的选值信息,那么"我方"实际上间接地知道 $\forall x$ 的选值。这样一来,"$\exists w / \forall x$"就失去了意义。为了避免争议,本文仅限于规范的(regular)一阶公式,只考虑存在量词对全称量词的依赖或独立,不允许公式中的同一个变元既约束出现又自由出现,也不允许空约束和重复约束,禁止信号传递。只有在满足规范性要求的前提下,IF 一阶逻辑才能看作是标准一阶逻辑的保守扩张。

(4) $\forall x(S_1(x)(\vee/\forall x)S_2(x))$。

(5) $\forall xK_a(\exists y/K_a)H(x, y)$。

(6) $K_a(S\vee/K_a)\neg S)$。

(7) $\square_1(\diamondsuit_2/\square_1)S$。

由此可见,斜杠记法是十分便利的,可以将任何类型的依赖关系转换成相应的独立关系。

2. 约束辖域与优先辖域

量词之间的函数依赖关系体现为辖域之间的包含关系。但是,标准一阶逻辑的量词辖域要么排斥,要么嵌套,不允许部分重叠。所以,标准一阶逻辑不能够有效地刻画非线性辖域等"异常情形"。实际上,辖域概念具有两种用法或者存在两种辖域概念:(a)句法上,表示逻辑算子的作用范围,即紧随其后的子公式,可用括号来标记。这就是通常所说的约束辖域(binding scope),亦称句法辖域。(b)语义上,表示逻辑算子的优先级别或先后顺序。这就是所谓的优先辖域(priority scope),亦称语义辖域或逻辑辖域。

IF 一阶逻辑严格区分了这两种辖域概念或者用法,而标准一阶逻辑将二者混为一谈。这正是导致"弗雷格错误"的深层原因。标准一阶逻辑遵循从左至右原则,域窄的存在量词受制于域宽的全称量词,句法与语义一一对应。但是,并没有令人信服的理由认为句法与语义必定是一一对应的,更没有令人信服的理由认为约束辖域与优先辖域必定是完全一致的。在形式语言层面,我们可以人为地设定这种对应关系或者一致性关系,但这只是一种特殊情形而非普遍现象。因为我们不仅可以在形式语言层面构造句法与语义的非对称结构,例如分枝量词或者有穷偏序量词,而且自然语言中确实存在着大量的非对称现象,例如著名的亨迪卡语句(Hintikka sentences)。

由于自然语言缺乏明确的辖域标记和固定的约束范围,可以延伸至句子甚至语篇的任意长度,所以约束辖域可能无法准确地表达出来。句子成分间的优先级别通常是根据从左至右的规则和从属关系来确定。句子中的同一个量词短语可能出现多次并且具有不同的依赖关系,有时需要根据它们之间的语义关系来确定句法结构。这些现象表明,标准一阶逻辑作为自然语言的解析框架是不够用的,需要一种比它更加强大的逻辑工具,例如 IF 一阶逻辑。因为 IF 一阶逻辑区分了两种辖域概念,许多问题便可以迎刃而解了。例如,亨迪卡语句:

(8) Some relative of each villager and some relative of each townsman hate each other.

每个村民的某些亲戚与每个市民的某些亲戚彼此憎恨对方。

如果只有一个辖域概念,那么语句(8)用标准一阶逻辑来刻画是:

(9) $\forall x \exists y \forall z \exists w(V(x) \wedge T(z) \wedge R(x, y) \wedge R(z, w) \rightarrow H(y, w))$。

但是,这样处理会增加不必要的依赖关系,与原意不符。因为在语句(8)中,第一个量词短语"某些亲戚"仅依赖于"每个村民"而与市民无关,第二个量词短语"某些亲戚"仅依赖于"每个市民"而与村民无关。尽管量词短语"某些亲戚"在语句中出现两次,但具有不同的依赖关系。这可以用斜杠公式(10)来加以刻画:

(10) $\forall x \forall z(\exists y / \forall z)(\exists w / \forall x)(V(x) \wedge T(z) \wedge R(x, y) \wedge R$
$(z, w) \rightarrow H(y, w))$。

或者,用更直观的分枝式来刻画语句(8)内部成分间的优先序:

(11) $\begin{matrix} \forall x \text{——} \exists y \\ \forall z \text{——} \exists w \end{matrix} \Big\rangle (V(x) \wedge T(z) \wedge R(x, y) \wedge R(z, w) \rightarrow H(y, w))$。

这意味着不能从左至右地进行解释,而必须对两个分枝同时进行解释。刻画独立关系的分枝量词或者更一般性的 IF 一阶逻辑通常用来为计算机并行处理(parallel processing)建模,有助于提升计算效率。

二、量词本质上是一类选择函数而非高阶谓词或集合关系

现代量词理论并非一成不变的,也不是单向度发展的,至少可以区分三种不同的解释方案:集合关系、高阶谓词和选择函数,分别最先由亚里士多德、弗雷格和皮尔士单独提出。亚里士多德采取主-谓式分析进路,把量词视为二元集合关系:some(A,B)表示 $A \cap B \neq \varnothing$,all(A,B)表示 $A \subseteq B$。弗雷格改用函数-论元进路,把量词视为一元高阶谓词,表达了类的某种性质:$\exists xF(x)$意味着满足 $F(x)$ 的 x 的对象组成的类是非空的,而 $\forall xF(x)$意味着 x 的所有对象都满足 $F(x)$,即无例外性(exceptionlessness)或普遍性(universality)。弗雷格旨在为逻辑演算提供一套精确的、通用的形式语言(他称之为纯思想的概念文字),以克服传统逻辑的不足以及自然语言的模糊性和歧义性等缺陷。但是,量词的意义不能在形式语言内部获得解释,因为任何对形式语言的使用都预设了对量词意义的理解。广义量词理论继承和发展了亚里士多德与弗雷格的思想,只不过将其扩展至任意多元谓词或者关系。

如前所述,标准一阶逻辑的真正强大之处在于它能够刻画量词之间的依赖关系,而不是把量词视为孤立的语言成分。但是,"将量词视为高阶谓词,相当于逐个地处理量词(量词的出现),每个量词都非常孤立。然而,量化逻辑的真正力量在于量词彼此之间的相互作用,换句话说,就是依赖量词的概念。如果没有这些量词的相互作用,我们就不能在量化语言中表达函数依赖关系。"[1]更何况,量词之间不仅存在依赖关系,而且还存在独立关系。所以,我们不仅不能止步于孤立地解释单个量词,而且还需要一种比塔斯基语义学更加强大的解释方案,例如博弈论语义学。

皮尔士最早采用说者和听者的二人零和博弈来阐释量词的意义,亨迪卡在吸收维特根斯坦语言游戏说的基础上,将其改造为严格意义上的博弈论语义学。从博弈论语义学的角度看,量词实际上就是从论域中选择相应的个体,相当于一类选择函数,司寇仑函数是它在数学中的精确表述。对量词进行解释

---

① Hintikka, J. and Sandu, G., "What Is A Quantifier?" *Synthese*, Vol. 98 No. 1(1994):115.

时,如果一个量词的选择依赖于或独立于另一个量词的选择,那么我们就刻画了量词之间的依赖或独立关系。这种选择上的依赖或独立关系可以通过玩家所掌握的信息来刻画。如何在不同的情形下做出合适的选择,需要用到博弈论中最重要的概念——策略。不难理解,玩家的策略实际上就是玩家的选择函数集。语句的真可定义为"我方"拥有取胜策略,语句的假可定义为"自然"拥有取胜策略。所谓取胜策略,即无论对方如何选择,玩家均能胜出的策略。当玩家在某个位置(position)采取行动时[①],如果他知道(或可利用)之前(对方和己方)已经采取的行动及其选择,即他的策略函数以之前(对方和己方)采取的所有选择为主目,那么他所进行的博弈就是完美信息博弈。否则,就是非完美信息博弈。玩家(实际上仅指"我方")的策略函数可等价地用司寇仑函数揭示出来。语句 S 在博弈 G(S)中被证实为真,相当于断定 S 的司寇仑函数存在。因此,下列等价式成立:

$$(12)\ \forall x \forall z (\exists y / \forall z)(\exists w / \forall x)\Phi(x, y, z, w) \Leftrightarrow \exists f \exists g \forall x$$
$$\forall z \Phi(x, f(x), z, g(z)).$$

博弈论语义学比标准的塔斯基语义学更加充分地刻画了量词的逻辑功能,它不仅承认量词"遍历"论域中的个体,而且还根据量词规则所触发的博弈行动来"寻找"合适的个体。当然,这种"寻找"绝不是"任意的"或"随机的"而必须是"精挑细选的"。因为玩家的目标是为了证实语句的真假,玩家根据他拥有的信息集来决定自己当前的选择。

最简单的例子:$\forall x \exists y \Phi(x, y)$。$\exists y$ 的选值依赖于 $\forall x$ 的选值,所以我们不能够孤立地解释 $\exists y$。如果这一点还不够明显的话,那么再看经典的驴子句:

(13) If a farmer owns a donkey, he beats it.
　　　如果一个农夫拥有一头驴,那么他会打它。

---

① 在一阶语句 ψ 的语义博弈 G(ψ)中,"位置"是一个四元组<φ, M, σ, ρ>。其中,φ 是 ψ 的子公式,M 为 ψ 的合适模型,σ 为赋值函数:X→D, X 表示变元集,D 表示模型上的论域,ρ 为角色分配函数:P→N, P 表示玩家的集合{我方,自然},N 表示角色的集合{证实者,证伪者}。

这个句子含有回指代词"他"和"它"。如果用标准一阶逻辑公式(14)来刻画(13)：

(14) $\forall x \exists y((\mathrm{Donkey}(x) \wedge \mathrm{Farmer}(y) \wedge \mathrm{Own}(y, x)) \rightarrow \mathrm{Beat}(y, x))$。

那么无法有效地阐明代词(他、它)与先行词(一个农夫、一头驴)之间的回指联系，并且还会增加不必要的约束关系。因为回指代词"他"和"它"的选择分别取决于它们的先行词"一个农夫"和"一头驴"的选择。回指代词相当于限定摹状词(但不是罗素意义上的限定摹状词)，当量词短语"一个农夫"和"一头驴"已经做出了选择，例如分别选中 a 和 b，由此构成了一个个体选集(choice set) I = {a, b}，那么在后续对"他"和"它"进行选择时，无需再从论域 D 中进行选择，而是直接从个体选集 I 中进行选择。这就体现了代词与先行词之间的依赖关系，而且这种依赖关系具有动态性。因为个体选集是在博弈过程中逐步建立起来的，在不同的博弈阶段个体集的大小不同："它包含了早期由量词短语触发的个体选择所引入的个体，但也可能包含从当时进行语义博弈的语句中推导而来的个体。这个选集甚至还包括根据上下文引入的对象。"[1]当然，根据良构原则(principle of well-formedness，简称 WF 原则)[2]，"他"对应于 a，"它"对应于 b。

不同的立场背后预设了不同的语言观：标准一阶逻辑把语言视为演算工具，而 IF 一阶逻辑把语言当作交流的媒介。前者更加抽象，后者更贴近实际。对于前者来说，量词的意义是内在的、缄默的、静态的、一次性赋予的，量词的逻辑功能只能被"显示"而"不可言说"，类似于象棋游戏那样自我封闭的室内博弈。对于后者来说，量词的意义是外在的、显现的、动态的、逐步构建的，量词的

① Hintikka, J. and Sandu, G., "What Is A Quantifier?" *Synthese*, Vol. 98 No. 1(1994): 127.

② 所谓良构原则是指：如果一个语句是良构的(即符合日常使用规范)，那么对它进行任意解释之后仍然要保持原有的规范。根据日常使用规范，一般来说代词"他"为人称代词，指代"人物对象"，"它"为非人称代词，指代"非人物对象"。这样就禁止"他"把"b"作为选值，"它"把"a"作为选值。参见：Hintikka, J. and Sandu, G., "Game-Theoretical Semantics," in J. van Benthem and A. Meulen(eds.), *Handbook of Logic and Language*, London: Elsevier B. V., 2011, p. 437。

逻辑功能在受规则制约的博弈行动(作为探索世界的活动)中能够清楚明白地"言说"出来,相当于在给定论域中"寻找"相应个体的室外博弈。我们不仅要为孤立的量词"寻找"相应个体,而且还要为重叠的量词"寻找"合适个体。这意味着,不仅需要根据量词规则而且还需要根据玩家所掌握的信息集来做出选择。

三、量词依赖与独立的博弈论语义学解释

替换解释与对象解释是两种针锋相对的量词解释方案。前者诉诸语言层面的替换例而不直接诉诸对象,后者则直接诉诸语言所指称的对象来解释量词。不过,替换解释要起作用,归根结底要求替换例所指对象存在。表面上看,如果论域中的对象都拥有名字的话,那么替换解释与对象解释似乎并无实质性差异。例如,戴维森说:"对名称位置的量化也就是对命名对象的量化。"①克里普克也认为:"替换量词与遍历所指对象集的指称[对象]量词之间确实没有什么区别。"②但是,这种观点仍然是站不住脚的。首先,替换解释要求给定语言必须具有足够多的替换例(即含有全部对象的名字,并且不允许空名)。这个要求通常难以得到担保(实际上也没有必要),所以替换解释从根本上来说是行不通的。其次,标准一阶逻辑假定依赖量词之间具有线性序关系,可以从左至右、逐个地对重叠量词进行替换解释;而 IF 一阶逻辑允许独立量词之间存在非线性序关系,导致不能从左至右、逐个地进行解释,各个独立部分必须同时进行解释。另外,替换解释预设了组合原则,量化公式的真取决于它的替换例的真;而 IF 一阶逻辑违背了通常的组合原则,导致替换解释在 IF 逻辑中无法发挥效用。③ 因此,亨迪卡反对替换解释而主张对象解释:"量化博弈是探索世界的博弈。它们预设了量词的对象解释。"④

受到康德、皮尔士,特别是维特根斯坦的思想影响,亨迪卡认为量词的意义

① Davies, M., *Meaning, Quantification, Necessity*, London: Routledge and Kegan Pual, 1981, p. 143.

② Kripke, S., "Is There a Problem about Substitutional Quantification?" in G. Evans and J. McDowell (eds.), *Truth and Meaning*, Oxford: Oxford University Press, 1976, p. 351.

③ Hintikka, J. and Sandu, G., "What Is A Quantifier?" *Synthese*, Vol. 98 No. 1(1994):121.

④ Hintikka, J., *Logic, Language-Games and Information*, Oxford: Oxford University Press, 1973, p. 102.

在于如何使用量词,即在给定的语言中通过量词对应的博弈规则来"寻找并且(希望)找到"合适的个体。与传统的对象解释不同,博弈论语义学是对象解释的动态版本,通过受量词规则制约的博弈行动来"寻找且找到"合适个体[①],旨在搭建语言与实在之间的桥梁,不仅注意寻找的结果(即语句的真假),而且强调寻找的过程(即对语句真假的验证)。因此,"量词的意义在于它们在引导(原则上)验证我们语言中的句子的('博弈')过程中所发挥的作用。简而言之,量词的主要意义是它们在寻找且找到的语言博弈中的使用。"[②]实际上,这在日常语言和数学语言中也非常普遍,早已耳熟能详。"存在"一词的通常涵义就是"能够找到"(one can find)[③]。虽然直接证明一个"全称"语句为真通常很难或者太麻烦,但证伪它却相对容易。例如,"屋里存在一只猫"为真,意味着"我方"去寻找并且最终能够找到一只猫;"所有天鹅是白色的"为假,意味着"自然"去寻找并且找到一只非白色的天鹅。常用的数学表达式"给定论域 D,对任意的 x,存在 y,使得 Rxy 成立"相当于说:我们在 D 中寻找并且能够找到一个 y 的值,使它与 x 的值具有 R 关系。[④]

标准的塔斯基语义学只定义了语句与事态之间的抽象对应关系,没有进一步阐明这种对应关系是如何建构起来的。与之不同,博弈论语义学把每个一阶语句 φ 和合适的模型 M 关联到一个语义博弈之中,通过证实者与证伪者的二人零和博弈来建模语句的真值条件,搭建语言与实在之间的联系桥梁。但博弈论解释并不要求论域一开始就拥有所有对象的名字,而是在博弈过程中对被选中的对象赋予一个名字(如果原来没有名字的话),然后添加到论域之中(因此论域随之不断扩大)。它由外至内地赋值,逐步消去逻辑算子和变元,最后得到一个不含任何逻辑算子、所有变元均已被个体名字替换的原子公式。

设 φ 为任意一阶语句,M 为 φ 的合适模型,D 为 M 上的论域。假定两个玩家(players):"我方"(Myself)与"自然"(Nature),或更加形象地叫作埃洛伊丝

---

① 选择哪些个体才是合适的并非预先可知,博弈结果具有根本的不确定性,所以博弈论语义学不同于操作主义意义理论。因为根据操作主义意义理论,量词的意义被它的操作规则完全且先验地确定了,因而每个量化语句的真假也是确定的。

② Hintikka, J., *Logic, Language-Games and Information*, p.103.

③ Hintikka, J., *The Principles of Mathematics Revisited*, p.24.

④ 要注意,在博弈论语义学的概念化装置中,"寻找且找到"只是一种形象说法,并非通过感官来直接观察对象,而是通过理智来思考相关的对象。

(Eloïse)与阿伯拉尔(Abélard)①,分别扮演初始证实者(旨在证明 φ 为真)和初始证伪者角色(旨在证明 φ 为假),玩家按照 φ 的句法结构从外至内地逐次采取行动,∃、∨ 意味着"我方"采取行动,∀、∧ 意味着"自然"采取行动,遇到否定"~"则双方互换角色。量词(∃、∀)对应的行动是从论域中选择某个个体,而联结词(∨、∧)对应的行动是从析取式或合取式中选择某个析取支或合取支。以 ∀x∃yΦ(x, y)为例,首先由"自然"采取行动,即从论域中选择某个个体,例如 a(如果个体没有名字,则赋予它一个名字),将全称量词约束的变元 x 替换为 a,记为(x/a),同时删去相应的全称量词;然后"我方"采取行动,即选择某个个体,如果它的名字为 b,则把存在量词所约束的变元替换为 b,即(y/b),并且删去相应的存在量词。φ 的博弈会在有穷步骤内结束,最终得到一个不含任何量词(或联结词)的原子语句,例如 Φ(a, b)。如果该原子语句在 M 中为真,则"我方"胜出,否则"自然"胜出。由于博弈是在被解释过的语言中进行的,故而原子语句的真假是确定的。但是,这并不意味着量化语句的真假也是确定的。因为量化语句的真假不取决于某一次玩局(play)的胜负,而取决于所有玩局的胜负。量化语句的作用就在于断定取胜策略的存在:若"我方"拥有取胜策略,则 φ 为真,若"自然"拥有取胜策略,则 φ 为假。两个玩家不可能同时拥有取胜策略,但有可能双方都没有取胜策略,即 φ 既不真亦不假。非完美信息博弈将不确定性引入 IF 一阶逻辑,使得 IF 一阶逻辑允许真值间隙,由此导致二值原则、排中律和双重否定律等皆失效。但要注意,二值原则和排中律失效不是 IF 一阶逻辑的预设而是它的必然结果,或者说是博弈论语义学的结构性特征。因为一般来说,博弈的结果通常是不确定的。

　　IF 一阶逻辑的语义博弈的关键在于独立算子"/"的解释。在博弈论语义学中,"/"所表达的独立性可根据玩家信息集的非完美性来刻画。如果玩家在某个位置进行选择时清楚地知道(可利用或者记得)对方(包括自己)之前已经做出的选择,那么他所进行的博弈就是完美信息博弈,否则就是非完美信息博弈。引入"/"和"非完美信息"虽然不会改变博弈规则,但是会限制玩家的策略类型。设 Q∈{∃, ∀},若 Q_i 依赖于 Q_j(记为 $Q_j Q_i$)意味着 Q_i 对应的函数主目包含 Q_j 的约束变元。反之,若 Q_i 独立于 Q_j(记为 Q_i/Q_j)意味着 Q_i 对应的函

----

① 阿伯拉尔是中世纪著名的逻辑学家,埃洛伊丝是他的学生兼情人。

数主目不包含 Q_j 的约束变元。所以,完美信息博弈与非完美信息博弈之间的差别并不体现在博弈规则之中,而是体现在策略函数之中。

四、组合原则在 IF 一阶逻辑中的失效与复活

亨迪卡与桑杜非常坚定地认为:"IF 一阶逻辑给组合原则提供了一个清楚的反例,"[1]塔斯基式真定义在 IF 一阶逻辑中是"不可能的",因为存在"压倒性证据"表明不可能在 IF 一阶语言中保持组合原则。[2] 事实果真如此吗? 答案是否定的。IF 一阶逻辑及其博弈论语义学并不意味着必定要放弃组合原则。

亨迪卡与桑杜之所以反复强调 IF 一阶逻辑违背了组合原则,主要有三个方面的原因:(i)量词独立预设了语境依赖,与组合原则所预设的语境独立相背离。组合原则要求语句构成成分具有独立的意义,并且语句是其构成成分和构成方式的函数。与之不同,量词规则对应的博弈行动需要考虑之前已经做出的选择。也就是说,它受到玩家所处的位置、玩家所掌握的信息等因素影响。(ii)亨迪卡构建的语义博弈是一种单项赋值博弈。对于量词来说,每次博弈行动意味着从论域中选择某一个个体。所以,如果当前的个体选择不依赖于之前的个体选择,那么意味着它们对应的量词之间的函数依赖关系不成立。(iii)组合原则并非先验真理,对于构建自然语言的语义框架来说,组合原则既不充分亦无必要。因为自然语言普遍存在着辖域歧义、句法-语义不对称等"异常现象",不适合用标准量词理论及其塔斯基语义学来处理。

实际上,亨迪卡的博弈论语义学只针对语句(即闭公式)而不适用于开公式,不能像塔斯基那样根据开公式的满足与不满足来递归定义语句的真假,所以也无法满足组合原则的要求。然而,这并不意味着必须放弃组合原则。因为组合原则具有很强的可塑性,经过调整适用条件,例如改变博弈方式,允许团队赋值博弈,组合原则又可得以复活。[3] 这种升级版的博弈论语义学通常被称作

---

① Hintikka, J. and Sandu, G., "A Revolution in Logic?" *Nordic Journal of Philosophical Logic*, Vol. 1 No. 2(1996) : 176.

② Hintikka, J. and Sandu, G., "What Is A Quantifier?" *Synthese*, Vol. 98 No. 1(1994) : 128.

③ 当然,也可以像蒙太古那样诉诸高阶逻辑,但是会带来过多的本体论承诺。

王牌语义学(Trump semantics)①。亨迪卡之所以强调独立量词的博弈语义解释违背了组合原则,正是基于单项赋值博弈而言的。与单项赋值博弈不同,在团队赋值博弈中,每次行动对应于一组个体或者个体的笛卡尔积。一个团队 X 是在相同论域 D 中的一个赋值集 $\{s_1, s_2, \cdots, s_n\}$。它意味着玩家当前所拥有的信息,即在正式博弈之前他所知道的那些可能的赋值 $s_i \in X$。团队赋值博弈凸显了独立量词所蕴含的信息的非完美性及其博弈的不确定性。因为赋值团队不是某个具体的赋值,而是所有可能的赋值,由此生成的不是一棵博弈树(tree),而是一片森林(forest)。塔斯基语义学和亨迪卡提议的博弈论语义学实际上都属于单项赋值类型。从博弈论语义学的视角看,塔斯基语义学相当于完美信息博弈,它提供了一套递归程序,可根据开公式的子博弈来分析语句的整体博弈,体现了组合原则的要求。而亨迪卡的语义博弈只限于语句,它由外至内地进行赋值,违背了组合原则的要求。例如,我们不能直接根据 φ 的值来确定 "~φ" 的值,因为在博弈论语义学中 "~" 只表示角色调换,是一种对偶否定而非矛盾否定。但是,如果我们引入团队赋值概念,允许将语义博弈扩展至 IF 开公式,那么也可根据开公式的子博弈(满足与不满足)来计算语句的整体博弈(真与假),从而符合组合原则的要求。

设 φ 为任意 IF 公式,M 为 φ 的合适模型(或结构),X 为 M 的赋值团队,如果"我方"在博弈 G(M, X, φ)中拥有取胜策略,那么 X 满足公式 φ,记为 M,$X \vDash^+ \varphi$,此时 X 是一个获胜团队。反之,如果"自然"拥有取胜策略,那么 X 不满足公式 φ,记为 M,$X \vDash^- \varphi$,此时 X 就是一个失败团队。含经典否定的扩展的 IF 公式的"满足"条件可递归定义如下:

① φ 是原子公式,M,$X \vDash^+ \varphi$ 当且仅当对所有 $s_i \in X$,都有 $M \vDash s_i \varphi$;

② M,$X \vDash^- \neg \varphi$ 当且仅当 M,$X \vDash^+ \varphi$,其中 ¬ 表示经典否定;

③ M,$X \vDash^+ \varphi \vee \varphi$ 当且仅当存在团队 $X = Y \cup Y'$,使得 M,$Y \vDash^+ \varphi$ 并且 M,$Y' \vDash^+ \varphi$;

④ M,$X \vDash^+ \exists_x \varphi$ 当且仅当存在函数 $F : X \to M$ 和补充团队 $X[x/F]$,使得

① "Trump"是"triumpth"("胜利")一词的变体,用来暗示"我方"拥有取胜策略。参见:Hodges, W., "Compositional Semantics for a Language of Imperfect Information," *Logic Journal of the IGPL*, Vol. 5 No. 4(1997):552; Mann, A. Sandu, G. and Sevenster, M., *Independence-Friendly Logic: A Game-theoretic Approach*, Cambridge: Cambridge University Press, 2011, p. 77.

哲学·经学·语言

M, X[x/F] ⊨⁺ φ。

　　同理,可给出"不满足"条件的递归定义。① 由此,扩展的 IF 语句的真(记为 M ⊨⁺ φ)可定义为证实者在博弈 G(M, φ)中拥有取胜策略;扩展的 IF 语句的假(记为 M ⊨⁻ φ)可定义为证伪者在博弈 G(M, φ)中拥有取胜策略。

　　在现代逻辑中,组合原则具有十分重要的方法论价值。它的最大优点是便于计算,可以实现从有穷至无穷的构造。所以,尽管组合原则面临诸多反例,帕蒂(Barbara Partee)始终坚信"组合原则一直作为语义学中的强有力工具,并且在许多场合下组合分析的结果还是精确深入而具可塑性的"②。组合原则与博弈论语义学的兼容再次证明了这一点。

结语

　　限于篇幅,本文主要从哲学上而非技术上讨论了 IF 一阶逻辑对量词的处理及其方法论特征,仅限于"规范的"IF 一阶逻辑,而未涉及它的修改版本或者替代版本。"规范的"IF 一阶逻辑只针对标准量词而未涉及广义量词,只考虑存在量词对全称量词的依赖与独立,而没有考虑存在量词或全称量词之间的依赖与独立,以及空约束、重复约束、重复的子公式等可能影响博弈策略的其他因素③,利用玩家的非完美信息(知识或记忆)来刻画独立关系,而没有考虑其他可能的独立性,例如博弈结构本身的非完全信息(incomplete information)④。尽管 IF 一阶逻辑仍然处于百家争鸣之中,亟待进一步完善,但它无疑为我们提供了新颖的视角和许多有趣的课题,促使我们深刻反思标准一阶逻辑的基本概

① 详见:Hodges, W., "Compositional Semantics for a Language of Imperfect Information," *Logic Journal of the IGPL*, Vol.5 No.4(1997):539-563,特别是定理 7.5;Galliani, P. and Mann, A., "Lottery Semantics: A Compositional Semantics for Probabilistic First-Order Logic with Imperfect Information," *Studia Logica*, Vol.101 No.2(2013):293-322,特别是定理 3.1。

② 邹崇理:《从逻辑到语言——Barbara H. Partee 访谈录》,《当代语言学》,2007 年第 2 期。

③ 参见:Janssen, T., "Independent Choices and the Interpretation of IF Logic," *Journal of Logic, Language and Information,* Vol.11 No.3(2002):367-387。

④ 参见:Pietarinen, A., "Independence-Friendly Logic and Games of Incomplete Information," in J. van Benthem et al (ed.), *The Age of Alternative Logics: Assessing the Philosophy of Logic and Mathematics Today,* Springer, 2005, pp.243-259。

念、原则和方法，成为激发思想灵感的来源。

The Notion of Quantifiers and Quantification in IF First-Order Logic

Yan Zhongjun

Abstract: Compared with standard first-order logic and Tarskian semantics, IF first-order logic and game-theoretical semantics described the dependencies relationship between quantifiers more fully, dynamically and finely. Quantifier is regarded as a kind of choice function. The information dependencies between players are used to model the functional dependencies between quantifiers. It strictly distinguishes the binding scope from the priority scope and provides us with a new quantification theory. However, IF first-order logic and game-theoretic semantics do not imply that the principle of compositionality must be abandoned. If the game mode is changed appropriately and the team assignment game is adopted, then the principle of compositionality can be revived. Therefore, the "revolution" and challenge brought by IF first-order logic should be viewed correctly.

Keywords: IF first-order logic, game-theoretical semantics, the dependence of quantifiers, choice function, principle of compositionality

哲学 · 经学 · 语言

中国语言哲学研究

中国哲学简史 四卷

道言互宅：老子哲学的语言之维[*]

郭诺明^{**}

[摘　要]　老子的道言之辨，既不是将语言提升到语言哲学的层次，也不是将语言下降到工具论的层次，而是道言互藏互宅。"道可道"是老子道言观的前提与基础。通过语言去诠释、改造、参赞世界，构成了"可道""可名"的语言话语活动。"可道""可名"也意味着道向人的敞现与澄明必经语言这一环节。道由"不可说"进而"可说"，但"可说"之道，即非恒常之道。若执定语言中所表现之道，甚至在语言中夹杂贪婪、占有、利害等意欲，语言将不可避免地走向异化，道不可避免地被遮蔽。其调适之道在"日损"，即由"可名"复归"无名"，"有言"复归"希言"，在"希言"与"自然"的和谐中相互渗透。道由"不可说"进而"可说"，表现为言道的"为学日益"状态；由道之"可说"复归"不可说"，表现为道言的"为道日损"状态，经此一往来、一循环，道言"互藏以为宅"，在"玄之又玄"的"玄同"之化中实现道与言的辩证统一。

* 基金项目：国家社科基金重大项目"中国语言哲学史（多卷本）"（2018ZDA019）。

* * 郭诺明（1982—　　），男，江西遂川人，哲学博士，江西科技师范大学马克思主义学院讲师，主要研究领域为先秦哲学、宋明理学。

[关键词]　老子;《道德经》;道;语言;道言之辨

　　语言是人类认识世界、理解世界、改造世界、参赞世界的基本方式。如何运用语言去表现纷繁复杂的世界,特别是如何运用语言去透显现象世界背后的世界(道),是古今中外的哲学家探索的重要课题。作为一名对语言活动有着深刻洞见的哲学家,老子既从言道的角度揭示"道可道"(第1章,按:本文所引《道德经》只注章名),又从道言的角度点出"非常道"(第1章),体现出深厚的辩证法思维。言道是如何展开的,其展开呈现为何种状态;道言又是如何调适上遂的,其调适的方法主要有哪些;道与言究竟安立于何处,等等,对这些问题的追问构成了老子道言之辨的核心。

一、"道可道":言道之"日益"状态

　　在老子看来,道是可以言说的,至于可言说之道是否触及道体之全部则是另外一个问题,至少道的某些特征、作用等是可以言说的,道并非语言完全无法触及的所在,因此,"道可道"构成了老子道言观的前提与基础,语言是进入老子哲学思想体系的基本方法之一。

　　老子的道,并非存有而不动的静态之道,而是"虚而不屈,动而愈出"的生生之道,是恒动恒变之体,故"道生一,一生二,二生三,三生万物"(第42章)。因其生生不已,"周行而不殆"(第25章),由一而二、由二而三、由三而万,自道观之,"生生之厚"(第50章),不过是它自身自然而然的表现过程;但自人观之,道之生物,由简到繁,愈生愈多的过程,也可以视为道向人的敞现过程。道由"不可致诘"之"夷""希""微"的"惚恍"状态,逐渐澄明为"其中有象""其中有物""其中有精""其中有信"(第21章)的可感、可知、可察、可信、可验的状态。由"惚恍""恍惚""窈冥"而澄明,世界在人心的洞察和默契中逐渐清晰明朗,人的思维活动得以一步步地"拟议"构造这个世界,解释这个世界,规范这个世界。建构、解释、规范,既是思维活动,也是语言活动。没有语言的介入,思维活动无法定形;没有思维活动,语言不过是僵化之符号。

　　由此,从语言的角度而言,整个自然世界可以分为"无名,天地之始;有名,万物之母"(第1章)两个阶段。前者为"无名",或者说是"未命名"的阶段,也就

是人的对象化活动的尚未达到自觉的状态,此时道我一体;后者为"有名",即"命名"阶段,也就是人的对象化活动逐次展开的阶段,此时道、物、我逐渐成为心灵观照的对象。在这种对象化的活动中,人通过话语活动的确认,将道、物从"不知道""无名"伸展至"可道""可名",最终使其"有名"。

从具体对象的角度而言,就是物被赋予一个名,人类使其成为"有名"的状态;从主体的角度而言,这一过程就是"命名",即我们给物命了一个名。对有形有象之物的命名,是有确定性的。虽然人类语言的种类数以万计,但指向是确定的,此即为王弼所说的"名以定形"①。例如,我们用汉语"花"指示花朵,英语用"flower"指示花朵,德语"blume"指示花朵,其实指是一样的、确定的。虽然语言也是流变的,古今对同一事物有可能有不同命名,我们可以通过训诂等语文学的方法解决此问题。从指称论的角度而言,物、名(语言)、指三者的逻辑关系,体现了语言与世界的确定性、同构性关系,并以此而发展出一整套的语言言说系统②,如"语源论"(人的认知过程、语言之形成路径等)、"指称论"(语言符号与思维、世界的同一性)、"语用论"(语言的使用原则、方法、价值等)、"类型论"(语言符号的体性、范围、语言之间的相互关系等)、"解释论"(言语语言的语义信息)等。③

对于形上之道的命名或者说描述、言说,却截然不同,它处于一个微妙的境地。道,它在但不是存在者,它是空间的遍在者;道,它在但不仅是存在者,它是时间的遍在者。语言可以指称、规范、说明某种定在,但面对遍在,要如何去指称,无疑就成了一个难题。故而,对于思维和语言而言,如何说出"不可说"就成了核心的任务。在老子的哲学中,其基本思路为:"吾不知其名,字之曰道,强为之名曰大。"(第 25 章)

在老子看来,想通过语言直接说出不可说的道(宇宙万物的本原、本体)是困难的。对于人而言,宇宙万物的本原、本体是可以默契但难以言说的。我们对宇宙万物的本原是"不知其名"的,但可以"字之"的方式表达、指向道。在中

---

① 王弼注,楼宇烈校释:《老子道德经注校释》,北京:中华书局,2008 年,第 63 页。

② 名、言、谓、辩、曰、云、有言、有之、知、明、教等构成老子表达言说的主要方式。本文的目的不是考察名言的语言学意涵,而是紧扣道与言说的辩证关系而展开,对于老子言说语词的使用则随文而变。

③ 周建设:《先秦语言哲学思想探索》,《中国社会科学》,2017 年第 7 期。

国的文化传统中,名字之间存在着复杂的联系,所谓"名以正体,字以表德"①是也。名与字的关系,或相互说明,如屈平,字原;或相互补充,如李渔,字笠翁;或相反相成,如朱熹,字元晦;或延伸,如李白,字太白;或扩张,如赵云,字子龙。同辈之间,相互称字;尊对卑、长辈对晚辈直接称名;卑对尊、晚辈对长辈称字,而不得称名。字作为表德,是对名所具有的含义的进一步说明、提示,由此,人们可以通过名与字之间的关联去更立体、全面地了解名字所欲彰显之意涵。从名与字的关系引申到道(宇宙万物之本原、本体)与语言的关系②中去看的话,名指向的是宇宙万物的本原、本体,字指向的是本体之德性、作用。在此,老子似乎是以道之体用关系对应名与字的关系。作为宇宙万物本原的道是不可言说的,作为宇宙万物本原的德性、作用、功能、表现等是可以言说的。③ 而名字在社会中的使用规范,上下尊卑,各有其义。人之面对道,甚至于要去命名道,其本身是一种以卑对尊的行为,故不名而字,以字行(代道),正是"尊道"的体现。

字道而不能名道,正是对言说之道的深刻揭示。一方面,它表明语言能进入道的某一层次(如德、用、象等);另一方面,它也显示出语言的边界。一旦要跨过语言的边界,语言就必然会进入一个不确定的"正言若反"(第78章)状态。基于此,对道的言说,可以分为两个层次,一是面对宇宙万物之本体,因其不可说性,故不可命名,就如王弼所论:"混成无形,不可得而定,故曰'不知其名也'"④;二是对宇宙万物之本原、本体的德性、作用、功能、表现等,可以通过正言、建言、强言、强名、强容、信言等方式说出,也可以通过隐喻性、象征性的意象及其言说去显示或暗示道。

从积极的角度来看,我们用语言言说系统的方式,使得道、物皆"可道""可名",人类逐渐将自在自然转化为人化自然,将自在宇宙转化为意义宇宙。通过语言言说系统的伸展,天地万物在人类的思想世界中逐渐被编织成为一个有意

---

① 颜之推:《颜氏家训》,北京:中华书局,2011年,第64页。

② 为了论说的方便,老子也经常用表达宇宙万物本体之字的道直接指称宇宙万物本原,如"道可道""道冲"等,这种假借关系,即把作用层面的道当作表现本体、实体层面的道之蓬庐(蓬庐,即驿站。驿站非家,只是临时住所),可以一宿,但不可长住,故老子用"正言若反""非常道"等方法破斥之,防止其"久假不归"。

③ 冯国超:《"道可道,非常道"新解》,《中国社会科学》,2022年第6期。

④ 王弼注,楼宇烈校释:《老子道德经注校释》,第63页。

义的网络与图景。由此,人类对天地自然的摸索、感知、体认、实践等,就不再是单纯地停留在懵懂的摸索之中,而是逐渐表现为对一定的语言言说系统、典范、仪式、规矩、制度、方法等的接受与遵循。这种过程就是老子所说的"始制有名,名亦既有,夫亦将知止,知止可以不殆"(第32章)。在老子看来,道最初处于无名(未分化、未命名)的本然形态,"始制有名",就是在道分化之后,人们通过命名的方法去指称世界万有的不同对象,这是人们对象化活动的展开过程。"始制有名"中的"始制"不是"有名"中一个既成的、过去的事件,也不仅仅是某些人的特权,而是一个伴随着人类生命活动始终的活动过程。人们在"始制有名"与"名亦既有"的活动过程中,不断伸展自己的思维,不断丰富语言言说体系。"名亦既有",故对于语言之所指,此是则非彼,彼是则非此,各有其止。"止"既是一个事物的限度,又是一个事物的归宿。超过了事物固有的尺度,语言就会失去其作用。质而言之,道、物、事皆在语言中得到其所"止",语言也成为老子体道、言道的基本方式。

从消极的角度而言,人对天地万物的命名是一种"强为之名""强为之容"。这种"强名""强容"表明人们对道、物之命名、言说是一种勉强、不得已的行为。因为人们对于道物之命名、言说总是处于一种可以言说但又无法彻尽其义的状态。这种情况,无论是对于经验的现象界,还是超验的形上界都是如此。我们可以看到,老子在形容道时,不断澄清、又不断变换语词。"吾不知其名,字之曰道,强为之名曰大。大曰逝,逝曰远,远曰反。"(第25章)老子通过"道"(宇宙万物本原的作用)、"大"(宇宙万物本原之至大无外、无所不包)、"逝"(道的流行不息、无常处所)、"远"(道的穷乎无穷、无所不通)、"反"(道自反本原)等语词从各个维度揭示作为宇宙万物的本原、本体。不仅如此,我们还能用"朴""自然""无为""先天地生""象帝之先""复""常"等语词指示道,更不用说《道德经》全书对道的各种说明、提示、显示、澄明了。可以说,语言言说系统试图不断地冲撞语言的边界以此更加深入道,不断用更加精微、精确的语言去描述、显示道,但又无法穷尽道之全体,故语言言说系统在不断碰撞语言边界的过程中不得不表现为"日益"的状态:道由无名变成有名,有名变成多名;由无言到有言,有言变成多言。语言作为标识生命存在的重要维度,运用语言能力之高低,实际上标示着人对道的体知程度的高下。当个体生命向道而思,语言就以沛然莫御、不可遏制的冲动,源源不断地冒显出来。① 问题在于,"多言数穷"。"日益"的"多言",不仅未能澄明道,更有可能遮蔽道,故语言言说系统在其伸展弥漫的过程中必然走向了它的反面,此为其一。

其二,这种"强名""强容"也表明话语言说作为对道物的命名、指称,本身就是一种"暴力"行为,是一种权力意志的体现。这种语言言说系统的权力意志既有可能在消解有无对待的紧张之后导向人的自然本性,也有可能在"化而欲作"(第37章)的干扰中遮蔽道物之本然状态。特别是语言活动的展开,与心灵意识的活动紧密相关,二者互为表里。人心中的意欲、贪求、权力、利害、执着等就随着心灵活动渗入语言活动中去,这便是老子所说的"化而欲作",这时,语言便被异化了。

在人类的生活世界中,礼乐政令、文教系统对人的影响最大、最直接,也最容易被操弄、异化。老子对国家的政治制度、学术思想体系等对语言言说体系的有意无意的控制、扭曲、利用表现出高度的警醒。因此,老子哲学思想批判的矛头首先指向春秋末期僵化、异化的礼乐刑政、道德伦理规范等对人的宰制。老子认为:"故失道而后德,失德而后仁,失仁而后义,失义而后礼。夫礼者,忠信之薄而乱之首。前识者,道之华而愚之始。"(第38章)。在老子看来,"礼"是从外在的礼乐刑政、社会秩序、行为规范等层次去规训人,"前识"是从内在的观念层面去规训人。前者是"乱之首",即用规范约束人,人的自然本性被束缚、异化,容易导致"乱";后者是"愚之始",前识即先见,即用思想观念体系束缚人,容易导致被遮蔽、被愚弄。

不论是外在的"礼",还是内在的"前识",它们最终都需要依托语言言说系统而展开,故此,老子又表现出对"美言""多言"等不信实的言说的警惕。在老子看来,"美言不信"(第81章)、"多言数穷"(第5章)、"言者不知"(第56章)、"辩者不善"(第81章)、"博者不知"(第81章)。"美言"指的是名实不符的言辞,因不真实,故不能让人信服;"多言"指的是过分的言辞,不言即无为,多言即有为②,有为之辞便会走向速朽。"美言""多言"指向的是语言本身的异化问题。"言者""辩者"指向的是语言表达的真实意涵与辞藻华丽的表达形式之间的背

① 强昱:《哲学的语言:老子如是观》,《中国哲学史》,2019年第4期。
② 陈鼓应:《老子注译及评介》(修订增补本),北京:中华书局,2009年,第77页。

离;"博者"指向的是知者的真知与以博炫耀的博者的非真知之间的背离。"言者""辩者""博者"之"不知""不善"从不同维度指向语言主体对语言的不恰当、不合道的使用和发挥导致对道的背离的问题。

"道可道",即道可以言说,这是老子道言观之前提与基础,语言是进入老子道论的基本方法之一。语言之进入,一方面表现了道、澄明了道,开显了生命的活力;但另一方面,作为"强为之容"的语言因其无法彻尽道物之义,故不得不陷入"日益"的境地。不仅如此,语言言说系统作为人类对自在自然的"暴力",蕴含着一种权力意志,它本身极容易在"化而欲作"中被异化,表现在语言中,就是"多言""美言"对道的背离。

二、"非常道":道言之"日损"状态

语言能表现道,但语言所表现的道已非恒常之道,如何在语言表现之道中显示常道;语言能表现道,也可能遮蔽道,如何在消解语言之干扰的同时显示道,这二者构成了老子"道可道,非常道"这一名言的目的之所在。一方面,老子认为,语言具有沟通人与道、人与人、人与物之间关系的功能,语言的这种功能使得交流沟通成为可能。据此,人们便可以通过语言彰显道之存在。另一方面,语言对道的表述是有限的,语言不能完全指称道的意义,语言具有指示功能,并不能真正地规范、定义道。语言的这种双重功能决定了道与言之间的辩证关系。道可以借由语言来显示自身,但不仅仅通过语言来表达自身。换言之,语言仅仅只是道显示自身的一种途径而已,在发挥语言积极作用的同时,还有注意去消解语言的消极作用。有鉴于此,老子提出了道显言隐的"日损"结构。

(一)"为道日损":老子道言观的原则与方法

"为学日益,为道日损"(第 48 章)是理解老子道言观的一把钥匙。表面上看,这句话并未涉及语言问题,只是对于"为学""为道"展开路径的剖析与取舍。对此,冯友兰认为:"'为学'就是求对于外物的知识。知识要积累,越多越好,所以要'日益'。'为道'是求对于道的体会。道是不可说、不可名的,所以对于道的体会是要减少知识,'见素抱朴,少私寡欲',所以要'日损'。"①"为学""为道"

---

① 冯友兰:《中国哲学史新编》,《三松堂全集》第 8 卷,郑州:河南人民出版社,2001 年,第 294 页。

既然涉及知识的积累与减少,而知识问题又必然会触及语言问题。故而,从语言的角度而言,"日益"是语言活动展开的必然趋势,是个体生命活力的重要标识;"日损"则以"解构已有的经验知识体系为前提……回到事物自身"①,它是语言活动必然的追求,是回到道本身的基本方法。

对语言言说系统而言,"日损"之道实际上就是一个"损之又损"的过程。首先要"损"的就是"美言""多言"。从语言本身而言,"美言""多言"是人心"化而欲作"的结果。它将语言拉到可操弄的工具化的地步,进而导致思想上相对主义的泛滥,从而让语言的名实(思维之实与语言之名)、主宾关系发生了翻转,故而此层面的"损"就是要剥离人心中的机心、贪取、意欲等对语言的侵蚀,还原语言的本真。通过这一层的"损"或者说"还原",语言对于世界的"观"如其所示,亦如其所是。

其次要"损"的就是语言本身。经过第一层的"损",人心的执着造化被澄清,道经由语言落实于人世间,语言成为道落实于人间的居所。栖息于语言中的道,就逐渐远离了道自身,可以说是"道失其宅",故而又必须对语言本身进行一场深入的批评。这一层面的"损"就是"通过一个后设的语言活动,去反省语言本身展开指向对象的活动时所产生的问题"②。通过"后设的语言活动",语言得以调适上遂,合于道,回归于道,也就是认为语言的形上之家是道。语言之调适上遂,即意味着对语言名言的悬置,故"所谓的日损,便意味着悬置经验领域的知识、名言系统"③。从工夫的角度,就是通过静观玄览的方式直观地把握道;从语言的角度,就是从"知言"复归"无言",从"有名"复归"无名"。也就是说,此环节将语言言说系统中的有无、难易、长短、高下、音声、前后等的对立两端转化为对比的两端,最后复归于浑融一体。至此,对语言的扬弃,完成了"损之又损,以至于无为"(第 48 章),无为即无名,亦即不言,道由此实现了超语言,故又称"道常无名"(第 32 章)。

① 杨国荣:《老子讲演录》,北京:中国人民大学出版社,2021 年,第 30—31 页。
② 林安梧:《人文学方法论——诠释的存有学探源》,上海:上海人民出版社,2016 年,第 75—76 页。按:林安梧所谓的"后设的语言活动",就是对外显的、理性的、逻辑的指向对象的语言活动的反省、反思,问其如何可能如此,检讨其可能发生的问题是什么,又如何避免这些问题,概而言之,所谓的"后设的语言活动"就是追寻语言的存有论基础。
③ 杨国荣:《老子讲演录》,第 36 页。

哲学 · 经学 · 语言

此复归之道，虽然具有超语言的特点，但又无法割断与语言的关联，"正言若反"就是老子用一种否定的、辩证的语言形式表达道的智慧，如"明道若昧"（第41章）、"上德不德，是以有德"（第38章）等等。"明"指的是内在的、实际的光明的内涵，"若昧"指的是显现于外的"暗昧"状态，光明的道好似暗昧，明白的道理好像难以理解，正道之言却好像反话一样。在"正言若反"中，道的内在义涵与外在表现之间似乎是若即若离的，道的体知与道的言说也呈现出差异。但在"若"这一言词的表达中，正言与反言、明与昧、进与退、夷与纇、白与辱、建与偷、真与渝等等，这二者既非相同，亦非不同，而是如同，这种如同（"若"）是一种辩证的、更高层次的同。正是经过这一番对语言的"遮拨""遣除""治疗"，语言回归"无名之朴"的境界，语言散发"见素抱朴"的特性。此层次的语言言说，表面上易知易行，实际上却是并非如此，故老子感叹道："吾言甚易知，甚易行；天下莫能知，莫能行。"（第70章）此外，隐喻性、象征性的意象，如水、渊、溪、谷、谷神、玄牝等，以及诗化的语言则是老子企图用联想性、类比性思维引发人们向道而思或者表现道的又一个重要的方式。①

老子通过"为学""为道"的辩证关系将语言之进入与消解进行了深刻的揭示，可以说，"为道日损"体现了老子道显言隐的基本原则与方法。

（二）"镇之以无名之朴"：老子道言观的基本路径

"去彼取此"是老子道显言隐环节的重要路径。"去彼取此"在《道德经》中凡三见，一为"为腹不为目"（第12章）、二为"处其厚不处其薄，居其实不居其华"（第38章）、"自知不自见，自爱不自贵"（第72章）。其中，"为目"指向人对感官欲望的盲目与执着，这种贪取执着依赖于"五色""五音""五味"所呈现出来的纷繁复杂的现象世界以及文化形态，"为腹"指向人的自然的存在形态，其"去彼取此"即意味着对外在现象世界及其文化形态（语言自然也是其中之一）的自觉扬弃；"厚"指的是"上德"，"薄"指的是"礼"，实指的是"道"之本，"华"指的是"前识"，其"去彼取此"即意味着对使人异化的礼与前识的舍弃，对敦朴的道与德的向往；"自见"是主体意识的过度彰显，"自贵"是自我意识的有为多欲，其

---

① 相关的考察可参见：李有光：《知者不言　言者不知——论道家语言哲学与中国诗学多元理解之关联》，《福建论坛（人文社会科学版）》，2016年第6期；谢清果、王婕：《上善若水：〈道德经〉水道隐喻的镜像媒介功能分析》，《华夏文化论坛》，2022年第1期，等等。

"去彼取此"即意味着舍弃"自见""自贵"而取"自知""自爱"。三种"去彼取此"都包含着现象与本体、道与言之间的张力。语言所能形容的纷繁复杂的感性世界与"强为之容"的静默幽深的现象之后的真实世界之间的去取,实际也关联着对语言言说系统的去取。老子通过"去彼取此"的价值比较为道显言隐确立了基本的导向。

"镇之以无名之朴"(第 37 章)则是"去彼取此"的进一步展开。从道而言,其本身是"无为而不为"(第 37 章)的,天地万物在无为中自我演化、自我呈现、自我表达,这种"自化"发展到一定阶段,就会走向反面,无为转向有为、无欲转向有欲,无名走向有名,而有为、有欲、有名亦不能永远地停留于此,而是要朝着道而复归。老子将这一环节总结为"万物将自化,化而欲作,吾将镇之以无名之朴"(第 37 章)。老子所说的"镇",不是强硬的压制,而是一种引导、护持。正是在"无名之朴"的引导下,天下才能"自定"。这里需要注意的是,为何老子一定要用"无名之朴"这一名词呢? 表面上看,"朴"是一种无欲的状态,它所对治的正是有欲的造作("欲作"),因此,直接说"吾将镇之以朴,夫朴亦将无欲"似乎也是合理的。老子之所以在这里要用"无名之朴",不仅是说"朴"本身是一种内在的"暗昧"的难以形容的道性,更是明确地表达了语言在此环节自觉调适的基本目标:以"朴"为实际内涵,以"无名"为外在形式,这样,道与言、无名与朴皆获得了其意义。

"知白守黑"是老子道显言隐的又一条重要的路径。"知其雄,守其雌""知其白,守其黑"(第 28 章)则从雌雄、白黑两个隐喻表达老子的道言观。"'知'是管理,'守'是信守;'雄'是向外侵略,'雌'是守着本分;'白'是显现于外,'黑'者守于内。"[1]"知其雄",是理性地把握"雄"的优势与特点,"知其雄"是不仅限于觉知,更是实然地拥有了"雄"的优势,是对自我力量的充分了解与掌握;"守其雌",是要以"雌"的原则、方法、姿态等面对世界。"知雄守雌"表现为在理性掌握的基础上的自觉选择:尽管具有"雄"的优势,但自觉地采取"雌"的姿态。[2] 因此,"知雄守雌"是在雄雌的对待中,既对"雄"有透彻的了解,又后退处于"雌"的一面。这样,它不仅执守了"雌",还能运用"雄"。黑白之喻则是比雌雄之喻更

哲学·经学·语言

---

① 林安梧:《人文学方法论——诠释的存有学探源》,第 84 页。
② 刘笑敢:《诠释与定向——中国哲学研究方法之探究》,北京:商务印书馆,2009 年,第 248 页。

具有抽象性。"白"可以指向显现于外的特质,如光明、力量、知识的求取、言说等;"黑"则可以指向收归于内的质朴、对道的直观把握与体知等。从语言的角度去看"雌雄"之喻、"黑白"之喻,"知雄守雌"既重视对知识、言说的理性把握,又重视对知识、语言的存有论的把握;"知其白"侧重于通过语言去认知、澄明,使人明白,是对语言功用的自觉把握;"守其黑"则侧重于把握语言的内涵、实质,特别是从语言的形上之维去体知道、确证道、显现道。老子认为,做到"知白守黑",便可以为天下树立某种典范。这种典范就道言观而论,就是对"去彼取此"的进一步提振。在"去彼取此"环节中,其所体现的是"反者道之动"(第40章),是去言显道;在"知白守黑"的环节中,其所体现的是"不如守中"(第5章),是道言无碍。

(三)"希言自然":老子道言观的核心旨趣

如果说"日损""去彼取此"都倾向于对语言言说系统的解构,那么"希言自然"所指向的实际上就是一种深度的重建。从本文前面的考察而论,对于语言的"损",首先是对"美言""多言"等的"损",相应的,老子提出了"善言""贵言""信言"等作为对此层次的语言的调适。老子认为:"信言不美。"(第81章)所谓的"信言"是能够诚实地、真实地反映道物之性状的言说,言说过程应当以真实为原则,故老子认为"信言"具有"不美""不辩""不博"的特点。"美"是对语言外在表现形式的过度彰显,"辩"是对语言形式逻辑的过度使用,"博"是语言表现能力的过分强调。老子认为"信言"是对语言之"美""辩""博"的翻转与否定,即剔除其华丽的外衣,使其"不美",回归"无名之朴";剔除其滔滔不绝的诡辩,使其"不辩",回归道言之"讷";剔除其浮于表面的博论,使其"不博",回归道言之"约"。这样,"信言"不单单实现了表现形式与内在义涵的统一,也让语言的功能得到最好的发挥,故老子认为"言善信"(第8章)、"善言无瑕谪"(第27章)。这里的"善",其意义不限于道德之域,它意为"好"。善于言说,不会显现外在的语病,因此也就没有瑕疵可以指责。

凡是行皆会有其痕迹,言说又岂能天衣无缝?如果进一步追问何以"善言无瑕谪","善言"如何言,是无言吗?对此,吴澄认为:"言者必有瑕谪可指……善言者以不言为言"①,质而言之,吴澄认为,"善言"即"不言"。陈鼓应的观点与

① 吴澄:《道德真经注》,载熊铁基、陈红星主编:《老子集成》第5卷,北京:宗教文化出版社,2011年,第621页。

吴澄类似,他认为:"'善言',指善于行'不言之教'。"①不过,将"善言"理解为"不言之言(教)"固然与老子哲学的最终追求是一致的,但就"善言"而论,笔者更赞同王弼的观点。对于"善言无瑕谪",王弼认为,"顺物之性,不别不析,故无瑕谪可得其门也",并认为"不造不施,因物之性,不以形制物也"②。在王弼看来,"善言"并非"不言",只是"不造不施""不别不析"地言说。若径直认为"善言"就是"不言",则显得跨度太大,也不符合老子对语言不同层次的不同调适方法与目标的设定。

语言不仅指向物,还要指向道,更要栖息于道中,故老子认为"言有宗"(第70章),语言有其宗主,其宗主便是道。如何将语言调适上遂于道,为老子这一层次道言观的核心。就基本思路而言,老子的主张是追求道言的互融。一方面,老子认为"道常无名朴,虽小,天下莫能臣也"(第32章),甚至于"道隐无名"(第41章),语言似乎终将被隔离在道之外,虽然它不断冲撞、又不断游离,却始终无法透入本原,不言之境、"不言之教"才是道之真境;但另一方面,老子也意识到,"希言自然"。这里需要格外注意的是,老子的"自然","不是天地自然,不是物理自然,不是生物自然,不是野蛮状态,不是原始阶段,不是反文化、反文明的概念"③,而是人类的终极关怀与最高价值,它是对人类整体生存境遇的追问与关切,对自然的和谐、自然的秩序的向往。概而言之,老子的自然是一种"人文自然",而非一种脱离人文的自然。基于此,自然之道在人文中,人文因循于自然之道。语言作为人文的重要表征,语言(希言)与自然之间的相互显示,正是揭示了道与言的这种若即若离、互显互藏的关系。言显则道隐,道显则言隐。语言有道宅,道有言宅,二者是"互藏以为宅"④,这样形上形下就通而为一。栖于此境,"百姓皆谓我自然"(第17章)⑤。

---

① 陈鼓应:《老子注译及评介》(修订增补本),第169页。

② 王弼注,楼宇烈校释:《老子道德经注校释》,第70—71页。

③ 刘笑敢:《诠释与定向——中国哲学研究方法之探究》,第288页。

④ 林安梧:《人文学方法论——诠释的存有学探源》,第79页。

⑤ 刘笑敢认为"百姓皆谓我自然",不应读作"百姓皆谓:'我自然'",而应读作"百姓皆谓我'自然'"。"谓"有评论、认为的意思,如《论语》中颇多类似句式:"子谓公冶长,'可妻也'""子谓子贱,'君子哉若人'"。在《老子》中直接引文一般用"曰""云",或者"有之""有言"。从语法的角度而言,《道德经》十七章的叙事主体是圣人,"悠兮其贵言。功成事遂,百姓皆谓我'自然'",意为(圣人)油然而"贵言"(谨慎地发号施令),事情成了(达到"太上:下知有之"的境界),于是百姓称赞圣人实行自然而然、无为而治的管理原

综上所述,老子的道言之辨,既不是将语言提升到语言哲学的层次,也不是将语言下降到语言工具论的层次,而是把语言当作是一种间性,即认为语言是构成了道与物、道与言的关系的内在性区分,"它是两者之'中间'"①。语言居于道器(形、象、物)、有无、心物之间,既具有形而上的性质,又具有形而下的性质;与此同时,它既非形而上者,又非形而下者。正是这种间性,语言得以"上溯其源,下委其实"②。"上溯其源",即进入道、显现道,用语言的方式使道具体化、体现化;"下委其实",即用语言描述物、规定物,确定是此物而非彼物。人们得以通过语言诠释、规范、指引、参赞世界,是为"可道""可名"的语言话语活动。借助对象化的活动、思维、语言等,人类对世界的认知与探索才能得以真正展开,对道的体知方能有一个真切的指引。"可道""可名",也同时意味着道向人的敞现与澄明,必经语言这一环节。道由"不可说"进而"可说",但可说之道,即非恒常之道。在语言的居所中,道所留下的只是刹那的影像、指示与隐喻,而非其自身全体,道本身是无在无不在,无为无不为的,它并不龟缩在语言中被动地等待人的挖掘和开发。若执定语言中所表现之道,甚至在语言中夹杂贪婪、占有、利害等意欲,语言不可避免地走向异化,道不可避免地被遮蔽,其调适之道在"日损",即由"可说"复归"不可说"。由此,道由"不可说"进而"可说",表现为言道的"为学日益"状态;由道之"可说"复归"不可说",表现为道言的"为道日损"状态,经此一往来、一循环,道言"互藏以为宅",在"玄之又玄"的"玄同"之化中实现道与言的辩证统一。

The Mutual Residences of the Dao and Speech: The Linguistic Dimension of Laozi's Philosophy

Guo Nuoming

Abstract: Laozi's differentiation of Dao and speech is neither to elevate speech to the

(接上页)则与方法符合自然的和谐与自然的秩序。若读作"百姓皆谓'我自然'",主体便转移到百姓,是百姓对栖息于自然之境的自得之辞。参见刘笑敢:《诠释与定向——中国哲学研究方法之探究》,第296—297页。

① 海德格尔:《海德格尔选集》(下),北京:生活·读书·新知三联书店,1996年,第994页。

② 林安梧:《人文学方法论——诠释的存有学探源》,第84页。

level of linguistic philosophy nor to lower it to the level of instrumental theory. Instead, he believes that the Dao and speech are mutual residences. The doctrine that "the Dao that can be told of" is the premise and foundation of Laozi's language view. People use language to interpret, transform, involve and regulate the world, constituting complex language activities such as stating and naming. "The Dao that can be told of" also means that the presentation of the Dao to people must go through the link of language. Dao goes from "ineffable" to "effable", but what can be said is not the permanent Dao. If someone sticks to the Dao expressed, even mixing greed, possession, interests, and other desires, language will inevitably move towards alienation, and the Dao will inevitably be obscured. In the face of this situation, the solution is to "master the Dao by decreasing what obscures it day by day", that is, to restore the Dao from being "named" to "unnamed", from being "effable" to "ineffable". The Dao operates and involves in harmony of "speechlessness" and "nature". The Dao changes from being "ineffable" to "effable", which is shown as the state of "learning by increasing knowledge day by day", while the Dao restores from being "effable" to "ineffable", showing the state of "mastering the Dao by decreasing what obscures it day by day". Through this exchange and cycle, the Dao and language have become each other's dwellings.

Keywords: Laozi, *Daodejing*, Dao, language, differentiation of Dao and speech

哲学・经学・语言

《庄子》的圆环隐喻：从"始卒若环" 到"得其环中"

郑鹤杨 *

[摘　要]　从隐喻的视角看，《庄子》中"休乎天钧""和以天倪""卮言日出""始卒若环"这类提法的背后存在一个圆环喻根。《庄子》借由运转不息、中虚不滞、平衡不偏的圆环来论天喻道，"钧""倪""卮""环"等意象皆取法于此。圆环的意象贯穿《庄子》论宇宙、时间、生死、语言与理想人格，足证其修辞之密、运意之圆。"始卒若环"意味着万物与时间之化如圆环般无端，同时体现出《庄子》与先秦及汉初其他文本对万物变化、循环和以圆象天的共识。区别于儒墨"规矩绳墨"式的意象，《庄子》之"环"彰显出对不知循环、不通生死、法度规训下"中规中矩"式的生命形态深刻的现实关怀与政治批判。隐喻地说，人在大化中的理想处所便是"环中"。从"始卒若环"到"得其环中"，《庄子》以"环"论道，指向了知循环、齐死生、不中绳墨的理想生命形态。

[关键词]　隐喻；卮言；天钧；天倪；始卒若环

---

* 郑鹤杨（1997—　），女，浙江慈溪人，中国人民大学哲学院博士研究生，主要研究领域为道家哲学。

一、《庄子》中"环"的喻根

隐喻的本质是通过另一件事物来理解并体验当前的事物,前者为喻体,后者则为本体①。亚里士多德认为,得当的隐喻能增强语言的表现力、令人耳目一新②,使人产生由此及彼的联想、增长知识。③ 以莱考夫(George Lakoff)为代表的现代隐喻理论则强调隐喻是系统性的,人的概念系统中存在隐喻,更为根本的是,人就是以隐喻的方式理解并且建构世界的。隐喻思维能够为我们提供一种新的考察进路,即格外重视语言的限度及其运用的《庄子》④中是否存在一条隐喻语脉?《寓言》篇集中出现的"卮言日出""始卒若环""天钧""天倪"等说提供了一个极佳的切入点,我们不妨详溯其源,考察这类表述中是否存在隐喻式思维的痕迹。⑤

"天钧"首见于《齐物论》:"圣人和之以是非而休乎天钧,是之谓两行"⑥,崔譔等注家认为"钧"指陶钧。⑦ 后文云"和之以天倪"⑧,班固视"天倪"为"天研"⑨,即天之大磨盘;郭象等则将天均、天倪解释为自然均平之理。《庚桑楚》云:"知止乎其所不能知,至矣;若有不即是者,天钧败之。"⑩这两处"天钧"皆与"知"和"是非"相关,且都有某种"休""止"的作用。《寓言》中则出现了较为别致的"天均":

---

① 此处,本体并非本体论(ontology)意义上的,而是隐喻学理论中与喻体相对应的存在,喻体为所指(signifier),本体为所指,即隐喻的对象(signified)。

② 《修辞术》1405a7-9,参见苗力田主编:《亚里士多德全集(典藏本)》第九卷,北京:中国人民大学出版社,2016年,第497—498页。

③ 《论题》140a9-11,参见苗力田主编:《亚里士多德全集(典藏本)》第一卷,北京:中国人民大学出版社,2016年,第473页。

④ 本文所引《庄子》原文以中华书局2012年版郭庆藩《庄子集释》为依据。

⑤ 参见温海明:《比较境遇与中国哲学》,北京:人民出版社,2020年,第203—217页。

⑥ 郭庆藩:《庄子集释》,北京:中华书局,2012年,第70页。

⑦ 陆德明、俞樾皆引崔譔"钧"为"陶钧"之说,钱穆引严复说以"天均"为陶轮,本质都是制造陶器时所用的转轮。参见郭庆藩:《庄子集释》,第74页;俞樾:《诸子平议》,北京:中华书局,1954年,第585页。

⑧ 郭庆藩:《庄子集释》,第108页。

⑨ "班固曰:'天研曼衍,无极也。'"参见钱澄之:《庄屈合诂》,合肥:黄山书社,1998年,第41页。

⑩ 郭庆藩:《庄子集释》,第792页。

　　　　非卮言日出,和以天倪,孰得其久! 万物皆种也,以不同形相禅,
　　始卒若环,莫得其伦,是谓天均。天均者天倪也。①

　　这段文本重申《寓言》开篇核心议题"三言"中的卮言,紧接着提到万物的存在与变化样态,最后将"天均"与"天倪"相匹。"卮言""天倪""天均"在此集中出现,对此,历代注疏大致可分为两类:第一类为虚解,将卮/天均/天倪当作某种义理,其背后并不存在一个喻体,如卮为支离、天均为天然均齐、天倪为自然分际②;第二类为实解,将卮/均/倪视为实有所指的意象,或为酒器,或为陶轮、磨盘,或为小儿③,并冠以"天"的前缀来喻道。

　　"卮"普遍被理解为一种酒器。郭象认为它可随酌酒量而俯仰变化,况之于言,"卮言"是能因循外物的特质而时时改变的言说,下能尽物之自然性分、上可和天倪。④ 吕惠卿强调卮"中虚而无积"。⑤ 王夫之认为其能注酒不息但"无留滞"。⑥ 陆树芝强调卮"注而不竭,而一切付之无心"⑦,以无心之卮比喻无言之齐。从上古时期出土文物来看,卮是一种圆形的盛酒器皿,诸家描述的"卮"似乎有更

---

① 郭庆藩:《庄子集释》,第950页。

② "天钧"和"天倪"的等同意味着分亦不分、分与不分皆属天然。郭象、成玄英、陆西星、王船山、郭嵩焘、王先谦、马其昶等注家也以类似逻辑解释"天均者天倪也",引申至齐物背后的所以然之理。

③ 钟泰将"倪"理解为小儿,并以《齐物论》中"王倪"名字中"倪"有同义,均为强调"天机之动,于小儿能见之,老子所以言'婴儿',孟子所以言'赤子之心'也"。参见钟泰:《庄子发微》,上海:上海古籍出版社,2002年,第53、650页。

④ 郭象注云:"夫卮,满则倾,空则仰,非持故也。况之于言,因物随变,唯彼之从,故曰日出。日出,谓日新也,日新则尽其自然之分,自然之分尽则和也。"郭注突出"卮"作为酒器的特殊构造,与其他酒器不同,它可以随酌酒量而俯仰变化。以此特点比喻语言,"卮"为饮酒时理想的酒器,"卮言"则是说话时理想的言说方式——卮言有日新之德,正是这种随时因物而变的特点使得言与天倪相契相洽。参见郭庆藩:《庄子集释》,第947页。

⑤ "卮之为物也,酌于樽罍而时出之,其中虚而无积者也。"参见吕惠卿:《庄子义集校》,北京:中华书局,2009年,第518页。

⑥ "尊则有酒,卮未有也。酌于尊而旋饮之,相禅者故可以日出而不穷,本无而可有者也。本无则忘言,可有则日言而未尝言。可有而终日言者,天均之不息,无不可为倪也。"船山强调卮作为酒器随倒随饮的特点,卮言的本质当是忘言,唯忘言而能言。参见王夫之:《庄子解》,《船山全书》第十三册,长沙:岳麓书社,2011年,第420页。

⑦ 陆树芝:《庄子雪》,上海:华东师范大学出版社,2011年,第337页。

特殊的构造①,但共同特点是不断变化、中空无积。方以智、王叔岷只将卮解释为圜酒器②,其作用机制是"应"③,卮言即浑圆、不可端倪之言,庄子用浑圆无际的形态描摹语言,强调立言态度要顺自然之分、不主故常。④ 此解更为平实,也更符合现在所见"卮"的器形。将"卮"作义理讲时,如释为无次第⑤、支离无首尾⑥,则不能融贯地解释为什么这样的语言能够"和以天倪",也不能突出《庄子》选择用"卮"为这类语言的冠名前缀的特殊用意。《庄子》倾向于将"卮言"视为一种理想的语言,将"卮"单作义理解释义有牵强,既不能体现其特殊性,也不能为"卮言"何以"和"提供合理的解释。

反观第二种解释进路,将卮作为酒器时,其器形为圆、中空而有容量,它能根据盛酒量而改变自身、始终不满、保持平衡。《庄子》选取了"卮"这个特殊的意象构造了"卮言"这一提法,运用隐喻式的思维,可以将"卮"的上述特点代入"卮言",理解一种因物而变、不主故常、浑圆无际、不可端倪的语言。卮言是有承载、有言者之言,其特点是能够因循对象而改变自身,同时保持平衡,肯认世俗名实关系的同时避免是非争辩等语言的异化。

与"卮"存在的主流解释不同,历代注家就"钧""倪"的含义并未达成共识。以郭象为代表的注家倾向于将其解释为无原始意象的形而上的"理",即自然均

---

① 如郭象"满则倾,空则仰"或王夫之、陆树芝认为的卮具有"注而不竭"的特点,似乎要求"卮"像不倒翁一样具有一种稳定持衡的构造以及控制酒量的特点。

② 王叔岷以"卮"为圜器,引朱骏声"浑圆为圆,平圆为圆",强调卮及所喻的卮言都非就一平面而言扁平的圆,而是立体的浑圆。参见王叔岷:《庄子校诠》,北京:中华书局,2007年,第1089页。

③ "卮,圆酒器也,应器而用也。"参见方以智:《药地炮庄》,合肥:黄山书社,2019年,第570页。

④ 这一立言态度是针对争辩式的、教化规训式的语言而言的。《人间世》认为"名也者,相轧也;知也者,争之器也。二者凶器,非所以尽行也"。被当作争辩和教化工具的"名"是《庄子》所不喜的,相互倾轧争辩之言的立言态度是争论出是非高下、作价值评判以及道德教化,出于这些目的而有的言说并非能尽物之自然之分的语言。因此"顺自然之分"和"不主故常"一体两面,既强调言要面向所言(物或道)本身的特质,又提醒人注意不应以既有的、固定的某一个学派的观点或世俗的价值观为出言之准绳。

⑤ 钱穆引马其昶,以为"卮言"只是宴饮时觥筹交错、主宾尽欢时无次第之言,这种解释没有突出"卮"作为酒器的特殊构造与特点,可被代换为其他任何一种燕饮用酒器。参见钱穆:《庄子纂笺》,北京:生活·读书·新知三联书店,2021年,第293页。

⑥ 司马彪、钟泰等训"卮"为"支离",即分散、残缺、没有条理,卮言即支离无首尾卮言。这类解释通过"卮"与"支"读音相似来确定文义,以致有许多人认为卮言就是支离无统绪、既无主见也无立场的话语,这与庄子想要理想的语言多有扞格。"卮"作圆形酒器讲时仍有保持平衡的特质,正如圆环中有道枢、环中,有一统摄语言的核心而不支离。参见王叔岷:《庄子校诠》,第1089页。

齐之理;以崔譔、严复为代表的一些解释者则以为,天钧、天倪所阐释的道理背后有一个实际存在的形而下的喻体。后一种说法认为"钧"指陶钧(potter's wheel),即制作陶器时用到的转轮①,其特点是转动不止且无倾斜。陶轮出现于古代中国,在工业社会以前,这是制作陶器时必备的器具,至今仍为制陶匠人、艺术家和体验陶艺者所使用。《骈拇》中也出现了善于制陶(治埴)的"陶者",以此讨论自然之真与矫正之伪;《道德经》"埏埴以为器,当其无,有器之用"则从制陶活动引向有无之辨。二者都以陶器制作工艺为母题,隐喻地讨论真伪、有无等道家核心关怀的哲学议题。

上古时期文本中多以"大钧"指代造化自然。如《汉书》"大钧播物,块圠无垠。天不可与虑,道不可与谋"②,以运转不息的陶轮比拟自然;"是以圣王制世御俗,独化于陶钧之上"③,颜师古取其"周回调钧"④义,以制陶工匠转动陶钧喻圣王治天下。考虑到陶钧在当时的普遍、道家思想家对该意象的偏爱,以及上古以陶钧喻自然的常用用法,《庄子》选择陶轮作为论道之喻体也较为合理。"天钧"即言自然天道如浑圆的大陶轮般,运转不息且无偏斜。此后,以陶钧喻自然也成为了一个通用说法,如杜甫诗云"疏凿功虽美,陶钧力大哉"⑤,白居易诗云"行藏与通塞,一切任陶钧"⑥。方以智《东西均》开章言"均者,造瓦之具,旋转者也",在陶钧的意义上使用"均",更以"均"判摄古今学说,后以"全均""统均""大成之均"为面目超拔的理想之说,其"均"也师法于《庄子》"天钧"。王夫之也以"天钧为不息之大本",直言"天钧之环中","环中"即天。⑦ 方、王二人对"钧"及"均"的重视或可视为天钧象天在明末的重新激活。

《庄子》中"钧"与"均"同义,"天均者天倪也"又将"天钧""天倪"视为同一。

① 均/钧或为上古时期通称,《管子》云"犹立朝夕于运均之上",尹注云:"均,陶者之轮也。"《淮南子·原道训》云"钧旋毂转",高注云:"钧,陶人作瓦器法下转旋者。"《汉书·邹阳传》颜师古注引张晏云"陶家名模下圆转者为钧"。参见孙诒让著,汪少华整理:《周礼正义》,北京:中华书局,2015 年,第 4073 页。
② 班固:《汉书》,北京:中华书局,1962 年,第 2227 页。
③ 班固:《汉书》,第 2351 页。
④ 班固:《汉书》,第 2351 页。
⑤ 杜甫著,仇兆鳌注:《杜诗详注》卷之十八《瞿唐怀古》,北京:中华书局,1979 年,第 1558 页。
⑥ 白居易撰,谢思炜校注:《白居易诗集校注》卷第十七《律诗·江南谪居十韵》,北京:中华书局,2006 年,第 1337 页。
⑦ 王夫之:《庄子解》,第 394 页。

郭象认为"钧"指齐均、齐等，天钧即天然的一致性；"倪"则指自然之分，即天然的差异性，天钧天倪之同意味着万物有别但可齐。[1] 班固提出了一种不同的见解："倪"当为"研"，即磨盘。磨盘这一意象同样为运转着的圆形器具，由上下两扇组成，但与酒器和陶轮不同，它尤其意味着弭平差异，物体经过磨盘的研磨会变得同质化。"天倪"即在天道自然如大磨盘，其下的万物都有某种同质性。

合看"卮言""天钧""天倪"，当我们肯认这些提法背后存在一个实有所指的意象时，"卮""钧""倪"之中存在一个圆环的喻根，此圆环转动不停且能保持自身平衡。"卮""钧""倪"为圆环喻根之延伸，由不同器具的特点指向语言、天道的诸种特质。《庄子》中存在一条隐而不显的线索，以圆环为喻根，以隐喻式的思维为支撑，表达了其理想的语言以及天道的运化样态。尽管以郭象为代表的注家们并不明确认为天钧等说背后存在一个喻体，而直接将其解释为形上之理，但却与隐喻式的解释最终会归一处。相较而言，隐喻说将自然比拟成想象中可形可见的大陶轮，将天、自然、道用摹写得更为生动、更有创造力。仅义理式的解释只突出天然齐均的一个面向，隐喻式思维则提供了中虚不积、运转变化、不偏不滞、消弭差异等多个面向的丰富可能。

隐喻式的思维能够帮助我们发现《庄子》中以圆环为喻根讨论道、言的语脉。《庄子》没有选择类似"天道如轮转，浑圆而不滞，中空而无积，无心而应化"式苍白的陈述式语言摹状天、道，而是隐而不显地以圆环喻道。爱莲心(Robert E. Allison)认为，《庄子》中的隐喻能够瓦解分析的心灵，唤起人审美的、前概念的心灵。[2] 在以环喻道的情形中，《庄子》让读者把"道"直接吸收描述为形象化的理解，理解环喻的过程中也存在某种认知。圆环为喻体、能指(signifier)，道为本体、所指(signified)，这一隐喻增强了语言的表现力，能使读者产生由此及彼的联想。

---

① 陆西星、林希逸、王船山等与之相似，以齐即不齐、不齐亦齐式的解释近路，在庄学解释史上颇为可观。

② 爱莲心：《向往心灵转化的庄子：内篇分析》，周炽成译，南京：江苏人民出版社，2004 年，第 34 页。爱莲心的著作中主张存在"分析的心灵"与"直觉的心灵"之分，后者意指审美的或前概念的心灵，庄子的语言策略诸如双头问题、神话、怪物、比喻四种形式，能够唤起直觉心灵、停止分析心灵。他认为隐喻或比喻是一种简化的神话，其优点是形式不必如双头疑问词(double-headed interrogative)一样吊诡、对成人读者更具吸引力，且隐喻的等值物(metaphorical equivalence)可以拥有真理价值。但缺点是《庄子》中大量的隐喻可能比较普通、容易忽略。其论述也适用于圆环与道，即《庄子》以环论道是一条十分隐而不显的隐喻语脉，但"环"的某些特性与"道"之间的隐喻等值关系可以拥有认识论上的真理价值。

《庄子》对语言能否通达道体始终适度存疑,诸如"道不可言""言者不知""道不当名"等提法提醒解读者注意,一方面整全的道拒绝言说的分割,另一方面名言本身具有局限性。《庄子》格外注意语言的限度以及论道所用的语言,上文提及的《寓言》篇选段尤其如此,"卮言"提挈出了《庄子》语言观的某种方法论,圆环的喻根勾连起对天道的摹状和理想的语言,天之道即言之道,即钟泰所谓以此见庄子"修辞之密,运意之圆"[1]。隐喻式的思维与其开显的圆环喻根,一方面提醒我们注意直陈式语言的匮乏和不合宜;另一方面,这些喻体带领我们经历、体验和理解《庄子》所想要表达的天、道、言,让我们在前语言的意义上增进了对天、道的理解。

二、"始卒若环":《庄子》论变化与时间

《庄子》不仅选用圆环的喻根讨论道、言,也用"环"来隐喻时间、生死。在这部分中,本文将以"环"为核心,讨论《庄子》中的万物变化的样态。尽管隐喻式思维能为"卮言""天钧""天倪"提供一种圆融的解释,仍未解决的问题是《寓言》篇"万物皆种也,以不同形相禅,始卒若环,莫得其伦"应作何解。"皆种"意味着万物的某种一致性,"不同形"则是明显的差异性,其诠释困难在于这种一致性落实为何种意义上"种",以及禀有"不同形"差异的万物以何种方式"相禅"。

对此,解释史大致可分梳出三个诠释面向:其一,引入"气"的概念,解释万物的变化与是非的彰显,弥合"天均""天倪"代表的一致性或差异性,包含了形而上学层面的存在和价值论的议题,如郭象、林希逸;其二,将卮言日出与万物变化紧密联系,关联"物之理"与"物之论",如王夫之、褚伯秀、陆树芝、钟泰;其三,比附他说,如严复、胡适借此发挥天演、生物进化论。[2]

---

[1] 钟泰:《庄子发微》,第 654 页。

[2] 如严复认为:"一气之转,物自为变。此近世学者所谓天演也。(而西人亦以庄子谓古之天演家。)"参见严复:《严复文集》,北京:中华书局,1986 年,第 1106 页。胡适则专辟一章讨论庄子时代的生物进化论,参见胡适:《中国哲学简史大纲》,上海:上海古籍出版社,2000 年,第 184—185 页。这种比附《庄子》与生物进化论的解释近路过于牵强附会,且与《庄子》原意不符,进化论基于一种线性的时间观,而这正是《庄子》所要否定的,后文将予以说明。

正如《寓言》开篇所示，重言、寓言、卮言三言是《庄子》标定的言说方式，尤其"卮言"有方法论的意涵，后文续以对万物存在样态的描摹，这不禁将目光引向"齐/物论"与"齐物/论"当如何界断的庄学公案。解释史上第一种面向有助于解决万物的一致性和差异性问题，但对"始卒若环"何以可能的解释仍有未竟之处。在对这类诠释有所驳正的基础上，本文主张推扩第二种诠释面向，关注"物之理"与"物之论"间的强关联，通观《庄子》全书，对内外杂篇中呈现的"种""形""始卒""莫得其伦"等关乎万物变化的图景做一整体把握。除此之外，或可结合上古时期(包括先秦、汉初)其他文本，如《诗经》《淮南子》《礼记》，考察当时的人们对万物存在样态的基本认识。

"万物皆种也"一句中"种"有三解：种子、种类或万物的共同特质。① 种子取物生之始、生发义；种类则强调物类之异。《庄子》中仅"魏王贻我大瓠之种"②一处"种"为种子义③；"人自为种而天下耳"④"种有几"⑤都为种类、物类义⑥。《知北游》中"万物以形相生，故九窍者胎生，八窍者卵生"⑦，区分了自然生物胎生卵生的不同种类，万物的既成样态是物类中的一种，或为虫，或为风，或为人，或为马。

郭象引入"气-理"的结构，将万物的共同本质归于气，生物禀气之理也相同，即气聚则生、气散则死。生之质(气)与生之理(气之聚散)都相同，所不同的只是气所赋形。与"以不同形相禅"的变化模式相关，在气论的解释框架下，"相禅"是不同物类之间还是同一种物类之间变化的问题并未被解决。"类"变成了一致性的"气"，"相禅"何以可能的问题在气论下被模糊，更为本质的变化和时

---

① 林疑独、陈鼓应等解释为"种子"；宣颖、王夫之、钱穆等解为"种类"。另外一种如成玄英主张"受气一种"、罗勉道用"太极、二气、五行"解释万物同种、李智福解释为"万物的共同本质"。参见李智福：《〈庄〉〈易〉宇宙大化论同异发凡》，《周易研究》，2015 年第 2 期。

② 郭庆藩：《庄子集释》，第 36 页。

③ 类似的还有《让王》篇"春耕种"，与上文讨论的"种"词性不同，正文中种都作名词，这一处可作动词，但也可取与种子相关的耕耘种植、农事活动义，古正文不赘述。

④ 王叔岷：《庄子校诠》，第 539 页。

⑤ 此处"种"为物种、物类之意，王叔岷认为指"物类皆由几微而来"。参见王叔岷：《庄子校诠》，第 657 页。

⑥ 此外，《庄子》中还有"舍夫种种之民"，成玄英将"种种"解释为淳朴之人，认为上古至淳素朴，像圆天而清虚。参见郭庆藩：《庄子集释》，第 363 页。以及用作人名讲的"唯种也能知亡之所以存，唯种也不知其身之所以愁"(《徐无鬼》)。

⑦ 郭庆藩：《庄子集释》，第 741 页。

间问题也被虚化。大部分主张引入"气"解释本段的注家,都有意无意地回避"相禅"的问题,并直接将"相禅"代换为其近义词"相代"[①]而不予解释。为了修补这一结构,郭嵩焘补充说万物"不能执一形而相禅"[②],滑转向不同种类之间变化。对这一问题的解释或许可以放在整个上古时期视域中进行考察。

"万物皆种也,以不同形相禅"可能基于上古时期人们对于自然界生物变化样态的一种共同看法。《礼记·月令》中有仲春"鹰化为鸠"[③]、季春"田鼠化为鴽"[④]、季夏"腐草为萤"[⑤]、季秋"爵入大水为蛤"[⑥]、孟冬"雉入大水为蜃"[⑦]之说,即鹰与鸠、田鼠和鴽之间可以互相转化形状;腐烂的草可变为萤火虫、野鸡可变为大蛤、大蛤则可变为小蛤。《列子·天瑞》中"羊肝化为地皋,马血之为转邻也,人血之为野火也。鹞之为鹯,鹯之为布谷,布谷久复为鹞也,燕之为蛤也,田鼠之为鹑也,朽瓜之为鱼也,老韭之为苋也,老羭之为猨也,鱼卵之为虫"。[⑧] 其中描绘的各种生物相互转化的情状与《礼记》类似,从现今"科学"的眼界看来分属不同界、门、纲、目、科、属、种的生物,在古人看来可能存在着丰富的转化关系。由于这些动植物的生长环境相同、样态变化的时间接近,古人通过观察误以为它们之间存在变化关系。[⑨]

---

① 如林希逸将"不同形"转化为人的观察视角的问题:"以其不同形而相代于天地之间,则人以草为草,木为木,禽为禽,兽为兽,但见其形之不同,而不知同出于元气,其种则一也。"参见林希逸:《庄子鬳斋口义校注》,北京:中华书局,1997年,第433页。或罗勉道:"可万物在天地间,本同一种,皆太极二气、五行之所生,但其赋形不同耳。其实此理此气,屈伸消息,相为禅代。"也回避了这种变化到底是物类之间还是物类各自之内的问题。参见罗勉道:《南华真经循本》,北京:中华书局,2016年,第307页。

② 郭庆藩:《庄子集释》。

③ 孙希旦:《礼记集解》,北京:中华书局,1989年,第423页。

④ 孙希旦:《礼记集解》,第430页。

⑤ 孙希旦:《礼记集解》,第456页。

⑥ 孙希旦:《礼记集解》,第477页。

⑦ 孙希旦:《礼记集解》,第486页。

⑧ 杨伯峻:《列子集释》,北京:中华书局,1979年,第14—16页。

⑨ 类似的误解见于《诗经·小雅·小宛》中的"螟蛉有子,蜾蠃负之",旧注都认为蜾蠃出于好心负持螟蛉的幼虫,代为养育,如郑玄笺注:"蒲卢取桑虫之子,负持而去,煦妪养之以成其子。喻有万民不能治,则能治者将得之。"参见毛亨:《毛诗传笺》,北京:中华书局,2018年,第279页。将蜾蠃理解为背负桑虫幼虫代为养育的正面形象,因此后世也有以"螟蛉"指代养子之说。至章太炎仍以为蜾蠃是"保育其子"的正面形象:"《诗》:'螟蛉有子,蜾蠃负之。'传:'负,持也。'然则或负或抱,通得称负,质言之,则保其子耳。"参见章太炎:《太炎先生尚书说》,北京:中华书局,2013年,第115页。这可能出于上古时期人们经验(转下页)

这种生物之间的转化关系在现代生物学的视域下并不成立,甚至可以说是完全"不科学"的错误知识,但在上古时期的文本中可能被当作一种共同接受了的观点,类似的描述同见于《国语》《逸周书》《大戴礼记》《淮南子》《吕氏春秋》。[①]这可能代表了当时人们对自然界动植物生长变化的认知,生物间的变化样态并不被今天"科学"的态度所宰制,《庄子》极有可能和这些上古时期的文本共享了同一种自然界认识,"万物以不同形相禅"这一命题也便不那么难理解。自然中的万物存在着这样或那样的相互转变,物类之内的生老病死自不待言,也包括物类之间的相互转化。

被历代注家模糊解释、一笔带过的"相禅"变化模式,可能同时包括万物在各自种类之内的新陈代谢和物种之间的转化。《寓言》篇中本句在《淮南子》中写作"以不同形相嬗也,终始若环,莫得其伦"[②]。禅、嬗同有变化、更替义。即天地间万物禀形各异,且存在着多种多样的变化,既有胎生卵生之分的各类物种之内的死生变化,又有类似鲲鱼与鹏鸟、鹰与鸠物种之间的转化。

《齐物论》中"一受其成形",指人从自然那里获得生命而有形体,"成形"即有具体形骸的状态。《天地》篇"留动而生物,物成生理,谓之形"[③]定义了"形"是相对于"未形"而言的物类形成生长之理。《知北游》中"有伦生于无形,精神生于道,形本生于精,而万物以形相生,故九窍者胎生,八窍者卵生"[④],其中"形"与"无形"之辨与《天地》《寓言》相关,"有伦生于无形"是一个对"有生于无"经典命题的充扩版本,它认为既成条理的物(有)生于无形无相的道(无),描绘了一个"道—精神—形"的生成结构,在落实为"形"之后的万物又以形相生、以不同形

(接上页)观察得不全面,螟蛉实际上将螟蛉虫卵作为自己幼虫的食物。时至中古时期,有人开始怀疑上古时期文本中出现的这些生物现象,如陶弘景就怀疑螟蛉代螟蛉养育其子之说,通过观察分辨,确定螟蛉能自己产卵、螟蛉之卵也不会成长为螟蛉,螟蛉实际上是捕捉螟蛉幼虫给自己的幼虫提供食粮。参见王夫之:《诗经稗疏》,《船山全书》第三册,长沙:岳麓书社,2011年,第126页。但前一种变化模式在上古时期可能尚未遭到质疑,仍是彼时诸家对大自然认识的一种共识性知识,到了中古、近古,这种认识才慢慢受到质疑和部分纠正。

① 如《国语》"赵简子叹曰:'雀入于海为蛤,雉入于淮为蜃。鼋鼍鱼鳖,莫不能化,唯人不能。哀夫!'";《逸周书》"寒露之日,鸿雁来宾,又五日,爵入大水为蛤";《淮南子》"鱼游于水,鸟飞于云,故立冬燕雀入海,化为蛤"。

② 何宁:《淮南子集释》,北京:中华书局,1998年,第526页。

③ 郭庆藩:《庄子集释》,第424页。

④ 王叔岷:《庄子校诠》,第816页。

相禅。"不形之形,形之不形"①的"形"则指有形之生,"不形"指有形复归于无形之死,"之"则表示"适",去、往、到之义。《知北游》的作者认为这种关于生死的认知本应是人所共知,但人们往往难以接受"形之不形"这一死亡过程。因此,《庄子》中"形"被定义为物类生物之理的既成状态,与"无形"或"形形"之"道"相比是"有形"之"物",与"不形"之"死"相比是"有形"之"生"。

而《寓言》篇选段更想要说明的,在于"始卒若环,莫得其伦"。"始"为开端,"卒"为终了,二者原本出现在线性时间观的叙事中,但《寓言》篇的作者却说这两个原用于标示线性时间的时间节点像"环"一样,这看似吊诡——如果在"环"中,便无所谓始、卒两个对应的时间节点,则"始卒"的提法不成立;如果始、卒两端还能分别成立,则必须存在一种有限度、有方向、有更大且可转换的纪元的时间观念。《庄子》选用了这样一种方式来表明其视界中的万物,这里存在某种视域的转换——从"以物观之"到"以道观之"。物对应着有始有终,道对应着无始无终,"以道观之"就会发现"始卒若环",开端总是和结尾一体并生(终则有始),开端和结尾总是交相反复(终始反复)。这也与本文第一部分论述的圆环根喻密切相关,圆环转动不息,喻指终始反复意义上的循环。始和卒作为线性时间叙事的两个节点,是在"以物观之"的视域中未认识到终始反复若环前,截取的环上的一段而命名开端和终了,并为二者赋义了价值上的是非,在"以道观之"的视域中这种是非贵贱的赋义则可能是偏狭且无法成立的。

从"物"或者说"形""有形"的角度看,物有死生、物有终始;而从"道"或者说"形形""无形"的视角观之,道无死生而方生方死、道无终始而反复终始。因此,"始卒若环,莫得其伦"就是对"天钧"的定义,本文第一部分论证的具有运转变化、中虚不积、不偏不滞、消弭差异等特点的天之大陶轮,在此仍以隐喻的面貌呈现并发挥作用。

在这个意义上,"莫得其伦"则是统而言之,说明万物的变化中无固定之条理、顺序可循。"伦"字大致有四义,分别是伦理②、伦类③、伦比以及伦

---

① 郭庆藩:《庄子集释》,第746页。

② 郭象多以"理"训"伦",万物的新陈代谢是在万物自身上发生的变化,理本身如此,并非我们"得其理"之后万物才以此理而变化。郭注含有否认执果索因(理)和以理限事两种"得其伦"的可能方向,转而强调一种"天然之分","分"存在且"天然"如此,指向均齐而非各得其所奉之理。这种解释基于其"性分"理论而成立。

③ 如陆树芝认为此处"伦"与"无庸曲其伦类"的生物物类意思相同,即在大化中生物变为胎生卵生(转下页)

绪①。其中,伦理指万物变化、死生的规律,伦绪则有"端倪"或"端绪"的意思,是弱意义上的条理顺序,强调难以找到变化的头绪。伦类的解释与前文"万物皆种"确定了的生物各有物类相矛盾,故不取。方以智、钟泰引《中庸》末章"毛犹有伦"与此处"伦"互训,认为上天之载、无声无臭,"莫得其伦"就是"无伦",即天地有大美而不言、万物有成理而不说,天道在言说的意义上无与伦比,②这里可备一说。考虑到前文"始卒若环"对时间观、生命观的环状理解,以及这里是对后文"是谓天钧"定义的解说,将"伦"解释为伦绪更为合理,没有强意义上地说万物变化道理不可知,只是在弱意义上说难以确定变化的头绪。

《庄子》使用了大量"莫得/知其 X"式的表述,来表示不知或不可知固定的条理,如"莫得其偶""莫知其所萌""莫知其极""莫知其始,莫知其终""生有所乎萌,死有所乎归,始终相反乎无端,而莫知其所穷""莫知其根"③。这类"莫得""莫知"并不意味着《庄子》主张一种不可知论,或者庄子本人应被贴上怀疑主义或非实在论的标签。④ 这类表述旨在为人类的认识划界,促人反思可知可得的界限、自以为知的所知是否可靠,以及欲知、欲得的追求会给自身带来的损耗。正如福永光司的提示,庄子"以否定为媒,对真正的肯定提出的发问"。⑤ 与这一句式所涵之义相同,"莫得其伦"一方面意味着不应得其伦,削弱"得其伦"的正当性,向人们自以为"得其伦"、自以为知道生命起点终点的"人之常情"提出

哲学·经学·语言

(接上页)不同伦类这种变化不得而知。这种解释与"万物皆种"确定了的种类物类的确定性相矛盾且文义重复,故不取。

① 如郭嵩焘、陈鼓应将"伦"解释为"端倪",即万物首尾相接如循环,找不到端倪。参见陈鼓应:《庄子今注今译》,北京:中华书局,2009 年,第 779 页。

② 参见方以智:《药地炮庄》,第 571 页;钟泰:《庄子发微》,第 53、650 页。憨山德清、魏家豪等倾向于将"莫得其伦"与《齐物论》中"莫得其偶"作同一解释,前者有佛教(禅宗)思想痕迹,认为庄子在这里表达了绝对待、无对待的思想,后者同样认为"偶"意味着两个对立相反的关系。参见憨山:《庄子内篇注》,武汉:崇文书局,2021 年,第 33 页;Wim De Reu, "How to Throw a Pot: The Centrality of the Potter's Wheel in the Zhuangzi", *Asian Philosophy*, Vol.20 No.1(2010):43—66。

③ 分别见于《齐物论》《大宗师》《田子方》《知北游》。

④ 温海明认为,庄子不是一个一般哲学意义上的怀疑论者,也不应被简单视为一个不可知论者。可参见温海明:《从"天钧"视角重建庄子"道"形上学》,《老子学刊》,2019 年第 2 期。爱莲心也认为,将庄子视为一个"相对主义者"是某种偏见,他对此作出了详细的反驳。参见爱莲心:《向往心灵转化的庄子:内篇分析》,周炽成译,第 21 页。

⑤ 福永光司:《庄子内篇读本》,王梦蕾译,北京:北京联合出版公司,2019 年,第 15 页。

质疑、引人反思;另一方面指向"无伦可得",以"不近人情"(《庄子·逍遥游》)的方式转换视域,从"以物观之"转向"以道观之",意在说明更广阔和超拔的世界中存在着更复杂更多元的变化,以此消解"得其伦"的可能。

总的来说,《庄子》和先秦以及汉初的一些文本共享了对于自然中万物变化的看法和知识,在《寓言》篇描摹的变化和时间的图景中,万物以不同的形态在物类之内或之间变化。生命和时间的开端与终了都像圆环般循环往复的运动,我们在其间找不到圆环的端绪。《秋水》篇借河伯之口,道出"道无终始,物有死生",物有形、有生死、有始终,道无形、无生死、无始终,强为之喻,不停轮转的圆环可以勉强称为道的喻根。从以物观之向以道观之的视域转换是"始卒若环"中应有之义。

三、"得其环中":理想的生命形态

当我们运用隐喻式的思维梳理出《庄子》中的圆环喻根,并且认识到"始卒若环"式的时间和变化图景,或许可以适时提出这样的问题:《庄子》想要通过"始卒若环"最终指向何处? 关心个体生存方式又颇具批判性的《庄子》,运用圆环的喻根仅仅是对宇宙大化提供某种解释,抑或是为了引向人的一种理想存在方式?

《齐物论》给出这样的提示:"枢始得其环中,以应无穷"[1],寻找到环的圆心或者说圜的球心[2],以"应"的方式对待无穷的变化。《庄子》以圆环的喻根论道、摹状宇宙大化,同时,"圆环"隐含或预设了有"环中"的存在。[3]"中"是维持圆环平衡的关键,它到达圆环上每一处的距离都相等。[4]"得其环中"意味着通达"始卒若环"之理、在将宇宙大化视为"环"的基础上找到并居于"环中",无论是认识论

---

[1] 郭庆藩:《庄子集释》,第66页。

[2] 据王叔岷、朱骏声的说法,"浑圆为圜,平圆为圆",应区分扁平的圆与立体的圜,在今天几何学、立体几何的视角中二者的中心分别是圆心、球心。王船山也主张以"浑天说"解庄,《庄子》对宇宙、天道等的理解并不囿于平面的圆。

[3] 如陶轮存在一个圆盘的中轴,磨盘上下两扇之间也存在连接的中轴,"卮"则较为特殊,其中间的部分皆可视为其"中",正如《道德经》第十一章"当其无,有器之用"所示,这一器具空无的部分皆可视为其"中"。这些"环中"正是陶钧、磨盘、圆酒杯的关键所在。

[4] 无论是平面的圆还是立体的圜,在几何学上圆心的定义即到圆周上各个点距离都相等的点,球心则是到球面上各个点距离都相等的点。圆心的概念最初引入中国时就写为"圜心",利玛窦界定为"圜之中处,为圜心",参见利玛窦:《几何原本》,南京:凤凰出版社,2013年,第518页。

上、道德上还是语言上,《庄子》都认为这是应对外在的事物变化的理想所在。

"环中"体现了《庄子》深沉的现实关怀和批判的眼光,既面向没有视始卒为环或者不得环中的倒悬生存样态,同时面向"规矩""绳墨"隐喻的儒墨教化法度对人的戕害。"得其环中"则从正面立说,体现着圆环的喻根与上古"天圆地方"的宇宙观和循环观念的密切关系,与大化流行间人的理想所处。

在《庄子》的视域中,个体的人和群体的学派都处于某种"倒悬"。人以悦生恶死为常情;以"是其所非非其所是"为争辩的惯用伎俩。仁义的道德律令钳制让人失却真朴,人将本真的自己让渡给"物"与"俗"。《缮性》将这类人称为"倒置之民",他们不安其性命之情、不通乎命,逐物不返,"喜怒失位、居处无常"(《庄子·在宥》),常有人道之患、阴阳之患。各个学派也在呶呶不休地论辩和说教,日夜不休、长聒不舍。墨者"以自苦为极"(《庄子·天下》),将自身的生命置于极大的损耗状态中。部分儒者用异化了的仁义作为道德律令,企图强行矫正人素朴的本性。名家只求胜人之口而难服人之心。"道术为天下裂",各家分守道之一隅,天下大道往而不返。

隐喻地说,倒置之民或争鸣的各学派都未"得其环中",而是处于畸形或者其他"规矩"的形态中。《达生》篇"东野稷以御见庄公,进退中绳,左右旋中规"一则寓言中,颜阖观马之象而成功预言战败,被东野稷调教出的列队行进中规中矩的马也隐喻被道德律令规训的人行为举止谨守教化立法的约束,马则力竭,人则丧己失性。紧接着,《达生》又正面立说:"工倕旋而盖规矩,指与物化而不以心稽,故其灵台一而不桎",匠人参与物的变化而不受规、矩工具的制约。"规"原是辅助画圆的工具,即"正圆之器",能匡正辅助画出一个圆形,今天我们仍沿用其命名"圆规"。"矩"则指画直角或者方形的工具,后世"矩墨"(规矩、绳墨)并称,比喻准则、法度。

《墨经》《荀子》所代表的墨家和儒家重视规矩这一喻根,墨子以规矩为立仪则、正法度的代言①,荀子则以其为礼和教化的象征,如"礼之所以正国也,譬之

---

① 如"天下从事者不可以无法仪,无法仪而其事能成者,无有也。虽至士之为将相者皆有法,虽至百工从事者亦皆有法。百工为方以矩,为圆以规,直以绳,正以悬。无巧工不巧工,皆以此五者为法。巧者能中之,不巧者虽不能中,放依以从事,犹逾己。故百工从事,皆有法所度。今大者治天下,其次治大国,而无法所度,此不若百工辩也"。参见孙诒让:《墨子闲诂》,北京:中华书局,2001年,第21页。

犹衡之于轻重也,犹绳墨之于曲直也,犹规矩之于方圆也"[1],《劝学》篇则以中绳、中规明喻君子学习、接受教化的过程。儒墨选用规矩的喻根有两重意涵:其一,规矩及其象征的法度和教化有工具性的意涵,规矩是工具而非目的;其二,规矩指向的理想世界是方正有序、层级明确的。儒墨与庄子分别选择绳墨规矩和圆环的叙事与其政治立场紧密联系:绳墨规矩,总是隐含了上位者对于下位者的矫正,被用于矫正的工具也是对于人性、政治权利的隐喻,这正是选用了圆环的喻根的庄子想要否定的。

《达生》中两则寓言一正一反,前者说明墨荀"中规中矩"式的做存在极大的力竭隐患。规和矩作为工具,既是非价值的隐喻;又提撕工具不应该成为目的,应警觉工具对人的宰制。第二则寓言指向忘是非、超越是非的对立,人的心灵不被规矩工具桎梏的理想状态。庄子反对儒墨对自然真性的矫揉造作,因这一过程有阴阳之患,如《天下》哀叹墨家"以绳墨自矫"、《人间世》以"强以仁义绳墨之言术暴人之前者"为"灾人"。相反地,表达自在超越、无用之用的意象"樗"却是"不中绳墨"。在这里存在某种倒转,庄子理想的意象超越了绳墨规矩的有效范围,这类工具在大树樗面前不能发挥作用,樗在其矫正能力范围之外而得以保全自身。

《庄子》文本中大量对于绳墨规矩的警惕和批判,应当与其对"环"的推崇相对读,二者都以隐喻的方式被表达,前者是以物观之、与人为徒的工具化视角,后者则是以道观之、与天为徒的"无用之大用"的视角。圆环的喻根既正面立说言天道,也引向其批判的"非环"的倒悬状态与理想的"环中"的所处。"得其环中"要求着从以物观之到以道观之的视域转化,要求着从逐物不返到归根的复本方向。《庄子》所悲痛和批判的都是某种"往而不返":朴散为器而不复归于朴,道已为物而不复归根,一裂为多而不复通为一。《庄子》主张一种终始反复的循环观念,"往"呼唤着"返"、"成物"呼唤着"归根"。圆环的喻根引向立体的圜,宇宙大化的变化并非扁平的一面,"始卒若环"是自然变化中立体的循环结构,这与基于过去-现在-未来三世说的循环轮回观念区别开来。经历了中古时期佛教传入及之后的中国化、清末民初以严复译介赫胥黎《天演论》中生物进化论思想为代表的西学东渐后,线性的时间叙事在中国深入人心。先秦至汉初并

---

① 王先谦:《荀子集解》,北京:中华书局,1988 年,第 209—210 页。

未受过、现、未三世说或者现代科学线性时间观影响的思想家们多主张一种循环的时间观念，体现在《庄子》中，就是以"始卒若环"的圆环隐喻为代表，时间像一个运转着的大陶轮，无始无终、终而复始，而由于天道生生、运转不息，新的开始与此前的结束却不完全相同。

先秦和汉初其他文本也体现了天圆地方的宇宙观和"循环"的观念。[①] 以圆象天的传统与循环的时间观相关，日月交替、昼夜相推、寒暑更迭、四季循环，这些循环往复的天时是古人循环时间观念的基础，在此基础上人的生命和事件以及更为广阔宏大的叙事如王朝更迭，都是循环时间观中的一个过程性的存在。《吕氏春秋》认为天道之圜正是察自日月、星宿、四时的变化[②]，"圜"与天、道、一同义，循环是其中应有之义。《道德经》有"观复""归根"之说，"大曰逝，逝曰远，远曰反"之言，在物的一面呼唤反本，"本"既是时间上的开端，也指向形而上学意义上的道，道则无始终。此外，《周易》经传都传达了一种循环往复的观念，泰卦九三爻辞"无平不陂，无往不复"[③]，蛊卦《彖传》"终则有始，天行也"[④]，以及复卦传达的穷上反下、反复其道之义，《系辞上》"原始反终，故知死生之说"[⑤]，又有所谓元亨利贞、贞下起元之说。这种终始循环的时间既属天时，也指引着人时。"始终"两个时间节点因语言沟通的必要被设定和命名，但始终在"以道观之"的视域中循环往复，即"始卒若环"。

---

① 《周易》《道德经》《庄子》中体现的这种"循环"观念有同有异。相通之处是，这些文本大都肯认"终则有始""终始反复"的变化观，终始和死生的循环由天道及人道。但《周易》中这种循环更落实为以阴阳的消长为代表的往复运动，经传中还有微妙的不同，《大象传》多以天道循环变化范导人世，《系辞传》则引入气的概念（精气为物，游魂为变）来解释生死，与《庄子》相通。《道德经》则更强调"反者道动"的一面，尤其是归根、复命一类对循环中的反向运动。

② 《吕氏春秋》从日月运行一周、二十八星宿运行一周、四时的变化都象圜说起，论证天道圜地道方，与《庄子》不同的是，其文本更清晰地呈现了君臣和天地、圜方之间的对应关系，有着强烈的天人对应的思想，并有意着眼于君道的政治治理问题。《庄子》则更强调天道圆运之中人何以自处的问题，甚至对政治治理有着批判的眼光。但《吕》书提供了明确的思路论证天圜与循环间的关系："日夜一周，圜道也。月躔二十八宿，轸与角属，圜道也。精行四时，一上一下各与遇，圜道也。物动则萌，萌而生，生而长，长而大，大而成，成乃衰，衰乃杀，杀乃藏，圜道也。云气西行，云云然，冬夏不辍；水泉东流，日夜不休，上不竭，下不满，小为大，重为轻，圜道也。"参见许维遹撰，梁运华整理：《吕氏春秋集释》，北京：中华书局，2009 年，第 79 页。

③ 王弼：《周易注·泰》，北京：中华书局，2011 年，第 70 页。

④ 王弼：《周易注·蛊》，第 102 页。

⑤ 王弼：《周易注·系辞上》，第 344 页。

《庄子》文本中"始"与"终"既指时间上的开端和终了,也指向"生"和"死"。换言之,时间观与生死观圆融一体,同时挂搭了认识论和价值论。人普遍以生为始、死为终,即在时间上生先死后,故有"悦生恶死"的认识和价值判断,死亡尤其会引向"生物哀之,人类悲之",而这恰恰是待解之"天弢""天袭"①。这些束缚应解之,但也是属天的、人生而有之,这正说明解除倒悬之难。《庄子》质疑生死和先后一一对应的关系:"恶知死生先后之所在";在价值上提出完全相反的观点:"以生为附赘悬疣,以死为决疣溃痈",生非所乐、死非所惜。通过庄子妻死、遇髑髅等寓言,《庄子》消解悦生恶死的正当性,提出"善生善死"的生死观。故《知北游》云:

> 生也死之徒,死也生之始,孰知其纪!人之生,气之聚也。聚则为生,散则为死。若死生为徒,吾又何患!故万物一也,是其所美者为神奇,其所恶者为臭腐;臭腐复化为神奇,神奇复化为臭腐。故曰"通天下一气耳"。圣人故贵一。②

生之后就会有死,死是另一种意义上生的开端,宇宙大化中万物生死变化的端倪并不可知。生死只是气的聚散,人应视生死为相伴而生、一体融贯,因此《庄子》理想的圣人的视域中"无古无今,无始无终",以生死为一体,"不以生生死,不以死死生"(《庄子·知北游》)。《天下》篇亦云"上与造物者游,而下与外死生、无终始者为友"。基于物有终始、道无始终,圣人"与物无始无终"而非之。③ 正如《淮南子·诠言训》所言:"圣人无思虑,无设储,来者弗迎,去者弗将。人虽东西南北,独立中央,故处众枉之中,不失其直,天下皆流,独不离其坛域。"④

---

① 王叔岷认为此二者指"自然的束缚",钟泰认为弢指弓衣、袭指书衣,都是不必要的外在束缚。

② 郭庆藩:《庄子集释》,第733页。

③ 在这个意义上,上文《寓言》篇核心文段的解读,"万物皆种也"中"种"的种子义不可取:庄子主张的是与物无始无终,如果"种"解释为种子、萌芽、物生长之始的话,则是沦为与物有始有终,更不能说是"莫得其伦"。强调物生之始则是又进入以生为悦的倒悬。

④ 何宁:《淮南子集释》,北京:中华书局,2021年,第1005页。《淮南子》注疏对"人虽东西南北,独立其中"句罕有解释,此处也应从空间及其隐喻意义上理解。《左传·襄公二十九年》云"东西南北,谁敢安处",《礼记·檀弓上》云"今丘也,东西南北之人也"。"东西南北"是从空间上指人的四处漂泊、居处不定,(转下页)

其中"无思虑"与"弗将弗迎"等语汇，与《知北游》中"无思无虑始知道""无有所将，无有所迎"旨趣相近，而"无将无迎"正是对"与物无始无终"的一种化用态度，王船山在解释《知北游》此处时言"处中而俟也，物与己两无所益"[①]，"中"在此意味着时空一体之"环中"，同时"处中"又意味着物我关系上的互不相伤。

《庄子》大量使用"未始有"云云的句式，如《齐物论》中"未始有物""未始有封""未始有是非"，《大宗师》中"万化未始有极"等，这类提法一方面与"莫得其X"式的句式起到相同的给所知划界和警示的作用相似，在变动不居、广阔无涯的世界中人的"知"必然是有涯际的。另一方面是对理想化的还原，"未始有 X"的另一种直接表述是"无物""无封""无是非""无极"。"未始、有"突出时间上原始反终的溯源义，推原其始、反求其中，以及本来"无"、"有"乃后之斯起的意涵。因此，"得其环中""与物无始无终"的圣人形象，在情绪上悬解了死生哀乐、能够安乐处顺，在时间上完成了由物向道的视域转换，通过归根、复命、反观等方式由有分有畛的割裂的世界回归无封无是非的原初状态。

质言之，从"始卒若环"到"得其环中"，《庄子》将"环"贯穿其宇宙论、生死观、语言观、认识论。其所批判的是不知循环、不通生死、被政治教化和法度规范的语言规训的"中规中矩"式的生命形态。其理想的是知循环、视生死为一条、不中绳墨的生存方式。"得其环中"师法于天，体现了反本、由人及天。如果说"始卒若环"意味着《庄子》对宇宙中时间、变化、生死认识论意义上的论说，"得其环中"则更为本真地指向人在宇宙大化流行间何以自处。

四、结语

通过解读《寓言》篇集中出现的"卮言日出""始卒若环""天均""天倪"，可以发现《庄子》常用一种圆环式的喻根来论天喻道。"环"具有转动不息、中虚不滞、平衡不偏等特点，《庄子》以此喻道之变动不居、无所不在、无所偏私。《庄子》对以言达道的方式有深刻的方法论反思，而隐喻式的思维帮助我们在前语言的意义上经验和理解天道自然。《庄子》视域中理想的语言"卮言"、万物变化

（接上页）而"独立其中"的主语应为前一句之"圣人"。即普遍意义上而言"人"生活在不确定的天地之间，但圣人却能够师法天道运转、居处"中"而应物不伤。

① 王夫之：《老子衍　庄子通　庄子解》，北京：中华书局，2020 年，第 268 页。

的样态"以不同形相禅",以及"天钧""天倪"之为天道自然之貌,凡此种种都关乎轮转不停的"环"。时间和变化如同圆环般运转无端,故有"始卒若环"之说,从"以物观之"向"以道观之"的视域转化是其中所涵之义。从"环"到"环中",也同时体现了庄儒之同异:"环"喻指知循环、通生死、齐是非、言无言式的生命形态,既与先秦和汉初其他文本中循环时间观念与以圆象天的传统内在相通,又与儒墨彰显"绳墨规矩"式的意象喻指法度教化有别。而"得其环中"则隐喻地指向人在浑圆无际的宇宙大化中最理想的居所即是"环中"。

The Circle Metaphor in *Zhuangzi*: From "Beginning and Ending Like a Circle" to "Finding the Center of the Circle"

Zheng Heyang

Abstract: In *Zhuangzi*, the image of the "circle" appears in phrases like "heavenly potter's wheel", "division of nature", "daily increasing random speeches" and "beginning and ending like a circle". The image of an endless, hollow and balanced circle is a metaphor for the operations of the Dao in *Zhuangzi*. It appears in the discussions of the universe, time, life and death, language and ideal personality, showing Zhuangzi's powerful eloquence and rhetoric. "Beginning and ending like a circle" implies the operation of milliards of things and flow of the time are circular and indicates similar accounts of the changes and circulation of things and the image of sky in *Zhuangzi* and other classical texts in pre-Qin period and the early Han Dynasty. In *Zhuangzi*, however, the usage of the image of the circle differs from its usage in Confucian and Mohist texts where the circle is measure and rule exemplified by the "compass". It shows Zhuangzi's profound practical care and political criticism towards life forms that neglect the circulation, life or death but just follow the rule of the "compass" of law and language. According to *Zhuangzi*, the ideal dwelling place for human beings is "the center of the circle". From "beginning and ending like a circle" to "finding the center of the circle", *Zhuangzi* discusses the Dao with the "circle" and states an ideal life form that knows the circulation of all the things, equates life and death, and ignores the rule of "compass".

Keywords: metaphor, Spillover-goblet Words, heavenly potter's wheel, division of nature, beginning and ending like a circle

卮言日出，和以天倪*
——试论王船山庄子学的卮言观及言说方式

王志俊**

[摘　要]　《庄子》较早讨论寓言、重言、卮言"三言"问题，道与言的关系是其语言哲学的核心议题。王船山晚年以随文衍义的方式注解《庄子》，旗帜鲜明地指出寓言、重言皆是卮言。而卮言又犹如天倪，"天均者天倪也"。故而，天均、天倪是理解卮言的关键所在。具体而言，在追溯与卮言紧密相关的天均、天倪之取象原型的基础上，船山以隐喻的方式形象论证卮言是笼罩群言，乃至统摄寓言与重言的圆遍之言、流转之言。在气化宇宙论的思维框架下，王船山还将时空维度引入对语言意义的理解，卮言随顺宇宙大化的氤氲流行而不断生成变化，言辞的意义彰显于变动不居、具体而微的生活世界。因而，船山之卮言是变化日新、无是无非、两端皆可的道

＊　基金项目：国家社科基金重大项目"中国语言哲学史（多卷本）"（18ZDA019）；浙江省哲学社会科学规划课题"船山庄学及其气学体系建构"（23NDJC138YB）；宁波大学省属高校基本科研业务费"天人合一视域下王船山庄学思想研究"（SJWZ2024009）。

＊＊　王志俊（1989—　），女，河南信阳人，哲学博士，宁波大学马克思主义学院暨哲学与国学研究中心特聘副研究员，主要研究领域为宋明理学。

言,船山采用忘言的方式反复言说,以此调和道与语言文字"不相肖"的问题,有效回应庄子终日言而未尝言的言说困境。

[**关键词**]　王船山;卮言;天均;天倪;道言;忘言

一、引言

《庄子》较早深刻反省语言问题,发明寓言、重言、卮言三种言说方式,对卮言的铺陈渲染远重于前两者。《寓言》篇云:"寓言十九,重言十七,卮言日出,和以天倪。"①《天下》篇云:"以卮言为曼衍,以重言为真,以寓言为广。"②但关于三者的具体涵义及其内在关系、文体功用等,后世众说纷纭、莫衷一是。③并且,当前学界或以寓言为主统摄"三言",或者侧重从"卮"本身之训释、形制诠释卮言④。然而,依照《庄子》的行文脉络,《寓言》前后三次陈说"卮言日出,和以天倪"⑤,又说"天均者天倪也"⑥;《齐物论》亦云"圣人和之以是非而休乎天均"⑦。可知,从天倪、天均的视角理解卮言亦是有效途径。

王船山晚年著《庄子解》,涉及语言与道的关系问题,认为"三言"可以相互沟通,且寓言、重言皆是卮言;《寓言》《天下》二篇为全书之序例,意在发明庄子"终日言而未尝言之旨"。⑧王船山以卮言统摄寓言和重言,对道言与常言有着明确的区分,并以此回应庄子所提出的言说困境。但究竟何谓卮言,卮言与天倪、天均等概念有何内在关联,为何卮言能够变化日新、层出不穷,这种言说方式有何特点,这一独特解释倾向预示着怎样的语言观与世界观等问题仍未得到有效澄清。故而,本文以天均、天倪为切入点,系统梳理王船山对于卮言的

---

① 郭庆藩撰,王孝鱼点校:《庄子集释》,北京:中华书局,2012 年,第 939 页。

② 郭庆藩撰,王孝鱼点校:《庄子集释》,第 1091 页。

③ 具体可参见张洪兴:《〈庄子〉"三言"研究综述》,《天中学刊》,2007 年第 3 期。

④ 参见吴根友、王永灿:《"天籁"与"卮言"新论》,《哲学动态》,2014 年第 9 期;刘畅:《〈庄子〉"卮言"辨析》,《南开学报(哲学社会科学版)》,2017 年第 1 期。

⑤ 郭庆藩撰,王孝鱼点校:《庄子集释》,第 939、942、942 页。

⑥ 郭庆藩撰,王孝鱼点校:《庄子集释》,第 942 页。

⑦ 郭庆藩撰,王孝鱼点校:《庄子集释》,第 76 页。

⑧ 王夫之:《庄子解》,《船山全书》第 13 册,长沙:岳麓书社,2016 年,第 417 页。

取譬原型、卮言与大化迁流以及如何言说不可说之"道"等问题的创造性诠释。

二、天均、天倪与陶钧、石磨：卮言的取譬原型

"天均"，亦作"天钧"，在《庄子》一书共出现 4 次，依次见于《齐物论》《庚桑楚》《寓言》。在庄子看来，天均即是天倪，天倪又关乎言语是非、知识边界以及万物流转等生活世界的具体问题。这是《庄子》语言观的重要议题，也是王船山讨论卮言问题的逻辑起点。如《庄子》所言：

> 是以圣人和之以是非而休乎天钧，是之谓两行。①
>
> 知止乎其所不能知，至矣；若有不即是者，天钧败之。②
>
> 万物皆种也，以不同形相禅，始卒若环，莫得其伦，是谓天均。天均者天倪也。③

从字形上看，《庄子》有时写作"天钧"，有时亦作"天均"；而《庄子解》则全部写为"天均"。一般来说，"均"与"钧"属于同声假借，天钧即是天均。《庄子集释》引《经典释文》云："'天钧'本又作均。崔云：钧，陶钧也。"④这一解释还保留了"钧"的原始形象，即工匠生产制作的重要工具陶钧。而"均"字又有均平、均齐之意，郭象、成玄英分别注解为"自均"、"自然均平之理"。⑤ 这侧重于义理层面的发挥，可能由"钧"之原型意象引申而来。

首先，作为形器的"钧"主要指陶钧、陶轮，这应当是天均的原始形象。王先谦《庄子集解》云："《汉书·邵阳传》：'独化于陶均之上。'张晏云：'陶家名模下圆转者为钧。'故《寓言》篇云：'始卒若环。'凡陶均有枢。上文'道枢'，天均之枢

---

① 郭庆藩撰，王孝鱼点校：《庄子集释》，第 76 页。

② 郭庆藩撰，王孝鱼点校：《庄子集释》，第 788 页。

③ 郭庆藩撰，王孝鱼点校：《庄子集释》，第 942 页。

④ 郭庆藩撰，王孝鱼点校：《庄子集释》，第 80 页。

⑤ 郭庆藩撰，王孝鱼点校：《庄子集释》，第 79 页。

也。休乎天钧,即承上文'枢始得其环中'。"①可知,钧指陶钧,是工匠制作陶器的转轮。制作陶器之时,陶钧围绕中心的枢轴不停旋转,呈现为回环往复的运动过程,首尾形成循环结构,所谓"始卒若环"。并且,《庄子》中多次出现匠人、陶匠、陶瓮、陶铸等词汇,侧面印证陶匠及其生产技艺为时人所熟知,天均意象有其生活世界的原型,庄子近取诸身、远取诸物的"取譬以明理"的言说方式有其现实来源。正如叶舒宪所说,庄子"时常从制陶技术之生产实践中选取某些意象作为说理的比喻例证"。②

并且,在陶轮制作陶器的生产实践中,陶轮趋向匀速旋转、周而复始,陶器源源不断地从共同的模范中制造出来,呈现为相似的结构与形态,内在地具有形制相似、规整统一等特色。有学者指出,古代"陶器的特征是:轮制极为发达,故使器形浑圆、胎壁厚薄均匀、器身各部比例匀称、和谐,造型规整、优美"。③ 因而,从陶轮制器的生产过程中,自然派生出旋转、运行、均匀、匀称等相关观念,成为后人取譬连类的原型。④ 可以说,古人立足于日常生活实践,通过观物取象、连类取譬等方式,逐渐赋予陶钧等物象以均平、均齐的抽象意义。

其次,天均即是天倪,天倪即是天研,原型取自回旋运转之石磨。《经典释文》注解"天倪"云:"班固曰:'天研'。"⑤王叔岷称:"《庄子》'和之以天倪。'班固作'天研',是倪与研通……作'天研'乃汉时故本,最为可贵。"⑥马叙伦也指出:"倪当从班固作研,疑纽双声相通借。《说文》曰:'研,礦也。'天研犹言自然之礦。礦道回旋,终而复始,以谕是非之初无是非也。"⑦可知,倪、研可通假,而研即是礦(现在一般写作"磨")。天倪即是天研,原型指天然的石磨。武内义雄指出:"所谓'天倪',是'天研'的假借,'研'字与'磨'字同义,所以,这是把天地万

① 王先谦:《庄子集解》,上海:上海书店,1987 年,第 231 页。
② 叶舒宪:《庄子的文化解析》,西安:陕西人民出版社,2004 年,第 63 页。
③ 张之恒:《中国新石器时代文化》,南京:南京大学出版社,1992 年,第 149 页。
④ 叶舒宪:《庄子的文化解析》,第 65 页。晁福林指出,"《庄子》书中钧、均两字混用无别,两字皆有平均、均齐之意。这两个字皆从匀,其造字本义,当出自陶钧。制作陶器时,坯在陶轮上旋转,手抚使平整均齐",亦可备一说。(参见晁福林:《读〈庄子·寓言〉篇札记》,《云南社会科学》,2001 年第 5 期)
⑤ 转引自王叔岷:《庄子校诠》,北京:中华书局,第 92 页。
⑥ 王叔岷:《庄子校诠》,第 92 页。
⑦ 马叙伦:《庄子义证》,上海:商务印书馆,1930 年,第 23 页。

物的变化而回旋的,比之于磨石的回旋。"①马叙伦由石磨周而复始的旋转运动,类推言语是非之初并无是非可言。

此外,古人由观察陶钧、石磨之运转而类比思考天之运行。天地宇宙如同旋转的陶钧、石磨,自然出现日升月落、暑往寒来、昼夜交替等周而复始的现象。如《淮南子·原道训》云:"是故能天运地滞,轮转而无废……钧旋毂转,周而复匝。"高诱注曰:"钧,陶人作瓦器法,下转旋者。一曰,天也。"②《吕氏春秋·有始》亦云:"中央曰钧天。"高诱注曰:"钧,平也,为四方主,故曰钧天。"③船山《庄子解》注"休于天均"亦云:"休养其大均之天。"④可以说,天均、天倪在一定意义上可以视为天之隐喻,天地之运行如同陶轮、石磨之旋转。正如杨儒宾所说:"天倪乃比喻天地之生成变化,一如旋转之大石臼或轱辘台。"⑤

哲学·经学·语言

综上可知,天均、天倪有着共通的内涵,原型为陶钧、石磨等生产器物,皆具有浑圆的外形,围绕轴心作周而复始的旋转运动,蕴含创造、生成的力量,常用以象征回环往复的运动之道。而旋转运动也意味着变化无端,故而"均"又可训释为"易"。如《尔雅·释诂》云:"平、均、夷、茅,易也。"⑥古人由天均、石磨之旋转,类推天地之运行与万物之化生,从而获得关于创造与生成的启示。天均、天倪因而具有丰富的内涵,预示着活动、变易、生成,兼具浑圆、旋转、变化、创生等特性,赋予日常生活以秩序,成为模拟宇宙运行的基本模型。

从语言的角度来说,"和以天倪"的卮言连带被赋予圆转、变化、生成等特性,且被嵌入流转变化的世界图景之中,曼衍连犿、日出不穷。郭象注解"卮言日出"云:"夫卮,满则倾,空则仰,非持故也。况之于言,因物随变,唯彼之从,故曰日出。"⑦"况"有比喻、譬喻的涵义,《康熙字典》"况"字条云"又矧也,譬也。"⑧

---

① 武内义雄:《中国哲学小史》,汪馥泉译,北京:民主与建设出版社,2017年,第73页。

② 刘文典撰,冯逸、乔华点校:《淮南鸿烈集解》,北京:中华书局,2013年,第2—3页。

③ 高诱注:《吕氏春秋》,上海:上海书店出版社,1986年,第124页。《晋书·天文志》云:"天员如张盖……旁转如推磨而左行。"(房玄龄等撰:《晋书》,见中华书局编辑部编:《二十四史》(简体字本)第11册,北京:中华书局,2000年,第178页)

④ 王夫之:《庄子解》,《船山全书》第13册,第106页。

⑤ 杨儒宾:《庄子的卮言论》,《儒门内的庄子》,上海:上海古籍出版社,2020年,第239页。

⑥ 郭璞注,邢昺疏,王世伟整理:《尔雅注疏》,上海:上海古籍出版社,2010年,第62页。

⑦ 郭庆藩撰,王孝鱼点校:《庄子集释》,第939页。

⑧ 张玉书等编纂:《康熙字典·标点整理本》,上海:汉语大词典出版社,2002年,第562页。

王叔岷云："夫卮器,满则倾,空则仰,随物而变,非执一守故者也。施之于言,而随人从变,已无常主者也。"①以随时随地俯仰不定的酒器相比拟,卮言随物流转、变化日新,充满不确定性和未决性。正如杨国荣先生指出:"置酒于卮,满则溢,少则可增,空则可再注,并无确定的程式。与之相近,卮言也具有流动、可变的特点,它与对象无确定的对应关系,可以如水而流,蔓衍无际。相对于'指'的确定性、界限性,卮言更多地呈现流变而无界限、不可为典要的性质。"②换言之,"合于天倪"的卮言并不是固定的、僵化的,而是因任变化,随气化流行而不断生成变易。

三、天均、天倪与天之圜转:气化宇宙论视域下的卮言

天均、天倪原本在《庄子》中出场频率并不高,而船山却分外重视并反复提及。据不完全统计,《庄子解》一书先后论及"天均"凡四十余次,尤其集中于《庚桑楚》篇。③ 在船山看来,以陶钧为原始形象的天均,契合于浑天说所描摹的天地圆转运行的宇宙图像,而语言与意象的意义正呈现在这一变动不居的世界图景之中,随着宇宙大化的迁流而不断生成变化,卮言因而也具有隐喻性质和变化无方的特色。可以说,在气化宇宙论的视域之下,卮言何以不断生成、变化日新得到了合理解释。

首先,王船山赓续思想史上陶钧变化生成的创作隐喻,认为天均预示着旋转不息的往复运动。如《庄子解》云:

> 若夫天均者,运而相为圜转者也。④
> 默与天均同运……均者,自然不息之运也。⑤
> 圜转于天均而不逢其败。⑥

---

① 王叔岷:《庄子校诠》,第1088页。

② 杨国荣:《〈庄子〉哲学中的名与言》,《中国社会科学》,2006年第4期。

③ 船山于《庚桑楚》篇题解云:"此篇之旨,笔單极大,《齐物论》所谓'休之以天均'也。"(王夫之:《庄子解》,《船山全书》第13册,第349页)

④ 王夫之:《庄子解》,《船山全书》第13册,第349页。

⑤ 王夫之:《庄子解》,《船山全书》第13册,第358页。

⑥ 王夫之:《庄子解》,《船山全书》第13册,第366页。

且夫天均之一也,周遍咸而不出乎其宗,圜运而皆能至。①

可知,船山阐释"均"或"天均"时,几乎都与"运""转""圜"相关联。"均"指天地自然无休止的运动,"天均"指天地宇宙交错圜转之运动变化。其中,"圜"通常作"圆",但严格来说,二者在内涵上存在细微差别。《说文解字注》云:"圜,环也。《吕氏春秋》曰:'何以说天道之圜也,精气一上一下,圜周复杂,无所稽留'……许言天体,亦谓其体一气循环,无始无终,非谓其形浑圜也……言天当作圜,平圆当作圆。"②可知,"圜"为立体之浑圜,常指天道或天体;而"圆"则为平面之圆。并且,以"圜"言"天",意味着天之体一气循环、无始无终。因此,船山所说之天均,不仅指旋转运行的状态,也特指天道之圜转。

其次,船山认为,天均根源于浑天运转之宇宙模型,其本体亦为一气之循环流转,并显现为迁流变化、生生不息的宇宙创化历程。如《庄子解·庚桑楚》云:"夫天亦均尔,恶有所谓天者! 无天、无人、无吾,浑然一气。"③天如同旋转运动的陶钧,因为"一气"而有"天""人""吾"之化生;因为"浑然"而没有"天""人""吾"之分别。可以说,天均即是浑然一气之钧天,是无分人我、无内无外的浑沦之气。《庄子解·则阳》明确指出,"天均"即"浑天无内无外之环"。④《庄子解·寓言》亦云:"天均之环,运而不息,哀乐无留,则无系。夫乃谓之化。"⑤因此,从浑天宇宙的视角来说,天均即是无内无外、无边无垠的宇宙时空。所谓"从天均而视之,参万岁而合于一宙,周遍咸乎六寓而合于一宇"。⑥ 统合往古来今、亘古万岁与上下四方、周遍广大的宇宙时空即是天均。当然,天均之时空并非纯粹的形式,而是有其具体内容。由"浑天—天均"的关联可知,天均即大均之天,是动态的、流行的浑然之气。这一动态变易的宇宙图景,正是言说主体及言辞意义的存在境域。

此外,天均处于周而复始的变化历程之中,所包孕的天地万物也不停变易、

---

① 王夫之:《庄子解》,《船山全书》第 13 册,第 465 页。

② 许慎撰,段玉裁注:《说文解字注》,上海:上海古籍出版社,1988 年,第 277 页。

③ 王夫之:《庄子解》,《船山全书》第 13 册,第 367 页。

④ 王夫之:《庄子解》,《船山全书》第 13 册,第 395 页。

⑤ 王夫之:《庄子解》,《船山全书》第 13 册,第 421 页。

⑥ 王夫之:《庄子解》,《船山全书》第 13 册,第 361 页。

位移，由此到彼，由彼至此，迭代更替，无休无止，因而拘执于彼此是非之分辨是没有意义的。如《庄子解·庚桑楚》所言：

> 若夫天均者，运而相为圜转者也，则生死移而彼我移矣。于其未移，而此为我，彼为人；及其已移，而彼又为此，此又为彼……苟能知移者之无彼是，则笼天下于大圜之中，任其所旋转，而无彼是之辨，以同乎天和。则我即人也，我即天也。①

在船山看来，天均即是旋转、圆运之天，其本体是浑然之气。天地万物一气同构，并不存在实际的界限。气化流行不息，彼此之间不断位移、互渗，所谓"彼又为此，此又为彼"。天地万物皆在"天均""大圜"之中变化日新，因此不必执着于彼此是非之别。从天均的角度来说，万物皆是天道之化身，我既是人，我亦是天。

故而，天均意象指向气化流行、动态变易的宇宙观，天地万物处于不断迁流、运动的变化过程之中。正如《庄子解·天运》所言："盖我与物皆因自然之化而生，不自立为人之标准，风且为我效化，而无待于雄雌。已往之陈迹，其不足据为必然，久矣。"②自我与万物随顺天地自然而化生，故而不应当以自我为标准作为他人他物存在的准则，包括语言文字在内的过往之陈迹，不应该视为必然原则而作为当下人生之根据。须知包括语言名相在内的万事万物皆处于瞬息万变的大化流行之中，对事物的认知与言语描述也要应时而变，不可"据一物以物万物，守一时以定千古，标一知一行一辩以胜群义"。③

总之，在船山看来，庄子所说之天均，其基本原型是不断旋转、创生之陶钧，其轴心如不动，却带动一切变化生成。天均又与浑天说相关联，而获得气化论的支撑，本身即是浑然一气之天，因而成为万物化生之本，万物一气同构而交感互渗。可以说，由于陶钧之譬喻，天均本身即意味着运转、变易、生成；又因根源于浑天，天均具有实在性，是真实之存有。这一创造流行的宇宙观，是语言流转变化、生生不穷的形上根基。

---

① 王夫之：《庄子解》，《船山全书》第13册，第349页。

② 王夫之：《庄子解》，《船山全书》第13册，第260页。

③ 王夫之：《庄子解》，《船山全书》第13册，第364页。

四、道言与忘言：卮言的本质性规定

如前所述，卮言是笼罩群言的圆转之言，也是通达真理本身的道言。在王船山的思想体系中，"天下唯器""道在器中"，亦可说道在言中，言以载道，道以言显。语言虽然能够彰显大道，荣华之言亦能遮蔽大道，只有道言才能真正超越是非成见。然而，不可说之道如何言说？可言说之道是否已沦为第二义？面对这一言说困境，王船山以无言、忘言的方式陈说不可说之道。

首先，王船山批评王弼"得象忘言"的语言工具论，承认语言有其存在的价值，语言能够识物达意，不能简单视为"忘"的对象。如《周易外传》所言："舍筌蹄而别有得鱼得兔之理，舍象而别有得《易》之途邪？若夫言以说象，相得以彰，以拟筌蹄，有相似者。而象所由得，言固未可忘已。"①即是说，离开筌蹄这类器具还有别的方式捕获鱼兔，然而离开易象这一符号系统则易理成为不可言说、无法把捉的神秘之物。言、象二者之关系虽然与筌、鱼与蹄、兔之间有相似之处，但并非如后者是工具与目的之关系，乃至达成目的之后则可肆意舍弃工具。言与象相互彰显、成就，得象之后，不可忘言，忘言则忘象。

并且，言语不仅能彰明易象，大道也因言语得以开显，所谓"道拟因言而生"②。《周易内传》亦云："'言'，口所言。言有抑扬轻重之节，在声与气之间。"③语言符号不同于书面文字，是出口之辞气，有抑扬顿挫、轻重缓急之节奏，带有强烈的现场感、当下性，乃至鲜活生动的情境性，言辞的意义也是在具体的时空中得以生成。

其次，王船山也指出语言文字在表达意义时有其局限性，不可陷溺于言语是非之中。所谓"言犹影也，语终则逝，非若蜩甲蛇蜕之尚有留迹也。言待所言者而出，所言者又有待而生"。④言语如同影子，话语一落地旋即消失，并未留下任何形迹。并且，言有所指，"言"与"所言"相待而生。言语倘若脱离具体的言说对象，则成为空洞无意义的纯粹概念。

---

① 王夫之：《周易外传》，《船山全书》第1册，第1039页。

② 王夫之：《周易外传》，《船山全书》第1册，第1040页。

③ 王夫之：《周易内传》，《船山全书》第1册，第566页。

④ 王夫之：《庄子解》，《船山全书》第13册，第423页。

关于既成的言辞，王船山也反对盲目拘执，如《庄子解·天道》云：

> 读书而闻有仁，则以为仁；读书而闻有义，则以为义。不知古之为此言者，适乎时，因乎化，而非其必然之情也。窃其所言以自贵，而挠万物之情，此儒墨之所以多为多败，而撄人之心也。其无独见而唯人言之从也，曰道谀。其有人之有而自忘也，曰贼心。①

在船山看来，读书所听闻的仁、义概念，实则为仁、义之名。古人之所以如此立言，也不过是因任时势变化，并非任何情况下都必然如此。换言之，言辞有其适用的具体语境和历史情境。窃取古人之言而自以为贵，可能会挠扰万物之实情，而撄扰人之心性认知，所谓"道谀""贼心"正是指盲目信从他人之言而无独立见解。张胜利指出，"'仁'、'义'等名言有其所指之实，而其意义的生成具有空间性和时间性，需要具体的语境，随'势'之变迁而变动，因此不能将其抽象化、神圣化而顶礼膜拜，奉为标准"。② 故而船山反复申说："看圣人言语，须看得合一处透，则全体、大用，互相成而无碍。若执定药病一死法，却去寻他病外之药，总成迷妄。"③

从语言之价值的角度说，不可忘言；从语言之有限性的角度说，则不可过分胶着于言语之上，故而需要忘言。《庄子解》总论《寓言》篇云：

> 庄子既以忘言为宗，而又繁有称说，则抑疑于矜知，而有成心之师。且道惟无体，故寓庸而不适于是非，则一落语言文字，而早已与道不相肖。故于此发明其终日言而未尝言之旨，使人不泥其迹，而一以天均遇之，以此读内篇，而得鱼兔以忘筌蹄，勿惊其为河汉也。④

在船山看来，庄子因不信任语言而以忘言为宗旨，但却又频繁言说，抑或自矜智巧，师心自用。形上之道虽寄寓于庸常，却超越了是非纷争，一旦被语言文字所

① 王夫之：《庄子解》，《船山全书》第 13 册，第 246 页。

② 张胜利：《论王夫之诗学的语言之维》，《复旦学报（社会科学版）》，2014 年第 4 期。

③ 王夫之：《读四书大全说》，《船山全书》第 6 册，第 864 页。

④ 王夫之：《庄子解》，《船山全书》第 13 册，第 417 页。

禁锢，便不再是本原之道。故而，船山阐发终日言而未尝言之大旨，意在使人不拘泥于形迹，而是以变化日新之天均等而视之，随说随扫，随破随立。倘若"执之不忘，则必淫于邪僻。故后世之为庄学者，多冥行而成乎大恶"。①

　　紧接着，王船山指出了如何忘言，以及道与言之间的紧张关系。《庄子解·田子方》云："忘言者，非可以有言而忘之也。道大而言小，道长而言短，道圆而言方，道流行而言止于所言，一言不可以摄万言，万言不可以定一言，古言不可以为今言，此言不可以为彼言。所言者皆道之已成者也，已成则逝矣。道已逝而言犹守之，故以自善则不适，以治人则不服，以教人则不化。其通古今，合大小，一彼此者，固不可以言言者也……而以言留之，以言激之，于是得丧祸福交起以撄人心而莫之能胜，皆执故吾以死其心之灵者也。道日徂而吾已故，吾且不存，而况于言乎！"②在船山看来，本篇以忘言为宗旨，这并非是说先立言而后忘之，而是因为道与言之间存在张力，言难以曲尽道之奇妙。故而，不可执守有限、片面之言语，而当因循斯须之当下。船山所揭橥的"忘言之言，它是与道体的呈现、开通相契合的间接言说方式"。③

　　王船山将层出不穷、纷然杂乱的言论统摄于卮言，这是一种消解掉抽象性与片面性的浑圆之言、流转之言。《庄子解·寓言》云：

　　凡寓言重言与九、七之外，微言间出，辩言曲折，皆卮言也。④

　　寓言重言与非寓非重者，一也，皆卮言也，皆天倪也，故日出而不死人之心，则人道存焉。尊则有酒，卮未有也。酌于尊而旋饮之，相禅者故可以日出而不穷，本无而可有者也。本无则忘言，可有则日言而未尝言。可有而终日言者，天均之不息，无不可为倪也。至于天均而无不齐矣，则寓亦重，重亦寓也。即有非重非寓者，莫非重寓也。⑤

哲学·经学·语言

① 王夫之：《庄子解》，《船山全书》第13册，第415—416页。

② 王夫之：《庄子解》，《船山全书》第13册，第319页。

③ 陈赟：《言说的困境及其回应方式——从孔子到庄子》，《安徽师范大学学报（人文社会科学版）》，2019年第7期。

④ 王夫之：《庄子解》，《船山全书》第13册，第418页。

⑤ 王夫之：《庄子解》，《船山全书》第13册，第420页。

王船山认为,寓言(寄寓之言)与重言(重述古人之言),以及不属于寓言、非重言之流的,皆统摄于卮言。换言之,卮言笼罩群言,是众言之归墟。并且,卮言"和以天倪",意谓"言而未尝言,无所凝滞;无言而不妨于有言,无所隐藏"。① 即是说,"和以天倪"的卮言包涵言说与非言说两个层面。言而无滞,则终日言而未尝言;无所不言,则虽无言而不妨碍言说。从有无的角度来说,卮本无实则可容纳万有。言语虽能通达至道和玄理,但言语并不是大道本身。在用言语描述把握大道的同时,还需挣脱言语的束缚,以无执、不滞的方式"忘"言,直接体悟、直觉道本身。李儒义指出,卮言"实际上是道体论形而上学的语言观,它涉及的问题远不止语言运用的技巧层面,而是关涉着'和以天倪',即不可言说的'道'怎样得以言说的形上语言学的深层结构;它确定了一般语言学在作形上言说时的有限性,并力图以'卮'的方式超越这一有限性"。②

总而言之,在王船山庄子学中,"和以天倪"是对日出、日新之卮言的形象描述。通过对天均、天倪的原初形象的追溯,可知天倪指向周而复始、圆转变化之陶轮、磨盘,连类取譬的言说方式赋予卮言以圆转、圆融的特色。在气化宇宙论的思想体系下,卮言随顺宇宙大化的氤氲流行而不断生成变化,言辞的意义彰显于变动不居、具体而微的生活世界。卮言是变化日新、无是无非、两端皆可的道言,船山采用无言、忘言的方式反复言说,以此调和道与语言之间的张力。

Daily Increasing Random Words, Conforming to the Division of Nature: On the Perspective and Expressive Approach of "Random Words" in Wang Chuanshan's Zhuangzi Studies

Wang Zhijun

Abstract: *Zhuangzi* discussed the "three words" of allegory, tautology and stele earlier, and the relationship between Dao and speech is the core issue of his philosophy of language. In his later years, Wang Chuanshan annotated *Zhuangzi* in a way of

---

① 王夫之:《庄子解》,《船山全书》第 13 册,第 418 页。

② 李儒义:《论"卮言"——道体论形而上学的语言观》,《哲学研究》,1997 年第 4 期。

expanding upon the meaning of the text, and clearly pointed out that fables and tautology are all random words. Random words are akin to *tianni* (the division of nature), just as *tianjun* (heavenly potter's wheel). Therefore, *tianni* and *tianjun* are the key to understanding random words. Specifically, on the basis of tracing the archetypes of *tianjun* and *tianni* which are closely related to random words, Wang imagines in a metaphorical way that random words are circular and circulating words covering mass words and even controlling allegory and tautology. Under the thinking framework of *qi* cosmology, Wang also introduced the dimension of time and space into the understanding of the meaning of language, and random words constantly generated and changed along with the operation of the universe, and the meaning of words was manifested in the changeable and smaller but specific life world. Therefore, according to Wang, random words are words of the Dao which are changeable, beyond right or wrong and connects the two ends. Wang repeats in the way of forgetting words in order to reconcile the "dissimilar" problem between the Dao and language and effectively respond to Zhuangzi's speech dilemma of speaking all day long without any words.

Keywords: Wang Chuanshan, random words, heavenly potter's wheel, division of nature, words of the Dao, forgetting words

哲学・经学・语言

金岳霖语言哲学斠评[*]

彭传华　宋　喻^{**}

[摘　要]　金岳霖的语言哲学主要体现在《知识论》《论道》两书及《势至原则》等论文中。金岳霖对语言的本质、语言的特性与功能、思想与语言的关系、语言如何把握形上之道等语言哲学的重要问题都进行了深刻的探讨。其有关语言是应付所与的工具、本然陈述把握形上之道的观点是其语言哲学的特色所在,反映了其新实在论的理论特点。金岳霖是中国现代重要的语言哲学家,在中国语言哲学史上具有重要的历史地位。

[关键词]　金岳霖;语言哲学;所与;本然陈述

胡伟希等曾经指出:"语言问题是 20 世纪西方各派哲学都面对的重要问题,更是贯穿于整个英美分析哲学传统的核心问题。20 世纪英美分析哲学之

＊　基金项目:浙江省哲学社会科学规划课题重点项目"语言哲学视域下的中国近代知识论问题研究"
　　(24NDJC08Z)的主要成果;国家社科基金重大项目"中国语言哲学史(多卷本)"(18ZDA019)的阶段性成
　　果。
＊＊　彭传华(1975—　),男,江西遂川人,哲学博士,宁波大学马克思主义学院教授,主要研究领域为中国语
　　言哲学、中国政治哲学。
　　宋喻(1984—　),女,浙江建德人,宁波大学外国语学院讲师,主要研究领域为中国语言哲学。

所以空前地强调语言问题的重要,是同其重视知识论的传统分不开的。"①同样,金岳霖对语言问题的重视,也与其对知识论的重视密不可分。金岳霖的《知识论》讨论的是经验世界中的哲学问题,也就是知识把握客观的经验世界何以可能的问题。这就在一定程度上会涉及语言把握客观的经验世界何以可能的问题,此乃语言哲学的题中应有之义②。金岳霖的语言哲学受到学界的关注并不太多,著名语言学家许国璋较早关注到金岳霖的语言哲学,他指出:"在当代,金岳霖在《知识论》里申述了自己的语言哲学。"③之后,胡伟希教授就张岱年对金岳霖语言哲学的超越这一议题进行专门研究,近年,金岳霖的语言哲学开始受到学者的关注,刘梁剑教授曾撰专文讨论之,刘教授注重讨论"思"与"想"的语言和中国哲学的当下开展这一重要议题,对金岳霖语言哲学的讨论侧重金岳霖对于自然语言分析方法的运用以及对"思"与"想"、"意义"与"意味"等哲学概念的语义分别。上述三位学者的研究对本文启发良多,本文尝试沿着前辈学者所开创的路径,进一步展开金岳霖语言哲学的研究,集中对金岳霖语言哲学的核心议题——语言的本质、语言的特性与功能、思想与语言的关系、语言如何把握形上之道等语言哲学的重要问题进行探讨,试图揭示金岳霖语言哲学的特色并努力寻找金岳霖语言哲学的历史定位。

需要特别说明的是,在金岳霖那里,语言哲学与语言学是不同的,他在《知识论》"语言"章中强调:"此章虽论语言文字,然而兴趣不在语言文字本身。此所以语言文字学家所研究的对象不只是我们这里所提出的这点点子的问题。也许我们这里所提出的问题对于他们毫无兴趣。我们底兴趣差不多完全把语言文字视为表示思想或命题底工具。"④金岳霖之所以这样说,主要在于语言哲学和语言学关注的重心不同,他作为语言哲学家自然不太关注语言学家关注的语言的结构、描述方式、历史发展等问题:"我们不注重语言如何表示命题或意

---

① 胡伟希等:《转识成智:清华学派与20世纪中国哲学》,上海:华东师范大学出版社,2005年,第228页。

② 胡伟希认为,在《知识论》中,金岳霖提出这样的问题:(1)人类认识客观世界如何可能? (2)人类运用语言把握世界如何可能? 就第一个问题而言,他提出"所与是客观的呈现说",将"正觉"作为沟通认识主体与客体之间的桥梁。就第二个问题而言,他提出"意念"是"得自所与而还治所与",它对"所与"有"摹状与规律"的作用。参见胡伟希:《"共同意谓说":张岱年的语言哲学观略论——兼论其对金岳霖语言哲学的超越》,《哲学研究》,2003年第6期。

③ 许国璋:《许国璋论语言》,北京:外语教学与研究出版社,1991年,第1页。

④ 金岳霖:《知识论》(下),北京:商务印书馆,2017年,第842页。

思,表示得恰到与否……等等问题。我们根本没有提到任何一种语言文字。我们对于某某语言文字底历史发展,结构……等等也没有谈到。"①正是注意到了这一点,本文探讨的是金岳霖的语言哲学,使之与从语言学角度对金岳霖的研究(如许国璋的研究)区别开来。

金岳霖的语言哲学主要是在其名著《知识论》中加以详细阐述的。正如洛克为了探究知识问题而不得不探讨语言问题一样②,金岳霖对于语言的探讨与洛克的初衷如出一辙,也是先围绕着语言的本质、特性与功能开始的。

一、语言的本质、特性与功能

洛克的《人类理解论》、莱布尼茨的《人类理智新论》、孔狄亚克的《人类知识起源论》所关心的问题都是人类知识的由来以及认识能力如何形成,而在金岳霖那里,语言则是这种认识能力的重要成分,也许从一开始就是其必要的基础。

(一)语言的本质:收容和应付所与底工具

虽然金岳霖有时也强调语言的本体论地位:"语言文字不必为工具,它也可以是我们研究或思想的对象"③,但他更多是从作为思维、认知、表达、传播、保留概念和命题的工具角度来认识的。他撇开语言学的大部分问题来讲语言的本质,因此主张谈语言的本质要略去语言的符号成分、要忽略语言的结构问题,只把语言视为收容和应付所与底工具。他说:"对于语言我们所注重的是工具。我们在这里当然是注重语言文字之为工具,我们的看法和讨论,完全是把它做工具的看法和讨论。"④对于"所与"⑤的理解非常关键,此处乃一名词,意为:given,指一定的环境、条件。收容与应付可以视为官能作用对于官觉者的

① 金岳霖:《知识论》(下),第842页。

② 洛克试图探明人类知识缘何发生、如何构成,以及知识的可靠程度、适用范围等问题,但在进一步思考后他发现,无论怎样探讨知识论或认识论,都离不开语言:"在观念(Idea)和词语(words)之间存在着某种十分紧密的联系",因为知识是由命题构成的,而命题则构自语词,"如果不首先把语言的本质、功用、意义(nature, use, and signification of language)解释清楚,就根本不可能清晰明确地谈论知识。"洛克:《人类理解论》,关文运译,北京:商务印书馆,1991年,第382页。

③ 金岳霖:《知识论》(下),第827页。

④ 金岳霖:《知识论》(下),第827页。

⑤ 张东荪在《知识与文化》中也有"所与"的看法。参见张东荪:《知识与文化》,长沙:岳麓书社,2011年,第39页。

影响。① 金岳霖说:

> 我们称正觉底呈现为"所与"以别于其他官能活动底呈现。所与就是外物或外物底一部分。所与有两方面的位置,它是内容,同时也是对象。就内容说,它是呈现;就对象说,它是具有对象性的外物或外物底一部分。内容和对象在正觉底所与上合一。②

"正觉"在金岳霖的知识论中具有核心地位,突出正觉的作用,将感觉论作为一种正觉论,是金岳霖的知识论在感觉论上的与众不同之处。③ 这里他用₁₁₂"正觉"这个词是指正常的感觉,不包含错觉、幻觉和野觉等感觉活动。"在正常的感觉活动中,人们看到的形色、听到的声音,既是见闻的内容,又是见闻的对象,既是呈现,又是外物。"④所以在正常感觉中,"所与是客观的呈现"⑤。官觉者指有认识能力的人,也包括动物。收容,指对所与的接收和保存;应付,指对所与的反应和处理。

收容是间接地保留所与。金岳霖认为:"收容是把一时官能之所得保留起来,间接地保留起来。"之所以说间接地保留,"因为从种种方面着想,一时一地官能之所得,严格地说,是不能保留的,如果所谓保留是要原来的呈现重复地现于另一时候另一地方。所谓保留是受原来呈现底影响使类似原来呈现的呈现,其影响亦大于原来的影响,一直到影响达到一程度可以使官觉者应付类似原来呈现的所与"⑥。应付不限制到有所谓的应付。应付容易使人想到手段和目标

---

① 冯契曾强调:"'所与'(Given)即感觉所给予的形色、声音等,它是客观事物在人们正常感觉活动中的呈现,是知识的最基本的材料。"参见冯契:《中国近代哲学的革命进程》,上海:华东师范大学出版社,1997年,第564页。

② 金岳霖:《知识论》(上),第137页。

③ 陈嘉明:《略论金岳霖〈知识论〉中的几个问题》,《中国社会科学评价》,2021年第1期。

④ 冯契:《中国近代哲学的革命进程》,第564页。

⑤ 这一观点也遭到一些批评,胡军从认识主体感觉器官的生理机制及其科学史、哲学史的角度讨论了感觉内容与外物之间的复杂而细微的关系,从中得出的初步结论就是感觉内容与独立存在的外物之间有着本质差异。从而批评"所与是客观的呈现"说失去了相应的理论基础。参见胡军:《"所与是客观的呈现"说评析——以金岳霖、冯契为例》,《华东师范大学学报(哲学社会科学版)》,2016年第3期。

⑥ 金岳霖:《知识论》(上),第196—197页。

等问题,也使人产生有所谓有意识或有所谓的应付的错觉。官觉者对于呈现上的刺激总有反应,总受了够使他发生应付的影响,而这就是说总得到收容的结果。照此说法,"应付不限制到有意识的应付,也不限制到相当的或得体的应付。只要官觉者对于所与,有行为上的反应,他就有应付一部分的所与底能力"①。至于收容与应付的关系,金岳霖认为二者乃交相为用的关系:"一官觉者对于他所得的所与,假使没有收容,则所与对于他有如东风拂耳,一纵即逝,他根本不能有觉,一官觉者对于他所得的所与,假使他不能应付,则他对于所与没有相当的反感也许他要吃亏,而在此情况下,他也没有觉。能收容与应付我们能否就能说有觉,颇有问题,但不能收容与应付,他也不能说有觉。收容与应付二者交相为用。一官觉者不能收容,他也不能应付;他不能应付,他也不能表示他底所与已经为他所收容。"②当然金岳霖对于语言本质的认识有一定的问题,未能看到语言作为概念如何在所与的呈现中起到概括、赋予意义等作用问题,这一点遭到一些学者的批评。③

金岳霖正是在把语言视为收容和应付所与底工具的前提下,展开其对语言的进一步讨论。何谓语言? 金岳霖将语言与语言文字区别开来,"所谓语言也许比普通所谓语言文字底范围较广,因为不仅算学在内,连鸡鸣狗叫也在内。虽然如此,我们所特别注重的是最初级的语言。"④金岳霖将语言按照功能分为表情与表事两类。尤其强调:"表情虽然也是应付所与,然而对于语言表情的官觉者为所与的,对于其他的官觉者也许是不能呈现的所与。"⑤由于语言学和语言哲学关注的重点是不一样的:"语言学是一门对语言的结构、作用方式或历史进行经验研究的学科,它的目标就是考察语言本身,它的研究方式是描述性的。尽管语言学理论能够提出一些有趣的哲学问题,但它本身不会回答哲学家所关注的形上学问题和认识论问题。而语言哲学对语言的关注是出于哲学上的兴趣,是为了达到通过语言理解思想乃至世界这一哲学目的的。"⑥金岳霖作为哲

金岳霖语言哲学辨评

---

① 金岳霖:《知识论》(上),第 197 页。

② 金岳霖:《知识论》(上),第 195 页。

③ 陈嘉明:《略论金岳霖〈知识论〉中的几个问题》,《中国社会科学评价》,2021 年第 1 期。

④ 金岳霖:《知识论》(上),第 230—231 页。

⑤ 金岳霖:《知识论》(上),第 231 页。

⑥ 彭传华:《荀子语言哲学的历史定位》,《浙江学刊》,2015 年第 6 期。

学家,其语言哲学并不关注表情的语言、也不关心语言学家研究的大部分问题,他强调自己甚至忽略哲学上论语言者总免不了要注重的符号成分、语言的结构等等。① 关于语言关注的重心是否表情这一点,张东荪与金岳霖非常不同,在张东荪看来,由于言语是表达人类的希望、感情、意志,所以言语的主要作用在于表情而不限于达意,从中可以看出两位哲人在语言哲学认识上的差异。在撇开表情的语言、符号成分、语言的结构等语言学家关心的问题之后,金岳霖进一步探讨语言的特性问题。

(二) 语言的特性:交通性

金岳霖强调语言最重要的特性就是交通性。交通性蕴含交际性、交流性,但交通性比交际性、交流性要好得多。金岳霖强调语言是有交通性的,不然不成其为语言。"所谓交通是说甲以 A 语言(各种动作均可视为语言,只要有共同的意义)去传达 X 给乙,乙因 A 语言而得到 X,乙也许有语言上的表示,也许没有。但是如果乙得到了 X,我们现在可以假设乙有相当的表示,那么甲乙之间就有了语言上的交通。"②当然,金岳霖也注意到了交通的困难性:"思想或反应简单的官觉者底交通也许容易,思想复杂的官觉者得寻找恰当的语言似乎是常见的事。寻找了好久之后,不见得能够得到,这是从表示着想。若从传达着想,则听者看者之所得是否即说者写者之所表示,更不容易严格地追求。"③交通的困难尤其体现在如下几种情况:"表情的语言我们不注重,然而我们可以借此以表示在表情方面交通更是麻烦。传达算学比较地容易,传达诗词比较地难;传达事理比较地容易,传达境界似乎非常之难。"④尽管语言交通是困难的,但金岳霖还是坦承语言交通是可能的。金岳霖关于语言的交通性的认识也与张东荪有很大不同,张东荪认为,人与人之间情感的交通乃是社会的,言语完全是为交通而设,因交通而情感凝合遂有社会,所以言语本身就是社会的。因此张东荪更强调语言交通的可能性而金岳霖则过于强调语言交通的困难性。

金岳霖反对将"官觉的呈现视为主观、而将语言视为客观"的看法。因为这种看法根本是自相矛盾的,如果接受这种流行的看法,那么语言本身靠不住,所

---

① 金岳霖:《知识论》(上),第 231 页。

② 金岳霖:《知识论》(上),第 232 页。

③ 金岳霖:《知识论》(上),第 232—233 页。

④ 金岳霖:《知识论》(上),第 233 页。

以它也就不能成为收容与应付所与的工具了。因此,金岳霖提出了一个重要的观点,即"语言文字也是官觉底所与"。他以"中"字为例说明之。"中"有三层意思:(一)它是符号;(二)它是一图案,(我们暂以写出来的"中"字为例);(三)它是视觉上的呈现或所与。金岳霖指出:"主张官觉底呈现或所与为主观而以语言为客观的,似乎忘记了第三点底重要,而特别的注重第一点。"从语言学的角度,大都注重符号成分或图案成分(即第一第二点),但在官觉上我们注重语言的交通性,就不能不注重第三点。因为"假如官觉底'所与'为主观,则我们对于'中'这一所与没有客观的共同的所与",就"中"在我们的视觉器官的呈现而言,它是客观的共同的。假如所与不是客观的,则语言根本不可能。因此,语言之所以能成为交通的工具,在于有客观的所与。因此金岳霖总结道:"官觉所与有客观性,语言才能有客观性,它有客观性,才能成为交通工具。它有交通性,然后在收容与应付所与底工具中,它才是一有特别责任的工具。"①不过金岳霖"语言文字也是官觉底所与"的观点有其未尽之处,即未能注意到概念在所与的呈现中所起的作用,不能不说是一个缺憾。②

当然关于"语言文字也是官觉底所与"这个问题,金岳霖特别强调第三种"视觉"的呈现,似乎有忽视"听觉"的感受之嫌。其实金岳霖的见识是睿智的,他之所以强调语言文字乃"视觉"的呈现或所与,这主要是由象形文字的本质决定的。尚杰认为象形文字③的声音瞬间就消失,文字的形状不会消失,这是象形文字与拼音文字的不同之处。在他看来,汉语最优秀的遗产,只能是它的书面语言,即"文言文",汉语口语中有太多的含义表达不出来,原因在于汉语字多音少,同一个音节承载着太多的文字,不堪重负!④ 尚杰的观点可谓对金岳霖上述观点所作的进一步阐发和深化。

(三)语言的功能

金岳霖肯定语言在社会交流中发挥着重要作用:"要紧的不在一官觉者能

---

① 金岳霖:《知识论》(上),第 235 页。

② 陈嘉明:《略论金岳霖〈知识论〉中的几个问题》,《中国社会科学评价》,2021 年第 1 期。

③ 汉字基本上属于字形与字音"分裂"的语言,这种"不方便"当然被我们使用汉字的祖先注意到了,形声字就是试图把字形与字音统一起来的尝试。但是,这种美好的愿望还是不可能变汉字为拼音文字,因为"形状思维"几乎渗透到汉字的骨髓里,就连那声符本身,也不过是个"准象形字"而已。尚杰:《中西:语言与思想制度》,北京:北京大学出版社,2010 年,第 72 页。

④ 尚杰:《中西:语言与思想制度》,第 165—166 页。

互通语言,而在一社会的官觉者能互通语言。从这一点着想,语言的确是收容与应付的非常之重要的工具。……语言有它本身底用处,而这是非常之重要的。在同时的官觉事实中,同一社会同一语言的官觉者可以交换各官觉者的官能之所得。如果各官觉者底所得相同,固然很好;如果不同,也可以增加彼此所得,而彼此的经验因此丰富,彼此底知识也可以因此增加。"[①]具体来讲,语言具有以下四种功能。第一,记事和表情。语言有记事和表情的功能,前者大致为收容,后者大致为应付。"语言的用处不限制到当时,官觉者可以利用语言去保存经验于事后。"[②]强调语言的记事功能可以保存经验于事后,但与记忆区别甚大。"语言是一非常之重要底收容与应付所与的工具。记忆常不可靠,所记底数量也不够多。语言是一官觉社会的总记忆底工具。官觉者可以利用语言以为记事之用。记事是以语言补记忆底不足。"[③]第二,注重一社会的官觉者的语言的互通。金岳霖强调重要的不是一官觉者能语言而是在于一社会的官觉者能互通语言,从这一点来看,语言的确是收容与应付所与的非常重要的工具。虽然这一工具也依靠别的工具如抽象、记忆等,"交通不仅靠语言,也靠抽象,保留经验不仅靠语言,也靠记忆"[④]。金岳霖强调语言有它本身的用处,认为这是非常之重要的,因为"在同时的官觉事实中,同一社会同一语言的官觉者可以交换各官觉者底官能之所得。如果各官觉者底所得相同(是否相同可以用语言表示,所谓同是共同的同,不是特殊的相等,后者不可能),固然很好;如果不同,也可以增加彼此底所得,而彼此的经验因此丰富,彼此底知识也可以因此增加"[⑤]。第三,语言可以使经验推广到耳闻目见范围之外。金岳霖指出,如果没有语言,则官觉者底经验限制在耳闻目见范围之内,有语言则他底经验推广到耳闻目见范围之外。"有语言的官觉者可以闻所未亲闻,见所未亲见,除直接的亲经验以外,可以有间接的经验",最后推动社会的良性互动:"语言发达之后,一社会的官觉者底间接的经验增加。间接的经验增加,也就是增加一官觉社会底总经验。"[⑥]即语

① 金岳霖:《知识论》(上),第225—226页。

② 金岳霖:《知识论》(上),第235页。

③ 金岳霖:《知识论》(上),第236页。

④ 金岳霖:《知识论》(上),第236页。

⑤ 金岳霖:《知识论》(上),第236页。

⑥ 金岳霖:《知识论》(上),第236页。

言发达有利于增加社会总经验。第四，形成一官觉社会的总记忆的工具。金岳霖指出，记忆常不可靠，所记的数量也不够多，由于"语言是一官觉社会底总记忆底工具"，因此，官觉者可以利用语言以为记事之用，记事是以语言补记忆底不足，"这办法在以官觉者可以收容该官觉者底经验，在一官觉社会可以收容该社会底经验。"最后，金岳霖对语言的功能高度肯定："有语言才有一官觉社会底共同的经验藏储，而有此共同的藏储之后，收容与应付将来的所与底能力更大。"[①]这句话用现代术语来说，即是在世界性的竞争中，谁的信息越多，谁应变未来的能力就越大。

二、语言与思想

语言与思想之关系问题是语言哲学的核心问题，思想与语言何者在逻辑上优先的问题至关重要。正如戴维森所说："如果思想是首要的，那么语言的唯一目的就是表达或传递思想；如果我们将语言视为首要的，那么我们就会试图把思想分析为言语倾向性(speech dispositions)。"[②]

金岳霖讨论思想与语言的关系，首先从思想能否独立于语言文字的问题切入。他认为这一问题涉及何谓思想、何谓语言文字、何谓独立，尤其对于何谓"独立"容易产生误解。关于独立，金岳霖这样理解："所谓独立也许是说，思想与语言文字彼此底关系是外在的，或者说彼此均不互相影响。"金岳霖进一步分析，"如果说思想虽不影响到语言文字，而语言文字影响到思想，或者说无论思想影响到语言文字与否，语言文字总影响到思想，则语言文字和思想不独立"[③]。至于如何影响，在金岳霖眼中，至少有两种影响法：充分的影响法、必要的影响法。充分的影响法意即：如果有某种语言，就有某样式的思想；必要的影响法意即：如果没有某种语言，就没有某种思想。独立与否可以理解为这两方面的影响之有无。

在金岳霖看来，语言文字对思想的支配似乎不是充分条件的支配，他说："以中国语言文字为中国底思想底充分条件的人，实在是主张有中国语言文字，

金岳霖语言哲学斠评

---

① 金岳霖：《知识论》（上），第 236 页。

② Davidson, "Thought and Talk"(1975), in Davidson(ed.), *Inquiries into Truth and Interpretation*, 2nd ed., Oxford: ClarendonPress, 2001, p.158.

③ 金岳霖：《知识论》（下），第 853 页。

就有中国底思想，这当然不是说，有中国语言文字，才有中国底思想。这样的主张不是主张思想受语言文字底支配的人所要表示的意见。反过来，这实在是说，没有中国底思想，就没有中国语言文字。这实在等于说，'先'有思想，然后才有语言文字，而这似乎是表示，在某种意义之下的'支配'，思想支配语言文字。"①金岳霖强调，上述这种充分条件的影响不是主张思想不能独立于语言文字的人的所谓的语言文字的影响。金岳霖因此推测语言文字对思想的支配似乎是必要条件的支配，因为"主张思想不能独立于语言文字的人似乎是主张语言文字支配思想。这主张是说，无某种语言文字，即无某种思想。这当然就是说，某种语言文字是某种思想底必要条件"②。至于语言文字和思想的关系，金岳霖进一步解释道：

> 就语言说，我们至少有两方面的问题。一是语言文字所包括的范围，一是任何语言文字与某种语言文字底分别。就前一方面说，语言文字有广泛与窄狭底范围问题。算学底符号也可以说是语言文字，虽然它不是日常生活中的语言文字。主张语言文字支配思想的人所说的语言文字似乎不包括算学底符号。……就后一方面说，说语言文字支配思想，是说思想不能独立于某种语言文字呢？还是说它不能独立于一种语言文字呢？说它不能独立于一种语言文字，似乎只是说思想非有表示方式不可，而这也似乎不是主张语言文字支配思想的人所要表示的意见。主张语言文字支配思想的人似乎是说，某种日常生活中引用的语言文字支配思想。③

金岳霖以罗素为例说明之：罗素的算学原理原来是用英文写的，后来觉得英文不行，才改用符号。如果说英文支配罗素的思想，他不应该有英文所不能或不容易表示的思想。因此，可以断定思想与语言文字的关系在于：不是思想是否独立于任何语言文字及符号，而是思想是否独立于某种日常生活中引用的语言文字。

---

① 金岳霖：《知识论》（下），第854页。

② 金岳霖：《知识论》（下），第854页。

③ 金岳霖：《知识论》（下），第854—855页。

金岳霖将思想区分为思议和想象,刘梁剑教授强调金岳霖这一区分的重要意义:"金岳霖对'思''想'的分别,直接关联着他所关心的核心哲学问题。"[1]认为金岳霖借助"思"与"想"的区分对休谟哲学作出了出色回应。金岳霖认为对思议和想象的分别可以从内容与对象着手,这是他对"思想"的独特理解:"就历程说,思想活动是综合的活动;就内容说,思与想不一样。想象底内容是意象,思议底内容是意念,概念,意思,命题。"[2]又说:"想象的对象是具体的,个体的,特殊的东西。思议的对象是普遍的,抽象的。"[3]因此,思想和语言文字的关系也就转变为:想象与语言文字的关系以及思议与语言文字的关系两个方面。

(一)关于想象与语言文字的关系问题

首先金岳霖主张情感与想象中的意象相干。金岳霖强调:"想象底内容是意象。意象是类似特殊的,类似具体的。意象是有情感的;有可喜可怒,可哀可乐……的意象。意象不但是有情感的,而且情感对于意象不是不相干的。"[4]在金岳霖看来,语言文字也有情感的寄托,字句的情感上的寄托受历史、环境、习惯、风俗等要素的影响经过长期引用而获得。[5] 如此看来,"字句底情感或意味,与想象情感或意味,关系非常之密切"[6]。其次,金岳霖主张社会意象者的公共意味寓于语言文字中。金岳霖强调意象者从他的意象中所得的意味可以分为意象者之所私和社会的意象者之所共两方面。"意象者之所私"是他所独有的,是从他自己亲自经验中所得到的;"意象者之所共"的意味则可能是他亲自经验中所得到的,也可能是和别的意象者交换而来的。前一方面的意味,显然不必靠语言文字。然而一社会的意象者所有的公共的意味,则必须依靠语言文字的帮助才能感觉到。最后,金岳霖主张语言文字可能支配意象的意味。在金岳霖看来,借语言文字而得的意象的意味是不习惯于一种语言文字的人不能得到的,而习惯于一种语言文字的人也大都是习惯于引用该语言文字的社会生活的人。比如,一个中国人想象他在山中走路,又想到"空谷幽兰",他的想象有

① 刘梁剑:《有"思"有"想"的语言——金岳霖的语言哲学及其当代意义》,《哲学动态》,2018 年第 4 期。

② 金岳霖:《知识论》(下),第 855 页。

③ 金岳霖:《金岳霖文集》卷 2,兰州:甘肃人民出版社,1995 年,第 504 页。

④ 金岳霖:《知识论》(下),第 855—856 页。

⑤ 金岳霖:《知识论》(下),第 856 页。

⑥ 金岳霖:《知识论》(下),第 856 页。

种意味,是不懂中国语言文字的人所得不到的。"空谷"两字已经有许多意味,而这意味不是英文中的"empty valley"所能传达的。不仅如此,"兰"字表示兰花,而兰花对于中国人可以说是非同小可的花,它所引起的味道绝不是英文中的"orchid"那一词所能引起的。因此,金岳霖强调:"意象底意味有一大部分是靠语言文字的。假如我们不从历史背景风俗习惯……等等着想,单从语言文字着想,我们似乎可以说某种语言文字支配想象,因为它支配意象底意味,而意象底意味和意象总是相干的。"①

(二) 关于思议与语言文字的关系问题

首先,金岳霖主张思议的历程中可能有语言文字的意味渗入。金岳霖认为,思议的内容是意念、概念、意思与命题。而在思想底历程中,思议的内容可能要有所寄托。如果没有这种寄托,大多数的思议无法进行,金岳霖认为这或许是思议者的缺点。他断定思议的内容要么寄托于意象,要么寄托于文字或符号。他怀疑利用寄托的程度似乎很有高低的不同:有些思议者或许不必多用这种寄托,有些则似乎非多用不可。因此,寄托于意象的意念或许连带地渗入意象的意味于意念中。在金岳霖看来,意味和意念的关系是一件事,意味与意象的关系又是另一件事。而思议和语言的关系与想象和语言的关系不一样:想象也许受某种语言文字的支配,思议不受某种语言文字的支配;思议也许不能离开一种语言文字,而它应该是可以离开某种语言文字的。② 其次,金岳霖主张文法结构影响到意思或命题的表示。金岳霖主张除意味外,还有文法或结构问题影响到意思或命题的表达。这里的结构问题差不多完全就是句子的问题。金岳霖注意到,有的时候,从字说,一句句子里的字都是另一语言文字所有的,然而这一句句子所表示的意思或命题,是第二种语言文字所不能表示的。比如"Fre will is the will that wills itself",把它译成中文就很难办到;又如"I love you"这一句句子,如用"我爱你"这一句句子代替,意味不同的地方也许不少。这就是说,"我们不用某种语言文字去表示某些意思,不必是某种语言文字不能表示那些意思,而是我们不便于引用某种语言文字去表示那些意思"③。也就

---

① 金岳霖:《知识论》(下),第 859 页。

② 金岳霖:《知识论》(下),第 861 页。

③ 金岳霖:《知识论》(下),第 862 页。

是说,在金岳霖看来,语言文字毕竟有约定俗成的成分,既然既成的约俗可能使我们感觉到自然,方定方成的约俗也可以慢慢地使我们感觉到自然。再次,金岳霖主张就图案或结构而言,思议的内容不受语言文字的支配。假如两种语言文字都是有句子的语言文字,并且句子里的字都一一相应,这种情况在金岳霖看来,此种语言文字所能表示的意思或命题不至于是另一种之所不能表示的。金岳霖因此断定事实上当然有一语言文字所有而另一语言文字所无的意念、概念、意思、命题,但是这和语言文字的结构或文法不必相干。"思想的确受某种语言文字底支配,因为思想是一种混合的活动。我们只是说,思想中的思议底内容,就结构说,不受某种语言文字底支配。"[1]

总之,金岳霖认为思想是不能独立于语言文字的,表达、储藏、传播意念和命题都离不开语言文字。不过,金岳霖所作的想象与思议的区分有进一步讨论的空间。金岳霖强调思议的内容就结构说,不受某种语言文字的支配,因此概念要表达的对象就与某种具体语言无关,而只是抽象的"理"。问题是,"任何概念与意念都来自于所与,而且必得借助于历史的语言表达。就是说,无论就概念表达的内容,或者概念借助的语言工具来说,都无法切断它与个人经验以及社会经验的关系,这方面它与意象并无本质的差异"[2]。金岳霖表示,思议与想象比较而言,重要的在于思议是"抽象"的结果:"思议底内容是意念,概念,意思,命题","思议的对象是普遍的,抽象的"。胡伟希指出金岳霖理解的所谓"抽象",应是概念思维的结果,而非概念思维的过程,假如将这概念思维的结果当作概念思维的过程解释,似乎给人"同义反复"的意味,暗含着金岳霖的这一讨论具有逻辑雄辩力不足的缺憾。[3]

三、说不可说:以本然陈述的方式把握道

在金岳霖看来,"形而上学"毕竟是哲学的主要部门,或者说哲学主要就是

① 金岳霖:《知识论》(下),第862页。

② 胡伟希:《"共同意谓说":张岱年的语言哲学观略论——兼论其对金岳霖语言哲学的超越》,《哲学研究》,2003年第6期。

③ 胡伟希:《"共同意谓说":张岱年的语言哲学观略论——兼论其对金岳霖语言哲学的超越》,《哲学研究》,2003年第6期。

"形而上学"。哲学的最后归宿就是通向"形而上学",他说:"治哲学总会到一说不得的阶段。说不得的东西就是普通所谓名言所不能达的东西。"①又说:"因为治哲学者的要求就是因为感觉这些名言之所不能达到的东西,而要说这些命题所不能表示的思想。假若他不是这样,他或者不治哲学,或者虽治哲学而根本没有哲学问题。"②说得说不得的东西就是名言世界与超名言之域。那么,什么是名言世界与超名言之域? 关于名言世界③,金岳霖有明确的定义:"名言世界是分开来说的世界。"他说:"命题总是分开来说的思想。普遍命题如此,特殊命题也是如此。分开来说的思想所说的对象总是名言世界,而不是那超形脱相无此无彼的世界。"④他又说:"平平常常的知识所发生兴趣的总是名言世界,而名言世界是能以名言去区别的世界。它所注重的不是宇宙底整体或大全,而是彼此有分别的这这那那、种种等等。"⑤又说:"虽在一方面我们认为这类话为无意义,然而在另一方面,我们认为有意义,则在一方面说不得的话在另一方面仍然要说。"⑥说说不得或说不可说,乃是金岳霖语言哲学的形上追求。

在中国传统哲学中,和"说不可说"问题相关的是言意之辩,也就是言、意能否把握道的问题。

关于"道",金岳霖有其独特的理解。他认为:"每一文化区有它底中坚思想,每一中坚思想有它底最崇高的概念,最基本的原动力。"⑦又说:"中国思想中最崇高的概念似乎是道。所谓行道、修道、得道,都是以道为最终的目标。思想与情感两方面的最基本的原动力似乎也是道。"⑧他在《论道》的姊妹篇——英文著作"Tao, Nature and Man"(《道、自然与人》)中明确地说,道不是语言,不是思想,而是思想的对象,是客观的实在。"道不限于词语和思想,而是也适

① 金岳霖:《金岳霖文集》卷 2,第 407 页。

② 金岳霖:《金岳霖文集》卷 2,第 408 页。

③ 金岳霖对于名言世界和非名言世界的区分是其语言哲学的特色之一,这里的世界是指领域,不过非名言世界容易产生误会,所以金岳霖先生后面写《知识论》时就很少用了,冯契先生则以"超名言之域"来代替之。

④ 金岳霖:《金岳霖文集》卷 2,第 407 页。

⑤ 金岳霖:《知识论》(下),第 898 页。

⑥ 金岳霖:《金岳霖文集》卷 2,第 408—409 页。

⑦ 金岳霖:《论道》,北京:商务印书馆,2015 年,第 18 页。

⑧ 金岳霖:《论道》,第 18 页。

用于其对象。在谈道存在的时候,我们不只是谈论有思想或思维的存在,而且是在谈论有宇宙存在。"①如此说来,道即是客观实在的宇宙。金岳霖先生并不主张给道下定义:"谈定义则儒道墨彼此之间就难免那'道其所道非吾所谓道'的情形发生,而其结果就是此道非彼道。"②因此,可以说,金岳霖的道乃形而上学中道家、儒家的思想成分兼而有之,但总体来说,他的哲学已超越儒道,达于一新的思想高度、思想境界,非可以"新"道、"新"儒名之者也。③ 但他还是给道下了一个定义:"不道之道,各家所欲言而不能尽的道,国人对之油然而生景仰之心的道,万事万物之所不得不由,不得不依,不得不归的道才是中国思想中最崇高的概念,最基本的原动力。"④

关于言意如何把握道的问题,金岳霖主张用本然陈述的方式把握道。

金岳霖《势至原则》对于"名言世界与说不得"这一语言哲学重要问题展开讨论。他强调指出本然陈述这种方式是可以对非命题所能达的东西加以言说的,这也可以看作是金岳霖对维特根斯坦"对于我们不能说的必须保持沉默"学说的理论回应。胡伟希认为,"本然陈述"主要包含几层意思:本然陈述以形而上学世界或"非名言世界"为对象;本然命题是积极命题,而且适用于任何个别的事或理;本然命题所用的工具既不是个体词,也不是概念。⑤ 而就表述方式而言,如果把言说方式分为:描述(description)、表达(expression)、规定(prescription)三种⑥,那么本然陈述就属于规定的陈述。规定的陈述,按金岳霖的界定,主要有三点:(1)"本然陈述是积极的总经验之大成的话。……它无所取,亦无所舍。"⑦一方面,对个别事物,它似乎什么也没有说,另一方面,就总体而言,它似乎又什么都说了。(2)"从对象说,本然陈述陈述

---

① 陈启伟:《金岳霖先生的道形而上学和圣哲观》,载《论道》,第 250 页。

② 金岳霖:《论道》,第 18 页。

③ 陈启伟:《金岳霖先生的道形而上学和圣哲观》,载《论道》,第 251 页。

④ 金岳霖:《论道》,第 18 页。

⑤ 胡伟希:《中国近现代思想与哲学传统》,杭州:浙江工商大学出版社,2009 年,第 428 页。

⑥ 描述地说即命题,以实在世界的事实和条理为对象,属科学领域,具理论意义。表达地说以主体情志为对象,属文学艺术的领域,具情感意义。规定地说属哲学(特别是形而上学)领域,一方面,它力求达到对宇宙大全的真理性认识,另一方面,它又饱含着对人性自由的热忱。参见郁振华:《说不得的东西如何能说——维特根斯坦的"沉默"和冯友兰、金岳霖的回应》,《哲学研究》,1996 年第 6 期。

⑦ 金岳霖:《金岳霖学术论文选》,北京:中国社会科学出版社,1990 年,第 345 页。

元理。"①元理是一种本然的理,不同于本然的非元理,后者是些先验命题,与知识经验有更直接关系,是经验的可能性条件。而元理是我们关于总体世界一些不得不说的话,也许有些像本体论承诺。(3)"就本然陈述的结构着想,文法上有主宾词,而实际上没有主宾词。"②也就是说,本然陈述放在主语位置上的词,实际上不能作为主语,它没有所指,也没有所谓。我们可以通过共相上的无量抽象法和殊相上的无限变更法,得到本然陈述。金岳霖提出的本然陈述具有重要意义,郁振华认为:"他对维特根斯坦'沉默'的回应不仅赋予了中国传统的言意之辩以崭新的时代意蕴,而且具有世界哲学的意义,他对本然陈述的深刻探讨,是中国哲学家对世界哲学的重要贡献,是世界哲学宝库中的珍贵的精神遗产。"③这样的评价是客观公允的。

四、结语

应当承认,金岳霖的语言哲学存在着知识经验与形上智慧的断裂、未能悟得转识成智之旨的缺陷;金岳霖等人虽努力回应实证主义对形而上学的批评,力争形上智慧之能达,但未能在后形上学时代,合理说明科学知识与形上智慧关系;他注意到了语言文字中"意义"和"意味"的区分,但重视语言文字的意义甚于重视意味的倾向限制了他对意象的功能作进一步的探讨,而将非名言世界的"言说"仅仅归于"本然陈述"的讨论,忽视了意象把握形上世界的可能性。尽管如此,金岳霖依然不愧为中国现代重要的语言哲学家,在中国语言哲学史上具有重要的历史地位。他对语言的本质、特性与功用的探讨,对语言与思想的关系的研究,对如何说不可说的论证,是其语言哲学的主要成就;他有关语言是应付所与的工具、本然陈述把握形上之道的观点是其语言哲学的特色所在,体现了其新实在论的理论特点;他对语言的研究,可以说是回应了西方自洛克、莱布尼茨、孔狄亚克等人以来关于语言的讨论,具有世界范围内的哲学意义,值得研究者们高度重视。

---

① 金岳霖:《金岳霖学术论文选》,第345页。

② 金岳霖:《金岳霖学术论文选》,第345页。

③ 郁振华:《说不得的东西如何能说——维特根斯坦的"沉默"和冯友兰、金岳霖的回应》,《哲学研究》,1996年第6期。

On JIN Yue-lin's Philosophy of Language

Peng Chuanhua, Song Yu

Abstract: Jin Yuelin's philosophy of language is mainly embodied in his works such as *Theory of Knowledge*, *On Dao*, "Principle of Potentiality", etc. Jin has deeply discussed core issues in the philosophy of language such as the essence of language, the characteristics and functions of language, the relationship between thought and language, and how to grasp the metaphysical way of language. His view that language is a tool to deal with and that statements of the original state the way to grasp the metaphysical Dao is the characteristic of his philosophy of language, which reflects the theoretical characteristics of his new realism. Jin is an important modern Chinese philosopher of language and plays an important role in the history of Chinese language philosophy.

Keywords: Jin Yuelin, philosophy of language, the Given, statement of the original state

哲学与经学

原始儒家跨哲学视域下的理气观

俞懿娴 *

[摘　要]　在中西文明交流史上,西方最早论及中国哲学的,首推意大利籍耶稣会士利玛窦。利玛窦在 16 世纪末(1583),是第一位踏上中国领土、深入内地传布基督宗教的传教士。他以拉丁文翻译《四书》,将中国经典与思想传入欧洲,建立传教士著书立说、翻译中国经典的传统。在《天主实义》中,他肯定中国经典(如《诗经》和《尚书》)中的"天"与"上帝",和基督教的"神"(God, Deus)并无不同,儒教和基督教是兼容的,但不赞成理学家以"太极"和"理"等同于"神"和"天主"的看法。可以说利玛窦对中国哲学里的原始儒家,评价要高于新儒家,且对理学多有批评。继利玛窦之后,莱布尼兹是欧洲第一位最具中国知识的哲学家。他全盘接受了新儒家"理"与"气"的概念。两位如此杰出睿智的欧洲思想家,对于中国哲学皆满怀善意,却有相近又不同的看法,是何缘故?本文拟就原始儒家的观点,就此一课题进行跨哲学研究,以深度了解这中西哲学交流史上的宝贵一页。

* 俞懿娴(1958—),女,浙江绍兴人,哲学博士,东海大学哲学系教授,主要研究形而上学、中西比较哲学。

[关键词] 利玛窦；莱布尼兹；原始儒家；新儒家；理气

引言：中西跨哲学思考的历史事实

在中西文明史上，哲学思想的交流曾有一黄金时期，令人印象深刻。克服地理上的遥隔，16、17 世纪的西方传教士——主要是耶稣会士(Jesuits)，前仆后继、络绎于途地来到中国，不但带来基督教(Christianity)的信仰，引介大量的西学，包括天文历算、数学几何、舆地工程、军事器械等等，且将中国古代的经典传译到欧洲，引起西方哲学家的关注。[①] 法国哲学家马勒布朗雪（Nicolas Malebranche, 1638—1715）和德国哲学家莱布尼兹（Gottfried Wilhelm Leibniz, 1646—1716），透过利玛窦(Matteo Ricci, 1552—1610)等人的传译，接触到"中国著作"，最早提出"中国哲学"和"中国哲学家"的说法。[②] 之后，莱布尼兹的追随者沃尔夫（Christian Wolff, 1679—1754）于 1721 年在哈勒大学（University of Halle）发表了著名的《中国人实践哲学演讲》(*Oratio de Sinarum philosophia practica*)[③]，可说是西方哲学家对中国哲学，尤其是儒家道德思想推崇的极致。在西方哲学家将"中国哲学"一词朗朗上口之际，大多数的中国哲学家却对西方哲学一无所知——至多只有少数的学者知道有所谓的"西学"。当其时，仅有追随利玛窦入教的明朝学者李之藻(1565—1630)与葡萄

① 历史上中国与欧洲虽因地理隔绝，但自古商旅不绝。自从 13 世纪马可波罗（Marco Polo, 1254—1324）东游之后，欧洲人开始认识这神奇的东方古国，并展开了曲折离奇的文化交流。参见朱谦之：《中国哲学对欧洲的影响》，上海：上海人民出版社，2006 年；D. E. Mungello, *Curious Land Jesuit Accommodation and the Origins of Sinology*, Honolulu: University of Hawaii Press, 1985；沈清松：《从利玛窦到海德格尔：跨文化脉络下的中西哲学互动》，台北：台湾商务印书馆，2014 年。

② 法国哲学家马勒布朗雪于 1707 年撰写了《一位基督教哲学家和一位中国哲学家之间有关神存在和性质的对话》(*Dialogue between a Christian Philosopher and a Chinese Philosopher on the Existence and Nature of God*)一书，提出了"中国哲学"和"中国哲学家"的说法。其后莱布尼兹于 1716 年撰写了《论中国人的自然神学》(*Discourse on the Natural Theology of the Chinese*)一书，进一步探讨中国哲学与他的思想之间的联系。参见沈清松：《从利玛窦到海德格尔：跨文化脉络下的中西哲学互动》，第 138—174 页。

③ ［德］沃尔夫(Christian Wolff)：《中国人实践哲学演讲》，李鹏译，上海：华东师范大学出版社，2016 年。

牙耶稣会士傅汎济(Francisco Furtado, 1587—1653)合作《名理探》一书①,介译了亚里士多德(Aristotle)的逻辑思想,他们两人甚而将"哲学"的古希腊文"philo-sophia"翻译成"爱知学"(音译为"斐录所费亚")②,可惜最终未见明显影响。然而这一段中西文明与哲学思想相知相惜、平等互惠、彼此尊重的邂逅相遇,写下了最美丽的历史篇章,值得后人永远追思。

17、18世纪欧洲人心目中的中国,历史悠久,地大物博,土广民众,典章灿然,在某些人看来,中国甚至可说是"欧洲的典范"(a model for Europe)或者理想中的"乌托邦"(Utopia)。③ 然而到了19世纪,中国的国际地位一落千丈,成为欧美列强侵略压迫、积弱不振、贫穷落后的颠顸帝国,中国文化与哲学思想的形象也日趋低落。在莱布尼兹和沃尔夫之后的德国哲学家康德(Immanuel Kant, 1724—1804)和黑格尔(Georg Wilhelm Friedrich Hegel, 1770—1831)均给予中国哲学与文化相当低的评价。康德贬抑孔子和儒家学说,认为整个东方都没有哲学,中国人并无"道德"的概念。④ 黑格尔进而指出中国人有的道德,不是西方人以法律制定表达道德本质的道德,而是"国家的道德":皇帝被视为天子,下达的命令对老百姓而言有如严格的自然律则,因此中国人缺乏基于内在自我的道德感,是独裁皇帝的卑下奴仆。⑤ 通过考试制度,国家与皇帝可以支配读书人的一切,儒学因而缺乏主观自由意识,没有独立性与自主性。⑥ 沿着这条思维路径,"中国没有哲学"的说法甚嚣尘上。⑦ 此后,一方面,许多西方

① 有关《名理探》一书介译亚里士多德逻辑之事,参见徐光台:《明末西方〈范畴论〉重要语词的传入与翻译:从利玛窦〈天主实义〉到〈名理探〉》,《清华学报》(新竹)第35卷第2期,2005年12月,第245—281页。

② 参见沈清松主编:《哲学概论》,台北:五南图书出版公司,2002年,第1—2页;沈清松:《从利玛窦到海德格尔:跨文化脉络下的中西哲学互动》,第50—52页;徐光台:《借格物穷理之名:明末清初西学的传入》,《理性主义及其限度》,北京:生活・读书・新知三联书店,2003年,第165—212页。

③ Lewis Maverick, *China A Model for Europe*, San Antonio, Texas: Paul Anderson Company, 1946; Douwe Fokkema, "Orientalism: European Writers Searching for Utopia in China," *Perfect World Utopian Fiction in China and the West*, North Holland, Netherlands: Amsterdam University Press, 2011.

④ Julia Ching, "Chinese Ethics and Kant," *Philosophy East and West*, Vol. 28 No. 2(1978):169.

⑤ Kim, Young Kun, "Hegel Criticism of Chinese Philosophy," *Philosophy East and West*, Vol. 28 No. 2 (1978):178.

⑥ 秦家懿编著:《德国哲学家论中国》,台北:联经出版社,1999年,第175页。

⑦ Zhang Yunyi and Wu Bo, "Philosophy's Predicament and Hegel's Ghost: Reflections on The View That There Is No Philosophy in China," *Frontiers of Philosophy in China*, Vol. 2 No. 2(2007):230—246.

哲学家都不认为中国思想是哲学①；另一方面，中西哲学的交流产生了180度的倒转。诚如程石泉所言，近代中国知识分子朝野上下从事"自我批评"（self-criticism），如张之洞、黄遵宪、梁启超一辈，继则有"自我否定"（self-negation），如蔡元培、吴稚晖、胡适之、陈独秀、钱玄同、顾颉刚辈，终而至于"自我毁灭"（self-destruction）。② 随着时势潮流所趋，在中国的哲学家竞相追求西方哲学，甚至采取了全盘西化的态度，许多人也认同了"中国根本没有哲学"的看法。这情势到了德希达（Jacques Derrida）于2001年访问中国大陆时，提出中国根本没有哲学的论述，恶化到了极致。③ 稍后，甚而引发学者间有关"中国哲学合法性"的广泛论辩。④

哲学·经学·语言

　　大致而言，有关中国哲学是否成立的争议，否定者环绕在哲学为西方人所独专，其他非西方文明不得谓有哲学；或中国虽有思想，但未必符合西方所设定之哲学标准，故不可谓有哲学；亦有基于中国本位者主张，中国传统国学不宜受到西方哲学概念架构之扭曲等论述之上。限于篇幅，本文无意涉入这些争议，但愿意提供一种另类观点：文明的兴衰决定其思想或哲学上的话语权。当中国文明强大兴盛之际，如16至18世纪，西方人鲜少怀疑中国有哲学。然而当中国文明衰败之际，连中国人本身也怀疑自己有哲学。假若中国文明再次兴盛，是否可以想象有朝一日，西方哲学家将再次效法利玛窦将基督教"儒化"的做法，在思维模式与名相上进行"胡话汉说"的转换，如同现在大多数的研究者汲汲于推动"汉话胡说"的工作？西方人质疑中国没有哲学，容易引发"欧洲中心主义"（Euro-centrism）之讥，无益于文明交流。中国人或否认西方哲学，或否认自己有哲学，要不是画地自限，就是自毁长城，无益于对世界文明交流做出贡

---

① 在当代著名的西方哲学家中，只有少数人肯定中国哲学，如雅斯培（Karl Jaspers）、怀德海（Alfred North Whitehead）、罗素（Bertrand Russell）等，大多数人则对西方以外的文明有哲学，抱持着否定的态度，如胡塞尔（Edmund Husserl）、摩尔（G. E. Moore），以及绝大多数的西方哲学界的学者。

② 程石泉：《教育哲学十论》，台北：文景书局，1994年，第3页。

③ 陆扬：《本体论·中西文化·解构：德里达在上海》，载陶东风等主编：《文化研究》第4辑，北京：中央编译出版社，2003年，第224页。

④ 参见俞吾金：《一个虚假而有意义的问题——对"中国哲学学科合法性问题"的解读》，《复旦学报（社会科学版）》，2004年第3期；朱汉民：《重建"中国哲学"的双重理趣》，《中山大学学报（社会科学版）》，2006年第4期；胡文会：《中国哲学合法性问题研究综述》，《湖北民族学院学报（哲学社会科学版）》，2008年第4期。其余参与讨论之学者，不计其数，难以胪列。

献。还本溯源,中西哲学家应当一起努力,深刻体会明末西方传教士发起的、中西哲学平等交流互惠的珍贵一刻。

　　西方最早论及中国哲学者,首推意大利籍耶稣会士利玛窦。利玛窦在 16 世纪末(1583),是第一位踏上中国领土、深入内地传布基督教的耶稣会士。他基于宗教热诚,远渡重洋,九死一生,到了当时欧洲人视为神秘国度的中国,借着引进西方在天文、地理、几何、算数、历法、机械仪器等各种先进知识与物事(如世界地图、三棱镜、地球仪、标尺、西洋乐器、钟表等等),达到传教的目的。[①]与此同时,利玛窦发现中华文化的深度内涵,入境随俗,广结儒士,儒服儒冠,使基督教"儒化",立下"利玛窦规矩"。[②] 他以拉丁文翻译《四书》,将中国经典与思想传入欧洲,建立传教士著书立说、传译中国经典的传统。在他所著的《天主实义》中,他肯定中国经典如《诗经》和《尚书》中的"天"与"上帝",和基督教的"神"(God, *Deus*)并无不同,儒教和基督教是兼容的,但不赞成理学家以"太极"和"理"等同于"神"和"天主"的看法。[③] 可以说利玛窦对中国哲学里的原始儒家,评价要高于新儒家,且对理学多有批评。另一方面,在利玛窦死后三十多年才出生的莱布尼兹,透过与远东区的欧洲传教士之间的书信往还、著作介绍,成为欧洲第一位最具中国知识的哲学家。[④] 莱布尼兹表明了他对利玛窦观点的支

---

① 在利玛窦之前,基督教曾两度传来中国。一是唐朝的景教,二是在元朝。16 世纪的耶稣会士东来,是第三次。1555 年葡萄牙籍耶稣会士巴来多(Melchior Nunes Barreto)、1556 年道明会(the Dominican)神父克卢斯(Gaspar da Cruz)、1575 年西班牙思定会士(the Augustinians)拉达(P. de Rada)和马里诺(Jeronime Marino)曾在泉州小住。1579 年西班牙方济会士(the Franciscan)阿尔法洛(Pedro de Alfaro)曾到过广州。这些人虽曾短暂停留中土,但未获准入内传教。唯有意籍耶稣会士罗明坚(Michele Ruggieri, 1543—1607),于 1579 年抵澳门,学习中文,后到广州,为利玛窦日后到内地传教奠下基础。但罗明坚本人只到了肇庆,于 1588 年返欧后便未曾回到中国。参见罗光:《利玛窦传》,台北:学生书局,1979 年,第 36—37 页;引自 H. Bernard:《天主教十六世纪末在华传教志》,上海:商务印书馆,1935 年;[法]裴化行著:《利玛窦评传》,北京:商务印书馆,1993 年;孙小礼:《莱布尼茨与中国文化》,北京:首都师范大学出版社,2006 年,第 83—84 页;沈清松:《从利玛窦到海德格尔:跨文化脉络下的中西哲学互动》,第 34—46 页。

② 后世之人与康熙皇帝称利玛窦"华化"与"引进西学"的传教方式为"利玛窦规矩"。孙小礼总括之有三项特征:一是要学华语,要顺风俗;二是尊重中国文化,合儒补儒;三是引进西学,争取官方支持。孙小礼:《莱布尼茨与中国文化》,第 87—93、99 页。

③ 利玛窦:《天主实义》,载朱维铮主编:《利玛窦中文著译集》,香港:香港城市大学出版社,2001 年。

④ 参见沈清松:《从利玛窦到海德格尔:跨文化脉络下的中西哲学互动》,第 162—173 页;俞懿娴:《利玛窦、莱布尼兹与"礼仪之争"》,《中西哲学论衡》,上海:中西书局,2015 年,第 22—47 页。

持、对中国古代哲学的肯定,但同时也全盘接受了理学家"太极"与"气"的概念。[1] 两位如此杰出睿智的欧洲思想家,对于中国哲学皆满怀善意,却有相近又不同的看法,是何缘故? 值得细究。

一、原始儒家与新儒家

"原始儒家"(Original Confucianism)一词是当代中国哲学家方东美提出来的,用以区分以《书经》和《易经》为宝典的先秦儒家,及以《易传》《四书》为宝典、杂糅禅道的宋明理学(含心学)或"新儒家"之不同。[2] 方东美认为中国哲学有三大思想体系:原始儒家、原始道家以及大乘佛学;三大体系皆以既超越又内在的、机体形上学为特征。其中原始儒家以《易经》宇宙论为基础发展出来的价值哲学,并没有得到新儒家的传承,而后者可视为前者的一种堕堕的表现。[3] 方东美何以对理学有此评价? 或可见于其《新儒家十八讲》一书。该书中提及,"新儒家"的源头北宋理学家们,程朱陆王皆自尊孔孟真传,外攻佛老异端,内争正统道统。另一方面,新儒家对立天理人欲,辨朱陆异同,内部意气之争不断。王阳明发展心学之后,王廷相批评他与朱子,东林学派如顾宪成、高攀龙等以王学嫡系而反王阳明。王夫之攻击陆象山与王阳明,乃至颜元倡"减一分程朱,得一分孔孟"。戴东原批评程朱学说方法错误,概念混淆,并有"宋儒以理杀人,死矣,不可救矣"的名言。大致说来,新儒家的治学态度,远不如先秦时期的原始儒家大度恢弘。[4]

更紧要的,方东美指出,"新儒家"所宗周敦颐的《太极图说》实渊源于道教,

① G. W. Leibniz, *Gottfried Wilhelm Leibniz Writings on China*, Daniel J. Cook and Henry Rosemont, Jr. translated, with an Introduction, Notes, and Commentaries, Chicago and La Salle, Illinois: Open Court, 1994. 又"新儒家"(Neo-Confucianism)一词,向为学界通用,指宋明理学。究其源,冯友兰早在 1930 年代即已提出"新儒家"和"新理学"之说。其后张君劢于 1957 年在美出版了《新儒家思想之发展》(*The Development of Neo-Confucian Thought*)一书,此后为学界广泛采用,指沿承宋明理学一脉的当代儒家学派。见冯友兰:《中国哲学简史》、《新理学》;Carsu Chan, The *Development of Neo-Confucian Thought*, New York: Bookman Associate, 1957.

② 方东美:《原始儒家道家哲学》,台北:黎明文化事业公司,1983 年。

③ 方东美:《原始儒家道家哲学》,第 8 页。

④ 方东美:《新儒家十八讲》,台北:黎明文化事业公司,2005 年,第 37—56 页。

在太极之上另立无极,远离"易有太极"的本旨。首先"太极图"不是源自《周易》,而是道教伪托;该图出自穆修、种放、李之才等,最早可溯及道士陈抟,实道教炼丹时的丹鼎之法。其后,朱熹自葛长庚得《太极图说》,经反复钻研二十六年,评价其为"孔孟以来所未有",又误将周子本文"自无极而太极"的"自"字删掉,成了"无极而太极"。方东美引用黄宗炎的《太极图辨》说明其中弊端。黄宗炎认为周敦颐的"太极图"实得自方士河上公的修炼之说,他将道士"以逆成丹"之序倒翻过来,上立"太极",继言阳动阴静,五行变化,男女万物,是"反于老庄",不过亦"可谓拾瓦砾而得精蕴,但缀说于图,而又冒为易之太极,则不侔矣",而朱熹以之为理学根本。黄宗炎说:"盖夫子之言,太极不过赞易有至极之理,专以明易也。非别有所谓太极,而欲上乎羲文也。则周子之无极而太极,则空中之造化,而欲合老庄于儒也。"又说:"朱子得图于葛长庚曰:'包牺未尝言太极,而孔子言之;孔子未尝言无极,而周子言之。'未免过于标榜矣。"也就是说,朱熹把周敦颐颠倒道教方士炼丹之术"炼精化气,炼气化神,炼神还虚,归于无极"之说,用以附会太极赞易至极之理,加以标榜,实则无据。方东美进而解释:周子说"自无极而太极",是说一"无"一"有"。这"有"指阴阳二气,在朱子言属"形而下",在《周易》言本"形而上"。不仅太极形而上,阴阳也形而上。而朱子却认为"无极而太极",由有之无,五行一阴阳,阴阳一太极,是形而下的。阳变阴合,而生五行,五气顺布;本来道家[教]称之为"三五之精",周敦颐改称为"二五之精",以配合阴阳之二,其实根本与太极无关。[①] 后中国哲学家与易学家程石泉赞可此说:"宋儒图书之学渊源于道家[教]者流,可上溯至隋唐时代河上公、魏伯阳、钟离权诸方士。所谓'太极图'及后之'无极图'、'先天图'、'后天图',都与炼丹、炼气、炼精、炼神有关。较诸汉易学家据易纬书如'乾凿度'、'是类谋'、'稽览图'等虽为晚出,但两者偏离之本源,则并无轩轾。"[②]

据此,方东美观察到《太极图说》并未提供一套符合《周易》本旨的宇宙论(cosmology),只是提供了一种描写性的宇宙开辟论(descriptive cosmogony)。从无极而太极,阴阳生五行,五行生男女,以后化生万物,实不同于《周易》所言

原始儒家跨哲学视域下的理气观

---

① 方东美:《新儒家十八讲》,第104—106、148—164、166—167页。
② 程石泉:《易辞新诠》,台北:文景书局,1995年,第39页。

的"创造程序"。《周易》言"生生之谓易",在天是"乾元",创生万物,在地是"坤元",滋养万物。生力弥满,充沛宇宙,使宇宙成为创生不已的领域(a realm of creative creativity)。而人与天地合德,同样具备创造力量,可以"参赞天地之化育"。① 程石泉追随其说,一再发挥"易的观念":古易学家以天地言时空,以乾坤言创化,所欲发挥之理含体用不二、时空合一、旁通相关以及创化有机。② 故从原始儒家的观点而言,《周易》旨在彰明一以宇宙论为本的形而上学,不宜使之隳堕为"描写性的宇宙开辟论"。

方、程所言,提供了厘清原始儒家与新儒家重要差异的线索。详核与《太极图说》关系最密切的《易·系辞传》,便可了解其中关节。《系辞传》开宗明义地说:

> 天尊地卑,乾坤定矣。卑高以陈,贵贱位矣。动静有常,刚柔断矣。方(或为"人"之误)以类聚,物以群分,吉凶生矣。在天成象,在地成形,变化见矣。故刚柔相摩,八卦相荡,鼓之以雷霆,润之以风雨,日月运行,一寒一暑。乾道成男,坤道成女。③

《系辞传》属于"十翼"之一,可说是孔子对《易》所做的哲学诠释。首先"天尊地卑,乾坤定矣。卑高以陈,贵贱位矣",是指天地自然、具体时空之间,有一由低而高的价值谱系。"乾"(实时间)"坤"(即空间)分别象征"天""地"的功能;天高地低,是自然界最直接可见的现象。万物森然罗列,价值便在其中,形成由低而高的价值层级(an axiological hierarchy)。④ 接着,"动""静"、"刚""柔"是对于"天""地"质性的描述;天动地静,有其常性,作《易》者依此确定卦爻的刚柔性质。乾卦全由阳爻组成,是纯刚之卦,坤卦全由阴爻组成,则是纯阴之卦。而人群聚集,组成社会,不同物类也各自成群。当人群与万物交涉互动之时,产生吉凶——有利与有害人生——的物事。于是自然的变化(也就是"易"),在天显现

---

① 方东美:《新儒家十八讲》,第169页。

② 参见程石泉:《"易"这个观念》,《易学新探》,台北:文景书局,1999年,第57—70页;俞懿娴:《中西时间哲学比较视野下的易哲学——方东美、程石泉论中西时间哲学》,《周易研究》,2008年第4期。

③ 程石泉:《易学新探》,第148—151页。

④ 程石泉:《易学新探》,第149页。

于不同的天象,是时间的规律。在地显现于山川肥瘠,不同的地形、地利与地宜,是空间的作用。天地之间,加上山泽水火风雷共八种自然现象交互激荡,四时寒暑形成自然的规律。万物之中,人有男女之别,以天乾地坤类比之;男性承袭阳刚的乾道,女性承袭阴柔的坤道,故说:"乾道成男,坤道成女。"由此可见,《系辞传》以象征性的类比思维阐述宇宙自然创化生生的过程,本身就含蕴了一价值谱系。这创化宇宙论本于自然律与自然秩序,并为人找到在宇宙中的地位。又《系辞传》说:

> 是故易有太极,是生两仪。两仪生四象,四象生八卦。八卦定吉凶,吉凶生大业。

这段话显然暗合了一种"数学必然性"(mathematical necessity):由阴阳二爻叠成三画卦有八种可能(2的三次方等于8);若往前推,阴阳二爻构成二画卦则有四种可能(2的2次方为4);再往前推,是阴阳二爻本身(2的一次方为2);若再往前,只能说是阴阳未分的一元状态(2的零次方为1)。这里作易者再次运用了象征性的类比思维:以太极象征天地未分之前的一元状态,以阴阳两仪象征日月,以四象象征春夏秋冬四季,以八卦象征天地山泽水火风雷八种自然现象。

这原始儒家"阴阳八卦系统"的宇宙观,迥然不同于《太极图说》的"阴阳五行系统"。依《太极图说》所言:

> 自无极而太极。太极动而生阳,动极而静;静而生阴,静极复动。一动一静,互为其根。分阴分阳,两仪立焉。阳变阴合,而生水、火、木、金、土。五气顺布,四时行焉。五行,一阴阳也;阴阳,一太极也;太极,本无极也。五行之生也,各一其性。无极之真,二五之精,妙合而凝,乾道成男,坤道成女。二气交感,化生万物,万物生生而变化无穷焉。①

---

① 周敦颐:《太极图说》。

然据《系辞传》所示，"太极"不在"无极"之后，有动静者不是"太极"，而是"天地"。"阴阳两仪"象征日月，不是"二气"，更无法衍生出"五行五气"。"二气交感，化生万物"，也不符《易》"天地交感，化生万物"的构想。总的来说，"阴阳八卦系统"的宇宙论毫无任何唯物论（materialism）的成分——无论是古希腊寻求构成宇宙物质实体（material substances）的唯物论，或者现代的科学唯物论（scientific materialism）[1]，均不在作《易》者的考量之中。反之，《太极图说》所采的"阴阳五行"是"气"之说，其内容驳杂，绝非原始儒家的思想。

有关"气"的概念，先秦诸子之中，最早可说是由管子提出的。《管子·枢言》上说："有气者生，无气则死，生者以其气。"《心术下》言："气者生之充也……其精气之极也。"《内业》言："凡物之精，此则为生。……精也者，气之精者。……凡人之生也，天出其精，地出其形，合此以为人。"管子的"气"或是生命的气息，也就是"生气"，或者是人最真实的、本质性的心灵作用，也就是"精气"。[2] 此外，管子在《五行》篇提出了"木金水火土五行"以及"阴阳二气"的概念。文中说："以天为父，以地为母，以开乎万物，以总一统。……故通乎阳气，所以事天也，经纬日月，用之于民。通乎阴气，所以事地也，……昔黄帝……作立五行以正天时……。"管子生为齐国人，可以想见他的思想对于日后的阴阳家与稷下学宫都有深远的影响。[3] 但是管子的五行，显然不同于原始儒家的五行。[4] 原始儒家的五行乃是《尚书·洪范》"九畴"中的水火木金土，是指具有润

---

① 这里所谓古希腊的唯物论，是指先苏格拉底（the Pre-Socratics）自然哲学家们寻求构成宇宙的物质元素，也就是宇宙第一因，如地、水、气、火等元素。这些元素不同于日后科学唯物论的物质概念，前者同时赋有生命，后者则只为死寂被动的粒子或原子的聚合。

② 见《管子》。

③ 中国古代一定很早就有"气"的概念，但真正赋予它哲学意义的应该是道家的老子和管子。老子说："万物负阴而抱阳，冲气以为和。"

④ 根据方东美的分析，中国古代的"五行之说"有四次转折：第一是《尚书·洪范》"九畴"里的五行，就是水火木金土，分别具有润下、炎上、曲直、从革、稼穑的自然属性，以及咸、苦、酸、辛、甘五味；指的是维持人民生活的五种自然资源。少昊和颛顼的时代，甚至为之设有专司官职：水正、火正、木正、金正和土正。第二是春秋时代管子的"五行之说"，这时五行不只是五种自然资源，还是维持宇宙和人类生命的根本质料与力量。第三是战国时代阴阳家的"五行相生相克""五德终始"之说，日后衍生为数术思想。第四是汉代董仲舒以五行间有"比相生而间相胜"的关系，但早为"别墨"的"五行无常胜，说在多"所破解。《礼记·月令》《吕氏春秋》、后汉班固《白虎通》等，以"五行之说"应用在气象和季节上，增加"季夏"成五行历。参见方东美：《原始儒家道家哲学》，第54—56、68—75、87—90 页。

下、炎上、曲直、从革、稼穑等自然属性的五种自然资源。程石泉则认为"五行"是国家五项工程大事：水利、防火、用木建筑、冶金以及农作稼穑之事。① 这可从远在少昊和颛顼的时代，即设有专司官职：水正、火正、木正、金正和土正②，佐证此说。而管子的"五行"，不只是五种具体的自然资源，加上"阴阳"，乃是构成宇宙万有的基本生命材质。这可说是中国古代的一种拟似唯物论或者"拟科学"(pseudo-science)，近乎古希腊斯多葛学派(the Stoics)的唯物论。根据斯多葛学派的宇宙论，宇宙是个活生生的存有，充满生气或者"气"(pneuma，air，breath)。这"气"是种自动的(self-moving)物质实体(material substance)、生命有机体的原理，是火与气的结合，而人的灵魂正是这种"热的气"(pneuma entermon，heated air)。作为生命的原理，"气"将内存的自动力量注入到具有惰性的物质(inert matter)上，造成物质的个别化(individuation)与分化(differentiation)，形成各种物体(bodies)。③ 在西方哲学史上，斯多葛学派一向被冠以"唯物论"、"一元论"(monism)甚至"泛神论"(pantheism)之名，其实它的物质概念内藏着具有生命活力的气，十分类似渊源自管子、阴阳家和道教的《太极图说》所说的气。

如此，原始儒家建立在"阴阳八卦系统"之上的宇宙形而上学(cosmology)，被新儒家扭曲为建立在"阴阳五行系统"上的"宇宙开辟论"(cosmogony)，其后果是严重的。创化宇宙论崇尚自然律与自然秩序，肯定宇宙是个价值宇宙，揭示"人在宇宙中的地位"，确立"人道自觉"(self-consciousness of humanity)，为儒家的"人本主义"(fundamental humanism)与"自然道学"(natural daology)奠下了坚实的基础。反观新儒家，虽然部分承袭了原始儒家的理念，但也因为杂糅了非儒家的元素，发展出拟似唯物论，且错将《系辞传》中的"自然规律"误解为由太极发动的、阴阳五行之气化生万物的过程。也因此《太极图说》将太极归为"形而上之道"，将阴阳归为"形而下之器"。实则在《周易》，无论是太极还是阴阳，都是形而上的，所以《系辞传》才会说："一阴一阳之谓道，成之者性也，继

---

① 程石泉：《〈洪范〉与〈易经〉——中国最古老的哲学宝典》，《孔孟月刊》(台北)第 21 卷第 12 期，1983 年 12 月，第 7—14 页。

② 方东美：《原始儒家道家哲学》，第 88 页。

③ Robert B. Todd, "Monism and Immanence: The Foundations of Stoic Physics," in John M. Rist (ed.), *The Stoics*, Berkeley: University of California Press, 1978, pp. 137 - 160.

之者善也。"利玛窦既然在明朝末年来到中国,他所接触到的儒家思想当然是新儒家的宋明理学。然而出于宗教理由,利玛窦特别看重原始儒家的经典《诗经》和《尚书》,因为其中隐然有着中国古代信仰至高人格神的痕迹。或许出于这个缘故,利玛窦特别推崇原始儒家,且对新儒家多所批评。

二、利玛窦论理气

自 16 世纪起,利玛窦等欧洲传教士之所以远渡重洋,来到中国,实出于传播基督福音的宗教热诚。基于不同历史与文化的传承,中国人完全没有基督的信仰,因而长期被欧洲人冠以无神论者(atheists)与唯物论者之名——对欧洲人而言,无神论和唯物论几乎是同义词。如何使无神论者和异教徒转宗基督教? 无疑是传教士的神圣使命。出于这样的宗教信念,当时的耶稣会士有组织地、大规模地向全世界传教,包括中国在内。利玛窦于 1571 年在意大利加入耶稣会,于 1581 年抵达澳门,协助罗明坚(Michele Ruggieri)的传教事业。1584年,他们出版《天主实录》(又名《天主圣教实录》)一书,以中文介绍天主教的基本教义。之后,利玛窦自己因宣教需要,在结交儒士的协助之下,约在 1594 年至 1596 年之间撰成《天主实义》一书,1603 年在北京出版,后编入《四库全书》之中。① 全书以"中士"(熟通理学的儒士)和"西士"(利玛窦)之间的问答形式撰写,共分八篇,依各篇所立附题如下:首篇论天主始制天地万物,而主宰安养之;二篇解释世人错认天主;三篇论人魂不灭,大异禽兽;四篇辨释鬼神及人魂异论,而解天下万物不可谓之一体;五篇辩排轮回六道,戒杀生谬说,而揭斋素正志;六篇释解意不可灭,并论死后必有天堂地狱之赏罚,以报世人所为善恶;七篇论人性本善,而述天主门士正学;最后八篇总举大西俗尚,而论其传道之士不娶之意,并释天主降生西土来由。其中首篇、第二篇与第四篇,论及理学中的理气概念,最为详尽。

利玛窦开篇直言,中国人从未听说"天主开天辟地,降生民物"。然而人"超拔物类,内禀神灵,外睹物理","凡理所真是,我不能不以为真是"。而中国人也认可"人秉义理,以穷事物;故论惟尚理焉耳","君子以理为主,理在则顺,理不

---

① 利玛窦:《天主实义》,第 7—132 页。

在则咈"。① 而人首要辨识之理即是始作天地万物的主宰:"吾西国所称'陡斯'是也。"②"陡斯"是拉丁文 Deus 的音译,也就是指上帝(God)。中国人既然没有"陡斯"的信仰,利玛窦的首要之务就是提出"陡斯"存在的理据。首先,他诉诸人心之中的宗教情操,"自然诚情",对于世间主宰——"陡斯"的敬畏。其二,无知无觉之物,有赖于外在神灵——"陡斯"的推动。其三,有知觉无灵性之物,有赖于有灵者——也就是"陡斯"的引动。利玛窦接着提出三个唯有一神存在的论证:"物不自成,外以成之"的"动力因论证"、"物本不灵,而有安排,莫不有安排之者"的"设计与目的论证",以及众物"皆不在于本类能生,必有元始特异之类化生万类者"的"第一因果论证"。③ 他并以亚里士多德(Aristotle)的四因:"有作者,有模者,有质者,有为者",证明唯有天主是万物之始:"天主生物,乃始化生物类之诸宗。"④这些论证大致是圣多玛斯·阿奎那(St. Thomas Aquinas)传承自亚里士多德的神学论证,也是基督教神学最常采用的论证。

第二篇利玛窦解释世人何以错认天主。就中国儒释道三家而言,道家以"无"为道,佛家以"空"为务,儒家谓"易有太极",以"有"为宗,以"诚"为学,其中释道两家崇尚虚无,与天主教有神之说"大相刺谬",唯儒庶几近乎天主之理。利玛窦主张"天下以实有为贵,以虚无为贱",且无不能生有,本为无因,岂能成为万物之因? 即使将空无解释为神的无声无形,也不得称之为天主,因为神具备所有完美德性,不可谓虚无。⑤

但利玛窦指出"天主"并非理学所言的"太极"与"理"⑥,却同于古经书所言的"上帝"。首先,中国古代经典中从来没有听说尊奉太极的。利玛窦说:

> 吾视夫无极而太极之图,不过取奇偶之象言,而其象何在? 太极非生天地之实,可知已。⑦

---

① 利玛窦:《天主实义》,第7—8页。

② 利玛窦:《天主实义》,第9页。

③ 利玛窦:《天主实义》,第10—11页。

④ 利玛窦:《天主实义》,第13页。

⑤ 利玛窦:《天主实义》,第19—20页。

⑥ 利玛窦:《天主实义》,第21—24页。

⑦ 利玛窦:《天主实义》,第20页。

显然这里利玛窦指的"太极之图",是朱熹等人所传的周敦颐的太极图,他正确地把握到太极图是一种奇数(阳爻象征奇数)和偶数(阴爻象征偶数)的象征图示,但是他显然不了解"太极"象征宇宙未分天地之前的一元状态,在《易经》八卦系统里,太极是指宇宙万物之始,无可置疑。也有可能即使利玛窦知道"太极"是指天地未分之前的状态,但是以基督教的观点来说,自然只是神的造物,并不具有终极性。不过利玛窦也精巧以"中士"的身份设问,对理学家而言,"太极"就是"理",如果把这全理看成是无理,那还有什么理可言呢? 就此,利玛窦以实体和属性的二分来回答:世上之物只有两种:一是独立自存的实体,另一是依赖实体而存在的属性。相较于神,"太极"或者是"理",皆属依赖之类不能自立,不足以成为万物原始。利玛窦说:

哲学·经学·语言

> 中国文人学士,讲论理者,只谓有两端,或在人心,或在事物。事物之情,合乎人心之理,则事物方谓真实焉。人心能穷彼在物之理,而尽其知,则谓之格物焉。据此两端,则理固依赖,奚得为物原乎? 二者皆在物后,而后岂先者之原? 且其初无一物之先,渠言必有理存焉,夫理在何处,依属何物乎? 依赖之情,不能自立,故无自立者以为之托,则依赖者了无矣。如曰赖空虚耳,恐空虚非足赖者,理将不免于偃堕也。试问盘古之前,既有理在,何故闲空不动而生物乎? 其后谁从激之使动? 况理本无动静,况自动乎? 如曰昔不生物,后来愿生物,则理岂有意乎? 何以有欲生物、有欲不生物乎?[①]

利玛窦认为,果如理学家所言,"理"或存于人心之知,或存于事物之实,二者具在物后,岂能作为万物之原? "理"无动静,也无意愿,如何能化生万物? 于是他反对"理先于物"之说。利玛窦接着评论"理""先生阴阳五行,然后化生天地万物"之说:

> 阴阳五行之理,一动一静之际辄能生阴阳五行,则今有车理,岂不动而生一乘车乎? 又,理无所不在,彼既是无意之物,性必直遂,任其

---

① 利玛窦:《天主实义》,第21—22页。

所发,自不能已,何今不生阴阳五行于此? 孰御之哉?①

这里利玛窦质疑"理"既然是抽象普遍的,且先于具体的阴阳五行而存在,那么就是肯定任何抽象的道理都可化生出具体事物来,如此车子的道理岂不是可以化生出车子来了吗? 显然对利玛窦而言,绝对的实体只有神,其他万事万物皆依赖于神,"理"因此也是依赖者,并非衍生万物的独立实体。其次,"理"既然是抽象普遍的法则,便不可能有灵明知觉,而生灵有灵明知觉。没有灵明知觉的,又怎能产生有灵明知觉的呢? 利玛窦说:

> 理者灵觉否? 明义者否? 如灵觉、明义,则属于鬼神之类,曷谓太极,谓之理也? 如否,则上帝、鬼神、夫人之灵觉,由谁得之乎? 彼理者,以己之所无,不得施之于物以为之有也。理无灵无觉,则不能生灵生觉。②

其三,若质疑"天主和太极一般无形无声,而天主可以产生有灵觉之物,为何理不可以"? 则是将天主的灵觉之精和天主的无形无声混为一谈。利玛窦说:

> 何不云无形声者,精也,上也;有声形者,粗也,下也? 以精上能施粗下,分不为过。以有无灵觉之粗下,为施灵觉之精上,则出其分外远矣。……上物能含下物,有三般焉……。或浑然包下之性,如人魂混有禽兽魂、禽兽魂混有草木魂,是也。或粹然包下之德,如天主含万物之性,是也。……理也者,则大异焉。是乃依赖之类,自不能立,何能包含灵觉为自立之类乎? 理卑于人。理为物,而物为理也。故仲尼曰"人能弘道,非道弘人"也。是尔曰"理含万物之灵,化生万物",此乃天主也,何独谓之"理",谓之"太极"哉。③

---

① 利玛窦:《天主实义》,第 22—23 页。

② 利玛窦:《天主实义》,第 23 页。

③ 利玛窦:《天主实义》,第 24—25 页。

这里利玛窦再次采用了亚里士多德的"灵魂三分"——植物魂、动物魂和理智魂，认为天主之灵纯粹至精，足以包含万物之灵之性。他还引用孔子所说，主张道理卑低于人类。利玛窦的说法是站在基督教信仰的立场，主张上帝是纯粹至精的神，因此可以衍生出所有生魂，包含植物、动物和人魂在内。在这个脉络下，上帝是真实存在的独立实体，他创造的万有皆依赖于他。然而宋明理学所说的"理"或者"太极"，并不是指某种实体，而是指普遍的终极原理和法则。说"理生物"，只是类比思考下的比配说词，这"生"是指自然化生万物的功能和作用。且孔子所言，并非主张"理卑于人"，而是说只有人可以弘扬大道，但是大道不能为人所利用，成为人彰显自己的工具之意。总之，利玛窦认为，即使太极是造物的枢纽，也为天主所立，仍非万物之源。

排除了"太极"与"理"是上帝的说法后，利玛窦转而肯定中国古代经书之中的上帝，正是基督教崇拜的天主。他说：

> 吾天主乃是古经书所称上帝也。《中庸》引孔子曰："郊社之礼，以事上帝也。"朱注曰："不言后土者，省文也。"窃意仲尼明一之不可以为二，何独省文乎？《周颂》曰："执竞武王，无竞维烈，丕显成康，上帝是皇"；又曰："于皇来牟，将受厥明，明昭上帝。"《商颂》云："圣敬日跻，昭假迟迟，上帝是祇。"《雅》云："维此文王，小心翼翼，昭事上帝。"《易》曰："帝出乎震。"夫帝也者，非天之谓。苍天者抱八方，何能出于一乎？《礼》云："五者备当，上帝其飨"，又云："天子亲耕，粢盛秬鬯，以事上帝。"《汤誓》曰："夏氏有罪，予畏上帝，不敢不正"，又曰："惟皇上帝降衷于下民，若有恒性，克绥厥猷惟后。"《金縢》周公曰："乃命于帝庭，敷佑四方"，上帝有庭，则不以苍天为上帝，可知。历观古书，而知上帝与天主，特异以名也。[1]

这里利玛窦首先引用《礼记·中庸》上面孔子说到"上帝"一词，并强调朱熹的注解有误：不言后土，并非省文，而是因为上帝是唯一的真神。然而利玛窦似乎不理解古代"郊""社"，分别是天子祭"天""地"之礼，而上帝等同于天，没有提

---

① 利玛窦：《天主实义》，第25—26页。

到后土,所以朱熹才说是省文之故。他接着引用《诗经》、《尚书》、《易经》之文,证明中国古代早有上帝崇拜的信仰,而上帝正是基督教的天主,并不是苍苍有形之天,而朱熹"解帝为天,解天为理",程子说"以形体谓天,以主宰谓帝,以性情谓乾坤",实为误认天地真主。①

诚如利玛窦所言,中国古代确实有上帝的信仰,古人也确实"敬天法祖"。然而古代的"天"同时具有"自然之天"和"超自然人格神"——上帝——的含意;"天"有强烈情绪、意志、好恶,能认知、能判断、能行动、能奖惩赏罚,常与"上帝"一词交互使用。且这"上帝"是可以接受人祖配祀的神灵,也和其他自然事物(日月、星辰、风雨、山川)、鬼神一起受到崇祀。就这点而言,中国古代的"上帝"颇不同于西亚和欧洲一神论(monotheism)的人格神,反而较为接近古希腊多神教信仰里宙斯(Zeus)的地位——只是没有宙斯拟人化的形象,也没有赫西亚(Hesiod)神谱(theogony)中复杂的诸神关系。②

除了否认"太极"与"理"是天主之外,利玛窦也不接受理学"气"的概念。在解释人死之后,中国所谓鬼神即天主教所谓灵魂不灭。但鬼神并非如理学所主张是"气"的泯散,更不得说天下万物因气而为一体。利玛窦先以"中士"的身份说明气与鬼神的关系:

> 谓人之神魂死后散泯者,以神为气耳。气散有速渐之殊,如人不得其死,其气尚聚,久而渐泯,郑伯有是也。又曰阴阳二气为物之体,而无所不在,天地之间无一物非阴阳,则无一物非鬼神也。③

根据理学家的说法,万物皆是阴阳之气化生的结果,朱熹更认为"鬼神只是气屈伸往来者"。时间久了,气散泯灭,魂魄就荡然无存。只有像郑伯有那样④,死后为厉鬼,才会暂时凝聚。这种说法有违天主教灵魂不灭的观念,气和鬼神

原始儒家跨哲学视域下的理气观

---

① 利玛窦:《天主实义》,第26—28页。

② Yih-hsien Yu, "The Natural Religion and Moral Theology in the 'Tian' of the *Shujing*: From Theocracy to Meritocracy," *Journal of Academic Perspectives*, No. 1(2016):1-32.

③ 利玛窦:《天主实义》,第47页。

④ 即成语"相惊伯有"的典故,见于《论衡·死伪》:郑伯有贪惏而多欲,子晳好在人上,二子不相得。子晳攻伯有,伯有出奔。驷带率国人以伐之,伯有死。其后九年,郑人相惊以伯有,曰:"伯有至矣。"则皆走,不知所往。

不可混为一谈。利玛窦说：

> 以气为鬼神灵魂者，紊物类之实名者也。立教者，万类之理，当各类以本名，古经书云气，云鬼神，文字不同，则其理亦异。有祭祀鬼神者矣，未闻有祭气者，何今之人紊用其名乎？[①]

但理学家仍然主张天地万物一体皆气：

> 虽云天地万物共一气，然而物之貌像不同，以是各分其类。如见身只是躯壳，躯壳内外，莫非天地阴阳之气；气以造物，物以类异。[②]

利玛窦认为气既然是物质性的，怎能是神？他说：

> 若以气为神，以为生活之本，则生者何由得死乎？物死之后，气在内外犹然充满，何适而能离气？何患其无气而死？故气非生活之本也。传云"差毫厘，谬千里"，未知气为四行之一，而同之与鬼神及灵魂，亦不足怪。若知气为一行，则不难说其体用矣。

显然这里他采取了亚里士多德的四种元素论："气"只是构成万物的四种质料元素之一，其余三种为水火土。而灵魂与鬼神无形，纯属精神，实与气无关。[③]

综上所说，利玛窦引进天主教教义时，并未诉诸天启（revelation），而是根据阿奎那的自然神学论证。其次，他力求天主信仰与中国原有思想兼容，肯定六经古籍，对于当时流行的宋明理学有所不取。他认为虽然中国是非基督教国家，但先秦儒家经典中的上帝，与基督教崇拜的天主别无二致。而中国人既有"上帝""鬼神"的观念，犹如基督教有"神"与"灵魂"的观念，则中国人不是唯物论和无神论者。

---

① 利玛窦：《天主实义》，第47页。
② 利玛窦：《天主实义》，第51页。
③ 利玛窦：《天主实义》，第43—52页。

哲学·经学·语言

就普遍精神层面而言,中国古代确实有上帝的崇拜,类似基督教对"神"的崇拜。但深究其义,古代的"上帝"与"天"并举,介乎"自然"与"人格神"之间,绝非基督教的"唯一真神",更非"超自然的人格神",不同于《圣经》所启示的"神"(耶和华)。[①] 利玛窦将"天主"的概念建立在自然神学的基础上,避免诉诸天启,其目的便在拉近基督教与儒教之间的距离。而中国古代经典中"上帝"与"天"的概念,也确实提供了他在文献上的根据。

三、莱布尼兹论理气

继利玛窦之后,莱布尼兹是最具中国知识的欧洲哲学家。当三十年宗教战争在欧洲肆虐时,远东的耶稣会传教士却不断以书信和著作,介绍中国是个有数千年历史的文明古国,地广人众,道德高尚,社会稳定有秩序,在许多方面超越欧洲。[②] 这使莱布尼兹在年仅二十二岁时(1668)便观察到:"不论中国人在医疗事务上表面上看来有多愚昧,多似是而非,他们的要比我们的好。"[③]不过莱布尼兹也对庞大的中国竟然落入少数满清鞑子之手感到诧异。在 1671 到 1672 年间著成《埃及计划》(Consilium Aegyptiacum, "Egyptian Plan")一文中,莱布尼兹说:"他们百万军事防卫奇妙的长城却毫无用处,……竟被六万个敌军所击溃,……最近臣服于鞑子的辖治。"[④]此后莱布尼兹对中国文化的兴趣与日俱增。1679 年,莱布尼兹知道中国有书写文字。[⑤] 或因他听说中国有许多方言,却只有一种书写文字(连日本和韩国也使用中文),引发他素来就有"普遍语言"

---

① 参见程石泉:《中国"人本主义"之宗教及其典礼》,《中国哲学综论》,台北:文景书局,2007 年,第 71—88 页。

② 参见 Charles E. Ronan, S. J. and Bonnie B. C. Oh (eds.), *East Meets West The Jesuits in China 1582—1773*, Chicago: Loyola University Press, 1988。

③ Preussische Akademie der Wissenschaften(ed.), Gottfried Wilhelm Leibniz: *Politische Schriften, in G. W. Leibniz, Sämtliche Schriften und Briefe*(Darmstadt, 1931), Series IV, I, 552;转引自 Donald F. Lach, "Leibniz and China," *Journal of the History of Ideas*, Vol. 6 No. 4(1945):436。

④ Ibid., p. 11。

⑤ 1679 年,莱布尼兹致书据称著有《中文入门》(Clavis Sinica, Key to Chinese)一书的作者 Andreas Müller (1630? —1694),提了许多问题,却未获答复。1697 年,他又听说 Christian Mentzel 也计划写《中文入门》,也引起他很大的关注。参见 Donald F. Lach, "Leibniz and China," 437 – 438(孙小礼:《莱布尼茨与中国文化》,第 137—147 页)。

(universal language)的联想,使他对书写中文深感兴趣。1670 年后,一群耶稣会的传教士编写中国历史,1687 由柏应理(Philippe Couplet)编辑成《中国贤哲孔子》(*Confucius Sinarum philosophus sive scientia Sinensis latine exposita*)一书出版。莱布尼兹曾致书黑森-卡塞尔领主(Ernst von Hessen-Rheinfels),说自己读过该书。1689 年,莱布尼兹在罗马遇见意籍耶稣会士闵明我(Claudio Filippo Grimaldi),之后写信向他提了三十个问题,内容涵盖工艺、金属、植物、医药、历史、文字等,几乎无所不包。①

从 1697 到 1715 年之间,莱布尼兹写了多篇"中国著作"(writings on China)。库克(Deniel L. Cook)和罗斯曼(Henry Rosemont, Jr.)将其中最重要的四篇译成英文,编辑成册。第一篇《中国近事序》(*Preface* to the *NOVISSIMA SINICA,* "Recent News from China," 1697)是莱布尼兹唯一正式出版的"中国著作"。第二篇《论民间孔教》("On the Civil Cult of Confucius", 1700)是致当时耶稣会士东亚教区执事法国传教士尔朱思(Father Antonie Verjus)书函的附件。第三篇《谈中国礼仪和宗教》("Remarks on Chinese Rites and Religion", 1708)是致在德国希第闪(Hildeshein)耶稣会学院任教的比利时神父巴索罗莫波色思(Bartholomaeus des Bosses)的书函。第四篇《论中国人的自然神学》("Discourse on the Natural Religion of the Chinese", 1715),②则是致法籍友人雷蒙(Nicholas de Rémond)的书函。在这些文章里,莱布尼兹一再肯定利玛窦"调和论"(accommodationism)的传教策略,认为中国传统礼仪与基督教信仰是兼容的。③ 其中第三第四两篇,正是莱布尼兹论及理气的主要文献。

这里先简要说明莱布尼兹撰写这两篇文章的背景。先是继承利玛窦在中国宗教区主教地位的意籍神父龙华民(Nicolas Longobardi)于 1622 和 1625 年之间,撰写了《简答与上帝等词汇有关的争议》("De Confucio Ejusque Doctrina Tractatus", "A Short Answer Concerning the Controversies about Xang Ti, Etc")一文,反对利玛窦中国古代已有"神"的观念的看法。他直指古代中国人

---

① 孙小礼:《莱布尼茨与中国文化》,第 68—77 页。

② 英译见于 G. W. Leibniz, *Gottfried Wilhelm Leibniz Writings on China*, pp. 75 - 138;中译见秦家懿编著:《德国哲学家论中国》,第 67—131 页。

③ 俞鹤娟:《利玛窦、莱布尼兹与"礼仪之争"》,第 33—34 页。

是唯物论者,而现代中国人则是无神论者,因此若要改宗,中国人必须完全放弃传统信仰。龙华民此说违背当时教廷的传教策略,遭到禁止焚毁。1701 年,龙华民禁书的西班牙文稿以法语在巴黎出版,名为《论中国人宗教的某些观点》("Traite sur quelques points de la religion des Chinois", "Treatise on Some Points of the Religion of the Chinese"),下文简称《宗教论文》("Religion Treatise")。龙华民是耶稣会内部反对利玛窦观点的声音,耶稣会之外也有一位西班牙籍方济会士(Franciscan)利安当(Antonio de Santa Maria Caballero),撰文反对利玛窦。利安当曾于 1633 年到中国传教三年,之后于 1649 年再次到中国传教,于 1669 年死于广州。在他死前写下西班牙文的手稿,说明他的传教经历。至 1701 年以法文出版,名为《论某些在中国传教重点》("Traite sur quelques points importants de la Chine", "Treatise on Some Important Points of the Mission of China"),下文简称《传教论文》("Mission Treatise")。利安当在书中认定中国人是唯物论者,缺乏精神思想,且十分迷信。莱布尼兹在读过龙华民《宗教论文》的短评、龙对与利玛窦一起传教的庞迪我(Didace de Pantoja)的批评,以及之后遵行利玛窦传教策略的高一志(Alfonso Vagnoni)的文章后,便撰写了《谈中国礼仪和宗教》一文,评论双方的论证。之后友人雷蒙将《宗教论文》和《传教论文》两文寄给莱布尼兹,并请他作评论,莱便写了《论中国人的自然神学》一文。

在这两篇论文里,莱布尼兹首先驳斥两位传教士——龙华民与利安当——有关中国人是无神论者与唯物论者的主张,反对他们将"理"视为原初质料的观点。不同于利玛窦,他肯定"理"和"太极"相当于基督教的"上帝",同时强调理学有机整体的观点,符合他的自然神学(natural theology)。

在《谈中国礼仪和宗教》一文中,莱布尼兹指出龙华民主张中国人没有无形质存有:如神、天使和灵魂的观念,他们所谓的"上帝"并不是基督教的神。其次,对中国人而言,万物来自"太极",其内藏着"理"——这是物质实体的基本质料(primary matter),以及近似物质(the proximate matter)的原初以太(the primitive ether)。从"理"本身流出正义、智慧和其他美德,"理"再和原初以太(即"气")结合,又可产生"五行"和物质形式(physical forms)。再者,自建立帝国之始,中国人便崇拜神灵(Spirits),献上牺牲,最先对天,其次对六因(six causes)寒暑干湿日与星辰之神,其三对山川之神,其四对圣贤的神灵。① 这些神灵合为同一个实体,与世界同始终,同样缺乏生命、知识和自由。龙华民于是总结道,中国人是无神论者,相信世界在偶然机遇(chance)中产生,所有物体均随机运动,所有死去的灵魂会回到第一原理的虚空(the vacuum of the first principle)之中。①

对于龙华民的这些论点,莱布尼兹提及一位道明会士(Dominican)白敏我(Domingo Maria di Sarpetri)所做的驳斥。白敏我认为中国古人已知有真神,"上帝"即是其名。距今(明朝)五百年前(应是宋朝),成为人们崇拜的"玉帝"(Chum-ti)。有些中国学者读过利玛窦的著作,同意他的说法。而利玛窦是最为明智的人,不可能比他的继任者龙华民无知;是后者误将琐罗亚士德(Zoroaster)和中国最古老的君王伏羲搞混了,才会犯下这样的错误。② 另一方面,利安当为龙华民辩护。他说中国有三位最受尊敬的"立法者"(lawgivers),即孔子、佛,以及老子。在祭祀他们的时候,奏乐、焚香、奠酒、牺牲供品俱全,甚而五体投地。而1656年卫匡国(Martino Martini)向教廷陈述时,隐瞒了这些实情。其实宗庙祭祀的体制在孔子之前两千年,就已由舜立下。至于"上帝"是有形诸天的主宰,成毁由之;成时称出现精神神灵(emerging spirits),毁时称复归精神神灵(returning spirits)。而这些精神神灵不过只是"理"的动静属性。③ 莱布尼兹还提及另有葡萄牙神父阳玛诺(Emmanuel Diaz)也反对中国人的祭祀,认为只有对神才可行祭祀。④

对于上述说法,莱布尼兹首先表明他对利玛窦的支持,肯定古代中国人的

---

① 中国古代并无"六因"之说。据龙华民的前后文,《尚书·舜典》所载似乎最为接近:"正月上日,受终于文祖,在璇玑玉衡,以齐七政。肆类于上帝,禋于六宗,望于山川,遍于群神,辑五瑞。"意谓尧在三月十五日于其祖先颛顼之太庙禅位给舜,根据观察天象的仪器,确定预测春夏秋冬以及天文、地理、人事等工作。于是因摄位首先举行祭上帝的"类祀",又举行祭星、辰、司中、司命、风师、雨师(皆星名)的"禋祭"(以柴烧牺牲,使烟高升于天),祭泰山、河海、诸神的"望祭",并由舜颁五种玉器信物(公桓圭、侯信圭、伯躬圭、子谷璧、男蒲璧)。参见金景芳、吕绍纲:《〈尚书·虞夏书〉新解》,沈阳:辽宁古籍出版社,1995年,第2—22页。

① G. W. Leibniz, *Gottfried Wilhelm Leibniz Writings on China*, pp. 67 - 74.

② 将伏羲当作从中亚到中国的琐罗亚士德是莱布尼兹听白晋传述的,参见 G. W. Leibniz, *Gottfried Wilhelm Leibniz Writings on China*, p. 98。

③ G. W. Leibniz, *Gottfried Wilhelm Leibniz Writings on China*, pp. 69 - 70.

④ G. W. Leibniz, *Gottfried Wilhelm Leibniz Writings on China*, p. 70.

做法更为坚实可靠,而当代中国人的表现似乎暧昧不明。但利玛窦容许中国信徒同时祭祀孔子先祖,并无不当。就如基督徒哲学家们在纪念罗马帝国护教者亚历山卓的圣卡萨琳(St. Catharine of Alexandria)时,也对亚里士多德表达敬意。既然中国人有传统礼仪,欧洲人实无权置喙。祭祀所重者在于情感,而不在仪式。因此只要中国人举行祭祀是为了表达对祖先和圣贤的崇敬感恩,而非邀福求利便可。其次,在文献不足的情况下,难以判断中国古代思想究竟如何。莱布尼兹所重视的是其中自然神学的含意,也就是中国人的上帝和精神神灵的真正意义。即使龙华民认定在孔子的著作里,找不到非形质的精神实体以及死后赏罚的观念,也当无损于孔子。毕竟《摩西五书》和《旧约》也没有说到这些观念。[①] 而中国人若是无神论者,相信一切只是偶发的物质运动,为何又相信有精神神灵? 如果精神神灵无知于他们的祭祀,他们又为何举行相关仪式? 只有伊比鸠鲁(Epicurus)容许痴呆的诸神(idle gods),认为祭祀活动只是嘴上说说,没有实质的精神含义,也因此伊比鸠鲁学派从不曾举行任何正式的祭典。除非中国人相信这么做可以取悦更高的神祇与死去的圣贤,否则不必这么做。中国人可能和古希腊人(柏拉图主义者和斯多葛学派)一样,将神视为世界灵魂,或者内在于所有事物的普遍性质,或者是在人死后会回归灵魂大海的神圣灵气粒子(a particle of divine aura)。莱布尼兹不否认这些都可能是中国人的想法,但却不是有体系的论述。中国人有可能缺乏作精确表达的哲学用语,但不妨将中国古人有关神圣与精神神灵的思想作有利的诠释。[②]

莱布尼兹接着指出龙华民提及"太极"、"理"、"原初以太"和"精神"等观念,至少相当于基督教或柏拉图主义的"三位一体"(Trinity)的观念。"太极"是第一原理,"理"是包含观念和事物本质的智慧,原初以太(气)是意志或欲望,或者所谓的精神,活动和创造由兹而生。说美德从"理"流出,也就是说"理"是美善之源。也许中国古人早已有了万物及其美善皆来自于神的观念,只是缺乏表达的形上用语罢了。[③] 又从伏羲的六十四卦主张万物起源于"一"和"无",又以神秘图式创造可见,古中国人有一纯洁无误(intact, purged of additional errors)的神学,可被基督教最伟大的真理所运用(be harnessed)。可惜现代中国人并不

---

① G. W. Leibniz, *Gottfried Wilhelm Leibniz Writings on China*, p. 71.

② G. W. Leibniz, *Gottfried Wilhelm Leibniz Writings on China*, pp. 71 - 72.

③ G. W. Leibniz, *Gottfried Wilhelm Leibniz Writings on China*, pp. 72 - 73.

了解祖先的智慧,不知六十四卦含有如他自己发展出来的二进制算数(binary arithmetic)。[①] 总之,只要中国人同意上帝是超卓存有,是智慧、美善和完美之源,福佑来自于他(而非亡者),所有精神神灵皆他所创造、灵魂不朽——这些至少与中国人通行的学说不相抵触便可。[②] 这里显然莱布尼兹试图将中国哲学和基督教神学做最有利的结合,并且他非常敏锐地看出在《易经》系统里,含着"纯洁无误的神学"。但是他把六十四卦阴阳两爻看作是"一"和"无",则是明显错误——其实阴阳两爻是分别代表奇偶的"一"和"二"。

上述讨论之后衍生成较长的致雷蒙的书信——即所谓的《论中国人的自然神学》。这封书信作于莱布尼兹逝世之前的 1715 到 1716 年之间,可说是他长年研究中国哲学的总心得。虽然从未寄出,也没有写完,却可见他对利玛窦观点的支持,以及对中国哲学的认同。[③] 有趣的是,文中莱布尼兹据以驳斥龙华民和利安当论点所引述的中国经典,如代表先秦儒家的《论语》《中庸》《五经》,以及代表理学的明朝胡广编辑的《性理大全》,完全根据两人的《论文》。[④] 毕竟莱布尼兹不识中文,也无法直接接触到这些经典。因此双方并非引用不同的经典原文,只是对相同的文字有完全不同的诠释。该文要旨有三:(一)主张欧洲人应重视中国哲学中"自然神学"的元素,而非斤斤较量于中国的习俗礼仪。(二)继续驳斥龙华民与利安当认为中国人是唯物论者的论点。(三)将宋明理学的"理气""太极"概念和他自己的单子论(monadology)中的"上帝"(God)、"圆现力"(entelechy)和"预立和谐"(pre-established harmony)结合,证明中国哲学和他的思想相通,中国人也有"自然神学"。

"自然神学"相对于"启示神学"(revealed theology),是指基于人类自然经验与理性官能而产生的宗教信仰。启示神学认为信仰出于神对先知的启示,是神的恩典,乃是基于先知的超自然的经验。而"宗教"是"神"和"人"之间的关系;是神创造了人,不是人创造神,因此宗教经验必来自人以外的超自然实有的天启(revelation)。"自然神学"则将"神"视为"自然性质"的一部分,或者是最

哲学·经学·语言

---

① G.W. Leibniz, *Gottfried Wilhelm Leibniz Writings on China*, pp. 73 - 74.

② G.W. Leibniz, *Gottfried Wilhelm Leibniz Writings on China*, p. 74.

③ 参见秦家懿编著:《德国哲学家论中国》,第47—49页。

④ 参见胡广编:《性理大全》,《文津阁四库全书·子部·儒家类》第二三六册,台北:商务印书馆。其余莱布尼兹还提及《淮南子》、《孔子家语》和郑玄、张居正、程颐等人多种著作。

崇高的部分,并以理性论证推定"神"存在。最著名的即阿奎那的"五路论证"(Five-Ways Argument),即以哲学论证证明神的存在。阿奎那同时将自然律(natural law)等同于道德律(moral law),视上帝为自然律道德(natural law morality)的神圣来源,提供人的行为是否符合理性、合乎正义的规准。[1] 大致而言,"自然神学"以宗教信仰出于人类的自然情感、理性、宇宙法则与秩序。不同于"启示神学"建立在超自然的奇迹上,"自然神学"则主张神无需施展违反自然秩序的奇迹来炫惑世人,破坏自己所立的规则。如此,基于理性信仰,结合自然律与道德律,可谓"自然神学"的主要特色。

莱布尼兹身为欧陆理性论的重镇,对当时"自然神学"有衰弱的趋势,深表关切。[2] 站在维护自然神学的立场,他反对龙华民与利安当两人的主张:他们认为中国人虽然有"理""太极""太一"(Summary Unity)、"上帝"(Xangti——不同于God)等概念,作为万物起源的原理,流出义智等德、五行和物形,却不认为这些概念有意识,只能说是一种物质或者"气"。虽然中国人自古崇拜天、六因神灵(热、冷、干、湿、太阳、星辰)、山川河流之神、功勋卓著者之灵,但这些神灵将随世界而终止而灭,没有生命、知识或者自由。因此中国人是无神论者与唯物论者,他们相信世界只是出于偶然机运,万物最终回归太虚。[3] 对于这些说法,莱布尼兹或予驳斥,或予厘清,或予补充。

首先,莱布尼兹认为大家无需批评中国人的"理"或者第一原理(first principle)和"气"或者质料(matter)的二元概念,只需向他们表明"上帝"是超俗心智(intelligentia supramundana),优于质料,和他们的"理"作为原初动者与万物根基相当。[4] 他指出依龙华民文中所示,中国人的"理"就是理性(reason)、万性的根本(the foundation of all nature)、最普遍的理性和实体(the most universal reason and substance),是最伟大的普遍原因(universal cause),纯粹

---

① 参见俞懿娴:《洛克与自然律》,《哲学与文化》(台北)第382期,2006年3月,第21—22页。

② 根据瑞巴斯的说法,莱布尼兹写《论中国人的自然神学》一文正当"莱布尼兹-克拉克争议"(the Leibniz-Clarke Controversy)发展的时候。两者都在他死后结束,显示有趣的理论关联——即莱布尼兹对于"自然神学衰败"的关怀;而《论中国人的自然神学》一文的目的,正在维护中国人的自然宗教,以显示其与基督教的自然宗教是一致的。Albert Ribas, "Leibniz' *Discourse on the Natural Theology of the Chinese* and the Leibniz-Clarke Controversy," *Philosophy East & West*, Vol.53 No.1(2003):64-86.

③ G. W. Leibniz, *Gottfried Wilhelm Leibniz Writings on China*, pp.67-68.

④ G. W. Leibniz, *Gottfried Wilhelm Leibniz Writings on China*, p.77.

不动、精粹无形，只能透过理解力加以认识。① 他也肯定中国人把"理"看作存有(Being)、实体(substance)、实有(entity)；"理"，无限永恒、不可分割、不生不灭、无始无终，不仅是天地万物自然基础的原理，也是德性、风俗、精神的道德原理，流出虔敬、正义、宗教、睿智和信仰五德。② 如此，莱布尼兹说从他们两人所引文献可知，中国人以"理"或"太极"作为创造天地万有的第一原理，提供宇宙秩序的普遍法则，且是具完美真善等价值的道德枢纽，便可欣然接受这些概念等同于基督教的"神"，且是"自然神学"的体现。

其次，龙华民和利安当都认为中国人的"理"没有心智，"理"本身无活力、无生命、无意图、无知识，也没有任何力量。③ 而龙华民引用《书经·周书·泰誓》所说："天视自我民视，天听自我民听"，却将之误解为："天"既不看也不知，既无恨也无爱，但原文说的却是"天视""天听"正好否定了他的论点。复引《性理大全》所说天和地皆无理性、意志或审思。④ 利安当则引孔子所说："人能弘道，非道弘人"⑤，将"理"视为"道"(order，秩序)，以孔子说"道"不能认识人，人可以认识"道"，来证明中国人的"天"是无知觉的。⑥ 但莱布尼兹却认为中国古人否认"理"有生命、有知识、有力量，因他们认为这些是"人类质量"：生命是指有机器官的活动，知识是指通过推论和经验取得的知识，力量是指君王和行政长官管理臣民、令他们敬畏的权力。⑦ 换言之，为了避免"人神同形论"(anthropomorphism)，他们才会否认"理"有这些特质。而利安当一面说中国人在论及"理""太极"和"上帝"的伟大和良善时，不承认"理"有意识；另一面又说，"理"是指导所有事物的律法，引导它们生活的心智。天地因这律法和普遍秩序

① G.W. Leibniz, *Gottfried Wilhelm Leibniz Writings on China*, p.79.

② G.W. Leibniz, *Gottfried Wilhelm Leibniz Writings on China*, p.79.五德应是指仁、义、礼、智、信五常。

③ G.W. Leibniz, *Gottfried Wilhelm Leibniz Writings on China*, p.90.

④ 这当是指《性理大全》第二十六卷"天地"段，朱熹答"天地之心亦灵否？还只是漠然无为?"所说："天地之心不可道是不灵，但不如人恁地思虑。伊川曰天地无心而成化，圣人有心而无为……这是说天地无心处，且如四时行，百物生，天地何所容心？至于圣人则顺理而已，复何为哉?"参见胡广编：《性理大全》，第248页。

⑤ G.W. Leibniz, *Gottfried Wilhelm Leibniz Writings on China*, p.90.

⑥ G.W. Leibniz, *Gottfried Wilhelm Leibniz Writings on China*, p.90.龙华民并访问中国学者以确定此事。

⑦ G.W. Leibniz, *Gottfried Wilhelm Leibniz Writings on China*, p.91.

而形成,万物由之而起,"理"自己足以创造世界,无需其他神灵。又根据中国人的说法,"理"是唯一持续推动天地的原因,让大地稳定,物类繁衍,这德性不在万物自身上面,而在于"理"。"理"支配一切;遍在所有事物之中,如同天地的绝对主人,统治产生一切,并称上述可见于《性理大全》卷二十六。[1] 但莱布尼兹认为根据利安当所引的文献,中国人以"理"作为理性律则,涵盖一切,创造活动持续不止,可以肯定"理""太极"或"上帝"是有心智的:可见一切、知一切、做一切。"理"作为形成天地的原理,至高的真理和力量,且为昭示自身,以恰当知识创造万物。如此,中国人不可能一面将这些性质归属于"理",另一面却认为它是无能、无生命、无意识、无心智、无智慧的。[2]

其三,龙华民说中国人称"理"是"太极"(the Supreme),在数列上是第一个。"理"是所有宇宙本质的原理基础,是统一所有杂多的绝对单一体。[3] 中国人也称"理"是"太虚"(Grand Void),是包含所有殊别本质(particular essences)的普遍本质(universal Essence),充满一切虚空,如同《中庸》第二十章至二十五章所说。[4] 莱布尼兹认为中国人形容"理",有如欧洲人形容"上帝":一和一切,一含一切,一切包含在一之中;不过是形式上的一,卓越的所有一切(Unum omnia, Unum continens omnia, omnia comprehensa in uno, sed Unum formaliter, omni eminenter, One and all, one containing all; all embraced in one; but formally one, eminently all)。[5] 至于龙华民说中国人称"理"是一个球体或者圆形(即太极图),莱布尼兹认为那也类似于欧洲人说"上帝"是一个圆形球体,其中心无所不在,其圆周不在任何一地。如此,龙华民所引用中国人

---

① 这里指的是《性理大全》卷二十六"理气一"中,朱熹所说:"天地之间,有理有气。理也者,形而上之道也。生物之本也,气也者,形而下之器也。生物之具也。是以人物之生,必禀此理,然后有性。必禀此气,然后有形。……伊川说得好,曰理一分殊,合天地万物而言,只是一个理。及在人则又各自有一个理。"又陈北溪所说:"二气流行,万古生生不息,不成只是个空气?必有主宰之者曰理是也。理在其中,为之枢纽。故大化流行生生,未尝止息。""太极之所以为极至者,言此理至中至正,至精至粹,至神至妙,至矣尽矣。"真德秀说:"万物各具一理,万理同出一原。"第244—246页。

② G.W. Leibniz, *Gottfried Wilhelm Leibniz Writings on China*, p.85.

③ G.W. Leibniz, *Gottfried Wilhelm Leibniz Writings on China*, p.80.

④ 主要应是指《中庸》第二十一与二十二章所言:"天地之道,博也、厚也、高也、明也、悠也、久也。今夫天,斯昭昭之多,及其无穷也,日月星辰系焉,万物覆焉。今夫地,一撮土之多,及其广厚,载华岳而不重,振河海而不泄,万物载焉。"

⑤ G.W. Leibniz, *Gottfried Wilhelm Leibniz Writings on China*, p.81.意即上帝的实在性是最高等级的。

"理"的说法,正如同欧洲人解释"上帝"的广袤性(the immensity of God),无所不在、无所不包一般。① 而这点正和下面我们要讨论到的"气"弥布六合的特性相同,实为古中国有机整体思想的遗绪。

其四,龙华民说中国人的"理"之所为,皆出于偶然机遇,不是发自意志或慎思熟虑。"理"是自然律,万物各凭自身的重量、大小和符合它们的状态受它统治,不是基于心智或反省,只根据天生倾向和自然秩序。这世界上事物被统治和有秩序,都是自然且必然地来自于"理"。遵循所有事物之间的连结性(connectedness),个别主体的天生气质,我们称之为命定(destiny)。但莱布尼兹认为根据龙华民引用的经典,万物自然且必然地来自于"理",因此可说中国人的"理"是必然的。② 他说:

> 中国人这些话都有合理的意义。他们论"天"时所说的,如同我们论禽兽时所说的一般,意即是说它们根据心智而行,好似有心智一般,虽然它们并无心智,只是受治于至高理性而已——即是中国人所谓的"理"……不过对于他们说的话,我们尚可给予更好的意义,更妥善的解释:之所以有"至高理性",是因它是最理性的。可能他们称"理"是必然的,因为它既被确定且是无误的;也可能他们误用"必然的"一词,就像许多欧洲人一般。且他们排除自愿行动,因为他们将自愿理解为在[某一场合上]先不确定、而后才确定的一种设计和蓄意的行动——那在"神"上毫无地位作用。因之,我相信不必粗暴对待中国人古代的学说,即可说"理"是凭着本身的完美,从多种可能性中选择最妥善的;借此产生具备气质的"气"或物质,使其他一切自然而然地产生了,就同笛卡儿(Descartes)所宣称,现前世界的秩序是因少数最先发生的设定而有。中国人非但不应受责备,且因他们的事物观念,是以事物的自然习性和预立和谐(pre-established harmony)而被创造,实在值得受人称扬。但是偶有性(contingency)这一词,在这里完全不适用,也不像是出于任何中国人所说。③

---

① G.W. Leibniz, *Gottfried Wilhelm Leibniz Writings on China*, p.82.

② G.W. Leibniz, *Gottfried Wilhelm Leibniz Writings on China*, p.92.

③ G.W. Leibniz, *Gottfried Wilhelm Leibniz Writings on China*, p.93.

这里莱布尼兹引入他的预立和谐说,解释"理"的必然性。预立和谐说主张神在创造之初,便完美地安排了一切,选择了最好可能的设计,在其中有最大的多样性,以及最大的秩序,使事物透过祂而存在,也使事物的存在与运作依赖于祂。不论事物有何完美性质,皆得自于神;而它们的不完美则是因自身的限制所造成。神在创造世界时,给予土地时空产生最大效益的可能,赋予造物宇宙所允许的最大程度的能力、知识、幸福与善。根据神的理解,所有可能的事物皆依它们完美程度的要求而存在,因此所有这些要求的结果,必然是一个最好可能的世界(the best possible world)。否则就无从解释何以事物会是其所是,而非成为其他形式。[①] 不过莱布尼兹不理解在中国的《易经》体系里,"道"的必然性与偶然性是兼容的。所谓"易有三义":易简(实时空)、变易与不易,其中变易是机遇偶然,不易是永恒必然,皆属宇宙创化的不同层面。[②] 可说他以自己的哲学诠释"理",有其适当之处,也有不当之处。

其五,龙华民说"理"有生灭,取得或抛弃各种性质或偶性形式。但莱布尼兹指出据龙华民的引文并没有这样的说法,反而是说"理"通过"元气"(primal air)或物质,创造了"原始圆现力"(the primitive entelechies),后者则是"精神神灵"(Spirits)的构成原理。[③] "圆现力"是莱布尼兹取自亚里士多德的一个概念[④],用以指称实体的主动性和生命力。在莱布尼兹著名的单子论里,所有简单实体或单子(monads)皆具备"无意识知觉"(unconscious perception),也就是"圆现力",而只有"上帝"能创造单子。[⑤] 这里莱布尼兹显然是将他的"上帝"等

———————————————

① G. W. Leibniz, *Gottfried Wilhelm Leibniz Writings on China*, p. 93.

② 参见俞懿娴:《〈易经〉创化概念与怀德海历程思想》,《哲学与文化》(台北)第 397 期,2007 年 6 月,第 53—70 页。

③ G. W. Leibniz, *Gottfried Wilhelm Leibniz Writings on China*, pp. 93–94.

④ 对莱布尼兹而言,每个实体之为实体,是出于内在统一的活动(activity)或者力(force)。莱布尼兹采亚里士多德的用语——"圆现力",指称这个活动(可说是实体其自身的同义字),想要表达的是一万物由潜能而实现的内在冲力(conatus)。莱布尼兹以"圆现力"指称比灵魂层级更低的基本实有——单子——所拥有的"知觉"(perception)。参见 H. W. Carr, *The Monadology of Leibniz*, London: The Favil Press, 1930。

⑤ 最低层级的知觉,是一切实有或单子皆具备的"圆现力",或者"无意识知觉"。再高一层级的知觉是灵魂(soul)或动物身上的统治单子所拥有的,有意识、伴随着记忆的清晰知觉。而最高层级的知觉则是精神(spirit)或理性造物身上的统治单子所拥有的,统觉(apperception)和自我意识。

157

原始儒家跨哲学视域下的理气观

同于"理",而"理"也和"上帝"一般能通过"气"创造万物。

总之,莱布尼兹认为根据龙华民和利安当自己引述中国经典所说,他们应当接受"理"就是"上帝"的观点。但是龙华民竟把"理"等同于原初质料(prime matter),因此做出中国人是唯物论者的错误结论。① 莱布尼兹于是明确区分"理"和"气"的不同,认为"理"是纯精神,毫无物质成分,而"气"才是物质。他说:

> "气"出乎"理",即是"元气"或原始的"气"。他称此"元气"为"气",即是"理"的工具,"神灵"所作所为,归根究底属于"理",但具体实现在于"气",而形式方面则归诸"神灵"。可见这"气"或"元气",真等同于"物质",正等同于推动物质的第一原理,如同匠人运用工具造物一般。这"气"我们称为"乙太"[Aether],因为物质的原来状态完全属流体,没有结合或凝固,没有空隙,也没有能分彼此的限制。总之,这物质"气"是我们所能想象到最精微的[质料]。②

这最精微的质料,其实就如斯多葛学派所说的"气"。莱布尼兹指出据《性理大全》卷二十八"鬼神"段朱熹所言:"气也,天地之间无非气",这"气"不只是"物质",且是如希腊、拉丁文的 Pneuma, Spiritus,是指有生命的灵气(creative air),即是一种精微的、穿透性的物质,一种被造的非质料实体(immaterial substance)。他将万物的存在分成主动的和被动的层次:在被动层次上,万物皆由同一原初质料——元气构成,只因运动所赋予的形式而有异;在主动层次上,万物因参与"理"而拥有"圆现力"、"精神"、"灵魂"等。③ 如此一来,就不需要把"理"解释成为原初质料,也不必将中国人视为唯物论者。他有点戏谑地说:

> 龙华民神父明白地说,"气"是"理"的产物。他又说"元气"自然出自"理",且虽然"理"本身并不运作,但在产生"气"和"元气"之后,开始有所为。这里,我们必得放过龙华民神父不小心陷入的不一致性。因

---

① G. W. Leibniz, *Gottfried Wilhelm Leibniz Writings on China*, p. 96.

② G. W. Leibniz, *Gottfried Wilhelm Leibniz Writings on China*, p. 97.

③ G. W. Leibniz, *Gottfried Wilhelm Leibniz Writings on China*, p. 87.

为若说"理"产生了"气",又怎能说它本身无所为呢? 而"气"既然只是"理"的工具,岂不该说它的德能或主要动力因是在"理"之内? 因为这最初原理(primary Principle)或原型(primitive Form),借着纯粹活动(pure Activity),通过"神"的运作,产生了原始物质,所以中国哲学比较古希腊哲学——认为物质与"神"同时(as coeval with God),是个不产出任何事物、只赋予形式的原理——要更为接近基督教的神学。[1]

在这里,莱布尼兹再将中国哲学向他的基督教神学拉近一步:"理"既然是"气"的发动者,其本身当然不会静止无为;而"理"既然能产生"气",当然要比古希腊斯多葛学派"上帝即自然"的观点更接近基督教神学。[2]

在"理"与"气"之外,龙华民认为"太极"也是物质的,但根据他自己的说法,"太极"就是"理",而不是任何物质性的事物。莱布尼兹引述他的说法:

> "理"成为无限的球体(那无疑是比喻说辞),被称为"太极"——即是以达到终极完善和全然实现的意思——因为它有效运作,又在产生事物时动用其德能,赋予万物能力,包括使一切事物都因其自然习性而发的预立秩序。因之,在创造自然物后,"神"只须按照一般程序进行。这就是为什么我认为龙神父混淆了"气"与"太极",说"太极"即是"元气"(the primogeneous air)。[3]

在这里,莱布尼兹不但清楚地确定"太极"就是"理",而不是"气":"'太极'即是在'气'上有所作用的'理':'上主的灵,运行在水面上',将超卓之灵视为'理',而水为原始流体,也就是'元气','气'或原始物质"[4],并且将"太极"和他"预立和谐"(Pre-established Harmony)的概念连结在一起。不过他特别指出

---

① G.W. Leibniz, *Gottfried Wilhelm Leibniz Writings on China*, p.97.

② 不过莱布尼兹在这里采取的诠释策略:将"理"视为主动原理,"气"视为被动原理,其实非常类似斯多葛学派的学说。参见 Robert B. Todd, "Monism and Immanence: The Foundations of Stoic Physics," in John M. Rist(ed.), *The Stoics*, p.153。

③ G.W. Leibniz, *Gottfried Wilhelm Leibniz Writings on China*, pp.98-99.

④ G.W. Leibniz, *Gottfried Wilhelm Leibniz Writings on China*, p.98.

中国哲学与斯多葛学派的差异：

> 也许有些中国人或者认为有一种原始的组合物，是来自于原始形式或"理"和原始物质或"气"；这实体以"理"为灵魂、"气"为质料。他们可能以"太极"之名来理解这实体，而这整个世界被认作是个活物，是普遍的活体，至高之灵和伟大的人格；斯多葛学派就这样看待世界。而这巨大活物的整体就是个别活物的总和，对我们而言，如同小活物渗入大活物的组合结构一样。但是我们在古代中国作者中找不到这项错误，便不该把这错归给他们，更且由此他们将物质视为"神"的产出。"神"不会将实体和物质并合，所以世界不会是巨大活物；相反地，"神"是超俗心智；而物质既是祂的造物，就不可能与祂同时。当龙华民神父说"太极"包含"理"和"元气"或"气"时，我们不应该认为这是指它们组合成"太极"，而是它包罗它们，如同结论已含在前提中一般，因为"太极"是在"气"上有所为的"理"，所以"气"也已被设定。[1]

换言之，斯多葛学派因为主张"上帝即自然"，向来被贴上唯物论的标签，所以莱布尼兹不愿中国哲学因有近似斯多葛学派的观点，也被贴上同样的标签。虽然龙华民承认"理"与"太极"可指同一物，但他将两者误认为是物质性的。而利安当承认中国人认为"理"或"太极"是最极致的，但他却以为万物都是"太极"的部分或是它的变化，因而是物质性的。莱布尼兹则指出，这或是因万物的绝对性、实在性或完美性皆来自"太极"，就如欧洲人比喻灵魂是神圣性的粒子，中国人也会说万物皆有"太极"的成分。他说：

> 根据这意思，中国哲学《性理大全》卷二十六，第一页说"理一分殊"。正确地说，由各部分合组成的东西，永远也不是真正一体；只有从外表上可说是一体，如同一堆沙土或一个部队。因之，就如以引述的章节所说，第一原理并无任何部分——如其他段落所说。利安当神父引述中国人的话时，指他们拟造了一个词，即"理——太极"，而按照

---

[1] G.W. Leibniz, *Gottfried Wilhelm Leibniz Writings on China*, p.99.

孔子在《四书》之一的《中庸》内的说法，这是指实质性的真理、律法、万物的原理与终结；没有不从这原理得到其有效的和真正的存在，而这些东西的本质却毫无一丝不善。利神父说，这类似我们在《创世纪》中所读的一句话："神"看到他所造的一切，而一切皆是善。不过，利氏又引述拉克坦西乌（Lactantius）有关第一原理的话，拉氏引述各古代诗人与哲学家后，说他们的意见虽然不一定对，却用"自然""天""理性""神""命运""神圣律"等名词来称我们所谓的"神"。利神父又说，中国人只承认分为许多部分的物质性的原理。对我而言，这神父不是因为他从经典中看到什么，而是因为受到某些不虔敬的现代人误导，这无论是在中国或其他地方，都有这种自认为自由论者，自以为超人一等的人。①

拉克坦提乌斯（250—325）是古罗马时代的基督教作家，莱布尼兹认为利安当引用拉氏的话并不能证明中国人不信仰神，只是显示他自己受到一些中国的无神论者的误导罢了。于是莱布尼兹总结道：

> "理"与"太极"之外，中国人称为最伟大的是"上帝"（Xangti），即是统"天"的"精神神灵"。利玛窦神父去了中国，并在那边长期生活后，觉得"上帝"即是"天地之主"，换言之，我们的"神"，也称"天主"，"天之主"。在中国，"天主"经常用来指"基督徒的神"。……因为"理"是永恒的且有一切可能有的完美；一句话，我也已表示过，可算是我们的"神"。……且利玛窦声称中国古代哲学家承认并尊崇称为"上帝"的"神"，以及承认从属于他的众神们——他的臣仆们——并用这方法表示他们认识真"神"，并没有说错话。……中国古圣贤认为人们需要崇拜引发想象的事物，所以不建议公众尊崇"理"或"太极"，而要他们敬拜"上帝"，"天"的"神灵"，实即是指"理"或"太极"，因"理"或"太极"自身之意，主要在天上显现功能。……他们向有形的"天"（实在是向"天"之王）祭祀奉献，且在静默中崇敬它，他们不提"理"，因为无知的

① G.W. Leibniz, *Gottfried Wilhelm Leibniz Writings on China*, pp.100-101.

原始儒家跨哲学视域下的理气观

庸民不了解"理"的本质。我们称为人的理性之光的,他们叫做天命和天律。我们称为服从正义的内在满足感,和我们不愿违背正义的恐惧,皆出于中国人(我可以说,与我们一同)称之为"上帝"(即为真神)所赐的灵感。违背"天"即违背理性;求"天"之赦即是自我改革,并诚意地在言行上都在服从理性的律法。我认为这一切都很崇高,与自然神学符合,又毫无作恶之意。

莱布尼兹追随利玛窦,将中国人的"上帝"视为基督教的"天主",甚至认为"理"和"太极"也都与基督教的神若合符节——而这是利玛窦所反对的,在沈清松看来是受到白晋(Joachim Bouvet)的启发。白晋和他弟子马若瑟(Joseph de Premare)采取索隐派(figurism)的观点诠释中国经典,认为其中的文字和象征,皆指向天启的隐喻,暗示着天主或耶稣的来临;"天""太极"能生万物,正隐喻天主创造世界。[①] 除了这个历史事实,令人讶异的是莱布尼兹在不识中文的情况下,有着惊人的同情理解力,精密的洞察力,竟能以其哲学直接契合中国有机整体的思想,他称之为"自然神学"。

四、原始儒家的思考(代结语)

1697 年 12 月 2 日,莱布尼兹曾经写信给在中国传教的法国传教士尔朱思,说他想要得到有关中国更多的讯息:

    我积极参与了,因为我以为这个传教使命是我们这个时代最伟大的事业:在荣耀神和传播基督宗教上,同样在为了人普遍的善以及艺能和知识的成长上,且对我们和对中国人一样[要紧]。因为这观点的交流(a commerce of light),能够让我们立即得到他们几千年来的成就,且将我们的成就也让他们知道,这样就可使我们彼此的真实财富倍增。其成果要大于一般人所想的。[②]

---

① 沈清松:《从利玛窦到海德格尔:跨文化脉络下的中西哲学互动》,第 165 页。

② Franklin Perkins, *Leibniz and China A Commerce of Light*, Cambridge: Cambridge University Press, 2004, p. 42.

莱布尼兹的这项看法在当时虽未受重视,但时至今日,面对 21 世纪全球化造成日益复杂的国际局势,他的真知灼见所展现的普世精神(universal spirit)、寻求跨哲学的理解会通,以及选择追求宽容和解、彼此丰富的态度,令人倍感弥足珍贵。就全球人类基因极其相近的事实而言,我们可说人类生理上大脑状态(brain-set)差异不大,但受到不同的文明传统影响的心理状态(mind-set)则颇有差异。从原始儒家的观点看来,人始终面对着自然和历史,探索着人的实在性(human reality)、自然的实在性(natural reality)以及社会人群的实在性(social reality)。这三种实在性一面植基于人道理性,一面植基于人与宇宙的关系。在中国古代的经典里,无论是《易经》还是《尚书》,均表达了这样的思想:自然本身是神圣的,具有创化生生的功能与作用;人生为宇宙自然的一分子,应当效法天地的创化精神,参赞天地的化育。我们可以肯定的是,在原始儒家思想里,没有唯物论,也没有有神论的色彩。自然既不受纯理必然性的支配,不是由遵循机械法则的物质构成,也不是超自然人格神的造物;自然本身就是造物者。《尚书》中的"天"确实同时具备"自然之天"、"命令之天"、"命定之天"、"德义之天"等多种形貌,其中"命令之天"最接近基督教超自然的人格神,但是以中国古人并未明确区分自然与超自然之不同,很难确定《尚书》中的"命令之天"就是一神信仰里超自然的人格神。而《易·系辞传》仅提到"通神明之德,类万物之情",似乎肯定确有神明,但也说"阴阳不测之谓神"。加上孔子向来抱持着不语怪力乱神、敬鬼神而远之的宗教态度。《中庸》上也说:"神之格思,不可度思,矧可射思。"可见中国古人虽然有敬畏神圣的宗教情感,但是对于神的具体存在,却抱持着不可知论(agnosticism)的态度。究其原因,中国哲学"整体-功能导向"的思维颇不同于西方哲学"分析—实体导向"的思维。前者视神明为不可知的作用,以宗教的目的在于教化,所谓"神道设教"。[①] 后者则视神为超自然的、无限永恒实体,其存在具有最高的实在性。就基督教而言,神有数量,只有一个,且有名称,即耶和华。

宗教信仰或植基于人类的"大脑状态",就目前所知几乎所有人种皆有宗教

原始儒家跨哲学视域下的理气观

---

① "神道设教"一辞见于《易·系辞传》,意谓借宗教之力量,行教化之实。参见程石泉:《易卦爻辞之历史诠释》,《易辞新诠》,第 30—35 页。

信仰,虽然信仰的实践形式各有不同。信仰出于终极关怀,入于神秘超理性之境。站在宗教的立场,信仰者必须有信仰的对象,祈祷者必对着"上帝"祈祷。宗教的真谛本在建立人与超越神圣性(Divinity)之间的关系。① 不过人类精神发展一旦步入哲学阶段,在中国人道理性兴起,人格神的"上帝"渐渐消失,"道"的概念取而代之,可发展为"自然道学"(natural Daology)。唯有"天"保存其部分含义,成为儒道墨三家形而上思想的共同预设,而中国人本主义亦由之而生。在西方,信仰寻求理性的基础,在启示神学之外,另行发展出自然神学。这自然神学或有三种型态:一是斯宾诺莎(B. Spinoza)的泛神论,主张神内在于自然;二是莱布尼兹的一神论(theism),主张神超越自然(但只统治而不干预);三是怀德海的万有在神论(panentheism)②,主张神既超越又内在于自然。就原始儒家的观点,当然是第三者最符合中国"道"的特征。"道"不同于"神",不能无中生有地创造(*creatio ex nihilo*)——老子说无中生有的无,不是全无——只能任凭自然一再"创化生生"(creative generation)。因此虽然利玛窦苦心经营,仍被有坚实信仰的教士如龙华民辈发现,中国人并没有天主信仰。但利玛窦和莱布尼兹认为中国人并非唯物论者,确为的论。至于理学家的"理"、"气"、"太极"之说,虽远悖原始儒家的形而上学,陷于与阴阳家、道教交杂的"阴阳五行"之说,却与斯多葛学派的宇宙论若合符节,因而受到莱布尼兹的青睐。在中西哲学交流史上,也做出了独特的贡献。

164

哲学·经学·语言

A Cross-philosophical Discourse from the Original Confucian Standpoint

Yu Yixian

Abstract: In the history of exchanges between Chinese and Western civilizations, the

---

① 有关于人格神的宗教价值分析,参见 Henri de Lubac, *Teilhard de Chardin The Man and His Meaning*, New York: Burns & Oates Ltd., 1965, pp. 21-27。

② 参见俞懿娴:《〈易经〉创化概念与怀德海历程思想》,《哲学与文化》(台北)第 397 期,2007 年 6 月,第 53—70 页。

first Westerner to address Chinese philosophy to Europe was Matteo Ricci, a founder of the Catholic missions in China. At the end of the 16th century (1583), Matteo Ricci was the first missionary to set foot on Chinese territory and spread Christianity deep into the interior. He translated the *Four Books* in Latin, introduced Chinese classics and ideas to Europe, and established the tradition of missionaries writing books and translating Chinese classics. In the *True Meaning of God*, he affirmed that "Heaven" in Chinese classics (such as the *Book of Songs* and the *Book of Shangshu*) is not different from the Christian "God" and that Confucianism and Christianity are compatible, but he disagreed with the neo-Confucianist view that "tai chi" and "li" are equivalent to "God" and "Deus". It can be said that Matteo Ricci's evaluation of the original Confucianism in Chinese philosophy is higher than that of the new Confucianism, and he is more critical of neo-Confucianism. After Matteo Ricci, Leibniz is the first European philosopher with the most knowledge of China. He fully accepted the neo-Confucian concepts of *li* and *qi*. How is it that two such brilliant and wise European thinkers, both well-intentioned for Chinese philosophy, have similar but different views? This paper intends to conduct a cross-philosophical study on this subject from the point of view of original Confucianism in order to deeply understand this valuable page in the history of Sino-Western philosophical exchange.

Keywords: Matteo Ricci, Leibniz, original Confucianism, neo-Confucian, *li* and *qi*

价值论视域下荀子现实主义教化观研究
——教化的道德与政治二重维度及其紧张

田芳园①

[**摘 要**] 荀子教化观念是孔孟"教"与"化"的统合,其内蕴政治与道德的二重维度具有明确的政治指向,呈现出现实主义特征。荀子从主体间关系出发,主张通过理性构建普遍道德规范,以求政治秩序的实现。其本质是基于个体差异形成政治秩序格局,在此基础上衍生出道德教化等价值主张,可归结为一种经验主义价值论。但圣人、师者教化的政治秩序实现路径关闭了个人积学通道的可能,使个体实现从自为到理性自觉的一般需求,与基于政治差序格局的道德教化等价值导向之间存在内在紧张。从差序政治的经验价值之域重返本真生存状态的整体之域,使个体一般价值需求与社会价值导向交互展开,自我教化才得以可能。

[**关键字**] 教化;师者;政治;道德;价值

---

① 田芳园(1983—),女,湖南张家界人,上海市教育评估院工作人员,上海师范大学哲学与法政学院博士研究生,主要研究领域为教育哲学、教育评价。

一、引论

中文"教化"一词最早可追溯至先秦诸子时代之荀子。目前国内关于荀子教化的研究大致可以分为三类:一类是道德教化论,倾向在道德领域中研究教化,以人性论讨论最为集中,并进一步延伸至认识论领域;一类是政治教化论,侧重从社会结构秩序、目的与功能方面讨论教化的政治维度;还有一类偏向于从语义学角度进行概念界定,如与诠释学"教化"概念的比较研究、与德国经典教化传统的比较研究等。但是,上述三类视角尚不够充分。原因在于,古典时期的荀子教化概念,既包含中国哲学的研究内容,也关涉中国古代教育学的研究内容。然而,目前对荀子教化的研究各有其进路,对于交集部分缺乏必要的分析。从教育哲学价值论角度来讨论则可以很好地补充这一点,为荀子的教化哲学提供一种重新诠释可能,追寻其理论整体的内在统一逻辑。尽管目前学界不乏对于荀子教化观念道德与政治维度的研究,但二者关系中内蕴的现实主义价值论面向还有待进一步揭示与拓深。即在荀子的教化观念中,反映出的道德与政治关系如何,这种关系实质上构成了现在意义上的价值论。本文旨在揭示这一面向:荀子价值论作为"教化"观念的一种底色,具有显著的现实主义特征,教化的二重维度道德与政治的关系则为其具体呈现。

二、荀子教化的道德与政治二重维度及其内蕴关系

《荀子》一书中,共使用"教化"一词 8 次,其中《王制》篇 2 次,《臣道》篇 1 次,《议兵》篇 1 次,《正论》篇 3 次,《尧问》篇 1 次。基于古汉语单音词表意的特征,可以推测这里荀子使用的"教化"这一复合词内涵"教"与"化"二重向度。

(一)"教"与"化"二重向度与统合

从历时性来看,尽管孔子、孟子并没有直接提出"教化"一词,但《论语》《孟子》等典籍绝不乏"教""化"的概念。自孔子始,教即简单地兼有治理与教学的两种含义,如"教民""有教无类",两者含义相对独立。从作为治理人民的一种方法角度来看,"教"无疑具有政治层面的意蕴,面向的主体是大众。如孔子提出了"先富后教",表面看是经济与教育的关系,但实际涉及大众物质利益分配

问题,内蕴政治意义。不同于个体角度的修身自学与启发之教所凸显的个体内在价值,先富后教乃是从群体秩序角度提出的"民教"原则,用于维护理想的政治秩序,更偏主于个体教化在社会的外在价值。但是,由于孔子没有进一步阐明群体与个体之间的关系,因此其教化的政治与教学两种含义相对独立,先富后教与修身指向的对象大众与士君子互不贯通。

孟子在孔子思想基础上,继承了政治上的"教民"之义,"善政,不如善教之得民也。善政民畏之,善教民爱之;善政得民财,善教得民心。""不教民而用之,谓之殃民。"(《孟子·告子章句下》),明确提出庠序学校之"教"目的在于明人伦,"设为庠序学校以教之:庠者,养也;校者,教也;序者,射也。夏曰校,殷曰序,周曰庠,学则三代共之,皆所以明人伦也。"(《孟子·滕文公章句上》)"尽事亲之道"则"天下化",赋予了"教""化"浓厚的道德意蕴。道德伦理成为了联系"教"之治理与庠序之教学两层含义之间、"教"与"化"之间的纽带,"教"之政治与道德双重意蕴相互融通初显。而与孔子不同的是,孟子将孔子"诲人不倦"之"诲"等同于"教"[1],可见"教"的内涵已经较孔子有所扩大,至少个体之诲与大众之教的区分模糊了,大众与精英都被囊括在"教"之对象中。淡化了受教者的差异性,而以"人皆可以为尧舜",强调了教之对象的平等性。

而至荀子,所谓"教"仍然承继了孔子、孟子的"教民"、教学法之义,如孔子、孟子、荀子三人都有对"教民"的讨论,对于"教"与"诛"的关系,都有"不教而杀""不教而诛"的说法。但其思想则更为复杂。荀子在稷下学宫三为祭酒,也体现于其教化思想中,教化与政治的松散关系表现出较以往更为紧密的结合,似乎原有的教化传统与政治的分离趋势在荀子这里发生了转向。更进一步的是,在"教"的向度上,荀子从人与人关系(群己)角度下定义:"以善先人者谓之教",强调"师者"(异于自身的他者)的重要地位。在"化"的向度上,不仅包含了从道德上"化民",如"不诚则不能化万民",更从人性论的角度提出了"化性"义:"性也者,吾所不能为也,然而可化也。积也者,非吾所有也,然而可为也。注错习俗,所以化性也;并一而不二,所以成积也。习俗移志,安久移质",统览《荀子》全文,"化"不仅以语词的形态、且更以核心概念形式贯穿其人性论始终。

可见,在"教"与"化"两个向度上,荀子相较孔孟,更强调政治现实生活中的

---

① "学不厌而教不倦也。"见《孟子·公孙丑章句上》。

师者、他者,并转向寻找道德转化的人性论根据。他进一步提出"圣人教化"、"礼义教化""政令教化"等观念,原有相对独立的"教"与"化"进一步得到统合。在此意义上,无论是治理与教学的联系,还是政治与道德的双重意蕴的相互融合,都得到进一步增强,其内在关系也变得更加复杂。只有辨明其内蕴的政治与道德两者之间关系,才有可能真正理解荀子的教化思想。

(二)"化善"之人性论基础:从天性到德性

荀子对于道德的理解体现为其人性论中,性恶论是道德转化的人性论根据。其基本观点是:人之天性并不包含善的道德,善的道德是通过后天教化而形成的。关于这方面内容,学界讨论得较为充分。

从孔孟荀三者有关人性论发展脉络来看,孔子罕言性,"夫子之言性与天道,不可得而闻也。"(《论语·公冶长》),《论语》仅有 2 处提及"性"一词,其中"性相近,习相远"(《论语·阳货》)并未详言性之内涵,善恶之属性,教义重点在于"习"造成各种差异,从而突出"习"之重要性。自孟子始讲性善,"人性之善也,犹水之就下。人无有不善,水无有不下。"(《孟子·告子章句上》)他认为善的道德是先天具有的、内在于我的。而荀子讲性恶,他提出:"人之性恶明矣,其善者伪也。"他认为人性之善是后天形成、习得的。

荀子性恶论与孟子性善论的分歧在于对"性"本义的不同定义。一个是讲人的本质问题,一个是讲人的非本质问题。[①] 荀子所谓"性"是"生而有性","不可学,不可事,而在人者,谓之性"(《荀子·性恶》),并非人的本质属性。人的本质是群体的存在方式(社会性)[②],它区别于禽兽,具有"义"的特征:"禽兽有知而无义,人有气、有生、有知,亦且有义,故最为天下贵也。"(《荀子·儒效》)这一特征区别于"生而有性",而是"可学可能""可事而成"的:"礼义者,圣人之所生也,人之所学而能,所事而成者也。"而孟子对"德性"(Virtue)与"天性"(Nature)并不区分[③],所谓"性"即是人之异于禽兽者的人之本质属性,"然则犬之性,犹牛之性;牛之性,犹人之性与?"(《孟子·告子章句上》)可见,孟子与荀子皆从人禽

---

① 廖名春:《对荀子思想的新认识》,《河北学刊》,2012 年第 5 期。

② 陈家琪指出,荀子"群"和我们所习称的"社会",实际上是同义词。严复就将欧洲的社会学译为"群学",将人和社会的关系称为群己关系。见邓安庆主编:《伦理学术 8——道德哲学与人类学》,上海:上海教育出版社,2020 年,第 164—178 页。

③ 冯契:《冯契文集》第三卷,上海:华东师范大学出版社,1996 年,第 34 页。

之别的角度定义人之本质，但是，由于两者是否区分"天性"与"德性"上的差异，导致在如何实现人之本质、道德达成层面路径的分殊。孟子认为："人之所不学而能者，其良能也；所不虑而知者，其良知也。"(《孟子·尽心章句上》)。强调"存其心，养其性"(《尽心章句上》)，善是先天固有的，恶则是来自后天环境、习染和物诱造。人可能"失其本心"或"放其心"，所以教化就是要"求其放心"(《孟子·告子上》)。现实的善，其始发之端每个人先天具有，内在其自身，其实现就是普遍地圣人化，"人皆可以为尧舜"(《孟子·告子下》)。孟子所谓性恶论，为教化的可能性奠定了人性预设，但弱化了"学"的必要性。而在荀子，"礼""义"作为人之本质特征，并不包含在天性中，那么，人之本质的实现必然有一个从天性到德性的过程。这个过程是后天"积学"的过程，"不学问，无正义"(《荀子·儒效》)。通过后天积学而得之"义"才是孟子所谓"性"。当自然之人得到"义"，此时人才所以为人，"最为天下贵"(《荀子·王制》)。

荀子所谓"恶"所指为何？荀子说："凡古今天下之所谓善者，正理平治也；所谓恶者，偏险悖乱也：是善恶之分也矣。"(《性恶》)他认为，所谓善，是"正理平治"；所谓恶，是"偏险悖乱"，可见，荀子是从人的行为所可能导致的治乱结果来定义善恶的。是从标准和社会治理方面来给善与恶下定义的价值判断。① 故，其所谓的人性恶说明了在人以群的方式生存的当下，每一个体生而"好利""有疾恶""有耳目之欲""有好声色"的天性并不符合群体生存的要求，"顺是，故争夺生而辞让亡焉""残贼生而忠信亡焉""淫乱生而礼义文理亡焉"，"然则从人之性，顺人之情，必出于争夺，合于犯分乱理，而归于暴"②，因此才断言为"性恶"。因此，荀子是从"生之所以然者谓之性"，"人生不能无群，群而无分则争"③——

---

① 东方朔认为，就儒家思想史主流而言，对人之本性的了解基本上是价值关怀先于事实的探究。即并非以实然的立场探讨人性即要获得一套有关人性的客观知识，在儒家看来，在人性论问题上，价值论的应然立场优先于经验论的实然立场。参见：东方朔《善何以可能——论荀子的"性恶"理论》，上海：上海辞书出版社，2007年。故，无论性善或性恶论，都是对于人性认识的价值判断，而非事实判断。而作为价值判断，其判断依据的标准如何实质反映了认识客体与主体所需的对应关系。

② 余家菊认为，"顺是"二字，万不可忽。荀子之意，只谓性不可顺，情不可从而已，是性可导论。重点在于人性可导而善之意。比较孟荀之性论，他认为：人之肯为善而主张性善，其说似较性恶论为平实简易。在圣人与我同类的逻辑前提下，性恶论无法很好解释"人性皆恶，圣人何能独异？倘圣人之性亦恶，则圣人又何由而能示人的礼义法正也哉？"见余家菊：《荀子教育学说》，北京：首都师范大学出版社，2011年，第33—36页。

③ 《荀子·王制》。

即个体的自然本性与合群性生存的二元紧张关系①出发,指出任其个体天性、群而无分的自然状态发展,得出导致资源争夺混战的逻辑必然。人的这种个体与社会性紧张而又要求走向统一的关系是其人性理论的逻辑起点。而行为结果争乱的必然性②则要求通过教化与政治治理来调节二者之间的紧张与冲突,改变这种不符合群体生存要求的个体自然状态,使个体的自然之性受到礼的调节,转化为符合群体生活的普遍德性。

荀子所谓个体自然之性,包括"好利""有疾恶""有耳目之欲""有好声色"等情欲之性,它非先天地包含"善"的道德。所谓善的道德是通过后天教化而形成的。荀子性恶论是道德转化的人性论根据,也是教化之所以必要的原因。人之天生本性,有必然的趋恶趋向,必须经由后天的政治活动,教化—学习活动实践,才能造就出来。荀子善必经由现实转化活动的观点,注重了人类行动本身对于道德之善的基础性意义。就与孟子比较而言,荀子性恶的人性预设,强调了教化的必要性。

可见,在道德的来源上,与孟子道德之源在于天道性命相反,荀子否认道德形而上的天道,肯定后天社会习俗、环境对人的限制与约束,教化对人性转化的规范与影响,提出一种不植根于自然或天道、而是经过理性构建的普遍道德规范。

(三) 政治社会秩序的实现路径:构建普遍"礼义"规范

张舜微曾说:"周秦诸子之言,起于救时之急,百家异趣,皆务为治。"如何克乱成治,安顿社会秩序便成了他们立言指事的一个中心议题。有人认为,先秦思想的发展实际经历了从以伦理价值的提倡为核心议题的"伦理论辩"(Ehical Discourse)到对社会政治论题和形上学议题的"分析论述"(Analytical

---

① 储昭华认为,人的自然本性与人的本质特征之间并不构成逻辑矛盾,而是对人的内涵的不同层次的揭示。具体来说,人的自然本性更具有基础、本体的地位与意义,而其他各种本质特征既有赖于这一基础,又是它的展开和真正实现,更是对它的升华和超越,即所谓"无性伪之无所加,无伪则性不能自美"(《荀子·礼论》)。其自然本性论作为人性论的主体,既是荀子其他各种思想的出发点,也是其整个体系得以确立的重要基点。见储昭华:《明分之道——从荀子看儒家文化与民主政道融通的可能性》,北京:商务印书馆,2005年,第221页。

② 余家菊认为,荀子的人性理论似基于性善则行为必善,即性善与行善关联说。行为必善故无所须于教化。教化之兴,以由于行为之悖乱,行为之悖乱又由于人之性恶。但需要讨论的是,"是否行为必归于善,然后性善之说可以成立",换言之,即行为之悖乱是否于性恶之外尚可别有原因。

Discourse)的转化。《荀子》在许多地方都"分析"了国家机构和形上学问题,而且其"分析性"论述,似乎都引进稷下学者的几个理论性观念词,如"分""公""理"等。① 然而,他同时也诉求以伦理的方式来解决国家、社会运作的理论性问题,但最后提倡的价值,绝不脱离"仁义""礼""忠"等传统儒学的伦理概念。中心议题的转变实际反映了道德与政治的关系的讨论问题。

荀子和孟子都肯定人的本质和善的价值,目标共同指向重建儒家王道秩序,但对于道德认识的分野直接影响了各自不同的方法与目标实现路径。孟子认为,人皆有恻隐、恭敬、辞让、是非四心,心本身就包含道德判断的内在能力,"万物皆备于我"(《孟子·尽心上》)。"故思诚者可自得其性,只需反求诸己,反身而诚"(《孟子·尽心上》)。换言之,孟子以"仁义"理念扩充进行思维的直推即可实现王道秩序的目标。② 但荀子认为,人先天禀赋有个体差异性("分"),在群体生存中必然会带来竞争冲突等恶的价值。只有通过后天"圣人教化"、个体对"礼义"等普遍社会道德规范的学习,积善成德、规范自身行为,"学至乎礼而止矣。夫是之谓道德之极"(《荀子·劝学》),才能实现良好的政治社会秩序。

礼义的作用,在于建构并担保社会秩序。从群己关系来看,礼之功用就在于在社会层面树立人人遵守的利益分配规则,达成公正的资源分配:"就客观言之,在为人己之间,树立共守之界限,各不相侵,斯各得其求。就主观言之,在使欲不过度,物不为欲所屈。个人由是而安,社会由是而定。各人之欲,苟穷乎物而不止,则势必侵人之所有而享受不得其平,享受不得其平,于是而争夺起,纷乱生。"③ 廖名春将其归结为满足人类物质生活需要而对财务进行分配的标准之礼。④ 这种衡量标准意义上的礼,有学者把它理解为一种"国家统治论"意义上的礼,将礼上升至国家论之高度。⑤ 陈迎年则认为以礼义为教化核心内容,

① 佐藤将之:《参于天地之治:荀子礼治政治思想的起源与构造》,台北:台湾大学出版中心,2016 年,第 23—24 页。

② 东方朔:《差等秩序与公道世界:荀子思想研究》,上海:上海人民出版社,2016 年,第 166—191 页。

③ 余家菊:《荀子教育学说》,北京:首都师范大学出版社,2011 年,第 92 页。

④ 廖名春认为礼在《荀子》一书中,具有多种含义:其中第二种含义是礼是满足人类物质生活需要而对财富进行分配的标准。见廖名春:《〈荀子〉新探》,北京:中国人民大学出版社,2014 年,第 102—104 页。

⑤ 东方朔:《差等秩序与公道世界:荀子思想研究》,上海:上海人民出版社,2016 年,第 15—16 页。

触及到了政治核心问题——分配正义(分义)。①

(四) 教化内蕴道德与政治关系及其紧张

在道德与政治的关系上,荀子认为人类现实政治生活本身才是道德得以被奠定的基础。因此在政治秩序实现路径上,要求从现实的群己生存关系出发,构建普遍道德及礼义规范,以求政治秩序的实现,而并非如孟子由先验的道德预设进行思维的直推。荀子主张的"制礼义"广义地包含着人类理性自觉活动的维度,其结果是将社会生活纳入理性范围之中。② 有人认为,借鉴西方学者罗尔斯伦理构建主义,荀子所谓"礼义法正"等道德规范标准,是圣人"积思虑,习伪故"这种过程所生成的成果,其主要贡献在于否定了伦理规范来源于外在的价值实体,或是人类主观爱好,而是产生于人的创造性工作,是针对人类实践问题,理性构建的、有充分理由遵从的伦理标准。③ 荀子摈除思辨构造的天道与人性,从政治现实生存需要出发,要求构建普遍礼义道德规范,其根本用意就在于点出人类在生存竞争中出现的差异,由此形成基于权力或力量差序格局的政治秩序,在此基础上衍生出道德等价值主张。

孟子由道德而政治,这种政治差序格局先天地被包含在道德之中,故在孟子"教""习""学""养"概念体系中,个体之"养"最能反映道德直推的特征,如"谨庠序之教,申之以孝悌之养"(《孟子·梁惠王章句上》),"我善养吾浩然之气""其为气也,至大至刚,以直养而无害,则塞于天地之闲"(《孟子·公孙丑章句上》)等。对于孟子而言,他者之"教"仍存在一些问题:即他者存在不完满的可能,而经由这类之"教",结果适得其反。如"古者易子而教之":"'夫子教我以正,夫子未出于正也。'则是父子相夷也。父子相夷,则恶矣。古者易子而教之。父子之间不责善。责善则离,离则不祥莫大焉。"故"君子之不教子"(《孟子·离娄章句上》)。又如"教玉人雕琢玉"(《孟子·梁惠王章句下》)"今有璞玉于此,虽万镒,必使玉人雕琢之。至于治国家,则曰'姑舍女所学而从我',则何以异于

---

① 陈迎年认为,荀子比较可信地解决了从冲突到合作的必然性问题,以分配正义问题(所谓"分义")为政治的核心问题,并以礼作为分配正义的制度,这种制度以古典公正为主而又暗含某种平等的一个公正概念,即,利益分配必须使人们普遍受惠,同时必须按照差异比例而受惠。见陈迎年:《十年来荀子政治哲学研究的回顾与展望》,《华东理工大学学报(社会科学版)》,2011年第6期。

② 杨国荣:《政治哲学论纲》,《学术月刊》,2015年第1期。

③ 邓小虎:《荀子的儒家构建主义刍议》,《邯郸学院学报》,2018年第4期。

教玉人雕琢玉哉?"主张使与玉人幼而学之,壮而行之,发挥自有所长,而非舍我所学而从他。

而荀子由政治而道德,其礼义道德由人与人现实的关系所构建,而通过学习来把握。荀子提出"学莫便乎近其人"的方法。"礼乐法而不说,诗书故而不切,春秋约而不速。方其人之习君子之说,则尊以遍矣,周于世矣。故曰:学莫便乎近其人。"(《荀子·劝学》)原因在于荀子在学习目标礼义与师者关系上,认为礼义具体内容只有依靠从师才能知晓。"师者,所以正礼也。""无师吾安知礼之为是也?"(《荀子·修身》),正是对师者至上地位的肯定,"国将兴,必贵师而重傅",绝无孟子"人之患在好为人师"之批驳。荀子之所以提出了"师者",是认为礼并非独立于个体的实在,离开了个体,礼即是个抽象空洞的语词或概念,他以"师"中绝了"礼"作为客观实在的可能,礼的具体内容由师者来规定,"凡治气养心之术,莫径由礼,莫要得师"(《荀子·修身》)。荀子所谓教化离不开教化主体,这也是"圣人教化"模式不同于以往教化的特征之一,圣人主体决定着教化功能与内涵。其教化的政治维度不仅体现在教化的治理义,还体现在教化具有政治功能,而政治教化则是通过老师这一主体来实现的。正是师者这一教化主体作为媒介,沟通着礼义与社会大众,成为君主政治治理非强制性方法的补充。故赋予了政治功能的老师与兼具一定政治职能的官吏被联系在一起。如"乡师"可以"劝教化","冢宰""本政教","群公""广教化"(《荀子·王制》),官吏作为教化主体,具有政治教化职能。

总之,由于孟荀二者对德性的不同定义,导致了不同人性论基础下道德目标达成途径的分歧:孟子的道德之源在于天道性命,"君子所性,仁义礼智根于心。"(《孟子·尽心章句上》)荀子基于天性—德性二分的人性观,认为化性起伪的道德转化必不可少。但由于其在转化最终目标上,设定了师者先于礼义道德的逻辑前提,致使其选择"积学"的方法具有"学莫便乎近其人"的限定条件。因此,荀子所谓"积学"就绝不同于孟子仅依靠个体自觉之"养",其"教化"不仅包含个体努力,更偏重"教"(他者)的涵义。即指明除了有个体内在的主观因素外,还有外在的客观环境的制约,并进一步将其归因为后天习染超过个人选择的范围,起到了决定性作用:"可以为尧禹,可以为桀跖,可以为工匠,可以为农贾,在执注错习俗之所积耳。"(《荣辱》)我们已经看不到个人"肯不肯"的选择权,剩下的似乎只是被动的接受权,被动地等待性善之圣人的教化。"师者"意味着异于个体自身的他人,从天性到德性的问题在荀子那里,实质转化为从个体到他者、从无数个体到普遍他者的问题,政治秩序的实现诉诸在现实的政治生活中人类如何构建普遍礼义道德这一问题。关于这一问题的解决,没有进一步探究社会大众道德形成和运行的基础与机制,而是简单地选择了师者教化作为其唯一路径,这样就使教化的道德功能完全置于政治功能之下。如东方朔指出,就教化的内容礼而言,有作为政治的礼和作为道德的礼,对于荀子来说,礼的首先意义是政治的。荀子的思想特点是从政治而说道德,那么相应地,荀子教化也就兼具了政治和道德两种功能,并且,教化的道德功用从属于政治功用。

由于荀子构建普遍礼义道德的来源上诉诸"圣人制礼",以威权主义论证王道秩序的合理性,其所建立的伦理规范不可避免带有统治者的独断、威权的强制。① 这也是牟宗三、劳思光认为荀子所言礼义法度作为道德规范的最终理性根据,完全被限于经验界,转成了对礼义法度现实性和目的性的考量,礼义就成为工具性的外在价值,而否定了道德向上超越的精神,因此存在着规范理性根据的正当性基础问题。正由于此,众多当代儒学大师批评荀子其思想最终将堕陷为威权主义。劳思光先生也指出,荀子不能说明性恶之人何以能有"人为之善",以及"礼义何由生",而这些都是荀子理论的致命因子。追其原因,积学作为个体获得一般道德认识的途径,是自身理性的实现,以自身为目的。但对于如何积学,对照今天教育学看来,荀子的圣人"教化"偏重人际关系层面的"Erziehung"(教育)义②,强调教育者的外在影响对个体主动性的促进:礼由师者传递给个体,是单向不可逆的。"学莫便乎近其人","学之经莫速乎好其人,隆礼次之",这里的"人"并非指每个个体,而只是"师者正礼""圣人制礼"的师者、圣人。不同于个体可塑性意义的"Bildung"(教化)③偏重个体自身积极主动地与外界交往,"与他者平等的对话"④。通过接纳异己,否定自身特殊性,又返回自身,完成普遍性的提升,因而是在主体内进行的精神转化。根据荀子的观点,没有教育者的引导和介入,个体这种自我教化显然无法达致。"无师吾安知

价值论视域下荀子现实主义教化观研究

① 邓小虎:《荀子的儒家构建主义刍议》,《邯郸学院学报》,2018 年第 4 期。

② 彭正梅:《德国教化思想研究》,《教育学报》,2010 年第 2 期。

③ 彭正梅:《德国教化思想研究》,《教育学报》,2010 年第 2 期。

④ 张颖慧:《"BILDUNG"和"教化"概念辨析》,《中南大学学报(社会科学版)》,2012 年第 1 期。

礼之为是也"(《荀子·修身》),可见,荀子所谓教化实质上与今天教育学层面上所谓"教化""Bildung"相去甚远。有人指出,洪汉鼎在翻译伽达默尔《真理与方法》时,将为其精神科学、诠释学奠基的首要概念"Bildung"译作"教化"一词,在汉语世界造成了解释的困难。两者意义并非完全重叠,甚至是意趣各异的:"Bildung"强调主体自身积极主动的自我塑造,无关政治;而儒家教化具有工具性,最终目的乃是实现政治统治或社会治理。[①]

在今天看来,荀子对于人际关系层面教育意义的偏重,使个体以自身理性的实现为目的的一般需求,与基于现实政治差序格局的道德规范要求之间存在内在紧张:一方面"涂之人伏术为学,专心一志,思索孰察,加日县久,积善而不息,则通于神明,参于天地矣"(《荀子·性恶》)。作为理想人格的圣人与众者天性相同,"圣人之所以同于众,其不异于众者,性也",人人皆有可能成就理想人格。之所以成就理想人格,"人之所积而致矣"。通过积学可以成就理想人格,"涂之人可以为禹"。另一方面,但在现实中每个人不必然成就德性。"涂之人能为禹,则未必然也","能不能之与可不可,其不同远矣"。在将可能化为现实方面,存在着可能与现实的紧张。在当时礼崩乐坏的历史现实下,个体的道德教化成为社会治理的一种手段,当且正当个人的道德教化作为目的实现的手段与工具,具体社会形态中,容易被管理阶层所运用,服务于社会治理的最高目的。师者先于道德规范的次序,"君子者,礼义之始也",反映了荀子在道德与政治关系上的政治指向:人人应追求的理想人格、人的本质是政治价值,这种理想人格即维持政治秩序的意识形态的价值之根。

从狭义来说,作为人有目的性的活动,教化一般有着价值取向。[②] 在这样的语境下,荀子所谓"圣王教化"不可避免地具有施教者政治意识,其构建的大众普遍道德规范从属于这种政治意识,又通过"师者"媒介沟通着大众和礼仪规范,使大众完成道德社会化的同时实质完成了政治社会化,成为不同于强制性

---

① 张颖慧:《"BILDUNG"和"教化"概念辨析》,《中南大学学报(社会科学版)》,2012年第1期。伽达默尔曾说:"人按其本性就不是他应当是的东西"——因此,人就需要教化","人类教化的一般本质就是使自身成为一个普遍的精神存在。谁沉湎于个别性,谁就是未受到教化……"(见氏著:《真理与方法》)

② 从狭义来看,有无目的性是教化区别于其他文化影响的特征。如托尔斯泰甚至将教育和文化两者之间的重要区别归结为是否存在强制,认为教育是有意识地把某一特定种类的性格和习惯加诸人们,文化才是塑造个人性格的社会力量的总和。见渠敬东、王楠:《自由与教育——洛克与卢梭的教育哲学》(修订版),北京:生活·读书·新知三联书店,2019年。

刑罚手段的国家平治方式。"正是老师的社会政治作用,其政治教化才得以顺利进行;正是老师身教示范的作用,其道德教化的结果才更容易实现。"[1]正体现了荀子教化中道德与政治之间的这种隶属关系。然而,从狭义教化看来,教化具有的目的性决定了其价值导向。知识与道德不会被客观地传授,强加思想和信仰不可避免,因此教育应当主动地传授价值观念。[2] 但由于社会自身的多元化与大众的差异性,即存在着不同主体价值多样性,应该使得教化与道德之维保持适度的分离。只有这样才能转向人自身的全面性实现,而人的全面性实现才是教化最终追求的目的。

三、价值论视域中的现实主义教化观

由今天来反观荀子教化及其内蕴的道德与政治关系,可以归结为价值论的范畴。冯契先生在《智慧说三篇》中讨论价值与评价时指出,从认识论方面来说,认识包含认知(Cognition)与评价(Evaluation),认知的对象是离开人独自存在的自在之物,评价对象是进入人类经验的为我之物,在物与人关系中的物的功能即价值。[3] 作为认识的一种方式,价值评价是客体与主体需要之间的现实价值关系的反映与认识。因此,就价值作为认识的对象而言,荀子的价值思想包括两个层次:一是对天人关系的认识。并非人类对于自在之天的认知,而指对人类主体与自然客体之间的价值关系,即对象功能的认识;二是对群己关系的认识。由于人作为主体,是个体性与群体性的统一,对主体需要的认识必然包含个体自身需要,以及不同主体需要之间的关系认识。

(一)天人价值关系

按照冯契先生对于本然领域、事实领域、可能领域与价值领域[4]的区分,荀子所谓"天",包含本然领域中"明于天人之分"的自在之天与价值领域中"制天命而用之"的为我之天。人与作为对象的天的认识,以两个领域的划分为前提。

在本然领域中,"天能生物","天地合而万物生","宇中万物生人之属"(《荀

---

① 高娜:《荀子师论研究》,硕士学位论文,曲阜师范大学,2020年,第41页。

② 乔尔·斯普林格(Joel Spring):《脑中之轮:教育哲学导论》,贾晨阳译,北京:北京大学出版社,2005年。

③ 冯契:《冯契文集》第三卷,上海:华东师范大学出版社,1996年,第64—70页。

④ 冯契:《冯契文集》第三卷,上海:华东师范大学出版社,1996年,第64—70页。

子·礼论》)。人与万物生于"天"（自然），天是不依赖人存在的自在之物。自然界的运行有其自然而然的规律，"阴阳接而变化起"（《荀子·礼论》），"不为而成，不求而得，夫是之谓天职"（《荀子·天论》）。但是，人生而具有区别于其他事物的欲望需求，以及认识事物的能力，"人生而有欲"（《荀子·礼论》），"人生而有知"（《荀子·解蔽》）。人因自身发展所需、并进一步认识的自然界事物进入了经验领域和事实领域。人知道按照自然规律，并利用自然规律治理天地万物，"从天而颂之，孰与制天命而用之"，"知其所为，知其所不为"，知道"不与天争职"（《荀子·天论》）。通过认识自然规律，利用事物的属性与功能满足自身生存所需，在人与物、自然之间建立价值联系。故对于人而言，自然规律、物的功能进入了人创造的价值领域。价值领域是属人的领域，但它来源于本然领域，两个领域相互联系，又存在明显的区别。荀子在天道观上对天人关系问题的解决，体现了关于本然领域与价值领域关系的认识。[①]

（二）群己关系

群己关系包含对个体自身的认识，与不同主体之间相互关系的认识。荀子认为，"群"是人区别于其他万物的特征，"人能群，彼不能群也"（《荀子·王制》），从群己关系角度回答关于对人的本质的认识问题，将人的本质特征归结于"群"（社会性）。而人缘何能结成群体组织？原因在于有"分"，"人何以能群？曰分"（《荀子·王制》）。他认为，不仅主体之间存在着先天差异，而且这种差异性还构成一定的秩序，"有贵贱之等，长幼之差，知愚能不能之分，皆使人载其事，而各得其宜。然后使谷禄多少厚薄之称，是夫群居和一之道也。"（《荀子·荣辱》）这种包含等差秩序的群体组织才可能存在。可见，荀子所谓"分"，不仅指向人与人的差异性，还包含群体生存要求的秩序性——"义"，"水火有气而无生，草木有生而无知，禽兽有知而无义，人有气、有生、有知，亦且有义，故最为天下贵也。"（《荀子·王制》）反之，"群而无分则争，争则乱，乱则离，离则弱，弱则不能胜物"（《荀子·王制》）。群有无分之群和有分之群，无分之群实质描述一种无秩序的状态。因此，秩序之分——"义"的丧失意味人与"有知无义"之禽兽无分，不能胜物，则无法"最为天下贵"。

从认识论角度来看，群的方式存在首先要求个体能认识自身的差异，"人之

---

① 冯契：《冯契文集》第四卷，上海：华东师范大学出版社，1996年，第281—288页。

所以为人者,何也? 曰:以其有辨也"(《荀子·非相》)。基于对人我、贵贱、亲疏等的辨别与区分,使其存在方式符合自身的精神,形成分工、职分及社会秩序中的名分。在认识论上,荀子肯定了"心有征知"[①],即心具有认识事物的能力,通过心虑之择实现认识。其次,群的存在方式要求个体能基于差异性认识作出符合秩序的选择。但在人性论上,荀子认为"人生而有好利"的天性无法担保人们在现实领域做出有秩序的选择。因为取舍意味部分利益的丧失或部分需求无法满足,人的趋利天性与取义选择形成了冲突,即人的自然本性与合群性生存的二元紧张关系,成为群体生存秩序无法在现实领域落实的原因。

(三) 现实主义特征

不论是在天人关系中,强调事物对于人类的有用性,还是在群己关系中,强调差等秩序符合群体生存的需要,荀子对价值的理解始终强调现实经验层面。他摒弃了纯粹思辨构造的天道与人性,从人类物质生活需要和必须合群才能存在的必然性出发来讨论道德的善恶价值。以人类主体间关系取代单纯的主客观(天—人观)上的形上虚构,其价值思想体现出现实主义的特征。

物的属性、人的天性在本然领域无所谓贵贱、善恶道德等价值区分,"天能生物,不能辨物也",只有当进入事实领域之后,人不仅认识物的功能与自身生存需求,使物进入了价值领域:"辨乎万物之情性者也","大辨乎天地,明察乎日月";也认识自身与他人,使人的天性在群的存在需求中显现出善恶的价值区分:"凡古今天下之所谓善者,正理平治也;所谓恶者,偏险悖乱也:是善恶之分也矣。"(《荀子·性恶》)即区分善恶道德的价值标准是社会有序还是悖乱。"从人之性,顺人之情,必出于争夺,合于犯分乱理,而归于暴。""师法之化,礼义之道,然后出于辞让,合于文理,而归于治。"从而对性恶礼善作出了价值区分。

荀子所谓经验层面的价值,不仅在天人关系中指向为我之物的有用性,更在群己关系中指向群体生存秩序。他强调群的生存方式乃是人区别于万物的本质特征,必然要求个体在性恶论与群体相互竞争的现实冲突中作出符合这一认识的选择。在认识论上,他提出了人具有认识事物的能力,即进入了一个根据事实运用逻辑把握现实的可能领域。在可能界,人经过各种可能性权衡,作出符合自身所需的价值选择。当人选择顺从天性,"不事而自然",便与群体生

---

① 陈光连:《荀子思想中"分"与"群"之人伦关系辨析》,《文教资料》,2017 年第 21 期。

存的秩序前提相悖，人的本质特征也就不复存在。由于不符合群体生存需要，这种趋利天性对人而言具有恶的价值。其性恶论把人推向了顺性则非人的困境，从而给善的道德选择——注错习俗、化性起伪等人性转化学说让出空间："人之性恶明矣，其善者伪也""无伪则性不能自美"。人性可以转化也是其理论最可贵之处，人的发展即"成人"过程，为追求人的本质的实现留下了余地。

澄清荀子的价值论及其特征，有助于对其道德与政治关系、教化观做更深入的分析与了解。所谓现实主义价值论，不过是荀子教化观的一种底色。其理论的逻辑起点是人类现实存在，具有浓厚的现实主义特征。基于经验价值的理解，他摒弃纯思辨的天道人性，认为道德非形而上学的概念，而是后天人类在社会化过程中形成的价值观念，体现人对自身社会性本质的认识。而政治秩序是人根据自己的认识构建的社会组织方式，政治秩序所要求的礼义道德规范反映了人类理性自觉构建的维度。这就是意识形态性质的价值之根。其中蕴含着人类的一般价值指向，包括人与动物的区别、个体合理的生存需求、修身的需要等。基于经验层面的道德理解，他选择了一条现实主义路径实现其政治秩序目标，即非孟子先验式的道德预设进行思维直推，而以个体的自我教化（积学）与教育者对自我的促进（圣人教化）的途径，实现个体的存在从自为状态到理性自觉，从而构建礼义道德规范。然而在构建普遍礼义道德规范的途径上，荀子要求个人"积学"最终服从圣人"教化"的一元价值来源，造成了个体的一般价值需求与价值导向之间的内在紧张。根源在于圣人基于权力对于普遍价值与社会秩序的僭越，使得个体与社会的合理性关联转化成为与圣人的不合理关联，呈现出个体与社会秩序的紧张。

四、个体自我教化之可能：从差序政治到整体之域

如前所述，荀子偏向从经验层面来理解价值。从现实个体差异性与群体生存竞争的冲突出发，荀子认为，人类要获得生存，必须合群才能得以实现，普遍道德规范与秩序及政治价值的引导不可少，但圣人教化的路径内蕴着一般人类需求与作为维持整个社会政治秩序的价值导向之间存在的内部紧张，关闭了个体的自我教化（积学）得以实现的通道，涂之人"可以而不可使"。庄子则认为，人有着超越理性建构的普遍道德规范领域的本真生存状态，而这一状态在

道德—政治之域中被遮蔽了。价值不仅是经验的,还是超验的。任何一种经验价值都是有限的,应该以齐万物、泯是非的方式来认识个体差异性构成的整体之域。在经历"去自然"社会化过程①之后,再重返自然,不断认识与留存自然对于人而言善的条件,体现为个体社会化与社会个体化的交织。

(一)个体价值冲突之不可调和

在认识论上,庄子同荀子一样都肯定先天个体差异,价值相应具有反映不同主体需求的多样性,价值多样性之间的相互冲突不可避免。不同的是,对于个体而言,当荀子一边肯定独立使用并实现理性的可能性,主张以"解蔽"化解"心未尝不臧",一边又陷入了现实中自我教化无法达成的矛盾;庄子则看到了理性的限度,认为个体认识的局限性在现实世界里无法克服。人人各以"成心"为师,是"对待"、是非等各种价值区分产生的根源。每个人"以己是为是,己非为非"(《庄子·齐物论》),"有儒墨之是非,以是其所非,而非其所是"(《庄子·齐物论》),儒墨两家分别以各自的学说为真理标准,攻击异己,认为对方为非道,造成了价值的冲突,进而引发以何种标准来裁决冲突的问题。

对于价值标准的来源,荀子主张以群体价值的规范、诉诸圣人(权威)价值引导来调和矛盾冲突。在圣人—君子—众人的价值排序中,通过圣人教化达到价值一元主义的理想境地,最终消除价值分歧。换言之,本然领域存在先天的个体差异,但无所谓价值,自然没有固有的价值冲突。冲突发生在经验之境,在礼的调节下,不同的个体价值可以相互转化,"虽王宫士大夫之子孙,不能属于礼义,则归之庶人。虽庶人之子孙也,积文学,正身行,能属于礼义,则归之卿相士大夫。"(《荀子·王制》)而庄子认为,在无法确认合理的价值来源前提下,一切价值竞争、比较、权衡行为只给现实带来了混乱,个体价值冲突不可调和。在价值标准竞争关系中,必然存在以某一个体/群体的价值标准强加于另一个体/群体,甚至进一步将价值标准混淆为客观事实和普遍真理。如果"以己度人",把自己/群体的标准强加于人,会陷入无休止的争论和混乱。意在通过相对性的揭示,摧毁争论的基础。② 肯定价值冲突不可调和,其实有一个前提,即价值

---

① 渠敬东、王楠:《自由与教育:洛克与卢梭的教育哲学》(修订版),北京:生活·读书·新知三联书店,2019年,第175页。
② 王博:《庄子哲学》,北京:北京大学出版社,2013年,第115页。

之间具有不兼容性与不可通约性，因此，并不主张某种价值高于另一种价值，即对价值进行排序。

（二）超验价值之整体

对于庄子而言，价值不仅是经验层面的，更是形而上层面的。庄子所谓价值有两种：经验世界人和物的功能价值，"人皆知有用之用"（《庄子·人间世》），这种有用性即工具价值／手段价值；以及"莫知无用之用"的内在价值，人和事物自身存在与发展具有的内在价值，只是这些价值还没有为我所用、没有被认识，因而是超验的。但无论是否符合人活动的目的和需要，都不妨碍这种价值的存在。显然这是一种与世俗功能价值观相异的视野，是一种即物成用的价值内置。① 价值的多样性如同个体的差异性是真实存在的、先天具有的，价值冲突也是必然的、无法消除的，而不论我们是否经历了这些冲突。② 因此，价值源自其事物本身，是其自然属性，每一种存在都具有合理性，每一种存在都有其自身价值。庄子并非要取消价值必要性，而是否定价值排序。恰恰相反，他承认价值就是一种客观存在的事实，价值冲突体现了世界的价值结构，常人的认识只是世界圆环的一点，庄子根本用意只在于否认常人的价值评价。③

（三）经验价值对本然存在之遮蔽

"自然"是庄子极为重要的一个概念，"汝闻人籁而未闻地籁，女闻地籁而不闻天籁夫！"天籁高于地籁，地籁高于人籁，体现其追随自然的价值观。天籁是万物呈现千差万别的原因，"夫吹万不同，而使其自己也"，也是日夜变化的原因，"日夜相代乎前，而莫知其所萌"（《庄子·逍遥游》），它是人类理性思维认识到达的一个极限，是人类认识中最高的存在。世界的本然是自然，没有是非对错的区别；是非成于心，属于人为的价值领域，"是心以为是，则取所谓是者而是之，心以为非，则取所谓非者而非之，故曰心自取。未成乎心，是非何由生？"（《庄子·齐物论》）庄子对本然界与价值界有清晰的划分。就两者关系而言，由于庄子强调"成心"对于认识的限制、人类理性的限度，价值评价对于事物的认

① 许建良：《庄子道家"无用之用"的价值制高点》，《诸子学刊》，2009年第2期。

② 帕里克·奥里姆、杰里·沃赫夫：《道德困境与理论困惑：价值多元主义及其对公共行政的虚夸影响》，邵腾、张英魁译，《国外理论动态》，2016年第11期。

③ 崔宜明：《从鹏扶摇到蝶蹁跹——〈逍遥游〉〈齐物论〉通释》，上海：上海人民出版社，2018年，第108页。

哲学·经学·语言

识仅是本然界的一部分,无法作出全面的反映,"是非之彰也,道之所以亏也",否定了通过价值评价方式来认识世界。对事物进行是非对错好坏区分,是以是非价值判断来裁剪生活本真,生活和世界的本真性因而遮蔽丧失。儒墨两家各自把发明的部分理当作道本身,其各自持有的价值只能称之为"小成",恰恰就是这样的"小成"反而遮蔽了道本身,故"道隐于小成"。[①] 因此,对于价值界之外的本然领域,应保持敬畏。

在价值来源上,庄子提出"为是不用而寓诸庸(用),此之谓以明"(《庄子·齐物论》),以自然之光"莫若以明"破除价值标准争论的迷雾[②],自然是最高等级的价值、一切价值来源。由自然观之,万物只有本性的差异,而这些自然的差异并不存在高低优劣。"圣人和之以是非而休乎天钧(rests in natural equalization)"[③],均、齐互释。并非抹平差异、使物物相同,而是包含差异在内的均衡,即肯定和尊重事物个性差异基础上的平等。承认每一种存在的合理性及其差异,让每一种存在都自由地展示和发展自己,它们自身包含的合理与片面性就在冲突、矛盾和对抗中相互说明、印证和支撑,而世界本来的面目"道"就在矛盾、对抗和冲突中重新现身。[④]

但是达到以自然观之,"观"这一人类认识活动仍需一个承载主体,既然庄子不能否定人的存在,那么只要去除心官之思的功能,人与树便可达到"彷徨乎无为其侧,逍遥乎寝卧其下"这样一种共时存在又不相往来、各自独立的状态,人与物各得自所,互不妨碍。换言之,庄子虽然看到人的主体性的过度使用(成心)带来的认识误区,但认为不需发挥心官之思区分人主物客,只接受这种差异的存在状态,即是确认"真宰"存在,只要对其进行解释、评价,便是各自运用理性,莫衷一是了,于是对于最高存在、差异性的原因与评价最好的办法是保持缄默。也正是因此,荀子评价其"蔽于天而不知人","由天谓之道,尽因矣。此数具者,皆道之一隅也",是认识论上"蔽于一曲"《荀子·解蔽》的心术之患。

---

① 崔宜明:《从鹏扶摇到蝶蹁跹——〈逍遥游〉〈齐物论〉通释》,第 108 页。

② 陈荣捷编著:《中国哲学文献选编》,南京:江苏教育出版社,2005 年,第 168 页。

③ 陈荣捷编著:《中国哲学文献选编》,第 168 页。

④ 崔宜明:《从鹏扶摇到蝶蹁跹——〈逍遥游〉〈齐物论〉通释》,第 148—150 页。

结语

　　以主体间(群—己观)关系取代单纯的主客观(天—人观)上的形上虚构来阐明差序格局的普遍道德规范价值根基,从礼崩乐坏深处重构新的政教生活,荀子的师者教化无疑是一条更为切实的现实主义路径。荀子欲以"圣人教化"变革和发展失落的传统"礼乐之教",形成政治权力和道德权威统一的典范政治,从而开启新的政教生活。尽管其教化更侧重政治意蕴,但仍依托于仁义道德、以塑造理想人格为目的,是一种儒家传统教化的内置。其中蕴含着人类的一般价值指向,如个体修身、个体社会化等需求。但由于其对教化主体—客体关系中师者的侧重,已超过了个体的自由选择,使个体的一般价值需求与政治社会价值导向之间存在内在紧张,关闭了自我教化的可能。他在儒家教化的内部框架中,并没有进一步考查普遍社会道德形成的基础和运行机制,而将社会道德教化仅仅诉诸圣人。在面对礼崩乐坏、德不配位的时代背景下,荀子简单地将教化与政治权力结合对社会进行圣王教化,仅以圣人教化对政治权力进行"弱约束",反而消解了权力压制的赤裸性。其所谓的"圣人教化"实质陷入了虚无,"圣人"成为了一个绝对抽象、而无实质内容的称谓,这与荀子认识顶峰论也是一致的。由于在政治和道德的关系上,荀子将道德功能置于政治功能之下,其构建的道德规范不可避免地指向政治差序秩序的价值主张。

　　从今天的教育学意义上来看,荀子教化强调作为手段的教育促进,与作为目的的自我教化相去甚远。当人的社会性等一般价值需求不以自身为目的,而被用来论证王道秩序目的的合理性,则具有工具价值。有人指出,任何教育哲学的活动总是体现并追求一定的价值理想。教育哲学的价值性源于后现代哲学关于"知识"与"利益""权力"之间关系的研究。[1] 正是在这个层面上,庄子指出权力主导下的圣王教化体系对真实之知的驱逐,造成真知、个体与社会的疏离[2],主张从经验价值之域重返生存本真状态的整体之域,对重新开启自我教化通道之可能具有现实启示意义。人除了"有用之用"工具价值,还有"人莫所

---

[1] 石中英:《教育哲学》,北京:北京师范大学出版社,2007年,第31页。

[2] 张学强:《庄子的知识论及其教育图景》,《社会科学战线》,2020年第5期。

知"的内在价值,它以自身为目的,具有绝对性、无条件性。原因在于个体理性的限度。价值不仅是经验的,还是超越的整体性存在。群的整体秩序的绝对性(即对包括圣人在内的所有人的普遍约束性),是个体实现自身和社会有序的根本担保。以价值强加将个体内在价值完全消融和服从于社会的价值导向,是"把人过度社会化",过分夸大社会化的影响,把人当作被动消极的容器①,这与人的理性自觉和积极行动相违背。也即冯契先生所说缺乏对意志自由的自愿原则讨论的表现,而两者的统一才是真正自由的道德行为。② 实质上,一般人类的价值需求与社会的价值导向在人类的历史展开中交互为用,就个体而言,则是个体的社会化与社会的个体化(individualization of society)③交织。人类自由个性与集体精神互相促进:人类以理性还治现实,创造文化的同时也使自身的价值提升,形成自由的人格;随着生产劳动的发展演变,人类社会的结构在改变,人类价值观也在不断变化着。人类自由发展本质的价值需求必然成为社会个体化、社会关系及价值导向不断形塑的内驱动力。作为内在价值与社会价值的统一体,个体自我教化是教育追求的最终目的。

On Xunzi's Realistic Cultivation View from the Perspective of Axiology: The Double Dimension of Moral and Political Cultivation and Its Tension

Tian Fangyuan

Abstract: Xunzi's concept of Cultivation is a combination of Confucius and Mencius' "Jiao" and "Hua". Its dual dimensions of politics and morality have clear political direction and realistic characteristics. Starting from the inter-subject relationship, Xunzi advocated the construction of universal moral norms through rationality in order to realize the political order. Its essence is to form a political order pattern based on

---

① 安东尼·吉登斯、菲利普·萨顿:《社会学基本概念》,王修晓译,北京:北京大学出版社,2019年,第187—188页。

② 冯契:《冯契文集》第三卷,上海:华东师范大学出版社,1996年,第219—223页。

③ 张曙光:《群己关系视角下社会个体化对政治认知及政治效能感的影响研究》,《中国社会心理学评论》,2017年第1期。

individual differences, and on this basis derive value propositions such as moral Cultivation, which can be summed up as an empirical value theory. However, the realization path of the political order of saints and teachers has closed the possibility of personal's passage of seeking knowledge, so that there is an inherent tension between the general needs of individuals to realize from self to rational consciousness and the value orientation of moral Cultivation based on the pattern of political difference. From the field of experience value of differential politics back to the whole field of the real existence state, so that the individual's general value needs and social value orientation can interact, and self-Cultivation can be possible.

Keywords: Cultivation, teacher, Politics, morality, value

哲学 · 经学 · 语言

张载"太虚"与"天"关系辨析[*]
——兼论"立天地之大义"

王 龙^{**}

[摘　要]　"太虚"阴阳一物,是湛然无形清通的气。"天"为气化之天,是阴阳两分后对立统一的气。因均为阴阳之气,所以两者同质。因从阴阳一物气化为阴阳两分,所以"太虚"先于"天"、生出"天"。"天"分有形与无形,阴阳之气贯通其间,造就宇宙的大化流行。有形之天与地交感化生万物,是为"天地之大义"之一;有形之天地因能够化生万物成为宇宙大化流行的核心支点,是为"天地之大义"之二。张载所"立"意指于此。

[关键词]　张载;太虚;天;气

"太虚即气"是张载哲学的核心命题之一,也最富争议,因此学界对此着墨颇多。分歧之焦点指涉"即"字之含义,其说可大致分为两类:一类以牟宗三为代表,认为"即"是圆融不离、通一无二之"即",而非等同、谓词之"即","太虚"是创生实体,离不开气且不能等同于气,"太虚"与气是一种相即不离的关系,进而

* 基金项目:国家社科基金重大项目"多卷本《宋明理学史新编》"(17ZDA013)。

** 王龙(1992—),男,河南周口人,上海师范大学哲学系博士研究生,主要研究领域为宋明理学。

形成一种"太虚神体论"①,持此观点的还有丁为祥、朱汉民等②;一类以张岱年为代表,认为"即"为"是"之义,"太虚"并非纯然无物,而是气散而未聚的原始状态,是气之本然,进而形成一种气的本根论③,持此观点的还有杨立华、杨泽波等④,但双方均认可一种"太虚—万物"的宇宙生化逻辑。不难发现,时至今日学界讨论的重点仍然围绕太虚、气以及两者之关系展开,但在代表张载晚年成熟思想的《正蒙》体系中,继《太和》篇而后的是《参两》《天道》《神化》诸篇,总论"天地阴阳常变之道""天道感通自然之理"⑤,(熊刚大语)这不由得启示我们以往的研究中或许忽视了"天"的作用,缺少了对太虚、天、气之间关系的辨析。鉴于此,本文试图在气论的框架下对"太虚"与"天"的辩证关系进行梳理,并申论张载的"立天地之大义",钩沉出一种自无形之太虚始,经有形之天地化生万物,而又"形溃反原"散为太虚的原始反终动态流变气化过程,以体现宇宙的大化流行,揭示张载气论思想中动态义、流变义、生成义的本质。兼及对当下以本体论框架阐释张载气论思想的普遍性做法进行反思,认为这种做法在一定程度上遮蔽了张载气论思想的全貌,能否开拓出一种新的言说路径值得认真商榷。

一、"太虚即气":一种形而上视角的解读

"太虚"概念最早见于出土帛书《黄帝四经·道原》和《庄子·知北游》。《道

---

① 牟宗三:《心体与性体》,长春:吉林出版集团有限责任公司,2013年,第405—411页。

② 丁为祥在此问题上受牟宗三影响颇大,他认为"太虚"与气是形上形下、本体与现象的关系,"太虚"不能脱离气而存在,"太虚"就存在于气化流行的过程中,两者是一种相即不离的关系,此为《虚气相即》之题眼。朱汉民则简略指出"太虚即气"之"即"为"形神相即"之"即","太虚"与气是一个相即不可分的整体。相关材料详见丁为祥:《虚气相即:张载哲学体系及其定位》,北京:人民出版社,2000年,第65页;朱汉民:《张载究天人之际的太虚论》,《人文杂志》,2020年第11期。

③ 张岱年:《中国哲学大纲》,南京:江苏教育出版社,2005年,第73页。

④ 杨立华明确反对牟宗三的观点,并延承其师陈来的说法,认为"太虚"中充满着一种无法直接感知的极为稀薄的气,"太虚"无形而有象,"太虚"与气的关系是无形之气与有形之气的关系。杨泽波也对牟宗三的观点进行反思,并检讨以上诸说,在新近的文章中从用字习惯、理论目的、历史阶序三方面证明"即"为"是"之义,"太虚"就是"气",将张载学理定性为气本论。详见杨立华:《气本与神化:张载哲学述论》,北京:北京大学出版社,2008年,第38—40页;杨泽波:《"太虚即气"之"即"当为"是"义考论——对牟宗三解读的反思》,《复旦学报(社会科学版)》,2022年第1期。

⑤ 林乐昌:《正蒙合校集释》,北京:中华书局,2012年,第98、164页。

原》言:"恒无之初,迥同太虚。虚同为一,恒一而止。湿湿梦梦,未有明晦,……天弗能覆,地弗能载。"①此处"太虚"是用来描述在天地之先充盈涌动混沌晦冥的初始状态。《庄子·知北游》言:"若是者,外不观乎宇宙,内不知乎大初,是以不过乎昆仑,不游乎太虚。"②这里以"昆仑"和"太虚"对举,显然"太虚"是指在"昆仑"更远更外处,郭象言"婪落天地,游虚涉远,以入乎冥冥者"正指此意,其内涵与《道原》所指大致相同。汉代宇宙生成论兴起,因"太虚"在天地之先又生成天地,所以发展出肇化"始源"之新义。如《黄帝内经·天元纪大论》言:"太虚廖廓,肇基化元,万物资始,五运终天,布气真灵,揔统坤元。"③又《淮南子·天文训》言:"道始于虚霩,虚霩生宇宙,宇宙生气,气有涯垠,清阳者薄靡而为天,重浊者凝滞而为地。"④这里的"虚霩"即指"太虚"。"太虚"生成天地自然容置天地在内,于是东晋时期"太虚"又衍化出空间之义。张湛《列子注》言:"夫太虚也无穷,天地也有限。以无穷而容有限,则天地未必形之大者。"⑤天地有限极,"太虚"无穷限,容天地在其中。显然,"太虚"是比天地更大的广阔空间。这一新义一直延续使用到唐宋之时,且大有取代前两义被普遍认可之势。唐陆龟蒙《江湖散人传》言:"天地,大者也,在太虚中一物耳。"⑥李白亦有诗言:"天地一浮云,此身乃毫末。忽见无端倪,太虚可包括。"⑦(《赠别从甥高五》)这在唐宋之际中并非特例,及至张载所处时代,王安石在注《老子》"弱者道之用"一句时仍有"风之行乎太虚,可谓弱矣。……则风之用在乎弱也"⑧之言,这里"太虚"无疑是就空间而言,由此可见一斑。综上可知,"太虚"逐渐形成了状态义(先秦)、始源义(两汉)、空间义(东晋以后)三种内涵,但三者不是割裂的而是随着人类思维、认识的发展逐步衍化,前后义之间多有涵摄,只是在不同的时段各有侧重。需要特别注意的是,在这一过程中如果以天地为标志,那么"太虚"在天地之先/外是一以贯之的。厘清了这些对我们理解张载的"太虚"概念及其与"天"之关系大

张载「太虚」与「天」关系辨析

---

① 陈鼓应:《黄帝四经今注今译:马王堆汉墓出土帛书》,北京:商务印书馆,2016 年,第 399 页。

② 郭庆藩:《庄子集释》,北京:中华书局,2013 年,第 668 页。

③ 郭霭春:《黄帝内经素问校注》,北京:人民卫生出版社,2013 年,第 567 页。

④ 刘文典:《淮南鸿烈集解》,北京:中华书局,1989 年,第 79 页。

⑤ 杨伯峻:《列子集释》,北京:中华书局,2012 年,第 142 页。

⑥ 何锡光:《陆龟蒙全集校注》,南京:凤凰出版社,2015 年,第 938 页。

⑦ 李白撰,瞿蜕园、朱金城校注:《李白集校注》,上海:上海古籍出版社,1980 年,第 681 页。

⑧ 王安石:《王安石老子注辑佚会钞》,上海:华东师范大学出版社,2013 年,第 64 页。

有裨益。

在唐宋以空间义释"太虚"的大背景下，张载也自然而然地择取了这一含义。其言："气块然太虚，升降飞扬，未尝止息""云物班布太虚者，阴为风驱，余聚而未散者也"①，此两处"太虚"均是就空间义来说的。但需指出，这里张载只是借用这一意涵，同时推陈出新赋予其动态流变的新义，这在其对佛教的批评中可以窥见一二："若谓万象为太虚中所见之物，则物与虚不相资，形自形，性自性，天人不相待而有，陷于浮屠以山河大地为见病之说。"(《张子全书》，第2页)如果把云物等万象当作"太虚"中所见之物，则前者与"太虚"不相资，各自为用，这是张载所明确反对的。由于物(气)与虚相资，气块然未尝止息、云物班布，这就使动态流变义成立成为可能，此时张载的"太虚"就是一个动态流变的空间，而非一个静止不动的场域，这是张载与前人的显著区别。但张载同时也指出这种动态流变不是简单的生成关系："若谓虚能生气，则虚无穷，气有限，体用殊绝，入老氏'有生于无'自然之论，不识所谓有无混一之常。"(《张子全书》，第2页)如果以生成论虚气关系，就陷入了老子"以无为本"的窠臼，不识"有无混一之常"。由此也引入了虚气关系的话题，为理清张载的"太虚"概念加入了新的参量。

需指明，这里的有无只是沿袭老子之说，其实是指幽明隐显，因为张载也明确反对以有无论气的观点，批评其为浅妄之说，而强调以幽明论气。其言："方其聚也，安得不谓之客？方其散也，安得遽谓之无？故圣人仰观俯察，但云'知幽明之故'，不云'知有无之故'"，"诸子浅妄，有有无之分，非穷理之学也。"(《张子全书》，第2页)依此则虚气的有无混一之常实指"幽隐—明显"的一体之常，那么"太虚"与气则是一体同质的不同样态，这在"冰水之喻"中表现得更为直接："气之聚散于太虚，犹冰凝释于水，知太虚即气，则无无。"(《张子全书》，第2页)关于"冰水之喻"，还有一处不常被人提及却至关重要："天性在人，正犹水性之在冰，凝释虽异，为物一也。"(《张子全书》，第14页)两者统观起来看，"天性""太虚"相对应喻之于"水"，"人""气"相对应喻之于"冰"，在张载的哲学体系中定位正相贴切。犹如冰水之关系是凝释虽异为物则一，"太虚"与气的关系也应

① 张载撰，林乐昌编校：《张子全书》，西安：西北大学出版社，2015年，第2、6页。下引该书，仅随文标注书名与页码。

当是如此,正因为"为物一也"才会"则无无","凝释虽异"才会以幽明立论。至此我们可以粗略地认定"太虚"就是气,这是张载讲"太虚"与物(气)相资的原因。在此意义上,空间义的"太虚"因气的存在占有空间而成立,前面讲"太虚是动态流变的空间"已然确立。但问题的关键在于"太虚即气"在张载这里何以成立? 张载对形而上的辨析可以给我们提供一种思路。

张载对形而上的阐释,是由《系辞》中"形而上者谓之道,形而下者谓之器"一句而发,由于条目颇多,现择取其要者以供申述之用:

> "有此气则有此象,可得而言;若无则直无而已,谓之何而可? 是无可得名。故形而上者,得词斯得象,但于不形中得以措词者,已是得象,可状也。……若以耳目所及求理,则安得尽! 如言寂然、湛然,亦须有此象。有气方有象,虽未形,不害象在其中。"(《张子全书》,第239页)

> "所谓气也者,非待其蒸郁凝聚,接于目而后知之。苟健、顺、动、止、浩然、湛然之得言,皆可名之象耳。然则象若非气,指何为象?"(《张子全书》,第9页)

> "形而上者,得意斯得名,得名斯得象;不得名,非得象者也。故语道至于不能象,则名言亡矣。"(《张子全书》,第8页)

在这三则材料中,前两则旨意概为相同。依张载之言,凡得词可状以有名者,已是有象,象与词之间构成了一种等同的言说关系,一种相互规定的统一体;而"有气方有象",象是由气生成的,那么寂然、湛然之词(象)就是对气的存在状态的一种描述,表达同样意涵的词还有湛一、湛本等:"湛一,气之本。""气本之虚则湛本无形。"(《张子全书》,第15、3页)而在张载这里,这些词都是专用于"太虚"概念的,只有言及"太虚"时才会使用,这在《乾称》篇中有更直接的表达:"太虚者,气之体。气有阴阳,屈伸相感之无穷,故神之应也无穷;其散无数,故神之应也无数。虽无穷,其实湛然;虽无数,其实一而已。"(《张子全书》,第57页)显然,作为"气之体"的"太虚",与屈伸相感无穷的阴阳之气,有着显著的层次区别,湛然实一是"太虚"的特性,湛然与"太虚"也构成了一种相互规定性。结合"太虚无形,气之本体""太虚为清""凡气清则通"(《张子全书》,第

1、2、3页)诸句,可以认为"太虚"具体是指气的湛然无形清通状态,本质上是一种湛然无形清通的气。由此"太虚"与"气之(本)体"之间实际上构成了一种指称关系,气以虚为体,借"太虚"之名表现自身的一种存在状态;同时"太虚"也以气为用,气化的流变生成证明"太虚"的存在意义,"太虚"本身就构成了其过程的一部分,两者是体用一源的,这也是张载批评老氏"体用殊绝"的原因。再根据第三则材料"得意斯得名,得名斯得象"一句可以得知,如同得湛然之词则已有湛然之象一样,有"太虚"之名就有"太虚之象",即气的湛然无形清通状态。而且这种言象关系是人主观意愿上心领神会加以命名的结果,构成了张载"太虚即气"得以成立的形上依据。换言之,在张载这里,这是张载的有意为之,是张载勇于造道的体现。张载在辨析"形而上"时,并没有从形上形下、道器两分的角度入手,而是另辟蹊径,侧重于对语言、形象、思维三者关系的界说,究极于对"不形以上"者的苦苦思辨,对形而下者则是"不足以言之",也正说明了这一点。至此我们可以得出结论,以空间论"太虚"只是张载对前人用法的因袭与改造,从形而上的角度借"太虚"之名指称气的湛然无形清通状态,才是张载所强调的,目的在于为其动态流变生成的气化世界立论张本。

　　需要补充说明的是,张载对"形而上"的阐释明显受到了玄学言意之辨的影响。王弼《周易略例·明象》言:"夫象者,出意者也。言者,明象者也。尽意莫若象,尽象莫若言。……意以象尽,象以言著。故言者所以明象,得象而忘言。象者所以存意,得意而忘象。……然则,忘象者,乃得意者也;忘言者,乃得象者也。得意在忘象,得象在忘言。"[1]简单来说在王弼看来,"意"是借助"象"来领会的,"象"是通过"言"来表达的,"言"可以明"象","象"也可以尽"意",最终得出"得意在忘象,得象在忘言"的结论,目的在于强调对"意"的极致性追求,实现身心对"意"的冥会。张载虽然部分接受了王弼"意以象尽,象以言著"的观点(张言"不得名,非得象也""非象,有意否?"),但却对王弼"得意在忘象,得象在忘言"之论持否定态度。在张载看来,得意已是有名,有名则已有实象,言象意三者是一体的不可分割,由此实现了对王弼观点的批判性超越。虽然如此,但张载此处有鉴于王弼是不可否认的。

---

① 王弼撰,楼宇烈校释:《王弼集校释》,北京:中华书局,1980年,第609页。

二、"与天同原谓之虚"与"虚者,天地之祖"

《论语·阳货》言:"子曰:'天何言哉? 四时行焉,百物生焉,天何言哉?'"张载注解曰:"天道四时行,百物生,无非至教。圣人之动,无非至德,夫何言哉? 天不言而四时行,圣人神道设教而天下服。诚于此,动于彼,神之道欤!"(《张子全书》,第432页)结合《正蒙·天道》中附录①的"'成变化,行鬼神。'成、行,阴阳之气而已矣"(《张子全书》,第7页)一句可以看出,张载所论之"天"是自在自为的气化运行之天。实际上,张载也直言不讳地指出:"天惟运动一气,鼓万物而生,无心以恤物。""崇,天也,形而上也。通昼夜之道而知,其知崇矣。"(《张子全书》,第209、213页)此处的"鼓万物而生"和"通昼夜之道"显然是就气化运行而言的,通晓其中道理才是"知崇",亦是知"天"。此外,张载把"天"称为"形而上"者,纳入无形之气的范畴,这表明"形而上"的思路在张载这里并非孤例,亦说明这种思路是张载精思熟虑之后的造道之论,否则不会被普遍运用。由于同样适用于对"天"的言说,这就为"太虚"与"天"的关系辨析奠定了现实的可行性基础。

前文提到"知幽明之故",张载申言:"天文地理,皆因明而知之,非明则皆幽也,此所以'知幽明之故'。万物相见乎离,非离不相见也。见者由明而不见者非无物也,乃是天之至处。彼异学则皆归之空虚,盖徒知乎明而已,不察夫幽,所见一边耳。"(《张子全书》,第208页)结合"气聚则离明得施而有形,气不聚则离明不得施而无形"(《张子全书》,第208页)一句可以得知,气聚则万物生成相见而有形,为明;气不聚则万物不得见而无形,无形非无物也,非空虚也,而为幽。这与上文虚气关系中的"幽隐—明显"一体之常并无二异,由此则"幽"既指向"太虚"又指向"天之至处","太虚"与"天"产生实质交集已确凿无疑。但"天之至处"有别于"天","太虚"亦不可断然等同于"天之至处","太虚"与"天"之间

---

① 张载对"天何言哉"一句的注解同时备录于辑佚的《论语说》和《正蒙·天道》篇中,但两者稍有差别,《天道》篇中多了"成、行,阴阳之气而已矣"一句小注,于此才有附录之说。但实际上,附录之言直接来源于《横渠易说·系辞》中张载对"大衍之数五十"段"此所以成变化而行鬼神也"一句的注解,被再次收录到《天道》篇中与"天不言而四时行"句结合。因两者均涉及万物化生,所以结合并不突兀,现说明由来以正本清源。

也似仍有一段距离,两者关系仍需仔细斟酌。凡此种种,以气化为解题的切入点,尤为关键。

张载对气化的描述,首推当为"太和"。其言:"太和所谓道,中涵浮沉、升降、动静相感之性,是生絪缊、相荡、胜负、屈伸之始。其来也几微易简,其究也广大坚固。起知于易者乾乎! 效法于简者坤乎! 散殊而可象为气,清通而不可象为神。不如野马、絪缊,不足谓之太和。语道者知此,谓之知道;学易者见此,谓之见易。"(《张子全书》,第1页)与此互释的还有另外一段话:"气坱然太虚,升降飞扬,未尝止息,《易》所谓'絪缊',庄生所谓'生物以息相吹''野马'者欤! 此虚实、动静之机,阴阳、刚柔之始。浮而上者阳之清,降而下者阴之浊。其感遇聚散,为风雨,为雪霜,万品之流形,山川之融结,糟粕煨烬,无非教也。"(《张子全书》,第2页)两者统观来看可以发现,在张载这里无形的气化世界可分为三个层次:"太和"为其一,代表气无止无息的坱然升腾飞扬状态;它向上通向气的至静湛然清通状态,即"太虚";向下通向气屈伸刚柔划然两分的对立统一状态,亦为"天之气"。

具体来说,"中涵浮沉、升降、动静相感之性"与"此虚实、动静之机"含义相同,结合"凡圆转之物,动必有机。既谓之机,则动非自外也"(《张子全书》,第5页)一句可以得知,"之性""之机"具体是指"太和"内部涵有动静相感等得以运作的性能、机能。而我们熟知"太虚无形,气之本体。……至静无感,性之渊源"(《张子全书》,第1页)。这表明"太和"虽涵有诸性,但"太虚"却是"性之渊源"①,显然"太虚"是比"太和"更高层次的概念。其次,"相荡、胜负、屈伸之始"与"阴阳、刚柔之始"所指亦为相同,语词的多样性并不十分重要,关键在于"之始"之说意味着在"太和"之后存在着一个两分对立的气化状态。而后才有阴阳交感,进入有形的气化世界。从无形到有形这即是张载所说的"惟是有无相接

---

① "太虚无形"章以"惟尽性者一之"句结束,看到"尽性"一词我们习惯于把它追溯到《中庸》《孟子》,并不自觉带入程朱理学的德性论视角,侧重从尽人之理解它。但此处张载所谈之"性"更倾向于指"感者性之神,性者感之体"之"性",可与"有无虚实通为一物者,性也;不能为一,非尽性也"一句互参,是指气内涵的或表现出来的特性、特质,显然此处指气的流变、贯通特性。所以张载讲的"尽性"浅处是指通晓这一道理,深处则更是指因小见大形成对宇宙大化流行的宏观认识与根本把握。尽管它需要以尽"人之性"为前提和应有之义。唐纪宇也认为张载的"性"多指贯通有形无形(虚气)的一体本性,但与笔者不同的是他指出"尽性"是指做到贯通之后对个人生死问题形成一种"存顺没宁"的豁达,并上升到万物一体的高度。详见唐纪宇:《一物两体——张载气本论中的"性"之观念探析》,《中国哲学史》,2020年第4期。

与形不形处知之为难"(《张子全书》,第223页)的关键节点。此外"浮而上者阳之清,降而下者阴之浊"句及以下可与"地纯阴凝聚于中,天浮阳转旋于外,此天地之常体也""凡天地法象,皆神化之糟粕耳"(《张子全书》,第4、3页)合观,说明先有天地而后才有万物法象,揭示出一条"无形之气—天地—万物"的生成路径,天地的作用或至关重要,这是后话。最后,"散殊而可象为气,清通而不可象为神"可与《乾称》篇中"阴阳之气,散则万殊,人莫知其一也;合则混然,人不见其殊也"(《张子全书》,第57页)一句互参,结合前文提到的"气有阴阳,屈伸相感之无穷"可以得知,"散殊而可象为气"与"阴阳之气,散则万殊"同义,指的是屈伸相感的两分之气;阴阳之气"合则混然","人不见其殊",指的正是"太和"之气;而"清通不可象为神"毫无疑问指向"太虚"之气。至此有理由说对无形气化世界三个层次的划分是合理有据的。

　　上述论证过程中缺少了对立统一的气化状态亦为"天之气"的说明,也有意忽视了"阴阳"概念,接下来具体论述。我们把无形的气化世界分为三个层次,是就无形之气的运行状态而言的,并未涉及气的性质,而阴阳就是指气的性质,是气之实。所以张载有言:"人鲜识天,天竟不可方体,姑指日月星辰处,视以为天。阴阳言其实,乾坤言其用,如言刚柔也。"(《张子全书》,第204页)但阴阳之气在三种气化状态下表现并不完全相同。张载讲:"太虚之气,阴阳一物也。然而有两,健顺而已。""言虚者,未论阴阳之道。"(《张子全书》,第238、263页)说明阴阳之气在"太虚"状态下表现为静的同一。"太和"则块然未尝止息,由于"合则混然",阴阳之气在这里表现为阴阳未分的动的混一。最后张载多次直言:"阴阳者,天之气也""阴阳,气也,而谓之天""阴阳,天道,象之成也。"(《张子全书》,第262、241、242页)此处"阴阳"既指性质,又指运行,"天之气"的气化状态得以成立已不言自明,此时阴阳之气表现为阴阳两分后的对立统一。然而我们也要清醒地明白,虽然无形之气具有三种状态,但气只是一个气,运行不息,无时无刻不在流变生成,因此"太虚""太和"与"天之气"在时空上是共存的,在逻辑关系上是递进的,"阴阳"之实是它们共同的底色。清王植《正蒙初义》讲:"前谓之'太和'者,以其气之流行而统言之;此谓之'太虚'者,以其气之清通而析言之;其实一也。"[1]此论极佳,所言甚是。由此我们可以对"太虚"与"天"之关

① 林乐昌:《正蒙合校集释》,第57页。

系得出如下结论：因为拥有共同的"阴阳"之实，所以"太虚"与"天"是同质的，均属于阴阳之气，因此张载讲"与天同原谓之虚，须得事实故谓之实""太虚者，天之实也"（《张子全书》，第263、262页）；因为存在逻辑关系上的递进，所以先有"太虚"而后有"天"，"太虚"生出"天"，因此张载讲"天地以虚为德。至善者，虚也。虚者，天地之祖，天地从虚中来"（《张子全书》，第263页）。两者合观，才是"由太虚，有天之名"的真谛。同时我们也可以发现，张载对"太虚"概念的使用并未超脱上文提到的"太虚"三义的范围，且仍把"太虚"放在天地之先的位置，说明仍未彻底摆脱汉唐宇宙生成论的影响。

接下来仍需作进一步申论，众所周知张载独创了"天参"概念，并与"太极"关联，参是对天的特质即神和化的统合定性。其言："极两两，是谓天参。数虽三，其实一也，象成而未形也。两两，地两，效刚柔之法也。""地所以两，分刚柔、男女而效之，法也；天所以参，一太极、两仪而象之，性也。"（《张子全书》，第215、4页）同时张载亦言："一物两体，气也。一故神（两在故不测），两故化（推行于一），此天之所以参也。""气有阴阳，推行有渐为化，合一不测为神。"（《张子全书》，第4、9页）四者合观可以看出，"极两两"与"（一）太极两仪"同义，"极"即是"太极"，"两两"即是"两仪"，表现为刚柔，而"天参"与"天所以参"的细微区别在于，一个是"象成"，一个是"象之"，前者是静的结果，后者是动的状态，本质上是一物。结合第三句，用"天之所以参"和"天所以参"对比可知，"象之"的方式是"一故神，两故化"。再根据第四句可知，"象之"的性质是阴阳之气的"一神两化"。由于是一太极两仪"而"象之，那么"一太极两仪"就构成了"象之"的前提，而"两仪"表现为刚柔，说明"象之"之气是阴阳两分后的阴阳之气，即为"天之气"。同时"一太极两仪"作为"象之"前提的另一层含义是"一太极两仪"本身就是阴阳两分之气，"太极"言其实，"两仪"言其用，所以才说"数虽三，其实一"，这也是"极两两，是谓天参""天所以参，一太极两仪而象之"这条命题得以成立的原因。所以"天之气"其实亦可用"太极"指称，无形气化世界的三个层次亦可用"太虚""太和""太极"来概括。"太虚"指阴阳一物时静的同一；"太和"指阴阳未分时动的混一；"太极"指阴阳两分后的对立统一。由此开始进入有形的气化世界，生人物之万殊。于是到了南宋时朱熹挺立"太极之理"，建立"太极"本体论也就不足为奇了。

总结来说，本质上，张载的气化世界可分为有形与无形两个层次，"太虚一太和—太极"构成了无形的气化世界,属于"一阴一阳不可以形器拘"的部分;"无形之气—天地—万物"构成了有形的气化世界,属于"乾坤成列而下,皆易之器"的部分,但两者不能割裂亦无法割裂,终究属于一体流变生成的一个宇宙大生命体。张载虽然讲"运于无形之谓道,形而下者不足以言之"(《张子全书》,第223页),但并未真的对"易之器"不足以言之,而是通过"立天地之大义"的方式来实现,并以此为支点建构起宇宙的大化流行。

三、"立天地之大义"

《宋史》言张载之学"以易为宗",而《系辞》言"天地之大德曰生""天地絪缊,万物化醇",这意味着张载在建构万物化生模式时不能对"天地"置若罔闻,所以现存主流的"太虚—万物"生化模式必然存在不合理之处,上文提到的"天地的作用或至关重要"不是虚言。事实上,张载也反复申言天地的生物作用。如《易说·复》言:"大抵言天地之心者,天地之大德曰生,则以生物为本者,乃天地之心也。地雷见天地之心者,天地之心惟是生物,天地之大德曰生也。雷复于地中,却是生物。"(《张子全书》,第148页)此段话中虽反复强调天地以生物为本,却对天地如何生物未曾提及,而天地生物的关键在于阴阳两端的循环不已,所以张载又言:"游气纷扰,合而成质者,生人物之万殊;其阴阳两端,循环不已者,立天地之大义。"(《张子全书》,第3页)这句话表明"天地之大义"体现在:一是"生人物之万殊",一是阴阳两端循环不息,且前者以后者为前提条件。张载"立天地之大义"所立即在于此。

具体来说,张载对天地生物的论述是在对"大衍之数"的阐释中建立起来的。其言:"参天两地,此但天地之质也,通其数为五。乾坤正合为坎离之数,当六七。精为日月,粗为水火,坎离合而后万物生。得天地最灵为人,故人亦以参为性,两为体,推其次序,数当八九。八九而下,土其终也,故土之为数,终于地十。……十者,数之终,九之配也。地无踰天之理,终于其终而已焉。"(《张子全书》,第215页)此段话单独理解颇为困难,需借助以下几则材料:

"大率五行之气,分王四时。土固多于四者,然其运行之气,则均同诸见。金、木、水、火皆分主四时,独不见土之所主,是以有寄王之

说。然于中央在季夏之末者,且以易言之。"(《张子全书》,第 264 页)

"五纬,五行之精气也。所以知者,以天之星辰独此五星动。以色言之又有验。"(《张子全书》,第 264 页)

"坎离者,天地之中二气之正交。然离本阴卦,坎本阳卦,以此见二气其本如此而交,性也。非此二物,则无易。"(《张子全书》,第 155 页)

结合辅助材料我们可以看出以下几点:1. 气有精粗,精者在天粗者在地。2. 天有以色验之的有形之天。3. 坎离之气至关重要,无此两者则无易。4. 张载有意将五行与《周易》相联系。根据这几点我们可以对"参天两地"段得出如下理解:"乾坤正合为坎离"表面是指乾坤两卦二五交合生为坎离之卦,其实是指"天之气"的乾健坤顺之用使气化状态运行到生出坎离之气,坎离之精气为在天之日月,坎离之粗气为在地五行之水火,有形之天地得以生成确立。所以坎离之气运行在天地之间,两气交合亦是天地交合万物才得以化生,其中人为万物中最灵秀者,"两"即刚柔构成了人之体,"参"是人之性得以确立的形上依据。所以"参天两地,此但天地之质也"其实是说"参"和"两"是天和地的特性、特质。只不过此时的"天"还是形而上的"天之气"之天而非有形的"日月草木丽天地"之天。至于其中的六七、八九、地十之数,当是受图书派刘牧河洛之学的影响。①

上述论证中显然把张载的"天"划分为有形之天和形而上之天两种,且前者是由后者气化而来,而真正参与化生万物的是与地相配的有形之天,这是我们把有形的气化世界规定为"无形之气—天地—万物"的原因。但这种划分方式并非一厢情愿的冥想,在"备言天地日月五行之理数"的《参两》篇中可以得到印证。《参两》篇言:"地纯阴凝聚于中,天浮阳转旋于外,此天地之常体也。恒星不动,纯系乎天,与浮阳运旋而不穷者也。日月五星逆天而行,并包乎地者也。地在气中,虽顺天左旋,其所系辰象随之,稍迟则反移徙而右尔;间有缓速不齐者,七政之性殊也。月阴精,反乎阳者也,故其右行最速;日为阳精,然其质本阴,故其右行虽缓,亦不纯系乎天,如恒星不动。"又"古今谓天左旋,此直至粗之论尔,不考日月出没、恒星昏晓之变。愚谓在天而运者,惟七曜而已"(《张子全

① 辛亚民指出,张载的天地万物生成模式中将五行、八卦与数字相配,是来自刘牧的学说,并在刘牧《易数钩隐图》中找到类似说法作为证据。此观点言之有据,可为佐证。详见辛亚民:《张载易学数论发微》,《中国哲学史》,2011 年第 3 期。

哲学·经学·语言

书》，第 4、5 页）。两者合观可以看出，浮阳转旋于外之天、恒星纯系之天与日月五星所逆之天三者所指为一物，均指无形之天。而"七曜"与"七政"同义，指逆天而行的日月五星，由于"在天而运"构成有形之天，与"地在气中"之地相对；由于"并包乎地"，使天地交感得以实现。同时"月阴精""日为阳精"之论也与上文"精为日月"之说暗合。此外，船山对《参两》篇注解的相关条目也能为我们提供佐证。其言："盖尝论之，天以神御气，地以气成形，形成而后五行各著其体用。故在天唯有五星之象，在地乃有五行之形。五气布者，就地而言。若七曜以上之天，极于无穷之高，入于无穷之深，不特五行之所不至，且无有所谓四时者。然则四时之行，亦地天之际气应所感，非天体之固然矣。"[1]船山所谓"七曜以上之天"即指无形之天，无形之天极于无穷之高深，五行四时之所不至，因此亦不存在天地之间气之交感。而"以神御气"之天则能生成五星之象，象著则是成形，构成有形之天，与"五行之形"之地相配，五气密布其间，构成有形天地之交感。其中"五气布者，就地而言"与张载"并包乎地者也"之论可谓一脉相承。至此，对"天"的有形与无形两个层次划分应不必再有争议，天地生物之大义也在有形之天地的运化中得到确证。

虽然如此，从无形之天到有形之天的气化过程仍然让人难以捉摸，这既是上文提到的"惟是有无相接与形不形处知之为难"之处，也是张载言"既言参伍矣，参伍而上，复如何分别"（《张子全书》，第 218 页）的自我困惑之处。但我们仍然可以从张载的文本中发现一些端倪。张载讲："又不可谓天无意，阳之至健，不尔何以发散？阴之性常顺，然而地体重浊，不能随则不能顺，则有变矣。有变则有象，如乾健坤顺。有此气则有此象，可得而言；……今雷风有动之象，须谓天为健。虽未尝见，然而成象，故以天道言；及其发，则是效也。著则是成形，成形则是道也。若以耳目所及求理，则安得尽！"（《张子全书》，第 239 页）从中可以看出，"雷风有动之象"构成了天之健象，雷风蕴动而未发，及其发则是呈现，"效"为呈现之意，效著耳目得以闻见则是成形。从无形之象到有形之雷风共经历了"雷风有动之象""及其发则效""著则是成形"三个阶段。结合"天象者，阳中之阴；风霆者，阴中之阳"（《张子全书》，第 6 页）一句可以得知，这种从无形到有形的气化过程实质上是阴阳之气的持续分化及其比重的变化。此点

---

① 王夫之：《船山全书》第 12 册，长沙：岳麓书社，1992 年，第 63 页。

可迁移到对无形之天和有形之天的理解中,"及其发则是效"的阶段对应的正是"乾坤正和为坎离"的阶段,所以从无形之天到有形之天的气化过程本质上亦属于阴阳之气持续分化及其比重变化的过程。言及于此目的在于强调阴阳两端在无形与有形之间的通贯性,以彰显"天地之大义"的另一义。诚然,万物生成得益于有形之天地阴阳两端的参合化生,但若仅以此视为"天地之大义"则未免因小失大。由于阴阳两端贯通有形与无形,则其循环不已实指自无形之太虚始,经有形之天地化生万物,而又散为太虚的原始反终动态流变过程,是宇宙大化流行的体现。有形之天地因其能够生物构成了这一过程不可或缺的核心支点,天地之"大义"因此而彰显。前述内容对"生"的部分已着墨良多不再赘述,接下来转入对"归"的思考。

　　张载对万物散为太虚的论述主要集中在"形溃反原""死之不亡"的鬼神之说,是在对《系辞》"精气为物,游魂为变"和《祭义》"宰我问鬼神之名"的诠释基础上建立起来的,由于所涉文献不多,兹全列如下:

> "《礼记》凡言鬼神者,大率以阴阳出入言之。鬼神一物也,以其归故谓之鬼。归者自无形中来,复归于无形。自有形中来者,复归于有形,是归也。魄也者,鬼之盛,指有形体而言。神,申也;鬼,归也。物之所生即是神,及其终则归也。"(《张子全书》,第380页)

> "精气为物,游魂为变。精气者,自无而有;游魂者,自有而无。自无而有,神之情也;自有而无,鬼之情也。自无而有,故显而为物;自有而无,故隐而为变。显而为物者,神之状也;隐而为变者,鬼之状也。大意不越有无而已。物虽是实,本自虚来,故谓之神。变是用虚,本缘实得,故谓之鬼。此与上所谓神无形而有用,鬼有形而无用,亦相会。"
> (《张子全书》,第380页)

> "禀五行之气以生最灵,于万物是其秀也。神之言,申也;鬼之言,归也。凡生,即申也,要终即归也。神之盛,极于气,故曰气也者神之盛也。鬼之盛,极于魄,故曰魄也者鬼之盛也。一体兼此终始,此鬼神之会也。阴阳之交,鬼神之会,五行之气,物生皆然,而人为备焉。"
> (《张子全书》,第341页)

从中不难看出,张载开明宗义直言鬼神是阴阳之气的循环出入,并反复强调鬼神一物,鬼之言归,神之言申。具体来说,物之所生为申,自无而有至显而为物,是神之情状;物之要终为归,自有而无至隐而为变,是鬼之情状。这与《正蒙》中言"物之初生,气日至而滋息;物生既盈,气日反而游散。至之谓神,以其申也;反之谓鬼,以其归也。""鬼神,往来、屈伸之义,故天曰神,地曰祇,人曰鬼"(《张子全书》,第12、9页)并无二异。说明张载晚年思想成熟时仍持此论,从未改变。天神地祇人鬼之说,张载自注言"神示者归之始,归往者来之终。"(《张子全书》,第9页)"归往者"作为物,是来之终点,"神示者"则为物之始点,那么物来自何处,始自哪里,又归向何方呢? 显然应原始反终求之于"太虚",即上文言"物虽是实,本自虚来""变虽是虚,本缘实得"。同时张载指出人物皆然一体兼此终始,这里张载言"终始"而不言"死生"原因在于张载认为"死生,止是人之终始","鬼神常不死",这意味着阴阳两端的循环出入是无止无息的,所以张载才说"聚亦吾体,散亦吾体,知死之不亡者,可与言性矣"。"鬼神者,二气之良能也。"(《张子全书》,第1、3页)由此张载引入气释"鬼神",用鬼神来言气,两者结合完成宇宙大化流行自有而无的最后一环。其中,人物一体兼此终始,是宇宙大化流行的唯一载体,而天地则是生人物之万殊者,理所当然就成为实现这一过程不可或缺的重要支点,天地的至关重要性已不言而喻。这较之生物更是天地之"大义"处,也是张载"立天地之大义"所立之处。

四、结语

综上观之,我们从张载对"形而上"的阐释出发,揭示出"太虚即气"在张载这里得以成立可能的内在理路,并把张载的"太虚"规定为一种湛然无形清通的气,"阴阳一物"是其实质。同时张载的"天"为气化之天,分有形与无形,本质上是阴阳两分后对立统一的气。因两者拥有共同的"阴阳"之实,所以"太虚"与"天"是同质的,这或许是目前学界普遍把"太虚"与形而上之"天"混为一物的主要原因。事实上,张载在言及气化生成时也时常将"太虚"与形而上之"天"混用,给人一种等同的错觉。但从气的"阴阳一物"到阴阳两分后的对立统一,有着明显的逻辑递进,所以"太虚"与形而上之"天"绝不可贸然等同一物,两者的细微差别不可不察。这亦是张载言"学必知几造微""人有是心在隐微,必乘间而见"(《张子全书》,第 234、10 页)之处。再者,我们把张载的气化世界分为有形与无形两个层次,共同构成了自无而有的生的过程;结合张载"形溃反原""死之不亡"的鬼神之说,完成了自有而无的归的过程。其实质是阴阳之气贯通其间的循环出入,由此建构了一个自无形之太虚始,经有形之天地化生万物,而又散为太虚的原始反终动态流变气化过程,体现了宇宙的大化流行。唯一不变的是气无时无刻不在流变、生成、反原,无始无终,形成一个"动的宇宙",整个过程虽有幽明隐显之分却无有本体,而现存的主流观点无论是"太虚本体论"还是"气本论",都事先预设了一个超越性的本体存在。近年来一些观点,如陈赟"太虚—乾坤"本体论结构、吴震天道本体论等①,都是对张载思想研究新的推进,虽颇具新意但还仍未摆脱"本体论"的研究框架,这虽有助于理解张载思想,但也无形中构成了对张载思想原意的某种遮蔽。因此能否摆脱旧有的研究范式,开辟出一种新的言说路径还张载思想之原貌值得深思。

An Analysis of the Relationship between ZHANG Zai's "Taixu" and "Heaven": Also on "Establishing the Profound Principle of Heaven and Earth"

Wang Long

Abstract:*"Taixu"*, undivided by *yin* and *yang*, is invisible, fluid and clear *qi*, whereas "tian" (heaven) is *qi* that is divided and united by *yin* and *yang*. As *taixu* and *tian* are both *qi* related with yin and yang, the two are the same in essence. Due to the transformation from *qi* as oneness to *qi* divided by *yin* and *yang*, *taixu* is precedent of *tian*, and generates *tian*. *Tian* is both tangible and intangible, through which *qi* of *yin* and *yang* penetrates, generating milliards of things in the universe. It is one of the "great righteousness of heaven and earth" that tangible *tian* reacts with earth, generating milliards of things; it is another point of the "great righteousness of heaven

---

① 陈赟借助船山对《正蒙》的注解,提出"乾元之天""坤元之地"概念,认为张载哲学是一种动态的"太虚—乾坤"本体论结构;吴震从张载哲学思想的定位出发,认为张载哲学属于道学,指出"天道"才是形而上的本体,得出一种天道本体论。详见陈赟:《从"太虚即气"到"乾坤父母":张载本体论思想的结构——以船山〈张子正蒙注〉为中心》,《南京社会科学》,2019 年第 2 期;吴震:《张载道学论纲》,《哲学研究》,2020 年第 12 期。

and earth" that tangile *tiandi* (heaven and earth) is the core supporting point for the operation and movements of all things in the universe due to its ability to generate milliards of things. This is what Zhang Zai attempts to establish.

Keywords：Zhang Zai, *taixu*, *tian*, *qi*

张载「太虚」与「天」关系辨析

论审美作为理学"格物"工夫的
一种内在机制

吴天寒 *

[摘　要]　"格物"是程朱理学中强调主体通过与外物互动而实现修养德性的工夫。程朱理学提出了"玩物适情"与"观物察己"两种与物互动的方式,它们构成了"格物"工夫得以从"审美"通往"道德"的两层内在机制。在"玩物适情"中主体产生类似玩耍游戏时的心理状态,进而在悠游自在中涵养其性情。在"观物察己"中通过审美凝视而物我合一,使得主体在"活泼泼"的本真状态里体察自我本性,进而明"理"。

[关键词]　"格物"工夫;玩物适情;观物察己;审美机制

一、前言

在程朱理学那里,"格物"工夫里实际地蕴含有审美的内在机制。而这一机

* 吴天寒(1995—　),女,重庆人,浙江大学哲学学院博士研究生,主要研究领域为宋代儒学。

制主要发用于"玩物适情"①与"观物察己"②两种具体与"物"互动的工夫类型中,因为"玩物"与"观物"都是未及思索层面的直观活动,无论是"玩"之趣味的愉悦,还是"观"之欣赏的愉悦,都表现为无目的无功利的审美愉悦。

因此,笔者试图从"玩物适情"与"观物察己"两个命题着眼,依照"玩物"何以能"适情"以及"观物"何以能"察己"的思路去探究审美活动在"格物"工夫中如何运作的问题。厘清这一问题有助于将审美机制与"格物"的内在关联作理论性的澄清,以此为审美作为理学内含的一种属性提供理据。

二、玩物适情:审美游戏心理下的自得其乐

明代理学家陆世仪曾有言:"非玩心高明之人不能格物理。子思鸢飞鱼跃,周子盆鱼,张子驴鸣,此便是格物理榜样。"③可见"玩"作为"格物"工夫的一种方式,其重要性早已在理学内部被清楚地意识到。

"玩"对"格物"工夫的助益具体体现在何处? 朱熹给出直接的答案——"玩物适情"。在朱熹看来,"我"与"物"之间不仅存有一种"玩"的互动方式,并且通过这种互动方式会产生情感顺适的作用,而情感得到顺适,自然有助于内在德性的养护,由此我们可知"格物"工夫通过"玩物"这一实践行为产生的主要作用是"适情"。然而,"玩物"何以能"适情"? 疏解其中理据有助于我们了解"格物"工夫是如何通过"玩"这一方式来实现德性修养的。

首先我们可以先来看朱熹自己的解释,由于"玩物适情"在此处是朱熹用以注解"游于艺"④一句,因此这里的"物"具体对应的是"艺",即礼、乐、射、御、书、数六种活动。又因朱熹认为六艺是"至理所寓"⑤,所以人们在从事六艺活动时,能"博其义理之趣,则应务有余,而心亦无所放矣"⑥"小物不遗而动息有

---

① 朱熹:《四书章句集注》,北京:中华书局,1983 年,第 94 页。

② 程颢、程颐:《二程集》,王孝鱼点校,北京:中华书局,2004 年,第 193 页。

③ 陆世仪:《思辨录辑要》卷三,《景印文渊阁四库全书·子部》第 724 册,台北:台湾商务印书馆,1985 年,第 30 页。

④ 朱熹:《四书章句集注》,第 94 页。

⑤ 朱熹:《四书章句集注》,第 94 页。

⑥ 朱熹:《四书章句集注》,第 94 页。

养"①,可见在朱熹看来,"玩物"是在趣味中获得"理",并且这一过程令"心"不会随意放失,得到了不间断地养护,那么随之升起的情感自然也是"发而皆中节"的,达到顺适合宜的状态,也即朱熹所言"适情"之效果。由此,关于"玩物"何以能"适情"的问题,我们大致可以将朱熹的观点总结为"玩物因得理趣而适情",那么"理趣"正是"格物"工夫在"玩"这一方式中开展自我的关钥,故探究"理趣"产生及运行的内在理路能助我们管窥"格物"通过"玩物"来实现自我的内在机制。

哲学·经学·语言

"理趣"作为"玩物"活动带来的独特感受,它是一种合理性与趣味性而为一的心理状态,这与"游戏"非常类似。虽然"游戏"与理学中的"玩物"并非完全一致的活动,但二者的确在"理趣"这一心理机制上具有一致性,所以我们可从论及"游戏"的相关理论中揭示"玩物"活动的运作机制。"玩物"之"物",即游戏中主体的对象,在西学的游戏理论中,无论康德还是席勒,都认为游戏里与主体互动的"物"(对象)不是以其自身客观实在性呈现的,它所呈现的是被主体意象化的形象,可以称之为"意象"。因为在游戏中人们不会采取科学的、理性的态度对待眼前之"物",否则难以感受到游戏的趣味。因此,在游戏玩耍的过程中,人是由感性能力主导的,他会不自觉地运用联想、想象、移情等心理机制来使眼前之"物"意象化。将"物"意象化便是"玩"(游戏)的第一步。紧接着,第二步是将心中这个意象又使之客观化,即在现实中操作出来,例如小孩爱玩的"老鹰捉小鸡""过家家"等游戏。如果小孩只是在心中形成扮演老鹰、小鸡、爸爸妈妈等形象而没机会将其展现出来,他们一定不会过瘾,就如上文朱熹所言"六艺"一类的活动如果仅在头脑里"放映",那么这些活动所蕴含的"理趣"便无法被主体所亲历感知。因此在"玩物"实践里,"我"势必要经历将现实之"物"化为"意象","意象"再化为"现实"两个完整的环节,"我"的情感才会处于充实顺适的状态,进而产生愉悦、有趣的感受。② 然而使人感到愉悦、有趣的根源便在于上述过程消解了客观对象的现实性,主体可以冲出现实的束缚,充分"自作主宰"。

由于审美艺术创作也是经过了将客观之物转为心中意象,再将心中意象生成客观艺术作品的两个环节,这与上述游戏心理机制是一致的,所以过往不少

---

① 朱熹:《四书章句集注》,第94页。

② 参见朱光潜:《文艺心理学》,上海:复旦大学出版社,2009年,第167—168页。

美学研究者以"游戏"来解释艺术审美活动的发生原理。我们反观理学家的"玩物"实践，可知这些实践行为其实更接近于艺术审美活动，例如他们"玩物"的活动通常是抚琴、作诗、绘画等艺术形式。这些"玩"的行为除了"趣味性"，同时也彰显着另外一个共性，即理性，明代学者就曾感慨"玩是思之精"①。这意味着"玩物"与单纯的游戏相比，它具有更充分的理性准备，因此"玩物"中生发的"趣味性"内含足够的理性精神，即朱熹所言之"理趣"。有了理性的参与，主体与"物"互动时就能保持一定的心理距离，这种心理距离进而又保证了主体心中升起愉悦情感是"发而皆中节的"，不会使自己陷溺其中而被"物"役使，故而"玩物"活动才不至于"丧志"，反而可以"至理"。

当然，若要达到"至理"的境界，除了主体被要求发挥自己的理性精神外，更重要的是在"玩物"的过程中，主体能体验到纯粹的自由。这种自由是自我生命存在之本原意义上的自由，因为游戏的过程超越了现实物欲的束缚，使那些遮蔽自我本性的杂滓一并祛除，所以主体得以挣脱一切枷锁与真正自我相拥，此情此景下，自我真性可得到暂时性的呈现。由于在理学的理论脉络中，人的原初本性被认为是"理"于人身上的表现，因此，在"玩"的过程中对自我真性的偶遇，实际上也是对"理"偶然的体认。这就是为什么理学家认为"理"是要"玩"的，如朱子强调"虚心玩理"②，程子也谈"玩索这个理"③"物理最好玩"④。由于"理"本就不是装在个体头脑里的知识，而是贯注于个体生命的生存方式，因此它需要被实践、被体证，而"玩"这一实践方式，就好比"格物至理"工夫征途上的一枚望远镜，让人提前一睹天理之风采，并暂时体证了与万物同流之至境。故笔者也倾向于认为理学家正是因为常常体验到"玩"所带来的这等妙趣，将"玩物"作为其体贴天理的特殊工夫法门，所以才在其理论书写中多用"玩索义理""玩索践履""操存玩索""涵养玩索"等表达。"玩"除了具有"体贴天理"的工夫意义，它还因其"趣中得理"的特点，被程子视为一种针对初学者的特殊为学方

论审美作为理学「格物」工夫的一种内在机制

---

① 叶子奇：《草木子》，北京：中华书局，1959 年，第 34 页。

② 朱熹撰，朱杰人、严佐之、刘永翔编：《朱子全书》第 24 册，上海：上海古籍出版社，合肥：安徽教育出版社，2002 年，第 4884 页。

③ 程颢、程颐：《二程集》，第 39 页。

④ 程颢、程颐：《二程集》，第 39 页。

法。程子认为"教人未见意趣,必不乐学"①,所以如果想要引起学习者的兴趣,可以增加学习过程的趣味性,例如程子提出将诗唱出来的方式增加学习兴趣②,再有"古之学者易……歌舞以养其血脉"③一句也强调了歌舞对于为学工夫的重要美育功能。总而言之,这些带有玩心的活动,在体认天理、涵泳性情、引发义趣等多个方面推进了"格物致知"工夫的落实,由此也展现了"玩物适情"对"格物"工夫在操作上的重要意义。

理学家不仅在著作中强调"玩",也在自己的生活实践中充分践行"玩"的行为。理学家的生活中,弹琴、作诗、绘画、游山玩水等"玩物"活动俯拾即是,其中最直接的"玩物"方式恐怕要数畅游大自然的游历活动。在理学家看来,不仅山水是可以玩的,林木也是可以玩的④,甚至月亮也是可以玩的⑤。他们相约游历大山大河的事例不胜枚举。除了通过游历山水来陶冶性情,理学家也钟爱在弹琴、观舞等艺术休闲活动中涵养性情。尽管理学家对"玩物"的休闲活动少有理论性的阐释,但从他们的生活实践里可知他们实际非常重视这类休闲活动,正如朱熹所言"玩物"是"日用之不可阙"的⑥。

理学家虽重视"玩",但非重视"玩"本身,他们实则看重的是通过"游"或"玩"让心灵获得直驱至境的体验,因此"玩"只是理学家落实体贴天理目标的一种实践形式。然而这一形式是否能成功导向目标的达成,取决于主体的道德涵养。朱熹在阐释"游于艺"时谈道:"盖学莫先于立志,志道,则心存于正而不他;据德,则道得于心而不失;依仁,则德性常用而物欲不行;游艺,则小物不遗而动息有养。学者于此,有以不失其先后之序、轻重之伦焉,……而涵泳从容,忽不自知其入于圣贤之域矣。"⑦这番话强调了道德修养实践之于艺术审美实践的优先性,声明了主体首先需作"立志"的工夫,使其道德意志得到强化,也即有了志道、据德、依仁的保障后,主体与外界进行"玩"的互动方式才真正实现"忽不自知其入于圣贤之域矣"的效果。

---

① 程颢、程颐:《二程集》,第21页。

② 参见程颢、程颐:《二程集》,第21页。

③ 程颢、程颐:《二程集》,第268页。

④ 参见朱熹:《武夷精舍杂咏并序》,《朱子全书》第20册,第521页。

⑤ 参见朱熹:《步东桥玩月二首》,《朱子全书》第20册,第275页。

⑥ 参见朱熹:《四书章句集注》,第94页。

⑦ 朱熹:《四书章句集注》,第94页。

至此，结合游戏审美心理机制，我们大致可以梳理总结出"玩物"落实"格物"工夫的内在理路：主体首先在心中树立了仁德的道德价值意识，以保证"玩物"所激发的情感是顺适中正的；而后在"玩物"的过程中，由于对现实功利的抛却，主体在无功利的愉悦中使自我的情感得到正向调节，实现悠游自得，充实顺适的状态，即"适情"的效果，并且在这一过程中，由于自我真性的开显，主体甚至可短暂地通往圣贤之域。只不过由于"玩"这一行为是一种动态复合型活动，它会因为主体道德修养层次有限或受某些客观因素的干扰而无法进入圣域去体贴天理，所以"玩物"作为一种具体工夫在实践中更多地展现为"适情"的效果。

三、观物察己：由审美凝视到道德自觉

"观物察己"是"格物"工夫下又一种与"物"互动的方式。这种方式包含"观物"与"察己"两种工夫面向，而其中与"物"直接互动的工夫便是"观物"。"观"虽然是一种视觉动作，但它在中国文化的语境中却超出了"看""视""见"等单纯指涉视觉动作的意义。如王向远教授所论，"观"是"观者的积极的创造性的联想与发现"而非"被动的视觉上的反映或反应"[1]，可见"观"的行为更强调主体的参与；学者张艳艳更是将"观"视为一种与中国古人体认宇宙人生的整个生命体验密不可分的方式[2]，可见"观物"不仅仅要求一种视觉呈现，还要求对"物"进行一种共时性的整体把握。而这种整体把握是基于"观"除了"看"这一浅层意义外，它本身还具有"全神贯注"的潜在含义。从词源的角度讲，"观"在《说文解字》中被释为"谛视"[3]，意谓仔细地看，古时亦多有"凝神谛视"的用法，可知"观"这一行为被要求需要全神贯注。故在"观物"的过程中，主体由于全然投入而忘我，进而物我合一。在浑然与物同体中，方能"以物观物"，从而体认天地之理。可见相比于"玩物"，"观物"是更为直接的"尽理"方式，这使得理学家非常重视通过"观"这一行为来"格物"。程颐就曾说："观物理以察己，既能烛理，则

① 王向远：《"观"范畴的异源同流与东方美学之形成》，《社会科学研究》，2022 年第 2 期。

② 参见张艳艳：《观：作为中国古典美学审美范畴的意义存在》，《兰州学刊》，2004 年第 6 期。

③ 许慎：《说文解字》，陶生魁点校，北京：中华书局，2020 年，第 275 页。

无往而不识"①，又言"随事观理，而天下之理得矣"②，以此强调了"观"的工夫对于"格物穷理"的重要作用。由于理学家意识到"观物"工夫的重要性，因此也对"观物"进行了理论反思。

首先，他们思考了"所观何物"的问题。尽管按照二程"无物无理，惟格物可以尽理"③的说法，似乎一切事物都应该被观照，但在实际的工夫操作中，却有"格物理"之轻重缓急的判断与选择。在价值判断上首先应当去格的是正理，但由于世间事物的千差万别，有些事物会更多地展现正理，有些事物则不然。例如朱子在回答学生提问鬼神造化之迹一事时，曾有言："若论正理，则似树上忽生出花叶，此便是造化之迹。又如空中忽然有雷霆风雨……忽闻鬼啸鬼火之属，则便以为怪。不知此亦造化之迹，但不是正理，故为怪异。"后又补充道："如冬寒夏热，此理之正也，有时突然夏寒冬热……但既非理之常，便谓之怪。"④毋庸置疑，展现正理的事物在"格物"实践中具有优先选择的必要，而在朱熹看来，"树生花叶""冬寒夏热"一类造化之迹是生气活泼、和谐顺适的情境，属正理；而"雷霆风雨""鬼啸鬼火"一类处于肃杀狰狞、反常怪异的情境，并非正理，显然前者具有价值优先性。此外，程颢也有言："天之大德曰生，天地氤氲，万物化醇，生之谓性，万物之生意最可观"⑤，"最可观"一语带有一种积极的价值肯认，说明程颢同样认为顺适自然之性、充满生机的事物具有"观"的优先性。理学家们从生活体验中观察到这些优美和谐、自然生动的事物能给人正向的情感体验，便以此判定这类事物展现了"理之正"。至于为何优美和谐的事物能引发人的正向情感体验？这一心理发生机制必须诉诸审美心理学原理。具体而言，"观"是通过眼睛来觉知外界，所以被"观"的事物，首先是以其外在形象、形式进入人的世界，而那些外在形式具有自然、和谐、生动等特征的事物，在被观看时往往会引起人心里的舒适愉悦，这是因为符合了人的审美心理取向，由此我们可以看到理学家在选择何物来观照的这一步骤上就已不自觉地进行了一种审美判断。

---

① 程颢、程颐：《二程集》，第 193 页。

② 程颢、程颐：《二程集》，第 316 页。

③ 程颢、程颐：《二程集》，第 1267 页。

④ 黎靖德编：《朱子语类》，王星贤点校，北京：中华书局，1986 年，第 37 页。

⑤ 程颢、程颐：《二程集》，第 120 页。

在这种审美心理机制作用下，他们不仅认识到"生生之物"的可观性，同时也在日常工夫实践中积极践履。如《宋元学案》中所记："明道书窗前有茂草覆砌，或劝之芟，曰：'不可！欲常见造物生意。'又置盆化畜小鱼数尾，时时观之，或问其故，曰：'欲观万物自得意。'草之与鱼，人所共见，唯明道见草则知生意，见鱼则知自得意。"①此段非常清楚地介绍了程颢喜观窗前茂草与盆中小鱼。同样喜欢观茂草之生意的理学家还有周濂溪②，而程颐也曾数日观鱼③；此外，《二程集》还有程颢"观鸡雏"，张载"观驴鸣"的记载。除了这些轶闻记载了理学家"观物"的爱好，在其诗文里能看到的"观物"举动更是不计其数了。以上实例在美学研究中常被用来说明理学家的审美实践与审美追求，笔者以为这样的定位还有待商榷。因为结合"观物理，于察己之理明"④的原则，理学家"观物"势必是出于道德修养的明确目的，而非对审美的追求。只不过"观物"作为理学家实现道德修养目的的一种方式，它在实际操作中的确有发挥审美机制来促使"察己明理"这一目标的达成，因此理学家在此过程中拥有审美体验是无可厚非的。至于审美机制如何在"观物"工夫中运作的问题，我们可以将程颐对"观物"的论述作为思考的起点。

根据《二程集》中有关程颐谈论"观物"工夫的论断，可知他对"观物"工夫的目的与操作方式两个层面都作过一些反思。首先，他认为"观物"的目的是"察己明理"。《二程集》中有两处记载，分别是"观物理以察己，既能烛理，则无往而不识"⑤及"观物理，于察己之理明，则无往而不识矣"⑥。两句意思相近，讲的都是通过"观物"这一手段实现"察己明理"的目的。那么"观物"何以能实现"察己明理"？这便是我们需要厘清的关键问题。其次，程颐也反思了"观物"工夫在操作上的两点要义，一是要做到"才明彼即晓此"⑦，二是要做到"于静中观"⑧。程颐给出的这两点工夫操作上的提示其实一定程度上可以回应"观物"何以能

---

① 黄宗羲著，全祖望补修：《宋元学案》，陈金生、梁运华点校，北京：中华书局，1986年，第578页。

② 参见程颢、程颐：《二程集》，第60页。

③ 参见程颢、程颐：《二程集》，第579页。

④ 程颢、程颐：《二程集》，第1263页。

⑤ 程颢、程颐：《二程集》，第193页。

⑥ 程颢、程颐：《二程集》，第1263页。

⑦ 程颢、程颐：《二程集》，第193页。

⑧ 参见程颢、程颐：《二程集》，第1264页。

"察己"的问题,只是其中理据并未言明,故需要我们结合理学理论与美学理论将其中缘由作以理论性的澄清。

"观物"何以能"察己明理"的反思重点便是"物"到"己"的跨越是否可能?从理论上,由于程颢曾说:"天地之间,非独人为至灵,自家心便是草木鸟兽之心也,但人受天地之中以生尔。"[1]所以理学本就预设了人的心与草木鸟兽的心具有本质同一性,那么"物"就不是"我"之外的客观存在,而是可以与我贯通合一的存在,这是理学从理论层面保证了"观物察己"在逻辑上是成立的。而至于"观物"在实践层面上如何将"察己明理"真正落实,势必需要审视"观物"实际操作的方法有何可行性。

根据程颐所阐述的"观物"工夫的第一要义——"才明彼即晓此",喻示了这种"观"是一种审美进路的"观物"方式。当我们回看语录出处,可知程颐此处是在纠正学生将"观物察己"的操作误解为"还因见物,反求诸身"[2]。他认为学生的这种提法是将"观物"与"察己"在时间上就分成了两个步骤,学生是用分析的眼光审视眼前之物,形成一种认知进路的"观物"方式,导致物、我的分离,从而无法从"物"上察识自身。因此"才明彼即晓此"旨在强调在这个工夫操作中不存在时间上"先观后求"的先后步骤,不是见"物"之后再反观自身,而是在见"物"之时就已见到自身,这便只能诉诸审美的视角,美学中称之为审美凝视。在"观"这一种审美凝视中,那个镌刻着"我"之意志的自我退场,在场的只是虚静空明的心灵,如此方可进入邵雍所言"以物观物"[3]的状态,也即审美凝视的状态。那么当外物进入主体视野,它便自然在主体心中展开其形象与意义,彼时消泯了自我意志,方不知蝶为我还是我为蝶,如此主体便处在物我交融、不被分割的状态,方可实现"才明彼即晓此"。实际上,审美凝视对于"观物察己"的妙用已被程颐意识到,所以才有他所言第二个工夫要义"于静中观",实为更具体的操作法门。

第二要义之"于静中观"的"静观"工夫是我们探究"观物察己"何以可能的关钥。"静观"不仅指行为上"驻足观看"的安静形态,更多地指向"心灵上的宁静",意谓心灵不受私心杂念的干扰而保持一种本真宁静的状态。然而这种宁

---

① 程颢、程颐:《二程集》,第4页。

② 程颢、程颐:《二程集》,第193页。

③ 邵雍:《邵雍集》,北京:中华书局,2010年,第49、180页。

静的心灵状态一般在儒家工夫论里是要通过"存天理灭人欲"的一系列修养工夫的累积才能达到。但是,如果是在审美凝视中,实际上并不需要凭借诸多道德修养工夫的长期准备,就能让心灵直接呈现在那种"静"的状态里。所以程颐之"静观"法门,实际上要通过无思虑、无目的的审美凝视才得以实现。具体而言,在凝神观照中,"物"进入"我"的视野,与我的心灵卒然相遇,默然相契,当下便产生无利害的自由的愉悦感。于"我"而言,此时之"物"不再是冷冰冰的客观存在,而是"活泼泼"的生命体,就如程颢在分析子思"鸢飞戾天,鱼跃于渊,言其上下察也"时说:"得会得时,活泼泼地;不会得时,只是弄精神。"①其中"得会时"便是主体对鸢飞鱼跃的景象进行了审美观照,所以他会感受到"活泼泼"的精神力量对自我生命的朗照,于是"我"的生命也一同存在于活泼泼的状态里。而之所以能诞生一个活泼泼的状态,便是因为审美机制之"静观"(凝神观照)的方式决定了"我"与"物"的关联只在"物"的表象,而与它的现实存在无关。因此"我"便可以从现实的物欲关系中超脱出来,在自由活泼的生命原初的状态里畅游,达到朱熹所谓"胸次悠然,直与天地万物上下同流"②的至乐境界。

当然,通过审美凝视达到"至乐"境界的体验是暂时的,这与"打坐入定"的体验非常类似,都是理学家作修身工夫的特殊法门。只不过审美体验与"入定"体验最大的差异便在于是否生发明显的愉悦感。而这种愉悦感产生的内在机制却能揭示"观物察己"得以可能的原理。具体来说,"我"之所以感到愉悦,从表面上看是因"我"看到了"物"所展现的和美气质进而对此表现出的欣赏与认可,但其实不然。从心理发生的机制来看,这其实是"我"在受外物刺激后而对"我"自身进行认可的表现。因为"物"本没有这些美好的价值属性,而"我"之所以能在它身上感受到这些美好品性,便是因为"我"在审美观照中,心无挂碍,所以自我的本心真性得以自然地敞开与呈现,而后"我"在直觉、移情、投射等审美心理作用下能通过眼前之物感受到"我"的本心本性,这是一个由"我"到"物",再回到"我"的过程。程颢"万物静观皆自得,四时佳兴与人同"③一句便是对此原理的明证。

以上分析,便是在理学家对"所观何物""观物的目的"以及"观物的方法"三

<hr>

① 程颢、程颐:《二程集》,第59页。

② 朱熹:《四书章句集注》,第130页。

③ 程颢、程颐:《二程集》,第482页。

方面理论陈述的基础上,对其理论所蕴含的审美心理机制所进行的剖析。至此,我们可对"观物"的审美机制作如下总结:在"观"之前的对象选择阶段,"观生生之物"的选择就含藏了理学家的审美判断——倾向于将优美和谐、活泼生动的事物作为"观"的对象。在"观"的当下,由于其工夫操作被要求用"静观"的方式,所以主体是在直觉、移情、联想等审美心理机制的作用下实现了"察己明理"的目的,完成了从审美凝视到道德自觉的转化。

四、结语

214

理学中"玩物适情"与"观物察己"两个命题,昭示了理学"格物"工夫中含有"玩物"与"观物"两种操作方式。由于"玩"与"观"所明显呈现的休闲审美性意味着它们不是一种纯粹的道德实践活动,只不过理学家出于"卫道者"的明确道德理论建构目的,便无意对此作专门的理论反思。但通过上文分析,我们得知此类工夫操作的确需要凭借审美机制方能实现。所以我们可以作如下结论:"玩物"与"观物"的实践活动就其动机与目的而言,属于道德修养实践,但就其行动当下的运作机制而言,又是在审美机制下完成的。这说明了"审美"对"格物"工夫而言,是其实现道德修养目的之手段方式,因此"格物"的审美机制只能在实践的方法论层面被讨论。尽管理学家并未对这种实践方式作过多理论性的阐明,但他们却在日常生活中积极践履,由此可见审美在理学"格物"工夫实践上的重要意义。

然而,"格物"的审美机制除了具有实践层面的意义,同时也具备重要的理论意义。我们知道,历史上曾有王阳明格竹七天而病的著名典故,阳明认为自己按照程朱"格物"之法修养却不能达到至理成圣的目的,所以感叹:"纵格得草木来,如何反来诚得自家意?"[①]这一质疑是向程朱"格物致知论"的知识向度表示诘难。这种看法由于将"格物"工夫仅仅视为向外学习累积知识的工夫,所以似乎理学的"格物"说就面临一个理论内部不能融贯的难题,即讲求外部知识的累积"格物致知"是一个知识问题,知识问题如何能转化到后一步"诚意正心"这一讲求自我存在的问题上?历来学界对程朱理学"格物"理论的质疑也多集中

---

① 王守仁:《王文成公全书》,王晓昕、赵平略点校,北京:中华书局,2015年,第147页。

哲学·经学·语言

于此。然而,结合我们上文对"格物"工夫审美机制的揭示,一定程度上可以回应心学对理学发出的理论挑战。具体而言,由于"格物"工夫中"玩物"与"观物"两种方式在发挥其审美机制时,都被要求将"我"之外的对象需要转化为"我的意象",因此"草木"与"我"具有意义的关联便不在"我"之外了,"我"便可以从"草木"中得到自我存在性的确证,这表明了"格物"从知识论问题转向自我存在性问题是可能的。换言之,"格物"内在的审美机制为"格物致知论"的理论融贯性提供了有力的保障。

On Aesthetic Mechanism of "*Gewu*" *Gongfu* in Neo-Confucianism

Wu Tianhan

Abstract: The "gewu" *gongfu* in the Cheng-Zhu school aims to emphasize that the subject realizes the cultivation of virtue through the interaction with the object. Neo-Confucianism puts forward two specific methods of interaction with the object, namely, "playing with things to make emotions appropriate" and "observing things to investigate oneself". They constitute the two-layer internal mechanism of *gewu gongfu* from aesthetics to morality. By creating a psychological condition similar to that of playing games, "playing with things to make emotions appropriate" allows the subject to cultivate his or her temperament in a carefree way. "Observing things to investigate oneself" combines the object with the subject through the aesthetic gaze, which makes the subject comprehend his own nature in the authentic state, and then grasp the principle.

Keywords: "*gewu*" *gongfu*, playing with things to make emotions appropriate, observing things to investigate oneself, aesthetic mechanism

"经学即心学":王阳明心学与其经学互证与会通[*]

钟 纯^{**}

[摘 要] 王阳明经学与心学的关系本是相辅相成,互证互通,但在以往阳明学研究中,由于过于强调其心学本身,而忽视对源于经学的心学内容进行挖掘与考察,亦较少深入对经学与心学关系的辩证关系的厘清。王阳明通过"以心释经"与"以经证心"两种诠释进路,将其"经学即心学"的主张付诸经典的诠释当中,以此来反映"六经"与"吾心"互证的具体过程。事实上,阳明的经学观是立足于心学,并以"经心会通""由经明心"等运作模式来阐发心学要义,亦即在经典诠释中要求去繁求简、体认本心,致使经学最终转为心学的输出。对于阳明经学与心学关系的反思与认识,应该重回儒学诠释传统,而非一味"以西释中"。

[关键词] 以心释经;以经证心;经心会通;由经明心

---

* 基金项目:本文系贵州大学人文社会科学研究课题"马克思主义与儒学关系研究"(GDQN2022023)。
** 钟纯(1990—),男,湖南醴陵人,哲学博士,贵州大学马克思主义学院讲师,主要研究领域为阳明学。

有明一代,经学虽式微,但并非就此萎靡,而是以心学的姿态伫立于学林。经学本是以儒家典籍作为研究对象的一门学问。广义上,对儒家经典进行训诂、注疏、章解、考据的学问,都可以视为经学,也即儒学经学的诠释传统。汉代是经学发展的顶峰时期,但自汉以降,经学发展逐渐衰微。至清代,考据学兴起,似有回归汉代经学之势。因而,在狭义上,经学具体指的是训诂、考据之类的"小学"。不过,宋明时期的经学已经形成一种新形态的学问——道学。而作为道学的分支,心学亦可以从经学中寻找契理契机。也就是说,继陆九渊心学之后,阳明提出了"经学即心学"的观点,从而使心学与经学辩证统一关系得以确立。进一步追本溯源可知,心学源于经学。因为阳明所言"圣人之学,心学",其实质是"经学即心学"的变相表达,因而经学与心学的互动、会通都是在"经学即心学"的前提下进行的。然而,近些年,学界对阳明学的研究重点关注于阳明心学思想体系、阳明文化的海外传播以及阳明心学诠释学的建构,而忽视其经学与心学的辩证关系。部分学者尝试用比较学、诠释学、方法论原则等方式对阳明经学进行研究,有较为明显西学诠释痕迹,致使传统儒学诠释进路被遮蔽,从而让阳明学自身的经学、心学底色模棱两可,似是而非,亦无法使二者关系准确地厘清。① 甚者,有学者以"鱼筌糟粕"之辩论阳明经学②,使得其经学过于单一,仍未说明阳明心学与经学有何种联系? 二者又是如何互动、会通的? 本文尝试从心学与经学双向互动的视角,以儒学传统诠释法来考察阳明经学与心学的关系。

一、"以心释经"与"以经证心":"六经"与"吾心"的互证

"以心释经"与"以经证心",是阳明心学诠释学最为突出的特色、亮点,反映了"吾心"与经典的双向互动。从方法论意义上言,即"我注六经,六经注我"。经的本义在发明本心,因而在阳明看来,读经、看经的目的就在于"致良知",而非拘泥于经的文义、注解。阳明的这种论断,是建立在其"心即理"的基础上,来

① 参见蒋国保、阎秀芝:《王阳明经学思想散论》,《浙江社会科学》,2015 年第 10 期;陆永胜:《以心释经与明心立学——王阳明的经学观》,《浙江社会科学》,2018 年第 4 期。

② 参见李明友:《"得鱼而忘筌,醪尽而糟粕弃之"——再论王阳明的经学观》,《中共宁波市委党校学报》,2006 年第 3 期。

洞彻圣人的作经之意,强调人的道德主体价值与道德意识自觉。在龙场悟道期间,阳明在没有经书的情况下,默记五经以证本心,以体悟"圣人之道,无性自足"的格物致知本旨。杨国荣指出:"王阳明在悟道之后,曾以五经证其说,而这种'证'同时也是阳明以自己的先见重新解释经典的过程。"[1]因而可以说,"以经证心"和"以心释经"是阳明自己重新阐释经典的两种重要的模式。

(一)"以心释经"

"以心释经"是以心学为中心来阐释儒家经典。李承贵教授指出,阳明所谓"以心释经"是基于"心即理"之上的"心学解经模式"。[2] 为了区别以往求索经书、文字训诂的解经,阳明的这种解经模式重点在于强调人的主体性与能动性。阳明在经典的解释中阐明心学的发明与成立,采用了化繁为简的方法使得"心之理"更为清晰,亦即以简易直接的方式来洞悟、体证圣人的作经之意,以期回归经典之本身。

第一,"心即理"是阳明阐发"孔子删述六经,以明道"的理论根基,将圣人因忧世道文盛实衰而删述"六经"之意图置于人极、人心上发明大义。阳明说:"孔子述六经,惧繁文之乱天下,惟简之而不得,使天下务去其文以求其实,非以文教之也。"[3]世道衰微的根本原因在于"虚文胜而实文衰"。所谓虚文是指注重辞章的细枝末节,并且对字词章句进行繁琐的著述;所谓实文是指实际而无空虚、华丽辞藻的文章,也即文章本来的、真实的面貌,并未经过加工改造,主旨简洁明了的文风。因此,在阳明看来,"六经"不仅是实文,而且是简易的实文。这点可以通过阳明与弟子探讨王通"拟经"之得失进一步来确证,先辑录师徒俩对话,再加以分析:

> 爱问:"何以有拟经之失?"先生曰:"拟经恐未可尽非。且说后世儒者著述之意,与拟经如何?"爱曰:"世儒著述,近名之意不无,然期以明道;拟经纯若为名。"先生曰:"著述以明道,亦何所效法?"曰:"孔子删述六经,以明道也。"先生曰:"然则拟经独非效法孔子乎?"爱曰:"著

---

[1] 杨国荣:《心学之思:王阳明哲学的阐释》,北京:生活·读书·新知三联书店,1997年,第36页。

[2] 参见李承贵:《心理学视域中的王阳明心学研究》,《学术界》,2021年第6期。

[3] 王守仁:《王阳明全集》,吴光等编校,上海:上海古籍出版社,1992年,第8页。

述即于道有所发明,拟经似徒拟其迹,恐于道无补。"①

　　阳明认为孔子删述"六经"的真正意图在于"明道"。王通本是隋朝著名经学家,他通过假托孔子之名,效仿《六经》而作"王氏六经",即"拟经"。考之王通"拟经"行为,徐爱问其"拟经之失"意在说明此种行为不合法、不正当。阳明回答说,王通拟经做法恐怕并非完全不对,并反问弟子王通拟经著述的本意与其拟经行为有何种联系。徐爱的回答是:有名无实。即王通有儒家拟经之名,虽说此种行为的目的亦在期望阐发"圣人之道",但遗憾的是,模仿"道"的痕迹太严重,过于重视外在形式的表述,而对于实质性的内容于事无补,从而使得圣人之道隐而不发。阳明似乎不满意此回答,认为儒者拟经著述本是为了"明道",但其"明道"的行为方式不对,因为"明道"既无需"拟经"著述,又不必效法孔圣先贤,而是应回归孔子所作《六经》之经意即可,"使明道于天下,则六经不必述"。可为什么孔子又要删述"六经"呢? 阳明说:

　　　　天下之大乱,由虚文胜而实行衰也。使道明于天下,则六经不必述。删述六经,孔子不得已也。自伏羲画卦,至于文王、周公,其间言易如连山、归藏之属,纷纷籍籍,不知其几,易道大乱。孔子以天下好文之风日盛,知其说之将无纪极,于是取文王、周公之说而赞之,以为惟此为得其宗。于是纷纷之说尽废,而天下之言易者始一。②

　　阳明认为孔子删述"六经"的根本原因是:"虚盛实衰"的文风。这主要集中体现在"美其言辞"的拟经著述上。显然,阳明在借古讽今,提倡去繁就简以回归圣人作经之意。"经以载道",若明道于天下,那么"六经"则不必删述,可是孔子却对"六经"进行了删述原因何在。阳明认为,这是孔子不得已的行为,并且认为"圣人只要删去繁闻",并不增添其他内容。这也反映了孔子"祖述尧舜,宪章文武",恪守"述而不作"的精神品质。阳明以《易经》作为具体分析对象,从伏羲画卦到周文王演绎《易经》期间,出现了许多《易经》说法,如《连山》《归藏》

————————————

① 王守仁:《王阳明全集》卷一《传习录上》,第7页。
② 王守仁:《王阳明全集》卷一《传习录上》,第7—8页。

等。复杂繁多的《易经》说法，以至于"易道大乱"，孔子担忧周公之正宗易道失传，而删述《易经》，并作《十翼》，以统一说法。同理，孔子对《诗》《书》《礼》《春秋》亦采取了同样的做法。阳明说：

> 书、诗、礼、乐、春秋皆然。书自典、谟以后，诗自二南以降，如九丘、八索，一切淫哇逸荡之词，盖不知其几千百篇；礼、乐之名物度数，至是亦不可胜穷。孔子皆删削而述正之，然后其说始废。如书、诗、礼、乐中，孔子何尝加一语？今之礼记诸说，皆后儒附会而成，已非孔子之旧。至于春秋，虽称孔子作之，其实皆鲁史旧文。所谓"笔"者，笔其旧；所谓"削"者，削其繁：是有减无增。孔子述六经，惧繁文之乱天下，惟简之而不得，使天下务去其文以求其实，非以文教之也。春秋以后，繁文益盛，天下益乱。①

　　早在孔子之前，先秦时期的典章内容杂乱，篇目庞大。于是，孔子晚年对《六经》开始整理编撰。他对有几千百篇的《书》进行筛选取舍，最终定五十八篇（孔壁本《古文尚书》）；对有几千首的《诗》删除含有淫哇逸荡之词的篇目，最终定为三百零五篇，故阳明曰："夫子删诗，列之大雅，以训于世。"②《乐》《礼》名物度数，亦不胜枚举。由于《乐》在汉代已经佚失，故不作讨论。孔子对《礼》的整理、删减、论述，据《汉书·艺文志》说法，应该是一百三十篇。阳明认为，孔子对《书》《诗》《礼》《乐》《春秋》的修订，是没有增添"一语"，亦是"有减无增"。这是因为孔子删削"六经"时，是将重复或无效的内容、文献剔除掉，保留有价值的文献而编撰成文。实际上，孔子所删述"六经"仍是先秦留下来的经文，并未有自己的发明创造。因此，在阳明看来，孔子删述"六经"之举动，实际上在对治"繁文之乱"，以追求简约之风。但是，后世儒者，多有附会"六经"之意，已非孔门旧本"六经"，从而导致繁文胜而实文衰，天下之文益乱，这是阳明所要批评的。总之，阳明通过阐述孔子删述六经之背景、目的，以表明"孔子删述六经以诏万世"，亦表明圣人作经之意在于"明道"，而今"道"不明是在于繁文著述日盛，因

---

① 王守仁：《王阳明全集》卷一《传习录上》，第8页。

② 王守仁：《王阳明全集》卷二十九《鸿泥集序》，第1039页。

而要"去繁就简"回归简易文风。而简易文风,最终指向心学,因为"圣人删述六经,只是要正人心"。

第二,从"六经"与"吾心"的关系中,阳明主张以"吾心"之实行来体证"六经"之意,批判了考索文义、训诂解经之风,强调了人解经的主体价值。读六经的目的,不仅仅是对其章解、知其义,而是要知其所以然,也即"六经注我"的心之理,要发挥"吾心"的道德主体能动性和觉悟性。阳明指出:"六经者,吾心之记籍也,而六经之实则具于吾心,犹之产业库藏之实积,种种色色,具存于其家。其记籍者,特名状数目而已。而世之学者,不知求六经之实于吾心,而徒考索于影响之间,牵制于文义之末,硁硁然以为是六经矣。"[1]在阳明看来,"六经"是"吾心"的典籍、簿书,其实际内容指向的是"吾心"。阳明认为"六经"好比自家府库所储存的真实财产,记籍是登记财产数目的簿籍,用来说明"六经"与"吾心"的关系,即"六经"是真实记载"吾心"的典籍。这是什么意思呢? 阳明认为,"六经"所记载的真实文义都是在简洁地解释、说明"吾心",即与"吾心"相印证,而非徒劳无功地在著述上求索,受制于句分支析和繁琐的文义之流弊。受教于阳明的王龙溪解释道:

> 经者,径也,所由以入道之径路也。圣人既已得道于心,虑后人之或至于遗忘也,笔之于书,以诏后世。故《六经》者,吾人之纪籍也。汉之儒者,泥于训诂,徒诵其言,而不得其意,甚至屑屑于名物度数之求,其失也流而为支。及佛氏入中国,以有言为谤,不立文字,惟直指人心以见性,至视言为葛藤,欲从而扫除之,其失也流而为虚。支与虚,其去道也远矣。[2]

王龙溪在阳明"六经"是"吾心"的记籍基础上,提出"六经"是"吾人"的记籍。他将"经"训"径",认为圣人之道是由"心"这条路径而入。但是,由于圣人"心传"不易保存,于是秉笔直书,以文字记录"吾心"之道,垂教后世。然而,汉儒过于追求训诂作传、记诵辞章、名物度数,使得圣人之学流入支离繁琐之中,

---

[1] 王守仁:《王阳明全集》卷七《稽山书院尊经阁记》,第255页。

[2] 王畿:《王畿集》卷十五《明儒经翼题辞》,吴震编校整理,南京:凤凰出版社,2007年,第421页。

不明于世。所以，王龙溪强调其师的经学观是回归圣人作经之意，尤其是"以心传道"本旨。需要注意的是，儒家的"以心传道"有别于佛教的"不立文字，明心见性"，亦并非教人流入种性断灭寂静。因而，龙溪意在批判佛教虚空无实的"心传"之法。可见，支离、虚空之文风，既无益于圣人之道，反而不得圣人作"六经"之意。阳明正是对其时华而不实的虚文进行了尖锐的批判。他为打破现世支离破碎、繁而不实的为学之风而确立"敦本尚实，反朴还淳"文风，从而为以"化繁为简"工夫来诠释"六经"树立正确的方向，即"心学"方向。

无破不立。对于"六经"而言，阳明"破"的是"乱经""侮经""贼经"的行为，"立"的是"尊经"行为。阳明指出其时经学的流弊："尚功利，崇邪说，是谓乱经；习训诂，传记诵，没溺于浅闻小见，以涂天下之耳目，是谓侮经；侈淫辞，竞诡辩，饰奸心盗行，逐世垄断，而自以为通经，是谓贼经。若是者，是并其所谓记籍者而割裂弃毁之矣，宁复知所以为尊经也乎！"[1]"六经"不明于当世，并非一时之功，而是由崇尚功利邪说的"乱经"行为、传习训诂记诵的"侮经"行为、追逐淫辞诡辩的"通经"行为等多种不正当的读经、解经的方式所造成的。这些解经方式既无益于"圣人述六经，只是要正人心"[2]的目标，又助长了不切实际、虚盛实衰的文风。所以，阳明为解决此问题，而提出"尊六经"的看法。

如何"尊六经"？去繁就简，回归圣人原旨。圣人述"六经"的经义是微言大义，例如，孔子作《春秋》实质上是"正名"。心正则名正，故根本在于"正心"。但后世却出现了各种解释《春秋》的"传"，以至于《春秋》之大义不明，成为"歇后谜语"，需要人去猜测揣度《春秋经》到底是何意。所以，阳明指出，"凡看经书，要在致吾之良知"。他说：

> 凡看经书，要在致吾之良知，取其有益于学而已。则千经万典，颠倒纵横，皆为我之所用。一涉拘执比拟，则反为所缚。虽或特见妙诣，开发之益一时不无，而意必之见流注潜伏，盖有反为良知之障蔽而不自知觉者矣。[3]

---

① 王守仁：《王阳明全集》卷七《稽山书院尊经阁记》，第255页。
② 王守仁：《王阳明全集》卷一《传习录上》，第9页。
③ 王守仁：《王阳明全集》卷六《答季明德》，第214页。

在阳明看来，"六经"本是"吾心"的典籍文献，其实质内容是解释证明"吾心"，其目的在于"正人心"。说到底，阳明解释"六经"都指向心学，并提出"六经"即"吾心"，"尊经即尊心"的经学观。可见，阳明对"六经"的理解都是采用"心学解经"的诠释进路。如何"以心解经"呢？读经以反求"良知"即可。良知即心体，因而看经书的目的在于让遮蔽不见的良知之心呈现，不能拘泥于文义。由此可见，阳明所论"孔子删述六经，以明道"是针对时弊而下的定论。为了打破繁文乱经的为学之风，阳明从心学视域入手着重强调了"圣人作经之意"的重要性和必要性，并从"吾心""良知"等维度对"六经"进行了再解释①，从而使"以心释经"诠释模式得到确证。

（二）"以经证心"

"龙场悟道"是阳明早期初入佛老而形成自己心学思想体系的重要标志，是阳明学术思想的重要转向。在居夷处困期间，阳明著《五经臆说》以阐明心与经关系。于此，学界关于阳明到底是"以心释经"还是"以经证心"莫衷一是、众说纷纭。笔者以为，二者在《五经臆说》一文中都有体现，但更侧重后者。因为，阳明在体悟"圣人之道，吾性自足"后，说了一句"乃以默记五经之言证之，莫不吻合，因著《五经臆说》"②。因被贬贵州无法携带经书，阳明所默记五经里面的内容无不印证了自己的本心，所以"以经证心"更为贴切阳明诠释经典的本意。

第一，"以经证心"的前奏之音。这与阳明所著《五经臆说》相关联。正德元年（1506），阳明37岁，因上疏营救言官戴铣等人而得罪刘瑾，贬谪于贵州龙场。而龙场的自然环境恶劣，万山丛林，毒蛇出没，瘴气弥漫，且与当地人言语不通。但是阳明结合自己的遭遇，日夜反省，终于领悟到"圣人之道，吾性自足，向之求理于事物者误也"③。"龙场悟道"是阳明反叛朱子"格物"的总结，亦是确证"心即理"的根本。谪居龙场两年后，阳明作《五经臆说》四十六卷。阳明在《五经臆说序》中曰："夫说凡四十六卷，《经》各十，而《礼》之说尚多缺，仅六卷云。"④《五经臆说》包括《诗》《书》《易》《春秋》各十卷和《礼》六卷。此后，阳明自觉其学日

---

① 王阳明用"良知"来解释《周易》，提出"良知即是易"的观点。参见钟纯：《论王阳明"良知即是易"中的体用关系》，《理论月刊》，2021年第2期。

② 王守仁：《王阳明全集》卷三十三《年谱一》，第1228页。

③ 王守仁：《王阳明全集》卷三十三《年谱一》，第1228页。

④ 王守仁：《王阳明全集》卷二十二《五经臆说序》，第876页。

益精，工夫益简易，于是将其手稿烧毁不复示人，只提"致良知"之学。直到阳明逝世后，弟子钱德洪才从其师的残稿中辑录出十三条，分别是《诗》五条（《时迈》十五句、《执竞》十四句、《思文》八句、《臣工》十五句、《有瞽》十三句）、《易》五条（恒卦两条，遁卦、晋卦、感卦各一条）、《春秋》三条（元年春王正月、隐公让国、郑伯克段于鄢），定为《五经臆说十三条》，并为此作序来解释《五经臆说》的成书经过以及为什么要烧毁其著。钱德洪说：

> 师居龙场，学得所悟，证诸五经，觉先儒训释未尽，乃随所记忆，为之疏解。阅十有九月，五经略遍，命曰臆说。既后自觉学益精，工夫益简易，故不复出以示人。洪尝乘间以请。师笑曰："付秦火久矣。"洪请问。师曰："只致良知，虽千经万典，异端曲学，如执权衡，天下轻重莫逃焉，更不必支分句析，以知解接人也。"后执师丧，偶于废稿中得此数条。①

由于被贬赴任龙场时没办法携带大量书卷，所以阳明抵达贵州龙场后，根据自己"默记旧所读书而录之。意有所得，辄为之训释。期有七月而《五经》之旨略遍，名之曰《臆说》"②。"臆说"是以己之意来揣度圣人作经之意，因而阳明认为此说大可不必合于圣贤之意，仅是抒发己见，以娱情养性。虽然阳明所作《五经臆说》没有足够的参考文献，亦存在一定的主观臆断性，但仍不缺乏创见，有前人之未发。

第二，"以经证心"是体证心之道。心之道，是阳明"心即理"③的说法。相比宋儒"性即理"而言，"心即理"是理在内心，无需外求，即从心上体悟"格物致知"而来。换言之，心之道是阳明抵达龙场后，彻夜反思，最终领悟"格物致知"之旨的结果。钱德洪编撰的《年谱一》记载：

① 王守仁：《王阳明全集》卷二十六《五经臆说十三条》，第 976 页。

② 王守仁：《王阳明全集》卷二十二《五经臆说序》，第 876 页。

③ 关于"心即理"的义理阐释，可参见李承贵：《"心即理"的构造与运行》，《学术界》，2020 年第 8 期；李承贵：《"心即理"的效应——简及"心即理"的意识形态特性》，《社会科学研究》，2021 年第 3 期；李承贵：《"心即理"的奥义》，《社会科学战线》，2021 年第 10 期。

忽中夜大悟格物致知之旨，寤寐中若有人语之者，不觉呼跃，从者皆惊。始知圣人之道，吾性自足，向之求理于事物者误也。[1]

阳明所体悟"格物致知"之旨，不再是宋儒所谓向外求理的"格物致知"，而是向内求理，从"心"上做为学工夫，因为"圣人之道，吾性自足"，即"格物致知"之理本具于人之内心。若一味在外物上探究其理，仅仅得到只是"见闻之知"，不能得到"德性之知"。而"德性之知"是"良知"，是道德理性，亦是具足完满的。因而，获取"德性之知"，不是外在的"格物"，而是内在的"正心"。阳明将"格"训"正"："格者，正也，正其不正以归于正之谓也。"[2]可见，龙场悟道是阳明创立心学并与程朱理学分庭抗礼的分水岭。需要注意的是，阳明所悟"圣人之道"的源头还是《五经》，只不过他没有像以往的儒者一样以训诂、辞章来解经，而是以"吾心"来印证《五经》，来体证《五经》，从而达到"经心一体"的境界。看似以己臆附会圣人之意，殊不知却是促成新的解经模式的诞生，即"以经证心"。如何"以经证心"？阳明借助"鱼"与"筌"、"醴"与"糟粕"的关系来诠释"以经证心"，认为解经关键之处是要领会经义，并与"心"相印证，即心领神会。

得鱼而忘筌，醴尽而糟粕弃之。鱼醴之未得，而曰是筌与糟粕也，鱼与醴终不可得矣。五经，圣人之学具焉。然自其已闻者而言之，其于道也，亦筌与糟粕耳。窃尝怪夫世之儒者求鱼于筌，而谓糟粕之为醴也。夫谓糟粕之为醴，犹近也，糟粕之中而醴存。求鱼于筌，则筌与鱼远矣。[3]

"得鱼忘筌"语出《庄子·外物》："筌者所以在鱼，得鱼而忘筌；言者所以在意，得意而忘言。"筌，捕鱼的工具，即得到鱼而忘了捕鱼的工具。糟粕，是除去酒醴的工具，醴糟除尽而抛弃糟粕。二者所反映的是目的与手段、对象与工具的关系。在阳明看来，工具本是实现目的的手段或途径，但过于依赖工具反而难以实现目的，即被工具奴化。正如"圣人之学"要靠学"五经"来体悟，但学"五

① 王守仁：《王阳明全集》卷三十三《年谱一》，第 1228 页。
② 王守仁：《王阳明全集》卷二十六《大学问》，第 972 页。
③ 王守仁：《王阳明全集》卷二十二《五经臆说序》，第 876 页。

经"来获取"圣人之学"又难以实现。这是什么意思呢？从"得鱼忘筌"的本意上言,它虽表达成功后忘却工具、方法,这是有意贬低工具价值。但阳明认为,"五经"与"圣人之学"无所谓工具与目的、途径与结果、方法与效果,而是要"得其心",若"不得其心,以为是亦筌与糟粕也,从而求鱼与醪焉,则失之矣"①。

综上所述,自龙场悟道后,阳明"致良知"学说更加简易。老子说:"为学日益,为道日损,损之损,以至于无为。"(《道德经·第四十八章》)阳明的简易之道与老子的"无为之道"极其相似,不过这里的"无为之道"是指削减繁琐的辞章训诂对经文的"支分句析",回归到简易的为学工夫,即心学。"五经,圣人之学具焉"②。圣人之学本是心学,亦囊括"五经",但是"自程、朱诸大儒没而师友之道遂亡。六经分裂于训诂,支离芜蔓于辞章业举之习,圣学几于息矣"③。因而,阳明担忧其所著《五经臆说》亦使"圣学几于息",故将其付于秦火。事实上,这与阳明在讨论孔子删述"六经",以实现"去繁就简"之目的,具有高度的一致性。这也反映阳明心学简易的文风。简易到什么程度？依阳明之见,世间学问千万,只需致吾心之良知,即"致良知"。

二、"经学即心学"：由经明心与经心会通

从"以心释经"与"以经证心"的双向互证中,可以将阳明所论及心与经的关系,提炼为"经学即心学"的主张。前文已从方法论意义上,为此观点提供了可行性的论证。那么如何对此观点进行可操作性的分析？这便要从"由经明心"和"经心会通"的路径入手。前者是"经学即心学"的动态过程；后者是"经学即心学"的理论境界。接下来作分析论证。

（一）由经明心

经本常道。在阳明看来,心之道亦是心之常理、常道。若欲得心道,需由经入手。所以,经的目的在于"明道",也即明心、发明本心。嘉靖三年(1524),阳明54岁,在浙江绍兴讲学。其时,出任绍兴知府的南大吉(1487—

① 王守仁：《王阳明全集》卷二十二《五经臆说序》,第876页。
② 王守仁：《王阳明全集》卷二十二《五经臆说序》,第876页。
③ 王守仁：《王阳明全集》卷七《别三子序》,第226页。

1541,字元善,陕西渭南人),修复扩建稽山书院,并创建尊经阁,续刻《传习录》,以兴讲学论道之风。阳明应弟子南大吉之邀,为稽山书院尊经阁作记。记文作成之后,阳明将《稽山书院尊经阁记》寄给挚友湛若水看,欲与他共倡"尊经"之学。但遗憾的是,湛若水并未领会阳明作《尊经阁记》的用意①。于是,在"记"中,阳明重申了"六经"与"心"的关系,认为"六经"是"吾心"的恒常不变之道。

> 经,常道也。……以言其阴阳消息之行焉,则谓之易;以言其纪纲政事之施焉,则谓之书;以言其歌咏性情之发焉,则谓之诗;以言其条理节文之著焉,则谓之礼;以言其欣喜和平之生焉,则谓之乐;以言其诚伪邪正之辩焉,则谓之春秋。是阴阳消息之行也,以至于诚伪邪正之辩也,一也。皆所谓心也,性也,命也。通人物,达四海,塞天地,亘古今,无有乎弗具,无有乎弗同,无有乎或变者也,夫是之谓六经。六经者非他,吾心之常道也。故易也者,志吾心之阴阳消息者也;书也者,志吾心之纪纲政事者也;诗也者,志吾心之歌咏性情者也;礼也者,志吾心之条理节文者也;乐也者,志吾心之欣喜和平者也;春秋也者,志吾心之诚伪邪正者也。②

由"常道"到"吾心"的逻辑论证,即"经——心——经"的诠释模式,这是典型的循环解释论证。阳明先提出"经是常道"的观点,再分析"六经"作为"常道"的具体内容,而将"经"的内容统一于道中,最后再与"心"产生关联。正是此种

① 阳明给湛若水的书信中谈道:"寄示甘泉尊经阁记,甚善甚善! 其间大意亦与区区稽山书院之作相同。稽山之作,向尝以寄甘泉,自谓于此学颇有分毫发明。今甘泉乃谓'今之谓聪明知觉,不必外求诸经者,不必呼而能觉'之类,则似急于立言,而未暇细察前人之意矣。后世学术之不明,非为后人聪明识见之不及古人,大抵多由胜心为患,不能取善相下。明明其说之已是矣,而又务为一说以高之,是以其说愈多而惑人愈甚。凡今学术之不明,使后学无所适从,徒以致人之多言者,皆吾党自相求胜之罪也。今良知之说,已将学问头脑说得十分下落,只是各去胜心,务在共明此学,随人分限,以此循循善诱之,自当各有所至。"(王守仁:《王阳明全集》卷五《文录三》,第 206—207 页)在书信中,阳明觉得自己所作《稽山书院尊经阁记》对"良知"学颇有发明,但其好友甘泉未领会自己的真意。因而,阳明借此来批评学术上争强好胜的文风。好胜心包括泛泛议论、过多言论、繁文注疏等,在阳明看来,这就是私欲之心,是学术不明的真正原因。

② 王守仁:《王阳明全集》卷七《稽山书院尊经阁记》,第 254—255 页。

循环解释论证。但其根本内容是"经是常道"。经为什么总被视作常道？因为这是历来注家对此的共识。例如，朱熹注曰："经，常也，万世不易之常道也。"[①]现代新儒家熊十力解释："经者常道也。夫常道者，包天地，通古今，无时而不然也，无地而可易也。以其恒常，不可变改，故曰常道。"[②]阳明亦不例外，亦将经视为常道，并且在此基础上统合了儒家的心、性、命，并将心、性、命统一于"道"中，以经典的方式呈现。儒家性命之学本具先天之性，如孟子的"四端之心"。这种"心"在天谓命，在人谓性，是先于环境、教育而存在的本心、良知。此心如何在人伦事物上显现？阳明认为常道之经处在人的"通感"之中，在人事上表现为"五伦"，故本心、善性、天命三者统一于"道"，而"经，常道也"，所以三者亦统一于"六经"。而关于"六经"与"吾心"的关系，阳明认为心即道，明心即明道。具言之，所谓"常道"是《易》之阴阳、消息、进退、增减的变化；《诗》之"歌咏性情"的表达、《书》之"纪纲政事"的实施、《礼》之"条理节文"的标准、《乐》之"欣喜和平"的产生、《春秋》之"诚伪邪正"的辨别，这些"常道"都记载着"吾心"的不同内容。

此外，阳明论述"六经"的诗句中有着很明显的良知心学印记。如："六经散地莫收拾""悟后六经无一字""六经原只是阶梯""谩道六经皆注脚""六经须拂镜中尘"等[③]，可以看出，"六经"只是呈现"良知"的工具或手段。阳明曾言："五经，圣人之学具焉"，"圣人之学，心学也"。从此二句可以推断，良知心学是寓于"五经"当中，因而五经与良知的关系则是"鱼"与"筌"、"醴"与"糟粕"的关系，也即工具理性和价值理性的关系。透过工具而得到事物的价值，阳明言说"六经"正是如此。例如，"六经原只是阶梯"。在阳明看来，人之良知就具足圆满、悟性自足，不是人心之外，亦不在外物求良知之理，"六经"只不过是攀登良知本心的阶梯，即通过"六经"来体证良知，因为"六经皆注脚"，"六经"只不过是解释、印证良知心体罢了。但不能拘泥于"六经"，而是从中汲取良知理性光辉，阐释"心学"精义，即"悟后六经无一字"是也。所以，阳明强调，"求之吾心之歌咏性情而

① 朱熹：《四书章句集注》，北京：中华书局，1983年，第376页。

② 熊十力：《读经示要》，北京：人民出版社，2009年，第9页。

③ 在《王阳明全集》卷十九《外集一》、卷二十《外集二》中，收录王阳明各类的诗体作品560首。其中，涉及"六经"的诗句，共计5首。具体参见钟纯：《王阳明"五经学"思想研究》，南京大学博士论文，2021年，第289—290页。

时发焉,所以尊《诗》也"①。尊诗即尊心,是求得"良知本心"的目的。相对于"六经"(物)而言,阳明更加重视"以心观物"的思维模式。如此,才能借助"六经"之外壳,以成就"良知"之内核,即"六经"服务于心学,为解释心学提供文本依据,为领悟"致良知"的圣域提供工具意义上的方法论。虽然阳明论"六经"仍是心学的诠释进路,但其终极旨趣却是"以经明心"。即是如何通过"六经"来呈现其"心即理"的义理,亦即如何将人所具足之良知呈现,解蔽人欲之私的障碍。在阳明的解经系统中,"六经"的诠释价值始终指向良知本心,这种"以经明心"的目的论在于以经心关系为核心来建构阳明心学思想体系。

(二) 经心会通

作为儒家经典文本,《大学》是儒家政治哲学的重要理论依据。南宋朱熹将《大学》并入"四书"当中,随后成为科举入仕的必要书目,其经学地位和价值不言而喻。直到元明时期,由于统治集团对经学取仕,颁布《四书五经大全》,《大学》作为其中之一,其经学价值更是有了明显的提升。由于阳明心学学说是围绕《大学》而谈。故而,《大学》便是阳明作为"经心会通"的重要面向。

第一,阳明对《大学》极其重视,主张恢复《大学》古本。徐爱为《传习录上》作序开篇就提到:"先生于《大学》'格物'诸说,悉以旧本为正,盖先儒所谓'误本'者也。"②《大学》是阳明论学的主要文本依据。但在考证《大学》文本之时,阳明不认同朱子所言古本大学存在脱文错简,亦不赞同他为"格物致知"作传,而是应当恢复古本大学的原貌。他说:

> 大学古本乃孔门相传旧本耳。朱子疑其有所脱误,而改正补缉之。在某则谓其本无脱误,悉从其旧而已矣。失在于过信孔子则有之,非故去朱子之分章而削其传也。夫学贵得之心。③

明代士大夫关于《大学》文本的讨论,不仅仅是限于其政教功用之上,而且将其作为自身理论建构的理论来源。但阳明却是在反对程朱理学权威,即质疑

---

① 王守仁:《王阳明全集》卷七《稽山书院尊经阁记》,第255页。

② 王阳明:《传习录注疏》,邓艾民注,上海:上海古籍出版社,2015年,第5页。

③ 王守仁:《王阳明全集》卷二《传习录中》,第75—76页。

朱子对《大学》的经、传区分，并拟圣人之意补传。实际上，这已经改变了孔圣人之原旨。古本大学本就是圣人密授，学者不必过于相信孔子有脱误而妄加补正，亦不必以朱子"分章作传"为蓝本，即既不以孔子是非为是非，又不以朱子分经传为是非，而是从《大学》上求个心理，以"吾心"来印证《大学》，以"吾心"来诠释《大学》。另外，在与徐爱探讨"在亲民"时，阳明认为朱子作"新民"解，是偏离大学本义。他说：

> "作新民"之"新"是自新之民，与"在新民"之"新"不同，此岂足为据？"作"字却与"亲"字相对，然非"亲"字义。下面"治国平天下"处，皆于"新"字无发明，如云君子贤其贤而亲其亲，小人乐其乐而利其利，如保赤子；民之所好好之，民之所恶恶之，此之谓民之"父母"之类，皆是"亲"字意。"亲民"犹孟子"亲亲仁民"之谓，亲之即仁之也。百姓不亲，舜使契为司徒，敬敷五教，所以亲之也。尧典"克明峻德"便是"明明德"；以"亲九族"至"平章协和"，便是"亲民"，便是"明明德于天下"。又如孔子言"修己以安百姓"，"修己"便是"明明德"；"安百姓"便是"亲民"。说"亲民"便是兼教养意，说"新民"便觉偏了。①

朱子曾在《大学章句》中接受了程子将"亲"训"新"的看法，认为"新者，革其旧之谓也，言既自明其明德，又当推以及人，使之亦有以去其旧染之污也"。②即革除旧习、自我更新之民。在朱子看来，德性是"虚灵不昧"的人性本体，人因气禀所拘，欲望所蔽而不易显现，故人应革除人欲、污染之气，通往"至善之地"。这里，朱子所解释"三纲"之"在亲民"，仍是"存天理，去人欲"的为学进路。只不过，朱子是在外物上求天理。而阳明却强调回到人的本心，认为朱子所谓"作新民"与《大学》下文所论"治国平天下"不相符，并且对"新"字亦无发明之意，因为"治国平天下"的逻辑起点仍是"修身"，而"修身"即"修己"。所以，阳明引孟子"亲亲仁民"、孔子"修己以安百姓"来论证《大学》之"在亲民"之"亲"，本是"仁"，是"至善"，是"心之本体"。并且，兼教化之义，而朱子所谓革旧之民，已经偏离

---

① 王守仁：《王阳明全集》卷一《传习录上》，第1—2页。

② 朱熹：《四书章句集注》，北京：中华书局，1983年，第3页。

《大学》的"在亲民"之原旨了。

第二,徐爱再问"知止而后有定",认为此"定"是朱子所言事事物物皆有定理,如"一草一木,皆涵至理",与其师之学背道而驰。阳明回答:"于事事物物上求至善,却是义外也。至善是心之本体。"[①]也就是说,朱子所谓"格物"是外求事物之理,难以达到"至善"之地。若想达到"至善"之地,应省察内心,反求诸己,即"至善只求诸心"[②]。这便是阳明"心即理"的立论之基。阳明所谓"求诸心"是内心应有的道理,如事父之孝、事君之忠、交友之信、治民之仁,"都只在此心,心即理也"[③],天下岂又有心外之理,心外之物? 若有父而不行孝父之事、有君不行忠君之事呢? 阳明认为,这是"此心"被私欲所遮蔽,除去心的私欲,便是天理。说到底,阳明反对朱子在事物上求理,实质上他对"格物致知"的理解是从内心的角度,即"正人心"的角度。朱子训"格"为"至";而阳明训"格"为"正",即"格者,正也。正其不正,以归于正也。"[④]"格物致知"也即通过正心诚意以扩充自我良知。因此,"格物"的根本不再是外求于事物之理,而是"在内心上简易工夫"[⑤]。

第三,在讨论"格物"上,徐爱向其师请问"止至善"如何与"格物"相结合。阳明答曰:"格物是止至善之功,既知至善,即知格物矣。"[⑥]从工夫论上讲,"格物"是工夫,"至善"是本体,工夫所致,即是本体。所以,"止至善"与"格物"是通过工夫论来架起二者沟通的桥梁。徐爱虽闻阳明先生"格物之教",但他仍不明白、不清楚朱子训《尚书》之"精一"、《论语》之"博约"、《孟子》之"尽心知性"等明明都有了证据,却与先生之"格物说"不相吻合。阳明曰:

> 子夏笃信圣人,曾子反求诸己。笃信固亦是,然不如反求之切。今既不得于心,安可狃于旧闻,不求是当? 就如朱子,亦尊信程子,至其不得于心处,亦何尝苟从?"精一"、"博约"、"尽心"本自与吾说吻

---

① 王守仁:《王阳明全集》卷一《传习录上》,第2页。

② 王守仁:《王阳明全集》卷一《传习录上》,第2页。

③ 王守仁:《王阳明全集》卷一《传习录上》,第2页。

④ 王守仁:《王阳明全集》卷二十六《大学问》,第972页。

⑤ 钟纯:《王阳明"简易"工夫论发微》,《周易研究》,2021年第2期。

⑥ 王守仁:《王阳明全集》卷一《传习录上》,第5页。

合,但未之思耳。朱子格物之训,未免牵合附会,非其本旨。精是一之功,博是约之功。①

显然,阳明在批评朱子"格物说"是外求理于事物,不得于心,认为"精一""博约""尽心"本与"心体"相吻合,而不见经典之真义是因为未在良知、本心上流行发用之思。"良知流行发用之思"是领悟经典本旨的工夫。因此,朱子所谓格物之训对于解释经典仍不尽其真义在于"心体"不明。所以,阳明所论格物是从心上说的,"身之主宰便是心,心之所发便是意,意之本体便是知,意之所在便是物"②,心、意、知、物的根本在于"心"。从"心"扩充到"物"的逻辑进路上言,求事物之理应回到本心,即"心即理",如《中庸》之"不诚无物","诚"是"诚意之心"。

由上观之,阳明"心即理"是建立在《大学》经典文本之上。通过与朱子训《大学》的比较,阳明对"格物"提出了不同看法。朱子重"格物致知",而阳明却重"诚意正心",并且明确指出,"《大学》之要,诚意而已"③。由"诚意"论"格物",阳明最终旨归于"心",从而经心会通。

结语

王阳明一生推崇儒家经典,精通四书五经。尽管关于经学的传世著作并不多,但在《传习录》《五经臆说》中仍可以管窥其经学观。在《传习录》中,阳明与弟子讨论"孔子删述六经"时,对其时文风进行了批判,并指出文教不在于求索经书,著述解经,而在于化繁为简,回归圣人作经之意,明"正人心"之道。因而,阳明以"孔子删述六经以明道"作为言说对象,意在整顿"虚文胜而实行衰"的解经之风,主张"以心解经"以发明本心、良知,求得内心的安稳与充足,追求简易质朴、崇尚心悟之文风。阳明在与弟子徐爱讨论《大学》古本问题时,与其说阳明不赞同程朱之"格物穷理"之说,还不如说他在扬弃程朱于事事物物上寻求"理"的同时,亦发展了从内心求事物之理的"格物说",从而使得"格物说"在本质上发生改变。而在龙场悟道后,阳明经学与心学关系十分明显。其著《五经

---

① 王守仁:《王阳明全集》卷一《传习录上》,第5页。
② 王守仁:《王阳明全集》卷一《传习录上》,第6页。
③ 王守仁:《王阳明全集》卷七《大学古本序》,第242页。

臆说序》中,直接表明"以经证心"的态度,认为儒家"六经"是作为印证本心、良知的存在,为"吾心"服务。可见,阳明继承了陆学"六经注我"之文风,主张内求于心,去繁就简。如此一来,"以心解经"与"以经证心"便构成了经学与心学双向诠释方式,互证会通,你中有我,我中有你的关系。阳明这种解释传统,上承陆学,不依文字,发明本心,虽与禅学类似,但仍存在本质区别:禅学悟空,心学悟良知,因而仍不能将阳明心学归结为禅学之末流,而应注重其儒学心学的传承血脉。更不能以存在论诠释阳明的"良知",因为阳明的"良知"是在儒家经典诠释中以发明其心学要义,离开经典,而陷入形而上本体,无法体认心学的诀要。因为阳明"良知"学说是在经学和心学互证会通中生成的,具有儒家经学传统之特色,而强行注入西学解释学,恐怕有失其本。另外,与程朱理学从义理方面来治经大为不同,阳明强调心之外无学,"六经"是"吾心"的记籍,是阐释心之理。从这个意义上,阳明是对旧学程朱理学的突破,重新确立了心学的标准,为拯救明代理学日益凸显的流弊埋下了伏笔。因为,在阳明之前,程朱一派以官学立世,其治经、解经强调疏解著述、训诂辞章,过多的华丽辞藻,反而遮蔽圣人作经之简易良知。阳明认为,经书的目的在于致吾心良知,是为清晰、明确地呈现具足完满的"吾心"服务,这充分肯定了人的主体性和能动性,对解放思想具有重大的意义。

"The Study of the Classics is the Study of the Mind": Mutual Evidence and Integration of WANG Yang-ming's Study of the Mind and His Study of the Classics

Zhong Chun

Abstract:The relationship between WANG Yang-ming's study of classics and his study of mind is complementary and mutual, but in previous studies of WANG Yang-ming, due to the excessive emphasis on the study of mind itself, little work has been done in the exploration and investigation of the content of the study of mind derived from the study of classics, and the dialectical relationship between the study of classics and the study of mind is not clarified deeply. WANG Yang-ming put his idea that "the study of classics is the study of the mind" into the interpretation of classics through the two interpretive approaches of "the interpretation of the classics with the mind" and "the evidence of the mind with the classics", so as to reflect the concrete process of the mutual evidence of "Six Classics" and "My Heart". In fact, WANG's view of Confucian classics is based on the theory of mind, and elucidates the essence of Confucian classics with the operation mode of "the theory of Confucian classics will be integrated" and "the theory of Confucian classics will be clarified by the theory of mind". For the reflection and understanding of the relationship between the study of Confucian classics and the study of the mind, we should return to the tradition of Confucian interpretation, rather than blind "interpretation" of Chinese classics with Western learning.

Keywords: interpretation of classics with heart, proving classics with heart, integration of classics and mind, illustration mind with classics

哲学·经学·语言

"即输入即创建":张东荪对中国近代哲学理性观的建构[*]

张杰克^{**}

[摘 要] 中国古代哲学中并无"理性"一语,理性作为中国哲学术语的出场是近代以来的事。在中国近代哲学史上,张东荪以"即输入即创建"的方式完成了对中国哲学理性观的建构。就"输入"而言,张东荪不仅对西方哲学家的理性观进行绍述,而且在哲学史的书写中引介西方理性主义思潮。就"创建"而论,张东荪试图沟通中西之"理",并以富含中国哲学特质的"条理理性""理智理性"解构西方 18 世纪的理性观。从西方理性观的自觉输入和中国哲学理性观建构的过程来看,张东荪的独特贡献在于完成了对中国古代哲学"理"的"通过"和对西方"理性"观的"超过",实现了"即输入即创建"的理论创获。

---

* 基金项目:国家社科基金一般项目"中国近代哲学'力'观念的谱系学研究"(23BZX038);江苏省社会科学基金项目"'中国力量'的近代哲学诠释研究"(22ZXB005)。

** 张杰克(1984—),男,安徽太和人,哲学博士,南通大学马克思主义学院副教授,主要研究领域为中国近代哲学、哲学史。

[关键词]　即输入即创建;理性;张东荪

引言:"理性"在中国近代哲学的登场

随着西学东渐的扩张,反映西学的新语以不可遏制的速度向古老的汉语世界发起了一轮又一轮的冲击。梁启超所发起的"诗界革命"最重要的意义,便是力倡"新语入诗"。王国维可能是比较早地意识到"新语"之于中国近代思想史的意义,在写就于 1905 年的《论新学语之输入》一文开篇即指出:"近年文学上有一最著之现象,则新语之输入是已。"①

对于中国近代哲学②而言,"理性"自然是一个新语。美国学者艾恺认为,中国思想史上并无"理性"一语,汉语之理性最早是日本人用来翻译英文 rationality 或 reason 的,直到 20 世纪初才输入至中文语境。③ 在杨国荣看来,"作为与 reason 或 rationality 相关的概念,'理性'无疑属现代意义上的中国哲学术语:'理'与'性'尽管古已有之,但二者合用,并取得相应于 reason 或 rationality 的涵义,则是中国近代以来的事。"④金观涛等曾考证过中国之"理"的内涵,认为"理"字虽然早在春秋战国时期的文献中已频繁使用,但汉语言视域下的"理"并没有西方理性(reason)的含义。在《汉语大字典》中,"理"有二十多种意义,没有一种是接近西方 ratio(reason 的拉丁语词根)的意义。从词源学上讲,"理"在汉语里的本源意义,是指纹理,进一步引为"条理""整理"。"根据'条理'和'整理'可以导出医治、治理、法纪、道德秩序、名分、容止、道理;而从沟通有关的意义中又可以进一步引出理睬、温习等用法。"⑤

从翻译的角度看,王国维可能是最早将"reason"准确译为"理性"的思想

---

① 王国维:《王国维儒学论集》,彭华选编,成都:四川大学出版社,2010 年,第 331 页。

② 拙文所指的"中国近代哲学"取自冯契先生的界定。冯先生在《中国近代哲学的革命进程》一书的绪论中指出:"本书所说的'中国近代',是指自 1840 年鸦片战争起至 1949 年中华人民共和国成立这个历史时期。"冯契:《中国近代哲学的革命进程》,上海:上海人民出版社,1999 年,绪论,第 1 页。

③ 参见艾恺:《最后的儒家:梁漱溟与中国现代化的两难》,王宗昱、冀建中译,南京:江苏人民出版社,2003 年,第 132 页。

④ 杨国荣:《中国哲学中的理性观念》,《文史哲》,2014 年第 2 期。

⑤ 金观涛、刘青峰:《观念史研究:中国现代重要政治术语的形成》,北京:法律出版社,2009 年,第 28—29 页。

家。在此之后，仍有不少学人将"理性"翻译为"理""理知""知理""道理""理由"等，在某种程度上表现出对理性的"困惑"与"费解"。就张东荪而言，在系统绍述西方哲学之前，只是不自觉地在日常语言的意义上使用"理性"一词，直到1917年才将"reason"译为"理性"，将理性视为哲学术语并将其概念化的倾向应该在20世纪20年代以后。事实上，他已经意识到："往往一国的名辞难以翻译为他国言语，就是因为其内容的范围不能刚刚一样大小。这便是名辞的历史性与其民族文化性。"①

正如顾红亮所指出的那样，在梁漱溟的中后期哲学思想中，"'理性'是一个'重要而费解'的观念"，其思想经历了由"理性"取代"直觉"的历程。通过梳理中国近代哲学史料，顾红亮进而认为："理性一词在20世纪三四十年代已经有比较确定的含义"，并以张申府、毛泽东、张东荪的文本作为其论断的依据。②顾红亮的检讨虽"百密"却难免"一疏"，张申府便是一个特例，1937年他依然坦言"理性究竟是怎么一回事，说明并不很容易。"③不唯如此，张东荪在《知识与文化》中也曾指出，"但其实'理性'一辞是一个最含混最复杂的名辞"。④甚至在李泽厚看来，"'理性'一词究竟指什么，长久以来，却蔓生出许多说法和理论。最广泛也最含混的用法，是指人所特有的思维、理解、认识、推论的能力、规律、法则，而大多与逻辑(logic)相关。"⑤

诚如张汝伦所说："在现代中国的哲学家和思想家中，除了张东荪和张君劢外，很少有人对它(指理性)进行过深入的思考。"⑥不可否认的是，张东荪确乎是中国近代哲学理性观建构过程中的典型代表，考察他的理性观无疑具有不可忽视的理论意义。

一、为何要输入"理性"观？

张东荪为何要输入理性观？一方面是为了回答"中国向何处去"的时代中

---

① 张东荪：《知识与文化》，长沙：岳麓书社，2011年，第54页。
② 参见顾红亮：《"理性"与现代性的价值依托》，《人文杂志》，2006年第6期。
③ 张申府：《张申府文集》第一卷，石家庄：河北人民出版社，2005年，第187页。
④ 张东荪：《知识与文化》，第75页。
⑤ 李泽厚：《实用理性与乐感文化》(修订本)，北京：生活·读书·新知三联书店，2009年，第4页。
⑥ 张汝伦：《现代中国的理性主义》，《读书》，2005年第7期。

心问题,另一方面是想以理性观的建构为中国启蒙奠基。

(一)"理性主义是西洋哲学的中坚"

20 世纪上半叶,对西方哲学的输入,张东荪发挥着不可替代的作用,不管是对西方哲学名著的翻译,抑或对于西方哲学史的绍述。从其思想的早期来看,对柏格森著作的翻译,奠定了其在"西学东渐史"的一席之地,中后期,他则将关注的重点转向西方哲学的"理性主义"传统。

新文化运动时期,中国思想家试图以文化为视角回答"中国向何处去"的时代之问,进而将西方文化中的"民主"与"科学"视为近代西方富强之源。同样以文化为视角,张东荪的回答却另辟蹊径,因为他清醒地意识到"西洋哲学为西洋文化之根"。根据他的观察,在德先生与赛先生的背后还藏有一个"费先生",相对于"德先生"与"赛先生"两面大旗,其举起"费先生"的标语试图纠二者之偏,有以"哲学主义"超越当时的"民主主义"与"科学主义"的致思倾向。

张东荪所谓的"费先生"是指哲学,认为"哲学乃是文化之根",西方哲学才是西方富强的内在动力,不输入西方哲学而简单地呼吁民主与科学注定无法完成新文化运动的历史使命。根据他的揣察,"理性主义是西洋哲学的中坚",因此他坚称理性观的输入才是更为重要的事情。

以欧战为契机,中国思想家开始反思、批判西方近代文化,重估中国文化之价值。梁启超在《欧游心影录》中用近乎嘲讽的口吻宣称"西方物质文明的破灭",梁漱溟在《东西文化及其哲学》中不无自信地呐喊出"世界未来文化就是中国文化的复兴"。上述致思进路似乎表征着要以中国文化拯救中国。较而言之,张东荪则表达出相反的致思路径。根据他的意见,要起中国的沉疴必须彻底输入西方文化不可:"所谓输入西方文化自然是指科学而言……所以输入科学而求其彻底,则非先把科学的祖宗充分输入不可。科学的祖宗非他,西洋哲学便是。"①

马克斯·韦伯在发表于 1918 年的《以学术为业》中开篇即指出理性对于科学进步的重要意义。张东荪也认为:"文明所以能跳出呆板的窠臼与固滞的状态而入于能自己进步之境,乃全系理性,即全视理性能否抬头而定。"②如所周

① 张东荪:《初学哲学之一参考》,《东方杂志》,第二十三卷,第一号,1926 年 1 月 10 日,第 113 页。
② 张东荪:《理性与民主》,左玉河整理,长沙:岳麓书社,2010 年,序论,第 2 页。

知,科学是理性的产物,理性是科学的内在动力。"中国非迎接西方文化上的'科学'进来不可,这亦是大家公认的了。但提倡科学却非先具有西方人所有的那样的理性主义不可。"①张东荪坚信理性主义(哲学)乃"科学的祖宗",并认为当时的思想界对于科学的输入是不彻底的,只是输入科学的结果而相对忽视科学的精神与科学的原因。

依张东荪所见,理性主义不仅是科学的基础,而且是民主的基础。作为新文化运动的基本口号之一,民主在张东荪的思想中具有更加宽泛的涵义。他曾对民主作如是说:"民主主义同时是个政治制度,同时是社会组织,同时是个教育精神,同时是个生活态度,同时是个思维方法,同时是个前途的理想,同时是个切身的习惯。这样,则民主主义就等于一个传统的文化之全体。"②张东荪所理解的民主不仅指一种政治制度,而且是指一种生活方式。根据他的研究,作为生活方式的民主只产生于西方理性主义的文化传统中,单纯呼吁民主观念,注定无法开花结果。因为民主是讲理人的生活方式,不讲理的人不配享有民主。"民主主义不是一个政治制度,乃是一种'文明'。这一点中国人自清末到现在很少了解,所以生了不少的误解。"③质而言之,"民主主义同时必是理性主义。换言之,即在民主主义之下只有讲理。从反面来说,则亦唯有在讲理的人群生活中乃能建立民主制度。二者是相倚为命的。"④

新文化运动时期,中国诸多思想家将"中国向何处去"的时代之问的答案指向民主与科学。较而言之,张东荪的时代之思在某种程度上完成了对"德先生"与"赛先生"的超越,指向理性主义。因为只有理性才能让中华民族摆脱专制与迷信的双重影响,进而走向富强之路。在某种意义上而言,张东荪大力输入理性主义可谓是对于中国问题另拟一个更为深刻的解决方案。

行文至此,需要追问的是,张东荪在何种意义上将理性主义视为西方哲学的中坚? 他所理解的理性主义又指什么? 韦伯曾从社会学的角度区分出近代理性主义的三种向度:一、广义的科学-技术的理性主义,是指通过计算来支配事物的能力;二、形而上学-伦理主义的理性主义;三、实际的理性主义,代表一

---

① 张东荪:《理性与民主》,第 129 页。

② 张东荪:《思想与社会》,左玉河整理,长沙:岳麓书社,2010 年,第 236 页。

③ 张东荪:《思想与社会》,第 86 页。

④ 张东荪:《思想与社会》,第 251—252 页。

种有系统的生活态度。① 如所周知,在韦伯那里,理性化几乎等同于现代化。哈贝马斯进一步诠释了韦伯的理性主义,进一步将其推进至政治、文化、经济制度和所有社会行动中。

在某种程度上言之,张东荪对西方理性主义的鼓吹,也是为中国的现代化寻求哲学辩护。但他倡言的理性主义与西方近代理性主义有不尽相同之处。东方式的理性主义是就"讲理"而言,讲理即是说服(persuasion);西方的理性主义(rationalism)是相对于经验主义(empiricism)而言。这种思想,显然与西方的理性主义不大相同。

(二) 启蒙与理性的内在纠缠

张汝伦曾指出:"张东荪对于西方'理性'概念的理解是以西方近代理性主义和启蒙传统为依据的。"②西方启蒙时代的理性,一方面高度认可人类有认知真理的能力,一方面高扬理性的大旗,相信人们可以通过无所不能的理性能力把握真理,从而冲破中世纪神学的藩篱。近代西方启蒙首要解决的问题是把自然科学从神学的统治中解放出来,中国的启蒙不曾遇到神学束缚的问题,是要从"理学"的禁锢中解放出来。

近代西方的启蒙运动可谓是理性再次觉醒的历程。启蒙与理性的内在纠缠呈现出异常复杂的向度。如果说以卢梭为代表的法国启蒙思想家"主要从感性上提出了理性启蒙的口号",那么以康德为标志的德国启蒙思想家"则以德意志民族特有的理性思辨对启蒙运动提出新的口号",即"要有勇气运用你自己的理智"。③ 按照康德的理解,理性不仅是人类为自己所确立的法则,更是人类的天赋能力。由此不难发现,德国启蒙运动与法国启蒙思想截然不同的特质。

卡西勒在《启蒙哲学》中告诫我们:"'理性'一词早就失去了它的一义性……每当我们用这个词的时候,总不免想到它的历史。我们不止一次地看到,这个词的意义已经历了多么巨大的变化。"④同时,他也睿智地指出 17 世纪—18 世纪理性概念意义发生了独特变化。在 17 世纪,理性是"永恒真理"的王国,然而到了 18 世纪,理性的神圣光环逐渐消褪,理性被视为一种能力、一种

---

① 许希特:《理性化与官僚——对韦伯之研究与诠释》,顾忠华译,台北:联经出版事业公司,1986 年,第 3 页。
② 张汝伦:《现代中国的理性主义》,《读书》,2005 年第 7 期。
③ 江怡:《理性与启蒙:后现代经典文选》,编者引言:《从现代到后现代》,上海:东方出版社,2004 年,第 6 页。
④ E. 卡西勒:《启蒙哲学》,顾伟铭等译,济南:山东人民出版社,1988 年,第 4 页。

力量,它可以"分解人们根据启示、传统和权威所相信的一切"。兼具诗人和艺术家双重身份的法国人波德莱尔以诗歌的方式重新解释现代理性,同时促使现代西方思想家对理性本身提出质疑与挑战。波德莱尔确乎洞见到理性力量的局限以及理性在情感(激情)面前所显示出的苍白无力。根据江怡的研究,在19世纪末,对理性作用提出怀疑和挑战的还有皮尔士和尼采。皮尔士于1878年发表《怎样使我们的观念清晰》,"在西方哲学史上首次对西方理性传统中的基础主义思想提出了挑战"。① 尼采在面世于1885年的《善恶的彼岸》中对西方理性传统进行了深刻反思:他不仅嘲笑了柏拉图,而且讽刺了笛卡尔,认为理性只是一个工具,本能应当高于理性。

虽然说,对传统理性的反思与批判肇始于19世纪末,但这一思想之流真正汇聚成思潮是从20世纪开始的。因此,理性观在西方哲学史中的冒险历程已经预示了它的东渐注定会带给中国思想家诸多困惑与不安。与启蒙相涉的理性观在中国近代哲学的输入,主要用来清算正统儒家价值体系在中国进入近代化过程中所带来的流弊(如科学不兴等)。张东荪一开始就承认自己的理性观是以西方启蒙传统为理论依据的。启蒙理性实际上是理智理性的化身。他提醒我们必须知道,理智的初醒,无不是抨击的,破坏的。"所谓破坏,从轻的一方面来说,就是对于早有定价的东西另行估定其价值;而所谓另行估价即不啻将其原有价值打破。从重的一方面来说,就是对于原无问题的事情而提出疑问,而所谓提出疑问即不啻将其原有地位推翻。"②提出疑问与重估价值就意味着认为传统价值"不合理",理智的初醒就是谋"解放",以此摇撼旧有的风俗、习惯与信仰,最终达到自我的觉醒。

事实上,张东荪误读了启蒙的内涵,将启蒙直接等同于理性(理智),这似乎是那个时代中国思想家的一个普遍共识。比如,张申府就直言不讳地指出:"启蒙运动其实就等于理性运动。"③历史吊诡之处在于,虽然中国近代思想家将启蒙运动理解为理性运动,但在被视为中国的启蒙运动,即新文化运动中,理性是缺位的。姜义华在《理性缺位的启蒙》一书中系统梳理了中国启蒙视域下"理性缺位"的历史走向,综观全书,他所言的理性主要是指涉作为思维方式的理性。

---

① 江怡:《理性与启蒙:后现代经典文选》,编者引言:《从现代到后现代》,第6页。

② 张东荪:《新哲学论丛》,上海:商务印书馆,1929年,第451—452页。

③ 张申府:《张申府文集》第一卷,第289页。

近代以还，伴随着西方启蒙思想的输入，中国人思考问题一直囿于"感性直观的半原始思维"，而缺乏严密的理论思维，这在他看来就是"理性缺位"。[①]

二、如何输入"理性"观？

如何输入理性观，内在地关联"理性观在中国"的方式。回答这一问题，我们首先要解决的理论困境是张东荪如何面对中西理性观之间的时间差，其次是张东荪以何种方式输入理性观。

（一）中西"理性"观之间的"时间差"

20世纪初，西方理性主义传统渐有江河日下之势，受到诸多思想家的批判。对此，沉浸于西方哲学的张东荪是有所察觉的：作为西方文化上最大的两个宝贝之一，理性主义在19世纪已放其光芒，可惜到了20世纪反而被浮云遮住。"我亦知道西方的理性主义到了二十世纪初期起了很大的摇动，受了很大的打击。反理性主义乃抬头了。"[②]他敏锐地洞察到，20世纪思潮是"注重在发现人类之非理性的方面"，所以有所谓"反理性主义"（irrationalism）。

既然张东荪非常清楚西方20世纪的"反理性主义"（irrationalism）思潮，那么他为何还费尽心机、乐此不疲地引进西方的理性主义？首先是因为张东荪认为理性主义是当时中国所应该竭力提倡的。其次是他认为"反理性主义却并不是一个主义，乃只是一个潮流或趋向而已。十九世纪末有此潮流，遂对于十八世纪思想激起了一个反抗。我们今天即正在这样两种思潮相激荡，相冲突之中"。[③] 最后是因为他坚信"反理性主义并没有予理性主义以打击，却反而供给了不少的事实，以便理性主义另开拓一步"。[④]

如果西方文化不自绝灭，张东荪相信理性主义必还会恢复其光辉而更放大之。不唯如此，他还预言："西方文化更将恢复到其固有的理性主义上去。所有的反理性主义将随着这次世界大战中的战败国而俱没落。"[⑤]张东荪认为"二

① 姜义华：《理性缺位的启蒙》，上海：上海三联出版社，2000年，第217页。
② 张东荪：《理性与民主》，第171页。
③ 张东荪：《理性与民主》，第111页。
④ 张东荪：《思想与社会》，第293页。
⑤ 张东荪：《理性与民主》，第117页。

战"就是反理性主义思潮所造成的,全球饱受此次惨痛教训后,必会重返理性主义思潮,因为没有理性主义就不会有和平。如果要建立世界永久和平,那么在思想方面除恢复理性主义外,别无它途。

19世纪下半叶以降,西方哲学界渐开批判理性主义之先河,使得中国思想家一开始输入理性观时就陷入了理性的合法性危机。这在一定程度上也使我们能够同情地理解20世纪三四十年代中国思想家在不同层面使用与理解理性观。比如,张申府视理性为"立国精神",理性在他的思想视域中获得了本体论、认识论、价值论等诸多内涵。辜鸿铭认为,理性是"哲学家提出的人类应当恪守的道德法则"。以牟宗三所见,理性首先表现为"德"的意义,即"以德取天下,并以德治天下"。

要而言之,张东荪不仅意识到中西方理性观之间的时间差,而且坚定地将理性输入中国。"张东荪所走之路,是'理性主义'之路,而存在主义所走之路,是'非理主义'之路;当存在主义在西洋宣布'知'不能解决人生苦难时,张东荪在东方,正试图用'知'去解决人生之苦难。"①

(二)以何种方式输入理性观?

张东荪一方面在西方哲学史中祖述理性观以输入中国;另一方面也意识到理性观的复杂向度,进而分别在认识论、道德哲学、政治哲学等视域中述及西方哲学的理性观。

除了散见于早期作品中,张东荪对西方理性观的"彻底解说"肇始于1929年出版的《新哲学论丛》。他不无遗憾地写道:"近几年我们中国人可算得拼命输入西方思想了,即最新的学说亦都有人介绍。哲学方面为尤甚。只可惜支配西洋文明的,作西洋数千年思想的中心的,作科学真正始祖的,所谓理性主义(rationalism)却从未有人彻底解说一下。我今天来作此长篇即想补此缺憾。"②张东荪所言的"长篇"即是上书第二章"共理与殊事"③,其不可谓不是一部简易

---

① 张耀南:《张东荪的"知识学"与"新子学时代"》,见张东荪:《认识论》,北京:商务印书馆,2011年,第170页。

② 张东荪:《新哲学论丛》,第69页。

③ 原标题为《名相与条理——唯理派思想之来历及其分析》,1927年发表于《东方杂志》第三十四卷,第三号、第四号,据张东荪自述此文初稿成于1926年10月31日。贺麟先生对此长文高度赞誉,称其为"民国十八年前后,谈西洋哲学最有价值的一篇文字"。

西方"理性主义"观念史。在"唯用论"一章中,张东荪提及西方的淑世思想有三大特彩,其中之一就是理性,进而将其理解为"即主张吾人认识作用自身有'合理性',因此使得宇宙为之理性化"。[①]

1930—1931 年,张东荪出版《西洋哲学史 ABC》(上下册),在"例言"中表达出高度自信。他自称此著的撰述当属"原创",绝对没有依傍任何前贤之哲学史,在叙述各哲学家之学说时完全据其原著,无原著的则根据其零星的语录。这一时期,他对理性的诠释,可以视为中国古代哲学的"理性"观在近代的回响。"宽泛而言,中国哲学中与 rationality 相联系的理性,也表现为合理的知、行方式,或者说,体现于以合理的方式展开的知与行以及由此形成的结果。"[②]在述及亚里士多德的伦理学时,张东荪指出,"人的特性即在于有理性(nous, reason)"。进而言之,他认为亚里士多德所言的理性之作用有二:"一为向自身发达。一为向情欲方面去作控制工夫。一为知识之德(arête dianoetike),一为行为之德。知识之德不外乎学问。行为之德重在以考虑(即理性用于实际方面的)而变为习惯。"[③]上述张东荪对亚里士多德理性的诠释,作了广义的理解,使之同时包含"知"与"行"的二重涵义,可以说具有鲜明的中国传统哲学理性观的特质。此外,在引介康德哲学时,张东荪在认识论与道德哲学的向度提及纯粹理性与实践理性,并指出康德的贡献在于不将理性理解为一种认识,仅认为是"一种合理的要求"。

在 1934 年出版的《认识论》一书中,张东荪也述及理性主义。当追问认识论上的知识由来问题时,张东荪认为有三个著名的回答:理性主义、经验主义、神秘主义。在他关于"理性主义"的诠释中,有三点值得我们关注:第一,"理性主义以为吾人是从理性方得有知识";第二,"理性主义只讨论知识的由来,不讨论知识的用处,其所见的知识,是在概念、原理和法则里面,而非察觉个别的物体";第三,"理性主义者往往以数学为他们的护符。以为数学便是对于'理'的真知灼见"。[④] 由此,张东荪得出结论,理性主义解释知识之由来的主张"见其偏而未见其全"。

244

哲学·经学·语言

---

① 张东荪:《新哲学论丛》,第 223 页。

② 参见杨国荣:《中国哲学中的理性观念》,《文史哲》,2014 年第 2 期。

③ 张东荪:《西洋哲学史 ABC》(上册),上海:世界书局,1930 年,第 75—76 页。

④ 张东荪:《认识论》,北京:商务印书馆,2011 年,第 2—3 页。

在《理性与民主》一著中,张东荪系统地阐述了西方理性主义的发展脉络。他不仅指出西方理性主义是由宗教思想滋生出来的,并详细阐释了西方理性主义的三个时期,而且将"存在"与"因果"概念视为"西方理性主义的两大柱石"。据张东荪的看法,西方的理性主义可分为三个时期。第一个时期是以存在概念为主而吸收因果概念,在此期中,其逻辑亦只有演绎,归纳是其附属品;第二个时期是因果观念压倒存在概念,归纳法与科学同变为主潮;第三个时期即是当下的时期。由于科学的勃兴,同时动摇了因果观念与存在观念,其二者被"函联"(function)观念所取代。[1]

如上所述,张东荪在不同时期分别以不同的方式不遗余力地输入理性观,可以说对理性的思考几乎贯串他整个哲学生命。他从总体上绍述西方哲学,将理性主义视为西方哲学的中坚,此种方式可以视为以介绍西方哲学史为载体输入理性观。要而言之,我们可以把张东荪输入理性观的工作分两部分来看,第一是就个别哲学家的理性观进行绍述,第二是在哲学史的书写中引介理性主义思潮。

三、如何创建理性观?

在西学东渐的视域中,张东荪曾指出:"中国今日只宜吸收西方的 19 世纪思想。"[2]他宽泛地将西方 19 世纪的思潮分为:自然主义、个人主义、民族主义、理性主义、自由主义、经验主义等。以他所见:"理性主义更是中国今天所竭力提倡的,因为中国以前虽已注重于讲理,然而与现在所说的理其内容不同,故必须另外设法来讲。"[3]事实上,当张东荪在历史与逻辑的双重维度中意识到理性之于近代中国的重要性时,他已经着手创建中国的理性观。质言之,这一运思路径呈现为沟通中西之"理"——超过西方之理性。

(一)试图沟通中西之"理"

张东荪坦言,古代中国并无理性一语,"理性"只是一个译名,对应英文

---

① 参见张东荪:《理性与民主》,第 128 页。

② 张东荪:《思想与社会》,第 273 页。

③ 张东荪:《思想与社会》,第 287 页。

reason。"查中国旧有的只是'性理'而无理性,性理是谓性与理乃是根据'性即理也'一句话而出的,至于理性的译名对于原字意义似不甚切合。"①中国古代哲学并无"理性"一语,并不意味着中国哲学的逻辑发展毫不关涉理性思想。同时他警示我们:"拿字的有无来断定思想的发生与否,在思想史的研究上是一个要不得的方法。"②在张东荪看来,孔子所言"虽百世可知也",这句话最足以表征儒家思想具有理性主义的特色。

既然言"沟通",如若两者并无相同之处或接近点,那么想必最终亦无法沟通。接下来,我们看张东荪如何"论证"中西之理的共通之处。

张东荪首先是在词源学的意义上找到了中西之理的接榫之处,其表现有二。其一中国之理是指"条理",从观念的起源角度看,条理观念脱胎于"礼仪"观念,"礼"字表示社会秩序。秩序对应于英文 order,亦含有"命令"的意思,正与中文之"命"相合。其二,从"言即等于理"的角度看,中西之理有相似之处:"希腊文的 logos 即可译为'理',但此字正训为'言'。中国旧话有'言之成理'一句,足见言为达理之用,而理即宿于言中。离言无由以显理。"③

其次,张东荪从理与逻辑关联的角度洞察出中西之理的相近处:"中国人对于理的概念是自宇宙论出发,这却颇与西方的客观逻辑相近。"④此处,他所言的客观逻辑,是指关于因果律的自然法则。

最后,张东荪洞察到西方之 form(形式、类型)观念与中国所谓理有相同的地方。根据他的考证,追溯形式观念的来源当在古希腊,希腊语是 eidos 与 ideai,学术界一般认为此种思想创始于柏拉图,事实上毕达哥拉斯派在柏氏之前已经使用过。中国人讨论"理"的时候,也曾有触及,比如《易经》有言"易简而天下之理得",此处所谓"天下之理",就是指称"天下所有的各种各样的形式"。因此,张东荪得出结论说:"我们不能不承认西方所谓 form 有和中国所谓理相同的地方。"⑤

根据张东荪的研究,虽然中西之理有不同的内涵,但并非完全不同。"西方

哲学·经学·语言

---

① 张东荪:《理性与民主》,第 119 页。

② 张东荪:《理性与民主》,第 69 页。

③ 张东荪:《理性与民主》,第 121 页。

④ 张东荪:《理性与民主》,第 122 页。

⑤ 张东荪:《理性与民主》,第 137 页。

文化上讲理的优点是以理想来改善条理,又以理智来窥测条理。遂致所谓理于一方面与'善'相接轨,在他方面与'智'相并进。这样的态度,和中国固有的理学亦并不是完全不同。"①据他的意见,中国之理大致接近于西方中世纪的 ratio essendi,呈现出有目共睹、有耳共闻、有心共知等特征,如果用西方术语表述的话,乃同时是"自然秩序"又是"道德秩序"。

如上所述,我们在张东荪的思想视域中看到中西之理些微的相似之处,接下来将深入其文本讨论中西之理不同之处。

首先,张东荪以"伦理"与"物理"区分中西之理。"中国人的'理'始终是伦理,即伦常之理。而与西方所谓'物理'(physical law)完全不同。"②言下之意,中国之理究"人之理",西方之理探"物之理";前者主理之内在说,后者主理之外求说。因此可以说,西方的理属于知识论的范畴,中国思想视域下的"理"似可归属宇宙论、伦理学的范畴。

其次,张东荪以"礼"与"科学"区分中西之理的"显出"方式。中国之理由"礼"而出,西方之理借科学而显,必由科学而立。据他的揣察,西方所谓"理",即理智,就是逻辑的推演。"西方文化上的讲理是将其与理智训练合并为一事。理智训练亦就是中国人所说的'学',但中国人从事于学是学做人。"③故此,中国之理终以"礼"显出。

再次,张东荪以"一与多"为视角指出中西之理完全不合。在儒学的发展脉络中,"理"字至宋儒时期才成为核心概念。张东荪拿宋儒之理与柏拉图之共相进行比较,认为最大的不同点是宋儒之理只是"一个理","所以宋儒之理不可以种类与数量二分",但柏拉图的共相本身就是"类"。如果依"类"概念而言,显然中西之理有完全不同的致思进路。

最后,张东荪从"变与不变"的角度指出中西之理的分际。"中国人所谓的理是亘古不变的;而西方人所谓的理是发展的(developmental)。"④为何如此?是因为中国人的理是从身体力行的体会而得,与行为相伴,尤其是具有道德性的行为,必须恒常不变才有价值;西方人讲理必与逻辑相伴,于是理便完全是知

① 张东荪:《理性与民主》,第 171 页。

② 张东荪:《理性与民主》,第 130 页。

③ 张东荪:《理性与民主》,第 166 页。

④ 张东荪:《理性与民主》,第 144 页。

识上的事,而知识本身是时时增加时时修正的。质而言之,中国之理与行为相伴,表现为"理行合一";西方之理与智慧相随,表现为"理智合一"。所以,中西获得理之途径则有异:一是依实践,一是恃智慧。

按照张东荪的思想,中国传统之"理"是"一个浑括的名词","暗示一种力量",意味着宇宙间人事上都必须有秩序,在秩序中各有当然。张东荪的理性观首先表现为对中国之理的"通过",这一通过意味着既有继承又有扬弃。在通过的意义上,他把理分为"条理"与"理智",又将条理再分为方法与秩序,再将秩序分为自然秩序与伦理秩序。虽然条理在某种程度上可以反映理性的一个侧面,但张东荪认为条理只是理性的萌芽的阶段,理智才是理性的高级阶段。

张东荪直言中国今后必须重振传统的"讲理之风",但同时必须兼收西方理性的优点,将理视为是发展的,而非一成不变的。换言之,不能将理视为条理与道理,应将理视为是理智与条理的合一。因为西方文化就是理智性的文化,所以当下中国必须要接受西方的理智文化。

如上所述,张东荪在创建中国的理性观时试图沟通中西之理,并将中西之理进行分梳,这只是其建构工作的第一步,接下来我们看其如何以中国的条理理性进而超越西方启蒙意义上的理智理性,最终完成对中国之理的"通过"与对西方之理的"超过"。

(二)"超过"西方之"理性"

张东荪对西方理性观的输入与重构显然是在于调和中国文化独特的理性结构与西方现代理性主义,以期为中国的现代化寻求哲学依据。从"西学东渐"的视角看,当中西两种不同的理性主义相互碰撞时,受到冲击的一方只能从自身的传统来解构另一种理性主义,这就使得当西方理性主义经由张东荪之手传入中国时,它的原本形态将会深深烙上中国传统理性主义的印痕。

张东荪承认:"西方学者在实际上其讲理实远甚于中国学者。因为讲理,所以必须推崇所谓'理性',理性之见重,乃是文化所以能有进步的缘故。"[①]言下之意,中国文化若要有进步,必须输入西方的理性观。

在中西文化比较的视域中,张东荪指出"西方是以理智为中心的文明;中国

---

① 张东荪:《理性与民主》,第162页。

是以道德为中心的文明"。① 显然,他所理解的西方之理性是 18 世纪启蒙意义上的理智理性。中西文化之所以殊途,是因为对于理智的态度不同。他认为,相对于西方,中国专注重实践理性而忽略理智理性的看法是浮于表面的。"其实乃只是西方文化注重理智,由理智再开拓了实用之门。中国则直接把所有的心力都用于如何做人之一问题上。以言理智与做人之关系,西方是间接的,中国是直接的。中西文化不同,亦只是这样的间接与直接之分而已,别无其他。"②

按张东荪的理解,理智在中国始终没有得到长足的发展,因此造成中国近代的全面落败。理智内在关涉思辨理性(理论理性),在"西方中心主义"的视域中,思辨理性一般被认为全部是希腊人的贡献。怀特海则驳斥了这种夸张的论调,并指出代表亚洲文明的中国也产生了思辨理性的各种变体,只不过"这些变体中没有一个拥有希腊方法的完善技巧"。中国人"处理思辨理性的模式对于抽象的宗教沉思和哲学思辨是有效的,但在自然科学和数学面前失败了。希腊人产生了最终用于思辨的训练的工具"。③ 怀特海的观点可谓是为中国的思辨理性作了弱辩护。

理性之于人类文化的重要性,自不待言。同时,张东荪也窥见到理性的狡诈:"说到理性,又不可忘却我在上面所述的那些弊病。一是把知识变为游戏,其结果必致学问变为装饰品。一是把活的理智变为死的宗教信条。"④对理智理性的批判几乎成为时代共识,张君劢、梁漱溟、牟宗三等也表达出类似的看法。

张君劢自觉地以实践理性("德性的理智主义")来制约和规范工具理性的使用,从而走向实践理性与思辨理性的合一。他所谓理性虽沿袭欧洲 18 世纪之旧名,但内涵道德成分,亦可称为"德智主义"。"盖以为理智如刀,用之不得其当,鲜有不伤人者;行动如马,苟不系之缰绁,则骑者未有不颠且踬者。重理性者,所以纳二者于规矩之中也。"⑤张君劢有见于理智之用与害并存,由此以道德对理智的滥用进行约束。根据他的见解,"东方所谓道德,应置之于西方理

---

① 张东荪:《知识与文化》,第 88 页。

② 张东荪:《理性与民主》,第 167 页。

③ A. N. 怀特海:《教育与科学理性的功能》,黄铭译,郑州:大象出版社,2010 年,第 149 页。

④ 张东荪:《思想与社会》,第 297 页。

⑤ 张东荪:《思想与社会》,序,张君劢,第 6 页。

智光镜之下而检验之；西方所谓理智，应浴之于东方道德甘露之中而和润之。然则合东西之长，镕于一炉，乃今后新文化必由之途辙。"①

如果说张东荪对理性的建构，是西方 18 世纪的理性观念在近代的重奏，那么梁漱溟对理性的诠释，可以视为中国传统哲学的"理性"观念在近代的回响。梁漱溟曾简单地区分理智与理性："理性、理智为心思作用之两面：知的一面曰理智，情的一面曰理性。"②在杨国荣看来，梁漱溟对理性的简要界说："一方面将理性与心之思联系起来，另一方面又对理性与'情'作了沟通，对理性的这一理解无疑上承了中国哲学'情'与'理'相合的传统。"③

牟宗三也曾谈及理智主义的弊端，认为"时风中的理智主义是只承认'经验事实'为学问的唯一对象。而研究这经验事实的机能就是'理智的分析'。"④诚然，理智主义对于近代科学的产生功不可没，但理智主义者的观点有其内在的痼疾。详言之，理智主义者往往只承认"理智的分析"，因此会流于"理智一元论"与"科学一层论"。

行文至此，需要特别指出的是，张东荪所理解的理智跟张君劢、梁漱溟、牟宗三有不同的指向。他这样说："所谓理智的生活不是事事计算，乃是遇事必自问其是否应做。理智的作用重在辨别是非，不在计较利害。"⑤

上述三位思想家均对理智之弊端有所警惕，这在一定程度上可以矫枉西方近现代理智主义的滥觞对中国思想界的冲击。但他们似乎还没有意识到理性观在中国尚未建构起来，就急于批判理智主义的流弊。就这一点而言，张梁牟三人均不及张东荪之于中国近代理性观的建构功劳大。

张东荪非常清醒地意识到，当时中国社会还未曾沐浴理性之光，却已浸染理智泛滥带来的流弊。但为了避免舍本逐末与因噎废食，张东荪还是不遗余力地输入理性主义来救治中国之病，因为他认为："救中国只有提倡理智主义，充分开发知识，凡是因理智开发而产生的恶劣影响，只有把理智再推进一步开发

---

① 张东荪：《思想与社会》，序，张君劢，第 8 页。

② 梁漱溟：《中国文化要义》，《梁漱溟全集》第三卷，济南：山东人民出版社，1990 年，第 125 页。

③ 杨国荣：《中国哲学中的理性观念》，《文史哲》，2014 年第 2 期。

④ 牟宗三：《道德的理想主义》，长春：吉林出版集团有限责任公司，2010 年，第 105 页。

⑤ 张东荪：《新哲学论丛》，第 466 页。

方能为之救济。万不可因此而反闭塞理智,复返于浑浑噩噩。"①

正是有鉴于西方近代理性主义滥觞,张东荪试图以中国之"理"超过西方之理智理性。他试图创建的理性观内涵条理理性和理智理性。之所以说是创建,原因有二:其一,条理理性概念的确是张东荪的发明;其二,他试图融合条理理性与理智理性为一。张东荪曾明确指出:"理是理智与条理的合一。"详言之,条理是指自然和人事的秩序,此尤为中国人所重,由此偏向实践理性的致思进路。理智是主体辨别和分析的能力,为西人所推崇,由此偏向思辨理性的致思路径。虽然他将二者区别对待,但其一再强调条理和理智应该统一于理。因此,在张东荪的思想视域中,理性可以具体细化为条理理性与理智理性合一。

张汝伦认为:"张东荪虽然在他关于理性问题的大量论述中从未提到'实践理性'的字样,但却明确指出,即使西方人也未尝没有人看到,'实践较智辨为重要'。"②所以在张汝伦的意思,与常人将理性理解为人的理智能力不同,张东荪认为它是一种设定。质言之,张东荪所理解的理性,既不是理论理性也不是工具理性,而是实践理性。需要指出的是,"张东荪在他关于理性问题的大量论述中从未提到实践理性字样"这一看法未免失之武断。试举一例证之。在《西洋哲学史 ABC》中,张东荪述及"康德的道德论与目的论"时,已明确区分康德的实践理性与纯粹理性。③

结语

从表面上看,理性作为哲学概念为哲学家们所共同使用,而在实质上,却各人各赋予其特别的涵义。以西方哲学史观之,理性有其冒险的历程,其复杂向度自不待言。作为一个"外来"观念,中国近现代思想家能否完全把握其内涵,似乎是可以商榷的。虽然中国思想界受西方思潮影响已有数十年的历史,但始终未把它织入到不可分开的地步,所以中国人对于很多概念纵有译名,但绝没有真正了解。这是张东荪 20 世纪 40 年代对于"西语之输入"现状的忧虑,即便在今天看来也绝非其个人情感的宣泄。几乎在同时期,他曾说过一句狂妄之

① 张东荪:《新哲学论丛》,第 456—457 页。

② 张汝伦:《现代中国的理性主义》,《读书》,2005 年第 7 期。

③ 张东荪:《西洋哲学史 ABC》(下册),上海:世界书局,1931 年,第 64 页。

语:"中国自晚清以来,输入西洋文化,虽已有数十年之久,然实在对于西洋文化有真正认识的人从来就不多。最奇怪的是愈到后来(即民国十五、十六以迄现在),对于西洋文化之了解,反而不及清末民初的那些人了。"①

中国哲学视域下的理性观建构无疑是中国哲学主动融入世界哲学的一种尝试。虽然张东荪在中国哲学理性观的建构上功不可没,但亦不是没有问题。考察他的文本,随处可见理性与理智,理性与理性主义的纠缠。他到底输入的是理性主义还是理性?理性与理性主义在他那里有无自觉地辨析?前者的答案显然指向理性主义,后者的答案是张东荪事实上并没有自觉地辨析理性与理性主义。

理性观在张东荪的哲学思想中自然占据十分独特的地位,从某种程度上言之,不理解他的理性观,可能就无法整体把握他的哲学思想。他的理性观既受到西方哲学的浸染,同时又被打上非常深刻的中国传统哲学烙印,由此走向"多元"的致思倾向。

要而言之,张东荪的理性观,一方面内含对西方近代理性观的某种回应,另一方面也渗入了对中国传统哲学理性观的近代诠释。因此,他的理性观呈现出古今中西之间相互纠缠的复杂面向。

"Absorbing and Creating": ZHANG Dong-sun's Construction of Rational View of Modern Chinese Philosophy

Zhang Jieke

Abstract: There was no word of "reason" in ancient Chinese philosophy, and the appearance of reason in Chinese philosophy is a matter of modern times. In the history of modern Chinese philosophy, ZHANG Dong-sun completed the construction of rational view of Philosophy of Chinese language in the way of "absorbing and creating". As far as "absorbing" is concerned, ZHANG not only narrated the rational views of western philosophers, but also introduced western rationalism in the writing of the

---

① 张东荪:《思想与社会》,第 204 页。

history of philosophy. As for "creating", ZHANG tried to integrate the "reason" in Chinese philosophy and that in western philosophy, and deconstructed the western view of reason in the 18th century with the "logical reason" and "rational reason" featured with Chinese philosophical characteristics. From the conscious absorption of western rational view to the construction process of Chinese philosophical rational view, ZHANG's unique contribution lied in his "going through" *li* in the ancient Chinese philosophy and "surpassing" of the western view of "reason", and realized the theoretical creation of "absorbing and creating".

Keywords: absorbing and creating, reason, ZHANG Dong-sun

253

「即输入即创建」：张东荪对中国近代哲学理性观的建构

哲学·经学·语言

从"三月不违"到"以君随天"*
——儒家何以"破冰"而行乎天下

代春敏　阿卜杜拉**

[摘　要]　《公羊传》定公十年、十二年复书"孔子行乎季孙,三月不违",定公与季孙氏对孔子既重用又有所忌惮,而孔子"行乎季孙"实为践行圣道,实现孔子之治、圣人之治。儒家行权政效长久且显著,但现实的对立始终存在,无法获取更多时间和机会。"三月不违",是儒家行政可否持续的问题,充满行道施政的紧迫感和无力感。董仲舒提出"以君随天",在构建王权合法性的基础上,以天道制约君权,以天意呈现民意,在坚守"从道"和"改制更化"中力求与时俱进,与皇权达成共识。儒家于进退之间,在理想与现实、道统与政统的张力中,不断对弈和调适,积极寻求"破冰而行"的理路,实现制衡与合作。

---

*　基金项目:国家社科基金重大项目"董仲舒传世文献考辨与历代注疏研究"(19ZDA027);河北省教育斤人文社会科学研究重大课题攻关项目(ZD202125);河北省教育斤人文社会科学研究重大课题攻关项目(ZD202328);衡水学院重点课题"唐宋'咏董仲舒'诗歌品鉴及现代价值研究"(2023SKZ01)。

**　代春敏(1973—　),女,河北衡水人,马来西亚理科大学人文学院博士研究生,衡水学院董子学院副教授,主要研究领域为董仲舒与儒家思想。阿卜杜拉(1974—　),女,马来西亚槟城人,博士,马来西亚文学院哲学与文明系副教授,主要研究领域为伊斯兰文化、伦理学。

[关键词]　儒家行政；三月不违；屈君而伸天；张力；调适

儒家与"为政"有着天然的密切联系，从孔子到董仲舒，可以说是逐步确立儒家学术地位的一个过程，同时又以切身的政治实践，诠释着儒家的政治智慧、王道信仰和理想目标。儒家王道落实到人间社会，大道行乎天下的过程始终伴随着与现实政治的对立与矛盾，充满了用与舍、行与藏、从与守的博弈和调适。孔子为政身居要职，位列三卿，"三月不违"且有政效，但为何不可更为长久？董仲舒极尽尊君的同时又强调限制君权，"以君随天"能否将学术融入政治行动，君臣合作又能否打通希望与现实？本文试图从政治实践的角度，通过孔子与董仲舒的生命体认，探求儒家王道"行乎天下"的曲折进程。

一、"行乎季孙①，三月不违"

相对于早年求学、授徒，以及十四年周游列国而言，孔子在鲁国出仕为官只是一段短暂的经历。先后在司空、大司寇兼摄相事的任上，助鲁定公"颊谷之会"，后主张"堕三都"②。对此，《公羊传》于定公十年、十二年皆书"孔子行乎季孙，三月不违"③，为何是"行乎季孙"，为何以"三月"为界点，孔子之"行"的本质又是什么呢？

（一）孔子出仕之"行"

行，本义是行走。《尔雅·释宫》曰："堂上谓之行，堂下谓之步，门外谓之趋，中庭谓之走，大路谓之奔。"④为不同速度的行走之意。《说文解字·行部》

---

① 季孙，季桓子，即季孙斯，鲁卿大夫，鲁桓公之子季友的后裔。按宗法制，公孙之子（曾孙）须另立氏，以其王父（祖父）之字为氏。季友之后裔称"季孙氏"或"季氏"。"季孙"始见于《春秋》文公六年"夏，季孙行父如陈"，季孙行父，即季文子，季友之孙。此后，季氏后裔一直沿用"季孙"或"季孙某"。

② 大夫的封邑称为"都"，"三都"，是指鲁"三桓"季孙氏的采邑费、叔孙氏的采邑郈、孟孙氏的采邑成。"堕"是拆除、削除、摧毁城墙。三家采邑都超出了"都城不过百雉"的规定，家臣据邑以叛，孔子主张削毁"三桓"郈、费、成三座城邑高出礼制规定的城墙，破坏大夫采邑的军事设施，史称"堕三都"。

③ 何休、徐彦、陆德明：《春秋公羊传注疏》卷二十六《定公》，刁小龙整理，上海：上海古籍出版社，2014 年，第1112、1117 页。定公十年，颊谷之会后，"齐人来归运、谨、龟、阴田"，齐人来归还鲁国的田地；定公十二年孔子主张"堕三都"，"季孙斯、仲孙何忌帅师堕费"，结果中途而废。

④ 郭璞注、邢昺疏：《尔雅注疏》卷五《释宫》，十三经注疏整理委员会整理，北京：北京大学出版社，2000 年，第146 页。

曰："人之步趋也。"步，慢步走。趋，快步走。一慢一疾统称"行"。段玉裁注曰："引伸为巡行，行列，行事，德行。"①由行走引申为做事或品行，如"行成于思"。《礼记·乐记》曰："是故德成而上，艺成而下，行成而先，事成而后。"孔颖达疏曰："德在内而行在外，行成则德成矣。"②德行是内在的，行为是外在的，由外在的行事养成内在的品德。"行乎季孙"之"行"，表示孔子出仕为官，治理政事。

　　孔子之行，行乎季孙。孔子五十一岁出任中都宰，于知命之年方得为政之机会。一年后，被任为司空，继而"由大司寇行摄相事"③，兼理国相的职务。短时间内，孔子升迁如此之速，可见当时鲁国面临内政之忧，从国君至"三桓"④之季孙氏，都急于重用孔子来改善现状。钱穆《孔子传》曰："鲁国既经阳虎之乱，三家各有所憬悟。在此机缘中，孔子遂得出仕。在鲁君臣既有起用孔子之意，孔子亦遂翩然而出。"⑤鲁君失权，朝政被"三桓"把持，在此情形之下，孔子"翩然而出"，既见其喜之态，亦知其无奈之情。何休《解诂》曰："不言政行乎定公者，政在季氏之家"，不说"行乎定公"，是因国政由季氏掌控。《后汉书志·五行五》注引《风俗通》曰："孔子摄鲁司寇，非常卿也。"⑥当时鲁国朝政实权掌握在季孙氏手中，在这种国情下，孔子所任大司寇，不同于通常意义上国君所任之卿，实际是在季孙氏属下任职，听命于季孙氏，所以说"行乎季孙"。朱熹《朱子语类》称"孔子当时在鲁，全属季桓子"⑦，若"羁旅之臣"⑧，也就是说，孔子是寄于季孙氏门下的鲁臣，受到季孙氏的掣肘。《公羊传》之所以特书"行乎季孙"，一则表明孔子出仕时恶劣的政治环境，名为鲁大司寇，实际被大夫所任命和管控。二则表明礼坏乐崩，大夫擅权，更加急需孔子出仕，以期改变时局，重序君臣之礼。

---

① 许慎、段玉裁：《说文解字注》卷二《行部》，上海：上海古籍出版社，1981年，第78页。

② 孙希旦：《礼记集解》卷三十八《乐记》，北京：中华书局，1989年，第1012页。

③ 司马迁：《史记》卷四十七《孔子世家》，北京：中华书局，1959年，第1917页。夏、商已有司寇之职，周沿用其制，《周礼·秋官·大司寇》曰："大司寇之职，掌建邦之三典，以佐王刑邦国，诘四方。"掌管刑狱法典、纠察之职。陈、楚等国称司寇为"司败"，后世刑部尚书为大司寇，侍郎为小司寇。

④ "三桓"，即鲁国三家大夫：孟孙氏、叔孙氏和季孙氏。三家皆出于桓公之后，故称"三桓"。鲁桓公去世后，嫡长子太子同即位，即鲁庄公。桓公的另外三个儿子，庶长子公子庆父之后，称仲孙氏，又称孟孙氏；庶次子公子叔牙，其后称叔孙氏；嫡次子公子季友之后称季孙氏。三桓中季孙氏势力最强。

⑤ 钱穆：《孔子传》，北京：九州出版社，2011年，第34页。

⑥ 范晔：《后汉书·志·五行五》，北京：中华书局，1965年，第3343页。

⑦ 黎靖德：《朱子语类》卷四十八《论语·微子篇》，北京：中华书局，1988年，第1196页。

⑧ 黎靖德：《朱子语类》卷四十七《论语·阳货篇》，第1182页。

（二）"行"圣人之道，实现圣人之治

孔子"祖述尧舜，宪章文武"，所学传自上古圣贤，出仕为官，秉承圣人教化，实为践行圣道，实现圣人之治，也是孔子实现理想，践行大道的黄金时期。

公羊学视野中的"圣人"，不只是个体生命的内在修养和精神达到与天合德，与万物同化的最高境界，还指向无限广阔丰富的外在空间和世界，更为关切人类社会的政治制度和政治实践活动。由此，儒学从一开始，便不是单纯的一门学术或只关注心性修养的学问，恰恰相反，孔子极为重视"为政"，他所创立的儒学也是"在黑暗时代提供希望的实践儒学"[①]。圣人平治天下，必离不开切身践行之圣功，虽然孔子极力否认自己的圣与仁[②]，仅以好学乐学而自道、自谦，但在时人与后人眼中，孔子却是"天纵之圣"（《论语·子罕》），"天之木铎"（《论语·八佾》）。孟子首尊孔子为"圣之时者"[③]，金声玉振，集大成而知时势，致中正。司马迁奉孔子为"至圣"，曰："自天子王侯，中国言六艺者折中于夫子，可谓至圣矣！"[④]《苏轼文集》曰："堕名都，出藏甲，而三桓不疑其害己，此必有不言而信、不怒而威者矣。孔子之圣见于行事，至此为无疑也。"[⑤]孔子的圣王之德，体现于动静语默的言行之中，更见于活生生的政治实践。

尽管政在大夫，"行乎季孙"，但孔子依然坚持以礼治国，践行圣道。孔子亲历鲁昭公被季孙氏驱逐，最终却客死他乡。定公时期，又亲见陪臣执国命，叛乱不已，公室日益微弱。当孔子得到重用，拥有了一定的权位后，不管是早期出任低微的府库之吏，还是后来任位高权重的大司寇，孔子都"在其位，谋其政"，以恢复礼乐，重振公室为己任。中都宰任上，孔子制定了很多关于国计民生的礼制，《孔子家语·相鲁》记载："制为养生送死之节，长幼异食、强弱异任、男妇别涂、路无拾遗、器不雕伪。为四寸之棺，五寸之椁，因丘陵为坟，不封不树，行之一年，而西方之诸侯则焉。"[⑥]一年左右，政效显著，以至于鲁定公都向孔子讨教

---

① 蒋庆：《公羊学引论：儒家的政治智慧与历史信仰》，福州：福建教育出版社，2014年，第43页。

② 《论语·子罕》篇中子贡称孔子是"天纵之将圣"，上天要孔子成为圣人，朱熹《集注》曰："圣者，大而化之。"《论语·八佾》篇有"天下之无道也久矣，天将以夫子为木铎"，天下无道，以孔子为木铎，承担传授宣扬礼乐政教的使命。

③ 朱熹：《四书章句集注·孟子集注》卷十《万章下》，北京：中华书局，1983年，第320页。

④ 司马迁：《史记》卷四十七《孔子世家》，第1947页。

⑤ 苏轼：《东坡全集》卷一百五《志林·论古》，文渊阁钦定四库全书影印本，第12b页。

⑥ 王肃注：《孔子家语》卷一《相鲁》，上海：上海古籍出版社，1990年，第3页。

如何治理鲁国，孔子曰："虽天下可乎！何但鲁国而已哉？"①何止一个鲁国，行乎天下都可以。定公十年，孔子升任鲁大司空，"别五土之性，而物各得其所生之宜，咸得厥所"②，通晓土地性状，使各种作物都能很好地生长。后任大司寇，兼摄相事，掌管刑狱，断案有决断，执政七日，诛乱政之臣少正卯，风气大为改观。《史记·孔子世家》曰："定公十四年，孔子年五十六，由大司寇行摄相事……与闻国政三月，粥羔豚者弗饰贾；男女行者别于涂，涂不拾遗，四方之客至乎邑者不求有司，皆予之以归。"③孔子听闻国政三月，诛乱臣，行礼乐，亲近来远，政绩显著。齐鲁"颊谷相会"，孔子担任相事。齐国想劫持定公，危急时刻，孔子力挽狂澜，以文礼辩驳，以武备震慑，崭露出非凡的政治才智和武备思想，令齐景公惊惧，签订盟约，并将侵占的鲁国郓、谨、龟阴等田邑归还鲁国，表示谢过。孔子维护了鲁君的安全和尊严，取得外交上的重大胜利。面对家臣屡屡据邑发动叛乱，孔子欲进一步转变公室微弱、大夫专权、陪臣执国命的无序状态，抓住时机，向定公提出"堕三都"的建议，尽管最终以失败告终，但孔子希望能借以强大公权，抑制"三桓"。

孔子以一介布衣、圣人之德跻身于鲁国政权中心，位列三卿，从出任中都宰、大司空，初登政治舞台，到任大司寇兼摄相事，皆尽职尽责，政化大行，政效卓著。由此可以看出孔子践行王道，实现圣人之治，期待大道行乎天下的政治理想和切实行动。

（三）"三月不违"

《公羊传》于定公十年、十二年复书"三月不违"，何休《解诂》曰："三月之中，不见违。过是违之也。"孔子行政三个月的时间，亦不见有违逆之处，过了三月则有所违背。"三月"是长久还是短暂，"不违"又是指什么呢？

"三"，在古人看来，往往与天地之数相关④。《论语·雍也》篇孔子曰："回也，

---

① 王肃注：《孔子家语》卷一《相鲁》，第3页。
② 王肃注：《孔子家语》卷一《相鲁》，第3页。
③ 司马迁：《史记》卷四十七《孔子世家》，第1917页。
④ "三月"是古人所认为的天变之节，丧葬、祭祀、婚娶等重大礼制往往与"三月"相关。《礼记·王制》曰："三日而殡，三月而葬"，"父母之丧，三年不从政。齐衰、大功之丧，三月不从政。"《郊特牲》曰："帝牛必在涤三月。"《周礼·地官·司徒》曰："祀五帝，则系于牢，刍之三月。"祭用牲须豢养三月。《嫁娶》曰："妇入三月，然后祭行。舅姑既殁，亦妇入三月，莫采于庙。三月一时，物有成者，人之善恶可得知也。然（转下页）

其心三月不违仁，其余则日月至焉而已矣。"皇侃疏曰："三月一时，为天气一变，一变尚能行之，则他时能可知也。"①三月是一季度，为一时，天气变化、四季轮转以三月为一节。三月的时间，天气都可冷暖转换，颜回还能持守仁德而不变，其他时间也一定能保持不变。朱熹《集注》引程子曰："三月，天道小变之节，言其久也。"②依照天气时令的变化，三月为一小节，借指时间长久。《四书辨疑》引苏东坡言："夫子默而察之，阅三月之久，而造次颠沛无一不出于仁，知其终身弗畔也。"③三月历时之久，夫子静观颜回，时刻都不违仁，则知其终身不违。以孔子的智慧和眼光，日月累积，三个月的时间足以推知和确定颜回一生的状态和境界。《春秋繁露·官制象天》曰："三起而成日，三日而成规，三旬而成月，三月而成时，三时而成功。寒暑与和，三而成物；日月与星，三而成光；天地与人，三而成德。由此观之，三而一成，天之大经也，以此为天制。"④董仲舒认为，"三"为天之"大经"，是上天的常规，又"天有四时，每一时有三月，三四十二，十二月相受而岁数终矣"⑤，三月为一时，四时十二月为一终岁。对于从政而言，时间也是考察政效的重要参考指标，《孔丛子·陈士义》曰："及三月，政成化既行"⑥，人合于天变之数，三月可以见为政教化之效。因此，《公羊传》所言"三月"并非实指三个月，而是经过一段长久的时间，表明达到一个节点，施政理念和功绩都有所显现。

"不违"，指不违背，不违反。《论语·为政》篇孔子评价颜回曰："吾与回言终日，不违如愚。"孔安国注曰："不违者，无所怪问，于孔子之言，默而识之，如愚。"⑦颜回对于夫子所讲，耳入心通，无所违逆，聪慧如愚。何休《解诂》曰："过

259

从『三月不违』到『以君随天』

（接上页）后可得事宗庙之礼。"新妇三月之后才可参与祭祀。婴儿出生，必三月而起名，告于祖庙。《礼记·曾子问》曰："世子生，三月以名，告于祖祢。"《姓名》曰："三月名之何？天道一时，物有变，人生三月，目煦亦能笑，与人相更答，故因其始有知而名之。"《淮南子·览冥训》："夫井植生梓而不容龟，沟植生条而不容舟，不过三月必死。"《诗经》曰："一日不见，如三月兮。"不管是天地变换，万物生长，人事更选，情感变易，"三月"是较长的一个时间段而已，是考察其结果、成效、成就、奏效的最佳期限和节点，无论好坏，三月而见其效。《春秋繁露·爵国》曰："时三月而成大，辰三而成象。"

① 刘宝楠：《论语正义》卷七《雍也》，高流水点校，北京：中华书局，1990年，第221页。
② 朱熹：《四书章句集注·论语集注》卷三《雍也》，第86页。
③ 陈天祥：《四书辨疑》卷四《论语》，文渊阁钦定四库全书，第13b页。
④ 苏舆：《春秋繁露》卷七《官制象天》，北京：中华书局，1992年，第212页。
⑤ 苏舆：《春秋繁露》卷七《官制象天》，第213页。
⑥ 傅亚庶：《孔丛子校释》卷五《陈士义》，北京：中华书局，2011年，第333页。
⑦ 刘宝楠：《论语正义》卷二《为政》，第52页。

是违之",认为孔子之政无过失,亦不违于礼。"颊谷之会",鲁定公欲接乘礼车前往,孔子及时劝阻。齐景公背弃礼义,孔子据礼力争,尽显浩然正气,力挫齐国嚣张气焰,令其乖乖奉还土地,向鲁示好。"堕三都"时,即使面对势力强劲的"三桓",孔子也不唯季孙氏是从。《论语·颜渊》篇,季孙氏问政于孔子,孔子曰:"政者,正也。"①自身正,才可执权行事,以正他人,正万民,正天下。《孔子家语·相鲁》曰:"由司空为鲁大司寇,设法而不用,无奸民。"②孔子虽"行乎季孙",不为名利迎合君主,谄媚权臣,而是事君尽礼,率身以正。

孔子行政三月之后,定公与季氏终有所违背。"颊谷之会"后齐国归还鲁国田地,何休《解诂》曰:"夫子虽欲不受,定公贪而受之。此违之验。"孔子不想接受,定公因贪恋土地想要接受。既然称"违之验",那么,之前的三月间,因孔子以德为政,鲁君无所违逆。"堕三都"时,鲁定公或者季孙氏皆听从孔子行政,没有违背之意,后来接受齐人馈赠的女乐,有违于治国之道。

另外,《公羊传》两次书写所指有所不同。定公十年书"三月不违",何休认为是为了验证定公接受齐归鲁田违背孔子之政而有违。定公十二年,堕费邑,复言"三月不违",徐彦疏曰:"今此《传》文复言之者,盖不违有二"③,"二"是指两次不同的事件。"为司空之时,能别五十之宜,咸得其所,为季孙氏所重,是以三月不违也。齐人遂惧,来归四邑矣。"孔子任司空之职,季孙氏重用孔子,三月不违。"及作司寇之时,摄行相事,设法而用之,……政化大行,季孙氏重之,复不违三月。是以此《传》又言其事矣。"孔子迁任司寇后,礼乐政刑并施,季孙氏依然重用孔子,三月不违。孔广森《通义》曰:"再言三月不违者,前据为中都宰时,此据为司空时也。"④"再言",是指孔子前后任不同官职之时,与鲁君及当权者季孙氏的关系、态度和从政结果。

《传》文复书之辞。孔子曰:"书之重,辞之复,呜呼!不可不察,其中必有美者焉。"⑤重复记载,反复之辞,这里面必定有重要的、美好的道理,不能不细心

① 朱熹:《四书章句集注·论语集注》卷六《颜渊》,第138页。
② 王肃注:《孔子家语》卷一《相鲁》,第3页。
③ 何休、徐彦、陆德明:《春秋公羊传注疏》卷二十六《定公》,第1118页。
④ 孔广森:《春秋公羊经传通义》卷十《定公》,郭晓东、陆建松、邹辉杰点校,上海:上海古籍出版社,第693页。
⑤ 何休、徐彦、陆德明:《春秋公羊传注疏》卷十《僖公》,第392页。《公羊传》僖公四年"师在召陵,则曷为再言'盟'?喜服楚也",何休《解诂》引孔子之言。

体察。《春秋繁露·祭义》曰："其辞直而重,有再叹之,欲人省其意也。"①复书不仅仅指两次不同的事件或任不同的职位,应该还有更为深刻的春秋大义。也就是说,在孔子执政期间,鲁国的政治环境并没有什么变化,一直是"行乎季孙",鲁公、季孙氏虽然重用孔子,却始终心存芥蒂,在为政理念、动机和目标上,与孔子背道而驰,有着根本上的不同。这也正是《公羊传》用"重书辞复"引起人们警醒深思的地方。

孔子以其短暂的仕途经历,不仅亲身验证了儒家的执政能力和效果,而且也让人看到了圣人之治"行乎天下"的荆棘之途,儒家理想(道)与现实政治(政)之间如同隔着一层厚厚的"坚冰"。若想化解冰层,就要寻求一个双方共同认可的结合点,能够消弭张力的中间"介质",儒学势必将做出一番调适和改造。

二、天命与君权的平衡和调适:"以君随天"

既然儒家天然与政治不可分离,承担道行天下的使命和担当,那么,真正的儒者必置身其中,有所作为。几百年后的董仲舒,适应汉代"大一统"集权政治的时代需求,重新找回并论证了对"天"的信仰,不仅在思想"一统"与君权之间找到了结合点,而且在君权之上再设一至尊至上的"天道",作为监督者和最终裁决者,以此来落实儒家的政治学说。

三代以来,"君权天授"的观念已深入人心。殷商时期,王权高度集中,周代的分封制更是"溥天之下,莫非王土;率土之滨,莫非王臣"②,天子是王权的最高统治者,"礼乐征伐自天子出"③。周人有德,天子"以德配天",人们尊奉天子,"以天为宗,以德为本"④,可以说是"神权统治与世俗统治双管齐下,互为补充"⑤。随着东周时期的礼崩乐坏,人们对"天"的信仰也逐渐崩塌,开始怀疑上帝超越性的存在,否定"天神"的主宰,转而重视底层民众的精神和力量,提出

---

① 苏舆:《春秋繁露》卷十六《祭义》,第 436 页。

② 毛亨传,郑玄笺,孔颖达疏:《毛诗正义》卷十三《小雅·北山》,李学勤主编,北京:北京大学出版社,1999年,第 797 页。

③ 朱熹:《四书章句集注·论语集注》卷八《季氏》,第 172 页。

④ 王先谦:《庄子集解》卷八《天下》,陈凡整理,西安:三秦出版社,2005 年,第 465 页。

⑤ 黄朴民、李橘璐:《董仲舒"天人合一"的"理性"内核与制衡精神》,《衡水学院学报》,2021 年第 2 期。

"天人相分""民贵君轻",当这种思潮反映到现实政治时,就从"敬天""畏天"走向王权"无所限制"的极端。然而,单单依靠民心的支持,无法形成强有力的震慑和约束,导致王权高度专制,无限扩大,唯我独尊,这也是造成社会不稳定的重要根源。秦始皇恣意妄为,无法无天,以致二世而亡即是例证。

汉代在政治"大一统"的基础上,进一步加强了中央集权,从当时的政治实践来说,总结秦亡的教训,寻求与之相适应的思想"大一统"便成为时代所需。汉武帝即位后锐意进取,跃跃欲试,"举贤良文学之士前后百数,而仲舒以贤良对策焉"①,招募贤才,革新政治。董仲舒以博士身份应召参加贤良对策,登上历史舞台。在与汉武帝的三次对策中,董仲舒充分展示了一个儒者深厚的学术底蕴和政治智慧。

董仲舒坚信他所坚持和维护的"六艺之说""孔子之术"是治道,"道者,所繇适于治之路也,仁义礼乐皆其具也"②,但是,只讲这些,很难得到最高统治者的认同和信任。"天人三策"中,汉武帝首先提出问题:"三代受命,其符安在? 灾异之变,何缘而起?"③看来,帝王最为关心的还是王权的合法性和稳定性,受命之"符"似乎比实际的政治功绩更加受到重视。因此,对于已经相对成熟的"君权天授"观念,董仲舒没有必要再进行充分论证,当务之急是在国家意识形态与王权之间,找到"双方都能接受和认可的一个'中介'"④,这个中介必须具有绝对权威性和超越性,而且能够解决长期以来君王无法无天,王权不受限制的重大社会问题。由此,董仲舒回答"天命"的问题时,便树立起"天"的绝对权威性,曰:"天之所大奉使之王者,必有非人力所能致而自至者,此受命之符也。天下之人同心归之,若归父母,故天瑞应诚而至。"⑤董仲舒借助于"天",一方面承认王权合法性和神圣性的一面,另一方面以"祥瑞"或"灾异"说,表明君是万民之父母,同心而归之处,与"天"之间有非同一般的感应关系。这种说法让汉武帝感觉不同寻常,"天子览其对而异焉"⑥,于是就有了后面的两次策问,董仲舒借

---

① 班固:《汉书》卷五十六《董仲舒传》,北京:中华书局,1962 年,第 2495 页。

② 班固:《汉书》卷五十六《董仲舒传》,第 2499 页。

③ 班固:《汉书》卷五十六《董仲舒传》,第 2496 页。

④ 郭淑新:《张力与调适:董仲舒"天人三策"的意涵追问》,《管子学刊》,2021 年第 3 期。

⑤ 班固:《汉书》卷五十六《董仲舒传》,第 2500 页。

⑥ 班固:《汉书》卷五十六《董仲舒传》,第 2506 页。

机详细阐发了"天人感应""大一统""德主刑辅"等治国之大道。

董仲舒所树立的"天",不是与君同格和对等的,而是凌驾于君之上具有绝对权威和超越性的存在,并被赋予监督、评判王权的意义,董仲舒在"君主制度之上和之外设立了一个评判君主制度的基点或标准,君主制度就不再具有绝对的超越性和权威性,而是可以被批判和反对的对象"[1],以"天道""天意"来制约君主的至高无上的权力,这是董仲舒"天人关系"说的目的和关键点。在敬天命、尊君权与限制君权之间,董仲舒用"天人感应"理论将君权统摄于"天威"之下,并极力论证天、君之间的感应和授受关系:君受命于天,不只是接受一个尊号尊位,更重要的是接受上天赋予的使命以及与之相应的德行和责任。由此,"天"既可保障王权的合法性,又担负起监督、限制王权的责任。形成董仲舒的新天人哲学范式。

董仲舒通过构建天、君、民的关系来进行论证。向上而言君权是天命所授,天可以授命,同样也可以剥夺,但是,"天"的超越性和神圣性毕竟是虚幻的,董仲舒又进而为"天道""天意"找到向下的现实依据,便是以社会治理得好不好,民是否满意为标准。《春秋》之法,以人随君,以君随天","屈民而伸君,屈君而伸天"[2],董仲舒谨案《春秋》寻求理论根据,君是万民的代表,人民要随从国君,国君应随从上天,顺从天意行事。董仲舒强调:"天之生民,非为王也,而天立王以为民也。故其德足以安乐民者,天予之;其恶足以贼害民者,天夺之"[3],君承受天命,但天却并非为立君王,而是为了天下万民。因此,儒家特别强调对有国、有家者的道德和为政要求,君王要效仿天道行王道,"治乱废兴在于己,非天降命不可得反,其所操持悖谬失其统也"[4],国家的治乱兴废关键在于王权统治者,如果君王悖逆天道,就算是拥有天命也可被褫夺返还。"国家将有失道之败,而天乃先出灾害以谴告之,不知自省,又出怪异以警惧之,尚不知变,而伤败乃至"[5],天降灾异,是天谴和警告,如果还不知悔改,必然会走向败亡。

在董仲舒构建的"天—君—民"的政治结构中,看似崇天、尊君,究其本质仍

---

① 蒋庆:《公羊学引论:儒家的政治智慧与历史信仰》,第18页。

② 苏舆:《春秋繁露》卷一《玉杯》,第29—30页。

③ 苏舆:《春秋繁露》卷七《尧舜不擅移、汤武不专杀》,第216页。

④ 班固:《汉书》卷五十六《董仲舒传》,第2500页。

⑤ 班固:《汉书》卷五十六《董仲舒传》,第2498页。

是儒家的民本主义。"其根本目的则是既保障君王的权力,又坚持民本的理念,这是从原始儒家到汉代儒学普遍认同的政治理念,也是儒家关于国家治理的核心思想。"①董仲舒所说的"君权天授"不是虚无缥缈的神学论,"天意"也不是无所依凭的空泛之谈,而是万民之意的代表和化身。董仲舒之所以这样苦心孤诣、大费周折地造出个"天意"来,是为了以"天"的神秘力量说服、制约皇权,最后再落脚到天下民心。所以,三级政治结构并非单线单向静态的,而是双向循环动态的,"天意、君德都统一于'民','民心'和'民意'就成为天、君、民政治生态平衡机制中的关键环节"②。"以人随君""屈民而伸君"保障了君权。"以君随天""屈君而伸天"则将儒家的王道和德治、民本思想化为"天威""天心"来限制君权。这样,上天的监督和评判不仅有可敬畏的形上根据,也有切实可寻的形下迹象,以此达到制约君王权力的目的。

董仲舒以"天人三策"参与到现实政治,他的"天人关系"之说,"第一次在人—君—天之间梳理出权力的源流关系,也第一次在这三者之间建立起稳固的授受秩序"③,这既是儒学在自身学术发展过程中对其他诸家的融汇,也是将其融入现实政治所做出的创新和调适。"在依然保留儒家的基本政治理念的同时,由高调理想主义的'道'转变为现实功利主义的'治',这是儒家士大夫寻求与君王合作的重要调整和实际代价"④,也正因为董仲舒做出的努力,在儒家为政理想"与政治家的治国安邦宏愿相契合,与汉武帝'永惟万世之统'的理念相一致"⑤的基础上,将儒家思想落实为社会政治实践,实现了一代帝王与一代儒者的对话与合作,并且取得了效果,帮助汉武帝完成治国指导思想的构建和转变。

从孔子的"行乎季孙,三月不违",到董仲舒君臣对策,实现学术与政治的统摄与整合,现实政治凭借儒家的力量,尽力回应统治阶层的需求,解除政权危机和社会问题。儒学借助于政治权力,为其终极理想和价值观念的落实创造机

① 朱汉民:《"屈民而伸君"与"与屈君而伸天"——董仲舒〈春秋〉大义的政治智慧》,《天津社会科学》,2018 年第 2 期。

② 代春敏:《生态文明视阈下的董仲舒天人哲学及其现代价值》,《衡水学院学报》,2020 年第 2 期。

③ 余治平:《董仲舒"以人随君,以君随天"思想的局限——在"2018 中国·衡水董仲舒与儒家思想国际学术研讨会"开幕式上的致辞》,《衡水学院学报》,2018 年第 5 期。

④ 朱汉民:《天人三策:儒生与帝王的共识与盟约》,《孔子研究》,2018 年第 4 期。

⑤ 李宗桂:《董仲舒思想历史作用之我见》,《衡水学院学报》,2019 年第 2 期。

遇,表现出双方既合作又改造,既坚守又与时俱进的内在张力。

三、何以"三月不违","三策"而止?

儒家在政治实践中做出调适和改造之后,仍然存在为政可否持久的问题,其执政的效果经常以时间或事件为节点,孔子是"行乎季孙,三月不违",董仲舒建构"新儒学",实现君臣三次对策(或对话与合作),这是帝王与士大夫的"各自既坚守又让步的结果"①,之后都不再有如此"高光"时刻。

就为政时间期限而言,不止有"三月"之说,《论语·子路》篇孔子也曾说过:"苟有用我者,期月而已可也,三年有成"②,"期月",指一年的时间。《朱子语类》曰:"到三年,便财足兵强,教行民服"③,一年即可观其成效,三年则有大成。朱熹《集注》引尹氏曰:"孔子叹当时莫能用己也,故云然。"④孔子知天下无道而不忍弃之,虽是无所任用的无奈感叹,亦非虚妄之语。"三月""一年"或"三年",是将儒家的理想和智慧贯彻落实到现实政治的时间效用。儒家施政,纲举目张,为何必以"三月"而言,或屡屡以"三月""一年""三年",或某次事件为节点来强调政效?

(一)儒家施政需要一定的时间

面对天下大乱,礼崩乐坏的无序状态,基于对现实政治和人生的忧虑,儒家施政的目的是要将王道思想付诸实践,要对社会进行彻底的改造和变革,重新树立礼乐秩序,体现上下尊卑和人伦大道,不是短时间的"面子工程"。《朱子语类》曰:"圣人做时,须一切将许多不好底撇换了,方做自家底。"⑤若从根本上解决社会问题和矛盾,需要除旧布新,去除弊病,儒家所强调的礼乐教化,以德化人和移风易俗,需要时间进行更化,不像政令刑罚一样立竿见影。"堕三都"最终失败的直接原因是遭到孟孙氏的强烈抵抗,顾栋高《大事表》曰:"使孔子久于

---

① 郭淑新:《张力与调适:董仲舒"天人三策"的意涵追问》,《管子学刊》,2021 年第 3 期。
② 朱熹:《四书章句集注·论语集注》卷七《子路》,第 145 页。
③ 黎靖德:《朱子语类》卷四十三《论语·子路篇》,第 1104 页。
④ 朱熹:《四书章句集注·论语集注》卷七《子路》,第 145 页。
⑤ 黎靖德:《朱子语类》卷四十三《论语·子路篇》,第 1104 页。

其位,当能感悟孟氏,使渐就约束。"①如果孔子不离开鲁国,能任司寇再长久些,应该能改变孟孙氏的想法,使其回归礼制之约。董仲舒本着公羊春秋匡正现实的精神,针对当时汉代社会的根本问题和弊端,对当时的最高统治者提出:"当更化而不更化,虽有大贤不能善治也",董仲舒所说的"善治",是以礼乐教化之功、五常之道进行革新更化,匡正时弊,一些具体可行的措施也需假以时日方能看到成效。

(二) 以时间评估,政绩显著

对于政绩来说,时间是很重要的评估标准和节点。孔子"行乎季孙",虽然得到鲁君和季孙氏一定程度上的支持,但当时的政治环境还是非常险恶和糟糕。尽管如此,孔子仍率身以正,事君尽礼,并且取得显著的政绩。扬雄《法言·问明》曰:"孔子用于鲁,齐人章章,归其侵疆。"②"章"通"慞",意思是惊惧惶恐。齐人惊服于孔子的文武之威,拒兵车之勇,随后"来归"侵鲁之田以谢过。胡安国《胡氏春秋传》曰:"桓公以义责楚而楚人求盟,夫子以礼责齐而齐人归地,皆书曰'来',序绩也。"③《春秋》书"来归",意为齐心服口服,自愿前往归还,这是孔子的政绩。王夫之《张子正蒙注》曰:"定公之君,季斯之臣,三月而鲁大治,非孔子与以所本无也。"④"大治",表明鲁国的内政外交大为改观,而且这种改变是深入人心的道德和风俗之教化,若非孔子参与政治,鲁国断断不会有这些政绩。而且,孔子所施礼乐之政与季孙氏所用"杀无道以就有道"⑤的杀伐政刑完全不一样,"大治"的政效也与季孙氏行政时的"患盗"形成鲜明的对照。同时,这些执政理念和效果上的不同,也是孔子得不到更多的执政机会和时间的原因所在。

关于董仲舒的政绩,《汉书·董仲舒传》曰:"凡相两国,辄事骄王,正身以率下,数上疏谏争,教令国中,所居而治。"⑥董仲舒以仁义辅佐骄王,以礼乐教化百姓,在相国之任上政效显著。在与决策者的对话中,除了"天人三策",《汉

---

① 顾栋高:《春秋大事表》卷二十一《鲁政下逮表》,北京:中华书局,1993 年,第 1774 页。
② 扬雄:《法言》卷五《问明》,李轨、柳宗元注,北京:中国书店,2018 年,第 157 页。
③ 胡安国:《胡氏春秋传》卷二十八《定公下》,钱伟强点校,杭州:浙江古籍出版社,2010 年,第 468 页。
④ 王夫之:《张子正蒙注》卷六上《三十篇》,文渊阁钦定四库全书本,第 5b 页。
⑤ 朱熹:《四书章句集注·论语集注》卷六《颜渊》,第 139 页。
⑥ 班固:《汉书》卷五十六《董仲舒传》,第 2525 页。

哲学·经学·语言

书·食货志》中还记载了董仲舒的两条建议,一是让关中百姓种植宿麦,二是提出限民名田、去盐铁专卖、去专杀、薄赋敛省徭役等宽民政策,"幸诏大司农,使关中民益种宿麦,……限民名田,以澹不足,塞并兼之路。盐铁皆归于民。去奴婢,除专杀之威。薄赋敛,省徭役,以宽民力。然后可善治也。"[①]虽然只是建议,并没有具体明确记载汉武帝是否采纳或效果如何,但随后言"仲舒死后,功费愈甚,天下虚耗,人复相食"[②],而且武帝末年也真心悔过征伐之事,从中可以看出董仲舒对决策者和当时朝政的影响。

(三)儒家施政的时效性

儒家的执政理念和实践与现实政治体系存在矛盾和冲突,政统之外又有道统传承,二者的结合有一定的时效性。

古代圣王执掌天下,政道合一,王圣一体,不存在执政的时间是"三月""一年"抑或"三年"的问题。随着礼崩乐坏,政道分离,王圣亦分而为二,承担道统传承的"师"与现实政治中的天子、诸侯王以及大夫也不再合一。这样,就出现了德、位是否相配,施政理念是否符合道义,君臣、君民如何对待等一系列问题。以仁、礼为核心的"为政以德""政者正也""先之劳之""举直错诸枉""近悦远来""君子德风"等是儒家的为政观念,"因民之所利而利之",民本、利民、惠民是儒家的价值导向,其目标是实现"天下大同"的理想社会。出于政治伦理的需要,"道"主要是对为政者的行为进行价值引领、导正和规范,儒家行政,势必会进行刮骨疗毒一般的深层改革,动摇和破坏既得利益集团的根基。可以说,"在中国政治传统中,'道统'高于'政统','道统'不仅是'政统'的评价标准与道德合法性的来源,也是社会普遍道德与精神价值的基础与来源"[③]。大同理想社会不可谓不令人向往,但是,当遇到复杂残酷的现实政治时,一直充斥着王霸之别、义利之辨,儒家思想的先天形上性、理想化和不妥协,与现实政治的形下性、理性化和专制性迥然相异。以上这些,不仅使儒家始终处于积极进取与时效限制、理想主义与现实困境的矛盾冲突中,又注定与"政统"相互需求和相互依撑,"三月",也许是二者结合所能达到的最长的"蜜月期","三策"也许是为政者可

---

① 班固:《汉书》卷二十四《食货志上》,第1137页。

② 班固:《汉书》卷二十四《食货志上》,第1137页。

③ 蒋庆:《儒家的生命之道与政教传统——蒋庆先生谈儒家的心性学统、道统与政统》,儒家网,2004年4月28日,https://www.rujiazg.com/index.php/article/1211。

以接受得了或听得进去的极限所在。

（四）儒家施政的紧迫感和无奈感

每每以时间或事件来宣告，实际是一种源于儒家对大道行于天下的紧迫感和使命感，以及洞察"大道之不行也久矣"的无奈感。

这种紧迫感来自"行道"的责任和使命，来自对残酷现实的真切感受和洞悉。观照现实世界的礼崩乐坏、生灵涂炭，孔子由然而生一种悲悯苍生的莫大责任感和休戚与共的自觉担当，"仁以为己任，不亦重乎？死而后已，不亦远乎"[①]，不惧远重，以易"滔滔天下"为有道人间为天命，故自言"文王既没，文不在兹"[②]，斯文在兹，不容拖延，更不容推卸！子贡言若夫子得邦家者，必"立之斯立，道之斯行，绥之斯来，动之斯和"[③]，然而，纵观孔子一生，有机会能施展才能，行道于邦家的机会和时间还是太少、太短了，但凡有一点机遇，一丝希望，即使是据费邑以叛的"公山不狃"，据中牟叛乱的"佛肸"来召，孔子都动以仁心，欲奔赴而倾力为之。面对滔滔天下，孔子不断发出"如有用我，吾其为东周乎"[④]的感叹，这些绝非空谈和大话，而是尽显其志之高远，又可体圣心之无奈之叹。

董仲舒上追孔圣，融汇诸子，推求大道本源，探《春秋》之真义，"三年不窥园"绝非故纸堆里的"穷经"之学，而是贯穿生命信仰和现实观照的致用之学。他的"天人感应""灾异谴告"在饱受诟病的同时，也体现了与王权合作时，坚守儒家的批判精神和政治责任，以及儒家的独立人格和济世安邦的大道情怀。或许说董仲舒在对的时间遇到了对的人，他等到了雄才大略的汉武帝，等到了适合儒学发展的政治土壤，但作为一代醇儒，董仲舒所向往的三代之治与当时的世道浇漓相差甚远，他在《士不遇赋》中发出了"盛世悲叹"："生不丁三代之盛隆兮，而丁三季之末俗。以辩诈而期通兮，贞士耿介而自束。虽日三省于吾身兮，繇（犹）怀进退之惟谷。"[⑤]由此可以深切体悟到他内心的苦闷和孤独。

虽然儒家行政是有效用的，并且政效长久而显著，但由于施政理念和目标

---

① 朱熹：《四书章句集注·论语集注》卷四《泰伯》，第 104 页。
② 朱熹：《四书章句集注·论语集注》卷五《子罕》，第 110 页。
③ 朱熹：《四书章句集注·论语集注》卷十《子张》，第 194 页。
④ 朱熹：《四书章句集注·论语集注》卷九《阳货》，第 178 页。
⑤ 张樵：《古文苑》卷三《赋》，文渊阁钦定四库全书，第 3b 页。

的对立,王道信仰与现实功利总是那样格格不入,现实政治无法给儒家更多的时间和机会。诸如"吾道穷矣""天丧予"的无奈感,大概是后世以天下为己任的士大夫们的共鸣。

四、行亦进,退亦进:儒家"行乎天下"之理路

既然很难突破"三月""三策"这个节点,那么,"三月"之后,"三策"而毕,儒家将面临何去何从的问题。孔子传尧舜之道,将"行乎天下"作为最终的政治理想和目标,即"圣王合一",君师一体,回归三代圣王的理想时代。由此,孔子为后世儒家开示出两条"道行乎天下"的理路和进程:居庙堂之高,则弘扬王道,推行仁德;率彼旷野[①],则穷而不困,潜心治学,传承学脉道统。

孔子"在其位,谋其政",显示出卓越的政治才能,以及施政的决心和魄力。"三月"之后,"三桓"感到既得利益受到阻碍和损失,孔子与权臣的矛盾逐渐激烈,鲁君对此也无能为力,同时,邻近的齐国也深感惊惧,忧虑鲁国政治外交的振奋。定公十四年,齐人施展"女乐外交",离间鲁国君臣,"桓子卒受齐女乐,三日不听政;郊,又不致膰俎于大夫。孔子遂行"[②],"遂行"一词,可见孔子一如当初"翩然而出"一样,态度依旧毅然决然,从容淡定。孔子深知,离去已成定局,只是早晚的问题,为去位去国找个恰当的时机[③]孔子周游列国十四年,不在其位,仍谋其大道。率弟子"造次必于是,颠沛必于是"[①],厄于陈、蔡,弦歌不绝。

---

① 司马迁:《史记》卷四十七《孔子世家》,第1931页。孔子与弟子厄于陈蔡,见弟子有愠色,孔子曰:"君子固穷。"并引《诗·小雅·何草不黄》中的"匪兕匪虎,率彼旷野",分别向子路、子贡和颜渊问:"吾道非邪? 吾何为于此?"为什么我们要像野牛、老虎一样奔跑在田野,难道是我推行的大道不好吗? 弟子三人作答,颜渊答以"不容然后见君"。原诗参见毛亨传,郑玄笺,孔颖达疏:《毛诗正义》,第949页。

② 司马迁:《史记》卷四十七《孔子世家》,第1918页。

③ 鲁君和季孙氏耽迷于女乐,子路提醒孔子,可以离开了,但孔子还在期待,《史记·孔子世家》载,这一年的冬天,鲁国举行郊祭,孔子曰:"如致膰乎大夫,则吾犹可以止。"按照礼制,祭祀之后,国君会将祭肉分给大夫。孔子固执地等待:如果鲁君能把郊祭用的膰肉送给我,我则不"行"。孔子依君臣道义,期待鲁君能回心转意,此"行"能有一个恰当的理由和时机,《孟子·告子下》曰:"不知者以为为肉也,其知者以为为无礼也,乃孔子则欲以微罪行,不欲为苟去,君子之所为,众人固不识也。"沉迷女乐,不致膰肉,皆是无礼,但两相比较,"不致膰肉"罪轻,借此离去,世人不会过分谴责鲁君。朱熹《集解》曰:"不以女乐去,而以膰肉行,其见几明决而用意忠厚。"这就是孔子的"事君尽礼"和"圣之时"。

① 朱熹:《四书章句集注·论语集注》卷二《里仁》,第70页。

晚年退而修订六经，为后世奠定经学子学时代的基础。作《春秋》口诛笔伐，以达王事，立王道之法，令"乱臣贼子惧"。可以说，孔子是行亦进，退亦为进，"达则兼善天下，穷亦兼善天下"，足见孔子道、政皆一，本末相贯。

董仲舒应诏贤良对策，非为求一官一职之禄，而是志在天下，"为《春秋》者，得一端而多连之，见一空而博贯之，则天下尽矣"①，董仲舒体悟孔子作《春秋》之旨，曰："天下者无患，然后性可善；性可善，然后清廉之化流；清廉之化流，然后王道举。礼乐兴，其心在此矣。"②可以说，董仲舒为"大一统"的国家政体从理论上提供了支撑，躬身践行儒家的政治理想与价值观念，面对"六经"离析，董仲舒"下帷发愤，潜心大业，令后学者有所统壹，为群儒首"③。"三策"之后，有"王佐之材"的董仲舒，基本远离政权中心，只任相国辅佐诸侯国君，但醇厚廉直的董仲舒始终以天下为忧，"天人三策"中劝勉帝王，曰："强勉学问，则闻见博而知益明；强勉行道，则德日起而大有功"④，身为国相，坚守以道事君，晚年居陋巷，"及去位归居，终不问家产业，以修学著书为事"⑤，退而修书，皇帝还经常派使者咨询国事。

君子志在闻道、行道，"道之将行也与？ 命也。道之将废也与？ 命也。"⑥天命成败，自有定数，当行则行，当去则去，即使所有世俗政治的进路被阻断之后，儒家尚能坚守最后的一道防线——文化道统的传承，以其强大的文化主导力量参与到中国传统政治体系中⑦，绵延不绝。文王既没，尚有孔子，孔子既没，尚有儒门弟子传承"六经之说""孔子之术"，孟子尚有"万章之徒序《诗》《书》，述仲尼之意"⑧，董仲舒亦有《繁露》发挥公羊春秋……这些万世之功岂是一时之权位所能比拟。有形的生命是有限的，精神追求是永恒的，有了学脉传承、道统相继，儒家王道对现实政治的"破冰"之行定能行稳致远，"行乎天下"。

---

① 苏舆：《春秋繁露》卷三《精华》，第93页。

② 苏舆：《春秋繁露》卷五《盟会要》，第137页。

③ 班固：《汉书》卷五十六《董仲舒传》，第2526页。

④ 班固：《汉书》卷五十六《董仲舒传》，第2498页。

⑤ 班固：《汉书》卷五十六《董仲舒传》，第2525页。

⑥ 朱熹：《四书章句集注·论语集注》卷七《宪问》，第159页。

⑦ 朱汉民：《天人三策：儒生与帝王的共识与盟约》，《孔子研究》2018年第4期。

⑧ 司马迁：《史记》卷七十四《孟荀列传》，第2343页。

From "Three Months without Disobedience" to "Kings Follow the Will of Heaven": How Does Confucianism "Break the Ice" and Make the Great Way Universal

Dai Chunmin, Abdullah S

Abstract: In the *Biography of Gongyang*, the tenth and twelfth years of the Reign of the Duke of LU Ding repeatedly recorded that "Confucius administered political affairs for the Jisun family, three months without disobedience", Duke Ding and Jisun valued but at the same time feared Confucius. Confucius' administration of political affairs for Jisun is actually to practice the sagely way, realize the rule of Confucius and the rule of saints. The effect of Confucian administrative power has been long and remarkable. However, the obstruction in reality always exists, so it is impossible to obtain more time and opportunities. "Three months without disobedience" is a question of whether Confucian administration can continue, full of a sense of urgency and powerlessness. DONG Zhong-shu proposed "following the will of heaven", based on the construction of the legitimacy of the royal power, restricting the monarch's power with the way of heaven, presenting public opinion with the will of heaven, and striving to advance with the time while adhering to "following the way" and "reform and transformation", and reaching a consensus with the imperial power. Confucianism, between advance and retreat, in the tension between ideal and reality, Taoism and politics, constantly resists and adjusts, and actively seeks the rational way of "breaking the ice" to achieve counterbalance and cooperation.

Keywords: Confucian governance, three months without disobedience, the monarch submits to the will of heaven, tension, regulate

"《春秋》无义战"中的王道与正当性辨析[*]

——以哀公十一年"齐国书伐鲁"为中心

张 凯[**]

[摘 要] 《春秋》王鲁,假鲁以张治本。哀公十一年,齐不得天子之令而擅伐鲁是有违君臣之义的,但在《公羊》学视域下却是孔子以不书"某鄙"之辞表明鲁自取其祸而见耻于诸夏中国,贬之更甚于齐。究其原因,鲁作为一个侯爵之国,承周公之祀,却不思内修其德以强国,惧于夷狄之吴的强大军事实力,献百牢、乱周礼,屈辱至极。又适逢三桓擅权,对外惧强而凌弱,获罪于吴、齐两国。两国遂相继来伐,鲁在地缘政治中,左右腾挪,与吴立约;又以两邑之地贿赂齐,归邾娄子益以平齐之怒。转而又与吴兴兵伐齐,致齐悼公被弑,几乎引发了夷夏大乱。《春秋》追古贵信,鲁却毁信而伐近邻,又随意结盟、立小信以止干戈,致天下没有可信之制、可循之理,而渐失

* 基金项目:国家社科基金重大项目"董仲舒传世文献考辨与历代注疏研究"(19ZDA027);上海交通大学董仲舒青年学者支持计划"苏舆《义证》文本的董学价值研究"(HS-SJTU2022B02);河北省董仲舒与传统文化研究中心课题(2022002)。

** 张凯(1992—),男,安徽合肥人,上海交通大学人文学院董仲舒国际儒学研究院副研究员,河北省董仲舒与传统文化研究中心研究员,主要研究领域为儒家经学、中国哲学。

其正。孔子所见之鲁，已不复周礼之邦，王者之气象，岂可再遮其罪，遂以抑鲁扬齐而欲拨乱反正。尽管战争是残酷的，儒家对不正义的战争也是一以贯之地反对，但"齐国书帅师伐我"，定是孔子以笔执刀、反复思索、掩面而记之文，侧重对鲁德性缺失的审判和夷狄犯诸夏的斥责。以此可观《春秋》记录不义之战所用褒贬之辞，蕴含着儒家对正义战争的界定，为如何借暴力手段而起仁义之师提供了形而上的伦理基石，强调在慎战的同时，不能忽视战争对捍卫道义、国家权力，甚至辨乱复礼的正向作用。

[关键词]　王道；夷夏之辨；正义之战；《春秋》笔法

　　王道国家需慎战，但要知战、能战、战而有义。"《春秋》无义战"，语出《孟子·尽心下》，既是孟子对《春秋》所载征伐之事的总体评述，也是儒家先贤对战争正当性的思忖。战争必然是要流血、死人的，孔子载之于《经》的侵、伐、战、围、入、灭等诸多战事，勾勒出春秋时代残酷的一面。家、国之事付于兵戈，其血与义的纠缠，礼与德的呈现，都让"无义"之战变得是非难辨。人们不禁反思，战争是否具备必要性和正当性？倡导王道之治的儒家又如何以《春秋》笔法将其仁义之道寓于诸多战争中？王者不轻战，《荀子·王霸篇》曰："行一不义，杀一无罪，而得天下，仁者不为也。"不同于墨家倡导"非攻"，儒家对待战争具备一种特有的道德性、批判性立场。然而，学界对《春秋》时期战争的正当性研究鲜有涉及，这与儒家好礼而鲜言战不无关系①，但却遮蔽了其作为王道政治中不可

---

①　儒家非不知战，不重武备，然而在强调统治者通过遵循礼制，以实现免战。《论语·卫灵公》记："卫灵公问陈于孔子。孔子对曰：'俎豆之事，则尝闻之矣。军旅之事，未之学也。'明日遂行。"余治平指出：《论语》中，'卫灵公问阵'，孔子寄人篱下，既不想助纣为虐、为虎作伥，又不想给自己增加麻烦，所以才予以否决。孔门弟子中，许多人都直接参与了各大诸侯国的政治实践，能够带兵打仗者不在少数，冉有、子路、樊迟等都是军事将领。"见余治平：《"必有武备"而"胜残去杀"——孔子之军旅事迹与战伐主张考论》，《社会科学》，2015 年第 11 期。孟子提出《春秋》无义战，是将战争置于王道和霸道的视域下提出的命题，离开了对如何构成战争本身的正当性反思，以致后来儒者鲜有论著。荀子《议兵》提出兴"仁人之兵"，董仲舒《繁露·竹林》指出《春秋》之战"不义之中有义，义之中有不义"，都是两篇集中反映儒者对战争的思考，但总体都是反战、慎战的思想，却忽视了孔子对战事、武备的熟悉恰恰佐证了儒家慎战而不可轻战，乃至避战。

或缺的组成部分和价值地位。哀公十一年,《春秋》曰:"春,齐国书帅师伐我。"①齐大夫国书率领军队攻打鲁国,则是一个典型的无义之中有义的战例。《左传》曰:"齐为郎故"②,以报哀公十年"郎之战",吴、鲁、邾娄和郯四国伐齐之仇。从《公羊》辞法来看,经文书"我"则有异于常例。我,指鲁国,胡安国《传》曰:"诸侯来伐,无有不书四鄙者"③,有他国伐我鲁国,常例会书所伐之"鄙"。定公六年,"齐国夏帅师伐我西鄙",以"西鄙"说明于鲁何地受战争之祸。所以经文不书"某鄙",则为变辞。哀公八年,吴国围鲁,《春秋》为鲁国隐讳,曰:"吴伐我。"《解诂》曰:"不言围者,讳使若伐而去",为鲁国被围见耻而隐讳。然而,齐伐鲁,鲁御敌成功,并未受辱,不需要为鲁隐讳,经文不书所伐之地实属反常。胡《传》曰:"直在齐矣。"故齐国本次来伐,是鲁国理屈在先。以不书齐国伐何处责鲁以自省。高攀龙《春秋孔义》曰:"鲁之伐,自取之矣"④,也认为鲁国自取其祸。胡《传》曰:"欲省致师之由而躬自厚也。""郎之战"中鲁与吴、邾娄、郯来攻伐齐国。一方面,鲁不循齐、鲁之好,与夷狄犯齐,致起战端;另一方面,鲁无信失德,背诸夏而亲夷狄,皆为取祸之道。"郎之战"是吴国主导的,为什么齐要报复鲁而不是吴?鲁该不该被报复?齐、鲁皆属诸夏中国,地理位置毗邻,又有姻亲之好。鲁国为何又要与夷狄之吴伐齐?这些问题从夷夏之辨、王鲁之义、亲亲之道视角对齐伐鲁的正当性提出了挑战。

一、王道暗淡:鲁国事夷狄而献百牢

卡尔·冯·克劳塞维茨认为:"战争从不晴空霹雳突然爆发,它也不可能顷刻就蔓延开来。"⑤即便这场战争尚处在我们假想中,依然需要极尽脑力,将可

① 何休解诂,陆德明音义,徐彦疏:《春秋公羊传注疏·哀公十一年》(下),刁小龙整理,上海:上海古籍出版社,2014年,第1185页。下引该书文字,皆不出注。
② 杜预注,孔颖达正义:《重刊宋本左传注疏附校勘记·哀公十一年》,见嘉庆二十年江西南昌府学刻本《十三经注疏》(6),台北:艺文印书馆,2001年,第1015页下。下引该书文字,皆不出注。
③ 胡安国:《春秋胡氏传·哀公十一年》,杭州:浙江古籍出版社,2010年,第497页。下引该书文字,皆不出注。
④ 高攀龙:《春秋孔义·哀公十一年》,《影印文渊阁四库全书·经部·春秋类》第170册,台北:台湾商务印书馆,1982年,第152页下。
⑤ 卡尔·冯·克劳塞维茨:《战争论》,时殷弘译,北京:商务印书馆,2016年,第104页。

行的、不可行的方案反复推敲,甚至一些突破战争规则的方式都会被毫无道德和理性地设想。但是,这很有可能孕育着现实世界中一个将会发生的,具有目的性、可评价性的战争。哀公十年,"公会吴伐齐",这场战争即包含《左传》所指的"郎之战"。仅仅五个字,就将鲁国狐假虎威,背叛诸夏中国的可憎面貌展现得淋漓尽致,也为哀公十一年齐国兴复仇之兵以伐鲁而埋下了伏笔。鲁国的这场伐齐之战,既是对齐国挑衅,也可视为以齐、吴和鲁为首的三个国家之间的军事、政治斗争迈入了非战不可的尖锐阶段。

《春秋》立义,贵元、正本,以彰显王道。在公羊学的视角,鲁当新王,具有继周之弊而行王道教化的象征意义,但是春秋时代的它,实力并不强大。尤其在鲁哀公一朝,即使面对不复齐桓兴盛的齐国,依然难有一战之力。所以,吴对齐的报复,鲁也只是紧随其后而享受了一次胜利的滋味。然而,这却是为诸夏中国所不耻的行为。董仲舒《繁露·王道篇》就鲜明地指出:"内其国而外诸夏,内诸夏而外夷狄,言自近者始也。"[1]"夷夏之辨"并非一个简单的地理疆域之别,公羊家尊诸夏中国而卑夷狄,在诸夏中国中,则又以鲁国为中心,实现亲亲而疏疏,近近而远远。但是自哀公七年,《春秋》记载的大夫擅权弄政,致鲁亲近夷狄、伐小国、背诸夏,都或多或少挑动着吴、齐、鲁三个诸侯国的神经,并引发一系列的战争。鲁不能正己安国,反而使得夷狄侵伐诸夏中国,那么王鲁是否还存有必要性俨然成了一个问题。

鲁屈服夷狄之邦,反映了周礼对其没有了约束力。哀公七年,"公会吴于鄫",鲁哀公和吴王夫差在鄫地会晤。杜预《注》曰:"吴欲霸中国。"吴国,一个夷狄小国,经过多年厉兵秣马,在春秋末年崛起,尤其是在吴王夫差的带领下,灭越国后,虎踞诸夏东南之隅,意图称霸。据《史记·吴太伯世家》:"七年,吴王夫差闻齐景公死而大臣争宠,新君弱,乃兴师北伐齐。"[2]在哀公六年,随着齐景公

---

[1] 董仲舒撰,赵曦明校:《春秋繁露·王道》,乾隆三十八年聚珍版刻本影印,上海:上海古籍出版社,1989年,第26页。

[2]《史记·吴太伯世家》载:"七年,吴王夫差闻齐景公死而大臣争宠,新君弱,乃兴师北伐齐。败齐师于艾陵。至缯,召鲁哀公而征百牢。"夫差七年,也是鲁哀公七年,兴师伐齐,在艾陵打败齐国后,再向鲁哀公征召百牢。但是哀公十一年,《春秋》曰:"齐国书师及吴战于艾陵。"《春秋》之中的艾陵之战发生在其后第四年。那么此处极有可能也是在艾陵打败齐国,但与吴、鲁伐齐的艾陵之战不是一场战争。当然这只是一个推测,而且极有可能是《史记》文本流传中,文字错简导致的错误。因为艾陵之战在《春秋》中算是一次极具代表性的大战,但在《吴太伯世家》之后的记载却不甚简略:"十一年,复北伐齐。"不仅未 (转下页)

薨亡，大臣争宠，大夫陈乞弑其君，立齐公子阳生，即齐悼公，但是齐国内部君臣之间并未能形成应有的政治协作，甚至还处在互相谋夺权力的斗争之中。吴王夫差则乘机北上，伐齐以立威。战争结束，吴国路经鲁国鄪地，则欲征百牢。① 面对吴王夫差的无理要求，鲁大夫子服景伯尝试据礼而辩，但鲁最终只能服从，献出百牢。《左传》极尽笔墨以展示景伯要求季孙氏服从礼制，拒献百牢的主张和吴国欲僭越礼制的戏剧性冲突。如今看来景伯的辩论并未能成功影响到结果，却让我们看到了儒家奉为圭臬的礼法，在那个战争不断的时代里对诸侯规制的有限性。

吴要求鲁"献百牢"僭越了礼制。孔颖达认为吴国征百牢是利用周礼之文，更变其义，换算所得。孔颖达《疏》曰："《礼记·王制》云：'君，十卿禄。'鲁牢晋大夫过十，故吴王自谓合得百牢"，也就是以鲁国给予晋大夫范鞅过十，取十之数而论，君又当是大夫十倍以计数，则是百牢，示以君臣尊卑之别。尽管孔颖达之论并不能完全合理解释吴王取百牢之数的理论依据②，但也佐证了吴国实乃

（接上页）见鲁国的参与，也没有其他叙述。（司马迁撰，裴骃集解，司马贞索隐，张守节正义：《鲁周公世家》，《史记·第三十三卷》第5册，北京：中华书局，1959年，第1544页。下引该书文字，皆不出注）在《国语·吴语·夫差伐齐不听申胥之谏》中所记载的艾陵之战发生在夫差十二年："十二年，遂伐齐。齐人与战于艾陵，齐师败绩，吴人有功。"尽管同《春秋》《史记》记载的都有差异，但与《春秋》发生的时间还是很接近的。以《春秋》经为准的话，应该是可信的。虽然《史记》所记艾陵之战，时间上有错误的可能性极大，但这并不影响夫差至鄪的背景是意欲称霸诸侯，故而伐齐取胜后至来鲁国征百牢。

① 牢，本义为圈养牛羊之所。《说文·牛部》曰："牢，闲，养牛马圈也。从牛，冬省，取其四周帀也。"牢，中国社科院考古所《甲骨文编》作"㸰"1983（商甲骨），"㸬"392（商），容庚《金文编》作"㸰"牢爵（商代晚期金文），"㸰"洛子卣（西周早期）。从甲骨文以及金文字型而言，均为四周用方框或圆圈将家畜圈起来，下边留出入之门。且字型中方框内非羊"㕛"450（商甲骨）即牛"㕙"6964（商甲骨），未见㸪"㕕"43（商甲骨）字型。因此，据《礼记·王制》篇所言"大牢"为牛，"小牢"为羊。商承祚《殷虚文字类编》引罗振玉曰："牢为兽阑，不限牛，故其字或从羊。"亦只是以养牛或养羊之圈为牢。郑玄《注》曰："天子大牢，诸侯少牢，大夫特豕，士特豚。"祭祀之事，牛为最尊贵之祭品，故称"大牢"，羊其次，称"少牢"，"豕"与"豚"皆为猪，但显然大夫与士有区别。从字型上言，豚作"㸪1945（商甲古）"与豕"㕕43（甲）商"精微有别。据《说文·豚部》称豚为"小猪"，从其字型而言或可见之。综上而言，从字型或礼仪制度，牢均有所特指，应当仅用于牛或羊，猪不在其内。但郑玄在《周礼·秋官·大行人》注曰："三牲备为一牢"，贾公彦《疏》引《聘礼》注"三牲牛、羊、豕具为一牢"，则以牛、羊、猪三者备为一牢。或后世礼制有变，而将猪亦加入牢的配属，亦未可知。见张禹：《哀公七年》，唐语鲛编：《春秋公羊余门讲读记》（所见世），二修稿，上海：上海交通大学董仲舒国际儒学研究院印，2022年，第1569页。

② 《礼记·王制篇》中："君十卿禄"，陈述的是以农田粮食所获食禄，乃是一国之内的粮食分配之制。孙希旦《礼记集解》曰："君之禄视卿，则十之，制禄之差然也。"本身禄制也只是用以区别不同等级所配享的不同。又引朱熹之说："君十卿禄，君所私用。若贡赋、宾客、朝聘、祭享，别有公诸。"见孙希旦：《礼记集（转下页）

一个蔑视周礼的夷狄之国！据《左传》，鲁大夫景伯曰："周之王也，制礼，上物不过十二，以为天之大数也。"上物，即天子之牢。《周礼·秋官·掌客》云："王合诸侯，而飨礼则具十有二牢。"适用天子的牢礼，备用的牲畜最高都不超过十二之数，并且天子也不是时时都用十二之牢，郑玄《注》云："飨诸侯而用王礼之数者，以公侯伯子男尽在，是兼飨之，莫适用也"，只有在具备五等之爵的宴请场合，才会以十二牢的最高规制与群臣共飨盛宴。吴国征百牢不仅是严重逾制，更是对天子尊严的挑战，对天道的悖逆。孔颖达《疏》曰："天有十二次，故制礼象之。"周礼之文作为一个制度，它也反映了周代先贤对自然的理解，对天道的崇拜。十二之牢乃天数之极，吴国尚且悖逆之，不仅挑战了周代制度的底线，也突破了视周礼为信仰的儒学之士能承受的限度。《周礼·秋官司寇·大行人》云："上公九牢，侯伯七牢，子男五牢。"[①]天子设五等爵，公、侯、伯、子、男，诸公配享九牢，是为一级；诸侯、诸伯皆配享七牢，是次一级；而诸子、诸男皆配五牢，又次一级。按制，吴国是为子爵，在正常礼制之下，也仅可以配享五牢。

吴强征百牢纵然为非礼的行为，但实为鲁自酿苦果。首先，鲁曾率先打破了牢礼之制。据《左传》，在昭公二十一年，"鲁牢晋大夫过十。"晋大夫范鞅来鲁国行朝聘之礼。鲁大夫季孙存心触怒晋国，以齐附属小国的牢礼之制配以七牢。虽然数量相等，但所用牲畜依据诸伯之制，是次于诸侯之制的。晋大夫范鞅以鲁无礼而大怒。鲁又惧于晋国之威，复加四牢，共十一牢，以平息晋国的怒火。当吴国征百牢之时，鲁大夫却寄希望于以正常的牢礼献给吴国。子服景伯曰："先王未之有也"，以鲁世代未有被征用百牢为由，拒绝强吴狮子大开口。吴国贪婪，又是战胜而归，其骄溢之气岂能容许一个弱国来挑战自己的权威，尤其是鲁国一个曾打破规则以平息大国怒火的国家，又岂可轻易放过？

其次，对礼法制度的破坏具有着传递性，会使其他诸侯对自己降低标准。吴至鲁前，方在宋征得百牢，"宋百牢我，鲁不可以后宋。"吴国北上不仅仅是针对齐，在胜利之后，犹如诸夏中国之霸主，过境宋，再至鲁，甚至可能有未载史册

《春秋》无义战"中的王道与正当性辨析

（接上页）解》，沈啸寰、王星贤点校，北京：中华书局，1989 年，第 314 页。君卿食禄之别与其他贡赋、朝聘制度一样，都展示了不同身份之间礼制差异，各自的制度也是不一的。牢制之礼不同于食禄之制，不可以食禄之数而视牢礼。

① 郑玄注，贾公彦疏：《重刊宋本周礼注疏附校勘记·秋官司寇·大行人》，见嘉庆二十年江西南昌府学刻本《十三经注疏》(3)，台北：艺文印书馆，2001 年，第 562 页。

的其他诸侯国。夫差在宋强征百牢之后，如果又能在鲁获得一批物资，既能展示其军威，又可以补充军资，可达到强吴而弱诸夏中国的政治目的。届时，吴国将能对所经之国造成巨大的精神压迫和物质压制。鲁既然有破例之先，且又有宋交出百牢，那么夫差更加不会放低对鲁的压榨。鲁被征百牢，实自取其祸，也是其对礼法制度破坏的后果。

儒家对鲁屈服夷狄之邦的失望，对诸夏中国离乱而不能抵御夷狄之扰的痛恨情绪必然需要一个输出口。《左传》就记载了孔子之徒子贡痛骂吴国太宰嚭。嚭要求鲁大夫季康子至鄫地，季康子派遣子贡前往拒绝这一要求。嚭竟然以鲁哀公已至而大夫随从乃是无礼为由，斥责季康子。子贡曰："大国不以礼命于诸侯，苟不以礼，岂可量乎？"吴国不以周礼征牢于鲁，强以其军威恐吓小国。周礼之制效法于天，是自上往下的政治实践，所以上位者身份愈尊愈当行而有礼，愈强当愈知礼，则臣民方能效仿而行。这也是儒家礼制可行而有效的基本思维。反之，礼法将难以在不同群体之间形成可传递性和约束性。所以吴国强大而违礼，则鲁不能事事以礼处之，背礼、乱礼将不可避免。子贡把吴国君臣粗鄙的行为溯源到吴国先祖仲雍。"大伯端委以治周礼，仲雍嗣之，断发文身，裸以为饰，岂礼也哉？"端委，即礼衣。子贡认为吴太伯至吴地之时，尚能以岐周之法治理荆蛮，但其死后，继位的弟弟仲雍却不能行礼致化，反而仿效吴俗，断发文身，退而为夷狄之邦。[①] 所以吴国至诸夏中国，征百牢，已经不能以背离周礼之制来进

① 《史记》中记载的是吴太伯和其弟仲雍同时奔至荆蛮，文身断发。但是根据《左传》子贡之言，则仅是仲雍一人文身断发。《史记·吴太伯世家》载："吴太伯、太伯弟仲雍，皆周太王之子，而王季历之兄也。季历贤，而有圣子昌，太王欲立季历以及昌，于是太伯、仲雍二人乃奔荆蛮，文身断发，示不可用，以避季历。季历果立，是为王季，而昌为文王。太伯之奔荆蛮，自号句吴。荆蛮义之，从而归之千余家，立为吴太伯。"孔颖达认为《史记》记载为史迁之误，《左传》之论更符合史实。孔颖达《正义》曰："二人同时适吴，而大伯端委、仲雍断发者，大伯初往，未为彼君，故服其本服，自治周礼。及仲雍，民归稍多，既为彼君，宜从彼俗。"大伯和仲雍初至吴地，尚未成为原住民的首领，大伯自用岐周之礼管辖臣民，但其礼制必有不合吴地生活环境、社会风俗之处，故到仲雍继位之后，则变而随吴之俗，以便于统御臣民。其中最显著的即是文身断发。《汉书·地理志》云："（越人）文身断发，以辟蛟龙之害。"应劭曰："常在水中，故断其发，文其身，以象龙子，故不见伤害。"所以文身在吴地自有其民为适应较为恶劣的生活环境而刻意为之。但是在自然环境更适宜早期人类居住的诸夏中国，逐渐脱离捕鱼、打猎、游牧的生活。农耕文化的发展为定居创造了条件，人与人之间的关系更加紧密、复杂，社会问题自然逐渐产生，礼制文化不仅有助于协调、规范人们的生活，而且也成为文明进步的重要符号。《曲礼》云："君子行礼，不求变俗。"尽管仲雍更易礼制做法在如今看来，是融入区域文化的合理路径，在治理中更具备操作性，但是在诸夏中国看来这无疑是退而（转下页）

行评价了,因为吴国自建立之始就不是尊奉周公之礼的,即便是吴太伯治理之下亦然。孔颖达《疏》曰:"鲁人不堪吴责,故举吴之上祖以许之。"子贡之骂不仅斥责吴国为夷狄之国,也为鲁国背礼而缴纳百牢提供了借口,尽管这是一个令鲁国上下屈辱的事实。

依据子贡的说法,"吴国逾制"则是诸夏中国就周公之礼而论异国之举,那么吴国自己未必会言其有违背礼制之处。与此同时,吴欲以周礼而责鲁也没有任何的约束力,因为其本身并不在同一法度之中来评判双方政治行为的对错。礼制作为周之法,如果不能在各诸侯国之间具有同等适用性,则失去了其该有的公平性、公正性和适用性。儒家并不反对夷狄之强国进为诸夏中国一分子,这也是中华民族不断融合历史进程中的应有之见,但这是以双方皆有一个共同的文化追求为政治前提的。吴和鲁皆应守周公之礼,这才有是非评判的政治基础。但无论如何,鲁之过彰显了在夷夏冲突中,儒家以礼治天下的遐想并不能完全抵御其所谓的野蛮。王道之治作为一种儒家理想,并未能在现实中得到观照,反而在鲁软弱的形象中失去了应有的原则和内涵。

二、无信之战:致怒吴、齐两国

鲁未能成为儒家的"理想国",并且鲁内部还面临着两大政治问题,"三桓"乱政和"三桓"之间常常政见相左,唯利是图,这些都导致其对外的行为变得不可理喻。哀公七年,"秋,公伐邾娄。八月,己酉,入邾娄,以邾娄子益来。""三桓"中实力最强的季康子,外不能助哀公免辱于强吴,于内却设宴商议着攻打邾娄国。

鲁攻打邾娄国是一次失信的非正义战争。据《左传·哀公七年》,从邾娄隐公被虏之后,邾娄国大夫至吴求救可推测,鲁国和吴国在"鄫之会"中,形成的

『春秋』无义战』中的王道与正当性辨析

(接上页)求其次的恶劣行径。孔颖达曰:"仲雍为彼人主,不能用周人之礼,致中国之化,故文身断发,方效吴俗。言其权时制宜以辟灾害,非以为礼也。"儒家认为真正的先进文明是可化民俗而归王道之治的。如果只是为辟害而更易礼法,则并非君子所谓。那么此论合理之处在于孔颖达也看到了礼法有"权时制宜"之处。但是孔颖达对礼不可更易的高度要求,虽然是对天道、王道的遵守,但也失去了礼法顺乎人情之志。如果"辟害"并非更改礼制的合法基础,那么儒家的"礼"真也就逐渐从日常规范演变成了政治规范,成了政治区别、政治统治的工具,失去了其包容性和容错性,从这一层面看,是要批判的。

政治约定应涉及如何处理两国与邾娄国之间的关系。或是三国友好免战，或吴国以强国之威要求鲁国不准攻打邾娄国。所以有邾茅夷鸿向夫差控诉："鲁弱晋而远吴，冯恃其众，而背君之盟，辟君之执事，以陵我小国。"又有"若夏盟于鄅衍，秋而背之，成求而不违，四方诸侯，其何以事君？"鲁得以伐邾娄，从国际环境来看，晋作为诸夏中国的霸主国力日益衰弱，很难再震慑各诸侯国遵守秩序，不发动非正义战争；吴距离邾娄又远，既不能威慑鲁国，又无法及时相助邾娄国。鲁之国力远胜于邾娄国，所以战争的开始，就是一场强对弱的凌掠，且不论其目的是否为报复邾娄国，如今鲁国攻打邾娄国的行为都可视为背信弃约之举。鲁国的失信成为了一个导火线，激化了夷夏之间的矛盾，破坏了信义的规约性。子服景伯曰："小所以事大，信也；大所以保小，仁也。背大国，不信，伐小国，不仁。"既然吴王夫差意图成为一个时代的霸主，又岂能容忍鲁国转瞬之间的背叛。失信使得鲁国要面对强吴来犯。哀公八年，"吴伐我。"吴王夫差不听大夫劝告，行军千里，攻打鲁国。①

① 据《左传》，吴获悉鲁攻打邾娄后，吴王夫差颇为愤怒，意欲伐鲁惩戒之。为了确保伐鲁成功，夫差询问其时在吴国的叔孙辄。叔孙辄本是鲁国的大夫，定公十二年，他与同为鲁国大夫的公山不狃发动叛乱，兵败之后一起逃至吴国。叔孙辄回答夫差道："鲁有名而无情，伐之必得志焉。"杜预《注》曰："有大国名，无情实。"鲁国是侯爵，相较于吴国的子爵，算是货真价实的大国了。但是鲁国在《春秋》中，并非强国，徒有大国之名，而无大国之实。从夫差和叔孙辄的对话中，可见吴国对于伐鲁也并未抱有必胜的把握。叔孙辄避难于吴国，如果心怀怨恨告知夫差有关鲁国情报，则可视为复仇之论，诱吴伐鲁。公山不狃对叔孙辄的行为表示反对，认为君子不应该出奔至自己本国的敌对国，以其之力来攻打自己的国家。《左传》并不支持大夫对自己国家进行颠覆性的复仇，所以对大夫复仇的态度基本持反对的态度。孔颖达《疏》认为要不要复仇，要对其动机进行分析而论。"本国于己无大仇怨，已无报怨之心，则违而不适仇国。"自己因事而出奔他国，如果本国对自己没有大的伤害，自己也不应当存有报复之心，去敌国谋划攻打本国之事。当然，如果本国对自己有灭宗毁嗣之仇需要对复仇的正当性进行讨论。假设自己的父亲被杀，其原因是否触及基本的礼法制度，对个人来说都产生了复仇的动机。如伍子胥，"父本无罪，而枉被杀"，"志在复仇，适国亦可矣。"伍子胥之父伍奢为楚平王子建太傅，因受费无极谗害，和其长子伍尚一同被楚平王杀害。所以父亲不当杀而被杀，那么复仇是可以的，但也不是被提倡的、鼓励的。如鬬辛，其父鬬成然子而侍奉公子弃疾（即后来的楚平王）弑楚灵王，后因贪得无厌被楚平王所杀。所以鬬辛虽然与楚平王有血仇，但究其原因，其父有罪被杀。当鬬辛有机会弑君之时，不仅放弃了，还助楚昭王回到郢都。孔颖达《疏》曰："本自不合怨君，故辛亦不敢怨也。"即便是血亲被杀，但其有错在先，其子是不当复仇的。当然此时已经不能算是严格意义上的复仇了，一旦鬬辛弑君，就是以私情废弃国家共同的礼法准则。所以复仇的正当性，一定是在现有的社会准则被破坏的前提下讨论的，并且是突破底线的情景之下。对于叔孙辄逃至他国，而欲助吴伐鲁，则是应当被批判的。公孙不狃曰："未臣而有伐之，奔命焉，死之可也。"未臣，即大夫虽然出奔他国安身，但尚未服从新国家的国君，成为他的臣子。那么如果本国遭受外敌来（转下页）

鲁国虽然失信在先，但遇到强敌来犯，能守国而安民则是正当的。《左传》载，子服景伯曰："吴师来，斯与之战"，作为鲁国的大夫，以无畏的精神面对强吴的来犯，要求以战守卫国土。在这场战争中，鲁国大夫尚能齐心协力，如公宾庚、公甲叔子和析朱鉏同乘一辆战车，最终两人被俘虏，可见将士们为驱除来犯之敌视死如归。以至于夫差惊叹道："此同车，必使能，国未可望也。"杜预《注》曰："同车能俱死，是国能使人，故不可望得。"夫差叹服于鲁尚能具备战不畏死的精神。吴国乃是异国作战，遇到这样的对手，长时间的消耗并不利于战局。一场战争，影响胜败的并不能仅仅以军事实力的强弱来衡量。一个国家的军民是否有胆略、有魄力、有信心与来犯之人抵抗也是关键的因素。战场之中强大的意志让强如夫差这样的一代枭雄，也心惊胆战，从而认定鲁国尚有贤能之人运筹帷幄，故萌生退意。而且，鲁国也组建了有史记载的最早的"敢死部队"——"私属徒七百人，三踊于幕庭，卒三百人。"从军队中挑出七百人，再筛选出三百个兵士。这些人无不有着异于常人的作战能力，值得一提的是孔子弟子有若也在三百勇士之中。早期儒家虽以礼治天下，但是对行军作战、身体素质等方面都不曾忽视，尤其是在国家危亡之时，并非一味地避战而空谈仁、义、礼、智、信。鲁为国家尊严、存亡而战，儒者不避生死，大夫、军士前赴后继。夫差听闻，遂有退兵行成之意。奈何鲁哀公并不能倚此彻底震慑强吴，反而应吴国之意，与之盟约。① 杜

『《春秋》无义战』中的王道与正当性辨析

（接上页）犯，命其归国是一定要回的，哪怕付出自己生命。孔颖达曰："既臣之后，则身是新君之臣，性命非复己有，故不复得为旧君死节也。若未有臣服，则旧君之恩未绝，故可还奔旧君之命，死其难也。"所以只要大夫不曾臣服新君，就要为旧君死节，无论其是否在自己国家！由此可见，叔孙辄并未臣服吴王夫差，仅是因为对鲁国有所怨恨，没有顾全君臣大节，"以小恶而欲覆宗国。"这是儒家所反对的。为了弥补叔孙辄的过失，公孙不狃回应夫差的询问时，曰："夫鲁，齐晋之唇，唇亡齿寒。"期望能让吴国知难而退。但是吴王夫差并不采纳，反以公孙不狃率军先行。

① 据《左传》："吴人行成，将盟。景伯曰：'楚人围宋，易子而食，析骸而爨，犹无城下之盟。我未及亏，而有城下之盟，是弃国也。吴轻而远，不能久，将归矣。请少待之。'弗从。"子服景伯不同意鲁国与吴国结盟。在宣公十五年，楚庄王率兵围宋。宋国城内易子而食，骸骨遍地，惨不忍睹，但是仍然没有与荆楚签订城下之盟。在子服景伯看来，宋国被困，犹未与夷狄之楚签订盟约，这是做好死国之准备。鲁国在抵御吴国的过程中，尚没有劣势，却同意与吴国这样一个夷狄之国结盟订约，是极其耻辱的事。与放弃鲁国无异。而且，子服景伯认为吴国远征必不能久，见鲁国不易攻打，不久就会离去。但是季康子并不听从他的建言，甚至让子服景伯至莱门与吴国签订盟约。鲁国甚至打算让子服景伯为质与吴，但吴国不愿以吴王之子来交质，而不了了之。鲁国在面对吴国来犯，不能死国，丢失了其应有的尊严，最后还不能容忍智者之言，其国怎有不衰败的道理呢？

预《注》曰："不书盟，耻吴夷。"鲁国与吴国结盟，载之于《传》而不见于《春秋》，是以鲁与夷狄之吴妥协为耻。而这皆是鲁哀公和"三桓"惧战惜命所致。可见鲁国上层也是存有多重的矛盾，这样即便将士不惧死，也难以通过血战坚守道义。

诸侯间履行不相侵伐的约定，并不是一个契约式的权利让渡，而是通过遵守约定以保证边界安定。鲁伐邾娄，则破坏了盟约，甚至引来齐国不满。哀公八年，"夏，齐人取谨及僤。"《左传》中所记齐国取谨和僤，多为塑造齐悼公人物形象，故接连记载了三件与齐侯相关的独立事件，如果不加详辨，则多有惑于齐国为季姬伐鲁而获得两邑。

282

哲学·经学·语言

> "【a】齐悼公之来也，季康子以其妹妻之，即位而逆之。季魴侯通焉，女言其情，弗敢与也。齐侯怒。【b】夏，五月，齐鲍牧帅师伐我，取谨及阐。【c】或谮胡姬于齐侯，曰：'安孺子之党也。'六月，齐侯杀胡姬。【d】齐侯使如吴请师，将以伐我，乃归邾子。"

【a】齐悼公为季姬迁怒鲁国。哀公五年，尚为齐公子的齐悼公阳生出奔至鲁国，季康子则以其妹嫁予公子阳生为妻。齐悼公即位之后想将季姬迎接回国，但是季姬将其与季魴侯私通之事告知季康子，季康子则不敢将季姬送回。然而，《左传》并未说齐悼公是因季姬私通而迁怒于鲁国。【b】齐侯之怒有因鲁私留季姬不予而愤怒的可能性，但齐、鲁已为姻亲，在未有充分的沟通之下，断然兴兵伐鲁，在政治上则又显得颇为稚嫩。齐悼公发怒是否需要以战争方式来解决是值得质疑的。如果季姬私通之事，齐悼公并不知晓，也只会对季康子不予季姬产生不满，故而之后对季姬复加宠爱则更符合人之常情。[①]《史记·齐太公世家》载："鲁弗敢与，故齐伐鲁。""故"表示因果关系，史迁即认为齐是为了鲁不敢送归季姬，所以伐鲁，也没有说齐悼公了解季姬私通之事。所以，依据《左传》推断，可能因为鲁史记载的季姬私通和齐国因邾娄隐公伐鲁事件相连，使得史迁等后世学者误认为两者是有直接关系。一方面，齐国虽怒于私事，但是在伐鲁之事上还需一个更正当的理由，也就是鲁伐邾娄。另一方面，纵使齐

---

① 哀公八年，《左传》曰："齐人归谨及阐，季姬嬖故也。"季姬被送至齐国后，又复受宠爱，齐悼公遂将谨及阐两地归还给鲁国。

国一怒为红颜,兴兵问罪,但就鲁自身而言,需要解决的最大危机就是防止齐、吴两国同因邾娄联合攻打自己。所以鲁给予谨和僤地考量更多的应是"伐邾娄国事件"引起的政治危机,遂需贿赂齐国,也不大可能是为季姬私通之事。【c】《左传》又把齐悼公暴虐无度、轻信逸言、擅杀父妾的形象表现出来。三件事件前后相继发生,杜预《注》曰:"《传》言齐侯无道,所以不终",齐悼公的无道也为之后不得善终埋下了隐患。三个事件更像是独立的,用以突显齐悼公人物性格,并不存在强因果关系。《穀梁传》曰:"归邾子益于邾",也认为是鲁因俘虏了邾娄隐公而惧于齐国。所以《左传》中,【d】齐国派遣使者前往吴国,请其出兵共击鲁之时,鲁国决策者做的决定就是把邾娄隐公送回国。这恰恰反映了齐伐鲁,围绕的焦点正是鲁对邾娄不正义且违背盟约的侵犯。①

　　《春秋》贬斥恃强凌弱的战争,弱者为图生存,将会放弃争取自己的权利。在鲁哀公时期,齐悼公与邾娄隐公的甥舅关系更像是一个短时性、较亲密的政治盟约。② 但是齐、鲁两国在地缘上接壤,多有通婚,又同属诸夏中国,鲁对齐国的重要性应更甚于邾娄。两国亲密程度也应胜过吴和鲁。但齐却在鲁方为夷狄侵扰之后,旋即欲攻打之,《公羊传》曰:"为以邾娄子益来也",也认为齐之伐鲁,便是为了邾娄隐公。但是不同于《左传》中齐获得两邑似是伐鲁的战利品,《公羊传》曰:"外取邑不书,此何以书? 所以赂齐也",认为鲁是特以两邑以平息大国的怒火,并且"归邾娄子益于邾娄",将邾娄隐公送回了国。要知道除鲁之外的诸侯国擅自夺取他国城邑,或他国夺取鲁之城邑,《春秋》一般皆不书于经。其一,《春秋》所记皆为周史。周室之土地,皆天子之疆域,为诸侯分而管辖。诸侯擅取有欺天子之义,而且从《春秋》之礼来看所取之邑并不能成为某一诸侯国的私邑。其二,《春秋》王鲁,鲁地被取,这对于鲁来说是一件极其耻辱的

『《春秋》无义战』中的王道与正当性辨析

---

① 杜预认为齐是为了季姬而兴师,也是臆断之言。杜预《注》曰:"齐未得季姬,故请师也。吴前为邾讨鲁,惧二国同心,故归邾子。"齐国遣使至吴请师与战,一定是发生在伐鲁过程之中,或者更早。齐、鲁即便短兵相接,但战争的耗损也并非不可忽视。齐国一国之军力也是强于鲁国,从常理看并不需要联吴伐鲁,那么齐、吴之间一定有着共同的利益基础,也就是为邾娄隐公伐鲁。兵贵于神速,吴军方与鲁结盟立约而返,齐等至鲁国交给两邑后,仍发现未有送还季姬,再至吴联系伐鲁之事,未免太过儿戏。所以杜预之论有待商榷,故应从《公羊传》《穀梁传》之论,讨伐鲁攻打邾娄国为齐发动战争和联吴伐鲁的直接目的和政治基础。

② 哀公十年,吴伐邾娄,囚之于楼台,自吴奔鲁,旋又奔齐。《左传》曰:"邾隐公来奔,齐甥也,故遂奔齐。"所以邾娄隐公与齐悼公是甥舅关系。在齐国看来,鲁国攻打邾娄国,有伤齐国国威尊严。

事,需要为其隐讳。所以齐夺取了鲁之谨邑和僤邑被记录下来,则是有特殊之处,即是鲁为贿赂齐而以丧失其部分土地权益为代价。鲁擅自以土地赂齐,藐视天子权威,对血缘情感亲疏而缔结的分封制产生进一步的冲击。在后春秋时期,以周天子为中心的血缘关系渐渐失去了其伦理价值,对诸侯间行为约束作用逐渐削弱。

战争的频繁,让我们看到了诸侯间盟约的短时性。然而吊诡的是,战争的成果又常以新的盟约来呈现。随着邾娄隐公的回国,使得齐失去了攻打鲁的合法理由。尽管鲁国送城邑、送归邾娄国国君,以一种近乎颜面扫地的方式应对齐国的来犯,但不可否认的是,鲁国成功让齐国停止了推进战争的脚步。《左传》哀公八年,"秋,及齐平。"齐国和鲁国随即在秋季选择和解并结盟缔约。孔颖达《疏》曰:"鲁以淫女见、伐丧邑,又屈服求盟,是可耻之事。"虽以齐为季姬伐鲁,但是也尖锐地指出鲁国上下卑躬屈膝、跪着外交的丑脸。"二盟皆不书者,讳其恶而略之。"鲁与吴、齐两次立盟约,都没有被经文所载。这是《春秋》内为鲁隐讳,足见其恶之深、罪之重,恐连孔子都羞言之,但也反映了对信的重视并不能普适于国家盟约中。此时批判鲁伐邾娄之无信,必然引起血缘政治两难,而提高了"霸权"盟约的正当性。所以《春秋》言守信,只是为战争正当性提供了一个价值判断的依据和前提,并不能构成兴战者是否遵循王道,遵循礼法的前提。

三、狐假虎威:鲁会夷狄而伐齐

正如亨廷顿所说:"历史上,中国人并未明确地区分国内和国外事务。"[①]儒家亲近疏远,虽言内外有差,但并非基于严格的边界而论的。这必然会导致"国家"界限意识的弱化。然而强国与弱国、大国与小国交错的春秋时代,在地域文化冲突借以暴力解决后,新的盟约并不能作为一个普遍的、实然的价值来保证边界安全。采取战争的方式虽基于诸侯一人之念,但究其根本也是在大争之世为自己国家争取生存的利益。那么,基于理性的考量,冲突是多文明世界中不可杜绝的,简单的盟约更无法维系长久和平,也不当幻想在充满道德自律的时

① 塞缪尔·亨廷顿:《文明的冲突与世界秩序的重建》,北京:新华出版社,2009 年,第 210 页。

空中消弭战争。

鲁国自有其可恶之处,其在面临强吴来犯和齐国侵扰时,卑躬屈膝,彻底地失去了其作为一个礼乐之邦的气象,在原则问题上不断丧失自己的底线。哀公十年,"公会吴伐齐。"如果说鲁国背强吴而伐邾娄是毁约背信,那么在与齐有盟约后,又会同吴攻打齐,则不仅仅是这个国家轻言无信、毫无道德,其挟私心报复、依强吴而犯齐之罪,也永载于策,遗臭万年。儒家心中的一个可行王道的乐土也在纷乱的战争中渐行渐远。

吴国在追求霸主的路上,必然不会将诸夏中国的礼法视为金科玉律。哀公八年,就在齐与鲁结盟之后,齐还需要解决的一个问题就是劝退吴发兵北上、共讨鲁。《左传》曰:"九年,春,齐侯使公孟绰辞师于吴。"但对于一个军事大国而言,内心的狂傲多希望通过一场场战无不胜的辉煌去成就并证明自己的强大。一个觊觎诸夏已久的国君,又多想利用每一个机会去蚕食自己未曾踏足的土地,去赢得他国的臣服。吴子曰:"昔岁寡人闻命,今又革之,不知所从,将进受命于君。"吴王夫差之言看起来似乎以齐侯为尊,但话语之间透露着一股不屑和怨气。吴国军事之强大已然不受齐国召之即来挥之即去,所谓的"不知所从",要亲至齐国受命闻训,反而像是对齐国的挑衅。齐国反复之间,让鲁免除一战,却让吴国受辱。试想初生之牛犊如何能听服一个暮气沉沉的老者的任意调遣,何况吴还是一头已经成长起来的庞然大物。可叹春秋之时,一波未平一波又起,你方唱罢我登场,战争在利益的纠葛之中不断爆发,朝着失控的方向不断发展。夫差刚愎自负,又对齐怀恨在心,岂会真的亲赴齐都,面见齐侯而闻命。那么,一个夷狄之邦,对于解决矛盾,以纯粹的力量碾压和血腥的征服去赢得所谓的胜利,战争就是其最常用的方式。为此,"冬,吴子使来儆师伐齐。"儆,《说文·人部》曰:"戒也",警示、告诫。吴国特意派遣使节至鲁国,警示其随军伐齐。

面对强大的吴国,鲁国放下签订不久的"齐鲁盟约",方才有"公会吴子、邾子、郯子伐齐南鄙,师于鄎"。① 夫差为北上伐齐也做了充分的准备,于哀公九年,

---

① 邾子,已经不是邾娄隐公,而是其子邾娄桓公。哀公八年,《左传》曰:"邾子又无道,吴子使大宰子馀讨之,囚诸楼台,栅之以棘。使诸大夫奉大子革以为政。"邾娄隐公自鲁国回到邾娄国后,由于其为政无道,吴国遂遣大夫讨伐之,又将邾娄隐公囚禁在楼台,最后让邾娄国的大夫奉邾大子桓公为君。又"十年,(转下页)

大力挖掘河渠以通航运。《左传》曰："秋，吴城邗，沟通江、淮。"杜预《注》曰："于邗江筑城穿沟，东北通射阳湖，西北至末口入淮，通粮道也。"吴耗费大量的人力、物力，修筑邗江，沟通长江、淮河两大水系。吴地水系本就错综复杂，水路运输优越于陆路运输，今又向北通贯，极大地便利了军事物资往来、缩短了军事补给时间、延长了持续战斗的能力。并且，"徐承帅舟师将自海入齐"，第一次采取了海战和陆战相结合的方式对齐国进行军事打击。这场伐齐之战，最终以齐国大夫弑君①、兵败而终。

王者发动正义的战争，定是民心所向，"东面而征，西夷怨；南面而征，北狄怨"②，甚至会为其晚来征伐而抱怨。于鲁而言，会同吴伐齐是不正义、没有出师之名的。首先，吴乃夷狄，齐国与鲁国皆是诸夏中国的一员。《春秋》记"公会吴伐齐"，"公"即指鲁哀公，公羊家有王鲁之论，故凡鲁之国君会、及之例，皆书于前，以示其尊。"吴"则指"吴王夫差"，吴本是子爵，属夷狄之国，孔子所见世进而可称其爵，然而此例去爵称"吴"，以贬吴不得天子之令，以夷狄之师擅伐齐。而书"会"，杜预《注》曰："从不与谋"，并不是鲁哀公与吴王夫差合谋伐齐的。孔颖达《疏》曰："'与谋'者，谓彼此和同计谋，然后共伐，则是我为伐主，故言及某同行。'不与谋'者，谓彼心自定，遣来召我，则彼为伐主，我往会之，故言会某伐某。"对齐国的战争是吴独自发起的，鲁仅仅是因为在吴的威逼下而相助之。在战争之前，鲁并未参与伐齐之事的商讨。邾娄、郯国皆是吴的附属之国，更加不可能是这场伐齐之战的主导者。所以，如果齐要罪责战争的损失，应该直指吴，其他国家虽有伙同伐齐之罪，但显然不应该承担主要责任。

其次，鲁和齐本有盟约在前，不当伐。从战争过程中看，鲁是吴军必经之地，作为诸夏中国的一员，当依晋、齐以拒吴，且并非不可能的事。吴军力虽然

哲学·经学·语言

（接上页）春，王二月，邾娄益来奔。"《左传》曰："齐甥也，故遂奔齐。"邾娄隐公先奔至鲁国，又因其是齐国外甥，又奔至齐国。至此，邾娄隐公再也没有回到自己的国家了。孔颖达《正义》曰："今言'来奔'，当是自吴逃而来适鲁。"邾娄隐公来奔至鲁，书之于经，但其奔齐不见于《春秋》。《正义》曰："经不复书其出奔者，凡诸来奔，既至鲁而更复奔他国者，已去其位，略贱之，不复书。"邾娄隐公去国奔至鲁，等同于弃国去位，不复为君，《春秋》贱之，故再奔至齐，经文则不需再记录之。

① 《左传》曰："齐人弑悼公，赴于师。"杜预《注》曰："以说吴。"齐悼公无信于吴王夫差，致怒吴国伐齐，故大夫期望通过弑杀齐悼公取悦夫差，避免战祸。

② 赵岐注，孙奭疏：《重刊宋本孟子注疏附校勘记·滕文公章句下》，见嘉庆二十年江西南昌府学刻本《十三经注疏》(8)，台北：艺文印书馆，2001年，第111页下。下引该书文字，皆不出注。

强大,但是假使鲁能以诸夏中国为重,难道会不得他国相助吗?纵使诸夏诸国皆以利为先,不肯助鲁拒吴,鲁国以战守国,直至最后一兵一卒,难道不是值得称颂千古吗?恰恰是四国联军北上伐齐,使得齐在浩大的兵势面前,弑君、战败,鲁虽非吴伐齐之首罪,但却是夷狄伐诸夏中国之首恶。《春秋》内为鲁讳,不贬其君,但贬吴之罪,实际上更加突显了孔子一片圣心对鲁国的失望,虽隔千年,亦久久回响。

以战之祸而论,鲁之罪小;以战之义而言,鲁实首罪。可怜狐假虎威的鲁国,在伐齐之后,洋洋自得。"五月,公至自伐齐。"《春秋》极重视诸侯出境后平安归来的记录,"至自"之辞,表示从国境外安全归来。诸侯回国后均要向宗庙报告,行告至礼,既是表达自己平安归来,又能向先祖告知自己的政绩,感恩先祖庇佑。然而,庄公六年,《解诂》就总结曰:"公与一国及独出用兵,得意不致,不得意致伐。"鲁君率军出境讨伐他国,如果达到其目的,顺利归来,则不需书"至自",但并未彻底征服他国,那么归来则要书"至自"。鲁与吴会同伐齐,虽然齐国君被弑、齐军兵败,实现了战争预期目的,但从哀公十一年,齐复伐鲁可知,齐虽败于"四国联军",但并未心服。鲁虽胜,但终不是依靠自己之力,反而招来齐国的仇恨,故不是"得意之伐"。所以书鲁哀公平安归来,恰是对其随夷狄之君讨伐的贬斥。《解诂》认为常例,"至自"之辞,皆书时即可。而此次告至,书"五月",清楚、精确地记录下鲁国的恶行,并为下一年齐国复仇伐鲁埋下了伏笔。

四、拨乱反正:齐伐鲁以复仇

哀公十一年,齐大夫国书帅师伐鲁。[①] 齐和鲁之间的仇恨是在吴以兵加于诸夏中国的环境下引起的。从夷夏之辨来论,当夷狄入侵之时,齐、鲁两国无论如何都应该放下成见,团结一致,以抵御强大的吴国。所以抛下齐、鲁之间的矛盾,那么齐国伐鲁,抑或鲁国伐齐,都是当贬斥的。从两国之间的矛盾来看,鲁国背信弃约,相助吴国伐齐,最终导致齐国兵败,激化了齐国内部的政治矛盾,使得齐悼公被弑,则齐伐鲁具备了正当性。

---

① 齐国书来伐,引起了孔子关注,遂有儒门弟子子贡出使四国,冉有身赴前线,抵御了齐国大军。参见张凯:《以战止战:孔门弟子救鲁以存义——对子贡、冉有抗击"齐国书来伐"事件的哲学诠释》,《吉林师范大学学报(人文社会科学版)》,2023年第1期。

齐悼公被弑杀，按例当书其被弑，而不是以常例记录其死。① 杜预《注》曰："以疾赴，故不书弑"，认为这是齐遣使以齐悼公死于疾病，而不是被弑身亡赴告于天子、诸侯。孔颖达《疏》中以襄公七年，"郑伯髡顽卒于鄵"，《左传》称其以疾死赴告，遂《春秋》记其卒而未有书其被弑，对杜预之论加以佐证。但郑伯髡顽乃死于其不听大夫劝谏，大夫为隐其恶而以疾谎报天子、诸侯。而齐悼公之死，乃是死于鲍息与其之间的私仇。外敌来犯齐国，激化了大夫与国君间的矛盾，使齐大夫对齐悼公得罪吴国有所不满。从而有鲍息弑君、拥立新君之举。至于，齐国以疾死赴告，在典籍中并未存有相关记述，乃是杜预揣测之义。胡《传》曰："《春秋》不著齐人弑君之罪，而以卒书者，亦犹郑伯髡顽弑而书卒，不忍以夷狄之民加中国之君也，其存天理之意微矣"，并不同意杜预、孔颖达之见。但是胡安国以郑伯髡顽被弑之例，指出了《春秋》不以常例记齐悼公之死，是另有深意。胡《传》将齐侯之死，放在整个"夷夏之辨"的视域之下，认为这是孔子不忍夷狄之师危乱诸夏中国，使得大夫行不臣之事，以致悖上乱礼，天理难存。所以《春秋》之例，事或同，但义有别，能够据此推论出孔子微言大义，是极其睿智的。

据胡《传》，以常例书齐悼公之死恰恰反映了孔子意欲拨乱反正之意。首

哲学·经学·语言

---

① 大国诸侯死后，《春秋》常例要书月、记日。隐公八年，《公羊传》曰："卒何以日而葬不日？卒赴。"诸侯死后要遣使赴告天子、诸侯，故可以精准地记录下其死亡的日期。按周礼之制，诸侯死后第五个月下葬即可，所以下葬之日并不需要进行赴告。而称爵书名，《公羊传》又曰："卒从正"，依据君前臣名的礼法记录其名。《解诂》曰："卒当赴告天子。君前臣名，故从君臣之正义言也。"为表示对天子的尊崇，臣子皆以名赴告其卒，其他诸侯国也据其赴告记录下来。齐悼公被弑，《春秋》曰："三月，戊戌，齐侯阳生卒"，却以常例而书。据《左传》，"齐人弑悼公，赴于师"，齐国人杀了齐悼公，以此告知吴、鲁联军，期望说服吴国退军。"齐人"，三《传》皆未有言是谁杀了齐悼公，或是鲍息，或是陈乞。《史记·齐太公世家》曰："鲍子与悼公有郤，不善。四年，吴、鲁伐齐南方。鲍子弑悼公，赴于吴。"因为大夫鲍息和齐悼公有嫌隙，故趁机杀了齐悼公以取悦吴国。但是《晏子春秋·内篇·谏上》载："景公没，田氏杀君舍，立阳生；杀阳生，立简公；杀简公而取齐国。"田氏即陈乞，陈乞弑杀齐悼公之文却与《史记》记载有所出入。陈乞杀了其国君舍而后立公子阳生，即为齐悼公。据《史记·齐太公世家》，陈乞后又出于私利，弑杀了齐悼公。作为大夫，以私利而弑主，是罪大恶极的。但既然是因利而为，作为扶助齐悼公上位的陈乞，又岂会将其轻易弑杀，再立一个与自己关系不甚亲密的齐简公。《齐太公世家》曰："齐人共立悼公子壬，是为简公"，所以最大的可能就是齐悼公死后，在众大夫的共同拥护下，立了其子为君。陈乞顺势而为，伺机而动，遂可以在自己政治利益受损之时，一击必中。如此看来，陈乞并没有弑杀齐悼公的必要。而且，在吴、鲁等国来袭之下，陈乞保护下齐悼公，方可以在以后的朝局中进一步稳固自己的政治利益，所以齐悼公死于鲍息之手更符合情理。那么，吴、鲁联军伐齐，必然是给予了鲍息乱中弑君的机会，也只有在巨大的仇恨之中，方能不顾齐国安危，于敌前弑君以取悦敌人。

先,鲁国在齐国的讨伐之下,能够将郑娄隐公送归其国,"是知其罪而能改也"。所以即便鲁国有擒郑娄国君之罪,但能改其过,易道而从其正,重新遵循周礼,在当时的诸夏中国间也能起到一定的正面作用。

其次,"齐侯为是取谨及阐,又辞师于吴,是变之正也。"齐悼公取二邑、辞吴之师,虽有侵国、失约之嫌,但恰恰矫正了鲁之过失。而吴国因齐国失约,却意欲攻打之。胡《传》对此深为不耻,"夫变之正者,礼义之所在,中国之君也。吴人欲遂前言而背违正理,狄道也。"与狄道相对应,是正道、王道,乃至天道! 在儒家看来,吴国不通晓中国之礼,却以齐失信而伐齐王鲁之义。这是夷狄之国始终难以进而为诸夏一员的侧影,即便在孔子所见世,夷狄的地位有所提高,但依旧只能沦为儒家道德评判的参照系,合礼则褒奖之,不合则贬斥之。究其原因,是儒家在《春秋》中设定了一个礼义正统的标准。齐国可以纠错为正,合礼行义,无论是为了郑娄子,还是季姬已然变得不复重要了。

最后,胡《传》对齐国大夫弑君而损王道进行了严厉的批判。《传》曰:"齐之臣子不能将顺,上及其君,此天下大变,常理之所无也,故没其间弑之祸,而以卒书,其旨深矣。"齐悼公虽然在信义上有损,招致吴国来犯,但是吴国图谋争霸已久,被毁约也只是给予了一个借口。伐齐不过是夫差顺势而动的刻意之举! 齐国臣子为图私利,急于一时之快,弑君而存国已然是大恶了。但是我们不能忽视的是齐大夫弑君,等于向诸夏中国告示其为郑娄国君而伐鲁是有过错的,是不正义的,这难道还不够荒唐吗? 所以臣下犯上,以致天下皆知,纵使齐国存有正义之举,也在齐悼公的死后成了笑谈,试问今后又有多少诸侯会谴责大国不尊天子之令、恃强凌弱,而为小国提供援助呢? 可怜周礼又何以再形成其该有的约束之力呢? 所以"以卒书而没其见弑,所谓不忍以夷狄之民加中国之君也,而存天理之意微矣"。当然,这为《春秋》不书齐侯被弑提供了一个较为客观的解释,并且也上升到正义与否的讨论之中。

胡安国《传》并未对齐悼公之死以何种缘由赴告其他诸侯做出回应,仅仅是指出了其有异于常例。《春秋》又是孔子据鲁史为底本删改而成,所以很难说齐国是用齐悼公死于疾病禀告于天子,告示诸侯。以公羊家"王鲁"之论看,《春秋》内为鲁隐讳大的恶行,以正例记录下这一弑君行为,恰恰反映孔子对复正的渴望以及对齐国臣下悖上的痛恨。《史记·鲁周公世家》曰:"孔子请伐之,哀公不听。"圣人欲行周礼之制,奈何哀公昏聩不堪,鲁内部也是君不似君、臣不似臣,所以只能以笔执刀,将一个被弒的齐国之君、失信的中国之君以正常的书例记载于《春秋》之中,表达了对扶周礼之正为上善的慎思,对乱臣贼子、夷狄之邦,甚至鲁国君臣的贬斥,振聋发聩。

齐国经此一战,君死而政愈乱。一方面,继位的齐简公面对这一群盘根错节、利益交错的臣子,又能有多大的作为? 如果其能选择韬光养晦、徐徐图之,稳定好国内诸事,或许多年之后会有转机,但那些蠢蠢欲动的大夫怎会给予他喘息的机会? 臣子们要进一步分割利益、虚弱国君权力,就只能使得君主将目光转移到国外,以便进一步控制齐国朝局。以复仇为名义,对外发动战争也就成了预料之中的事情了。另一方面,齐悼公之死,对于齐国也是一件奇耻大辱,必然有损其国威。就在三月,齐悼公死后不久,诸夏中国的霸主晋国也对齐国动起心思。《春秋》曰:"晋赵鞅帅师侵齐",所幸的是晋国大夫赵鞅并未深入齐地,仅仅"毁高唐之郭,侵及赖而还"(《左传·哀公十年》)。齐简公作为一位刚刚掌权的国君也算是腹背受敌,所以立威也成了其必须做的。攻打吴国? 齐国方败于吴国,士气低迷,且距吴地路途遥远,短时间内并不能形成有效的军力。攻打晋国,更加不可能,晋国久为霸主,虽然国内也是矛盾重重,但显然不是齐国可以轻易挑衅的。那么,既可以实现齐简公的政治目的,又能师出有名,就只有攻打背信弃约的鲁国了。

孔子书《春秋》不以私情废其正,为天下计,载王道于经。故将齐、鲁两国放置于诸夏中国的视角来看。鲁国背叛诸夏中国与吴伐齐,齐没有得天子之命而攻打鲁国需要被贬斥是毋庸置疑,但从"夷夏之辨"上看,也是代表着周天子、诸夏中国对鲁国进行严惩。即便《春秋》内为鲁隐其恶,但是这次齐伐鲁也很难再找到一块遮羞布了!

儒家容许的战争必当是带有正义性质的,也是源自对王道政治的践行。《繁露·竹林》载:"《春秋》之于偏战也,犹其与诸夏也。引之鲁,则谓之外,引之夷狄,则谓之不义。"①将矛盾付诸战争并不是王者之意,但内外有别、亲疏有异、善恶有分。民众不能以战为好、君却不能偏废武备、国家更不能没有可战之力。当然,面对战争,我们需要冷静、审慎地去看待这一令人恐惧的,或者稍有不慎就将引入生命黑洞的暴力手段。子曰"过犹不及"②,无论是极端的好战,

---

① 董仲舒撰,赵曦明校:《春秋繁露·竹林》,第 15 页下。
② 刘宝楠:《论语正义·先进第十一》,高流水点校,《十三经清人注疏》,北京:中华书局,1990 年,第 454 页。

还是一味避战都不值得提倡。适度的理念在亚里士多德处也得到了充分的讨论,"善是一,恶则是多",或是在吟游诗人口中流传的诗句,在这位希腊智者眼中恰恰指出了"在感情与实践中,恶要么达不到正确,要么超过正确。德性则找到并且选取那个正确。"①具备德性是难能可贵,是其被称为"哲学王"不可缺少的品格。"两种恶和一种作为他们的中间的适度德性,这三种品质在某种意义上彼此相反。"②而寻找中间的适度不仅适用于对道德的约束,也是一种形而上的表达,是理性地将感情与实践联系起来的品格。在儒家眼中可行王道的圣王亦如这德性具备的智者,甚至可以做到依据天道而施教化,最终治法而归万民于仁。③《商书·说命》中载,傅说对商朝高宗武丁进言,"惟甲胄起戎,惟干戈省厥躬"④,提醒君王要慎用甲胄、谨防擅起干戈,兵之所指,当有其义方可行。善伐者必严于自省,使用兵不失去应有的正义性。

结语

孔子所作《春秋》,以微言大义对战争正义与否进行了价值判断,对因周礼不复在周室统御下的邦联式诸侯政治形成强大约束力,而引发的社会阶层动荡,甚至爆发战争,进行了强有力的批判。但儒家不排斥战争,相反,通过对战争爆发的原因和应对方式进行了延后性的价值认定,并通过独有的《春秋》笔法记载在册。作为解决国家矛盾的手段——战争,其本身并没有善恶,但是当双方付诸这种极端的暴力形式时,就天然地、不可避免地糅合了"几乎不值得讲

---

① 亚里士多德:《尼各马可伦理学》(The ethics of Aristotle),廖申白译注,北京:商务印书馆,2017年,第50页。

② 亚里士多德详细地比较了三者之间的对立关系,以此来说明适度的难得性。"两个极端都同适度相反,两个极端之间也彼此相反。适度也同两个极端相反。正如相等同较少相比是较多,同较多相比又是较少一样,适度同不及相比是过度,同过度相比又是不及。"所以面对战争,在过度和不及两种极端的对立下,往往又会导致"每种极端的人都努力把具有适度品质的人推向另一端",所以使得往往在一定条件下适用的恶,丧失其成为善的可能性。亚里士多德:《尼各马可伦理学》,第56页。

③ 董仲舒曰:"唯天之施,施其时而成之,法其命而循之诸人,法其数而以起事,治其道而以出法,治其志而归之于人。"见董仲舒撰,赵曦明校:《春秋繁露·王道通三》,第67页下。

④ 孔安国注,孔颖达正义:《重刊宋本尚书注疏附校勘记·商书·说命中》,见嘉庆二十年江西南昌府学刻本《十三经注疏》(1),台北:艺文印书馆,2001年,第140页下。下引该书文字,皆不出注。

的、自我设置的和难以察觉的限制"。① 儒家期待一种以仁爱为核心的社会性和国家性的礼法制度,从一开始就贬斥不正当的战争,以至于让后世儒家在安逸的大一统式的国家体制中,忽视了先秦儒家对战争是有着深刻的研究和实践的,而这些却被"读丢了"!② 通过《春秋》辞法,对"齐国书伐鲁"事件原因的剖析、诠释,儒家对战争有着其历史诠释情境和形而上的反思。一场战争中,诸夏和夷狄的文明之争、诸夏中国的内部矛盾和诸侯国内部的君臣冲突,无不展现了儒家对战争的理解是基于政治差异、文化差异,而并非扁平化、理念化和超现实的。克劳塞维茨指出:"仁慈的人可能认为,有某种巧妙的办法,毋须大流血就解除敌人的武装或使之百倍,而且可能想象此为军事艺术的真正目标。"但显然,以仁爱、礼法为核心的儒家思想,并不是沉溺其中,而美化王者之治、霸者之术,对于暴力手段的道德性记述方式,虽然弱化了战争残酷性,但不能因此而否认儒者对战争、战术、计谋的重视,否则也会因为追求所谓的"善"而走向某种极端。所以我们不妨在主战和避战中找到一个平衡,也就是战当有道、有理、有利,并形成应有的战争法则,取缔无端的、无德的、无信的政治压迫,并以正义的方式教化民众何以为战、何以卫国。

哲学 · 经学 · 语言

Discrimination and Analysis of the Dao of the Monarch and Legitimacy in "No Justice War" in the *Spring and Autumn Annals*: Centered on "Guoshu of Qi Attacked State Lu" in the Eleventh year of Duke Ai

Zhang Kai

Abstract: The State Lu was regarded as a kingly state and was adopted to illustrate the

---

① 克劳塞维茨将这些限制设定为"国际法和国际惯例",以说明发动战争和暴力实际是两回事,暴力是战争之手段,它只能是战争的某一种形式,那么诸如在国际法下激烈的外交沟通也是某种形式的"战争",所以不能以暴力去代表战争,也不能将暴力排除在战争之外。卡尔·冯·克劳塞维茨:《战争论》,第102页。

② 余治平指出:"仅在先秦时期的儒家著作中,从《周易》《尚书》《逸周书》,到《论语》《孟子》《荀子》,乃至《春秋三传》,从来都不乏军旅、师甲、征战、攻伐、兵帅、卫戍之事的记载和论述,只是到了秦汉之后,这一方面的内容才又被一代代儒生们逐渐读丢了。"见余治平:《"必有武备"而"胜残去杀"——孔子之军旅事迹与战伐主张考论》,《社会科学》,2015年第11期。

principles of governance in the *Spring and Autumn Annals*. In the eleventh year of Duke Ai, the State Qi invaded and attacked the State Lu without the order of the emperor, which violated the righteousness of the monarch and his ministers. However, under the theory of "Gongyang", Confucius did not write "a certain place" to show that Lu had caused his own disaster, which was regarded as a disgrace by all the states in China, and was reprimanded more seriously than Qi. The reason is that Lu, as a state of marquises, inherited Duke Zhou's sacrifices, but did not think about internally improving its virtues to strengthen the state. The State Lu was afraid of the State Wu's strong military strength, so he offered hundreds of sacrifices to the State Wu, disrupting Zhou rituals, and was extremely humiliated. It also coincided with the "three man from the family Huan" arrogating power, fearing the strong and bullying the weak, and angered States Wu and Qi. The two states came to conquer one after another, and Lu responded back and forth in geopolitics, and signed an agreement with Wu. He also bribed Qi with the land of the two towns and returned the Monarch Yi to the State Zhulou to dispel Qi's anger. In turn, he joined forces with Wu to attack Qi, resulting in the murder of Duke Dao of Qi, which almost caused chaos among barbarians and central China. The ancient rites and credits are sought the *Spring and Autumn Annals*, but Lu destroyed its credit, attacked the neighbor, built up alliance at its will, and set up a small credit to stop war. As a result, the world has no credible system, no principle to follow, and gradually lost its righteousness. The State Lu that Confucius saw was no longer a state of etiquette, and the appearance of a king could no longer cover his sins, so he belittled Lu and praised Qi in order to set things right. Although the war is cruel, Confucianism also consistently opposes unjust wars, but when recording "Guoshu of Qi led the army to attack me", Confucius focused on the trial of the lack of morality of Lu and the rebuke of the Barbarians for their crimes against all the states in central China. It can be seen from this that the praise and derogation used in the *Spring and Autumn Annals* to record unjust wars contains the Confucian definition of just wars, and provides a metaphysical ethical foundation for how to start wars with benevolent and righteous reasons via violence. It also emphasizes that while being cautious in war, we will not ignore the positive role of war in safeguarding morality, state power, even distinguishing chaos and restoring rituals.

Keywords: Kingly way, distinction between barbarians and Chinese, just wars, the method of using words in the *Spring and Autumn Annals*

《春秋》无义战」中的王道与正当性辨析

从"利益之需"到"仁爱之亲"[*]

——董仲舒视域下秦汉君臣观的时代之变

臧 明^{**}

[摘 要] 君臣关系是治国理政的重要一环,韩非主张君王要虚壹而静,广纳谏言,以无为来消解臣下之谀,通过参验之术对臣下的功过进行赏罚,进而实现君王以"利益"驭臣,臣下以"利益"谏君。然而君王徇私枉法、穷奢无度、滥用刑罚等行为,极易打破君臣间的利益链条,造成政权的崩塌。董仲舒则对韩非的君臣观进行了益损,以天统君,以仁爱摄臣,以伦理之亲固化君臣关系,儒学亦成为了维系政治秩序、社会结构稳定的重要因素。汉儒进而以《春秋》大义为核心价值,塑造了个体的理想人格,构建了民众的信仰世界,实现了社会对国格的认同,积极回应了时代之变。

[关键词] 秦汉;儒学;君臣观;韩非;董仲舒

---

* 基金项目:国家社科基金重大项目"董仲舒传世文献考辨与历代注疏研究"(19ZDA027)。

** 臧明(1982—),男,山东烟台人,历史学博士,河北大学马克思主义学院讲师,主要研究领域为中国思想史。

秦亡大抵与法家之学有关。① 但法家被贴上亡秦的标签实为历史层累的结果，历史上没有哪位政治家、哲人、君王敢于公开赞许秦政及法家学说，②亡秦的责任应由政治实践者来承担。心灵自身是清净光明的，是"道德心"或"德性心"。但心如果随"物欲"而转，则会失去"道心"或"真心"。③ 韩非以私利为基础勾勒出的理想君臣关系，并不能在政治生活中实现。秦的兴起肇始于官僚阶层的建构，公元前 3 世纪以前的先秦贵族阶层，利用从公室(帝国的前身)夺来的土地发展自己的力量，从而使公室变得不起作用，在秦统一的过程中削弱了私人封建势力，封建贵族最终被官僚阶层所取代。官僚阶层使秦帝国高效运转，秦帝国则为官僚阶层提供了基本的价值、财富、权力与社会地位。④ 李斯、尉缭、蒙恬、王翦、王贲、李信等大臣被委以重任，成为了秦统一六国的重要因素。尽管秦始皇根据法家学说树立了一个官僚统治的典范，⑤但以利益为基础的君臣关系极易因皇帝或府主、君王的个性或好恶而造成垮塌，进而导致国家的覆灭。⑥ 汉兴，从叔孙通制礼作乐到韩婴构建儒士集团，再到董仲舒献天人三策，使儒学融入了国家的政治生活，并催生出了在封建贵族和专制君主之间起平衡作用的官僚集团。⑦ 与秦国不同，"功利"不再是考核官员的唯一标准，儒家在规范道德、规范行为和处理人与人、人与家庭和国家之间关系的价值观成为了汉代官员需要恪守的重要准则。但对于此种礼仪程式的践行并不局限在道德学者、理性主义者、政治家，而是延伸到了"家庭伦理""群体责任""宗教

295

---

① 或曰秦亡于暴政。如董仲舒言："(秦)师申商之法，行韩非之说，憎帝王之道，以贪狼为俗，非有文德以教训于天下也。"详见班固：《汉书》卷五十六《董仲舒传》，北京：中华书局，1962 年，第 2510 页。或认为秦亡于"废分封，行郡县"。详见朱杰人：《朱子全书》第 24 册《晦庵先生朱文公文集》卷七十二《古史余论》，上海：上海古籍出版社，合肥：安徽教育出版社，2002 年，第 3503—3504 页。或将秦之短祚归因于"籍是以箝天下，而为天下之所箝"。详见王夫之：《读通鉴论》卷 1《秦始皇》，舒士彦点校，北京：中华书局，1975 年，第 7 页。或强调法家思想导致秦朝政治的失衡。详见葛志毅：《秦亡异于三代震悼古今之考论发覆》，《北方论丛》，2022 年第 3 期。

② 牟复礼：《中国思想之渊源》，王重阳译，北京：北京大学出版社，2016 年，第 201—202 页。

③ 蒙培元：《心灵超越与境界》，北京：人民出版社，1998 年，第 8 页。

④ 列文森：《儒教中国及其现代命运》，郑大华、任菁译，北京：中国社会科学出版社，2000 年，第 169—170 页。

⑤ 崔瑞德、鲁惟一：《剑桥中国秦汉史：公元前 221—公元 220 年》，杨品泉、张书生、陈高华、谢亮生、一山、索介然、胡志宏译，北京：中国社会科学出版社，1992 年，第 104 页。

⑥ 侯旭东：《宠·信——任型君臣关系与西汉历史的展开》，北京：北京师范大学出版社，2018 年，第 214 页。

⑦ 列文森：《儒教中国及其现代命运》，第 360—361 页。

信仰"等社会生活的方方面面,并沟通了人格与国格,使践行"三纲八目"成为了可能。

一、从"君本位"到"屈君伸天"

在先秦诸子那里,学术思想是政治思想之一部分耳,各家之说皆为救济社会维持安宁秩序起见,不得不建国,不得不立君。儒家主张得君行道,孔思孟荀都积极地参与到政治生活中去,以求实现自己的学说。老庄遵循自然法则而行,君主需做表率,自然法则便可实现。墨家通过树立君王来齐整社会心理,实现稳定的社会秩序。法家则把国家成立分为三阶段,第三阶段需要依靠以君王为核心的"贵贵"结合来实现。[①] 为了确保国家秩序的稳定,韩非构建起了以君主为本位的政治哲学,并贯彻到了文化政策、商业管理、君臣关系等方面。[②]

君主如果有为,那么就会被大臣利用,也会给予大臣窥伺君心、揣摩上意的机会,最终会损害法律的权威,威胁君主的统治。韩非继承了黄老道家虚静无为的主张,并将君主无为的依据归之于道[③]。

> 道者,万物之始,是非之纪(注:纲领)也。是以明君守始以知万物之源,治纪以知善败之端。故虚静以待令,令名自命也,令事自定也。虚则知实之情,静则知动者正。有言者自为名,有事者自为形,形名参同,君乃无事焉,归之其情。[④]

道作为万物之始,乃是非之纲领。国君应当按照道来知晓万物的源头,也应当按照道来对好坏进行判断。"道者,万物之所然也,万理之所稽也。"(《韩非子·解老》)只有做到虚静的君主才能洞察事情的真实状况;只有国君参验形

---

① 梁启超:《先秦政治思想史》,天津:天津古籍出版社,2004年,第218—232页。

② 冯立鳌:《韩非政治哲学的君主本位观及其思想脉络》,《广东社会科学》,2010年第6期。

③ 刘泽华认为:"韩非把法术与老子结合起来的最显著特点之一是鼓吹'道''君'同体。……君主与道德关系从礼论上看,君主也必须服从'道'。……但是,在人世间,君主的地位与'道'相对应,臣民与万物相对应。"详见刘泽华:《中国政治思想史集》,北京:人民出版社,2008年,第195—196页。

④ 陈奇猷:《韩非子新校注·主道》,上海:上海古籍出版社,2000年,第326页。

哲学·经学·语言

名,才能对事情做出准确的预测。无为则要求君主将自己的好恶隐藏起来,做到以道为绳墨的君主才能有效地对臣下进行督责。"人主者不操术,则威势轻而臣擅名。"(《韩非子·外储说右下》)君主掌握了"静""重""虚"等道之术,臣下才能安守本分。

君主践行无为之术则需要参验以明赏罚。为了确保参验之实,君主要虚怀纳谏,取消自我的主体性,化小我为大我,多听取各方意见,以防被臣子蒙蔽。

> 人臣为主设事而恐其非也,则先出说设言曰:"议是事者,妒事者也。"人主藏是言,不更听群臣;群臣畏是言,不敢议事。二势者用,则忠臣不听而誉臣独任;如是者谓之壅于言,壅于言者制于臣矣。主道者,使人臣必有言之责,又有不言之责。言无端末辩无所验者,此言之责也;以不言避责持重位者,此不言之责也。人主使人臣言者必知其端以责其实,不言者必问其取舍以为之责。则人臣莫敢妄言矣,又不敢默然矣,言、默则皆有责也。[①]

韩非指出,有些大臣害怕提出的意见有错误,以他人嫉恨为由忌惮众臣们的讨论,人君如果放任不管,就会造成闭目塞听的恶果。即便大臣提出的意见有不当之处,君主也不能任意地惩罚,以阻塞进谏之路。君王对臣下之言"参伍比物"(《韩非子·扬权》),进而"循名实而定是非,因参验而审言辞"(《韩非子·奸劫弑臣》),实现"偶参伍之验,以责陈言之实"(《韩非子·备内》)。

"无赏罚之法,虽尧舜不能以为治"(《韩非子·奸劫弑臣》),君王要立足于参验,对大臣进行赏罚,若赏罚不公国家便不能善治。"明主立可为之赏,设可避之罚。"(《韩非子·用人》)其中要以赏为主,以罚为辅,如此才能避免臣下之祸。

> 夫有术者之为人臣也,得效度数之言,上明主法,下困奸臣,以尊主安国者也。是以度数之言得效于前,则赏罚必用于后矣。人主诚明

---

① 陈奇猷:《韩非子新校注·南面》,第330—331页。

于圣人之术，而不苟于世俗之言，循名实而定是非，因参验而审言辞。①

君主行参验之术的目的是"上明主法，下困奸臣"（《韩非子·奸劫弑臣》），而不是根据君主自身的利益得失来决定赏罚。韩非不但反对臣子假公济私，也反对君主以权谋私。只有"明于公私之分"（《韩非子·饰邪》），才能创造出良好的政治环境。

韩非以"道"为体，以"参验"为标准，以"赏罚"为手段，构建起了"君本位"的驭臣之术。但维系此种君臣关系的纽带并不是"法"，而是"利益"。"人臣之情，非必能爱其君也，为重利之故也。"（《韩非子·二柄》）利益一旦丧失，"君臣之利异，故人臣莫忠，故臣利立而主利灭。"（《韩非子·内储说下》）而且，"君本位"使这种秩序的建立必须依赖于君主极高的个人品质，秩序的正常运转又需最大程度地排除君主个人因素的影响②，具有不确定性。

汉帝国为了避免"曩之为秦者，今转而为汉矣"（《汉书·贾谊传》），寻找替代严刑峻罚的治国方略成为了时代的共识。儒学德治教化的理念，以及稳定体制的功能，使其逐渐成为了国家意识形态的核心主轴，儒者也进入体制，扮演论述帝国意识形态需求的角色愈来愈重要。③贾谊、陆贾、董仲舒等以"秦亡"为主题，通过对天人关系的探讨将国家治理与宇宙大系统、人事小系统相契合，并统摄于一个整体的格局。

《易经·观卦》《彖传》言："观天之神道，而四时不忒。圣人以神道设教，而天下服矣。"④孔颖达释为："圣人用天的权威来设教于天下，不用法律和道德的手段，人们也能自觉遵行。"⑤儒家传统的天道观，强调天是道理律令的捍卫者。董仲舒同样渲染"天"的权威性、神圣性，其言："天者，百神之君也，王者之所最尊也。"⑥君王则受命于天，"唯天子受命于天，天下受命于天子，一国则受命于君。"⑦

① 陈奇猷：《韩非子新校注·奸劫弑臣》，第282页。
② 侯磊：《由"圣"而"庸"：韩非思想中的君主与秩序》，《人民论坛》，2014年第1期。
③ 林聪舜：《儒学与汉帝国意识形态》，上海：上海人民出版社，2017年，第11—41页。
④ 唐明邦：《周易评注》，《观卦》《彖传》，北京：中华书局，2009年，第62页。
⑤ 中华书局编辑部：《唐宋注疏十三经》，《周易注疏》，北京：中华书局，1998年，第124页。
⑥ 苏舆撰，钟哲点校：《春秋繁露义证》卷十五《郊义》，北京：中华书局，1992年，第402页。
⑦ 苏舆撰，钟哲点校：《春秋繁露义证》卷十一《为人者天》，第319页。

"是故天执其道为万物主,君执其常为一国主。"①有了天的加持,董仲舒指出天下都要臣服于君王。"海内之心悬于天子。"(《春秋繁露·奉本》)"故受命而海内顺之,犹众星之共北辰,流水之宗沧海也。"②而天与君王并不是本末关系,"人之人本于天,天亦人之曾祖父也。"③董仲舒进而论证了"君王"与"天"之间是父子关系,君王应该以忠孝事天。"受命之君,天意之所予也。故号为天子者,宜视天如父,事天以孝道也。"④既然君是天之子,那么"天子不可不祭天也,无异人之不可以不食父"。而且,君王还要"事天"如"事父"。⑤ 如此,天与君王就有了伦理关系。不仅仅是君王,人与天亦有亲亲之属。董仲舒言:"为生不能为人,为人者天也。"(《春秋繁露·为人者天》)据于此,"子受命于父、臣妾受命于君、妻受命于夫。诸所受命者,其尊皆天也。"(《春秋繁露·顺命》)君王与臣下同样具有了亲缘上的道义,"君臣、父子、夫妇之义,皆取诸阴阳之道。"(《春秋繁露·基义》)

与韩非不同,董仲舒建构起了"道之大原出于天"(《汉书·董仲舒传》)的儒学诠释体系,标榜"春王正月",彰显"大一统"。天代表了宇宙的秩序,君王代表了现实的政治秩序,臣下则成为了二者意志的践行者。董仲舒言:"故臣不臣,则阴阳不调,日月有变;……此灾异之应也。"⑥如果臣不配位,上天就会降下灾异,所以,"有天子在,诸侯不得专地,……大夫不得废置君命。"⑦国家不再是"君之车也"(《韩非子·外储说右下》),而是与君王、大臣一起被置于天的监督之下,"君本位"让位给了"屈君伸天"(《春秋繁露·玉杯》),借此定立了新的官僚秩序。⑧ 以"天统君"是否过分渲染了天的神秘性和人与天在机能上的相似性?是否给道德的自主性带来了消解的危险? 是否背离了儒家的人文路线?⑨ 答案是否定的。董仲舒将儒家理论贯穿到了天、君、臣,并借用阴阳五行学说,通

---

① 苏舆撰,钟哲点校:《春秋繁露义证》卷十七《天地之行》,第459页。

② 苏舆撰,钟哲点校:《春秋繁露义证》卷九《观德》,第270页。

③ 苏舆撰,钟哲点校:《春秋繁露义证》卷十一《为人者天》,第318页。

④ 苏舆撰,钟哲点校:《春秋繁露义证》卷十《深察名号》,第286页。

⑤ 苏舆撰,钟哲点校:《春秋繁露义证》卷十五《郊祭》,第404—405页。

⑥ 王利器:《盐铁论校注》卷九《论灾》,北京:中华书局,1992年,第556页。

⑦ 苏舆撰,钟哲点校:《春秋繁露义证》卷四《王道》,第113—114页。

⑧ 王亚南:《中国官僚政治研究》,北京:中国社会科学出版社,1981年,第71页。

⑨ 景海峰、赵东明:《诠释学与儒家思想》,上海:东方出版中心,2015年,第129页。

过道德的自主性,变革了法家的政府结构,完善了国家功能。在这一系统中,天体运行,四季更替,人间伦理,政府组织,以至人身生理与心理,都熔铸于一体。上天影响人事,人事也影响着上天;君主影响大臣,大臣也影响着君主,人力成为了维系各部分均衡的关键因素。[①]

二、从"驭臣"到"育臣"

韩非立足于"君臣互市",强调以君"驭臣",从而避免亡国之祸。与法家掌权柄、治宪令、明赏罚不同,先秦儒家把道德理想和社会制度等同,但孔子所说的"礼",主要是指周朝社会制度及规范,并不直接等同于汉代建立的大一统帝国的社会制度。儒家的道德力量如何与皇权结合、儒生组成的文官系统如何打造、新的宇宙秩序如何运行等都成了亟待解决的问题。以董仲舒为代表的儒生,利用春秋公羊之学,通过对生命大本之"象"——"天"[②]的诠释,为汉帝国的统治提供了合法性依据,而儒家文化则将王权、官僚政治、地主权力、家长制、民众信仰自上而下地统一起来,体现了《春秋》对道德的裁判,确立了一种代表道德理想的社会制度。[③] 在天人关系中,天为人之福利而建立了宇宙。自然被制造出来,是为了让人对其加以利用并因此而兴旺发达。这里蕴含的意思是:除非人把宇宙当成利用的对象,否则宇宙就无法得到恰当的治理。为了能践行春秋大义,董仲舒认为只有保证人的行为的参与——儒家传统意义上的"人的行为"——宇宙才能恰当运行,而人的行为能力则来源于修身。[④] 王法天,臣法地,为了实现"天垂象,圣人则之"(《易·系辞上》),董仲舒主张君王对臣下进行教化,以禀天之"仁",使君臣去"离"求"合"(《春秋繁露·离合根》)。

韩非言:"臣尽死力以与君市,君垂爵禄以与臣市。君臣之际,非父子之亲也,计数之所出也。"(《韩非子·难一》)交易互利是君臣关系的基础,君王需掌

---

① 许倬云:《万古江河:中国历史文化的转折与开展》,长沙:湖南人民出版社,2017年,第124—126页。

② 张实龙:《董仲舒学说内在理路探析》,杭州:浙江大学出版社,2007年,第117—144页。

③ 金观涛、刘青峰:《中国现代思想的起源:超稳定结构与中国政治文化的演变》,北京:法律出版社,2011年,第21—29页。

④ 普鸣:《成神:早期中国的宇宙论、祭祀与自我神化》,张常煊、李健芸译,李震校,北京:生活·读书·新知三联书店,2020年,第399—408页。

握"驭臣"之术才能避免僭越,实现国家长治久安。首先,韩非认为当涂之臣背公向私,"群臣持禄养交,行私道而不效公忠,此谓明劫。"(《韩非子·三守》)法术之臣则尽忠职守。君主需要仔细考察臣子的能力,防备奸臣背公向私。避免"五壅",防止被臣下蒙蔽。

> 是故人主有五壅:臣闭其主曰壅,臣制财利曰壅,臣擅行令曰壅,臣得行义曰壅,臣得树人曰壅。臣闭其主,则主失位;臣制财利,则主失德;臣擅行令,则主失制;臣得行义,则主失名;臣得树人,则主失党。此人主之所以独擅也,非人臣之所以得操也。[1]

其次,"是故明君之蓄其臣也,尽之以法,质之以备。"(《韩非子·爱臣》)君王通过参验之术来判断功过,以法律作为标准来进行奖惩。"万乘之患,大臣太重;千乘之患,左右太信。此人主之所公患也。"(《韩非子·孤愤》)君王不能过分倚重臣下。"大臣贵重,敌主争事,外市树党,下乱国法,上以劫主,而国不危者,未尝有也。"(《韩非子·内储说下六微》)君王更不能因个人的好恶来任免官员。臣下要始终受到琐细的规章条例的制约,包括形式、时效、文牍、财政和司法上的限期,他们若对这些规章条例有任何违反,便会受到弹劾、调离、罚俸或撤职的处分。即便被君王的"法""势"所笼罩,规章条例至少为臣下的职责划定了某种边界,从而为他们提供了一定的保护,满足了某些要求。合理的利益分配犹如润滑剂,保证了齿轮(大臣)与镶钻齿轮(君王)间的不断磨合,良好运转。[2] 否则,"爱臣太亲,必危其身;人臣太贵,必易主位。"(《韩非子·爱臣》)

最后,君臣"上下一日百战"(《韩非子·扬权》),要防微杜渐。"夫人臣之侵其主也,如地形焉,即渐以往,使人主失端,东西易面而不自知。"(《韩非子·有度》)君主要把权力掌握在自己手中,不能轻易交给臣子。

> 昔者纣之亡,周之卑,皆从诸侯之博大也;晋也分也,齐之夺也,皆以群臣之太富也。夫燕、宋之所以弑其君者,皆此类也。[3]

---

[1] 陈奇猷:《韩非子新校注·主道》,第74—75页。
[2] 孔飞力:《叫魂:1768年中国妖术大恐慌》,陈兼、刘昶译,上海:上海三联书店,1999年,第250页。
[3] 陈奇猷:《韩非子新校注·爱臣》,第62页。

君主需要防范的大臣有很多,既包括当政大臣、近臣,也包括自己的后宫、继承者等。韩非指出人臣能够背公营私的方法有八种,人君需要小心地应对来自臣下的威胁。

> 凡人臣之所道成奸者有八术:一曰同床,二曰在旁,三曰父兄,四曰养殃,五曰民萌,六曰流行,七曰威强,八曰四方。①

在政治生活中,君主要时时防备大臣,臣下会主动给君主设定陷阱,让君主背公向私,甚至夺取君主的权力,威胁君主的生命。

"道之以德,齐之以礼,有耻且格。"(《论语·为政》)孔子主张以德治和礼仪化民。孟子言:"善教民爱之。善教得民心。"(《孟子·尽心上》)教化民众,可以实现"善政"。董仲舒则将育人之根据追溯于天。"天之所为,有所至而止。止之内谓之天性,止之外谓之人事。事在性外,而性不得不成德。"(《春秋繁露·深察名号》)对于大臣,更是要法天而置,再择名师育之,最后各尽其才。

"圣王所取仪,金天之大经,三起而成,四转而终。"(《春秋繁露·官制象天》)君王要遵循"天象"制定官制。"由此观之,三而一成,天之大经也,以此为天制。"(《春秋繁露·官制象天》)三公、三卿、三大夫均是参以天数(《春秋繁露·官制象天》)。董仲舒又言:"人之材固有四选,如天之时固有四变也。"(《春秋繁露·官制象天》)"圣人""君子""善人""正人"皆"以四为制,取诸天之时。"(《春秋繁露·官制象天》)

董仲舒向汉武帝谏言:"臣愚以为使诸列侯、郡守、二千石各择其吏民之贤者,岁贡各二人以给宿卫,且以观大臣之能;所贡贤者有赏,所贡不肖者有罚。夫如是,诸侯、吏二千石皆尽心于求贤,天下之士可得而官使也。遍得天下之贤人,则三王之盛易为,而尧舜之名可及也。"②诸侯与州郡官员等要向中央举荐茂才。而"立大学以教于国,设庠序以化于邑"(《汉书·董仲舒传》)则是化育大臣的重要举措。特别要在太学之中"置明师,以养天下之士,数考问以尽其材"

---

① 陈奇猷:《韩非子新校注·八奸》,第181页。
② 班固:《汉书》卷五十六《董仲舒传》,第2513页。

（《汉书·董仲舒传》）。如此，"英俊宜可得矣。"（《春秋繁露·天地之行》）

教化的目的在于以德配官，"量材而授官，录德而定位。"（《汉书·董仲舒传》）但对官员的培养不能限于一隅，"圣人所以强者，非一贤之德也。"（《春秋繁露·立元神》）并通过不断的积累来实现。"天积众精以自刚，圣人积众贤以自强。"（《春秋繁露·立元神》）而且，还要突破旧制的局限，"小材虽累日，不离于小官；贤才虽未久，不害为辅佐。"[1]进而"置贤""致贤"（《春秋繁露·通国身》）。"驭臣"的"硬着陆"被"育臣"的"软着陆"所取代，"以法为教""以吏为师"已无法满足时代之需，而儒学主导的文官制度则用"温和"且"合理"的手段缓解了君臣矛盾，塑造了新的政治体制。[2]

三、从学术到政治、大众

秦始皇博采众家之长，"吏"与"师"、"法"与"儒"并不能左右秦始皇的治世与用人，"别黑白而定一尊"（《史记·秦始皇本纪》）才是其最终的追求。[3] 但缺乏对君主的监督制度，加之秦始皇识人方面的局限，在面对新的国家形势时未能做出合理的判断和选择，国家整体政治秩序因此失衡。[4] 秦始皇非其不察也，惟其好谀也。托国于赵高之手，虽中主不足以存，况胡亥哉！胡亥之愚，矢人锯而不觉，明而熟于计者，未有谓为且然者矣。[5] 秦始皇与秦二世个人情绪性的行为(基于幼年共同经历积淀的情感/成年后经历而产生的信赖)决定了对某人的宠——信[6]。赵高原为赵国宗室后人，入秦后因"通于狱法"被始皇任命为胡亥老师。后因触犯法律被蒙毅判处极刑，但秦始皇却对其免于处罚，并恢复官籍。"惠之为政，无功者受赏，则有罪者免，此法之所以败也。"（《韩非子·难三》）君主的权威会逐渐丧失，并由几个不满政府的集团联合起来摧毁传统的

---

① 班固：《汉书》卷五十六《董仲舒传》，第2512—2513页。

② 黄仁宇：《中国大历史》，北京：生活·读书·新知三联书店，1997年，第44页。

③ 秦始皇并非专任法家思想，而是兼采诸家之说。详见柯马丁：《秦始皇石刻：早期中国的文本与仪式》，刘倩译，杨治宜、梅丽校，上海：上海古籍出版社，2018年；辛德勇：《生死秦始皇》，北京：中华书局，2019年。

④ 邹芙都、孔德超：《制度变迁视角下的秦亡原因再考察》，《中州学刊》，2021年第10期。

⑤ 王夫之：《读通鉴论》卷一《秦始皇》，第3—7页。

⑥ 侯旭东：《宠·信——任型君臣关系与西汉历史的展开》，第221页。

政治格局与社会秩序。^① 最终导致了"沙丘之变"及秦二世政局的动乱。

"至于始皇,遂并天下,内兴功作,外攘夷狄,收泰半之赋,发闾左之戍。男子力耕不足粮饷,女子纺绩不足衣服。竭天下之资财以奉其政,犹未足以赡其欲也。海内愁怨,遂用溃畔。"^②为了扭转秦国颓废的政局,复兴的诸子之学纷纷参与政权的重构,尤以黄老、儒家影响最甚。儒学一方面寻找从政机会,参与形塑新帝国的活动,另一方面他们又可以维持相当程度的独立性,与政治权力保持可即可离的关系,不致完全被统治者钳制。^③ 公孙弘、董仲舒等人以"敬天""教化""伦理"为基础打造的官僚体制,最大程度地限制了君权,弥补了秦的制度缺陷。解决了儒学如何在大一统政权下发挥政治批判功能等问题,延续了儒者理想中的道德话语权。^④ 在此基础之上,董仲舒以"阴阳""五行""四时"等自然之体,阐述了儒家的道德之天,完成了人、物、事等制度的建构,力图实现《春秋》"天地之常经""古今之通谊"的大一统。^⑤ 开启了汉武帝"复古更化"运动的先河,这条道路以学术支配政治,以政治支配经济,确保了汉帝国四百余年的长治久安。^⑥

如果说"屈君伸天""屈民伸君"是学术附和政治的被迫之举,那么,儒学对大众的影响则突破了"师"与"吏"的局限,走进了家庭伦理、社会生活与民众信仰,实现了家国天下的一统。武帝之时,"董仲舒请使列侯郡守岁贡士二人,贤者赏,所贡不肖者有罚,以是为三代乡举里选之遗法也,……首重太学,庶知本矣。不推太学以建庠序于郡国,而责贡士于不教之余,是以失也。"在选贤、教化的基础上,董仲舒主张用孔子之术来表达自己的政治诉求。"仲舒之策曰:'不在六艺之科,孔子之术者,皆绝其道。'此非三代之法也,然而三代之精义存矣。何也? 六艺之科,孔子之术,合三代之粹而阐其藏者也。"^⑦"天人三策"拟定了阴

① 亨廷顿:《变动社会的政治秩序》,张岱云、聂振雄、石之瑜、宁安生译,上海:上海译文出版社,1989 年,第 210 页。
② 班固:《汉书》卷二十四《食货志上》,第 1126 页。
③ 林聪舜:《儒学与汉帝国意识形态》,第 31 页。
④ 韦政通:《董仲舒》,台北:东大图书股份有限公司,1986 年,第 233 页。
⑤ 干春松:《从天道普遍性来建构大一统秩序的政治原则——董仲舒"天"观念疏解》,《哲学动态》,2021 年第 1 期。
⑥ 牟宗三:《文化建设的道路——历史的回顾》,《牟宗三先生全集》23 册,台北:联经出版事业公司,2003 年,第 364 页。
⑦ 王夫之:《读通鉴论》卷三《武帝》,第 48—50 页。

阳刑德的思路,明确制度与教育的策略,寻找宇宙与历史的依据,并强调了思想文化的统一对于民族国家意识形态塑造的重要作用。儒学渐渐进入思想世界的中心,也逐步渗透了普通人的意识与生活。① 基于此,汉代人无论是个人独立性的修养方案,或是群体性的人际关系规范,都有条不紊地展现在《礼仪》一书中,包含了修身、政治、社会、家庭各个方面。② 阴阳据天意,《春秋》本人事,一尊天以争,一引古以争。非此不足以折服人主而自伸其说,非此亦不足以居高位而自安。③ 董仲舒将天之"阴阳""五行""四时"等与《春秋》的人事相附会,使儒学既能有资于治道,又能抚慰人心。

人类的道德问题无外乎两个方面:其一是自我存在和行为的价值意义,即所谓存在和行为的道德方式,这一方面关乎人之心性善恶和行为善恶。此为秦法所重,是秦国立国之本。其二是人之社会存在和社会行为的道德方式,这一方面关乎人际伦理和社会伦理。此为秦制所弃,亦是秦二世而亡之因。但是,人类道德的两个方面并不是相互隔离的,相反,它们之间有着深刻而密切的内在勾连:无论是自我存在和行为的善恶,还是其社会存在和行为的伦理,都承诺着一种价值意义,因而也都要求作出特定的价值规范与价值评价。④ 汉儒树立的道德评价标准不仅贯通了个人与社会,还使理想化人格成为了大众竞逐的目标。儒学将以仁爱为核心的伦理道德作为理想人格的价值标准,为个体的修齐治平提供了来自彼岸世界的支持。孔子的弟子和西王母等神话人物,一同出现在了汉墓的壁画中,如子贡成为了掌管游历"天六宫"者名录之人。⑤ 而墓葬中由图像等形式所展示出的信仰,已被社会最上层乃至社会底层群体所广泛接受。⑥ 儒学成为了民众信仰世界的一部分。所谓的汉武帝"罢黜百家,独尊儒术"绝非停留在学术与政治层面,董仲舒意图为整个社会——从天子到庶民——建构可以依托的终极意义架设。汉儒为了使儒学成为大众信仰的一部

---

① 葛兆光:《中国思想史》第一卷,上海:复旦大学出版社,2011年,第269—270页。

② 邬昆如:《人生哲学》,北京:中国人民大学出版社,2005年,第55页。

③ 钱穆:《两汉经学今古文评议》,北京:商务印书馆,2001年,第222页。

④ 万俊人:《宗教与道德之间:关于"信念伦理"的对话——论宗教作为一种可能的现代道德资源》,张志刚、斯图尔德:《东西方宗教伦理及其他》,北京:中央编译出版社,1997年,第107页。

⑤ 鲁文生:《山东省博物馆藏珍·石刻卷》,济南:山东文化音像出版社,2004年,第24页。

⑥ 杰西卡·罗森:《祖先与永恒:杰西卡·罗森中国考古艺术文集》,邓菲、黄洋、吴晓筠等译,北京:生活·读书·新知三联书店,2017年,第206页。

分,从历史观入手,通过史官的宗教化构筑个体的人生价值,开通了从此岸人生到彼岸意义世界的通道。儒生的价值观和人生观,以其历史评价与重建的极端形式,得以实现。因此,从汉墓画像可见汉代儒生"春秋学"的图像表现。他们援"春秋学"的历史评价(决狱)、战国以来的神仙信仰,去崇高他们的景仰、贬斥他们的不齿,从而构设了一套依《春秋》重组、人人可以参与、再叙事之后的"历史秩序"。① 董仲舒对于韩非君臣观的改造,稳定了汉廷的政治秩序,而汉儒通过对"历史秩序"的重构,不仅使君臣关系,还将人格与国格统统纳入到了"圣贤忠孝节义"的理想化模式,使"国泰民安"成为了社会的共识,完成了"为汉制法"的政治之需,为后世树立了典范。

哲学·经学·语言

四、结语

"秦汉之际风云诡谲,事态纷纭,它昭示于后人的历史结论,一是非张楚不能灭秦,二是非承秦不能立汉。"②文帝好刑名之言,景帝不任儒生,宣帝更是王霸并用,在汉承秦制大背景下,汉文帝取法了韩非的虚静无为、轻徭薄赋等思想。③ 董仲舒则在韩非君尊臣卑、权重臣轻、大一统等原则的基础上,将天的权威置于君王之上,在对臣下进行教化的基础上,以五常来约束臣下的言行,并通过三纲将君臣间原本纯粹的利益关系转化为伦理的父子之情,建构起了兼采儒、法、阴阳且具有时代气息的新君臣观。而儒学也在董仲舒、公孙弘等人的努力下分别与阴阳五行思想和法术思想相结合,构建了国家意识形态和行政实践哲学。在以后的帝制时代,这种政治哲学在实践中一直为士大夫所遵循,成为思想史上的一座里程碑。④

此外,儒学所倡导的"春秋大义",逐渐被社会所接受;塑造的理想化人格已沁入民众的信仰世界。但随着东汉政权的垮塌,士大夫们内心思想之解放,章句之支离破碎,儒学已无法满足他们的精神追求,更无法安顿心灵之归宿。⑤

① 姜生:《汉帝国的遗产:汉鬼考》,北京:科学出版社,2016 年,第 520 页。
② 田余庆:《秦汉魏晋史探微》,北京:中华书局,1993 年,第 26 页。
③ 宋洪兵:《韩非子政治思想再研究》,北京:中国人民大学出版社,2010 年,第 337 页。
④ 袁德良:《公孙弘政治思想评议》,《孔子研究》,2009 年第 3 期。
⑤ 余英时:《士与中国文化》,上海:上海人民出版社,1987 年,第 363 页。

特别是佛教的东传,使英雄圣贤所处的彼岸世界不复存在。直到朱熹编纂《家礼》,首将儒家礼仪灌注到基层组织,乡民才有机会重新接触道德教化。元代儒者的地位不高,长于吏学,儒学的重点不再是创造新思想,而是促成了伦理之学的"下达"。到了明初,汉人重新执政,儒学的伦理价值再次拥有了实施的合法性与合理性。①

From "Mutual Interests" to "Control with Benevolences": Different Views towards the Relationship between the Monarch and Ministers in the Qin and Han Dynasties

Zang Ming

Abstract: The relationship between the monarch and the ministers is an important link in governing the country. Han Fei advocated that the monarch should be quiet, open to advice, eliminate the flattery of the subjects by doing nothing, and reward and punish the merits and faults of the subjects with the skill of examination, so as to realize that the monarch controls the subjects with "interests" and the subject flatters the monarch by offering "benefits". However, if the monarch breaks the law for personal interests, leads an extravagant life, and abuses penalties, etc., the interest chain between the monarch and subjects will become vulnerable, resulting in the collapse of the regime. Dong Zhong-shu, on the other hand, differing from Han Fei, held a view that the monarch should be guided by heavenly will, ministers should be controlled with benevolence and the relationship between the monarch and ministers should be solidified with ethical kinship. Confucianism also became an important factor to maintain the political order and the stability of the social structure. Confucians in the Han Dynasty took the cardinal principle of "Spring and Autumn" as the core value, shaped the ideal personality for individuals, built a faith world for people, realized the social identity of the country, and actively responded to the changes of the time.

Keywords: Qin and Han Dynasties, Confucianism, the view of the monarch and ministers, Han Fei, Dong Zhongshu

---

① 葛兆光:《思想史研究课堂讲录》二编,北京:生活·读书·新知三联书店,2019 年,第 97—109 页。

文学与文献

多元文化融合下的人类命运书写：
林湄的海外华文创作[*]

王小平^{**}

　　[摘　要]　中国旅荷作家林湄致力于通过文学创作探索中西方文化的融通之道。长篇小说《漂泊》初步体现了作家在叙事主题、文化思考方面的创作转型，《天望》积极吸纳并借鉴欧洲文学传统，探索海外华文书写的"在地化"路径。《天问》则通过对海外中国知识分子生存处境及心灵跋涉的细腻描绘，集中体现了作家对中西方文学资源的融通与转化、对人生与自然复杂关系的理解与思考。林湄的海外华文创作，极大丰富了对"人的困境"这一世界性命题的理解与探索，充分体现了海外华文文学在多元文化融合视角下对人类命运的关切与书写。

　　[关键词]　林湄；海外华文文学；人类命运书写

＊　基金项目：教育部哲学社会科学研究重大课题攻关项目"中国传统文化中的人类命运共同体价值观基础研究"（21JZD018）。

＊＊　王小平（1980—　），女，河南郑州人，文学博士，上海师范大学对外汉语学院副教授，主要研究领域为中国现当代文学。

林湄是荷兰籍海外华文作家,著有长篇小说《泪洒苦行路》《漂泊》《浮生外记》《天望》《天外》,以及散文集《点亮高处的灯》《如果这是情》《带你走天涯》《我歌我泣》等。其作品富于浓厚的宗教情怀,同时又兼具深刻敏锐的社会洞察力,体现了作家丰厚的人文积淀。自香港移居荷兰后,林湄不仅关注海外华人的生活经历和心路历程,也关注欧洲社会问题、文化现象及欧洲人的精神世界,她始终认为"各种文化现象虽然存在差异,但同时也存在着本质的相通处和共同处,即文化的普遍性"[①]。因而,通过文学书写探索、呈现中西文化的融通成为林湄独具特色的写作追求。作家在世界性文化视野中展开对欧洲华人移民、欧洲本地人的生活状态与心灵世界的考察,通过对中西方文化传统资源的创造性转化,以超越个人、地域与民族的方式,在多元文化图景视野下审视人类整体生存境况,进而对人类文化进行观照与反思。

一、海外经验与文学转型

林湄香港时期的小说主要包括两个主题:现代社会中的人情冷暖及女性情感困境。前者以《代价》《主雇之间》《冷暖自知》《求职记》《二嫂的眼镜》等为代表,后者则体现在《云妮的黄昏》《芳邻》《新婚的新娘》等小说中。这些作品大多收录于《诱惑》,表现了作者对香港都市中现代人际关系的真切感受与冷峻思考。在小说中,林湄以细腻的笔触描写物质社会中的心灵荒漠,以及人与人之间关系的异化。《代价》《主雇之间》刻画了老板对员工的冷酷态度与无情压榨;《冷暖自知》《二嫂的眼镜》《出家人》写出了金钱至上的价值观念对人性的扭曲,即便是师生、朋友关系也被利益所左右,佛教中人亦不能幸免;《求职记》则描写底层小人物被社会歧视、求生无门而最终走上犯罪道路的悲剧命运。这些作品体现出林湄温润深沉的人道主义情怀以及对世俗功利主义的犀利批判,同时也包含着作家对艺术独立价值的自觉体认,如《代价》中对坚持捍卫艺术、反抗商业功利的画家马艺生的刻画与肯定,便充分体现着作家的自我期许与理想主义精神。与此同时,林湄也格外关注女性独特的生存境况。《云妮的黄昏》中的女孩云妮,为了留在英国而匆促成婚,后来却被丈夫无情抛弃,不得已与女儿分

---

① 林湄:《边缘作家视野里的风景》,《天望》,武汉:长江文艺出版社,2004年,第3页。

离,回到香港后在长期抑郁下逐渐精神失常;《新婚的新娘》中自大陆来港的俞琳琳嫁给港商,却不得不忍受丈夫的欺侮;《芳邻》生动细腻地刻画"我"的女邻居莲馨不无矛盾的情爱心理,既追求自由、只要同居不愿结婚,却又为了儿女甘愿忍受张先生的家庭暴力……这些作品中的女主人公都有着依附性特点,在不平等体制环境与软弱个性的双重作用下,她们唯有依靠男性获得生存空间,在此过程中肉体与心灵均遭受极大戕害。《芳邻》中的莲馨最终选择离家出走,体现了一种勇敢的反抗意识。长篇小说《泪洒苦行路》集中体现了作家此一时期对女性情感与命运的同情与关切,对香港都市女性的生存处境、情感生活进行了深入细致的描绘,写出了现代女性在婚姻、教育、就业中所面临的诸多挑战,刻画其心灵世界中的彷徨、痛苦与矛盾,并致力于追问、探寻娜拉出走之后的人生方向。在林湄看来,相比于男性,女性所遭遇的身心分裂、精神上的撕扯更为隐蔽,也更为痛苦,"在人生的征途中,每人都必须走一段既长又短的路,但女人的路比男人难走,尤其是有理想,有个性,追求真、善、美境界的女性,人生之路,尤显艰辛。"①《泪洒苦行路》写出了香港特殊时代环境中的女性生存困境,是林湄对女性命运进行思考与探索的重要代表性作品。

定居荷兰之后,林湄的写作路向发生了较大变化,视野愈益开阔,文化反思与人性书写也更为深刻。其中,《漂泊》是林湄出国后的第一部长篇小说,也是重要的转型之作,从中可以见出作家的文学转向,主要体现为以下三点:一、叙事主题方面,由对女性生存困境的关注转向了对人类普遍生存困境的关注;二、文化观照方面,由对东方文化的反思转向对欧洲社会危机的关注、对中西方文化交融路径的思考;三、在生命观念方面,强化、彰显了以道德理性制约本能欲望的意识。

《漂泊》讲述了中国姑娘杨吉利在荷兰的婚姻故事。她投亲无着,不得不与儿子分离,外出寻找生路,绝望之际被荷兰男子迪克相救。两人结婚后,因价值观、性格等原因产生了种种矛盾冲突,但最终靠着爱与耐心而彼此和解。她虽然漂泊异乡,不得不因为生存问题嫁给迪克,但始终以真挚的情感呵护婚姻,用东方女性的温柔与包容抚慰迪克。同时,她也热爱自己的绘画事业,孜孜不倦地探索艺术的奥秘,这份虔诚不仅打动了迪克的心,也收获了社会的认可。这

---

① 林湄:《泪洒苦行路》序言,北京:中国文联出版社,1990年,第1页。

是一个近乎于"完美"的东方女性形象,体现了传统东方女性的善良隐忍与现代女性追求自我价值愿望的结合,体现了林湄在跨文化环境中对海外华人女性生存处境及出路的思考。

与对女性命运的关切相比,小说对白人男性内心世界的深度探索更值得注意。荷兰男人迪克是林湄笔下崭新的人物形象,他继承了父辈的遗产,衣食无忧,却深陷于精神危机;他对中国文化深感好奇并因此爱上吉利,却又往往被吉利的沉默忍耐所激怒,对吉利有着强烈的占有欲,自己却随意与不同女性发生性爱关系;他本质善良温厚,具有清醒的自我反省与批判意识,却缺乏改过自新的行动力……林湄笔下的迪克极为立体饱满,充满张力,其内心世界的复杂与丰富甚至超过了吉利,这与《泪洒苦行路》中单薄的男性形象构成了鲜明对比,体现出作家对当代某一类欧洲青年心灵世界的深刻体察,极大地充实、丰富了林湄的文学人物形象序列。如果说,作家此前主要关注的是女性在现代社会中遭遇的困境、"出走"与寻求"拯救"的必要性,那么,《漂泊》所探索的是男女两性共同面临的迷惘与彷徨。与迪克的结合使吉利摆脱了物质匮乏的窘迫处境,拥有了安定的生活,但这并不能使其获得真正的幸福。两人在生活方式、文化观念上的冲突几乎导致家庭的解体,这固然反映出迪克自身所面临的问题——他在吉利面前的种种放纵言行其实正体现了其内心的虚弱,但其实也显示出吉利沉默隐忍中所包含的负面特质——不擅长与人沟通,难以摆脱过往的重负而无法真正敞开自我。因此,迪克与吉利的婚姻问题实际上体现了他们在不同的社会文化背景下所面临的生命课题,由此,通过对跨文化婚姻生活的细腻书写,通过对不同社会环境中男女成长背景、文化心理的深度探索,林湄揭示了现代社会中人类普遍性的生存困境。

迪克并不仅仅是一个单独的个体,而具有"类"的特征,充分体现了"典型环境中的典型人物"的特点。林湄不仅以生动细腻的笔触惟妙惟肖地刻画了迪克内心世界的矛盾冲突,且借由这一形象揭示了北欧平静安逸的表象之下潜藏的社会文化危机,如荷兰完善的社会保障制度体现了社会发展的高度成熟,但高福利制度也会在一定程度上影响民众的工作热情及经济发展,"英国、荷兰的实践证明,过分的福利保障不利于充分就业。"①小说中对此有较多描写,如迪克

---

① 财政部国际司编:《财政新视角:外国财政管理与改革》,北京:经济科学出版社,2003年,第207页。

不愿去工作,因为交税太高,看到衣着体面的人们悠闲度日时则愤恨不已。林湄也曾在散文中论及这一点,她认同罗尔斯在《正义论》中的主张,"利益与财富的分配,应该跟人们对社会作出的贡献成正比,没有理由特别照顾贡献最少的人。即使设身处地为穷者和弱者着想,只能保证他们的基本生活,而不是无休止地促进他们的最大利益,因为有些人好逸恶劳而不善于竞争。"[1]同时,林湄也写出了欧洲文化高度成熟后所滋生出的停滞与怠惰。作为古老家族的后裔,迪克有着良好的文化修养,对现实世界、精神生活、艺术与自然均有独到的看法,他欣赏自然之美,鄙视世俗功利思想,也因此爱慕吉利的清新纯真,但其心灵却又被萎靡与悲观所浸透。他深知自己的缺陷,对此有着清醒冷静的省思,但却迟迟不愿以行动改变。在林湄笔下,迪克"有健康强壮的身体,衣着虽不考究,仍是体健形美的英俊男子。但他的精神却是萎缩的。"[2]林湄将自己对欧洲古老文明与现实社会的观察与思考,集中于对迪克这一人物形象的塑造中。小说中,吉利意欲以迪克为模特构思一幅油画,表现"现代人的灵魂和思想":

> 人是这个国家典型环境中的典型人物,在他身上看出社会弊病以及现代青年人的精神状况。他们和欧洲文学史上各个时期小说里的主人公都不相同,不是为了自由,为了反战,为了爱情,而是太自由太安逸的环境下的一代精神面貌。[3]

这不是一个人的精神面貌问题,而是"社会缩影"[4]。在林湄看来,"随着资本主义的物欲刺激和颓丧文化,人类已不由自主地走进兽化的生活:碌碌无为,得过且过,空虚迷惘,无所事事,谈不上什么社会责任和时代感。"[5]林湄对欧洲社会文化的观察与思考,充分体现了海外华文文学的"在地性"特点。

林湄深具理想主义气质,关注人的精神层面追求,这在其早期文学书写中已有反映,但多以创伤性体验的抒情性书写为主,但在《漂泊》中,作家的创作情

---

① 财政部国际司编:《财政新视角:外国财政管理与改革》,第 215 页。

② 林湄:《漂泊》,合肥:安徽文艺出版社,1994 年,第 34 页。

③ 林湄:《漂泊》,第 56 页。

④ 林湄:《漂泊》,第 56 页。

⑤ 林湄:《闲暇之后》,《我歌我泣》,上海:上海三联书店,1995 年,第 214 页。

感与叙事风格产生了较大变化。情感的苦闷、彷徨让位于深沉冷静的省思，对人物心灵世界的开掘也更为深入、客观，体现出超越性的悲悯情怀。更为重要的是，小说显示出强烈的理性精神导向，彰显了作家以道德理性制约本能欲望的生命观念，这在吉利人物形象塑造及婚姻生活描写中有较为明显的表现。吉利虽然背负着过往的创伤，但却有极为明确的自我意识与顽强的意志，孜孜于追求自我价值实现。她有着献身于艺术的激情——这其中包含着对一代人青春年华荒废的叹惋与历史反省意识，对生活则抱持着理性审慎的态度，包括对婚姻的功利性考量。后者体现了林湄对部分海外华人生存处境及心理的洞察与反思。林湄喜爱阅读哲学书籍，对人类精神世界有深入的思考与探索，她强调理性的力量，"人之比动物高贵，是因为人有情感世界中的感觉，比如幻想、欲望、痛苦等等；人之为万物之灵，还因为人的情感世界经过大脑思维，具有升华的本领。""升华是人解放精神枷锁的一种方法，是灵魂的一种净化表现。"①指出高尚精神生活之于人的重要性，"仍然有一部分人，在发展人的精神生活、完善人性方面，促使'人的复归'过程中，文明安贫乐道，永不疲倦地追求自己的信念。"②林湄推崇"冷"与"静"，试图以超越性的眼光看待世相人生，她自述在工作时喜爱冷，冬天不仅不开空调，还有意开着窗户。"冷使人清醒"，"冷也意味冷静"。③ "只有静，心安，才有睿智和分析能力。"④"每当静处，像抽离世界的一个微物，飘到大气层里看地球，这时，最易看清楚人生舞台上的种种悲剧和喜剧中的角色。"⑤关于爱情与婚姻，林湄亦体现出冷静的理性意识："用哲学来分析爱情，永恒的爱是不可能的，所谓幸福的家庭，实质上不过是维系传统的观念、经济的关系以及对后代的同情。"⑥她分析西方之"爱"与东方之"情"的不同："'爱'与'情'是两回事的，甲爱乙不一定有情，异性相求有情，不一定有爱。'爱'与'情'交织在一起就是婚姻。"⑦这一理性的生命观与婚姻观在主人公吉利身上有着充分体现。吉利重视自我价值与社会价值的统一与实现，尽管贫穷漂泊却

① 林湄：《升华》，《我歌我泣》，第 25 页。

② 林湄：《异化》，《我歌我泣》，第 125 页。

③ 林湄：《冷屋》，《我歌我泣》，第 282—283 页。

④ 林湄：《静观》，《我歌我泣》，第 270 页。

⑤ 林湄：《静观》，《我歌我泣》，第 281 页。

⑥ 林湄：《爱情随想录》，《我歌我泣》，第 311 页。

⑦ 林湄：《论爱情》，《我歌我泣》，第 312 页。

心志坚强,在面对迪克的情绪变化时往往以冷静态度对待,在其遭遇命运打击后又不离不弃,体现了作家心目中温柔坚定、自强不息同时心怀仁爱的理想化东方女性人格形象,也体现了作家关于人之最高价值的认知,"'价值',因人的学识、社会、文化、历史、经历、人生观不同而有异。好在世人均承认世间有绝对的价值存在,这就是真、善、美。"①这种道德理想主义气质最终感化了迪克,将两人的命运真正联结起来,令他们释放心灵重负,重返精神家园,不再"漂泊"。

二、海外华文文学的在地性书写:《天望》

海外华文文学是汉语文学在海外的延伸与生长,在对海外多元文化碰撞、交融的实际感受与生活书写中获得其自身的意义,因而,"在地性"的深度与广度就成为其文学价值的重要衡量标准,这需要作家具有强烈的与所在国之间进行文化对话的意识,能够深入体察自身与周围环境的复杂关系,并在此基础上探索与所在国主流文化之间互动的多种可能性,从而打破身份认同的束缚,以开放的文化心态去呈现具体生活世界及人物的灵魂,从而实现更高层次的文化交流与融合。从这一角度来看,林湄《天望》中的探索是相当成功的,是其文学创作中的又一座里程碑。具体而言,其"在地性"主要体现为三个方面:一、对欧洲文学传统的吸纳与借鉴;二、对欧洲社会与文化危机的呈现及对宗教价值的发现;三、对不同文化碰撞中个体生命复杂性的洞察与书写。

《天望》讲述了一个关于信仰的故事。主人公弗来得是年轻的农场主,心地纯洁正直,在接受一大笔遗产后决定改变生活方式,携妻出门远行并传播基督福音。其言行引来众人的困惑、质疑、嘲骂甚至殴打,婚姻也产生了危机。小说结尾,弗来得双目失明后独自返回故乡,身患重病之际,妻子微云来到他身边,令他重获生机。这部作品突出地表现了林湄对欧洲文化传统的熟悉,其中有大量关于欧洲经典文本的互文性写作。如写到弗来得与微云的新婚之夜,"阿里斯托芬暗暗地在鼓掌"②;在表现保罗的思想时,令他引用埃利略·维埃塞在《夜晚》中的文字表达对上帝的不满与控诉,又以《奥斯维辛之后》辅证其观点;

---

① 林湄:《价值》,《我歌我泣》,第131页。
② 林湄:《天望》,第7页。

记述偷渡客悲剧时,引用土耳其成语"买马人已过了于斯库达尔","不是没有挨过耳光,就是不会数数"等,暗示杜尔策姆的土耳其人身份;艾克悲叹艺术,引用托尔斯泰关于艺术与谎言的洞见:"在艺术里,谎言毁灭着一切现象之间的联系,价值如粉末般的播散了……"[1]但整部小说最为明显的,便是对《堂吉诃德》叙事传统的吸纳与转化。两者在人物形象、故事主题与情节方面都体现出诸多相似之处。

主人公弗来得与堂吉诃德一样,具有"痴"和"傻"的特质。只不过堂吉诃德服膺于骑士精神,弗来得则旨在传道。他誓与邪恶作战,"舍弃现有的生活,参与生活,扫除罪恶,纠正错误,向世界推崇纯洁和真理。"[2]弗来得单纯而虔诚,发誓要争得"天国的大奖",在遭遇诱惑、辩难时,面前往往幻化出魔鬼的形象,如堂吉诃德眼中的风车一般,但信心极为坚定,"不是每个人都能打败魔鬼的,需要力量、信心和智慧。"[3]在世人的冷眼、嘲笑、侮辱甚至殴打中,弗来得坚持内心信仰,不肯动摇。他与堂吉诃德都是"在这不再着魔的世界里着魔"[4]的不合时宜的人。

与堂吉诃德一样,弗来得严肃高尚的理想与现实生活遭遇时,往往产生庄谐杂陈的喜剧效果。作者以多种叙事方式强化这一效果,有时候是以生活琐事将人物自理想中突然拉回现实,如在旅途中,弗来得不断发表感想,又安慰身边的妻子:"新生活刚刚开始,应当高兴啊。"话音刚落,小狗加那罗却突然急得团团转,弗来得情急之下只好将车子开进田野地里,供其如厕;有时候则以不同人物的心理活动之对比写出幻想与现实的差距,如微云相貌平平,但弗来得却认为她美貌无比,向人介绍她时"自赞自夸,得意洋洋"[5],全然不知对方暗自发笑;有时候则以悲喜剧的形式体现,弗来得进入"娱乐中心"宣传福音,受到鄙夷,只好在"震荡房屋的笑声"中离开;弗来得向警察揭发地下行业的罪恶后,心情愉快,一路哼着歌,却不料随即遭人报复,被打得头破血流……《天望》中一再

哲学·经学·语言

① 林湄:《天望》,第 252 页。

② 林湄:《天望》,第 69 页。

③ 林湄:《天望》,第 215 页。

④ 盖伊·达文波尔特:《〈堂吉诃德〉文学讲稿》导言,载弗拉基米尔·纳博科夫:《〈堂吉诃德〉文学讲稿》,金绍禹译,上海:上海译文出版社,2018 年,第 14 页。

⑤ 林湄:《天望》,第 75 页。

上演《堂吉诃德》般的闹剧,弗来得的"痴"与"傻"也在这种种令人忍俊不禁的喜剧中愈形明显。

经典小说中的人物形象往往具有强大的人类性格概括力,尽管在传播中会产生不同的阐释甚至变体,但其精神光彩却不会消失,甚至随着社会的发展日益显示出其重要性。正如纳博科夫在评论《堂吉诃德》时指出:"堂吉诃德比塞万提斯构思的时候要伟大得多。三百五十年以来,他穿越了人类思想的丛林与冻原——他的活力更充沛,他的形象更高大了。我们已经不再嘲笑他了。他的纹章是怜悯,他的口号是美。他代表了一切的温和、可怜、纯洁、无私以及豪侠。这诙谐的模仿已经变成杰出的典范。"①《天望》中的弗来得,即可以视为"堂吉诃德"这一形象的变体。林湄借助于堂吉诃德这一重要人类精神原型,创造出了心目中理想的"传道人"形象。与堂吉诃德一样,弗来得与现实世界之间存在着紧张的对立关系。小说呈现了一个安逸与动荡并存的欧洲社会。一开始,弗来得与现实社会是疏离的,他继承了大笔遗产,生活在自给自足的世界中,只是由于哥哥坚持分割遗产才惊觉社会与人心的变化,决定"投入生活"。在遭遇形形色色的人事后,他逐渐开始了解"真实的"社会,尽管科技不断进步,但人的精神世界却日益萎靡、空虚,对欲望无休止的追逐使世界充斥着喧哗与躁动。在弗来得看来,"社会生病了,不是'战争'就是'无聊',人类处在战争时盼望过和平的日子,然而,生活一旦安稳,就是想'财'或'色'。"②他坚持只有虔诚的信仰才能拯救社会,除了与人辩驳之外,也试图以行动救治人心,如发放传单、帮助难民等。在这一过程中,弗来得受到旁人冷眼、嘲弄甚至肉体伤害,最终双目失明,他与整个世界作战的姿态也因此具有了堂吉诃德般的悲剧意味。但不同于堂吉诃德的热烈幻想,弗来得是以对人性的洞察与悲悯对抗世俗社会,这又令其传道行为具有了献祭的色彩,体现了作家对当代欧洲社会与文化危机的关切与忧虑。

但《天望》也将不同的思想观念、生活方式并置,小说以弗来得的"壮游"为线索,串联起丰富多样的人物群像,如弗来得的哥哥依理克、堂叔保罗、保罗的女儿卡亚及男友麦古思、商人罗明华、浪子比利、画家艾克、华人知识分子老陆

---

① 弗拉基米尔·纳博科夫:《〈堂吉诃德〉文学讲稿》,金绍禹译,第150页。
② 林湄:《天望》,第213页。

与管先生、海伦、阿彩、W 牧师、H 牧师等。这些人物性格鲜明，因各自生活背景、性情与经历的差异而具有不同的生命观、价值观。小说通过不同人物之间的交谈、辩驳，以多声部的方式展示他们的精神世界，对其思想观念与言行举止进行了深入刻画，将其与弗来得的信仰追求相并置，呈现相互拮抗、辩驳的关系，引发读者思考，具有欧洲哲理小说的特点，呈现了一幅丰富驳杂的欧洲人心灵图景。但《天望》是在基督教信仰的视野下展开的，凸显的是宗教内部的复杂思辨理路，并非巴赫金所指的"众声喧哗"，其最终旨归依然是自信仰而生的救赎。这在小说中通过叙事的力量得以体现，如依理克、罗明华孜孜于追求个人欲望，最终破产；H 牧师受到异教徒思想的蛊惑，带领众人集体自杀，险些送命；而比利、海伦则被弗来得感化，实现救赎。即便是追逐名利、并无悔改之心的艾克，小说也侧面写出其对弗来得的感佩，"他看到人性的丑陋越多，付出的爱也越多。也就是说，哪里罪孽越重，他越接近。我们则相反，看到丑陋越多，越恨人，越缺乏信心，牢骚，不满，诅咒世界，甚至……最终也同流合污了。"①在对人物命运、观念变化的叙事中，作家试图展示"正确的"宗教信仰在当代社会的救赎功能。

但《天望》不仅仅是一部谈论信仰的小说，同时也以辩证观念鼓励人们"参与生活""成为你自己"②。在此过程中，人的情感没有被抹杀，相反得到了充分重视。小说中不乏学识渊博者，如依理克、麦古思，为弗来得所远远不及。但小说通过弗来得之口指出，仅有知识是不够的，"拯救灵魂与学识高低无关，越有学识的人，灵魂越难拯救。""越有知识越烦恼越不快乐……"③与此相对，是对"情感"力量的体认。在林湄看来，真挚的情感不仅是宗教信仰的基石，也构成缓解社会危机、弥合文化冲突的重要力量，《天望》即试图恢复情感的地位与力量。弗来得虽然没有广博的知识，却拥有虔诚纯洁的丰富情感。他心中常存喜乐，"生来与忧愁、恐惧无缘"。但另一方面，天性中又有着"忧郁"气质——这里的"忧郁"是人格特质，不同于对外物的"忧愁"。面对哥哥依理克的雄心勃勃，弗来得自言没有他那份上进，"反而有种说不清的忧郁感"④，此外，浪子比利也

① 林湄：《天望》，第 289 页。

② 林湄：《天望》，第 69 页。

③ 林湄：《天望》，第 322 页。

④ 林湄：《天望》，第 36 页。

具有这种气质。"在感觉生命存在的时候,他就有天性的感伤情绪,性情影响了他的成长——与社会格格不入,却难以发泄。"①不管是弗来得的忧郁,还是比利的感伤,都使他们甘于边缘化,主动远离社会世俗观念,体现了感性生命对现代工具理性的疏离与反抗,也体现了作家对《圣经》意蕴的领悟,"忧伤的灵,他最看顾。"②

　　小说中对人物情感的辩析有效平衡了哲理探讨,显示出作家对个体生命复杂性的洞察,这在弗来得与微云的婚姻历程中得到了充分体现。微云出生于中国一个小渔村,家境贫困,在欲望的鼓动下出国投亲,经人介绍到弗来得的农场工作,两人于是相识并很快结婚。"他们婚前没有花太多的精力与时间去了解,去猜想。……因着年轻人的想象和梦幻,'差异'往往成为一种美丽,'距离'反而产生朦胧美。"③两人的结合实际上存在着"文化误读"。微云性格内向沉默但情感丰富,幼年深受外祖母"人生无常"生命观的影响,安于命运,但同时又有着"虚荣、梦幻、致富"的心理,中国文化中的逆来顺受与固执的物质渴望相交织,对她的个性产生影响,在其平静的外表下,有着动荡起伏的内心世界。她渴望安定的生活,不愿追随弗来得四处流浪,也无法理解弗来得的传道之旅,认为其不合时宜,为此烦恼痛苦不已,却又不能明言。但微云的安静在弗来得看来,是"地母"特质的象征,"柔和、广阔和典雅"④,是一个温柔顺从的理想妻子,却并不了解微云的文化背景及内心真实世界。两人之间的文化隔阂使他们的心灵无法真正靠近,这是微云与老陆发生一夜情的心理动因。但小说并未指责微云,而是以优美诗意的笔触描写微云与老陆的水乳交融:"她是大自然中的一朵小小的玫瑰花","天下着雨,地吸着水。顷刻,天与地交融在一起——人类白天的所有劳累和愁烦,都因着夜的美妙而消失了。"⑤这一段描写对于整部小说的问道基调而言是极为特殊的,以释放人性的方式脱离了弗来得富于严肃使命的"传道"路线。

　　对这一情节的理解,涉及对小说整体意图的把握。"微云"这一名字在中国

① 林湄:《天望》,第 192 页。

② 林湄:《天望》,第 325 页。

③ 林湄:《天望》,第 7 页。

④ 林湄:《天望》,第 8 页。

⑤ 林湄:《天望》,第 119 页。

文化中有漂浮不定、闲散无依之意,如《诏问山中何所有赋诗以答》诗云:"山中何所有,岭上多白云。只可自怡悦,不堪持寄君。""不堪持寄"的不仅仅是白云,也是关于自然、关于人生的无法言传的感受。微云的名字及其性情所体现的,是一种无明确目的与方向、随顺世俗的生活观念。她秉承外祖母教诲,"像母亲一样的安详、无怨,即使面临大海的风浪,也得说'别紧张,风会停,浪会退'。生活在大海里,就得将自己交付给大海,不怕风,不怕浪。"①其生命观是顺应自然的。也因此,她很自然地将死去的小鸟丢弃至垃圾箱,并对弗来得的愤怒感到吃惊;看到园中花朵凋零,认为"花开花落是平常事",不值得大惊小怪。但弗来得却认为是微云疏于照顾而不满。生活中的种种,都显示出微云任意自然——同时也可能是随波逐流——的性格特点。从这个角度来看待微云与老陆的情爱,会发现其与通常意义上的欲望放纵不同,更近似于一种浪漫主义的自然生命存在形态。也因此,林湄并未轻易否定这一关系,"微云和老陆的爱情,可脱离一般的情人模式。"②

但这对弗来得而言无疑是一次重大的打击。他始终认为自己是爱微云的,无法理解微云的"背叛"。然而,正如小说中对"云"的喟叹:"云彩在他们的议论中渐渐隐退,根本不在乎世人的褒贬,它就是它,既可体现西方的神明奥秘和莫测,也流露了东方的老庄从本始的角度,看待宇宙本源的意义。"③外界事物的变幻有时候反而令人领悟世界之本质。弗来得与微云之间虽然存在文化差异与冲突,正如小说中关于咖啡与茶的譬喻:"前者令人神采奕奕,像弗来得一样,红光满脸,常存喜乐感恩与颂赞的心境。后者如微云心事重重,情意绵绵,喝完茶,满脑诗情画意,可惜只会想不会作。"④本质上却有相通之处。他们都注重感性生命体验,天性亲近自然,善于领略自然与人性之美,对至高之物始终保持敬畏,勇于面对生命的真实。也因此,这一事件虽给他们带来不同程度的创伤,却也使其发现更为内在的自我,从而迎来生命的蜕变。微云从沉默寡言、自我

---

① 林湄:《天望》,第62页。

② 王红旗:《"坐云看世景"的荷兰华文女作家——与林湄女士畅谈她的魅力人生和长篇小说〈天望〉》,《华文文学》,2007年第2期。

③ 王红旗:《"坐云看世景"的荷兰华文女作家——与林湄女士畅谈她的魅力人生和长篇小说〈天望〉》,《华文文学》,2007年第2期。

④ 王红旗:《"坐云看世景"的荷兰华文女作家——与林湄女士畅谈她的魅力人生和长篇小说〈天望〉》,《华文文学》,2007年第2期。

封闭中走出来,她真切体认到了生活的复杂以及弗来得虔诚信仰的价值,也真正意识到自己的责任与义务,她开始正视自己作为移民的处境,积极参与社会活动,并祈求弗来得的原谅;弗来得则由此重新思考上帝的意图与爱的含义,他在痛苦中与海伦发生关系,后者毅然去非洲的决定使他惊觉生命的真谛在于"爱"与"奉献":"生命最大的意义,就是爱! 而且,这个爱是广义的,博大的。"①他从无法原谅微云到省思自己的态度,最终选择重新接纳微云。由此,弗来得便不再仅仅是一个观念意义上的"传道者",同时也是积极投入生活洪流的思考者、探索者。婚姻的波折并未摧毁信仰,反而使弗来得更为感念上帝的恩典,其信念更为坚定,对生活复杂性的真切感受与接纳使其心灵更为博大宽容。对自身情感复杂性的正视使两人真正开启了互相理解、携手同行之路。

　　《天望》对弗来得与微云的婚姻生活与内心世界进行了细腻入微的刻画,给人以强烈的真切之感,折射出个体的灵性成长与自我觉醒之路,体现了作家对人性、对男女情感关系的深刻洞察,以及对东西方文化差异及共性的充分理解与揭示。此外,小说也体现了海外华文文学的"在地性"特征:在对欧洲文学传统资源的吸纳与转化中书写在地日常生活经验,充分表现不同文化间的差异、冲突与交融,以多元并存的方式呈现不同民族文化背景下个体的精神世界,体现了海外华文文学"与在地国文化主流(异者)的紧张关系中进行对话与互动"②的重要特质。

三、走向中西方文化的融合:《天外》

　　2014年,林湄推出了60万字的长篇力作《天外》,以欧陆新移民夫妻郝忻与吴一念的日常生活、事业追求为主要线索,生动深入地描绘了海外华人的生存处境与心灵世界,集中体现了作家长期以来对生命、社会及世界的深刻感受与思考。小说以冷峻悲悯的笔触书写艰难复杂的心灵跋涉之旅,以极为形象具体的方式有力地揭示了中西文化的碰撞与交融及其对个体生命所产生的影响。林湄凭借自身长期以来的丰厚文化积淀,将中西方文化关于个体欲望追求、个体与他人及世界之关系的不同认知引入小说创作,使《天外》成为了一部贯通中

---

① 王红旗:《"坐云看世景"的荷兰华文女作家——与林湄女士畅谈她的魅力人生和长篇小说〈天望〉》,《华文文学》,2007年第2期。

② 陈思和:《旅外华语文学之我见——兼答徐学清的商榷》,《未完稿》,上海:东方出版中心,2019年,第219页。

西方文化、富含象征隐喻之义的人生之书,标志着作家在人类心灵的深度与广度、人类与宇宙自然关系的探索与书写方面达到了新的高度。

首先是借助于不同文化资源,对个体欲望进行观照与省思。在《天望》中,林湄创造了一个"当代堂吉诃德"的形象,意在凸显传道人以坚定信仰拯救世界的精神意志,试图以传统价值观匡治现代社会的痼疾。《天外》则立足于现代人的价值观念与情感结构——"人的生存标尺的转变"[①],将视野从彼岸世界拉回此岸世界,在充分体认现代人欲望追求的前提下探索心灵救赎的可能性。在这一致思路径下,作家将西方的"浮士德精神"与中国《红楼梦》中的"色空"观念相融合,借由主人公郝忻对生活道路、生命方向的追问与取舍,从而呈现现代人的普遍心灵困境并探索其出路。

小说中的主人公郝忻毕业于国内大学的中文系,与妻子一念移民至欧陆,在一家糖果厂工作。尽管郝忻事业平平,但精神世界却极为丰富,对生命价值有着独特思考。他崇拜浮士德,熟读中西方文学及哲学经典,决意钻研比较浮士德和阿 Q 精神,书写"传世之作"《傻性和奴性》成为他"在异乡的心灵落脚点"[②]。郝忻不慕名利、专心写书,其"书斋知识分子"形象与浮士德相当接近。但人生而有欲,欲望的产生不可避免,郝忻也欲如浮士德般投入"生活的洪流"。不同的是,浮士德的欲望源自对书斋生活的厌倦,他有着清晰的自我意识与行动意愿,不满于僵化理性,试图体验尘世各种生活,与魔鬼结盟并非为了物质享受,而是渴望变化,渴望超越,要以一己之生命体验人类的情感,探索生命的可能性限度,可谓是西方文化中"积极自由"的践行者。但郝忻的"投入生活"则体现了中国文化的特点。一方面,他清高脱俗,视名利为俗物,在不得已中"下海"。无论是开办"翰林院"教授中国传统文化艺术,还是应聘至跨国公司,回国做生意,都与妻子一念的催促逼迫有关,这里体现的是中国传统家庭伦理的强大制约作用。个体生命追求必须服从于家庭、家族的利益。但另一方面,一次偶然的濒死体验令郝忻突然惊觉生命的虚无,由此产生对自身有限性的强烈意识,彷徨与焦虑也随之而来——这与浮士德有相通之处,体现了人类在面临普遍性终极问题时的迷惘。郝忻真正的欲望也由此产生。

---

① 刘小枫:《现代性社会理论绪论》,上海:上海三联书店,1998 年,第 19 页。
② 林湄:《天外》,北京:新世界出版社,2014 年,第 7 页。

不同的是,压抑的欲望被唤醒之后,浮士德一路高歌猛进,运用魔鬼的力量享受爱情的狂喜、生命的绚烂,在对极致之美、权力之无限的追求与体验中不断拓展"大我"边界;但郝忻则更多关注个体性欲的激活及其对生命的意义,在本能欲望的复苏中获得"新我"感受。他被妻子戏称为"文呆呆",只知读书不谙世事,对异性更是从未关注。但在一场大病之后,郝忻的心理发生了极大变化:"病愈后重返工作岗位时,顿然感到视角、触角、听觉今非昔比,变得好奇,喜欢想象,不像过去那么安分守己。"他在冲动下与女弟子带带发生了性关系,并为领略到"何为生命的本意"[①]而欣喜不已。郝忻的性欲追求具有突出的文化象征意义。对于浮士德的"入世",郝忻内心是矛盾的。一方面,他自认为了解浮士德,在梦中向浮士德表白:"渴慕像你一样,满腹经纶,却不拒绝现世的安乐……"心中思虑"不如先实践一下浮士德的路径,再去创作真正的'传世之作'"[②]。另一方面,他又埋怨浮士德,"为何教我到俗世闯一闯,那么多人,那么多麻烦事如何适从和承担责任?"这里产生了奇妙的分裂。在浮士德身上,"现世安乐"与"俗世责任"可以统一,但郝忻却分而视之。究其原因,与文化的差异有关。西方文化重个体本位主义,追求个性解放和个人的发展,强调在奋斗的同时也拥有追求和享受现世幸福的权利,其中自然包括物质享受,两者并不矛盾,甚至有相互促进的作用——由于极端自私的个人主义追求所带来的享乐主义另当别论。而以儒家文化为主体的中国传统文化强调节制,并不推崇现世感官享乐,浮士德式伴随着自我扩张而生出的享乐追求是不被认可的。但另一方面,在中国文化语境中,遁入世俗享乐有时也会成为表达内心自由的一种手段,如魏晋时期的饮酒便被看作是通往个体生命完整自足的重要路径。《红楼梦》将这一文化理路推至极致,大观园中的小儿女们吟诗作赋、饮酒赏花、品尝美食、夜宴冶游,在现世享乐中充分体味心灵的自由与愉悦,就连宝玉的"爱红"癖好也可以视为对世俗的反抗。灵与肉、精神与世俗之间并非二元对立,而是相互依存,转化不息,这是《红楼梦》中的"色空"意识。于是,小说中的另一条文化脉络即浮现出来。

郝忻熟读《红楼梦》,立志续评《红楼梦》,在日常生活中也多以红楼人物作

① 林湄:《天外》,第 95 页。

② 林湄:《天外》,第 137 页。

譬喻，如将商人贾金岭戏称为"贾雨村"，逞才敷演"当代贾雨村演义"。此外，郝忻身上也有着贾宝玉般的"傻气"，被妻子一念称为"文呆呆"。更重要的是，在小说中，作家试图令其如贾宝玉般，在对"情""欲"的体验中拓展对生命本质的理解，因此，郝忻与女学生苘苘的关系更像是一次自我探索，而非将其视为情爱对象："事后凡见到年轻貌美的女子均产生意淫现象，甚至在睡眠中发出阵阵的愉悦声，一如脱了身的蝉翼在风里飘摇。"类似《红楼梦》"大旨谈情"背后的"情不情"，体现了"无私(空)的无限性和自我(有)的扩大性"。① 郝忻的"性突破"在西方人如心理医生彼得看来可能显得平平无奇，但对郝忻自身而言，却可称得上是与浮士德灵魂探索相当的"壮举"——但也只有将其放在《红楼梦》"色空"书写脉络中，才能看清其意义所在。由此，郝忻在死亡阴影下的精神突围、渴望突破自身局限性的生命意志、由"出世"转向"入世"的努力，落实在现实生活中就成为了对感官欲望的追求——这一践行"浮士德精神"的路径在体现主人公对西方文化的好奇、向往的同时，也体现了中国传统文化的特点，是"浮士德精神"与中国传统文化相结合之后的变异。"欲望"构成推动生命发展的重要力量，这在中西文化中是有相通之处的。

对欲望的肯定随之带来另一个问题，即个体与他人之间所可能产生的冲突。郝忻渴望借由性欲的解放而实践"浮士德精神"，在对"色"的"历劫"中获得对生命实相的认识，但在现代社会，这一冒险之旅注定遭遇现实困境。郝忻的妻子吴一念聪慧能干，性格务实，渴望"住大屋买名车提高生活水准"②。她全心全力协助丈夫办"翰林院"，却不料发现郝忻的婚外情，两人的感情产生裂隙。一念在失落之余，偶然结识华人子乐，对其产生感情，并与之发生关系。在小说中，欲望无疑是导致婚姻危机的重要原因："人一旦处在无法摆脱的内外纠缠又热心于竞争的处境下，便会破坏男女两性原有的和谐与次序。"③在欲望的推动下，生活逐渐偏离原先的轨道，因果链条环环相扣，这与浮士德在探索个体生命限度过程中给他人所带来的伤害相印证。随着一念的出轨，生活开始向着不可测的方向发展。

但理性在此际发挥了巨大作用。《天外》赋予男女主人公以节制温和的个

---

① 高源：《红楼梦哲学研究》，广州：中山大学出版社，2018年，第68页。

② 高源：《红楼梦哲学研究》，第282页。

③ 林湄：《天外》，第5页。

性、富于内省的意识以及忍耐务实的观念。郝忻与一念在婚姻波折中均有启悟:一念"意识到两性的神奇与不朽原来可以超越爱情婚姻的范畴","感到沉寂多时的生命机体重新被人安装后,不但有了乐声而且效果奇妙。"她在自责的同时也体认到生命的复杂幽微,意识到自身长期以来因夫妻性生活不和谐而备受压抑的欲望,也不再指责郝忻;郝忻尽管内心痛苦却也充满自责及对一念的谅解,"懂得理性是怎样的一回事",自己及时行乐,"妻为何不可如是"? 两人在相互理解中彼此认同了"感情和爱情是两回事"①。借由对两人婚姻生活的描绘,小说写出了深受传统文化影响的中国知识分子心理,既有着推己及人的仁爱意识,也包含着重视亲情、家庭利益的伦理观念。譬如,为了让郝忻顺利获得工作机会,一念毫不犹豫地拦截了子乐的求职信——身心愉悦的享受并未使她失去对家庭、对郝忻的维护意识——小说对此无疑是赞赏与肯定的。也因此,郝忻和一念的分别出轨更近于一种自我发现与探索之旅,这与《天望》相类似,人物从不曾因婚外性行为而受到强烈感情的诱惑与牵制,相反,他们的"迷失"令他们更为迫切地回到婚姻、重建婚姻。林湄有意摒弃世俗的道德评判,在更为开阔的生命视野中观照人类欲望的流动不息及其对生活所产生的正面及负面影响,体现了理性在人与人关系中的重要意义。

在爱欲之外,郝忻也如浮士德一般,面临"事功"的试炼。尽管曾怀疑"是否一定要经此'闯荡''折磨''愁烦'方能真正写好内心渴望的、神圣的'传世之作'"②,但他还是"打着浮士德的口号到人间去"③,在一念的推动下,他应聘至跨国公司,随同总经理回到中国从事商贸。但生意场上的尔虞我诈、利益授受令他倍感不适、身心疲惫,妻妹一靳在青春正盛之际遭遇车祸死去则更加重了郝忻的时不我待之感,"愿我心想事成,不要像你一样,稍纵即逝!"④郝忻最后决定辞职,退回书斋,继续完成"传世之作"。中国传统知识分子的操守意识及"立言"愿望使郝忻与"不满足书斋生活而外出"的浮士德终于分道扬镳。

在海外华人知识分子的心灵跋涉中,通过永无止息的自我扩张而不断获得

---

① 林湄:《天外》,第 371 页。

② 林湄:《天外》,第 285 页。

③ 林湄:《天外》,第 349 页。

④ 林湄:《天外》,第 498 页。

升华、却也面临重重危机的"浮士德精神"最终未能占据上风,东方文化伦理使人们始终对自我权力意志的无限扩张保持警惕,正如以赛亚·伯林所言:"它既给予我们历险、权力、成长和改变自己和世界的可能,也能摧毁我们的一切,包括我们所知和所是。"①相比之下,君子人格及其影响下的生活旨趣更能引起知识分子的共鸣。《论语》中记载了"沂水春风"的典故,孔子的众门生谈论志向,子路、冉有、公西华皆志在家国天下,指向具体的现实政治事务,渴望施展个人才华而建功立业。唯有曾皙志在"春日游乐",孔子则曰"吾与点也"。孔子对曾皙的肯定,则包含着对"志向"的非职业化认知,体现了个人志向与理想型生活方式的完全合一。这是儒家文化的要义所在。郝忻最终选择回归书斋并写作其"传世之书",应从这一角度理解。

浮士德精神、《红楼梦》中的佛教"色空"观念、儒家文化在《天外》中都有较为充分的展开,体现了作家开阔丰富的世界性文化视野。此外,《天外》中还有若干富于文化象征意义的人物,如老祖母、梅诗人,前者的智慧圆融、后者的遗世独立均是丰富深邃、意味深长的文化意象,与郝忻的上下求索、一念的理欲追问相交织,共同构成一部恢宏的海外华人心灵交响乐。小说以男女关系的阴阳相生为线索,探寻人性情感内核及命运变化,并对"浮士德精神"、红楼梦"色空"观念进行创造性转化,以主人公郝忻的心灵跋涉为线索,在基督教文化、佛教与儒家文化的视野中呈现海外华人知识分子的生存处境及精神世界,极大丰富了对"人的困境"这一世界性命题的理解与探索,充分体现了海外华文文学在吸纳、转化多元文化资源之后所达至的文学境界。

The Writing of Human Destiny under the Fusion of Multicultures: Lin Mei's Overseas Chinese Language Creation

Wang Xiaoping

Abstract: Lin Mei, a Chinese Dutch writer, is committed to exploring the integration of

---

① Bermannm, *All that is solid melts into air. The experience of modernity.* London: Verso, 1983, p.49.

Chinese and Western cultures through literary creation. The novel Wandering initially reflects the author's creative transformation in narrative themes and cultural thinking. Looking at the Sky actively absorbs and draws on European literary traditions, exploring the "localization" path of overseas Chinese writing. Beyond the Heavens vividly depicts the living conditions and spiritual journeys of overseas Chinese intellectuals, highlighting the author's integration and transformation of Chinese and Western literary resources, as well as her understanding and reflection on the complex relationship between life and nature. Lin Mei's overseas Chinese literature greatly enriches her understanding and exploration of the global proposition of "human dilemma", fully reflecting the concern and writing of overseas Chinese literature towards the fate of humanity from the perspective of multicultural integration.

Keywords: Lin Mei, overseas Chinese literature, writing of human destiny

329

多元文化融合下的人类命运书写：林湄的海外华文创作

论海外华文小说的民间共同体书写[*]

戴瑶琴^{**}

[摘　要]　百年华人移民史中"传帮带"模式依托宗亲会、同乡会、堂会等民间共同体。华商"桥头堡"即为地缘或亲缘的共同体,同乡同宗是招募赴海外务工人员的优先条件。海外华文小说的移民史书写基于扎实史料,呈现民间共同体的形成动因、结构特点及发展历程,突出其亲缘、地缘、神缘的特性。在多形态的民间共同体中,堂会具有特殊性,它打破同族和联族的限制,向全体华人开放。作品刻画堂会对华裔"在地化"进程的介入,并再现它在20世纪20—40年代以"江湖"力量践行家国信仰。唐人街则是更宽泛的华人生活共同体,小说将其定位于华人对故乡的一种重塑,同时揭示其对华裔女性移民的事实压制,以及对华洋融合的直接助益。21世纪以来,移民史呈现新发展趋势,民间共同体从单纯的命运共同体转型为中华文化共同体是海外华文创作应该思考的新论题。

＊　基金项目:国家社科基金一般项目"新世纪海外华文小说的中国艺术思维研究"(21BZW135)。

＊＊　戴瑶琴(1979—　　),女,江苏丹阳人,文学博士,大连理工大学中文系副教授,主要研究领域为台港澳暨海外华文文学、中国当代文学。

[**关键词**]　海外华文小说；民间共同体；堂会；唐人街

中华民族重视血脉亲情。对于 19 世纪华工群体,美国社会对其典型刻板印象是"华人把在这里赚到的每一分钱都送回中国,由于他们固有的特性,他们根本并不可能融入美国社会,而且,由于中国拥有巨大的人口总量,因此他们很快就会涌入我们这个国家,直到我们这里的所有自由人都被他们完全淹没"①。彼时华工尚未树立明确的国别概念,他乡/故乡虽泾渭分明,但美国仅是相异于家乡的另一处地方。他们受外在的强制,从事着马克思界定的异化劳动,即劳动是一项生命活动和生产活动,纯粹以生命交换物质资料,华工海外创业史不可避免地生发出人与人之间,甚至是族群与族群之间的对抗关系。华人劳动更有其独特性,它的最终目的并非只是维持肉体生存需要的手段,更是为了能令留在中国的家人衣食无忧,继而在家族内拥有一定话语权。百年华人移民史进程中,华人移民在全球化与本土化博弈中形成"通道"(基于亲缘乡缘关系网络移出)——"小生境"(通道两端的移出地与移入地)特质的中国移民文化、侨民文化。②

宗亲会、同乡会、堂会是兼具地缘、亲缘、血缘、神缘多重性质的民间共同体,它具备命运共同体的基本特点,"命运共同体的发生往往与离开家园后迁徙、流落的经历密切关联,当族群、个体'背井离乡''举目无亲','异乡''异域''异国'的现实生存、文化归属等催生其'命运共同体'的认知和努力"③。早期唐人街即由宗亲和堂会等社团力量控制,它建立起较为清晰的对内对外发展机制。对外,构成一种"圈地",华人选取废置的城市角落重塑故乡的街道和村镇,逐步配齐族群熟悉的生存元素与文化元素,从财力/武力两方面不断储备持续进行华洋对抗的实力,为离散异国的华人群体提供安全保障和心灵慰藉。小说《金山》记述加拿大维多利亚"唐人街"看护来自金山各地的华人骨殖,它们都在停尸房等候香港船期,华人同乡会助其魂归故里。对内,以宗亲或地缘作为加

① 孔飞力:《他者中的华人:中国近现代移民史》,李明欢译,黄鸣奋校,南京:江苏人民出版社,2016 年,第 211 页。

② 孔飞力:《他者中的华人:中国近现代移民史》,第 444 页。

③ 黄万华:《从"华文文学与(人类)命运共同体"谈华文文学学科建设》,《世界华文文学论坛》,2022 年第 4 期。

入社团的基本条件,借助民间信仰创造更为坚固的精神共同体,充分控制男性华工的同时压迫华裔女性移民。

一、民间社团:"排华"浪潮中的一种自保路径

1869 年,因中央太平洋铁路工程完工,上万名华工突然失业,他们未获得铁路公司的遣散费,瞬间被抛掷于自生自灭境地。为了能在寒冷的加拿大活命,华工必须谋求新职业,他们凭借勤劳坚韧的品质和极为低廉的劳工价格,在族裔竞争中脱颖而出,逐步占领北美劳动力市场。他们中很大一部分人瞄准了淘金,小说《睡吧,芙洛,睡吧》结合史料,复现 19 世纪 70 年代华裔淘金客困厄的生活场景:"淘金的汉子,为了金砂翻山越洋地来到巴克维尔,一路上什么怪事都见识过了。淘金人的命,原本就是在山石山风和山火之间肚脐眼一样大的一块地盘里岌岌可危地悬着的。山里的公墓里,月月都有新坟。每天从山里回来喝上的那杯酒,谁也不知道明天还有没有得喝。淘金人把命看贱了,也把命看透了。淘金人见怪不怪了。"①

当砂金储量被开采殆尽,淘金工重新涌入劳工市场,"原先围绕淘金的竞争转而成为在其他经济领域的竞争。华人在许多就业领域都证明了他们的竞争力:先是参与修建铁路,接着是在三角洲地区筑堤排水,随后又进入农业种植和工业制造领域。在任何一个领域,企业主们都发现华人可信赖,肯出力,而且还特别廉价"②。华裔劳动力的强大必然会再次挤压其他族裔劳动力的求职空间,因此,华工开始遭受所居国打压,政府推动层出不穷的"排华法案",其目标是彻底驱逐华人。

> "19 世纪 70 年代末,加利福尼亚州议会通过法案,严禁公共工程项目雇佣华人,并授权当局将华人居民迁出城外。19 世纪 80 年代末,华盛顿州、俄勒冈州、怀俄明州、加州与西部其他州的暴徒开始袭击华人的商铺与家园。"③

① 张翎:《睡吧,芙洛,睡吧》,北京:北京十月文艺出版社,2012 年,第 213 页。
② 孔飞力:《他者中的华人:中国近现代移民史》,第 204 页。
③ 苏思纲:《堂斗》,王佳欣译,上海:上海文化出版社,2020 年,第 1 页。

"1875 年,美国国会绕开中美两国《蒲安臣条约》(Burlingame Treaty)中'自由移民'的条款,通过了以加利福尼亚州联邦众议员贺拉斯·佩奇(Horace F. Page)的名字命名的《佩奇法》。该法实施后,限制了东亚国家尤其是中国的苦力和女性移民美国,成为七年之后 1882 年美国全面排华的前奏。"①

　　美国 1888 年颁布的《斯科特法案》(Scott Act of 1888)特别关键,它取消了华人的双向往返,即华人一旦返回中国探亲就不可再回美国。该法案直接导致在美华人数量锐减,更重要的是,它十分有效地遏制了华人流动。一部分坚持留美的华人,就不得不想办法就地安家立业。他们向美国东部迁移,例如芝加哥、圣路易斯、费城、巴尔的摩、波士顿等大城市,纽约成为首选②。《金山》描写出相似的移民史细节,方得法和六指各自等待了二十多年,当两人终于有机会在金山夫妻团聚时,1923 年加拿大《华人移民法案》(The Chinese Immigration Act, 1923)出台,这是加拿大历史上唯一禁止特定人种入境的法律,直到 1947 年 5 月才被废止。小说摘录加拿大华文报纸《大汉公报》刊登的一则消息,透露出法案的核心内容:"坎拿大(加拿大旧称)国会近日通过法案,华人或凡具有中华血统之人,若非是领事官员,正式商人(餐馆衣馆不计在内),或入读坎国大学府之留学生,今后皆禁止以居民身份进入坎国。现已居坎国的华人,其家属也不得来坎国居住。凡现居住于坎国的华人,在此法案实施之一年内,一律需向官府登记,违者必递解出境;如欲离境返中国,以两年为限,逾期不得重返坎国。重返坎国以温哥华为唯一入境口岸,入境之舟轮,每二百五十吨重货物,只许运载一名华人。"③《华人移民法案》是种族主义的产物,通过严苛条例阻止华人入境,实现完全"排华"。

　　随着所居国"排华"声浪日益高涨,华人没有消极无视,而是积极谋划应对策略。"面对排华法案的挑衅,华人移民以两种方式施行自我保护。一是被动自卫性的,即退缩到唐人街,在唐人街范围内那极其有限的几个行业中谋生,这几个行业主要是洗衣坊、小餐馆及杂货店。另一种方式则是主动去适应美国的

① 顾国平:《美国 1882 年排华法的前奏:1875 年〈佩奇法〉实施的背景及影响》,《华侨华人历史研究》,2020 年第 1 期。
② 苏思纲:《堂斗》,第 1 页。
③ 张翎:《金山》,北京:北京十月文艺出版社,2009 年,第 300 页。

社会生活,只要是有利于移民在美国社会生存与发展的价值观、社会联系和各种技能,他们都主动去接受并身体力行。只要客观条件允许,美国华人可以同时实施两种方式,并行不悖。"①

"排华"政策连续打压下,华工若想"扎根"再"生根",个人力量过于微弱,必须依赖同乡会、宗亲会或堂口②的保护。"当一个地区的同姓华人人数相当多时,通常他们会组成社团,并设立总部,以行使宗祠的职能。如果同族成员太少,他们可与其他宗族联合,组成一个联族。"③除了同族和联族之外,以中国某地为结构单位的同乡会也很常见。"中国普遍的传统做法是,当人们迁移到一个新地方时,人们立刻成立会馆或行会这样的组织;从同一地区来的华人很自然地参加这种组织。会馆都设有会堂或集会场所,通常还会修建庙宇,设立祭坛,供奉本乡本土的神灵。"④唐人街本质为种族隔离区⑤,其形成诱因源发于华人彼时构建"命运共同体"的需求,"如果没有唐人街,使太平洋的这一边有个保持东方制度的地方,那么,在异国环境的移民将会感到很难适应的。他很可能根本无法生存,更不用说生活下去"⑥。社团迅速将中国民间神祇请入唐人街,这一举措有利于唐人街及社团的维稳。"作为本质的统一体,血缘共同体发展着,并逐渐地分化成地缘共同体;地缘共同体直接地体现为人们共同居住在一起,它又进一步地发展并分化成精神共同体,精神共同体意味着人们朝着一致的方向,在相同的意义上纯粹地相互影响、彼此协调。"⑦唐人街初始建立于血缘和亲缘基础之上,且试图打造成同宗同族同乡的精神共同体,其含纳的会馆、宗亲会、堂会,正是聚合血缘、亲缘、地缘、神缘多重关系的功能性共同体。

唐人街都设有神仙庙,皆供奉中国神祇,主要是人物神,华人带着功利性祈求"有灵必求""有应必酬"。滕尼斯阐释血缘、地缘、神缘三个共同体的特质,

哲学·经学·语言

---

① 孔飞力:《他者中的华人:中国近现代移民史》,第236页。

② 这里的堂口,是指其广义层面的社团组织,狭义的堂口专指具有帮派性质的秘密会社。

③ 吴景超:《唐人街:共生与同化》,游宝谅等译,北京:商务印书馆,2022年,第251—252页。

④ 吴景超:《唐人街:共生与同化》,第73—174页。

⑤ 种族隔离区是很普遍的,只要有不同的种族群体存在,每一个国家都可找到它。在这种种族隔离区里,允许异族在某种平等基础上生活,尽管整个社区多少抱有民族偏见。吴景超:《唐人街:共生与同化》,第155页。

⑥ 吴景超:《唐人街:共生与同化》,第168页。

⑦ 斐迪南·滕尼斯:《共同体与社会》,张巍卓译,北京:商务印书馆,2020年,第87页。

"同血缘共同体关联着的是人们的共同关系以及共同参与事务,总的来说,就是对人类本质自身的拥有;同样地,地缘共同体建立在对土地和更低的占有的基础上,精神共同体的本质则关联着神圣的场所或受到崇拜的神祇。"①孔飞力(Philip Alden Kuhn)通过对中国百年海外移民史的研究,指出在移出地与移入地之间长期延续着条条通道,其中就包含信仰通道。"此类通道并非如丝绸之路那样显现于现实的地理空间,而是经由潜在的亲缘乡缘之关系网络编织而成。通道的构成元素一是实质性的,即人员、资金、信息的双向流通;二是虚拟性的,即情感、文化乃至祖先崇拜、神灵信仰的互相交织。"②《金山》描写维多利亚唐人街拿得出手的房子是"谭公庙","谭公是广东四邑人的神祇,而唐人街是四邑人的唐人街,所以谭公庙也就顺理成章地成为唐人街的神仙庙。每年四月初八是谭公寿辰,唐人街就和圩日一样热闹"③。西方人也会被拜神的喧闹所吸引,走进唐人街,然而大多数时间,他们只对唐人街里的赌场和妓院感兴趣。

《睡吧,芙洛,睡吧》展现唐人街大阿公主持关帝祭拜:

> "关帝圣君,精忠勇武英名,近在中原,远至番土,唐人后世千秋万代记铭。我等离乡背井可怜之人,在此恳请圣君,保我四邻相安,家宅干扰。外出淘金者,必有所得。在家守业者,锅内有米。人丁添加,五畜并长。"④

敬祷语包含中国传统农耕思想,祈愿关帝护佑故乡/异乡两地家宅平安。它显示鲜明的界限意识,即唐人与番人、外出者和守业者。华人自动形成独立团体,对立于外番。"远至番土"的华人淘金"必有所得",继而保故土家人"锅内有米",家族发迹发脉。

马来西亚怡保居住着华人、马来人和印度人,《流俗地》细述华人民间信仰,"三宝洞南天洞灵仙岩观音洞,栉比鳞次,各路神仙像是占山为王,一窟窿一庙宇,里头都像神祇住的城寨,挤着满天神佛。洞里由太上老君坐镇,再沿着洞壁

① 斐迪南·滕尼斯:《共同体与社会》,第 87 页。

② 孔飞力:《他者中的华人:中国近现代移民史》,第 444 页。

③ 张翎:《金山》,第 42 页。

④ 张翎:《睡吧,芙洛,睡吧》,第 133 页。

一路布置,让玉皇大帝西皇祖母协天大帝观音佛祖财帛星君吕祖先师关圣帝君和大伯公虎爷公等等"①。中国民间视玉皇大帝为万神统治者,尊崇西皇祖母生育万物、协天大帝忠义护国、财帛星君财福亨通、吕祖仙师三界十方无求不应。

需要指出的是,同乡会与宗亲会都承担侨批②业务。侨批,也就是书信,它是海外华人与家人联络的重要方式,浸润着沉厚的民族情感和家族担当。以唐人街为例,"一些商店是香港公司的分行,它们主要经营的是侨批业务,即办理华人向其在中国的家人寄送钱款的业务"③。侨批不仅印刻普通"金山伯"家庭的生命流转,而且记录着华工海外求存史、海外华人救国史、二战史、排华史等。

二、堂会:特殊的华人共同体

纽约洪门④招收门生需收取 10 美元入会费和 5 美元年费,它不额外限定门生的地域和家族,向全体华人开放。"堂口虽然刻意自由招募各行各业的华人,但不像会馆或宗亲会那样可以自动获得会员。为了吸引和留住门生,堂口不得不给他们胡萝卜或大棒,或者二者并用。"⑤华人加入堂口,主因是寻求保护,也会由此借助堂口力量对抗个人仇家,"除了高层和斧头仔,大多数堂口成员是受剥削的普通受害者。他们不会吹嘘自己是堂口兄弟,因为华人之间有一种普遍的感觉,只有当一个人走投无路时他才会加入堂口"⑥。《睡吧,芙洛,睡吧》里阿珠与芙洛的对谈,提示对于华人平民而言,华人帮会在他国具有重要性与必要

---

① 黎紫书:《流俗地》,北京:北京十月文艺出版社,2021 年,第 1 页。

② 侨批,简称作"批"(在福建方言、潮州话和梅县客家话中"信"为"批",不仅仅是闽南方言,福州一带的方言也是这样指称的,迄今为止仍旧是这般指称),俗称"番批""银信",专指海外华侨通过海内外民间机构汇寄至国内的汇款和家书,是一种银信合一的特殊邮传载体。广泛分布在福建、广东潮汕、海南等地。闽南话把书信叫"批",闽南华侨与家乡的书信往来便称为"侨批"。参见岭南金融博物馆:《"侨批"是一种乡愁,亦是早期华侨的一部奋斗史》,http://www.lnjrbwg.com/detail/961。

③ 孔飞力:《他者中的华人:中国近现代移民史》,第 207 页。

④ "洪门是清初成立的一个以反清复明为宗旨的团体,第一批华人移民将其带到北美。它在不同的城市有不同的堂号,在旧金山和加州其他地方叫致公堂。19 世纪末 20 世纪初,它来到纽约。"参见苏思纲:《堂斗》,第 13 页。

⑤ 苏思纲:《堂斗》,第 150 页。

⑥ 苏思纲:《堂斗》,第 150—151 页。

性:"别看你家吉姆不挖金,他是洪棍,挖金的都听他的呢。入了洪门抱成团,番鬼不敢欺负。老人没人管,病了没钱医,就抬到洪门去;不讲道理仗势压人的,洪门做主申冤。有了洪门,出门的人就有靠山呢。"①堂口从赌博和卖淫两个产业中谋利,也会参与一些偷渡与走私行动,它纵容着不道德行为或违法行为。

小说更是详述了一次洪门在关公忌辰日举办的门徒集会。彼时华洋两股势力分管街的头尾,华人掌控的街尾是一片烂木棚,堂主吉姆最挂心的大事就是尽快建堂。洪门堂成为华人生活区唯一一所大屋。"堂是一座两层的楼,尖顶,木墙,木瓦,木门,木窗,上下两层都有围栏。正门两头挂着两条大木板,用黑漆写着一对条幅:正气联情招集英雄安社稷,丹心结义会齐豪杰定乾坤。"②洪门堂供奉关公,意图在海外华人圈重构忠义仁勇价值体系。雷德蒙·威廉斯(Raymond Henry Williams)分析文化与社会时强调:"我们需要一个共同的文化,这不是为了一种抽象的东西,而是因为没有共同的文化,我们将不能生存下去。"③民间信仰是维系华人命运共同体的精神力量,它为深受其他族裔针对的华工提供心灵支撑,拜关公是其在无休止的外番欺辱中,切实看见集体力量的方式,关帝呵护善恶有报的轮回论心理期待。华工不约而同地用金砂凑出装饰神龛的金粉,对于他们而言,人可住狗窝,而关帝像"却断断要住在金殿里"④。笔者认为,《睡吧,芙洛,睡吧》里描摹的洪门堂,主要还是借用"洪门"名义,并非纯粹的堂口。它的架构基于确定的乡缘和亲缘关系,洪门堂实际混杂了宗亲会和堂会两个概念。

事实上,19世纪末,华人堂会确实处于不断发展中。它设定严格堂规约束众人,一方面团结华人力量,形成族群集束力,并推动创办一些实业。堂主可替华工出面与政府沟通交流,堂会致力于捍卫华人种族权益。另一方面,它倡导家国情怀,自觉将华人地位与中国命运联系在一起,支持中国内地救国运动的各项举措。例如第一个华人民族主义组织致公堂(音译为迪隆堂)"首要目的是推翻清王朝。参加这个社团的每个成员都必须与亲戚断绝关系,为革命事业而效忠"⑤。"1907年,华人投资者开始在旧金山建立广东银行,成为经济力量崛

---

① 张翎:《睡吧,芙洛,睡吧》,第41页。

② 张翎:《睡吧,芙洛,睡吧》,第130页。

③ 雷德蒙·威廉斯:《文化与社会》,吴松江、张文定译,北京:北京大学出版社,1991年,第395页。

④ 张翎:《睡吧,芙洛,睡吧》,第131页。

⑤ 吴景超:《唐人街:共生与同化》,第191页。

起的标志。……'富'与'强'自从 19 世纪 60 年代以来就与中国的国家建设联系在一起,原意是国家之'富'与'强'。然而,在 20 世纪海外华人的语境中,'富'与'强'显然还有另一层含义,那就是华人的民族主义与华人的民族自豪感。显然,此时海内外的华人民族主义者们都紧紧地拥抱商战救国理想,并因此激励着企业家们搏击于美国市场的商战之中。同年,在中国政府的鼓励和推动之下,纽约华商建立了'中华总商会',与中国和东南亚各地的商会一道,共同促进中国的经济发展。"①1911 年 12 月中旬,革命党人曾赴海外募集资金,纽约主要堂口协胜堂、四姓堂、安良堂各自捐献一千美元。安良堂总堂主司徒美堂坚定支持孙中山,在美国持续为辛亥革命和抗日战争募捐。1932 年"一·二八"淞沪会战,纽约两大堂口安良堂和协胜堂更是协议停战。中国抗日战争期间,纽约堂口也将反抗日本侵略中国视为头等大事,"为了援助在美华人与救济遭受侵略的中国,他们为募集资金奔走呼号"②。协胜堂负责人龚恩英表示:"目前我们不会考虑堂口利益,我们中国人都意识到我们必须支持我们的国家。"③"洪门"曾剪辫宣誓不与清制为伍,《金山》里交代方锦山的失踪,就因其暗自参加"洪门"活动,屡次为中国革命筹款。而方锦河,奉献全部身家 4 000 加元为中国抗战捐献一架飞机。小说披露华埠的爱国行动,"太平洋战事日渐紧迫,华埠人士踊跃购买省里债券,为国军筹谋军饷。更有热血青年者,意在回国参战,亲戮日寇为快"④。

值得注意的是,随着族群不断在地化,华人产生相异的身份认同,部分人坚持认为自己是中国人,而部分人则表示自己也是加拿大人。二战期间,一些华裔提出加拿大是其第二故乡,既然加国兵源短缺,那么他们愿意以加国居民身份参战。应该说,堂会倒是一直特别在意中国国族意识。

三、唐人街:兼具建设性与破坏性的命运共同体

早期华人移民依托亲缘文化和地缘文化,践行中华文化在他国的继承与创

---

① 孔飞力:《他者中的华人:中国近现代移民史》,第 237 页。
② 苏思纲:《堂斗》,第 245 页。
③ 苏思纲:《堂斗》,第 245 页。
④ 张翎:《金山》,第 326—327 页。

造性转化,聚合群体力量,抗衡来自所居国政治、经济和文化的重重施压。"人类学家们阐释了文化元素如何被重新配置与拼装,以强化在远离故乡的地方凝聚社会群体的力量。其中的过程与原则尤其值得关注。移民们在努力适应新移居地之生存环境的奋斗中,依据现实需求,从他们所谓正规的社会母体中抽取其所需要的文化元素,付诸实施。"①唐人街是华人在海外重塑故乡,从功能上看,它是一处华人生活共同体,从衣食住行提供居住者熟悉的环境和习惯的模式;从性质上看,它是一个华人命运共同体,它以互助互帮模式建设社区,协助华裔尽快融入他国。

早期唐人街在华洋相处中体现出共同体的正面意义,可它于家庭层面,则固守中国封建伦理,高扬夫权、族权、神权,夯实宗族或社团领袖的权威地位,操控且压榨底层同胞。华人遭受其他族裔欺凌,但又将霸凌转嫁于华裔,其中女性成为最悲惨的受虐者。可以说,唐人街是华人的庇护所,却是华裔女性的深渊。对于唐人街,更精确的定位是归属男性的命运共同体。

华工多为"过客"心态,只盼早日衣锦还乡。在早期华人移民中,女性所占比重极少,青年女性就更为稀少,她们往往以配偶身份随同男性或直接被买卖至金山。女性被作为丈夫的附属品,或被视为华洋男性共同的性玩物。"餐馆、赌场、鸦片馆和妓院等场所构成了当地华人社会的活动中心,基本都以男性华人为服务对象。在为数不多的华人女性中,除了极少数包括外交人员、商人和学生等属于特殊阶层的女性配偶外,大部分从事卖淫业,另外一部分是条件较好的华人男士的妻妾,其余的从事着洗衣、挖矿、裁缝、厨师和女佣之类的工作。根据不同学者对当时旧金山华人人口构成的统计,1860 年华人女性中妓女的比例在 85％至 97％之间,1870 年这一比例是 63％至 72％,1880 年大约是 18％至 50％。"②从以上数据可以发现,华人女性多为性工作者。《佩奇法》(Page Act)阻止了华人家眷流动,美国华人女性人数锐减,留在北美的女性,难以满足华人男性群体的性需求。很有意味的是,《佩奇法》打击对象是华人女性移民,法案折射的性别观无形中呼应了华裔也认同的"男女有别",实现了将男女从空间进行粗放式分割。

论海外华文小说的民间共同体书写

---

① 孔飞力:《他者中的华人:中国近现代移民史》,第 197 页。

② 顾国平:《美国 1882 年排华法的前奏:1875 年〈佩奇法〉实施的背景及影响》,《华侨华人历史研究》,2020 年第 1 期。

芙洛(《睡吧,芙洛,睡吧》)被贩卖至加拿大,为了生存不得已从事皮肉生意,但她将所有苦难悉数吞下,以隐忍和坚韧为自我独立蓄力。因芙洛遭遇不同形式的男性暴力,她只相信女性个体,认为不管身处哪个地域,不管该地区是富庶或贫瘠,女人生存都只能依靠自己。她叮嘱阿秀:"洪门是男人的衙门,女人遭男人欺负,洪门管吗? 女人的事,还得女人自己管。"①在与吉姆和丹尼的相处中,芙洛一直筹谋财务自由,"女人要是自己有了钱,就有了腰,站得稳立得直了,到时候谁的也不听,就听自己的"②。芙洛不屑于"洪门"庇护,她认为民间共同体皆是由男性话语主导,哪怕失去爱情,她也首先厘清两性间是否存有交换关系。猫眼(《金山》)于妓院谋生,她偶遇良人方锦山,得以爬出唐人街地狱。无论是芙洛还是猫眼,她们在被男性搭救后,都十分努力抹去过往印记,她们期待重塑新我后自我拯救,并帮助其他受难的华人女性。两部小说皆指向一个共性事实:妓女标签无法剥离,甚至干预了她们下一代的人生。

《金山》有一个场面描写,呈现猫眼在农贸市场被买卖的情景。"锦山挤进人群,才看见院子正中摆了两块石头,石头上搭了一块木板,木板上站着一个女孩。女孩身个甚是瘦小,站在木板上,还不及围着她的男人们高。"③12岁的她正在经历人生的第一次示众,这也是继被拐卖后,她接受的第二次命运宣判。一名未成年女孩,遭受一众成年男性的羞辱和欺凌,直至被妓院以二百五十洋元的价格买走。仅一两个月的时间,猫眼就在唐人街被蹂躏得不成人形。她偷偷躲在锦山的马车里逃出来,哀求锦山:"我年轻有力气种田养猪捞鱼绣花织布水里田里什么活都能干。你要是娶过亲了我就做妾,白天夜里伺候你和大婆生孩子煮饭洗衣。你要是娶过了妾我就给你当下女,绝无反悔。"④这段话透露出猫眼尚未形成独立意识,她将自己放置于男性的附属地位,出卖个人的可消费性,以服从、伺候与取悦的方式获取男性庇护。伊沛霞(Patricia Buckley Ebrey)提出:"如果农民不能通过把女儿卖给富人做妾或婢女的办法挽回一些钱,统治精英就无法从农民手里榨取那么多盈余。与此同时,用这种办法侵占贫困阶层的'过剩的'女儿使上层阶级和下层阶级保持着紧密接触,从而确保精

哲学·经学·语言

---

① 张翎:《睡吧,芙洛,睡吧》,第41页。

② 张翎:《睡吧,芙洛,睡吧》,第41页。

③ 张翎:《金山》,第246页。

④ 张翎:《金山》,第250页。

英阶层永远不能完全切断与普通人的道德、价值观和生活经历的联系。"①"过剩的女儿"这一提法十分犀利,从女性的有用性,批判中国封建社会的阶级关系和两性关系。猫眼形象丰富且深刻,逃离春院后,她被一个同样来自贫困阶层的家庭榨取生命力和生殖力,她在方家的被侮辱和被损害的经历同时暴露方锦山革命性的不彻底。一方面,他暗入洪门,参与"反清制",支持推翻封建统治;一方面,他虽对底层女性心怀同情,但仍恪守封建家庭伦理。救助猫眼的冲动,源于恐惧自家女眷复制相似悲惨命运。猫眼一直未获得方家的正式接纳,直至去世,才得以在墓碑上获取虚假的"妻"名分。她的方家角色,实际被圈定于"妓女"和"婢女"的双重身份。

性工作者不仅遭受配偶的长期冷暴力,而且承受各个民间共同体内部女性的歧视。猫眼是方家"私产",猫眼怀孕后,锦山才勉强接纳她,这是因为华人女性稀缺,猫眼可完成为方家传宗接代的任务。回到中国开平,猫眼迎击宗族女性的嘲讽,她终于领悟必须依靠自立自强才能真正摆脱春院历史,"她的过去是一片比天还大的影子,她走到哪里,它就跟到哪里。她就是有一千把一万把剪刀,也剪不断这样厚这样大的影子"②。当方得法创业失败后,两性控制力才发生翻转,方家不得不依赖猫眼做唐人街茶楼女招待存活,为了养活方家男人,她必须一周劳作六天。唐人街先后制造猫眼在春院/茶楼两段人生,她一步步走出人生低谷的同时,父权制和族权制始终操控着她。

芙洛选择了不同于猫眼的另一条路。她鄙视男性恩赐般的蝇头小利和未来许诺,甚至不要洪棍吉姆赠予的"妻"身份,而是专注自己能把握住的一切可以看得见、摸得着的实利。芙洛除了经营酒馆之外,还开荒种地,中国人认定土地是生存保障之根本,"骑在马上,走在石子路上,她都是虚慌的。只有踩在这湿黏的烂泥里,才叫她有生了根似的胆气"③。芙洛依靠农耕实现物资的自给自足。笔者认为,金山唐人街将芙洛锻造为一名勇士,她非常清楚女性劣势,先模糊女性性别,再主动自塑为男性,令个体能力最大化和最优化,在两性分工中,芙洛既承担女性的职责,如耕地、生育、操持家务,又与男性共同劳作和合作经商。

1923 年,加拿大"排华法案"额外对女性入境做出限制,芙洛提供了留下来

---

① 伊沛霞:《内闺》,胡志宏译,南京:江苏人民出版社,2022 年,第 305 页。

② 张翎:《金山》,第 337 页。

③ 张翎:《睡吧,芙洛,睡吧》,第 43 页。

的华人女性如何生存的成功案例。她逃离"洪门",选择心仪的异国伴侣;她设定投资计划,并通过向他国人不断学习,开展个人创业。令人感怀的是,丹尼是来自爱尔兰的淘金者,他同样隶属不受待见人群,芙洛和丹尼的结合,体现少数族裔如何构建人类命运共同体的范例。

一系列"排华"法案,促动华人思考抱团求存的应变举措,继而唐人街宗亲会或堂会迅速扩张,同时"排华"浪潮也敦促华人必须转换思想,主动学习华洋相处,引领唐人街完全融入他国。《金山》同时描写了这两个应变之策,其中方得法创业史正是华洋融合的实例。方得法的事业起点是在维多利亚唐人街开办洗衣店,获利后拓展事业版图,并根据实际条件调整经营思路及策略。以"竹喧洗衣行"为例,他在华埠与洋番交界点开办第一家,在纯洋番开第二家,又回华埠开第三家。维多利亚—咸水埠(温哥华)—华二埠(新西敏士)三家店透露方得法捕捉住加拿大铁路交通的便利,借地利以个体经营的方式主动参与加国发展。洗衣实业最终在不可调和的华洋矛盾中以失败告终,但他并未自暴自弃,果断关闭洗衣店后,又改办农庄,从手工业回归华人更擅长的农业。他更是无师自通地掌握广告传播力,在洋人报纸上刊登招工广告:"竹喧洗衣行新分号最近开张,位于温哥华大酒店对面的乔治亚街上。竹喧洗衣行具有十几年洗衣浆衣熨衣绣补经验,有二十多名工人为旅店车马店及个人洗衣。价格低廉,包你满意。"[1]方得法正式与洋人洗衣行开展竞争,并因其低价高质吸引大量客源,进而引发加国其他族裔从业者的激烈抵制,更是将其告上法庭。也正因排华法案的刺激,两种原本分离的应对策略逐渐融合,最终显现华人以唐人街为"在地化"基点,放弃个体融入路径,通过壮大社团、建设唐人街,带动华裔整体"扎根"所居国。

四、余论

被驱逐的惶恐令华工下一代忍受着双重疏离的痛苦。一方面,他们达到金山后,才意识到它与其想象的富庶相差甚远,他们必须与父辈一同出卖苦力,并接受未来无望的事实。另一方面,他们在洋番成长,可因被拘囿在城市边缘,与

---

[1] 张翎:《金山》,第 137 页。

其他族裔保持隔绝。"金山客的孩子害怕光亮,害怕声响,害怕人群。在有人的场合里,金山客的孩子田鼠似的畏缩在大人衣袍投下的阴影里。金山客的孩子不敢抬头,不敢看人,不敢出声,脸上极少有出格的表情,喜也不是大喜,怒也不是大怒,哀也不是大哀,怨也不是大怨。所有极端的情绪都被掐了头去了尾,朝着中间的方向推挤过之后,只剩下了一种近似于木呆的表情。"①"金山客"子辈比父辈更为悲情,他们被剥夺了自主选择人生的权利,又在公馆、宗亲会、行会、堂会等民间共同体的严密管控里、洋番的歧视下、富人阶层的欺侮中,既丧失了闯世界的斗志,又缺乏扎实的生存能力。

20 世纪 80 年代中国内地掀起跨境移民潮,地缘和亲缘依然是海外民间组织的架设要素。"在西欧虽然也有 20 世纪八九十年代的新移民,但由于有关国家的移民法规所限,他们多通过或亲或疏的亲缘纽带进入西欧,在素质构成上比较单一:地缘上集中于浙江传统侨乡青田、温州地区,出国前多生活于农村或乡镇,抵达西欧后则多在亲戚、同乡的餐馆中从洗碗或厨房帮工干起,奋斗三五年后可能升为餐厅跑堂、二厨、大厨,再奋斗三五年后也许自己可以开个小餐馆,这是大多数落足西欧的第一代中国移民走过的道路。"②进入 21 世纪,新一辈华人流动性更强,地缘和亲缘纽带渐趋松散化,已城市化的华人新移民借力却不依附民间社团,他们更愿意加入与主流社会密切的中介组织。然而,对于老一辈海外华人而言,同乡会和宗亲会仍具有不可取代的意义。海外的民间共同体,其命运共同体意义逐步弱化,但中华文化共同体意义日渐强化,而这也是当前海外华文文学需要思考的新论题,《流俗地》即在这一层面上做出了创作尝试。

On the Writing of Folk Community in Overseas Chinese Novels

Dai Yaoqin

Abstract: In the history of Chinese immigrants in the past century, the mode of "passing

---

① 张翎:《睡吧,芙洛,睡吧》,第 197 页。

② 李明欢:《东欧社会转型与新华商群体的形成》,《世界民族》,2003 年第 2 期。

on" relies on folk communities such as clansmen associations, hometown associations, and "Tang Hui" (mafia). The "bridgehead" of Chinese businessmen is the community based on geographical relationships or kinship, and the same hometown and the same clan are the prior conditions to recruit overseas workers. Based on solid historical materials, the history of migration in overseas Chinese novels presents the motives for the formation, structural characteristics and development of folk communities, highlighting the characteristics of their kinship, geomantic and divine origins. Among the many forms of folk communities, "Tang Hui" is special for it breaks the limitations of the same clan or allied clans and opens up to all Chinese people. The work depicts the involvement of "Tang Hui" in the process of "localization" of the ethnic Chinese and recreates its practice of family and national beliefs in the 1920s and 1940s through the power of the folk. Chinatown is a broader community of Chinese life, and the novels see it as a kind of remodeling of the hometown by Chinese people, and reveal its factual suppression of Chinese female immigrants, as well as its immediate contribution to the integration of Chinese and foreigners. In the 21st century, the history of immigrants has shown a new trend of development, and the transformation of the folk community from the pure community of destiny to the community of Chinese culture is the new thesis that overseas Chinese novels should think about.
Keywords: overseas Chinese novels, folk community, "Tang Hui", Chinatown

344

哲学·经学·语言

秦简"独户母"新解[*]
——兼及"同居""室人"考

夏利亚[**]

[摘　要]　《睡虎地秦墓竹简》解释"同居"的律文有二，学界说法不一，且国内学者皆避开"独户母"进行讨论；新出简牍的解释甚至将"同居""室人"混而为一。若不厘清"同居"所指，势必影响相关研究。基于此，文章重新解读"独户母"："母"可读为"无"，"独户"所"无"的即"同居"所涉成员，此范围相对于"室人"而言（狭义的"同居"）；"户为'同居'"所涉成员为所有住在一起的同户籍者，包括奴隶（广义的"同居"）。与"同居"相对而言的"室人"，其家庭成员则不包括奴隶。因此，"同居""室人"不可等同。

[关键词]　秦简；独户母；新解；同居；室人

《睡虎地秦墓竹简》(下称"睡简")出土后，"同居"引起了广泛讨论，该简对

* 基金项目：国家社科基金一般项目"岳麓书院藏秦简(壹—肆)词汇研究"(15BYY122)。

* * 夏利亚(1976—　)，女，河南汝州人，文学博士，浙江科技大学人文学院副教授，主要研究领域为文字、训诂、汉语史、思想史。

其进行解释的律文有二：1. 户为同居；2. 独户母之谓也①。整理小组分别译为：1. 同户就是"同居"；2. 同一户中同母的人。前者涉及所有同一户籍的人，而后者仅限于同一户籍中同母之人，二者显然互相矛盾。作为执法标准的秦律，又不可能出现这种情况，只会是解读出了问题。然或因其矛盾又无法解释，学者们的讨论多集中于第一处，对第二处律文要么不提，要么提而不论，严重影响了对"同居"的正确理解；且《岳麓书院藏秦简》(下称"岳简")出版后，其中的"室人"又干脆被解释为"同居"②，将二者等同；然岳简本身又有二者同出的条文，睡简也对二者分别解释③，显然等同是不合适的。基于以上原因，本文试在重新解读"独户母"的基础上，对"同居""室人"所指加以辩证。

哲学·经学·语言

一、关于"独户母"及"室人"

睡简《法律答问》第 201：可(何)谓"室人"？可(何)谓"同居"？"同居"，独户母之谓殴(也)。"室人"者，一室，尽当坐罪人之谓殴(也)。

整理小组注：上"盗及诸它罪"条云："户为同居。"《史记·商君列传》："民有二男以上不分异者，倍其赋。"所以，秦的户是较小的。独户母，一户中同母的人。《唐律疏议》卷十六："称同居亲属者，谓同居共财者。"与简文不同。

整理小组译文：什么叫"室人"？什么叫"同居"？"同居"就是同一户中同母的人。室人，就是一家，都应因罪人而连坐。④

对整理小组"独户母"之注、译，国内学者无人提出异议。日本学者佐竹靖彦则释"母"为"毋"，通"贯"。认为"独户母"即"一个户贯"。冨谷至进一步指出"户贯"即"户关"，也就是门闩之意。"独户母"就是拥有同一个门闩的居住房屋。而最初的户籍登记以同一住所为基础，因此，"独户母"应指登记在同一户籍上的人。⑤ 可以看出，此释在努力向"户为同居"的含义靠近。

① 此处"母"仍按整理小组的释文。睡虎地秦墓竹简整理小组：《睡虎地秦墓竹简》，北京：文物出版社，1990年，第 141 页。
② 陈松长：《岳麓书院藏秦简(肆)》，上海：上海辞书出版社，2016 年，第 74 页。
③ 其例详见下文。
④ 以上原文、注释及译文分别出自睡虎地秦墓竹简整理小组：《睡虎地秦墓竹简》，第 141、142 页。
⑤ 冨谷至：《秦汉刑罚制度研究》，桂林：广西师范大学出版社，2006 年，第 154—156 页。

按,索之睡简,"独户母"三字字形分别为:▨▨▨,皆模糊不清,然依稀可识。"母"边框及中横可辨,内部字形难以确定。比较它简"母、毋"二字,如▨、▨,甚为相似①,似释为"母"或"毋"皆可。按,在甲骨文中,"母"就常被借为否定词"毋",西周金文更是"母""毋"同字。战国时期,二字开始分化②,然睡简仍有二字通假现象,如睡简《日书甲种》76 正贰——77 正贰:"壬癸有疾,母(毋)逢人,外鬼为祟,得之于酉(酒)脯修节肉。丙丁病,戊有闲,己酢。若不酢,烦居北方,岁在北方,黑色死。"因此,该字释为"母"读为"毋",或径释为"毋",皆无不可。然,据查检所收之秦汉简牍③,"毋"凡 524 处,仅有读为"无"之用例;"母"凡 146 处,除上述读为"毋"一例外,另各有一处分别读为"女"或"拇",皆未见有读为"贯"的。又,秦简有"户关"一词,似不必另借它词辗转为意,如睡简《法律答问》149:"实官户关不致,容指若抉,廷行事赀一甲。""户关"即门闩。故不以读为"贯",解为"户关"为是。

但,"母"仍可如佐竹靖彦所云释为"毋",然需读为"无","独户毋"即"独户无"。"独户无"之后承上省略"同居"二字,"'同居',独户无之谓殹(也)",补足为:"'同居',独户无同居之谓殹(也)"。意思是:"同居,指的就是独户没有的人。"这种承上省略现象在睡简并不少见,如:睡简《法律答问》119:"完城旦,以黥城旦诬人,可(何)论? 当黥。"此处的"当黥"正为"当黥为城旦"的省略。同简 174:"女子为隶臣妻,有子焉,今隶臣死,女子北(背)其子,以为非隶臣子也,问女子何论也? 或黥颜頯为隶妾,或曰完,完之当殹(也)。"从全句看,"或曰完"为承上"或黥颜頯为隶妾"的省略,完整的句子应该是"或曰完为隶妾"④。

"独户无同居之谓也"是从"无"入手解释"同居",该解与"室人"的解释同存于一条律文,显然是相对于"室人"而言的。相对于"室人","独户无"的人即"同居"所涉人员。⑤ 那么,"独户无"的是哪些人? 要弄清这个问题,需先明确"独

① 该段所涉图片分别出自睡虎地秦墓竹简整理小组:《睡虎地秦墓竹简》,第 65、63、9 页。

② 樊俊利:《战国金文文字研究》,石家庄:河北人民出版社,2018 年,第 196 页。

③ 涉及《睡虎地秦墓竹简》《里耶秦简》《周家台秦简》《岳麓书院藏秦简(壹—伍)》《放马滩秦简》《王家台秦简》《龙岗秦简》《岳山秦简》《张家山汉简》《孔家坡汉简》《九店楚简》等年代相同或相近之秦汉简牍。下"所收秦简"也指此,不另注。

④ 参见夏利亚:《睡虎地秦简文字集释》,上海:上海交通大学出版社,2019 年,第 356 页。

⑤ 从下文看,"独户"有的人即"室人"所涉人员。

户"所指,了解它有的是哪些人。独,所收秦汉简牍共出现55处[①],其中36处皆用为"单独、独自"。如睡简《封诊式》69:"当独抵死(尸)所";岳简壹64正:"毋独出"等。所收秦简"独"没有用为"同一""一"或相似之意的,整理小组释"独户"为"同一户"无据,不足取。我们认为,此处"独"可理解为"单独、独自","独户"即单独/独自一户。那么,怎样的户才称得上单独、独自一户呢? 今天仍流行在北方及中原地区"单门独户"的说法或可提供一些参考。古代女性通常情况下不能为户主,因此,"独户"所指仅涉男丁,指父辈、子辈甚至上至爷爷辈都没有兄弟,为几代单传,没有兄弟分家另立门户的情况。睡简"独户"之义当离此不远。又据《史记·商君列传》:"民有二男以上不分异者,倍其赋。"按照二男以上分异的标准,秦"独户"家庭成员组成类型主要有以下三种。1. 夫妻;2. 夫妻(独子已分异);3. 夫妻子(独子未成年)。

又据年代与秦相近的张家山汉简《二年律令·户律》342—343[②]:"寡夫、寡妇毋子及同居。若有子,子年未盈十四,及寡子年未盈十八,及夫妻皆癃病,及老年七十以上,毋异其子。今毋它子,欲令归户入养,许之。"[③]可知,独子家庭即使分异,其子也有归户入养的情况,因此,秦"独户"的家庭成员组成类型可有下述第四种:4. 夫妻,独子(娶妻未分异),独子的妻、子。

总上"独户"家庭成员组成类型,可知无论对父辈还是子辈而言,**作为"独户"家庭,所无的亲人,正是"夫妻子"之外的其他人,即兄弟及兄弟之子等。**"同居,独户无之谓也",则"兄弟及兄弟之子等"正是"同居"所涉人员。这里需要特别指出的是,**简文该解释是相对于"室人"而言的,当"同居"与"室人"或"室人"所涉成员同出的时候,其所指范围才如此。**简文"可(何)谓'室人'? 可(何)谓'同居'?""室人"和"同居"同提,也正暗示了此点。其例如:

岳简肆288正:死,皆毋(无)父母妻子同居责(债)殴(也),出之。有等比。

睡简《秦律十八种·金布律》84—85:牧将公畜牲而杀、亡之,未赏(偿)及居

哲学·经学·语言

---

① 其中睡简共出现11处。

② 据高敏言其年代为汉高祖五年。高敏:《〈张家山汉墓竹简·二年律令〉中诸律的制作年代试探》,《史学月刊》,2003年第9期。该条文涉及其他几种特殊情况的独户家庭,本文不作讨论,仅讨论标准家庭(有夫妻子)。

③ 张家山二四七号汉墓竹简整理小组:《张家山汉墓竹简(二四七号墓)》,北京:文物出版社,2001年,第55页。

之未备而死,皆出之,毋责妻、同居。

以上简文,父母妻子、妻与"同居"一词同时出现,则其皆不在"同居"范围,**而是属于秦简所言之"室人"范围,也即"独户""有"的人员。**是否如此,可从有关简文入手考察:

睡简《法律答问》77:或自杀,其**室人**弗言吏,即葬狸(薶)之,问死者有妻、子当收,弗言而葬,当赀二甲。

睡简《封诊式·出子》88:……有(又)讯甲**室人**甲到室居处及复(腹)痛子出状。

第77简说的是自杀者的室人即妻、子没有报告官府就自行埋葬自杀者的事,妻、子是其室人。第88简言甲因与丙打斗流产,官府讯问甲的室人其回家后及腹痛流产的具体情况。此种情况通常是最亲近的人才可能知道,无外乎其夫、父母、儿女。又从上文所涉张家山汉简"寡夫、寡妇毋子及同居"句也可看出"夫妻子"不在"同居"范围。由上可知,通常来说,秦简"室人"包括父母、夫妻、子,未见涉及兄弟的条文。而"父母、夫妻、子"正是前述秦"独户"家庭所涉成员范围。

总之,当"同居"与"室人"或其所涉成员一起言说时,所指即相对于"室人"而言,指的是父母妻子之外的兄弟及兄弟之子等,"室人"则指父母妻子。但这是分异背景下的所指,或可称为狭义范围的"同居"。然实际上,在秦征服列国前,其他诸国并没有二男以上必须分异的规定,因此,新征服的秦地(甚至秦本地)存在大量大家庭群居而不分异即兄弟及其子与父母住在一起的情况并不奇怪(相当于不分异的非"独户"家庭)。如此,上述"同居"所指就有了法律漏洞,这就涉及到"同居"的另一个定义——"户为'同居'"。

二、关于"户为'同居'"

睡简《法律答问》22:"盗及者(诸)它皋(罪),同居所当坐。"可(何)谓"同居"? 户为"同居",坐隶,隶不坐户谓殹(也)。"

整理小组注:古时奴隶犯罪,其主要承担责任,《汉书·游侠传》所载"原巨先(涉)犯法"一事可供参考。一说,此句意为主人犯罪,奴隶应连坐。

整理小组译文:"盗窃和其它类似犯罪,同居应连坐。"什么叫"同居"? 同户就是"同居"，但奴隶犯罪，主人应连坐，主人犯罪，奴隶则不连坐。①

按，因为忽略了"独户母"的含义，学者们关于"同居"的争议，其实就是关于"户为同居"的争议。整理小组"同户就是'同居'"的解释，学者并无异议。其争论集中在"同居"所涉具体成员上。主要有如下几种观点：

1. 指兄弟及（或）兄弟之子

1）吴小强：《日书甲种》56 正叁："丙申以就（僦），同居必窭。"译"同居"为：同胞兄弟姐妹。②

2）张金光：父母及妻子最近层直系亲属皆不可谓"同居"，兄弟及兄弟之子等旁系间，若现同居共财业者则可称为"同居"。③

350

3）杜正胜："同居"是秦汉的律令术语，皆指同户的同母兄弟而言，没有包括他们的子女。④

2. 指一户的家庭成员，不包括奴隶

1）彭年：秦汉时期，父母妻子属于"同居"，没有分异的兄弟以及兄弟之子亦包括在"同居"之列。奴婢没有户籍，在户主家中不算作"同居"，而是一种与牛马相类的"户货"。⑤

2）魏德胜：所谓同居就是一户的家庭成员。秦的徭役、赋税多以户为单位，为了加重百姓的负担，秦不允许大家庭以一户计算，如果儿子成年结婚生子，就要另立门户。⑥

3）尹在硕：秦代同居者指的是居住于同一室内"家口"中，将臣妾等非血缘隶属者排除在外的纯粹同一血统成员。⑦

4）冨谷至：缘坐的对象为同居。登记在同一户籍上的家族才是缘坐对象的同居。"户为同居"中的"户"和"同居"是一个意思。……也就是说，缘坐的对象就是指同一户籍的家族，不包括奴婢。⑧

---

① 以上原文及注、译文皆见于睡虎地秦墓竹简整理小组：《睡虎地秦墓竹简》，第 98 页。

② 吴小强：《秦简日书集释》，长沙：岳麓书社，2000 年，第 55 页。

③ 张金光：《商鞅变法后秦的家庭制度》，《历史研究》，1988 年第 6 期。

④ 杜正胜：《古代社会与国家》，台北：允晨文化实业股份有限公司，1992 年，第 797 页。

⑤ 彭年：《秦汉"同居"考辨》，《社会科学研究》，1990 年第 6 期。

⑥ 魏德胜：《〈睡虎地秦墓竹简〉词汇研究》，北京：华夏出版社，2003 年，第 161 页。

⑦ 尹在硕：《睡虎地秦简〈日书〉所见"室"的结构与战国末期秦的家族类型》，《中国史研究》，1995 年第 3 期。

⑧ 冨谷至：《秦汉刑罚制度研究》，第 154—157 页。

3. 有广义、狭义之分

1) 张世超：认为秦时"同居"的含义与颜师古所云并不相同，有广义、狭义之分，广义的"同居"包括未成年的子女。一般的情况，实即夫、妻、子而已。奴隶也属于其主人的同居范围。主人犯罪，其奴连坐。但奴隶毕竟与主人身份不同，他本人犯罪，却不牵连主人。狭义的"同居"只包括其未成年子女及其他同室而居的非丁男人员。认为"室人"指同室而居之人，亦即"同居"，"一室"等于说一户。①

综上可知，关于"同居"大致有三方面的意见，整理小组、吴小强、张金光、杜正胜观点大致相同，即同居指父母妻子之外的同母兄弟及(或)兄弟之子，其依据多为《汉书·惠帝纪》注，并没有考虑或不知"户为同居"之说。第二种观点大致认为同一户籍的家庭成员都可为同居，然奴婢被排除在外。张世超先生则认为秦与汉"同居"含义不同，有广、狭义之分，奴隶也在同居范围。总之，诸说问题集中于：(1)父母妻子是否属于"同居"者。(2)奴隶是否在同居范围。这就涉及到另一个问题，就是奴隶有没有户籍。要解决这些问题，还需立足睡简"户为同居"，结合其他秦简寻找答案。

《里耶秦简》中的"户籍简"，有如下条文②：

1. 第01—02简：南阳户人荆不更蛮强，妻曰嗛，子小上造□，子小女子驼，臣曰聚伍长。

2. 第17—18简：南阳户人荆不更繠喜，子不更衍，妻大女子媸，隶大女子华，子小上造章，子小上造，子小女子赵，子小女子见。

3. 第05—06简：南阳户日荆不更大□，弟不更庆，妻曰嬿，庆妻规，子小子上造视，子小造□。

4. 第15—16简：南阳户人不更彭奄，弟不更说，母曰错，妾曰□，子小上造状。

5. 第19—20简：南阳户人荆不更宋午，弟不更熊，弟不更卫，熊妻曰□□，卫妻曰□，子小上造传，子小上造逐，□子小上造□，熊子小上造□，卫子小女子□，臣曰襛。

---

① 张世超：《秦简中的"同居"与有关法律》，《东北师大学报(哲学社会科学版)》，1989年第3期。

② 里耶秦简"户籍简"为秦代户籍登记材料，为战国时期秦人占领楚地后编制。楚国并无分异要求，所以存在大量大家庭群居情况当属正常。湖南省文物考古研究所：《里耶发掘报告》，长沙：岳麓书社，2007年。

上述简文涉及五个家庭,其同户情况分别如下:1.夫妻子,臣;2.夫妻子,隶;3.夫妻,已婚的弟及弟媳、子;4.兄弟、母亲及妾、子;5.已婚兄弟与其妻、子。他们都属于同户籍之人。值得注意的是,作为奴婢身份的臣妾也出现在户籍中。从"户籍简"看,他们的户籍归入主人户头之下。既然"户为同居",则他们当在"同居"之列。岳简也有明言奴隶为同居者的条文,如下文所涉岳简叁112正—115正中的"婉"和"识",身份皆为奴隶。如此,认为秦汉奴婢没有户籍的说法则不成立。前述睡简22:"'盗及诸它罪,同居所当坐。'何谓'同居'?户为'同居',坐隶,隶不坐户谓也。"前一句说"同居所当坐",指凡属"同居"关系的都应当连坐。后面特别指出:"坐隶,隶不坐户",意谓"(户主)连坐奴隶,奴隶不连坐户主"①,正暗示了奴隶是属于"同居"的一员,因为与主人身份地位不同,所以虽属同居范围,但其犯罪,并不连坐户主。

综上可知,同户之人可以是父母妻子、兄弟及兄弟之子等(可以是已婚者),其中也包括奴隶。② 只要同一户籍的皆可称为"同居",即上述睡简所言之"户为同居"。这个结论也可在很多简文中得到证明,如:

1. 岳简叁112正—115正:婉曰:与义同居,故大夫沛妾。沛御婉,婉产羡、女娸。……居六岁,沛死。义代为户、爵后,有肆、宅。识故为沛隶,同居。

2. 睡简《法律答问》108:父子同居,杀伤父臣妾、畜产及盗之,父已死,或告,勿听,是谓"家罪"。

3. 睡简《法律答问》71:士伍甲无子,其弟子以为后,与同居,而擅杀之,当弃市。

例1,"义"为"婉"之子,母子同居。而"婉"为古大夫"沛"之妾,为沛生四子,显然也与之同居;"识"为奴隶,与户主"沛"同居;例2,父子同居;例3,甲与继子同居。

---

① 睡简有很多奴隶犯罪,结局是"畀主"的条文,如《法律答问》简5:"人臣甲谋遣人妾乙盗主牛,买(卖),把钱偕邦亡,出徼,得,论各可(何)殹(也)?当城旦黥之,各畀主。"奴隶犯偷盗之罪,惩罚的只是奴隶本人。可知奴隶犯罪,不连坐主主。整理小组"一说"为是。

② 里耶"户籍简"中只有母名而无父名,整理小组认为"也许隐含着男性因当时的各种原因而难以长寿的社会现象"(湖南省文物考古研究所:《里耶发掘报告》,长沙:岳麓书社,2006年,第209页),故同户之人当有父亲。

三、"同居"不等于"室人"

前面分析了"独户无"和"户为同居"两种情况,前者为与"室人"相对而言时所指。在这个意义上,父母夫妻子等有血缘或婚姻关系的为"室人",不为同居。而后者为广义范围的"同居",包括了在一起居住同户籍的所有人,奴隶也在其列。具体如下所示:

名称	所涉成员	名称
同居(狭义)	兄弟及兄弟之子,奴婢等	
室人	夫妻	同居(广义)
	夫妻子	
	父母夫妻子	

显然,"同居""室人"二者在任何情况下都不是对等关系。从岳简中二者出现在同一条文也可看出此点,如:

岳简伍 20 正—23 正:……敢有挟舍匿者,皆与同皋。**同居、室人**、典老、伍人见其挟舍匿之,及虽弗见,人或告之而弗捕告,皆与挟舍匿者同皋。其弗见及人莫告,**同居、室人**,皋(罪)减焉一等,典老、伍人皆赎耐,挟舍匿者人奴婢殹(也),其主坐之如典老、伍人。

该简"同居""室人"同时出现,已可证明此二词不是对等关系。简文特别指出,如果在住处藏匿罪人的是"人(私人)奴婢",其主人要连坐。也从侧面证明了通常情况下,奴婢犯罪是不连坐主人的。

总之,秦简律文是从狭义和广义两个角度来解释"同居"的。狭义的"同居"与"室人"(或其成员)相对而言,指父母妻子之外的兄弟及兄弟之子等,即"独户无"的成员。广义的"同居"则包括所有同户籍的人,即"户为同居"所指。上述"同居",奴隶皆在其列。而与"同居"相对而言的"室人",其家庭成员则不包括奴隶,仅指父母妻子等。因此,"同居""室人"并非同一概念,不可等而观之。

A New Explanation on "Duhumu" Bamboo Slips of Qin and a Textual Research of "Tongju" and "Shiren"

Xia Liya

Abstract: There are two legal provisions on the term of "Tongju" (sharing the same household) in Shuihudi Bamboo Slips of Qin, which arouse different opinions in the academic circle and domestic scholars hold discussions without referring to "Duhumu" Bamboo Slips. The provisions in the newly unearthed bamboo slips even mix up the terms of "Tongju" and "Shiren" (roommates). Failure to clarify the meaning of "Tongju" will inevitably affect relevant research. Based on it, the article reinterprets "Duhumu": "mu" can be read as "wu" (nothingness). What is not in a sing-family house refers to the members involved in the same household, the scope opposed to the "Shiren"("Tongju" in a narrow sense); the members of "huwei Tongju" involve all the people living together with the same Household Registration, including slaves ("Tongju" in a broadest sense). In contrast to "Tongju", the family members of "Shiren" do not include slaves. Therefore, "Tongju" and "Shiren" can't be equated.

Keywords: Qin bamboo slips, Duhumu, new explanations, Tongju, Shiren

哲学 · 经学 · 语言

青年学者论坛

胡适论戴东原"新理学"
——兼论戴东原"新理学"与冯友兰"新理学"之差异

陈 潇

陈 潇[*]

[摘 要] 戴东原虽然反对朱子，但非如方东树所以为的，戴东原是"万禁言理"，是"蔑理"。在胡适看来，戴东原是理学的嫡传，也是程朱的诤友。只是，戴东原不能同意朱子将"理"看作"如有物焉，得于天而具于心"，也不妄求明善以复其初，一旦豁然贯通的大彻大悟。戴东原所认为的理，是事物的条理、分理，是多元的，并没有"浑然一体而散为万事"的天理。在颜李实学与顾炎武新经学的基础上，产生了戴东原的新哲学，胡适称之为"新理学"。

[关键词] 胡适；戴东原；新理学；冯友兰

通过研读胡适的《戴东原的哲学》一文，可知胡适以戴东原"新理学"的后世相知自况，不同于冯友兰后出的"新理学"叙事。胡适为戴震哲学辩护，同时也是为其自己的哲学立场辩护，是在与 20 世纪的陆王(梁漱溟)、程朱(冯友兰)、

* 陈潇(1987—)，男，湖北天门人，首都师范大学哲学系博士研究生，主要研究领域为胡适思想、欧洲虚无主义、伯纳德·威廉斯对康德道德主义的批评。

公羊学派(康有为)论战。唯有在这种思想背景下,胡适与中国近代哲学史上李大钊、陈独秀、梁漱溟、梁启超、张君劢、冯友兰诸学者的论争才变得清晰起来。胡适既以哲学家自居,又以考据家名世,实则因为他对哲学的内涵有着自己独特的理解,他有志于充实或更新中国哲学的内涵,将哲学从形而上、超理性的路上导向经验、历史、多元的道路,《戴东原的哲学》一书,正是这种努力的很好体现。

胡适常说,为人"辩冤白谤"是第一等重要的事。在禅宗史研究中,胡适为神会和尚菏泽大师树碑立传,考证《坛经》的真正作者是神会和尚,光复其一生伟绩与名誉。在清学研究中,胡适之通过其精妙的文献功夫与广阔的西学视野,力证作为经学和考据学大师的戴震,是继朱子、阳明之后,中国哲学史上第一流的人物。

一、《戴东原的哲学》的两重启示

《戴东原的哲学》始作于 1923 年 12 月,在**科玄论战**结束不久,上距其《中国哲学史大纲》的出版,有四年时间。在这本小书结尾的三四段,胡适将戴震身后的哲学流派,以及清末民初的思想论争,寥寥数语就交代清楚了。胡适的历史眼光和西学知识,使得他非常自觉于自己的立场,以及思想场域中各家学说的渊源。

胡适在文末引了方东树的《辨道论》一文,这篇文章下距胡适身处的时代大约八九十年,预言了将来中国学术思想的趋势。方东树,安徽桐城人,是程朱学派的领军人物,他列举近世学派共有三家:一为程朱派,一为陆王派,一为考证汉学派;并预料汉学极盛之后,必有一种大反动,反动的趋势,必是回到陆王学派。接着下来,胡适表达了自己对其所处时代思想界的态度,及其对未来中国哲学路向的思考:

> "方东树死后,中国的国势一天危似一天;时势的逼迫产生了一种托古救时的学派,是为今文学派,又名公羊学派。这个新运动的中坚人物往往讥刺考证学派,以为无益于世;他们高揭西汉的'微言大义'来推翻东汉的许郑之学:这确可表示方东树说的'翻然厌之'的心理;

不过,汉学的势焰未全衰,人情虽好高而就易,他们还不肯骤然回到陆王,却回到了西汉的'非常异义,可怪之论'。但近年以来,国中学者大有倾向陆王的趋势了。有提倡'内心生活的',有高谈'良知哲学'的,有提倡'唯识论'的,有用'直觉'说仁的,有主张'唯情哲学'的。倭铿(Eucken)与柏格森(Bergson)都作了陆王的救兵。'揣度近似之词,影响之谈',国中很不少了。方东树的预言似乎要实现了。

我们关心中国思想的前途的人,今日已到了歧路之上,不能不有一个抉择了。我们走哪条路呢? 我们还是'好高而就易',甘心用'内心生活''精神文明'一类的揣度影响之谈来自欺欺人呢?

还是决心不怕艰难,选择那纯粹理智态度的崎岖山路,继续九百年来致知穷理的遗风,用科学的方法来修正考证学派的方法,用科学的知识来修正颜元、戴震的结论,而努力改造一种科学的致知穷理的中国哲学呢?

我们究竟决心走哪一条路呢?"[1]

考据学在清代盛极一时,为何考据学会成为显学,各家说法不一。章太炎认为,清代文字狱过于严酷,学者为避祸而埋首故纸堆。余英时认为,陆王心学和程朱理学的后继者均以孔孟之学自居,长期争执不下,只得返回到先秦原典和去古未远的汉学,各自用功,以内在理路的方式解释清代考据学兴盛的背景。但有一点可以肯定,戴震所处的时代以考据、解经为正宗,义理之学并不被学问家所看重,与程朱立异的义理之学也不被提倡。作为考据学和经学大家的戴震,在阐释孟子的思想时,初名为《绪言》,为了减少来自同时代考据学家和经学家对其明道说理的非议,遂将其义理之作变更为一个考据学的名称——《孟子字义疏证》。

《戴东原的哲学》一文,表明胡适既不赞同陆王心学封闭致知穷理一路,专做回向内心的功夫,也不同意戴震的后学只做那"襞绩补苴"的考据文章,而使得戴震谋"通核"试图建立哲学思想的努力及身而绝,也不能同意颜元李塨因反

---

① 胡适:《戴东原的哲学》,载季羡林主编:《胡适全集》第 6 卷,合肥:安徽教育出版社,2003 年,第 473—475 页。

对宋明理学空谈性命之学,而重实不重知的主张。

在胡适看来,戴东原虽然反对朱子,但不如方东树所以为的,戴东原是"万禁言理",是"蔑理"。并引用章实斋的话,认为戴东原是理学的嫡传,也是程朱的诤友。只是,戴东原不能同意朱子的"如有物焉,得于天而具于心",也不妄求明善以复其初,有朝一日可以豁然贯通的大彻大悟。戴东原所认为的"理",是事物的条理、分理,并不认为在人的现世经验之外,别有一个理。戴震主张,"理"是多元的,只是事物的条理,并没有什么"浑然一体而散为万事"的天理。在颜李实学与顾炎武、阎若璩新经学的基础上,产生了戴东原的新哲学,胡适称之为"新理学"。

胡适试图沿着戴东原的路子,努力改造一种讲求证据的,科学的致知穷理的中国哲学,所以,胡适的哲学写作和讨论,是纯粹理智主义的态度,采用科学的方法和科学的知识,继续九百年来格物穷理的遗风。他既不能同意康有为以解经为幌子谈个人的思想主张,他的理由是"经学与哲学,合之则两伤,分之则两受其益"。也不能同意梁漱溟、梁启超以精神文明和物质文明来概括中西方文明的差异,他的理由是,西方社会在中世纪也曾经历过很长一段注重精神生活的时期。在问题与主义之争里,他对陈独秀最直观的批评是对经济一元论的反对,胡适认为历史的发展是颇为复杂的,并非能够简单地还原为经济这个"最后之因",他认为这是思想上的懒惰。他对主义的反对,也并非简单地只见树叶不见森林,他不承认具体的事物之外别有一个天理,同样不会承认,具体的一个个问题之外,还有一个统摄万千问题的总道理——主义。一个问题,有一个问题的道理,不承认存在一个放之四海而皆准的总原则。

《戴东原的哲学》这篇长文给我们两个重大的启示:

(一) 胡适的《中国哲学史大纲》写作、"问题与主义之争""科玄论战",是在清晰的方法论自觉和明确的问题意识下进行的,并非如后世者所言,因其科学主义倾向,或浅薄无知而偶然出现的。将《戴东原的哲学》的写作置于科玄论战的背景下,胡适的论旨就比较好理解了。胡适非常自觉于自己的立场,也很清晰其论争对手 20 世纪的陆王学派、程朱学派、公羊学派[①]的思想脉络。正如胡

[①] 20 世纪的陆王、程朱、公羊学派,即指梁漱溟为代表的玄学派和冯友兰为代表的理念派,以及康有为的微言大义派。

适坦言,在西方,他知道大家想听泰戈尔,但是,他自己不愿意做泰戈尔。胡适在给美国友人韦莲司的信里这样谈道:"一个(东方)演说者面对美国听众时,(听众)所期望于他的,是泰戈尔式的信息,那就是批评讥讽物质的西方,而歌颂东方的精神文明。我可没有这样的信息要传递。"他批评东方文化是严重唯物质至上的,并赞扬西方现代文明能够很好地满足人们精神上的需要,"这样出乎常理的意见,一定会让那些对泰戈尔这种人趋之若鹜,而又期望听到所谓'东方'信息的人感到失望和震惊"①。

（二）通过《戴东原的哲学》一文,胡适充分肯定了戴震在中国哲学史上的地位,这与当代中国哲学界的主流观点大异其趣,使得读者不得不留意胡适的看法与论证思路。胡适认为,戴震在哲学史上的最大贡献,即他的"理"论②,将其哲学称为"新理学"。③ 胡适关于"新理学"的论述早于冯友兰《中国哲学史》(上卷 1931 年、下卷 1934 年)与《新理学》(1939 年)的问世。胡适认为,从戴震到阮元是清代思想史上的一个新时期,这个时期,胡适称之为"新理学时期"。④

二、胡适论戴东原"新理学"的具体内涵

戴震,1724 年生于徽州,从学于朱学大家江永,对程朱理学与顾亭林、阎百诗的治学方法,做过深入研究。戴震由程朱理学阵营转而对程朱学说展开批评,胡适认为,戴震此一思想变迁始于他 32 岁(1755 年)入京之后。⑤

戴震,在清儒中算一个特异之人。在乾嘉考据学盛行的时代,他不甘心只做个朴学家,认为考据名物训诂不是最后的目的,只是一种"明道"的方法。在反对宋儒的过程中,并未完全走向汉学。在批评程朱一派的过程中,并未如王阳明把"格物致知"的一条路子封闭,专做回向内心的功夫,也没有走向颜李学派重行不重知的"实学"。

宋儒之学,以天理为根本观念。程子以下,一班哲学家把"理"视为"不生不

---

① 季羡林主编:《胡适全集》第 40 卷,合肥:安徽教育出版社,2003 年,第 239—240 页。

② 胡适:《戴东原的哲学》,第 374 页。

③ 胡适:《戴东原的哲学》,第 396 页。

④ 胡适:《戴东原的哲学》,第 458 页。

⑤ 胡适:《戴东原的哲学》,第 354—355 页。

灭"，看作"如有物焉，得于天而具于心"。① 在天理人欲之辨的框架下，"性"就分为了气质之性与天理之性。戴震对天理、人欲的两分，以及性的两分，均提出了不同看法。戴震论性即是气质之性，论"道犹行也"。戴震认为，"理"是事物的条理、分理，并不认为在人的现世经验之外，别有一个理。胡适指出，戴震认清了理在事物，只是事物的条理；至于心的方面，他只承认一个可以知识思想的官能。②

戴震反对朱子的理欲二元论。胡适认为，这种绝对二元论会导致极端地排斥人欲，这种排斥人欲的哲学在七八百年中逐渐造成了一个不近人情、冷酷残忍的社会。③ 戴氏最反对"无欲"之说，他认为，周敦颐、朱熹主张的无欲脱胎于中古宗教禁欲的说教。④ 所以，戴震说："情之至于纤悉无遗憾，是为理。"⑤

胡适指出，戴震对程朱的批评主要有两点：一是把"性"分成气质之性与义理之性两部分，一是把"理"看作"如有物焉，得于天而具于心"，看作"理一分殊"（一本万殊）。⑥ 第一个不足生出的恶果是绝对地推崇理性而排斥情欲。第二个不足生出的恶果是容易把主观偏执的"意见"认作"理"，认作"天理"。

关于第二点，戴东原说："夫以理为如有物焉，得于天而具于心，未有不以意见当之者也。"他批评程朱，"启天下后世从凭在己之意见而执之曰理，以祸斯民"⑦。戴震自己对于"理"的见解是：

> "理者，察之而几微必区以别之名也。是故谓之分理。在物之质曰肌理，曰腠理，曰文理。得其分，则有条而不紊，谓之条理。孟子称孔子之谓集大成曰，'始条理者，智之事也；终条理者，圣之事也。'圣智至孔子而极其盛，不过举其条理以言之而已矣……《中庸》曰，'文理密

哲学·经学·语言

---

① 胡适：《戴东原的哲学》，第374—375页。

② 胡适：《戴东原的哲学》，第379页。

③ 戴震之批评程朱理学，犹如伯纳德·威廉斯之批评康德道德主义，戴震称道学家如酷吏，以理杀人，正如威廉斯之批评康德的道德，如法庭，如审判。威廉斯认为，道德给予人在尘世的苦厄以安慰时，付出的代价过于沉重。

④ 胡适：《戴东原的哲学》，第386页。

⑤ 胡适：《戴东原的哲学》，第468页。

⑥ 胡适：《戴东原的哲学》，第396、478页。

⑦ 胡适：《戴东原的哲学》，第467页。

察,足以别也。'《乐记》曰,'乐者,通伦理者也。'郑康成注云,'理,分也。'许叔重《说文解字序》曰,'知其理之可相别异也'。古人所谓理,未有如后儒之所谓理者矣。"①

理,即事物的条理,戴震同时也认为,"天地人物事为,不闻不可言之理者"。远离人世,不可名状的理,不成其为理。戴震主张,理在人情物理之中,不在于心中;人的心知只是一种能知的工具,可以训练成"能审察事情而准"的智慧。

宋儒虽也说"格物穷理",但他们却把"理"看作无所不在的一个,所以说:"一本而万殊。"②戴震主张,"理"是多元的,只是事物的条理,并没有什么"浑然一体而散为万事"的天理。穷理,正是程朱说的"今日格一物,明日又格一物""今日穷一理,明日又穷一理";但这种功夫并不是"明善以复其初",并不是妄想那"一旦豁然贯通"的大彻大悟。③

程朱的哲学有两个方面:"涵养须用敬,进学则在致知。"胡适认为,主敬的方面是容易推翻的,但致知穷理的方面是程朱的特别立脚点;陆王骂他们"支离",颜李骂他们"无用",都不能动摇。顾炎武以来经学大师,虽然攻击宋明以来先天象数之学和空虚的心学,始终不敢公然否认程朱所提倡的格物致知的学说。④

胡适认为,超过程朱理学,只有一条路,就是走穷理致知的路子,戴震用穷理致知的结果来反攻穷理致知的程朱,称其"详于论敬,而略于论学"。戴震用格物致知的方法,根据古训作护符,根据经验作底子,所以能摧破五六百年的旧说,而建立他的"新理学"。胡适认为,戴震的哲学,从历史上来看,可说是宋明理学的革命,也可以说是"新理学"的建设。⑤可知,戴震并不是不要"理",而是反对那"得于天而具于心"的理,并不曾反对那"析及毫芒,无有差缪"的事物的"理"。⑥

363

---

① 胡适:《戴东原的哲学》,第375页。
② 胡适:《戴东原的哲学》,第384页。
③ 胡适:《戴东原的哲学》,第396页。
④ 胡适:《戴东原的哲学》,第395页。
⑤ 胡适:《戴东原的哲学》,第396页。
⑥ 胡适:《戴东原的哲学》,第426页。

面对方东树《汉学商兑》对戴震的反驳，胡适为戴学辩护：这是一种新的理学，不是"万禁言理"，也不是"蔑理"。① 所以，胡适进一步指出，戴学最近于程伊川与朱子，同属于致知穷理的学派。但是，程朱在当时刚从中古佛道二教里出来，不能完全脱离宗教的影响，既说"即物而穷其理"，又不肯抛弃笼统的"理"，终要妄想那"一旦豁然贯通"的大觉悟。②

胡适认为，戴震从朱学里出来，又能指出程朱的不足（脱离事物的天理、理欲之辨），实在是程朱的嫡派，又是程朱的诤友。戴震大声疾呼，这种半宗教的哲学，如主静、主敬、主无欲、主理欲之辨，以至于主最后的豁然顿悟，都是中古宗教的遗传，在根本上与那致知穷理的哲学不相容，致知穷理是纯粹理智主义的态度。③ 与戴震同时的章学诚认为，戴学本出于朱学，在《朱陆篇》对戴震有一番赞扬："……今人有薄朱氏之学者，即朱氏之数传而后起者也。其与朱氏为难，学百倍于陆王之末流，思想更深于朱门之从学；充其所极，朱子不免先贤之畏后生矣。"④

戴震死于 1777 年，方东树的《汉学商兑》作于 1826 年。这 50 年中，戴学确有浩大的声势。那些"衍法的导师，传法的沙弥"之中，能传授戴震的治学方法的，确也不少；然而真能传得戴氏的哲学思想的，却实在不多。大家仍旧埋头做那"襞绩补苴"的细碎功夫，不能继续做那哲学中兴的大事业。虽然，不信仰程朱理学的人渐渐多了，然而，戴震的"新理学"还是没有传人。⑤

胡适认为，戴震的弟子王念孙、段玉裁只向那训诂、名物、制度上去用力，继承了戴震考证方法，几位私淑戴学的学者，焦循、凌廷堪、阮元一班，便不甘心专做这种"襞绩补苴"的工力，便要从"通核"方面去谋发展了。⑥ 戴震后学焦循、阮元只知戴震攻击宋儒的理学，有破坏之力，而不知道戴震的大功在于提倡一种新的理学来代替那矛盾的、不彻底的旧理学。⑦ 他们不能继续这个新理学的运动，只能徘徊于新经学与新理学之间，或者趋近于那注重实习实行的颜李学派

哲学·经学·语言

---

① 胡适：《戴东原的哲学》，第 469 页。

② 胡适：《戴东原的哲学》，第 471 页。

③ 胡适：《戴东原的哲学》，第 471 页。

④ 胡适：《戴东原的哲学》，第 403 页。

⑤ 胡适：《戴东原的哲学》，第 411 页。

⑥ 胡适：《戴东原的哲学》，第 458 页。

⑦ 胡适：《戴东原的哲学》，第 472 页。

(如阮元)，或者竟于不自觉之中回到了王阳明的良知论(如焦循)，离那纯粹理智态度的戴学更远了。①

胡适认为，戴震在中国哲学史上虽有革命的大功和建设的成绩，不幸他的哲学只落得及身而绝，不曾有继续发达的机会。戴震的"新理学"思想，是对程朱理学的革命与再造，弃主敬无欲之说，继续穷理致知的道路，但是，戴震要致的不是那不学而知的良知，要穷的也不是那得于天而具于心的天理。②戴震说理只是事物的条理；而穷理只是扩充心知之明，至于辨察事物，纤悉无遗憾。③

三、胡适论戴东原"新理学"的目的和意蕴

与戴震的遭际类似，胡适的哲学，同样落得及身而绝。其考据学、文学、历史、政治理念均有后继者，唯其哲学思想鲜有问津。反对者固然对其哲学大肆攻讦，但其后继者，也往往以胡适考据家的身份来回避其哲学思想。④ 这个现象，值得玩味。胡适将戴震作为哲学家的面目，公诸世人，一是为戴震抱不平，这正如胡适为神会和尚作传，考证其与《坛经》的真正关系，让这位禅宗史上最大功臣重见天日，恢复其名誉。但是，胡适研究的用意并未止步于此，而是，将目光投向了自己身处的年代，"我们生在这个时代，对于戴学应取什么态度呢？戴学在今日能不能引起我们中兴哲学的兴趣呢？戴学能不能供给我们一个建立中国未来的哲学的基础呢？"⑤

面对陆王心学在 20 世纪初的兴起，胡适进一步追问："我们走哪条路呢？我们还是'好高而就易'，……还是决心不怕艰难，选择那纯粹理智态度的崎岖山路，继续九百年来致知穷理的遗风，……努力改造一种科学的致知穷理的中国哲学呢？"⑥

① 胡适：《戴东原的哲学》，第 472 页。

② 胡适：《戴东原的哲学》，第 467 页。

③ 胡适：《戴东原的哲学》，第 468 页。

④ 王汎森：《从哲学史到思想史——胡适的英文〈中国思想史大纲〉草稿》，《四川大学学报(哲学社会科学版)》，2017 年第 3 期。

⑤ 胡适：《戴东原的哲学》，第 472 页。

⑥ 胡适：《戴东原的哲学》，第 475 页。

由此可知，胡适先生以戴震"新理学"的后世相知自况，唯有在这种思想背景下，胡适与近代中国哲学史上李大钊、陈独秀、梁漱溟、梁启超、张君劢、冯友兰诸学者的论争才变得清晰起来。

在《从历史上看哲学是什么》一文，胡适认为，哲学是新旧思想冲突的结果，"现在梁漱溟、梁任公、张君劢诸人所提倡的哲学，完全迁就历史的事实，是中古时代八百年来所遗留的传统思想、宗教态度，以为这便是东方文明。殊不知，西洋中古时代也有与中国同样的情形，注重内心生活，并非中国所特有"。① 在胡适看来，梁漱溟、梁任公、张君劢正是 20 世纪初年陆王心学的代表，"倭铿(Encken)与柏格森(Bergson)都作了陆王的援兵"②。

1930 年 3 月 20 日，胡适复冯友兰函："承你寄赠《中国哲学史讲义》183 页，多谢多谢。……将来如有所见，当写出奉告，以酬远道寄赠的厚意。"③并与冯友兰就孔老先后问题展开讨论。1948 年，冯先生《中国哲学简史》的英文小册子出版，胡适在日记这样写道："前些时曾见冯友兰的 *A short history of Chinese philosophy*，实在太糟了。我应该赶快把《中国思想史》写完。"④初读此则日记，大惑不解，大度宽容的适之先生杳无踪迹，只剩一个跺脚嫉妒的糟老头。转念一想，一生谨慎、爱惜羽毛的适之先生，在晚年审定日记之时，应将这小家子气的形象抹去，觉得殊为可惜。

这种困惑与遗憾，持续了许多年，直到接触《戴东原的哲学》《戴震在中国哲学史上的地位》两篇文章，震动极大，缓解了陈寅恪和金岳霖两位老先生那三篇审查报告给我戴上的紧箍咒。冯友兰以程朱理学的传人自待，名之曰"接着讲"，即接着程朱往下讲，并著《新理学》一书。冯友兰之《中国哲学史》(上下卷)，以儒家为正统的观念来统摄中国哲学史，将中国哲学史分为先秦子学与汉代至清末的经学两个时期，以很小的篇幅讲述对宋明理学运动影响深远的道教与禅宗，这是不能为胡适所接受的。⑤ 胡适将中国哲学史主要分为三个阶段：

① 季羡林主编：《胡适全集》第 7 卷，合肥：安徽教育出版社，2003 年，第 504 页。

② 胡适：《戴东原的哲学》，第 474 页。

③ 潘光哲主编：《胡适全集：胡适中文书信集》第 2 册，台北：胡适纪念馆，2018 年，第 206 页。

④ 曹伯言整理：《胡适日记全集》第 8 册，台北：联经出版社，2004 年，第 463 页。

⑤ Hu Shih, "Fung: A history of Chinese philosophy," *The American Historical Review*, Vol. 60 No. 4 (1955): 898 - 900.

先秦诸子的原生时期,即人文与理智的中国;汉代至北宋的一千年为佛教征服中国的中古时期,由北宋迄今为再生时代,胡适也称之为中国的文艺复兴时期。冯友兰在《中国哲学史》曾明言,"直至最近,中国无论何方面,皆尚在中古时代",冯先生关于中国历史的分期,也不为余英时所赞同。

冯友兰的新唯实论立场,认为实在是独立、自足、不变的,这必然与胡适的实验主义(Pragmatism)立场产生冲突。对于冯氏以儒家为正统观念的哲学史写作方法,胡适不无戏谑地说道:"二三十年过去了,我多吃了几担米,长了一点经验。有一天,我忽然大觉大悟了! 我忽然明白:这个老子年代问题原来不是一个考证方法的问题,原来只是一个宗教信仰的问题!"[①]说到"新理学",胡适先于冯友兰,不同于冯友兰形式本体"理一"的讲法,将充满形而上色彩的"一本万殊"之"理"转化为多元的、可感的、在事物中的条理。胡适讲述的"新理学",也必然与冯友兰接着程朱讲的"新理学"产生差异。

胡适成名的时候,微言大义派的公羊学大师廖平和康有为已退出学术和政治中心,胡适无缘同 19 世纪末叶与 20 世纪初年的公羊学派发生论战。在 20 世纪末与 21 世纪初,康有为、董仲舒的思想,在西方保守主义思想家埃德蒙·伯克、列奥·施特劳斯的接引下,重新回到中国的思想场域,例如以蒋庆、秋风为代表的大陆新儒学群体大有与港台新儒学[②]分庭抗礼的意味。从《戴东原的哲学》一文可知,胡适的思想立场与西汉的"微言大义"派存在距离。作为哲学家的胡适,将经学与哲学的畛域予以甄别,对托古救时派在内的经学家表达了自己的观点:"经学家只要寻出古经典的原来意义;哲学家却不应该局限于一种历史的考据,应该独立地发挥自己的见解,建立自己的系统","经学与哲学的疆界不分明,这是中国思想史上的一大毛病","各人说他自己的哲学,却又都不肯老实说,都要挂上说经的大帽子。所以,近古的哲学便都显出一种不老实的样子。所以,经学与哲学,合之则两伤,分之则两受其益。"[③]

胡适的戴东原"新理学"研究,既是为戴震恢复一流哲学家的名誉辩护,同时是为自己辩护,是在与 20 世纪的陆王心学、程朱理学、公羊学论战。

① 季羡林主编:《胡适全集》第 5 卷,合肥:安徽教育出版社,2003 年,第 540 页。
② 港台新儒学主要指 20 世纪初年科玄论战之中,玄学派的门人和后学。
③ 胡适:《戴东原的哲学》,第 438 页。

四、戴东原"新理学"与冯友兰"新理学"的差别

　　欧陆哲学与英美哲学,有着一个共同的源头,就是古希腊哲学,柏拉图和亚里士多德师徒是主要代表。古希腊哲学的情况,与先秦诸子的情况有些差别,古希腊与柏拉图、亚里士多德同时期的学派基本上都湮灭了,文献得以保存还有赖柏拉图、亚里士多德的记载与评述。所以,后世对古希腊哲学的了解,例如智者派,主要是通过柏亚二氏的转述。先秦诸子时期,儒家、墨学、老庄是显学,因为诸子文献俱在,不仅可以看到孟子对杨墨的批评,也可以看到老庄对儒家的批评,以及儒家内部荀子对孟子的批评。古希腊哲学主要是由苏格拉底开启的传统,由柏拉图、亚里士多德师徒集其大成,所以,怀特海曾言,两千年西方哲学史,是对柏拉图的注脚。我对怀特海这一断语,有一点不同意,若说两千年来的哲学史,是对柏拉图和亚里士多德的注脚,庶几近之。在我看来,柏亚二氏开启的两大传统,既有其连续的一面,也有其不同的面向。柏拉图注重理念世界,亚氏更为注重经验和现实世界,这种不同体现在亚里士多德关于第一实体与第二实体的区分。柏拉图认为苹果的理念是实体,这一个苹果为苹果的理念所派生,亚里士多德不同意这个说法,亚氏认为这一个苹果是第一实体,苹果的理念是第二实体,附着于这一个苹果第一实体之上。中世纪著名的唯实论与唯名论之争,正是亚氏与柏拉图关于实体理论争论的延续。近代哲学,英美经验主义继承了中世纪唯名论的传统,欧陆哲学继承了实在论的传统。今日的英美经验主义的源头可以追溯到中世纪的异端唯名论,以及古希腊的智者派 Sophists 和亚里士多德。

　　讲戴东原"新理学",自然会令人联想起冯友兰先生接着程朱理学讲的"新理学"。冯友兰曾言:"懂得了柏拉图以后,我对朱熹的了解也深入了,再加上当时我在哥伦比亚大学所听到的一些新实在论的议论,在我的思想中也逐渐形成了一些看法,这些看法就是'新理学'的基础。"这也正是我在阅读冯先生《中国哲学史》(上下卷)时的感受,冯先生笔下的朱子天理人欲之辨,像极了柏拉图理念世界与可感世界的划分。但是,在与中国哲学专业的同学讨论时,他们会说理虽然在气先,理气并非两分隔绝的。从我的心里升腾起一个困惑,为何冯先生用柏拉图哲学解读程朱理学是会通,是对儒学的现代转化,而胡适用杜威实

验主义方法研究中国哲学,在金岳霖看来就成了一个外国人写的中国哲学史。再进一步,难道外国人就不能来研究汉学了吗? 这里的逻辑不通。

柏拉图哲学与程朱理学的会通,使冯确信共相与殊相不仅是柏拉图哲学的主要问题,也是程朱理学的主要问题。冯认为,运用以柏拉图为代表的西方理性主义哲学,可以使程朱理学的某种内在逻辑得到充分而清晰的发展,这就是"新理学"所谓"接着讲"的一个重要内容。①

在《新理学》中,冯友兰认为,"我们现在所讲之系统,大体上是承接宋明道学中之理学一派。我们说'大体上',因为在许多点,我们亦有与宋明以来底理学,大不相同之处。我们说'承接',因为我们是'接着'宋明以来底理学讲底,而不是'照着'宋明以来底理学讲底,因此我们自号我们的系统为新理学"。"接着讲"就是从近代西方逻辑学"悟入",分析中国传统哲学中的概念,使其明确起来。②

在"新理学"的形上学系统,有四个主要底观念,就是理、气、道体、大全。冯先生为了避免"坏的科学",以及戴震对理"如有物焉"的批评,试图建立起真正的形而上学。由此一来,"新理学"只能走形式的路子,不能走内容的路子。《新知言》的《绪论》,冯先生说:"形而上学是哲学中底最重要底一部分,因为它代表人对于人生底最后底觉解。"③

理,是"新理学"形而上学本体概念。所谓理,是指"某种事物之所以为某种事物者,新理学谓之'理'"。理是某种事物之所以是某种事物的依照,无此依照某种事物就不能成其为某种事物者。冯友兰在《新原道》中讲"有某种事物,必有某种事物之所以为某种事物者",这就是理。④ 冯友兰区分了中文词"有"与"在",认为"理"根本无所在,超越时空,不存在理先气后、理在事中等问题,冯友兰反对"理在"这个提法,说理不在并非说理非有,因而理是一种"潜在",一种"非在的有"。⑤

这是冯友兰与程朱理学在关于"理"解释上的大不同,也是他运用现代逻辑

胡适论戴东原「新理学」

① 陈鹏:《冯友兰新理学哲学话语的构建方法》,《中国儒学》第十五辑,2020 年。
② 张立文:《冯友兰的新理学体学》,《中州学刊》,2012 年第 1 期。
③ 涂又光:《冯友兰新理学通论》,《哲学研究》,1988 年第 6 期。
④ 张立文:《冯友兰的新理学体学》,《中州学刊》,2012 年第 1 期。
⑤ 段德智:《冯友兰新理学的历史地位与理论局限》,《中原文化研究》,2014 年第 1 期。

学将理、气等传统概念进行形式化改造的尝试。在冯友兰看来,先秦儒学的根本弊端在于"以事论理",程朱理学的历史功绩虽在于纠弊补偏,注重"以理论理",但它所谓理仍尚未完全摆脱先秦哲学"以事论理"的陈迹。① 冯先生言:"旧理学之讲理,对于理与时空的有无关系之问题未有讨论……旧理学未看出理系超时空者,所以他们说理常用关于时间之观念。"冯先生认为程朱理学未能看出理系超时空者,理若不是超时空者,理就会变动不居,这是程朱所不能认同的。他指出,程朱未能摆脱"以事论理"的陈迹,如此就会呈现出理到底何所在以及理事关系的解释困境。冯友兰为了克服此种困难,依照柏拉图的径路,将世界两分为真际与实际,真际即理世界,实际即器世界。真际是指"凡可称为有者",实际则是指有事实的存在者。将理气收归于真际,认为理与气俱是无所谓有始或无始的时间的观念,理与气均不在时空。"若问及理与气之先后,则此问题,是不通底。"仅可说理逻辑的在先,而非时空上在先。②

《新理学》的形上学讲共相与殊相问题。共相就是"理",殊相就是事物,简称"事"或"物"。殊相在《新理学》中的地位是,殊相的经验是逻辑分析的对象和出发点,由此前进,达到共相以后,就把殊相丢了,此之谓"过河拆桥"。《新原道》的《名家》章说:"'过河拆桥'是大不道德的事,但讲哲学则非如此不足以达到'玄之又玄'的标准。"③

五四运动前后,实验主义哲学家杜威和新唯实论者罗素相继受邀讲学中国。冯友兰回忆说:"我在哥伦比亚大学研究院的时候,在这个大学中,恰好也有着两派。杜威在那里讲实用主义,还有两位教授讲新实在论。因此这两派我比较熟悉。在我的哲学思想中,先是实用主义占优势,后来新实在论占优势。"④冯氏与胡适先后求学于哥伦比亚大学哲学系,但是冯友兰并非全然赞同杜威的实验主义,而更倾向于柏拉图,近世称为新唯实论。20世纪初在中国的主要代表是金岳霖、冯友兰,罗素的逻辑原子论也属于此一行列,都承认有个"实在"。在冯友兰这是"理",在罗素那是"逻辑原子",他们的差别在于冯友兰持一元论,罗素倾向于多元论。胡适曾言:"我们看新唯实论的著作,总不免有

哲学·经学·语言

---

① 段德智:《冯友兰新理学的历史地位与理论局限》,《中原文化研究》,2014年第1期。
② 张立文:《冯友兰的新理体学》,《中州学刊》,2012年第1期。
③ 涂又光:《冯友兰新理学通论》,《哲学研究》,1988年第6期。
④ 冯友兰:《三松堂自序》,《三松堂全集》第1卷,郑州:河南人民出版社,2001年,第179页。

一种失望的感想:他们究竟跳不出那些'哲学家的问题'的圈子。""他们想用近代科学的结果来帮助解决哲学史上相传下来的哲学问题,那是很可以佩服的野心;但他们极端重分析轻综合,重'哲学家的问题',轻'人的问题'。"①胡适认为,这是近世五十年来哲学之支流,不能代表时代的哲学。

冯友兰将程朱之"理"往形而上方向引,不承认"如有物焉,得于天而具于心"的"理";戴东原将程朱之"理"往形而下方向引,不承认远离人世,不可名状的"理"。戴震对"理"的见解是:"理者,察之而几微必区以别之名也。是故谓之分理。在物之质曰肌理,曰腠理,曰文理。得其分,则有条而不紊,谓之条理。"②戴震主张,理在事中,不在心中,也不存在独立于事物之外的理。戴震不同意朱子一本万殊的理,同样也不会赞同冯友兰作为类名的形式本体"理一"。戴震所言之"理",是多元的,是事物的条理,并没有什么"浑然一体而散为万事"的天理。

冯友兰与戴东原均属于理智主义的传统,不同在于两人对经验事物的态度,以及其人生追求。冯友兰的新理学虽说从经验发其端,结果为着抵达超越于经验者,重心在理念世界。戴震的新理学沿着日常世界而行,所以说"理在事中",着眼于经验世界。戴震论性即气质之行,论道犹行也,不同意将性分为天理之性与气质之性,也不同意理欲两分,认为"情之至于纤悉无遗憾,是为理","以情絜情"是为得理。

柏拉图的实在论视理念世界为永恒、全善、确定的,现实可感世界是变动不居、易朽坏、不确定的。在《确定性的寻求:关于知行关系的研究》一书中,杜威分析了传统哲学讨论形而上学问题的起源。③ 史蒂芬·图尔明认为,杜威看到了柏拉图主义对确定性和必然性的要求有其自身的情绪根源:它是一种"逃避危险"的心理。杜威说道:"如果人们看一看知识的发展史,他们就会明白,人们在最初之所以试图去有所认知,那是因为他们为了生活而不得不如此。"④关于认知对象,来源于人们生活和实践中碰到的具体问题的观点,表明杜威不能赞

① 季羡林主编:《胡适全集》第 2 卷,合肥:安徽教育出版社,2003 年,第 390、393 页。
② 胡适:《戴东原的哲学》,第 375 页。
③ 陈小阳:《戴震与胡适哲学的科学化倾向》,《阜阳师范学院学报(社会科学版)》,2019 年第 6 期。
④ 约翰·杜威:《确定性的寻求:关于知行关系的研究》,傅统先译,童世骏校译,上海:华东师范大学出版社,2015 年,史蒂芬·图尔明《导言》第 4 页,正文第 1 章第 3、6、14、16 页,第 2 章第 21 页。

同柏拉图对理念世界与可感世界、理性与实践的截然两分,认知的道理寓于我们与具体对象互动的经验之中。杜威这一观点为胡适所继承,所以,胡适将戴东原"理在事中"之"新理学"引为同调。

五、哲学求事中之理?

通过研读胡适之的《戴东原的哲学》,我开始思考哲学的依凭是什么? 由"得于天而具于心""一本万殊"的"理",而变为事物中的、多元的"理",还成不成其为"理"。当哲学下降[1]到历史、经验层面后,哲学成不成其为哲学?

这种设问,会呈现出两种不同的后果:第一种会认为,哲学从普遍下降到个殊,历史、经验化之后已不成其为哲学,哲学应该摆脱经验和历史的羁绊;第二种态度相较于第一种更显温和,哲学由追求普遍性的本质转移到历史、经验、具体的层面,但是,依旧寻求某种贯通,这正是胡适的选择。胡适倾向于思想史和专题性研究,但是,哲学在胡适的研究中依旧处于中心地位,他在出使美国期间(1938—1942)的公开演讲,均以一名哲学家(Philosopher)自居。[2]

胡适既以哲学家自居,又以考据家名世,实则因为他对哲学的内涵有着自己独特的理解,他有志于充实或更新中国哲学的内涵,将哲学从形而上、超理性的路上导向经验、历史、多元的道路,《戴东原的哲学》一书,正是他这种努力的很好体现。伯纳德·威廉斯在以赛亚·伯林逝世周年的时候,这样评价其挚友:"当以赛亚说他在研究这些概念的过程中从哲学转向思想史时,他并没有准确地表达自己的立场。其实,他是从一种忽视历史的哲学方式转向了一种不忽视历史的哲学方式。"[3]我认为,胡适的思想研究也可以作如此概括,而且,相较于伯林,胡适的这种哲学史立场更加清晰自觉。

在胡适诞辰一百二十周年时,余英时评价了胡适对西方哲学的态度,以及

---

① 在《〈政治经济学批判〉序言·导言》,马克思指出,政治经济学研究有两条路径,一条道路是从具体到抽象的道路,他遵循的是从抽象上升到具体的方法。马克思在这里,使用的是"上升",有别于我们平时理解的"下降"。

② 季羡林主编:《胡适全集》第37卷,合肥:安徽教育出版社,2003年,第452、483页;另参见季羡林主编:《胡适全集》第38卷,合肥:安徽教育出版社,2003年,第634页。

③ 陈德中:《威廉姆斯》,西安:陕西师范大学出版社,2017年,第63页。

这种哲学训练对胡适思想的影响:

> "胡适受过严格的西方哲学和哲学史的训练,但他不盲目信奉任何一家一派的哲学,包括杜威在内。他遵从的是杜威的思想方法,而不是杜威基于美国背景所发展出来的一些特别的哲学内涵。"
>
> "胡适无论是推动文学革命、研究哲学史、批判社会(如'多研究问题,少谈主义')、或提倡'赛先生'和'德先生',都得力于他在美国七年训练中所获得的现代思想方法,特别是杜威的实验主义方法论。"

胡适的文章,对于德国观念论(Idealism,也译为唯心论或意象论)主要谈及了康德永久和平的政治哲学,以及费希特对德意志民族的讲话,较少涉及黑格尔和谢林。根据我的观察,胡适认为德国观念论,并非现代的思想方法,而是形上学方法。[①] 康奈尔大学哲学系当时是德国观念论的重镇,Frank Thilly(弗兰克·梯利)与 James Edwin Creighton(克莱登)是其中的代表人物,从胡适在康奈尔的选课表[②]可知,胡适多次选修过 Thilly、Creighton 的哲学课,从胡适日记和书信来看,胡适与 Thilly 和 Creighton 的私交也不错。[③] 我认为,胡适在转赴哥伦比亚大学师从杜威之前,曾经历过不短的德国观念论和欧陆理性主义阶段。据胡适自述,在康奈尔大学选修了克莱登教授(J. E. Creighton)的欧洲哲学史课程,对哲学发生兴趣,由农学转到哲学。康奈尔哲学系有着浓厚的德国观念论传统,在这种背景的指引下,胡适系统阅读了西方哲学史上主要哲学家的重要作品。而且,他也有读到英国观念论哲学家布拉德雷和鲍桑葵的作品,胡适坦言,这些观念论者所关注的问题他并不感兴趣。[④] 从胡适与昔日挚友同乡梅光迪的决裂,以及梅光迪在哈佛交往的友人(吴宓、汤用彤、陈寅恪)来看,胡适在美国求学期间曾存在一个与后来学衡派相合而分道扬镳的阶段,而这一阶段正是胡适由传统西方的理念论走向英美经验主义的过程。

---

① 曹伯言整理:《胡适日记全集》第 8 册,第 216—217 页;另参见曹伯言整理:《胡适日记全集》第 1 册,第 359 页。

② 席云舒:《康奈尔大学胡适的成绩单与课业论文手稿》,《关东学刊》,2017 年第 1 期。

③ 季羡林主编:《胡适全集》第 40 卷,第 247 页。

④ 季羡林主编:《胡适全集》第 36 卷,合肥:安徽教育出版社,2003 年,第 514 页。

1952 年 6 月 1 日杜威逝世,杜威死后一时半,胡适即接到杜威夫人罗维兹(Roberta Lowitz)的报丧电话。在当天的日记中,胡适这样写道:"今夜八时半,得到 Mrs. John Dewey 的电话,说杜威今夜七点死了。他生在 1859 年 10 月 20 日,去年 10 月满九十二岁。杜威先生的思想影响了我的一生。"①胡适一生追随杜威,所以,唐德刚先生戏称胡适是"杜威的好学生",但是,实验主义大师杜威如何影响了胡适,学术界语焉不详。所以,这里存在一个问题有待解决。

1936 年胡适在《留学日记》自序中写道:"在这里我要指出,札记里从不提到我受到杜威先生的实验主义的哲学的绝大影响。这个大遗漏是有理由的。我在 1915 年的暑假中,发愤尽读杜威先生的著作,做有详细的英文提要,都不曾收在札记里。……其实我写《先秦名学史》《中国哲学史》都是受了那一派思想的指导。我的文学革命主张也是实验主义的一种表现;《尝试集》的题名就是一个证据。札记的体例最适合于记载具体事件,但不是记载整个哲学体系的地方,所以札记里不记载我那时全力做的《先秦名学史》论文了,也不记载杜威先生的思想。"②

《戴东原的哲学》论及戴震生平、师承时,写到戴震早年师从朱学大家江永,精研顾炎武、阎若璩的治学方法,在其三十二岁入京以后,思想有一个大的变动,由朱学门人转而与程朱为难。胡适推测戴东原受到颜李学派程廷祚实用主义③(Pragamtism)的影响,依照胡适的解读,戴震正好反对的是程朱"得于天""一本万殊"的理,而提出经验主义色彩浓郁的事物之条理。戴震入京后出现的思想变动,胡适认为,主要是受到颜李学派的启发,而非仅仅受到惠栋汉学的影响。④ 同时,胡适在一定程度上又将颜李学派称为中国的实验主义,如此,我试图进一步推断,戴震因受颜李的影响而生发的对程朱理学的反动,从侧面映射出胡适由康奈尔转投哥伦比亚杜威门下的思想变迁。在戴震研究的背景下,胡

哲学·经学·语言

---

① 周质平:《胡适的情缘与晚境》,合肥:黄山出版社,2008 年,第 175—176、216—217 页。

② 曹伯言整理:《胡适日记全集》第 1 册,第 110 页。

③ 胡适通常会用实验主义来翻译 Pragamtism,较少以实用主义指代 Pragamtism。胡适有时也将杜威的实验主义与 Experimentalism 对译。

④ 余英时从钱宾四先生的说法,谓戴东原受颜李学派的影响没有根据,考定戴东原游扬州识惠栋,议论始变。在胡适的戴震哲学论述中,胡适推测戴震与颜学的中介是徽州人程廷祚。胡适也曾考证过《儒林外史》的作者吴敬梓与颜学信徒程廷祚的交往。这些关系索隐,都似乎在侧面暗示着胡适自身留美期间与杜威实验主义的关系。

适思想变动的问题,以及胡适一生追随杜威才有可能被真正理解。

Hu Shih's Discussion on Dai Zhen's "New Philosophy of *Li*": Also on the Differences between Dai Zhen and Feng Youlan

Chen Xiao

Abstract: Although Dai Zhen disagrees with ZHU Xi, he does not "forbid *li* absolutely" or "despises it" as FANG Dong-shu claims. In HU Shih's view, Dai Dongyuan was a successor of philosophy of *li* and a faithful follower of the Cheng-Zhu School. However, Dai could not agree with Zhu's view that "reason" like "something to be done, which is from the heaven and stays in the mind", nor did he vainly seek clarity and goodness to restore the original one and suddenly get the great understanding. The *li* in Dai's view is the orderliness and interstitial grains of things, which is pluralistic, and there is no heavenly *li* that integrates as a whole while scatters into everything. On the basis of Yan-Li's Practical Learning and Gu Yanwu's New Classical Learning, Dai's new philosophy was born, which Hu Shih named "New Philosophy of *Li*".

Keywords: Hu Shih, Dai Dongyuan, New Philosophy of *Li*, Feng Youlan

【指导教师评语】

《胡适论戴东原"新理学"——兼论戴东原"新理学"与冯友兰"新理学"之差异》一文,将胡适的《戴东原的哲学》置于写作时代的中国学界的大环境之下,有助于深化对胡适此文的理解。此文生发新意,而立论端方,表述清楚,论证翔实。此文第四节论及冯友兰新实在论的柏拉图面相,在我看来,虽有启发,但对柏拉图理念论的理解似过于简易,读者宜存疑。所幸这段议论不是此文重点。此文最后一节提出的问题,我认为是从事哲学研究的学者今天都仍然需要反复考虑的问题。

(陈嘉映,首都师范大学哲学系教授)

哲学·经学·语言

公共生活的规范重构:王船山 礼教思想的开新[*]

吴国梁[**]

[摘 要] 王船山从制礼和行礼双重进路还原礼教的公共性,助力公共秩序的恢复。制礼所缘之仁出自人类共同拥有的仁爱情感。礼的制作顺应人心固有的节文,以人心相和而非以严束天下为本质。所制之礼经由成德性与明公论双向机制在公共生活中发挥正俗价值,其最终指向第一人称立场的斟酌人情行礼。公共生活中人人皆行礼,便可共同营造文明礼貌的社会交往氛围。至于具体行礼实践中的经权问题,王船山主张循礼为经,行权不反礼,经权统一于礼的实践智慧。王船山的经权观秉承孔孟的基本观念,反对汉人反常、权术式理解,融贯理学和心学的阐发,开显了经权观的公共向度。王船山礼教思想的开新,对于公共生活规范的现代化重

* 基金项目:教育部哲学社会科学研究重大课题攻关项目"中国传统文化中的人类命运共同体价值观基础研究"(21JZD018)。

** 吴国梁(1996—),男,湖南桃江人,华东师范大学哲学系博士研究生,主要研究领域为中国传统政治哲学。

塑,依然有着重要的启发意义和镜鉴价值。

[关键词] 共同体;公共生活;公共性;王船山;礼教

人类共同体的社会协作和共同生产促使公共生活成为人类生活的普遍样态。无论古今中西,以人与人的交往为基本形式的公共生活构成了各种人类文明形态成形和发展的现实基础。依托不同的社会发展背景,公共生活获得与之相应的演变更新逻辑。历史上发生的公共生活,其既定形态可在历史定格中得到考察和叙述,成为后世反思批判的对象。审视者从中提炼出的未来公共生活的理想类型,使之超越历史形态,成为革新和塑造此后公共生活的规范。在中国传统公共生活中,礼是塑造公共秩序的有效治理手段。共同体中的个人如何明确自己在公共生活中的边界? 人们共同生活的普遍依据和交往规则何以实现? 如何使社会秩序从混乱中得以恢复? 礼教传统和典章制度的出现与发展,呼应了这些人们在公共生活中面临的问题。正如朱承教授指出:"古代人用礼制来规定冠婚丧祭、车服器用等日常生活事务,看起来琐细,但对人民形成稳定的生活预期从而各安其分、各守其责具有重要价值。'礼'在公共生活中具有不可替代的意义,是关乎秩序稳定的大事。"①礼不仅关涉每个人日常生活的外在行为,而且与内在的人心相关联。依据礼来推行公共治理,可以实现最广泛的治理效果。礼教思想在中国传统思想领域中有着漫长的演变脉络,其对公共生活规范的历史诠释和未来谋划,总能给人们思考公共生活中的问题,提供属于中国本土的文明资源,推动人类特别是中国式公共生活的现实发展。

王船山身处明清鼎革的乱世,面对天下的遘闵幽怨,他折衷以往礼教思想的得失,还原礼教的公共性,希求消弭世乱于未形,助力公共秩序的恢复。② 放眼当时的世界,欧洲已历经文艺复兴运动的顶峰,步入近代史。西方的传教士在晚明时期来到中国,翻译和撰写众多西学著作,致使明清之际的西学东渐蔚然壮观。王船山博学多识,不仅对整个中国古代哲学作了批判的总结,而且在著述中针对他接触到的西学也展开了具体分析和扬弃。许苏民教授评价:"王

---

① 朱承:《儒家哲学与公共生活》,《哲学研究》,2022 年第 5 期。

② 王船山在《礼记章句序》中表明了自己礼教思想的现实取向:"天假之年,或得卒业,亦将为仁天下者之一助。傥终不逮,则世不绝贤,亦以是为后起者迻言之资也。"(王夫之:《礼记章句》,《船山全书》第 4 册,长沙:岳麓书社,2011 年,第 10 页)

夫之是明清之际受西方哲学影响最深、并以'六经责我开生面'的理论创造来会通中西哲学、将中国哲学提升到新水平的活跃人物。"[1]在这样的背景下，王船山的礼教思想呈现出丰富的近代性因素，成为推动中国近代公共生活变革的思想能源，深刻影响着近代中国。在船山看来："一姓之兴亡，私也，而生民之生死，公也。"[2]君主专制下，一朝一姓的兴起灭亡，只是君主一家的私事；而天下百姓的生死存亡，才是真正关涉全部生民的公事。此种"公"的定义，让"生民之生死"成为衡量公共权力行使的道义性、正当性标准。在王船山公私之辨的视域下，以往的礼教被君主的"私人性"所利用，掩盖了礼教"公共性"的本意。唯有还原礼教的公共性，才可使礼教真正发挥公共治理的功能，有效促进公共秩序的恢复。正如冯契先生指出："王夫之对中国古代哲学的批判总结，是同他在政治思想领域中的批判精神密切相联系的。"[3]按照冯契先生的这一理路，我们可以知晓，王船山礼教思想的开新，亦与他在政治哲学上的批判眼光密切相关。王船山于国破家亡的时代大变局中，特别是在明王朝的覆灭中，看到一家一姓专制政治的弊病，洞见"生民之生死"才是真正的天下之大公。

有赖于此，王船山以扶正礼教为己任。曾国藩评价："虽其著述太繁，醇驳互见，然固可谓博文约礼、命世独立之君子已。"[4]船山著述繁博，仅其对《礼记》的注解，就有数十万言，尽管其言精醇与驳杂同时存在，但依然可被称为博文约礼、闻名于世的君子。蔡尚思先生提出："我们可以一点也不夸大地说：王船山的论礼，不仅集前人之大成，而且有自己的阐明。"[5]王船山的礼教思想并不为君主一人之私服务，而是为天下万民之公，立德树人是其核心旨归。船山认为："'仁'者，爱之体。'义'者，心之制。礼以显其用，而道德仁义乃成乎事矣。"[6]仁义存于人的心体之中，礼使藏于人心的仁义向外显明，化天性成德性，让个人的道德仁义经由礼的事务展现在公共生活中。如果没有礼的政治教化作用，那么人和禽兽之间的界限就会模糊不明。船山说："礼教堕，文物圮，人将胥沦于禽

---

① 许苏民：《王夫之与儒耶哲学对话》，《武汉大学学报（人文科学版）》，2012年第1期。

② 王夫之：《读通鉴论》，《船山全书》第10册，第669页。

③ 冯契：《中国古代哲学的逻辑发展》下，上海：华东师范大学出版社，2016年，第205页。

④ 曾国藩：《诗文》，《曾国藩全集》第14册，长沙：岳麓书社，2012年，第210页。

⑤ 蔡尚思：《中国礼教思想史》，上海：复旦大学出版社，2015年，第252页。

⑥ 王夫之：《礼记章句》，《船山全书》第4册，第16页。

兽。"①礼教堕落,礼制毁损,所有人都将沦陷为禽兽,不自知人与禽兽之别。"禽"为猎物,只被利用而没有主体性,"兽"在野外,弱肉强食而没有公心。借由公共性的礼教可以挺立个体的道德主体性,发明其公共性品德,在共同体中弘扬公共善、维护公共秩序。在《礼记章句序》的开篇,船山指明仁与礼的体用错行:

> 缘仁制礼,则仁体也,礼用也;仁以行礼,则礼体也,仁用也。②

在制礼的进路,仁为体,礼为用;在行礼的进路,礼为体,仁为用。这不仅揭示了仁与礼互为体用,而且反映了王船山礼教思想建构的双重进路——制礼与行礼。

一、制礼:公共秩序的形成前提

就制礼而言,船山借助工匠制作衣缘的隐喻来说明仁礼关系。《说文广义》中,船山解读"缘"字:"缘附衣与正幅相循而相就,辖合以成制。"③古人的衣缘循着衣的四周,与衣的正幅相循相就,两相聚合以成衣制。衣缘之喻,一方面具化了仁与礼相循相就的关系,另一方面回答了礼的起源问题,即礼缘仁而起。这不同于荀子关于礼的"绳墨"隐喻,"绳墨"有矫正不直之意,荀子认为礼之所起在于矫正性恶,化性起伪。船山的"缘仁制礼"恰如阿伦特指出的制作在哲学中受到偏爱,是因为沉思和制作有着内在相似性:"沉思、对某物的观照,也被认为是制作的一个内在因素,因为工匠的工作受'理念'的引导,即他在制作过程开始之前观看到的模型。"④工匠是用心灵的眼睛观看,也就是在沉思中观看模型。"理念"来自柏拉图哲学,柏拉图在《国家篇》中宣布最高的理念是善,哲学王就像工匠那样运用理念制作理想国的公共秩序。与之类似,船山的"缘仁"同样传达了制作依据的重要性。但不同的是哲学王的理念并不来自人类事务的

---

① 王夫之:《礼记章句》,《船山全书》第 4 册,第 18 页。
② 王夫之:《礼记章句》,《船山全书》第 4 册,第 9 页。
③ 王夫之:《说文广义》,《船山全书》第 9 册,第 390 页。
④ 汉娜·阿伦特:《人的境况》,王寅丽译,上海:上海人民出版社,2017 年,第 239 页。

黑暗洞穴,而是源于洞穴之外的理念天空,然而船山主张的制礼所缘之仁,却出自人类本身所共同拥有的仁爱情感。由此引出三方面的问题,其一,仁爱情感存于人际之间,既表达于私人领域的家庭里,也体现在公共领域的社会中,那么缘仁制礼的独特意义何在? 从礼的起源问题来看,礼又如何获得普遍性确证? 其二,礼的制作隐含着礼教的工具性目的,礼教的本质是否就是统治和束缚民众的工具? 如果制礼指向公共秩序的建构,那么对于交互主体而言有何内在性? 如何保证所制之礼不掺杂私人性? 其三,礼教紧密联系着政治和伦理,所制之礼在公共生活中的价值体现是什么? 通过什么机制在人际交往中运行? 由此可见,船山礼教思想的公共性在制礼进路的展开,实际上关涉到制礼的"缘

起""本质"和"价值"三个紧密相连的环节。

哲学·经学·语言

首先,缘仁制礼以仁爱情感在公共交往中面临的现实问题为背景。仁爱情感藏于个体心中,如孟子指出恻隐之心尚且只是仁之端,还需进一步在公共生活中扩充实现。礼的功用能够让众人心中的仁之端,在公共交往的实践中得以显现和发明。但是公共交往由不同个体的参与构成,这就意味着仁爱情感的生发和表现会存在个体差异。假如放任每一个体凭借自己的仁爱情感径直地去行动,完全不考虑公共生活中他者的感受,势必造成直情径行之失,公共秩序也会因此紊乱。船山言:"凡人皆有独致其情而不忍之处,先王所以制礼而为之折衷;情所不及,必企及之,情所过者,必俯就也。"①礼不仅能够使个体传达自己心中的仁爱,而且能够基于社会整体的秩序为之折衷,不及者企及,过者俯就。其中展现的折衷原则,反映了礼的制作面向社会全体,从而排除个体直情径行之失。如陈力祥教授所说:"'仁'只有具有'生生'之价值,才能产生万物,也才能产生礼。船山仁以生礼的基本理念,其原始基点是人之性本善,而其逻辑过程的关键在于仁之'生生'价值。"②仁具有的"生生"价值,表征个体丰富多样的仁爱情感有着共同的形而上依据,正是基于此先验性的超越存在,仁生发的礼才具有普遍性的意义,成为人们在公共交往中共同遵循的准则,公共秩序也由此获得生命体征。在船山礼教思想中,道便是此本体论意义上的终极根据。船山言明缘仁制礼的普遍性前提是:"天道人情,凝于仁,著于礼。"③生礼之仁内

---

① 王夫之:《礼记章句》,《船山全书》第 4 册,第 153 页。

② 陈力祥:《王船山礼学思想研究》,成都:巴蜀书社,2008 年,第 119 页。

③ 王夫之:《礼记章句》,《船山全书》第 4 册,第 577 页。

嵌天道和人情。人人皆有的仁爱情感只是仁的一个面向，这为礼在人际之间畅通运行奠定了现实的情感基础。天道则从空间和时间二维的广延性角度张扬了仁礼的普遍性。船山说："君子之所与天下矜者，道也。道者天下之大共。"①作为同一性存在的道为天下共同分有，因为天下有此公共之道的奠基，所以人们才有了公共交往的可能性，否则人际交往中的任何差异性和多样性的呈现都会被视为怪异或者反常，以至于互相排斥不相往来。进而言之，切近于道、本仁行礼的君子才会得到天下人共同的尊重。从时间的维度来看，船山认为："是道也，先王以之制礼，以酌天下万世之可行。"②公共之道是超验的存在，能够突破经验世界中的时间限制，因而把握早已存在的道，可以驾驭当今的事物。反复斟酌贯穿古今的公共之道，乃可据此制作万世通行之礼，以示天下后世。换言之，普遍之礼的制作必然要因循和效仿公共之道。综合来看，缘仁所制之礼架构于天道和人情之间，是个人生发的仁爱情感通往公共领域的过渡环节和联结链条。制礼的肯定性原则是礼的制作必然与个人的仁爱情感相符，这既是对个人情感表达权利的尊重，也是公众真心实意地依礼而行的前提。制礼的否定性原则是礼的制作排斥一切影响他者权利的行为，这既是对公共性权利的保障，也是确保礼教普遍性的先验原则。

其次，礼的制作顺应人心固有的节文，以人心相和而非以严束天下为本质。具有主体性的个人在公共生活中的交往互动形成了人与人之间的公共性。尽管礼的制作呈现了礼的工具性目的，具体表现为构建和维护以"和"为特质的公共秩序，但并不抹杀礼教相对于个人的内在属性。因为具有主体性的个人心中固有节文，也就是说公共秩序是人所皆有的内在需要，如船山所言："盖礼顺人心固有之节文，原非以强世者。强世焉，则不足以为礼，而亦何贵有此繁缛之文哉？"③礼顺从人心固有的节文，最初礼的产生就不是为了勉强世人。强人所难的繁文缛节只是执其末节而违逆人心，一时可行，却不能行于他日；一人可为，却不能众人共为，自然不足以成为教化之礼。船山力主还原"非以强世"的礼教，这种让人顺畅乐为的礼教，既通于古今，又达乎天下，即便移风易俗，也会令人心安。可以说，顺人心的礼教为多元主体间性汇合成公共性搭建了桥梁。船

公共生活的规范重构：王船山礼教思想的开新

---

① 王夫之：《春秋世论》，《船山全书》第 5 册，第 514 页。
② 王夫之：《四书训义》，《船山全书》第 8 册，第 960 页。
③ 王夫之：《四书训义》，《船山全书》第 7 册，第 267 页。

山谓："先王之制礼,唯以求人心之和而允矣。"①礼唯求人心的协和与互信,此种"人心之和而允"只有当个人参与到礼的实践中才能得到现实的确证。具体表现在,一方面将作为个体的自己置身于共同体中理解;另一方面感受礼中传达的真正理性。陈赟教授认为王船山的理性概念:"恢复了先秦儒家的那种理性的概念,这种理性概念根本不同于宋明人的理性概念,它是基于主体间相互的承认而形成的理性,因此它具有公共性的特点。"②船山礼教旨归的重要面向之一是树人,也就是辅助个人于公共环境中挺立主体性,而非以条条框框的矩则束缚人的行动。这就要求所制之礼本身被众人发自内心地认同,在此前提下,才有进一步将此认同传递至共同体的可能。反过来说,如果所制之礼不能称人情、达心意,只对人的行动作严格限制,那么就会有损行动的多样性。当主体无法自主施展多样性的行动时,则主体间的相互承认也失去了实质性的内容,更不用说达成某种公共理性。船山警示制礼不能以规然的形式去违逆人心之实:"故制礼者当知此意,勿过为严束以强天下,而言礼者不得视礼为严束天下之具而贱之。"③严束天下意味着礼教沦为统治民众的私人性工具,走向民众的对立面。这种异化之礼的制作不具有公开性的特质,以服务君主一家一姓的私人利益为目的,制作上的排众性体现了异化之礼浓厚的控制色彩。船山主张制作顺从人心的礼,要确保私人层面的虚无:"礼者,仁之实也,而成乎虚。无欲也,故用天下之物而不以为泰;无私也,故建独制之极而不以为专。"④虽然礼的本体为仁所充实,但却是在"虚"中制成。"虚"针对制礼者的"欲"和"私"而言,也就是说制礼者要秉持大道为公的原则,除了依循由天道和人情凝结的仁以外,禁止掺杂个人的"欲"和"私"于其中而破坏礼的公共性。"无欲"保证了礼的建构基础是众人心中共同的期望,而不是某个人的奢求骄泰;"无私"保证了所制之礼对每个人而言都是平等中正的,是一种非专有、无中心的建极。

再者,所制之礼经由成德性与明公论双向机制在公共生活中发挥正俗价值。当人们生活在公共交往的空间时,就产生了有别于私人道德的公共规则、人际差异和群己边界等关于公共生活伦理的需要。礼的制作迎合了这种需要。

---

① 王夫之:《四书训义》,《船山全书》第7册,第268页。
② 陈赟:《回归真实的存在——王船山哲学的阐释》,上海:复旦大学出版社,2007年,第389页。
③ 王夫之:《读四书大全说》,《船山全书》第6册,第594页。
④ 王夫之:《周易外传》,《船山全书》第1册,第876页。

所制之礼随时、随事提供的为善去恶的秩序遵循，使得人们在公共交往中的行动界限被明确，进而知晓什么样的行动符合公共善，由此保障公共生活的有序性。《礼记·乐记》载："是故先王之制礼乐也，非以极口腹耳目之欲也，将以教民平好恶而反人道之正也。"[1]礼的价值不是极力地满足人们的口腹耳目欲望，因为恰是在极力满足欲望之间，造成了人们不正的好恶。所以礼的价值在于教导民众平和地养欲，使个人的好恶各安其节，共建和维护公共生活的良好秩序。船山认为礼教正俗的价值可以安天下："以礼教正俗而诈力革，以忠厚任官而刑罚简，此先王所以安天下也。"[2]从现实的角度看，社会风俗有正与不正之分，礼教能够转化其中不正为正，具体表现为革除欺诈与暴力。礼教正俗的内在向机制是化成德性。欺诈和暴力都可归于直情径行之失，礼的精意在于人情的中和。喜怒哀乐未发之时，不偏不倚于其中任何一端，四情合一，浑然一善，此为中。普遍之礼中天下之节，礼即为节。喜怒哀乐发而皆中节，众善皆美，交相融会，此为和。这在公共交往中的呈现，即是辞于己而敬于人。船山说："君子不拂人情而顺行之，所以维礼教之穷而使自劝惩也。"[3]君子既能顺畅表达人情而不相违背，也能符合公共之道而没有差错，其原因在于君子根据礼教的要求，反求诸己，劝善惩恶。可见，礼在个人立德、成德方面显示出的重要价值。生发于人心的礼意因礼文得以著明，既实现个人的德性，也促进社会的和谐。礼教正俗的机制除了内在向的化成德性以外，还有外在向的明晰公论。公论是公众对公共事务的评价和批判，这些评价和批判具有普遍性意义，以作为礼教内核的公共之道为标准，体现为天下人对某一公共事务贯穿古今的万口一辞。在形式上，既包括个体出于公心发出的具有普遍意义的言论主张，也包括经由公共领域的各种对话商谈形成的普遍性共识。在内容上，体现为对公共权力的讨论与批判，避免公共权力轻易走样成极端化的专断权力。公论不仅为同时代的天下人共同拥有，并且与前人和后人共同拥有。超越性与现实性并重的公论其中融入了经久不衰的伦理共识，从而对社会风俗中的不正加以公共舆论约束。《礼记·经解》载："是故隆礼、由礼，谓之有方之士；不隆礼、不由礼，谓之无方之

---

① 王夫之：《礼记章句》，《船山全书》第 4 册，第 897 页。

② 王夫之：《四书训义》，《船山全书》第 7 册，第 543 页。

③ 王夫之：《礼记章句》，《船山全书》第 4 册，第 1323 页。

民。"船山注解:"公论明,刑赏定,而国无不正矣。"①礼教隆盛则人心不被蛊惑,公论不被埋没,社会风俗无不正。反之,礼教不行则人心蛊,公论没,风俗坏。生成公共意见的公共领域在原则上是面向所有人开放的,这就表明邪说和公论在客观上并存于公共领域里。当整个社会不崇尚礼教时,人心容易被邪说迷惑,民众就会成为"无方之民",所谓无方就是没有礼的依循。在此种情况下,民众不仅会轻易地逾越和破坏公共秩序,而且针对其恶行的舆论约束也无法施展。因此礼教在"无方之民"成为"有方之士"的过程中,也就是公论的形成和明晰过程中,发挥着不可或缺的价值。

二、行礼:公共生活的现实达成

礼的制作和设定最终指向的不是虚仪,而是以第一人称立场的斟酌人情行礼。王船山指出:"称情以行,礼不虚设也。"②行礼的第一人称立场,既可以是个人性的我,也可以是集体性的我们。我或者我们依礼而行的过程即是礼教实践品格的现实化。牟宗三先生指出中国文化生命里涌现的观念形态是属于道德政治的,"顺道德政治的观念模型而来的发展,就是周公的制礼,因而成为'周文'。"③孔子所言的"修己"和"安百姓"是向生命处用心的两面向,修己是道德的,也是儒家的内圣事;安百姓是政治的,也是儒家的外王事。礼教系统就是从道德政治的观念形态发展而来,第一人称视角的行礼是从修己出发,最终落在安百姓的政治目的上。就此意义而言,行礼既可以视为主体德性修养的自觉行动,也可以视为主体承担政治责任以及融入政治生活的自觉行动,其间是个人走向公共的过程。值得注意的是,由内圣通向外王不应局限于个人层面的理解,认为个人经过"三纲八目"的道德修养就可直接成为圣王或哲学王,这不仅在内涵上降低了内圣外王的思想位阶,而且在现实操作中也面临着诸多困境。船山以"两端一致"的思维方式阐明修己与安百姓之间的相互贯通:"以安人、安百姓之道修己,修之而人安、百姓安。"④其动机已经不是由内圣直通外王的个

---

① 王夫之:《礼记章句》,《船山全书》第4册,第1175页。
② 王夫之:《礼记章句》,《船山全书》第4册,第67页。
③ 牟宗三:《历史哲学》,长春:吉林出版集团有限责任公司,2010年,第160页。
④ 王夫之:《四书训义》,《船山全书》第7册,第821页。

体心性思考,而是以家国天下的良好公共秩序为目的,通过外王来调节内圣,进而由内圣开出外王。与其把安百姓视为个人英雄主义式地拯救苍生,毋宁视为个体道德修养的公共性初衷。从公共性出发成就自己并且成全他者,达致成己与成物的统一,诸多个体功利的实现促成公共总体功利的实现。公共总体本由诸多个体构成,公共总体的合理秩序以及整体效益的实现,自然可以成就诸多个体。公共性与个体性相辅相成,由此所成的礼教才普遍适宜于公共生活。"以伦理服务政治、政治参与伦理的方式而言,中国传统的礼乐文明是一种较为典型的'生活政治'。"①生活政治是政治权力和政治意志在人们日常生活中的体现,作为伦理与政治综合的礼教,在建构日常生活的公共秩序的同时,也发挥着政治的价值和效能。政治权力凭借礼教对人们衣食住行的日常生活施加影响,其中关涉政治权力行使的正当性问题,人们对礼教的理解不可避免地产生寻求正当理由的需要,尤其是在以第一人称立场行礼的现实活动中。

在明清之际公共秩序混乱的背景下,王船山提出政治权力在礼教中行使的正当性原则:"简而后可求其敬,敬则简而天下治。"②"简"关照的对象是个人私心,"敬"关照的对象是天下百姓。逢多事之秋,为政者只有在去除私心杂念,诚敬为主,行简求敬之后,才能具备重建和稳固理想天下秩序的必要条件。在中国历朝历代的更迭中,表现出一治一乱的循环,而每一朝代的治世阶段总会推崇生息之道。船山在《读通鉴论》《宋论》的议论中反复申明生息之道的重要,并在《论语·雍也》的训义中展开诠释。可见这一具有普遍意义的国家治理之道,不仅是逻辑思辨的推论,而且有历史事实的支撑。礼教推行的得失,与为政者是否行简求敬密切相关。与行简求敬相反的极端之一是事烦,即以一己之私为动机,过度追求政令刑罚的详密,并用浮夸的说辞掩盖声色货利的私心,其后果势必导致百姓劳苦。船山说:"仁义之藏,民之所不知,其物匿也。以仁义驱人,使亲上死长,大为难也。责以礼教,使尽仁义,重为任也。终身役于仁义礼教之事而不给,远为涂也。"③仁义被权术隐藏,却责备民众不知晓仁义;假借仁义役使民众,令其终身应接不暇。在船山看来,政治权力对礼教的影响,应当以民众的福祉为首要关切,而不是以个人私心扰天下。如果以私人利益的实现为首要

---

① 朱承:《礼乐文明与生活政治》,北京:人民出版社,2019年,第43页。
② 王夫之:《四书训义》,《船山全书》第7册,第438页。
③ 王夫之:《庄子解》,《船山全书》第13册,第399页。

关切,就会损伤礼教的公共性,使其异化为劳役民众的工具,最终导致礼教公信力的式微。因而礼教的施行应当以民众的公共利益为中心,以实现民众需要的美好公共生活为归宿,这是为政者对民众的诚敬。与行简求敬相反的另一个极端是太简,即消极的无所作为,放任流俗而完全不施行礼教。这只会造成公共秩序的弛缓,世风中的残暴、狡诈和堕落不可避免。船山认为:"为政之必简,简以行也。而为政者不有其自处者乎?正一己以立坊者,必致其严恪,而一言一动之不苟;畏民岩以慎动者,乃不侈于功名,而为政为教之无所扰。"①行简而后求敬,即是于生息之道中实有构造,借由礼教消祸乱于未有,成事业于实行。一方面为政者对待自己应当秉持公共理性和公共情怀,正己立防;另一方面为政者对待民众应当保持庄严恭敬与谨言慎行,不囿功名。如此为政为教,既不会干扰公共秩序的自然形成,也不会扰乱民众各自的生活规划,正所谓量宽则可容物,体静则可御动。政治权力在礼教中的行简求敬原则,体现了"无过""无不及"的中庸之道。事烦对应于"过",在动机中包含私心;太简对应于"不及",在效果上背离公共秩序,均是远离公共善的一种偏执,唯有行简求敬最切近于公共善。

王船山崇奉行简求敬的儒家王道政治,而指摘申韩的事烦、黄老的太简以及俗儒的虚伪。嵇文甫先生认为王船山政治思想基于实际政治历史的体会:"反对申、韩,修正黄、老,深化儒术。"②申、韩作风的流毒,在繁苛律令,在权术多疑,在严饬天下。船山认为申、韩任法者致力于政刑事烦,存在严重的负面效果:"若夫任法者,则求详于政刑而侈于事功,不能简也。事愈烦而心愈侈。"③政刑律令越是详密繁深,基层狱吏就越是方便用其文饰自己滥用权力的行为。船山以史为鉴:"孰谓秦之法密,能胜天下也?项梁有栎阳逮,蕲狱掾曹咎书抵司马欣而事得免。"④秦朝以律法严苛著名,但法密并不能胜天下。项梁曾在栎阳犯法被逮,蕲县的狱掾曹咎只给栎阳的狱掾司马欣写了一封书信,项梁犯法的事就被免罪了。申、韩主张的繁苛律令多致官吏营私而民众罔死,与民心相悖则无法塑造人心稳固的公共秩序。民众皆被循吏的私利框住、细琐的规矩束

① 王夫之:《四书训义》,《船山全书》第7册,第439页。
② 嵇文甫:《嵇文甫文集》中,郑州:河南人民出版社,1990年,第288页。
③ 王夫之:《四书训义》,《船山全书》第7册,第438页。
④ 王夫之:《读通鉴论》,《船山全书》第10册,第74页。

缚，人才不得礼教的涵育浸润。纵使曹操之雄、诸葛亮之尚，行申韩事烦之术，难免国祚不长。黄、老之道的弊端在于太过放任，解除了防范残暴的礼教手段，让天下百姓在无序状态下放纵逸乐。船山认为黄、老的太简只求自安、自便："如其自居者简也，且以礼教为繁而任之自然，则其行之简也，非以善养天下，而资其自便，上下相承以趋于放佚，则道不立而事不成。"①以太简自居者，认为礼教繁琐而放任自然，其并不以天下的公共善为目的，而只求自便己私，趋向放纵。如此则不可立公共之道，不可成公共之事。船山批评汲黯以黄、老之说向汉武帝谏言："其曰'奈何欲效唐、虞'，则是直以唐、虞为不足效，而废礼乐文章，苟且与民相安而已。……而黄、老之道，以灭裂仁义，秕糠尧、舜，偷休息于守雌之不扰，是欲救火者不以水，而豫撤其屋。"②汲黯指责汉武帝想要效仿唐尧、虞舜那样治理天下，认为仁义是三代衰落的道德，主张废弃礼教，与民苟且相安。汲黯诋毁仁义礼教只求苟且相安，实为遇大乱之火后，不用水救火，反而预先拆掉民众安身立命的仁义之屋。俗儒的虚伪在于不以仁心行礼，虚设其仪。船山说："身不修，言不道，强欲效人以行礼，质不立而所行皆伪矣。"③礼文和礼质二者不可偏废，君子行礼不仅是效行礼仪，而且是在以礼修身、以礼践言中挺立礼质。船山批评俗儒以礼文修饰自己求私利之实："俗儒者，以干禄之鄙夫为师者也，教以利，学以利，利乃沁入于人心。"④俗儒以一心追求功名利禄的浅薄之人为师，教与学以个人私利相投，心放而不知去求。求得仕进作为私人权利本无可厚非，但是用个人私利庸俗化礼教，则扰乱了礼教的公共性，有损天下的公共之道。况且入仕是掌握公共权力以及承担公共职责，其职务上的唯一本分是排除个人私利的公共利益，假如入仕只是谋取个人私利，那么就背离了职位本身的公共属性，不符合公共道义。申韩的事烦、黄老的太简以及俗儒的虚伪虽各有所偏，但有共同的弊病，即蔽于私人性而不知公共性，特别是不识普遍性礼教的妙用，船山的立论则一本儒家公共性精神。

公共生活中人人皆行礼，便可共同营造礼教运行的公共氛围。这可以从两个侧面展开诠释，一个侧面是从行礼者本身来看，隐含在礼教中的普遍性、公共

① 王夫之：《四书训义》，《船山全书》第 7 册，第 439 页。
② 王夫之：《读通鉴论》，《船山全书》第 10 册，第 128 页。
③ 王夫之：《礼记章句》，《船山全书》第 4 册，第 16 页。
④ 王夫之：《读通鉴论》，《船山全书》第 10 册，第 630 页。

性价值与行礼者自身的善良本性、仁爱情感以及道德政治直觉相契合,从而引导出行礼者参与公共生活的行为习惯和公共美德。王船山揭示在行礼的进路,礼何以昭著人心之仁:"夫真爱真敬者,人心恻怛自动之生理,则仁是矣。故礼乐皆仁之所生,而以昭著其中心之仁者也。仁以行礼,则礼以应其厚薄等差之情,而币玉衣裳皆效节于动止之际。"①恻隐之心自动生发出的真爱真敬,即是仁爱美德。礼乐本与仁爱同体,皆有昭著仁爱美德的外显功用。当人们怀着仁爱意识行礼时,则可在行礼实践中适宜地抒发各种厚薄差异的情感,而币玉衣裳等礼器文饰都会效节于礼让交际。另一个侧面是从公共氛围来看,人人皆行礼则可共同营造文明礼貌的社会交往氛围,这不仅可以使公共生活中的人际状态整体趋向美好和谐,而且任何人都可在此公共氛围中获得直接可感的舒适生活体验。王船山诠释《礼记·孔子闲居》中的"无体之礼"概念:"'体',制度文为之成体者。君子中和恻怛之德周遍流行,无所间断,虽声容缘饰因事而隆,而盛于有者不息于无,故文有所替而德无不逮,其以酬酢群有于日用之间者,无非此也。"②无体即没有成文的制度体系。君子中和恻隐的美德普遍盛行,不会中断。即使君子的美德会因为声音、容貌、缘饰等礼事的加持而隆重显明,但没有这些外饰,君子的美德也不会消失。因此文饰可以替代,但是美德无不存在于众人日常生活的交际之间,只是没有文饰而已。可见,无体之礼既是公共美德,也是人们在公共生活中共同行礼所营造的美好人际氛围。遵循王船山的理路,可以进一步推论,礼仪节度只有被拥有美德的人主动实行,才会产生积极的公共效应,否则只会被视作压迫性的行为限制。

三、循礼之经与行礼之权:行礼实践的公共取向

在具体的行礼实践中,人们往往面对纷繁复杂的行礼情境,鲜有成文的礼仪制度可提供直接参照的操作步骤。无体之礼的存在,亦印证了具体行礼实践必然面临极其繁杂的现实情形,这就需要相应的实践智慧来应对行礼实践中的经权问题。杨国荣教授指出:"实践智慧以观念的形式存在于人之中并作用于

---

① 王夫之:《四书训义》,《船山全书》第 7 册,第 320 页。
② 王夫之:《礼记章句》,《船山全书》第 4 册,第 1205 页。

实践过程,其中既凝结着相应于价值取向的德性,又渗入了关于世界与人自身的知识经验,二者融合于人的现实能力,并呈现内在的规范意义。"①经权观念既关涉"应当做什么"的价值关切,也对应"应当如何做"的实践追问,伴随中国历史进程得以不断演进更新,王船山在对以往经权观念批判总结的基础上,提出了新的阐发。"权"的前提是对特殊境遇的具体考察。《论语·子罕》记载孔子曰:"可与共学,未可与适道;可与适道,未可与立;可与立,未可与权。"王船山说:"子曰'可与立,未可与权',初不云'可与经,未可与权','经'字与'权'为对。古云'处经事而不知宜,遭变事而不知权',就天下之事而言之,'经'字自与'变'字对。以吾之所以处事物者言之,则在经曰'宜',在变曰'权',权亦宜也。"②王船山引述司马迁《史记·太史公自序》所言:"守经事而不知其宜,遭变事而不知其权。"③就此说明为什么孔子起初不将经与权相对应,因为从事的视域来看,天下之事可分为经事和变事,即平常的事与异常的事。宜和权则是相对于人处事应对而言,即面对不同情境的实践方式。权亦是宜,意味着无论是面对经事还是变事,实践的目的和结果都是追求合宜,只是权的实践方式更体现出人的自主性和能动性。《孟子·离娄上》记载了孟子关于礼与权关系的阐述:"嫂溺不援,是豺狼也。男女授受不亲,礼也;嫂溺,援之以手者,权也。"王船山训义:"故君子审经以定礼,而因礼以达权。故男女授受不亲,礼也;礼定而理得,可以达情。嫂溺援之以手,权也;权审而初不失礼。"④礼联结审经与达权,审经即审定礼义,达权需因循礼义。男女授受不亲是礼规,其中蕴涵的礼义内核是得天理与达人情。平常的事按礼规应对即可,至于嫂溺则是变事,援之以手是达权的实践方式,也就是说合乎礼义内核,所以不属于失礼。王船山基本承袭了孔孟的经权观,认为经与权不是相悖对抗的关系,审经与达权都与礼存在关联。王船山说:"夫礼,经也;因事变之不齐而斟酌以中节者,权也。"⑤礼即是经,针对特殊的事变而斟酌考虑,最终行动仍然中礼,即是权。

及至汉代,学者多用"反常"来解释孔子"未可与权",认为权可以违背经。

---

① 杨国荣:《人类行动与实践智慧》,北京:生活·读书·新知三联书店,2013 年,第 32 页。

② 王夫之:《读四书大全说》,《船山全书》第 6 册,第 741 页。

③ 司马迁:《史记》,北京:中华书局,1982 年,第 3298 页。

④ 王夫之:《四书训义》,《船山全书》第 8 册,第 459 页。

⑤ 王夫之:《礼记章句》,《船山全书》第 4 册,第 131 页。

东汉许慎《说文解字》中解"权"字为"一曰反常。"①东汉王符《潜夫论·明忠》中说："是以明君未尝示人术而借下权也。孔子曰：'可与权。'"②王符以法家的权术来解释孔子所言"可与权"，权术不仅反常，而且由君主独断。以反常来说权，自汉代起，影响久远。南朝宋时期的范晔《后汉书》亦持有此说："论曰：孔子称'可与立，未可与权'。权也者，反常者也。将从反常之事，必资非常之会。"③王船山批评汉代这种经权观："说文云'一曰反常'，乃汉人之邪说，程子辨之审矣。"④汉代反常为权的经权观念在现实运用中存在严重的流弊。其一，"经常"指代的礼制规范被"反常"解构，从而失去基本的规范效力和据守价值。礼制规范作为普遍性的行为准则，为人们的日常行动提供合理性依据。如果权即反常的观念盛行，那么礼制规范的现实运行只会被不断挑战，而不被共同遵循。其二，反常的权变给个人行动留下极大的弹性空间，容易导致公共生活的不稳定。社会规范被解构，其所维系的公共秩序也会被瓦解。每一个体的道德境界以及应对事变的实践智慧存在差异，尤其是在刻意违背社会规范的情况下，其行动很有可能沦为破坏公共秩序的恶行。其三，没有权变的定规，政治领域的权术变诈只会更加肆无忌惮。这种经权观为君主粉饰自己玩弄权术和专制独断提供了便利，特别是不公开不透明的权谋，遮掩了王权统治维护君主个人私利而非公共利益的实质。明朝的灭亡与崇祯帝用人多疑以及在连年大旱中对民众不断加征有很大关系。⑤

宋代开始，程颐对汉儒的经权观提出了不满。程颐指出："古今多错用权字，才说权，便是变诈或权术。不知权只是经所不及者，权量轻重，使之合义，才合义，便是经也。"⑥程颐认为将权字解释为变诈或权术是古今错用。权只是经所不及，"权量轻重"毫无反常权变之意，而是指对特殊事变的权衡，使得行权合

哲学·经学·语言

---

① 许慎：《说文解字》，北京：中华书局，2020年，第178页。

② 王符：《潜夫论笺校正》，北京：中华书局，1985年，第364—365页。

③ 范晔：《后汉书》，北京：中华书局，1965年，第1158页。

④ 王夫之：《说文广义》，《船山全书》第9册，第335页。

⑤ 据《明史·宰辅年表二》记载，崇祯帝在位期间频频更换阁臣，用人多疑势必难以责其成（张廷玉等撰：《明史》，北京：中华书局，1974年，第3351页）。另据《明史·杨嗣昌列传》记载："神宗末增赋五百二十万，崇祯初再增百四十万，总名辽饷。至是，复增剿饷、练饷，额溢之。先后增赋千六百七十万。民不聊生，益起为盗矣。"（张廷玉等撰：《明史》，第6515页）

⑥ 程颢、程颐：《二程集》，北京：中华书局，2004年，第234页。

义,合义便是经。其中合义是权衡的标准,最终导向经权的统合。王船山对程颐的观点表示赞同:"故权之义,自当以程子为正。"①朱熹不完全认可经权混同:"所谓权者,于精微曲折处曲尽其宜,以济经之所不及耳。所以说'中之为贵者权',权者即是经之要妙处也。如汉儒说'反经合道',此语亦未甚病。盖事也有那反经底时节,只是不可说事事要反经,又不可说全不反经。"②在朱熹看来,权可补救经所不及,尽管权异于经,但在实质上亦是经,权是经的精深微妙之处。就事而言,存在反经的时候,汉儒所言未必全错。王船山就此分疏:"朱子之言权,与程子亦无大差别。其云'于精微曲折处曲尽其宜',与程子'权轻重,使合义'正同。'曲尽其宜'一'宜'字,即义也。不要妙、不微密,不足以为义也。朱子曲全汉人'反经合道'之说,则终与权变、权术相乱,而于此章之旨不合。"③王船山指明朱熹和程颐论权大体一致,并且沿循朱熹的理路,将"宜"等同"义",从而突显"义"在经权统一中的枢纽意义。毕竟在程朱理学的哲学体系中,"义"与天理直接关联。④ 朱熹以事观之,认为变事之中存在反经之时,所以他不完全反对汉儒说"反经合道"。王船山则从处事的主体观之,坚持认为经权统一,并且主体的权衡不能反经,所以船山评价朱子在曲全汉人之说。事实上,朱熹是在字义训诂上承认经权分别与道相关,但并不认可汉儒权变、权术之说。⑤

明代以降,经权观念在王阳明心学理论框架下开启心学转向。王阳明在《答顾东桥书》中,分析武王不葬文王就兴师讨伐之事:"武之不葬而兴师,岂武之前已有不葬而兴师者为之准则,故武得以考之何典,问诸何人而为此邪? 抑亦求诸其心一念之良知,权轻重之宜,不得已而为此邪?"⑥武王之前并没有不安葬先王就兴兵讨伐的具体准则,所以武王既无任何典例可考,也无任何人可

① 王夫之:《读四书大全说》,《船山全书》第6册,第743页。

② 黎靖德编:《朱子语类》,北京:中华书局,1986年,第992页。

③ 王夫之:《读四书大全说》,《船山全书》第6册,第740—741页。

④ 在《周易程氏传》"艮"卦的注解中,程颐说:"在物为理,处物为义。"(程颢、程颐:《二程集》,第968页)在《论语·里仁》的注解中,朱熹说:"义者,天理之所宜。"(朱熹:《四书章句集注》,北京:中华书局,1983年,第73页)

⑤ 朱熹从字义上断定:"经者,道之常也;权者,道之变也。"(黎靖德编:《朱子语类》,第989页)在回答苏宜久问"可与权"时,朱熹说:"毕竟权自是权,经自是经。但非汉儒所谓权变、权术之说。"(黎靖德编:《朱子语类》,第987页)

⑥ 王阳明:《王阳明全集》,杭州:浙江古籍出版社,2010年,第55页。

问。或许他根据自己心中的一念良知,权衡合宜的行为限度,不得已如此做?王阳明将遭遇事变时,权衡的依据归为心中良知,主张致良知以己心感应事变之间的义理,反对悬空讨论异常之事。在此意义上,经与权都与心中良知相关联。王阳明在《绥柔流贼》的公移中,指明经与权相需互补:"盖以十家牌门之兵,而为守土安民之本;以武靖起调之兵,而备追捕剿截之用;此亦经权交济相须之意,合就准行。"①"十家牌门之兵"是日常安排,"武靖起调之兵"以应对变事,二者互相配合,共同保障守土安民之经。阳明的弟子王畿延续阳明四句教提出:"心是无善无恶之心,意是无善无恶之意,知是无善无恶之知,物是无善无恶之物。"②王船山批评:"王氏之徒特未之察耳。若废实学,崇空疏,蔑规矩,恣狂荡,以无善无恶尽心意知之用,而趋入于无忌惮之域。"③在船山看来,为学是循序渐进的实践过程,如果按照王畿所言则趋向于无忌惮的境域。刘梁剑教授指出王畿错在把后天层面有善有恶的意当作先天层面的心体。④ 这就使得心学体系下的经权也陷入虚妄和无据。尽管王船山对王阳明及其后学多有批判,但并未弃绝王阳明经权观的心学走向。王船山说:"'权'者,心之量,量其可行而后得伸也。"⑤权是心的审度,审度具体情况可以实行后再伸手执行。作为经的礼不像人的心那样可以审度实际情况,心的权衡突显了主体在实践中的自觉和能动。当然船山所说的心不是空虚之心,需要人作圣之实功,尽心知性无所拘蔽,而后兼具众理以应万事。

王船山的经权观秉承孔孟的基本观念,反对汉人反常、权术式理解,融贯理学和心学的阐发,开显经权观念的公共向度。王船山说:"循礼之经,行礼之权,王道本乎人情,以因民而治,亦此而已矣。"⑥循礼为经,行权不反礼,经权统一于礼。一方面,经本就蕴涵公共的价值。在王船山看来,礼的本质既合乎天道,又顺应人心。天道是贯穿古今为天下共同分有的公共之道。人心是全人类共通的心,即所有人共同拥有同然的内在本性。因此,礼在本质上就具有公共性

---

① 王阳明:《王阳明全集》,第691页。

② 王畿:《王畿集》,南京:凤凰出版社,2007年,第1页。

③ 王夫之:《礼记章句》,《船山全书》第4册,第1468页。

④ 刘梁剑:《"无善无恶心之体":船山与阳明关于心学的智性对话》,《贵阳学院学报(社会科学版)》,2015年第6期。

⑤ 王夫之:《礼记章句》,《船山全书》第4册,第1560页。

⑥ 王夫之:《四书训义》,《船山全书》第8册,第650页。

和普遍性,在王船山"夫礼,经也"的命题推导下,经也获得了同样的属性。在礼所维系的共同体内,每一个人在行礼的层面都被一视同仁地对待,既不会因为位高权重而可以违礼反常,也不会因为人微权轻而加以过度限制。此外,公论明晰的公共领域是公众理性地批判公共权力,形成公共舆论防范公共权力弄权、反经的理想之域。王船山特别强调在政治领域,王道政治必须以民众共通的人情为本,良好的政治生态必然以民心民意为价值导向,公共权力的行使充分尊重民众的价值主体地位,因民而治自然不会出现反经反常的现象。另一方面,权的内在规范趋向于公共。王船山将行权的理想主体确定为圣人:"唯圣人而后可与权,则下此者不得与矣。"①由此降低因随意行权导致反经事件的发生概率,从而保证公共秩序的稳定。这就要求每个人在日用常行中要不断增强自身修养和公共意识,遇到事变时可达到圣人气象在我的境界,使权不爽于经,在内持己,在外应世,不损害丝毫公共大义,实现经权统一的公共大用。王船山说:"盖圣人之心光大无私,而权即此而在。"②圣人怀有大公无私之心,行权可达致"从心所欲,不逾矩"的境界,即心即权而中天下之节,犹如江河的决口莫能抵挡。总之,王船山的经权观,不仅最大限度地保证了循经的公共性和普遍性,而且彰显了行权过程中主体自觉能动的公共担当。

四、结语

王船山从制礼与行礼双重进路开新中国传统礼教思想,他主张礼缘起凝于仁的天道人情,以作为礼教内核的公共之道规避直情径行之失。从本质上看,礼顺应人心固有的节文,"无欲""无私"的制作过程保证了礼教不会成为严束天下的工具,进而顺畅地发挥礼教成德性与明公论的正俗价值。事实上,制礼是行礼的逻辑前提,船山从制礼进路展开批判性反思,这是在根源意义上还原礼教的公共性。礼的制作最终指向第一人称立场的行礼,每一个体在行礼实践中成就自己的德性对于公共生活的良序建构而言,既能提供丰厚的公共美德资源,也可营造文明礼貌的人际交往氛围。在具体的行礼实践中,人们往往面对

---

① 王夫之:《礼记章句》,《船山全书》第 4 册,第 131 页。
② 王夫之:《四书训义》,《船山全书》第 7 册,第 901 页。

纷繁复杂的行礼情境,这就需要相应的实践智慧来应对行礼实践中的经权问题。王船山秉承孔孟的经权观念,反对汉人反常、权术式的经权观,融贯程朱理学和阳明心学的经权观,着重阐发了经权观念的公共向度。

每一个体都有其独特的仁爱情感表达、各殊的文化背景因袭以及对共同体的特殊信念,礼教的公共性特质能够确保在千差万别的行动中保障良好的公共秩序。因为在"人将胥沦于禽兽"的自然状态下,个体只能孤立地在险恶环境下争夺生存资源,经过礼的教化使人们摆脱自然状态进入社会状态,由此建立人们共同生活的公共秩序,确保所有人追求美好生活的行动安全有序。黄玉顺教授提出:"在走向现代性之际,我们应当重建儒家礼教,即建构'新礼教'。"[①]王船山对儒家礼教思想的开新,对于公共生活规范的现代化重塑,依然有着重要的启发意义和镜鉴价值。为营造现代社会的明德守礼氛围,在制礼的维度需向全体社会成员公开、透明,经过公众的充分讨论商议,在达成共识的基础上,完善现代公共生活的礼仪规范,使其真正成为个体或集体自愿遵循的行动理由。在行礼的维度要挺立行礼者的主体性,行礼权宜之中不夹带私人因素,合乎社会公共意愿的表达,公众在往来行礼实践中确证和巩固自己的善良本性,实现公共生活的整体稳定和良序发展。

Restructuring the Norms of Public Life: The Innovation of Wang Chuanshan's Educational Thought on Rites

Wu Guoliang

Abstract: Wang Chuanshan restored the public nature of ethics through a dual approach of ritual making and ritual performance, helping to restore public order. The benevolence that is essential for ritual making comes from the benevolent emotions shared by humanity. The production of etiquette conforms to the inherent etiquette of the human heart, and is based on the harmony of the human heart rather than the strict control of the world. The ritual system plays a role in public life through the two-way

---

① 黄玉顺:《中国正义论视域下的儒家礼教重建》,《中州学刊》,2021年第12期。

mechanism of virtue and public theory, which ultimately points to the first person position of considering human courtesy. In public life, everyone should salute in order to jointly create a civilized and polite social atmosphere. As for the issue of ritual power in specific ritual practice, Wang advocates following ritual as the norm, exercising power does not contradict ritual, and unifying ritual power in the practical wisdom of ritual. Wang's view on the power of the classics adheres to the basic concepts of Confucius and Mencius, opposes the abnormal and authoritarian understanding of the Han people, and integrates the elucidation of New-Confucianism and the School of the Mind, revealing the public dimension of the view on the power of the classics. The innovation of Wang's ethical ideology still has important enlightening significance and mirror value for the modernization and reshaping of public life norms.

Keywords: community, public life, publicity, Wang Chuanshan, the education of rites

【指导教师评语】

《公共生活的规范重构：王船山礼教思想的开新》一文，从礼教何以能够优化公共秩序的问题入手，对王船山的礼教思想展开了较为细致的研究。论文从制礼、行礼及其实践智慧等维度考察了王船山的礼教思想，并提出如下观点，王船山折衷传统礼教思想的得失，还原礼教的公共性本质，不将礼教当作严束天下的工具，而是作为形成良好公共秩序的前提；在船山的视域里，所制之礼经由成德性与明公论双向机制在公共生活中发挥正俗价值，其最终指向第一人称立场的斟酌人情行礼，并由此形成经权统一于礼的实践智慧。论文通过一定的比照认为，王船山礼教思想在中国礼教思想史上具有一定的开新意义，这一观点将来还具有进一步深化研究的必要性。论文立于儒家公共性的问题域，从礼教角度对于王船山思想展开了富有新意的研究，角度新颖，论证较为充分，观点鲜明，对于推进儒家公共性和船山思想研究都具有积极意义。

（朱承，华东师范大学中国现代思想文化研究所暨哲学系教授）

当代学思

在通往"世界哲学"道路中肯定日常生活的价值[*]

迈克尔·斯洛特　著　杨柳　译[**]

[摘　要]　世界哲学不仅是比较哲学的一种新形式,它试图在分判与甄别不同哲学传统的基础上,站在自身之外反观并批评自己所具有的传统,以期将不同文明中最好的思想资源整合为一个有机的整体。就日常生活而言,印度思想与希腊哲学提出种种质疑或挑战人生价值的论证,倾向于认为日常生活是充满痛苦且难以令人满意的;但中国哲人在此问题上有着完全不同的观点,认为将所有欲望一概视作负面因素,无疑是对我们生活体验的过分简化,日用常行所蕴含的创造力,可以不断成就生命的意义。

[关键词]　世界哲学;日常生活;积极价值

* 基金项目:国家社科基金青年项目"先秦儒家'成人'思想的形上意蕴研究"(18CZX040);山东省高等学校青创团队计划"儒家'成人'观念的赓续谱系与当代创化"(2022RW039)。

* * 迈克尔·斯洛特(Michael Slote, 1941—),美国迈阿密大学伦理学 UST 讲席教授,主要研究领域为美德伦理学、道德心理学、政治哲学。

杨柳(1988—),女,山西原平人,哲学博士,曲阜师范大学政治与公共管理学院青年副教授,中山大学哲学系特聘副研究员,主要研究领域为先秦儒学、美德伦理学。

一

在这篇文章中,我想主要讨论印度哲学中一个突出甚至核心的方面,即对日常生活的否定态度。但是我还有一个更大的目的。在 20 世纪,中国哲学家冯契提出了"世界哲学"的概念,我认为质疑或挑战印度哲学对人生的看法可以在世界哲学中发挥作用。中国、印度和希腊是地球上哲学创生的三个所在地。日本在中国思想的影响下发展了哲学,在很久以后又受到了德国哲学的影响,而德国哲学,像西方的所有哲学一样,最终起源于希腊思想。韩国也在很大程度上受到中国思想的影响而发展了哲学,而地球上其他地方几乎完全忽视了哲学。尽管有着深厚的文化传统,但犹太人从未自己推广或参与哲学。希腊思想对犹太思想的影响要晚于希伯来圣经,而埃及和美索不达米亚从未产生过明确的哲学。新大陆的三个有文字的文化,如印加、玛雅和阿兹特克文化,也是如此。因此,如果真正存在所谓的世界哲学,它需要以印度、中国、希腊或西方为中心,日本等地的思想也可以发挥作用。

在本文的后续部分,我将进一步探讨世界哲学的本质,但现在我想集中讨论一个任何名副其实的世界哲学都需要关注的重大问题。印度思想,倾向于认为日常的生活是痛苦和不令人满意的,而中国思想在这个问题上有完全不同的观点。在公元初的几年里,印度思想对中国形而上学思想产生了巨大影响,但这种影响并没有使中国人怀疑日常生活的价值。因此,在这个非常重要的哲学问题上,两者存在着很大的分歧。世界哲学需要解决并澄清这个问题,我将在这里做一些尝试。

值得注意的是,西方思想在这个问题上有一定的分歧。柏拉图(Plato)对于日常生活的价值持怀疑态度,更有甚者——《理想国》中告诉我们,我们应该努力逃离身体存在,与永恒的真理、形式进行交流。康德(Immanuel Kant)在《道德的形而上学基础》中说,如果可能的话,每个人都希望摆脱所有的欲望和世俗倾向。但我敢说,18 世纪的法国哲学家对尘世的满足没有任何怀疑(毕竟他们是法国人)。而如今,很少有西方哲学家表现出对日常人类生活价值的怀疑。因此,更有理由让世界哲学来解决这个问题,并将其结论纳入对事物的整体哲学图景中。因此，让我们直接探讨这个问题。中国人尽管对印度思想中的消极态度(关于人生)持有怀疑，但据我所知，他们从未提出任何反驳这种人生观的论据，因此，如果我们真的想进行世界哲学，如果我们相信，像我一样相信，中国人正确地重视人类的日常生活，我们必须提供论证来支持他们，因为很多时候他们会将之视为是理所当然的。印度哲学提出了质疑和否认人生价值的论证，我们现在必须考虑它们的说服力如何。

二

印度哲学拒绝日常生活，将其视为是不令人满意，甚至更为糟糕的状态，有两个层次或方法的表现。在最一般或普遍的层面上，他们认为欲望本质上是痛苦的，而普通人的生活陷入到对事物(或人)的渴望中，他们相信日常生活是充满痛苦，总体上是悲惨和不快乐的。当然，这是建立在欲望是令人不愉快的前提下。值得注意的是，古希腊人，特别是柏拉图，也得出了类似的结论。关于这个结论的原因或论据是众所周知的。人们认为欲望代表了对某种渴求的缺乏，这可以类比为口渴的状态——缺乏并渴望水。口渴是不愉快的，因此可以认为由于缺少或缺乏的原因，总的来说，欲望都是令人不愉快的。另外，还有一种相关的论证认为，欲望就像"痒"一样，没有人会希望用"痒"来刺激自己，所以如果痒是不受欢迎的，那么欲望也是不受欢迎的。

正如我所说，希腊哲学和印度哲学都接受了这样的论点。[1] 然而，即使是印度哲学在中国影响力最大的时候，中国人从来没有对普通的日常生活持悲观态度，也从未提出关于欲望的痛苦性的论证，以此来表明日常生活不可能是美好的。在我看来，他们拒绝这种假设是正确的，他们简单地接受大多数非哲学家所相信的观点，即一些生活——也许不是大多数生活，但肯定有一些生活——可以是整体上愉快和美好的。而要证明这一点，我们必须更深入、更敏感地研究人类的欲望。

"格式塔心理学运动"(以及埃德蒙·胡塞尔(Edmund Husserl))试图表

---

[1] 印度哲学认为人类的欲望和人类的生活是悲惨的，因为它假设事物之间的所有明显差异都是虚幻的。希腊人不相信这种形而上学，印度哲学对所有差异都是虚幻的观点的辩护——我该怎么说呢？与当今西方的哲学论证标准而言，是相当薄弱的。我将保持认定在宇宙中有不止一件事，不止一个人。

明,以前对人类经验的描述未能捕捉到其中一些实际和可感知的方面——有时他们是成功的。在格式塔心理学出现之前,许多哲学家和心理学家认为世界以二维视觉形式呈现给我们;当然,通过格式塔心理学家的努力,我们现在知道,我们的视觉在体验上、现象学上是三维的。至少有一位格式塔理论家卡尔·登克(Karl Duncker)也对欲望的现象学或渴望的现象学给予了类似的关注,他得出的结论是,并非所有的欲望都是不愉快的。[1] 举一个明显的例子,当一个人期待在米其林星级餐厅享用一顿美味的法国大餐时,即使这发生在一个人渴望吃东西的背景下,期待也可以是非常愉快的。直接的饥饿和口渴可能是不愉快的,但并非所有对食物和饮料的欲望都基于直接的饥饿和口渴。因此,普遍认为所有的欲望都是不愉快的,并根据此得出结论,即人生总体上是不愉快的,这种观点并不令人信服。它们过分简化了我们的体验和生活。(当一个人处于写书的最后阶段时,对完成自己的书籍项目的渴望必定是令人不愉快的吗? 如果一个人对自己已经取得的成就感到满意,那么他也可以对自己即将完成的事情感到满意。)

三

因此,我认为印度哲学和希腊哲学太急于排斥人类的日常生活,而中国人在拒绝这种排斥上是明智的。正如我上面所提到的,还有另一种拒斥人类日常生活的方式。这种方式并不专注于一般的欲望,而是关注人类生活中出现的某些结构性或更大的欲望,例如寻找爱情和在某个领域取得成功的渴望。通常会将这些更大的欲望视为其他欲望一样对待,但值得注意的是,问题可以升级为:这样更大的欲望或混合的欲望,并不依赖于欲望本身是痛苦或不愉快的直接假设。现代的作家/讲师埃克哈特·托利(Eckhart Tolle)并不认为欲望本身是不可取的,但他确实质疑,比如对事业成就或成功的欲望是否能够导致幸福的生活。(在"谷歌"上可以看到他的许多网络视频讲座。)他认为人们对自己所取得的任何成就不可避免地感到失望,他们最终希望得到更多,并且在得到更多之

---

[1] Karl Duncker, "On Pleasure, Emotion, and Striving," Philosophy and Phenomenological Research 1, 1941, pp. 420 - 425.

前感到不满。然后,当然,不满的循环又开始了。

基于这一观点,托利凭借他不同的论据,与印度哲学得出一致结论,即我们人类的日常生活是无论如何都不令人满意,甚至是痛苦的。但是,与印度哲学一样,这个结论并没有导致他寻求印度哲学追求涅槃虚无的解决方案。相反,他认为解决这些困难的方法在于寻求和拥有更加充实、更加宽广的当下时刻的体验。在这种情况下,印度哲学的对日常生活的否定态度被一种对人类幸福的积极观点所取代,这种观点要求或建议我们丰盛地活在当下。然而,这种建议实质上基于这样一种观念:日常的成就和人际关系不可避免地令人不满意,我们得问问托利在这方面这种看法是否是正确的。

我很怀疑他的正确性,并且我认为现代心理学在抵制托利在这方面的结论时提供了一些支持。托利告诉我们,一个拥有巨大权力的人总是会想要并感到需要更多的权力,并将这一点推广到人们的职业生涯。但这似乎是一个错误。正如心理学家埃里克·埃里克森(Erik Homburger Erikson)在他的多部作品中所描述的那样,如果一个人的生活进展不错或足够顺利,他在生命结束时回顾过去,可以将整个生活看作是美好的、令人满意的。[①] 也可能在过去的生活中有许多悲伤或痛苦的时刻,但人们会将之前漫长的生命看作一个整体,而不是找出其中的错误或希望它本来应该是其他样子的。

然而,我们不能或不应该逃避考虑托利的观点的潜在含义。我相信他与其他印度思想家认为的一样,我们对自己的职业总是会有不满意,无论是从事哲学、科学、文学批评、商业还是工业等,这种不满可能在任何客观看待人生的人们中占很大比例。也许埃里克森最后接纳和珍视自己的生命作为一个整体,其中会有挫折和不愉快,但这实际上回避了一个完整生命的真实面貌。为了探讨这个问题,我认为我们应该将职业与普通的满足感进行比较,并着眼于职业的实际情况。考虑一个在哲学领域做出过杰出工作并对自己的成就感到满意甚至自豪的人,他们的创造力在后来的人生阶段是否会逐渐衰退或减弱,他们是否会对这种损失或减少感到后悔?他们可能会用此前取得的一切来安慰自己,但这暗示了他们需要受到安慰的事实,即他们创造力的不持续性。这更说明,创造力的丧失被视为令人遗憾甚至是关于他们晚年的不好之处。此外,想象一

---

① Erik Homburger Erikson, Childhood and Society, NY: Norton, 1950.

下:如果他们的创造力在晚年意外地重新复苏,他们会有什么感受?他们不会对新的创造力的涌现感到宽慰吗?这是否同样暗示着他们的创造力休眠期使他们在某种程度上感到不快乐?

这是把双刃剑。如果创造力永久丧失的情况发生,他们可能会对自己的生活有很多遗憾;但如果没有,不满和不快乐的来源就不存在,所以在目前,他们对自己的职业生涯就没有什么可后悔的了。即使他们难过于早年发生的挫折,但如果他们幸免于战争、瘟疫、饥饿以及家人和朋友的过早离世,为什么我们不应该说他们的生活总体上是美好的呢?

尽管如此,为了过上幸福的生活,他们还是需要保持自己的创造力。每次他们创造出自己和其他人认可的东西,他们最终会想要的更多。这难道不表明,无论他们完成了什么,他们对自己所作所为的并不完全满意,这是否也表明他们在所有的成就中普遍存在不满?

四

在这里,将食欲的愉悦和满足感与之相比较是有益的。如果一个人想要吃一顿美味的(或高级的)大餐,并最终做到了,他们在用餐后可能会对整个体验感到满意。但这并不意味着在以后的某个时候(不是很久的将来),他们就不再想要再次品尝美食。这是否意味着他们在以后的时候对此前所享受的感到不满意?我认为并不是这样。食欲再次增长,使他们寻求新的愉悦和新的满足感,但实际上,并不需要对此前所享受的感到任何不满意。相反,(某些)人的欲望具有一定的周期性,如果每个新的欲望都得到满足,那么在拥有欲望的人那里就不会有任何不满意的感觉。从外部的角度来看,我认为我们找不到任何理由认为这种思考和态度涉及某种形式的自欺欺人或缺乏现实性。当然,在随后的时间,人们不满足于过去所享受的,他们现在想要拥有超越之前的东西。例如,他们想要一顿新的大餐或一种新的食物。但这一切都不会导致任何不满意或不快乐的感觉。因此,在他们的食欲生活中,并不存在什么令人失望或不满的问题,从这个角度来看,他们的生活,他们相当日常化的生活,在这个领域看起来是令人满意的,甚至不仅仅是满意。

这种分析可以推广到哲学家、科学家等职业上。如果他们在某个时刻停止在自己的领域内的积极创造,他们可能会有一些遗憾,甚至是很强烈的遗憾。但如果他们在整个人生中都能保持创造力(就像康德、约翰・杜威(John Dewey)和许多其他人一样),那么他们的职业生涯就没有什么不能接受或不满意的地方。在后面的时光中,他们可能仍然想要保持创造力,因此不会完全满足于过去的成就。但如果他们继续保持创造力,他们的职业生涯中就不会有任何不满或不足的感觉。创造力可能存在一种周期性,就像某些欲望一样,但有这两种幸运,整体的图景将是愉快和幸福的。

确实,每个人都会遭遇挫折。一个人可能不能去到自己想去的餐厅、自己的文章或书籍可能没有得到希望中的赞誉。但这些都是偶然的情况。如果这些不可预料的情况损害了一个人一辈子的事业或欲望的满足,那仅仅是偶然情况。因此,这种职业创造力或随时间复苏的欲望并不意味着这些方面存在任何不足(或更多)。托利认为创造性职业的基本结构内在是不足的,但我们之前的论点显示,相反地,情况不一定如此。这些论点指出,这类型终身追求或动机往往可以超出"仅仅满意",可以为一个整体的美好生活做出贡献。生活中的欲望与追求时裒时辟。如果能与时俱进地对待生命,那么没有任何固有的东西应该让我们怀疑,大多数人,尤其是中国人认为,日常的生活可以是美好的。

五

印度哲学中对日常生活的拒斥需要获得方向性修正,世界哲学寻求整合那些最好的、不同的哲学思想传统,有理由反对这种对日常生活的排斥,并且印度哲学在拒斥现实生活的基础上用论据来支持人们寻求虚无的涅槃。我们没有理由相信印度哲学所告诉我们的日常生活价值的说法,但我在其他地方,很详细地论证过西方哲学也需要重大的修正。这和印度哲学需要做的修正不同,但再一次来自中国思想和哲学的方向。

中国的思想认为,日常生活可以是好的,在这个问题上不必做特别论证,但中国哲学也没有像西方哲学的标准那样,严格区分理性、认知和情感(像赫尔德(Johann Gottfried Herder)和舍勒(Max Scheler)这样的德国浪漫主义者是个例外)。我在其他地方争论过,这种区别是虚幻的,我们拥有的是心灵而不是心智,但我不打算在这里重复这些论证。①　此外,相关联的一点是,当代哲学应该考虑不同的主要哲学传统的价值,并在最终希望实现的世界哲学中接受或拒绝它们的不同方面。

到目前为止,我一直建议世界哲学应该以与印度或西方哲学相比,更符合中国思想的方式发展。当然,历史上的中国思想本身远非完美,尤其突出的是,它没有考虑到合理的个人性和人权观念,并且它从未充分发展西方的分析哲学技巧,而这是西方所熟练使用的。现在让我进一步谈谈世界哲学。

正如我所暗示的那样,世界哲学不仅仅是所谓的比较哲学的一种新形式,它试图比较和对比不同的哲学传统,而不提供任何判断,关于哪一种,以及以何种方式,在当今的哲学术语中更合理(阿奇·巴姆(Archie Bahm)著名的做法)。这种假设认为,在这个日益国际化的世界中,来自不同的传统的哲学家能站在自己传统之外,看到不同传统中有价值的东西,同时也能看到其不足之处和可批评点,将来自不同传统中的最有价值的内容整合到一个哲学整体中,世界哲学才是有意义并值得追求的。

我们已经有一个尝试性的世界哲学的例子。在 20 世纪,正如我已经提到的,中国思想家冯契呼吁采用我所说意义上的世界哲学,但另一位中国哲学家——牟宗三,实际上为我们提供了这样一个例子。在他的《中国哲学十九讲》和其他著作中,这位"新儒家"哲学家将中国、西方和印度思想的元素融入一个整体的哲学思想体系中。但他的重点或方向主要是历史性的:他在西方哲学方面主要关注康德。相比之下,同时期的世界哲学需要将最好的近期西方哲学思想纳入,并展示如何将其与印度、中国(以及其他)传统中的精华相结合。②

牟先生的世界哲学具有一定的统合性。它引入了来自不同哲学传统的思想,而没有花费大量时间批评这些传统的其他思想。我认为我们需要的是一种更综合的世界哲学,它对不同传统的假设进行仔细审视,并愿意做有力的批

① 迈克尔·斯洛特:《阴阳的哲学——一种当代的路径》(中英对照本),王江伟、牛纪凤译,北京:商务印书馆,2018 年。
② 我意识到我主要谈到一种来自印度的哲学,但世界哲学需要考虑其他类型的印度哲学。诚然,通常情况下,印度哲学怀疑日常生活的价值,而我们在这里一直在反对这种怀疑主义。然而,如果真正致力于进行世界哲学,就需要仔细研究印度(或者其他地方)质疑日常生活价值的可能方式,这可能与我在本文中讨论的内容有所不同。而且,更广泛地说,如果一个人真的致力于做世界哲学,需要对印度哲学进行仔细研究。

评——当发现有理由这样做的话。但也要运用和部署来自主要传统(或其他地方)的思想,这被认为比任何一两种传统所提供给我们的,更有助于形成一个合理的整体哲学图景。

Questioning an Indian Tradition on the Way to "World Philosophy"

Michael Slote

Abstract: World philosophy is not only a new form of comparative philosophy, it tries to review and criticize its own traditions outside of itself on the basis of judging and distinguishing different philosophical traditions, in order to integrate the best thought resources of different traditions into an organic whole. As far as ordinary life is concerned, Indian thought and Greek philosophy tend to argue that ordinary life is full of pain and unsatisfying, with various arguments questioning or challenging the value of life. But Chinese philosophers take a completely different view of this issue, pointing out that to view all desires as negative is an oversimplification of our experience of life, and that the creativity contained in everyday actions can continuously achieve the meaning of life.
Keywords: world philosophy, ordinary life, positive value

在通往「世界哲学」道路中肯定日常生活的价值

哲学视域中的"禅武合一"*

张再林**

[**摘　要**]　"禅武合一"作为少林功夫无上圭臬,其决定了从少林功夫派生出的种种中国武术的统一的根本特色。为了真正回答这种"禅武合一"如何成为可能的问题,只能回到中国身体哲学"身心一体"这一至极原则。正是基于这种"身心一体",才有了中国哲学"身体直觉"之说、"知行合一"之说以及"一气流行"的气说。而这些从"身心一体"出发形成的种种之说,不仅统统体现在禅学里,也在禅学化的少林功夫中无一例外地得以彰著和显豁。因此,唯有回到这种"身心一体",我们才能步入禅与少林功夫的共同的领域,并从中使少林功夫"禅武合一"之谜臻至真正的破解。

[**关键词**]　少林功夫;禅武合一;身心一体

众所周知,一方面,少林寺作为禅宗祖庭是中国禅的最早故乡,另一方面,

* 基金项目:国家社科基金重大项目"近现代中国价值观念史"(18ZDA020)。

** 张再林(1951—　),男,河北南皮人,西北工业大学马克思主义学院教授,西安交通大学教授,主要研究领域为文化哲学。

"天下武功出少林"的少林武术又是中国武术的一大滥觞。① 这样,一种所谓的"禅武合一"就不能不成为少林武术至为本质的必然趣向。然而,就禅与武各自特性而言,一为文一为武,一为静一为动,一为悟一为行,这就使这种"禅武合一"如何实现就成为我们必须直面的千古之问。显然,它不仅是中国武术的千古之问,同时也不失为讲求文武、动静、知行相济的中国哲学、中国文化的千古之问。为了回答这一禅武之间看似不无吊诡的问题,让我们以一种追本溯源的方式,先从中国哲学自身的本质谈起。

一、作为身心一体哲学的中国哲学

如果说西方传统哲学是以身心二分为其最初依据的话,那么,中国传统哲学则一开始就由身心一体来奠定其根基。无论是那种基于"心与天地万物为一体"之"天人合一",还是那种基于无间尔我的识痛痒的"恻隐之心"之"一体之仁",其都是深深植根于"身心一体"里。因而,一部中国哲学史,有关身心一体的论述及思想可谓俯拾皆是。

如古老的中医理论提出所谓"视其外应,以知内藏"(《内经·灵枢·本脏》),既是中国传统"显微无间"在中国生理学上的发显,又不失为现代身体现象学"可见的"与"不可见的"相交织的身心观的体现。与这种中医的"藏象不二"的思想一致,我们还看到《易传》提出所谓"美在其中,而畅于四支,发于事业",孟子提出"根心生色,睟面盎背,四体不言而喻",《大学》《中庸》提出"诚于中,形于外","合内外之道",阳明提出"无心则无身,无身则无心"(《传习录》),刘宗周提出"今人以一膜言心,而遗其耳目口鼻四肢皆备之心者,不知心者也"(《易簀语》)。而王夫之对这种"身心一体"的透彻理解更令人拍案惊绝,他指出,"无目而心不辨色,无耳而心不知声,无手足而心无能指使。一官失用,而心之灵已废矣,其能孤挖一心以绌群用,而可效其灵乎"(《尚书引义》卷六《毕命》),以致在他看来,心与其说是一种释道所谓的"恍惚杳冥之情",不如说作为"目之内景,耳之内牖,貌之内镜,言之内钥",其恰恰就体现在我们每一个人的

---

① 实际上,中国武术的起源问题是一个颇有争议的问题。虽有"天下武功出少林之说",但也不乏对此反对者。关于后者,深入研究少林武术缘起的马爱民先生无疑是一代表性人物。

身体的视听言貌之中。所有这一切,就导致了郭店竹简一字千金般的"悬"字的推出,它以一种"立象以尽意"的方式表明,我们民族对"身心一体"思想是如何程度的深深服膺。

既然中国古人认为身心关系是一种合内外的身心一体,那么这也意味着,古人坚持我们内在心对(身)的外部世界的把握是不假中介地直接把握的。在这里,既不需要求助于唯理论那种演绎的推理,也不需要求助于经验论那种归纳的联想,而是可以通过我们自身的身体感知一蹴而就的。这种一蹴而就的身体感知,用梅洛-庞蒂的表述,就是所谓的"用身体知道",用舒斯特曼的表述,就是所谓的"身体意识",用中国古人的表述,就是不萌于见闻之知的"德性之知",或王阳明所谓的"致良知",也即今日杜维明先生一言以蔽之的"体知"。

若进一步深究这种直觉式的"体知"如何可能,除了在于古人的身心关系是一种合内外的身心一体外,还在于这种直觉式的"体知"与其说是服从"认识论"的,不如说是遵循"目的论"的。在此目的性的活动中,"我的身体被它的任务吸引","我的身体朝向它的任务存在"[1],并且"哪里有要做的事情,我的身体就出现在哪里"[2],而"学习"并非对旧有知识的"习得",其不过是"获得了用某种解决方法来对付某种情境的能力"[3]。易言之,一如上述梅洛-庞蒂所说,我们认识的真理恰恰就体现在我们行为的目的实现途径之中,也即《说文》所谓"一达之谓道"的"道"之中。此即赖尔所谓的"能力之知"(knowing-how),也即杜维明所谓体知是"了解同时又是转化的行为",或塞尔所谓任何"以言表意行为"都是"以言行事行为"。

这样,在直觉的"体知"领域,知与行实际上乃是二而一,一而二的东西。职是之故,才使明儒罗近溪在解释周易"乾以易知,坤以简能"时指出,"知足该能,言知则能自在其中"[4],并由此而称"举杯辄解从口"[5],还言"此捧茶童子却是道也"[6]。职是之故,才使王阳明在极力推举不虑而知的"良知"时指出,"真知即是

① 梅洛-庞蒂:《知觉现象学》,姜志辉译,北京:商务印书馆,2001年,第138页。

② 梅洛-庞蒂:《知觉现象学》,第318页。

③ 梅洛-庞蒂:《知觉现象学》,第189页。

④ 罗汝芳:《近溪子集》94条,《近溪子全集》,台北:"国家图书馆",第233页。

⑤ 罗汝芳:《罗汝芳集》,南京:凤凰出版社,2007年,第427页。

⑥ 黄宗羲:《明儒学案》卷三十四《泰州学案三》,北京:中华书局,1985年,第773页。

行"(《王文成公全书》卷一),"行之明觉精察处便是知,知之真切笃实处便是行"(《王文成公全书》卷六),在理学"知解论"所向披靡之际,使自己走向了对中国古代重行传统的再次肯定,从中不仅开出了船山的"行焉可以得知之效也,知焉未可以得行之效焉"(《尚书引义》卷三)之说,颜元的"亲下手一番"和"援武于儒"的主张①,而且在近代章太炎重振"儒行"的理想上,我们依然可以感受到这种重行的呼声在中华大地一次又一次地回响。故中国古人的"身体意识"是身体行为的意识,中国古人的"用身体知道"是用身体行为来知道,中国古人的"体知"是身体行为之知。唯有通过身体行为,我们才能真正领悟为什么"实践出真知";唯有通过身体行为,我们才能使认识真理之何以可能的问题彻底大白于世。

显然,这种身体行为是一种活生生的变化(becoming)的身体,而非实在的实体的身体。而这种变化的身体也即一种"流动的身体",进而,按《气:流动的身体》作者石田秀夫的表述,这种"流动的身体"又为我们指向了"气"的身体。故在中国哲学语境下,身与气二者实际上是互为表里,须臾不可离的。因而,在《管子·心术》那里,其提出我们每一个人身体都内藏一"气渊",在孟子和王充那里,其都主张气乃"体之充也"(《孟子·公孙丑上》,《论衡》)的观点,在中医那里,其认为我们身体的"生机"即"气机","气始而生化"(《黄帝内经·素问》),在张载那里,其把气视作一种"散入无形,适得吾体"(《正蒙·太和》)的东西,在大程那里,其把人身体的麻木"不仁"归结为身的"气已不贯"(《河南程氏遗书》卷二上)。我们看到,正是基于上述古人的这一认识,才使杨儒宾先生为我们隆重地推出了一种所谓"气化身体观",而这种"气化身体观"既是对中国古典哲学中气论思想的积极彰显,又是对以牟宗三为代表的当代新儒家"心性至上"形而上学观点的奋力纠弹。

而儒宾先生之所以抬出"气化身体观",以反对当代新儒家"心性至上"形而上学观点,就在于在他看来,正如真正的身体实际上是一种梅洛-庞蒂式的"可见的"与"不可见的"的交织的"身心一体"的身体那样,那种身体之气亦是身心一体的。也就是说,杨儒宾先生认为,正是通过气的连接作用,不但使主体内部的身心之间,而且也使主体内外的物我之间,都得以形成"互纽",以期使我们走

哲学视域中的『禅武合一』

———————————————

① 张再林:《从颜元的体育主张到"援武于儒"的新儒学构想》,《体育学刊》,2020年第1期。

出现代哲学业已深深陷入的身心、物我相分离的理论误区。须要强调指出的是，一旦我们翻开中国古代"气论"思想史，你就会发现为儒宾先生所揭示的这种气的身心一体的确不失为古人的不易之谈。正是这种气的身心一体，才有了《管子·心术》所谓的"精存自生，其外安荣"，所谓的"泉之不竭，表里遂通；泉之不涸，四支坚固"，而其所谓"其大无外，其小无内"之道只能是一种气之道。正是这种气的身心一体，才有了《庄子·人世间》所谓的"无听之耳，而听之以心，无听之以心，而听之以气"，既非身（耳）又非心而唯有气才可使我们通向至高无上的境界的"心斋"领地。正是这种气的身心一体，才有了孟子所谓的"行有不慊于心，则（气）馁矣"（《孟子·公孙丑上》），也即一旦我们身体行为不合乎我们内心，就会使我们的气一泄无余。正是这种气的身心一体，才有了张载所谓的"知虚空即气，则有无隐显，神化性命，通一无二"（《正蒙·太和》），也即唯有气才是一种"方其形也，有以知幽之因；方其不形也，有以知明之故"（同上）的东西，也即一种超越了"可见的"与"不可见"二者对立的东西。也正是这种气的身心一体，才有了王夫之所谓的"不可象者，即在象中"之气说[①]，这一表述和今天"可见的"与"不可见的"相交织的身心一体的说法是那样惊人的如出一辙。

总之，无论这些中国哲学的先哲们对"气"的理解是如何的不同，他们都坚持心者无形，身者有形，气者于有无之间，连无形之心与有形之身。故一种身心一体的中国哲学最终乃是一种气的学说。唯有气的学说才是中国哲学最具本色、最有代表性的学说，唯有气的学说才能将中国哲学与西方哲学加以真正区别。那种近代以来视气的学说为异端邪说的观点完全可以休也！

二、从中国身心一体的哲学到禅学

无疑，禅学与中国哲学关系问题业已成为中国文化研究热点问题。其中，所谓禅学是"中国化的佛学"这一结论似乎已成无可争议的定义。但是，以笔者之见，从某种意义上说，禅与其说是"中国化的佛学"，不如说禅是中国文化在佛学大举进袭时期对中国哲学精神的忠实的复辟，二者具有显而易见的不二之义，尽管届时的中国哲学业已披上一袭更为时髦的外衣，和使用一种更为精致

---

① 王夫之：《船山全书》第12册，长沙：岳麓书社，2011年，第54页。

的哲学话语。

我们的这一见解之所以成立，不仅由于禅讲"缘起"而中国哲学亦讲"关系"，不仅由于二者都讲"相由心生"的"反求诸己"，不仅由于二者都以"了无分别"的方式把握天人关系，不仅由于二者都以"没有佛的佛学"这一"内在超越"为其皈依，更由于无论是禅学还是中国哲学都是以"身心一体"为其更为深入而根本的理论依据。正是这种"身心一体"使二者天衣无缝地联系在一起，使二者"你中有我，我中有你"，其称虽异其旨却一。

禅学的"身心一体"之旨是如此的确切无疑，以致我们唯有由此出发才能了解禅学与外来佛学之歧异，而真正使我们步入禅的领域，以致禅的真正不二之谛其实就是其身心一体之旨。众所周知，外来佛学是以"身心分离"为其殊胜之义。这种"身心分离"主张"万法唯识""一切唯心"的唯心主义，这种唯心主义既导致了自身"尘芥六合，梦幻人世"（张载语），"不断烦恼，不入涅槃"这一对身的世界弃若敝屣的妄见，又使自身深陷于"终日吃饭，不曾咬破一粒米，终日着衣，不曾挂着一条丝"（朱熹语）、"佛氏不着相，其实着了相"（王阳明语）这一我们自身生命自相矛盾的吊诡和悖反。

与此不同，在禅学那里，宗风为之一变，它体现了对这种"身心分离"的彻底反转和大力纠偏。不是"唯心主义"，而是"身心一如，身外无余"被其视为无上圭臬。故对于禅学来说，身的世界也恰是心的世界，在这种"身心一如"的世界里，不仅身已不是佛所谓的"臭皮囊"，而且一个涉身世界也不再是埋葬心的坟场。故禅讲"于相离相"、讲"执而不着"，为佛避之犹恐不及的红尘世界成为禅的神圣道场。由此就有了禅的"于相离相""烦恼即菩提"之说，以及惠能的"佛法在世间，不离世间觉，离世觅菩提，恰如求兔角"（《坛经·般若品》）这一从出世向入世的转向。而皎然的"市隐何妨道，禅栖不废诗"（《五言酬崔侍御见赠》），苏轼的"溪声便是广长舌，山色岂非清净身"（《赠东林总长老》），以一种"大隐隐于市（世）"的方式，也恰恰代表了这种根本性的转向。

如前所述，一种身心一体世界必然意味着我们心对身的世界把握是不假中介地直接地把握的，也即意味着一种直觉式的"体知"的出现。无独有偶，这种直觉式的"体知"也在禅学中又一次出现，并得以前所未有地发展、彰显。故禅崇尚"了无分别"的"不二之悟"，直契"现量"的审美直观。所谓"不立文字"、所谓"用肚子去想"、所谓"单刀直入"、所谓"如人饮水、冷暖自知"就无不是其体现,而诸如一切文字、语言、思维、逻辑、概念、理论及经典、偶像都是妨碍直觉的体验的执念。由此就有了著名的禅的"认指为月""执指忘月"的"指月之辨",就有了"是问便落第二义"的"一问便打",就有了诸如棒喝、掀床、斩猫等禅师的以势示禅,就有了所谓"空手把锄头,桥流水不流"这一语言表达的逻辑的反叛,而"呵祖骂佛""见祖杀祖,见佛杀佛"则是一切"祛佛学化"的至极体现。

　　同时,正如在中国哲学的直觉式的"体知"领域,知与行实际上乃是二而一,一而二的东西,从而使古人最终走向知行合一那样,禅学发展亦如此。在中国禅学史上,我们看到《传灯录》中有以下记载:

　　　　南岳怀让:"道一住传法院,常日坐禅。师知是法器,往问曰:大德! 坐禅图什么? 一曰:图作佛。师乃取一砖,于彼庵前石上磨。一曰:师作什么? 师曰:磨作镜。一曰:磨砖岂得成镜耶? 师曰:坐禅岂得成佛耶? 一曰:如何即是? 师曰:如人驾车不行,打车即是,打牛即是?"一无对。师又曰:"汝学坐禅,为学坐佛? 若学坐禅,禅非坐卧。若学坐佛,佛非定相,于无住法不应取舍。汝若坐佛,即是杀佛,若执坐相,非达其理。"①

与此互为发明的,人们还可看到明藏本的《坛经》如下名言:

　　　　住心观净(原作"静"),是病非禅。长坐拘身,于理何益! 听吾偈曰:生来坐不卧,死去卧不坐,元是臭骨头,何为立功课!

　　于是,从"住心观净"的"默照禅"向"作用见性"的"行动禅"的发展就成中国禅的运动的必然趋势。这一点,可见于从"活在当下"到"饥餐困眠",从"触事而真"到"念念若行,是名真有",从"一日不作,一日不食"到"担水劈柴无非妙道",乃至行住坐卧、语默动静、扬眉瞬目无往非禅,乃至诸如种菜、锄草、采茶、吃饭、泡茶等一切日常生活都是禅的活生生体现。故在这里,禅的修行已非"住心观净",而是孟子所谓"必有事焉",以及王阳明所谓"在事上磨炼"。

---

① 释顺印:《中国禅宗史》,北京:中华书局,2010 年,第 325 页。

唯其如此,我们才能理解为什么一代禅的泰斗虚云禅师虽一心奉禅,却并不妨碍他在八国联军入侵之际挺身而出,扶危救难,在抗日时期舍身忘死,投入赈灾救饥运动里。唯其如此,我们才能理解为什么中国禅在东渡扶桑之后,禅已经彻底融入剑道、茶道、花道、书道里,以及一切艺术和制作行为里,而铃木俊隆所谓"一切作为都是修行"、所谓"品味生命中的每一分、每一秒",所谓"只管去做,别管不可能",所谓"只有动中之静才是真正的静",所谓"煮饭就是一种修行"、所谓"喝茶去吧"①,如此等等都是这种源自中国的"作用见性"的"行动禅"的明证,都是对"终日不离一切事,不被诸境惑,方名'自在人'"(希运禅语)这一中国禅的精神的回应。

　　这也最终导致了现代所谓"正念疗法"在临床医学上的隆重推出。这种源自中国正念禅修并为现代西方医学家们所发掘、所提炼的"正念疗法"的要点是,当你的不良情绪和精神重压悄然而至时,你不需要刨根究底地去寻找什么原因使你自己如此心烦意乱、难以入眠,或调动某种"强大的精神"去降服和战胜自己身上的"心魔",也不需要借助医生帮助接受催眠、电击或药物的治疗,而是另辟蹊径地以一种"去做而不去想"的方式,身心一致、全神贯注(也即正念式地)去实践、去体验眼前所做的事情。这些事情除了包括你自身往往无意识的自主呼吸外,还包括虽然去做,但却往往"心不在焉"去做的诸如行走、刷牙、洗澡、擦干身体、穿衣、吃饭、开车、倒垃圾这些日常生活及作息。当你以如此的方式去从事这些活动时,你就会发现那种来势汹汹的不良情绪和精神重压突然之间悄然遁去、不击自溃,变得无影无踪。也正是由于这种不无便捷并收效明显的疗效,使这种"正念疗法"业已成为治疗精神抑郁症,还被运用于治疗压力、疼痛和慢性疾病等诸多领域的普遍认可的减压疗法,并以一种毋庸置疑的事实表明,中国古老的禅的精神即使在现代的今天依然可以弘扬光大。

　　实际上,为禅修式"正念疗法"所强调的全神贯注而非心不在焉地去"做事",乃是以我们自身的"身心一体"生命为依据、为前提。正如在中国哲学中"身心一体"是以"气"为中介和途径,在禅那里"气功"同样也是使我们身心俱冥的最重要的功夫。也就是说,无论是古代禅宗气功"三调法"(调身、调心、调气)、"六妙门"(数、随、止、观、还、净的门径),还是现代"正念疗法"对气的呼吸

---

① 铃木俊隆:《禅者的初心》,梁永安译,海口:海南出版社,2010年。

的强调和力挺,其都旨在使我们自身生命最终臻至身心物我两忘之境。在这方面,明代最著名的一代禅师憨山的气功实践为我们提供了坚实的例证。他不仅具有"气满不思食"的深厚的气功功夫,并且正是基于这种气功功夫,才使他体会到"不见身心,……自觅身心,了不可得。即说偈曰:'謇然一念狂心歇,内外根尘俱洞彻,翻身触破太虚空,万象森罗从起灭'。自此内外湛然,无复音声色相障碍"①。如果说在憨山那里,他的气功体验尚给人留有不无神秘的"冥契主义"的嫌疑的话,那么,在禅的曹洞宗现代继承人铃木俊隆那里,他的前"我思"的"我呼吸故我在"命题的推出,则使禅的气之身心物我两忘机理彻底一览无余。他指出,"坐禅时,我们的心总是与呼吸紧紧相随。吸气时,气会进入内在世界;呼气时,气会排向外在世界。内在世界是无限的,外在世界也同样是无限的。虽然说这话有'内在世界'和'外在世界'之分,但实际上,世界就只有一个。在这个无限的世界里,我们的喉咙就像两片活动门,气的进出就像是有人穿过这两片活动门。……所谓的'我',只是我们在一呼和一吸之间开阖的两片活动门而已。它只是开阖,如此而已。如果你的心够清净静谧,就会察觉到这个开阖里面什么都没有:没有'我',没有世界;也没有身或心;有的只是两片活动门"②。

天下殊途同归,百虑而一致,在中国古老的《周易》学说里,我们也同样看到这种不断开阖的"气之门"的隐喻,因为《周易·系辞》的作者亦写道:"阖户谓之坤,辟户谓之乾,一阖一辟谓之变,往来不穷谓之通。"这里似乎并没有提出"气"的概念,但"阖户谓之坤,辟户谓之乾"的表述分明指向了封藏的地阴之气、开放的天阳之气③,并以一种"人身虽小,暗合宇宙"的方式,亦使"我呼吸故我在"成为《周易》学说的应有之义。因此,中国禅的气功与其说源自原始的印度瑜伽之术,不如说它作为"自家宝藏"早就深深掩埋在中国古老故土里,而印度佛学的东渡只不过是为其提供了重新发现自己的一种契机而已。

三、从禅到少林功夫"禅武合一"

禅的宗旨既明,少林功夫"禅武合一"的隐秘也就不揭而示了。也就是说,

---

① 陈星桥:《略论佛教"气功"(三)》,《法音》,1997 年第 6 期。
② 铃木俊隆:《禅者的初心》,第 30—31 页。
③ 参看杨天才:《周易》,北京:中华书局,2016 年,第 257 页。

既然禅以"身心一体"为其根本依据，那么，这种"身心一体"亦是少林功夫至上臬极，正是基于这种共同的"身心一体"，才使少林功夫中禅与武从对立走向了完全的一致。

因此，正如禅"身心一体"导致了身心内外合一那样，少林功夫亦如此。故少林功夫强调"强内固外""中气充足，精神百倍"，强调"内外相连，虚实相需而为一贯"，强调"藉相了性，由相入性"。也即强调以身为相，以心为性，藉身了心，由身入心；而中国禅的达摩祖师当年在少林寺针对众徒的"精神萎靡、筋肉衰惫"现象，提出所谓"是欲见性，必先强身，盖躯壳强而后灵魂易悟也"[1]，则可被视为回归禅的"合内外之道"的殊胜之谈，尽管上述广为引用的说法有缺乏可靠的史籍的有效检验之憾。实际上，达摩并非仅仅说说而已，还为众生亲授一强身术及其练习法，其前后左右共不过十八手，又名十八罗汉手，故达摩实为少林寺从禅到武、禅武合一之真正开宗手。[2]

正如禅的"身心一体"步向直觉式的"体知"那样，少林功夫也不例外。在少林功夫中，这种直觉式的"体知"表现为，其功夫习炼始于重视套路、以形为要，终于重视化有招为无招，羚羊挂角，无迹可寻，而使习炼者臻至那种"拳无拳，意无意，无意之中是真意"、那种"用志不纷，乃凝于神。始有得心应手之能"的至极之妙。其实，这种直觉式的"体知"习炼过程也即一种所谓的"身体意识"的敏锐性不断提升的过程，以至于这种敏锐性可以达到佛学所谓"六根互用"的化境，达到拳术所谓"蝇虫不能落，一羽不能加"的化境。也正是为了提升这种"身体意识"的敏锐性，才使少林形意拳中的十二形很多都是以自然界的动物来命名拳种(如螳螂拳、虎拳、猴拳等)和命名拳的动作规定(如青龙献爪、燕子穿林、白鹤亮翅，如起如猿、落如鹊、立如鹤等)。也正是为了提升这种"身体意识"的敏锐性，才使少林"古轮拳法"的大师们常常在峭壁、悬崖边、钟楼房梁等踏错半步就会身死命亡之地来练功，甚至个别大师竟然每天只在仅可侧卧的狭长凳子上睡眠，并且一睡就是十几年。显然，无论前者还是后者都和培养人自身的"身体意识"的敏锐性有关。前者模仿动物是因为动物动作直接、简单且有效，相对于人，动物更能体现一种本能般的直觉直感。后者置身于不安全场所练功和睡

---

① 尊我斋主人：《少林拳术秘诀》，北京：中国书店，1984年，第40页。

② 尊我斋主人：《少林拳术秘诀》，第40—44页。

眠是因为唯此才能使人自身心无旁骛地专注于当下，并使其进入那种高度身心一致的直觉体验。

同时，正如禅以一种"知行合一"方式从"默照禅"一变为"行动禅"那样，这一点也在少林功夫中得以充分体现。故《太极拳谱·固有分明法》主张知觉乃"固有之良"，四肢运动皆"天然之良"，并且二者是如此不可分离，以至于古代拳家提出"夫运而知，动而觉，不运不觉，不动不知"[①]，使"良知"最终落实于"良能"，是对"真知即是行"的阳明观点的实际而有力肯定。人们看到，作为这一点的具体反映，少林功夫践行者坚信"枯坐不能成佛""空谈而不践行终是虚妄"的至理，使修行体现在浇水、扫地、锄地、提水这些生动的行动中。即使在今天少林功夫传人吴南方那里，其仍然强调"真正的修行无处不在"，甚至提出吃饭细嚼慢咽就是练功。而少林功夫中精湛的武术横空出世更是将这种"行动禅"进一步推向炉火纯青的至极之境，因为正是在武术这一攸关生死存亡之技中，它体现了极其高度的实践的合规律性与合目的性的统一、身与心的统一，使我们真正领悟到那种"动而觉"的"行动禅"的真理。无怪乎《兵镜》一书作者邓廷罗有感于禅武一如，为我们发出了"兵犹禅也"的深深感悟。

一旦少林功夫特别强调武功，那么就意味着"气"之功夫在少林功夫中备受推重。这不仅由于气是身与心、"不可象"与"象"的统一，而且还由于武与"勇"紧密联系在一起，而"勇，气也"，一如《说文》所训，人的武勇行为更是与气须臾不可离。由此就有孟子在讨论勇时的"浩然正气"说，以及后来船山所谓的"气是个不恐惧的本领"之说。[②] 故为禅所重的气功在少林武功中更成为其重中之重。在《少林拳术秘诀》一书中，所谓"气功阐微"被列为首章，该章一开始就写道："柔术之派别习尚甚繁，而要以气功为始终之则，神功为造诣之精。究其极致所归，终以参贯禅机，超脱于生死恐怖之域，而后大敌当前，枪戟在后，心不为之动摇，气始可以壮往，此所谓泰山倒吾侧，东海倾吾右，心君本泰然处之若平素也。"[③]而该书提出"欲学技击先学数息"[④]，以及极力对所谓"站桩"和"呼吸"强调，则恰恰为我们说明了作者的"要以气功为始终之则"之说。再者，在由其

① 张震：《气化的技击：传统武术"气"的象哲学阐赜》，《北京体育大学学报》，2019 年第 7 期。
② 王夫之：《读四书大全说》，《船山全书》第 6 册，第 922 页。
③ 尊我斋主人：《少林拳术秘诀》，第 1 页。
④ 尊我斋主人：《少林拳术秘诀》，第 66 页。

弟子整理的当代少林《古轮拳法》那里，其对少林武功中的气的顶礼更是比比皆是。如它提出"形顺才能内气行，修心养气拳根本"，提出"伸缩开合是根本大法，丹田呼吸是诀窍要领"，提出"神藏眉间一线，气聚腰囊一条"，提出"转腰合胯一气连，妙法唯在呼吸间"，提出"用心意之气将周身骨架凝聚为一个结实的间架"，提出"功夫就是合一，自身内外合一，人与自然合一，天地精气合一"①，而其中对拳法之"柔"的高度肯定，依老子"专气致柔"之义，同样可视为对少林武功中"气"的极力提撕。

须要强调指出的是，在少林武功"气"的提撕中有两点尤应该引起我们的注意。其一，与少林禅乃"行动禅"这一点高度一致，少林武功中的气功同样是一种"动气功"。在气功长期浸淫于"致虚守静"的静养功法之际，这种"动气功"的推出堪称为中国气功理论和实践的一场革命。也就是说，"流水不腐，户枢不蠹，动也。形气亦然，形不动则精不流，精不流则气郁"（《吕氏春秋·尽数》），一如古人所说，与那种气与身形变化无关的"静气功"不同，少林的"动气功"的要领强调气与身形变化完全同步。此即少林拳术及其流派主张的"形气互随"，"形顺才能内气行"，"吸松呼紧，形为根本"，"练此浑元一气，必讲架势，盖气虽为架势之本，而架势则所以运用气力者也。二者互为表里，互为依存，缺一而不可也"②，其最高境界是"呼吸亦似有似无，与手足动作起落进退相合，谓之调息。练到身无其身，心无其心，谓之神形俱杳"③。从中不仅产生了"意与气合"的"形意拳"、"形随气运"而"行云流水"般的太极拳，产生了高度动态化的"听之以气"的"听劲"说，还在"心无所住，气无所滞"运化之中，使"化有形为无形，变有法于无法，无法可依，无招可循，制敌于无形之中"，使"出神入化"成为少林拳术的无上圭臬和境界。

其二，随着少林武功中的"气"与"武"深深相契，两两一如，中国气功中内隐的"孔武有力"之"力"亦在气的扑朔迷离之中得以破雾而出，并得以空前的大力标举。故在《说文》中"勇"字从"力"，并且《段注》注《说文》"勇"字时亦指出："力者，筋也；勇者，气也。气之所至，力亦至焉。"同时，"气"字本为"氣"，又，《管

419

---

① 《古轮拳法》是由该拳法大师吴南方的弟子王文哲先生整理编辑，暂未正式出版。在此就其所作的重要工作以及对笔者的大力帮助，向王先生致以诚挚谢意。

② 尚济：《形意拳技击术》，太原：山西科学技术出版社，2013年，第203页。

③ 尚济：《形意拳技击术》，第202页。

子·心术》亦有"一气能变曰精"之说,无论是"氣"字还是"精"字都与"米"相关,而"米"作为人生命能量、人生命力的重要来源自不待言。因此,气与力的内在联系是如此的显而易见,以至于中国武术更有"即气而劲在"之谈。① 而少林武功对"气力"的强调则可视为这种"即气而劲在"的真正开山。故不仅少林《捶把十要诀》提出"气血丰满心生勇",而且所谓"盖志者气之帅也,气者体之充也,心动而气则随之,气动而力即赴之"(《捶把十要诀》),所谓"心动气随顷刻间,劲力完全来之气"(同上),"五行相依气推力,四两可拨千斤动"(同上),"身松气沉心气定,丹田气聚力自生"(《古轮拳法》),"拳法要知柔为妙,柔极生刚力无边"(同上)。如此等等都使"气力"之说成为少林武功非同寻常的重要之见。此外,这

哲学·经学·语言

种少林武功对"气力"的强调还见之于业已正式出版的《少林拳术秘诀》一书,书中作者尊我斋主人明确指出:"肺为气之府,气乃力之君。故言力者不离气,此古今一定之理。大凡肺强之人,其力必强;肺弱之人,其力必弱。何则? 其呼吸之力微也"②,并且气与力二者关系是这样的密切,乃至"其初本为寡力之夫,因十年练习呼吸练气之功,有增其两手之力,能举七百斤以上者"③。而少林拳法讲究"非曲非直滚出入",认为我们力量最大瞬间在于身体非曲非直之间,则以一种形与气互为表里的方式,使"即气而劲在"再次成为中国武术不易之谈。

　　一种"内在动力学"就这样在中华大地诞生了。唯其如此,才有孔子的"为仁由己",孟子的"万物皆备于我",陆象山的"自做主宰",王阳明的"自家宝藏"以及章太炎的"依自不依他"之说,因为这里所强调的自己、自我,并非笛卡尔式的"我思"的自己、自我,而是一种充满潜在而无限的生命力、生命能的自己、自我,也即一种大《易》的所谓"自强不息"的自己、自我。而这种"内在动力学"意义上自己、自我的发现,既离不开中国思想家的先知先觉,更有赖于中国武术家的"身体书写"。也就是说,正是在少林武僧们"昼习经曲,夜练武略"的"禅武合一"里,在他们对"禅武合一"结晶的少林功夫日复一日、艰苦卓绝的默默耕耘中,通过其自身切己的身体行为,"拳打万遍,其理自现"地为人类发现了一种更为本自具足、更为有力强大的自己、自我,并从中开出了那种基于"我能"而非"我思"的东方形而上学之先河。

---

① 张震:《气化的技击:传统武术"气"的象哲学阐赜》,《北京体育大学学报》,2019 年第 7 期。

② 尊我斋主人:《少林拳术秘诀》,第 4 页。

③ 尊我斋主人:《少林拳术秘诀》,第 4 页。

"Unity of Chan and Martial Arts" in Philosophical Perspective

Zhang Zailin

Abstract: As the supreme principle of Shaolin kung fu, "the unity of Chan and martial arts" determines the fundamental characteristics of the unity of various Chinese martial arts derived from Shaolin Kung Fu. In order to truly answer the question of how this "unity of Chan and martial arts" is possible, we can only return to the ultimate principle of the Chinese philosophy of body and mind. It is based on this "unity of body and mind" that there is the theory of "body intuition", the theory of "unity of knowledge and action", and the theory of "one Qi prevails" in Chinese philosophy. The various theories formed from the "unity of body and mind" are not only all reflected in Chan, but also in the Shaolin Kungfu of Chan without exception. Therefore, only by returning to this "unity of body and mind" can we step into the common field of Chan and Shaolin Kung Fu, and from it, the mystery of the "unity of Chan and martial arts" of Shaolin Kung Fu can be truly solved.

Keywords: Shaolin kung fu, unity of Chan and martial arts, unity of body and mind

新加坡学者王昌伟的关学思想史
研究成就述评[*]

李敬峰^{**}

[摘 要] 在国内张载关学研究已然取得丰硕成果,但研究范式相对单一、固化之际,拓展学术视野,聚焦海外研究不失成为推动和深化张载关学研究的一条可行的路径。本文以海外唯一一位持续精研关学数十载,系统撰写关学史的新加坡学者王昌伟为考察对象,通过分析王昌伟在关学概念的界定、关学宗师张载的研究以及张载关学后学的研究,指出其在关学思想史研究上的创获在于:将张载关学从单纯的哲学视野扩展至丰富的思想世界,细化以往较为笼统的研究;在思想史、社会史以及文化史视域内重新反思关学的建构,将"抽象的关学"扭转为"历史的关学";探索出在历史语境下,在比较视野中,在跨地域视界内研究关学个案的学术模式。这不仅为国内关学研究呈现一个全新的视域,提供一个崭新的学术典范,亦利于龟鉴张载关学在海外的研究和发展,从而从他

* 基金项目:陕西省社会科学基金项目"清代关中朱子学研究"(2022C004)。

* * 李敬峰(1986—),男,河南洛阳人,哲学博士,陕西师范大学哲学系教授,主要研究领域为宋明理学。

者的视角来映照国内关学研究的优长和不足。

[**关键词**]　王昌伟;张载关学;思想史

　　张载无疑是宋明理学的共同创建者,并在其中起着举足轻重的作用。由他所开创的关学,以其在思想上推崇气学、在学风上躬行礼教、在旨趣上注重践履、在学脉上条贯秩然而享誉学界,成为地域学派全国化的典范,至今依然是海内外研究宋明理学不可轻忽的一环。在国内关学研究已然取得丰硕成果,但研究范式又相对单一、固化的际遇下,我们非常有必要扩大视野,对海外的关学研究给予观照、引介和评述,一方面补当前对国外关学研究关注不足之阙,另一方面亦吸收和借鉴国外关学研究的前沿理论成果,推进和深化张载关学研究。而在海外研究张载关学的学者中,尤以新加坡国立大学王昌伟教授(新加坡人)的成果最为丰硕和系统,是海外唯一系统撰写关学史的学者。他师从美国哈佛大学著名中国思想史研究专家包弼德教授,深受包氏区域文化研究方法和理论的影响,数十年持续精研关学,出版专著《Men of letters within the passes: Guanzhong Literati from the Tenth to the Eighteenth Centuries》《中国历史上的关中士人:907—1911》,发表《从"遗迹"到"文献":宋明时期的陕西方志》《〈关学编〉与明清陕西士大夫的集体记忆》《王心敬续〈关学编〉与康乾之际关中理学传统的建构:兼论清代学术的区域化进程》《从族谱看明代陕西宗族组织与士人阶层缔结联盟的方式》《"求同"与"存异":张载与王廷相气论之比较》《Zhang Zai's Legacy and the Construction of Guanxue in Ming China》《We are One Family: Guanxue Vision in the Northern Song》《李二曲调和朱子与陆王的方法》等与关学相关的专著和论文,以此足见其研究的系统和全面。就此而论,这是任何一位海外学者都无法与其相提并论的。更为重要的是,王昌伟教授的研究以其跨学科的视野,新颖的问题角度而有别于国内偏于哲学史的研究进路,非常值得我们国内学者给予特别的关注和研究。

一、关学概念的界定

　　"关学"作为一个道脉相沿八百余年的学术流派,一直被视为"关中理学"而传衍不绝。直到近代新的学术体系建立,关学是否有史成为分歧不断的话题。

侯外庐先生在其《中国思想通史》中曾提出"北宋亡后,关学就渐归衰熄"①,龚杰先生基本沿袭侯先生的观点,进一步指出,关学"上无师承,下无继传,南宋初年即告终结"②。陈俊民先生则界定关学为"宋明理学思潮中由张载创立的一个重要独立学派,是宋元明清时代今陕西关中的理学"③。后赵馥洁、刘学智等先生进一步论证关学有史。而另一张载关学研究专家林乐昌先生虽不否认关学有史,但否定有一个统一的"关学"概念存在,主张将关学划分为北宋关学、明代关学和清代关学三个阶段和形态④,显豁出更为精深和独到的观察和思考。而随着《关学文库》的出版,国内学界在关学有史问题上基本达成一致,分歧只是在于关学在何处终结。这一根基问题的解决对关学研究具有"哥白尼式革命"的意义,厘定了关学学术的"合法性",打开了关学研究的新局面。这个基础性问题同样引起王昌伟教授的注意,他对当前学界界定"关学"的观点回应道:

> 以往大多数以诸如"闽学"、"关学"、"徽学"、"湖湘学派"等等为题的研究都把地域性理学学派视为一不证自明的界定范畴,重点则放在分析学派成员的学术和思想。这一类的研究倾向于比较草率把来自同一地区的思想家都视为同一固定的"学派"成员,而忽略所谓的"学派",其实是一经过各种思想与学术竞争的场域。而且在这样的讨论框架下,地域除了提供一个便于研究者勾勒理学家的社会网络的范围之外,并没有其他更为实质的意义。⑤

王氏以"不证自明"来描述学界对"关学"概念的认识,精准地打在七寸之上,将学界对"关学"概念界定的不足揭示出来,那就是"关学"概念本身也是一种可以受到挑战的建构,绝不能宽泛地以地域论学派,更不能将其从地域的社会文化中进行抽离和提纯,那样的"关学"是失真的、窄化的、抽象的"关学"。基于这种

---

① 侯外庐:《中国思想通史》第四卷(上),北京:人民出版社,1959年,第545页。

② 龚杰:《张载评传》,南京:南京大学出版社,1996年,第206页。

③ 陈俊民:《张载哲学思想及其关学学派》,北京:人民出版社,1986年,第24页。

④ 林乐昌:《论"关学"概念的结构特征与方法意义》,《中国哲学史》,2013年第1期。

⑤ 王昌伟:《王心敬续〈关学编〉与康乾之际关中理学传统的建构:兼论清代学术的区域化进程》,见余英时、黄进兴、王汎森等编:《思想史》5,台北:台湾联经出版社,2013年,第8页。

思想史的立场,王昌伟具体而微地指出在学界较有影响的陈俊民先生对关学定义的不足之处,他认为陈俊民先生关于关学的定义是不符合关学本身的历史事实的,缘由在于时人并无意识要创立一个内涵与外延皆明确的地域性学派的意图,且金元至明初,关中学者对张载及其学术并不重视,直到明代中叶,学者开始因为张载关中人的身份,而把他的地位抬到创派祖师的高度,即使到晚明的关中理学,最为关注的并非传承张载的学说,而是回应朱、王之争。① 王氏的这种观察正是在思想史的取径下展开的,一改以往学界有思想无历史的研究取向,从后学对张载学术的认同、接受和关切的史实角度否定关学有一个从头至尾、代代相传的学术脉络,故而他在前述众多代表性观点中,基本赞同林乐昌先生的观点,他说:"林乐昌提醒我们,宋代以还的关学并非统一的概念,研究者更应该注意不同时段的差异性,无疑是很有见地的。"② 当然,在肯定之余,他也指出林乐昌先生观点的不足之处:

> 虽然林乐昌注意到并不存在一个能用以概括和解释从北宋到明清的关中学术的同一范畴,他却仍然认为关学是一个不证自明的概念,所以才会直接从王徵与杨屾为关学人物,而没有注意到历史上关学谱系的建构者,经常都会为了如何界定关学以及谁才算是关学人物而展开辩论。③

很显然,王氏并不赞同林乐昌先生将王徵和杨屾列入关学谱系当中,原因是在他看来,林乐昌先生依然是离开历史语境去定义关学,将关学作为"不证自明"的范畴来看待。王氏的这种评判很大程度上并不切合林乐昌先生的本意,因为林乐昌先生恰恰是以历史的眼光但又不限于历史的维度去审视关学的建构,这可从其从时间、空间和学传三个维度定义关学得到直接的佐证,尤其是林乐昌先生也交代了何以将王徵、杨屾列入关学谱系的原因。④ 虽有此瑕疵,但王氏这一指陈无疑是卓有见地的,他注意到关学是动态生成和衍化的,提醒我们界

---

① 王昌伟:《王心敬续〈关学编〉与康乾之际关中理学传统的建构:兼论清代学术的区域化进程》,第4页。

② 王昌伟:《王心敬续〈关学编〉与康乾之际关中理学传统的建构:兼论清代学术的区域化进程》,第5页。

③ 王昌伟:《王心敬续〈关学编〉与康乾之际关中理学传统的建构:兼论清代学术的区域化进程》,第6页。

④ 林乐昌:《论"关学"概念的结构特征与方法意义》,《中国哲学史》,2013年第1期。

定关学绝不能将其从历史场景中抽离出来,进行静态的分析,而这恰恰击中国内学界研究之软肋。基于这种思路,王昌伟提出以下独到的见解:1. 张载并无意识要建立一个地方性学派,关学是后代学者建构出来的,一直到晚明著名学者冯从吾的《关学编》问世以后才正式被确定下来;2. 关学不是一个连续的学术存在,而是有阶段性的划分和差异的;3. 张载在后代建构关学的过程中,只是被视为一个符号和象征,其极具特色的学说始终处在关学学者的边缘意识中,他们关心的更多是像朱、王之争这样具有全国性的学术话题。① 从王氏的核心观点中可以看出,他实际上是在努力消解和淡化在纯粹思辨、抽象的基础上去理解关学,注重从真实的历史语境中动态地思考和把握关学的学术内涵和真实面貌,力求将"关学"具象化,这显然不同于远离、抛开历史去抽象理解关学的进路。换而言之,两者虽然面对的是同一史料,同一对象,但角度、旨趣和方法却有着显著的差别。当然,这两种方法并没有高下优劣之分,也无水火不容之势,只是从不同视角向我们呈现关学的结构和内涵,实可两相互补、资用。王氏推论的正确与否仍可再议,但其致思的方向和维度无疑为我们重新思考"关学"何谓开辟了一个较好的视角,裨益之效,实不容掩。

二、关学宗师张载的研究

基于张载关学鼻祖的地位,王昌伟教授对其着墨最多,视角与方法较为独特而新颖,结论亦足以令人耳目一新。他主要从张载的核心思想"气"与"经世"入手,探析张载的独特视野。就"气"来说,王昌伟详人所略,略人所详,着重强调"气"的本质及其与人性善恶的关系,他认为张载"气论"的最大特色就在于不把"气"仅仅视为形而下的材质之性,更是具有显而易见的形上性质。他说:

> 气在张载的哲学中具备形而上的,超越、普遍的绝对的意义,但是气却处于永恒的流行变动之中,故"气不能不聚而为万物",而在凝聚的过程中,就落实为实然之气并产生有形体的万物,……从凝聚为万

426
哲学·经学·语言

---

① 参见王昌伟:《〈关学编〉与明清陕西士大夫的集体记忆》,见何国忠主编:《文化记忆与华人社会》,马来亚大学中国研究所,2008 年,第167—178 页;王昌伟:《王心敬续〈关学编〉与康乾之际关中理学传统的建构:兼论清代学术的区域化进程》,第4—8 页。

物的角度看,则气的实然形态千变万化,并因此决定万物之不齐。……张载要强调的,正是虽然气在形而下的领域呈现不同的形态,也表现出善恶相混的倾向,但从超越的层面来看,气同时也是一至善的道德实体,是万物的价值与至善无恶的人性的本源。①

与大多数学者一样,王昌伟亦从气本论来定位张载之学②,既注意到张载哲学中"气"的超越性、绝对性的一面,也注意到万物不齐之根由在于气下贯万物时所产生的差异,且这两种"气",也就是"形上之气"与"实然之气",所表现的属性是不同的,前者是至善无恶的,是至善的道德实体,后者是善恶相混的。很明显,王昌伟是将"气"区分为形而上的至善道体和形而下的材质物体,且这两种气具有同质性。我们需要追问的是,何以纯善无恶的形上之气下贯为实然之气时,就出现"恶"呢? 王氏采用中西比较的方法,别有洞见地认为这关键在于张载所谓的恶,并不类似基督教传统中带有原罪意味绝对的恶,而是后天人因为受实然的形体所拘,囿于闻见,只看到由实然之气所形成的万物的殊别,而不能感知万物都产生于同一个超越与至善的太虚道体,这样一来,人只注重于个体之私,而不去追求与天地万物相贯通的道理。③ 王氏的这种剖析可谓精到,与一般的从气禀角度论"恶"自是不同。平实而论,若依从气本论的视角,王氏以上所述大致不差,在某种程度上也切中张载立意。我们知道,张载在"儒门堕落,收拾不住"之际,着意借助"太虚""气"来建构宇宙本体论,摈弃佛道两家从生成论的角度论述两者关系的做法,改而从体用不二的视角将本体与现象统一起来,一方面纠正佛老"有生于无"割裂体用的主张,另一方面也矫补汉唐诸儒知人不知天的弊病,为儒学确立形而上的超越依据,极大地完善处于发轫期的理学体系的建构。在层层论证之后,王昌伟高屋建瓴地对张载"气论"的实质揭示道:

---

① 王昌伟:《"求同"与"存异":张载与王廷相气论之比较》,《汉学研究》,2005 年,第 137—138 页。

② 一直以来,学术界多将"气"视为张载之学的第一义概念,赋予其根本性、统领性地位,相沿习习,几成定论,后林乐昌、丁为祥等学者开辟新的视角,从形上与形下、体与用重新界定太虚与气的关系,二者论断虽略有差异,但皆赋予"太虚"形上本体之位,使得"太虚"具有实质性的位置,一时成为较有影响的观点,值得我们重视。(详参林乐昌:《张载两层结构的宇宙论哲学探微》,《中国哲学史》,2008 年第 4 期;丁为祥:《张载虚气观解读》,《中国哲学史》,2001 年第 2 期)

③ 王昌伟:《"求同"与"存异":张载与王廷相气论之比较》,第 138 页。

他能在承认万物具体差别的同时，不放弃万物能在更高的层次上合而为一的信念。这是一种"求同"的哲学。王廷相的气论却否定至善道体的存在，只重视由实然之气所形成的天地万物"不齐"的必然性。这是一种"存异"的哲学。①

在此，王氏通过对比同样具有气一元论倾向的王廷相思想，认为张载哲学是"求同"之学，就是为实然世界千差万别的个体寻找一个能互相贯通的超越依据。而将王廷相之学界定为"存异"的哲学，即放弃对贯通的追求，转而肯定差异的必然性与合理性。王氏的这一区分和提揭无疑是独具慧眼，抓住两者学术的根本差异，尤其是将张载哲学的独特面向呈现出来，这就有别于国内学者停留在宇宙本体层面审视张载哲学的取向，从整体的视野直探张载哲学的本质，并将此"求同"视为整个宋学的基调。王氏的这种别具一格式的论断确实令人耳目一新，细化了过往较为笼统的研究，从更为超越和深刻的层面将张载气论本质拔擢出来，显示出其独特的视角和敏锐的问题意识。

而就张载的经世思想，王昌伟认为以往的研究有两个缺陷，一是只关注哲学而忽略其"实际"的层面，二是把他们在体制方面的追求和其哲学思想割裂开来，而实际上这两个方面是张载学术中不可分割的组成部分，"是为他们的时代课题所提出的一个完整的解答的一体两面，需要有一个整体的把握。"②必须承认，王氏的这种见解是抓住了问题的症结。那么如何来证明这样的论断呢？王氏择取的是通过考察张载哲学中的"道"与"迹"的关系来为其说进行论证。他认为在北宋道学家开出的治世方案中，张载是比较特殊的，特殊性就在于他及弟子是唯一一个从制度入手探讨其他可能性的群体。③这种判断无疑是准确的，与张载思想若合符节。我们知道，这种制度在张载哲学中最为直接的体现就是他念兹在兹的"古礼"。张载认为"礼"乃圣人之迹，既然是圣人之迹，那就是"有是心则有是迹"，也就是"迹"不仅是圣人之道的真实显现，更是本体价值的呈现。因此，要想实现三代之治，作为能够真正体现道德唯一的"迹"，就必须

① 王昌伟：《"求同"与"存异"：张载与王廷相气论之比较》，第133页。

② 王昌伟：《"求同"与"存异"：张载与王廷相气论之比较》，第146页。

③ 王昌伟：《中国历史上的关中士人：907—1911》，刘晨译，杭州：浙江大学出版社，2017年，第39页。

毫无保留地实施。为了凸显张载主张的特殊性，王氏采用比较的手法，将其与同时代的程颐、王安石进行对比。就程颐而言，王氏认为在程颐的视域中，上古善政的真正精华并不在于体制，因为井田制、封建制以及肉刑是圣人之迹而非圣人之道，这些迹是圣人顺势而行的，学习圣人之道，并非简单地追寻这些迹，而是要明白蕴涵其中的真意，不复制古代的体制也同样可以如圣人一样治世。[①] 王氏所论自是不差，程颐确实对"迹"了无兴趣，因为在程颐看来，价值所在的"道"是恒定的，而"迹"是随情况而变的，因此，"迹"没有独立的价值，它们的价值，依赖于真正懂得道的人去赋予。而这正是程颐对重建社会体制鲜有兴趣的主要原因，他更愿意去追求个人的修养。那么，王安石又是如何看待的呢？王昌伟对王安石的分析亦颇为中肯，他认为王安石与程颐对"道"的看法是相似的，但与程颐否定"迹"不同，王安石肯定"正确的迹"，主张为了实现道，必须寻找正确的"迹"。[②] 由此可见，开放如王安石、保守如程颐均质疑复古的可行性，这就使得张载思想在是时的士大夫群体中显得比较特殊且难以实行。我们需要追问的是，张载何以如此特立独行？王氏认为这是和"他的宇宙论及道德工夫论一样，是要从万有不齐中'求同'"[③]，也与"张载气论中的体用、道器、形性、有无、形上形下不二，以及形而下之具体事物虽有局限但仍有真实的价值的观点是一致的"[④]。在此，王氏就将张载的"气"学思想与"经世"思想勾连起来，从整体性和贯通性将张载哲学打通，认为张载之所以坚持恢复三代的典章制度正是其气论的合理推导。王氏的这一慧眼独具式的论断恰恰是针对当前学者割裂张载经世思想与哲学思想的弊端提出的，准确把握住当前张载研究的不足之处，也把张载经世思想难以落实的缘由在气论层面，也就是形上层面开掘出来，实属创获之思。

三、张载关学后学的研究

王昌伟对张载关学后学多有涉猎，但关注最多、成果最为丰富的莫过于冯从吾、李二曲和王心敬三位学者。下面我们着重通过考察王氏对这些个案的研

---

① 王昌伟：《中国历史上的关中士人：907—1911》，第39—40页。

② 王昌伟：《中国历史上的关中士人：907—1911》，第40页。

③ 王昌伟：《"求同"与"存异"：张载与王廷相气论之比较》，第150页。

④ 王昌伟：《"求同"与"存异"：张载与王廷相气论之比较》，第148页。

究来进一步总结其关学研究的特质所在。

就冯从吾来说,王昌伟侧重从冯从吾的代表性著作《关学编》入手,分析冯从吾是如何界定关学,又是在什么样的思想氛围中界定的,他的这种界定又为什么会被后世学者接受。王氏高度赞赏冯从吾在建构关学谱系中的作用,认为其以道学来定义关中,成为后世理解关中学术传统的重要范式。[①] 王氏此论不差,关学虽然由张载始创,但直到冯从吾这里,才完成谱系化的建构,深化张载与关中理学的联系,规范着关学的边界和内容。而在具体的建构中,王氏认为冯从吾一方面主要是以区域从属作为择取关学谱系的标准,这从冯从吾淡化薛瑄对关学传统的贡献,淡化薛瑄曾是某些关中学者的老师的事实可见一斑,另一方面王氏认为冯从吾以关学与政治无关,排斥那些未投身于道德哲学但仍属关中地区的士大夫。[②] 王氏的分析毋庸置疑是准确的,较诸冯从吾之说更为明确。冯从吾以"关中"和"理学"两个准则来勾勒关学的传承谱系,一方面将张载从程朱理学的阴影中解脱出来,另一方面则书写和建构关中理学史,成为后世增修的蓝本。当然,若只限于此,王氏的研究也就难以成为典范。他一改以往简单和狭隘理解《关学编》的做法,抽丝剥茧、入木三分地指出:1. 在《关学编》的学术性质上,王氏反对李维桢认为冯从吾编《关学编》带有驳斥阳明学派为伪学的性质,恰恰相反,王氏认为冯从吾其实更倾向于同情阳明心学,虽然他对阳明"四句"教有所不满,但认为王阳明的"致良知"揭示出圣人之学的真谛,另一方面也可从冯从吾在《关学编》中将阳明弟子南大吉收录进去,更可从冯从吾为吕柟撰写的传记中强调吕柟曾拜访过阳明弟子王艮折射出其对阳明心学的态度,王氏认为冯从吾编纂《关学编》并非是将某些群体排除在圣人之道以外,而是在一定程度上标志着关学试图包纳不同道学学派的努力。2. 在《关学编》的撰写目的上,王氏认为冯从吾是为树立一个基于地方身份的特定门户,但这个门户并非为了整合并统一道学的各种途径,也就是说,冯从吾构建的关学传统,并不是一个有独特学说的"学派",与其说关学是在明清时期崛起的一个地方性的思想学派,不若说那是一个国家与地方两个层面的文化在复杂的交织过程中形成的产物。王氏认为这标志着地方意识的抬头,指出冯从吾撰写《关学编》并不只

哲学·经学·语言

---

① 王昌伟:《中国历史上的关中士人:907—1911》,第 132 页。

② 王昌伟:《中国历史上的关中士人:907—1911》,第 138 页。

是告诉陕西的士人群体什么是关学,同时也是在向陕西以外的学者推介关学。
3. 在《关学编》的超越层面,王氏认为冯从吾通过编撰《关学编》,一方面把理学与经学、事功、文学等区分开来,另一方面却试图在理学内部求同存异,把程朱陆王之学全收纳于关学的范围内。① 综上可以看出,王氏对冯从吾《关学编》的分析较诸国内的研究,在广度和深度上都是远胜一筹的,提出诸多创发性的观点,尤其是在思想史、社会史视域内对冯从吾撰写《关学编》动机、意图乃至实质的分析确然是国内学者较少注意到的,迥异于过往只是将其看作史料而较少透视文献背后意蕴的研究模式。

李二曲亦是王昌伟特别关注的个案,一方面是因为二曲早已被确立的"清初三大儒之一"②的学术地位,更为重要的是王昌伟认为 17 世纪以前的关中,道德哲学占据舞台中心,而李二曲使关学发展出一系列可以处理学术、道德以及实际问题间关系的理念和学说,也就是提出将道学与经世之学统一的方案,即"体用不二"。③ 缘由即在于:李二曲有感于明末清初学界对为政之道与道德哲学相分的弊端,主张要重新认识"体"及实践正确的"用",且只有掌握"体",才能把握"用"。④ 王昌伟从"体用不二"的角度来理解和把握二曲思想的学术旨趣,是相当到位和准确的。因为二曲通过重构体用关系,建立"明体实用"学说,把心性修养与经世致用结合起来,意在摈弃空谈心性之学,开显新的学术取向。虽然这种思想不过是儒家所一直强调的"内圣外王"的变样说法,但却是极具针对性和时代性的表达,故而显得弥足珍贵,与其"悔过自新"说共同构成二曲思想的两个支点。王昌伟关注二曲思想的另一个核心是如何界定二曲的思想归属,这也是学界一直争议的话题。有的学者如徐世昌、刘学智等认为李二曲是立足心学,不遗程朱⑤;唐镜海认定二曲是严守程朱家法⑥;梁启超则以"王学后劲"⑦相

① 参见王昌伟:《〈关学编〉与明清陕西士大夫的集体记忆》,第 167—178 页;王昌伟:《王心敬续〈关学编〉与康乾之际关中理学传统的建构:兼论清代学术的区域化进程》,第 4—8 页。

② 全祖望:《二曲先生窆石文》,见李颙著,张波点校:《李颙集》,西安:西北大学出版社,2015 年,第 653 页。

③ 王昌伟:《中国历史上的关中士人:907—1911》,第 143 页。

④ 王昌伟:《中国历史上的关中士人:907—1911》,第 143—144 页。

⑤ 徐世昌:《二曲学案》,《清儒学案》卷二十九,北京:中国书店,2013 年,第 499 页。刘学智:《心学义趣,关学学风:李二曲思想特征略析》,《孔子研究》,1997 年第 2 期。

⑥ 唐鉴:《翼道学案》,《国朝学案小识》卷四《唐鉴集》,长沙:岳麓书社,2010 年,第 355 页。

⑦ 梁启超:《中国近三百年学术史》,南京:江苏人民出版社,2015 年,第 41 页。

称；还有如林乐昌认为二曲学说是对程朱、陆王的重铸或合并归一①，种种说法，不一而足。这也从另一个侧面反映出这个问题的复杂性和重要性。王昌伟则别开生面，围绕"心"这个坐标来衡定二曲的学术属性，他指出：

> 二曲对陆王之学没有深切的了解，所以他虽能如陆王般点出圣人与我同心，而此心又具备道德之理，可是此理的实现，在他看来，首先必须通过一颗常静常寂常定之心去认识与把握，而不是由恻隐之心直接显露。这样一来，已经是和朱子一样，无意间把原本是生机盎然的，与道德心为一的生生之理理解为静态的原则或法规。②

这段话的意思很清楚，就是王氏认为二曲和朱子一样，皆是主张内心之理的实现须要通过寂静之"心"去把握，而不是像阳明心学那样由本心直接显露，所以二曲还是循着朱子的思路来讲，不过是"披着陆王学的外衣的朱子学"。③ 王氏的这一剖析，显然是没有整全地理解阳明心学，因为阳明论"心"既有从本体角度讲，亦有从工夫角度讲，而王氏仅据一面来厘定二曲的学术性质，且将是否讲"心即理"作为判定理学、心学的标准，以偏概全之弊已昭然若揭。

王心敬乃二曲门下高弟，清代学者唐鉴称"关中之学，二曲倡之，丰川继起而振之，与东南学者相应相求"④，以此可见其学术地位。王昌伟着重通过考察王心敬的《关学续编》，以小见大，管窥康乾之际关中理学传统的建构。他首先通过分析王心敬家世以及所处的地域环境，认为王心敬所处的关中地区几乎是自耕农的社会，地权极为分散，地主非常少，这样的区域环境极大地影响王心敬对理学实践的思考，如在冠婚丧祭等礼如何实践的问题上，王心敬虽然有其文化理想，但有限的经济能力使得他不得不进行部分的折衷。⑤ 王氏从社会史的角度来分析王心敬的理学建构背景，这就将王心敬思想撑开和丰富，让我们看到理学下行时的境遇，绝非已有研究所呈现的那样整齐划一，而是有明显的区

---

① 林乐昌：《论李二曲对宋明理学的总结》，《中共宁波市委党校学报》，2012年第1期。

② 王昌伟：《李二曲调和朱子与陆王的方法》，《孔子研究》，2000年第6期。

③ 王昌伟：《李二曲调和朱子与陆王的方法》，《孔子研究》，2000年第6期。

④ 唐鉴：《待访录》，《国朝学案小识》卷十，第611页。

⑤ 王昌伟：《王心敬续〈关学编〉与康乾之际关中理学传统的建构：兼论清代学术的区域化进程》，第5页。

域差别。这种见识唯有放置在思想史的视域下方能呈现。其次,王氏认为王心敬在构建关学谱系时的标准是以道德实践的真切而不是以能否阐发理学义理为准则来裁断学者是否可以纳入到关学谱系当中,这可从其将伏羲、泰伯、文王、武王、周公、孔门四贤以及汉儒董仲舒、杨震等列入关学学统之中得到反映。[1] 王氏的这种解读与王心敬的初衷是一致的,王心敬的确并未将理学作为裁断标准,他更为看重的是学人的人格与事功。这当然是违背冯从吾旨意的,所以后来的李元春、贺瑞麟和柏景伟等在续写《关学编》时,就将其新增的圣人与汉儒删除,这也就强化和昭示着关学的基本内核必须也只能是理学。王昌伟更进一层指出王心敬续写《关学编》所透显出的要义在于:一是这是明中叶以来关中士人群体地方意识刺激下的产物;二是他继承了冯从吾通过《关学编》所建构的以调和程朱陆王之学为主要关怀的关学传统,并推进这一全国性思想议题的在地化;三是他与其师李二曲一起开辟出冯从吾所不曾关注的,且又与江南相迥异的以理学的义理与工夫配合经世之学的学术取向。[2] 王氏所着力挖掘的这三点新知将王心敬《关学续编》所内涵的深层意蕴开显出来,以"小角度,大关怀"的方式让我们认识和把握住明清关学的基调以及它所折射的学术史意义,进一步充实和丰满关学的骨架。要之,冯从吾建构关学,标举宗师张载,将其从程朱的阴影下独立出来,树立地方学派,确立关学发展基调,二曲、王心敬师徒接续冯从吾所确立的关学基调,使关学开出新的经世面向。王昌伟以此三人为着力点,以他们的次第发展来窥探关学思想的变化,尤其是多学科融合的方法,跨地域的比较,揭示出明清关学的主题,在推动个案研究走向深刻的同时,亦多有前人未发之论,足以为国内关学研究所鉴。

四、结语

作为系统研究关学的海外学者,王昌伟的研究无疑是北美汉学圈中,以包弼德为代表的,注重学术思想与地域学派相结合的典范,呈现出与国内研究迥

---

[1] 王昌伟:《王心敬续〈关学编〉与康乾之际关中理学传统的建构:兼论清代学术的区域化进程》,第25—27页。

[2] 王昌伟:《王心敬续〈关学编〉与康乾之际关中理学传统的建构:兼论清代学术的区域化进程》,第32页。

异的路径。首先,他抛却研究关学的传统哲学范式,把审视张载关学的视角从单纯的哲学维度扩展到丰富的思想世界。他的研究尤其关注思想的真与实,力求将思想放置到历史中去,揭示历史中的思想,淡化在纯粹的抽象思辨中谈论思想,考察关学学者是在什么样的历史背景下阐发思想,在何样的动机中立论,又是如何在与同时代学者的争辩和互动中展现学术观念的具体演进历程。这显然是不同于哲学史研究脱离历史场景,意在追求史料背后超越的价值和意义的指向,从另一个侧面展现出关学的多维面向和丰富意蕴。其次,他改变以往我们对关学的认识和定位。王昌伟着意从思想的历史情景中去重新思考关学的建构,反思关学是否有一个一以贯之的脉络系统,将回应程朱、陆王之争作为明清关学发展的基调,容或他的观点我们不一定认同,但这种去脉络化、体系化的意识,使关学回归到真实的样子,无疑为我们呈现重新认识和解读关学的理论空间。最后,他探索出在历史语境中、在比较视野下研究关学个案的范式。王昌伟虽然仍是以个案形式研究和书写关学史,但他一不采取超时空的方式,二不选择宏大叙事的模式,具体而微地从个案(士)的思想环境入手,通过与其他学者、其他地域学派进行比较,来凸显和标举学者以及关学的特殊性,尤其是他见微知著,从个案研究中透视整个时代的学术脉络和核心问题,提出诸多较有见地的论断,如通过分析关中地区的经济因素,认为"明清时期的关中并不具备江南那样的孕育考据学的土壤"①,这就佐证艾尔曼的清代考据学只是江南一域的学术现象,而非全国性的观点。② 总而言之,王昌伟的研究与纯粹从哲学进路审视关学以致忽略历史的研究相比较,显示出以思想史进路为主,融汇哲学史、社会史、文化史以及地方史等进行综合观照的研究特色,视角可称独特,方法可谓新颖,结论亦堪称精辟。当然,囿于长时段的学术史研究,王氏的关学研究亦呈现出个案研究还不够深入、义理分析还不够全面等些许不足之处,尤其是在研究中尚未及时跟进、关注和回应国内学界关于关学研究的一些动态,如《关学文库》的出版,以及知名学者张岂之、陈来、杨国荣、刘学智、陈祖武、陈鼓应等学者关于关学研究的

哲学·经学·语言

---

① 王昌伟:《王心敬续〈关学编〉与康乾之际关中理学传统的建构:兼论清代学术的区域化进程》,第32页。

② 艾尔曼:《从理学到朴学》,赵刚译,南京:江苏人民出版社,2012年,第6—7页。

新论。① 但瑕不掩瑜,王氏的观察和研究显豁出较为宽广的学术视野和敏锐的问题意识,让我们意识到思想内部更为深层的动因,足可为国内关学研究呈现一个全新的视域,提供一个崭新的学术典范。

The Review of Singapore Scholar Ong Chang Woei's Research Achievements inthe Ideological History of Guan School

Li Jingfeng

435

Abstract: The study of Zhang Zai's Guan School in China have already achieved fruitful results, but the research paradigm is relatively simple and solid. Expanding academic horizons and focusing on overseas research is a feasible way to promote and deepen ZHANG Zai's studies. This article based on the only overseas scholar Ong chang woei, who has continued intensive research for decades, and systematically wrote the history of Guan School, points out his outstanding contribution to the research of Zhang Zai's Guan School is: expanding Guan School from a pure philosophical perspective to a rich ideological world; rethinking the construction of Guan School and opening up new dimensions for examining Guan Xue; exploring the academic model of studying cases in the comparative context and historical context by analyzing his definition of the concept of Guan School, the study of the Zhang Zaiand that of Zhang's disciples. This not only presents a completely new perspective for domestic research, and provides a brand new academic paradigm, but also inspects the development of Guan School at abroad, and so as to reflect the gains and losses of the study of Guan School at home from the perspective of the other.

Keywords: Ong chang woei, Zhangzai's Guan School, history of thought

新加坡学者王昌伟的关学思想史研究成就述评

---

① 《陕西师范大学学报》于 2016 年第 3 期刊发关学专题系列文章,如张岂之:《关学文献与〈关学文库〉的编纂价值》,陈来:《关学的精神》,杨国荣:《关学在研究中延续》,陈祖武:《弘扬关学精神的里程碑》,刘学智:《坚持学术史指导下的关学文献整理》等,这些学者从不同角度均肯定关学作为一个连续性的学术体存在,为佐证关学的学术存在提供诸多翔实的史料和答案。

"非常伦理"及其文明史意义

胡珍妮 *

[摘　要]　科技革命、气候变化、新冠疫情、老龄化加速使人们陷入价值迷失和精神困顿之中,并昭示一个"非常时代"的来临。面对"非常时代"所引发的一系列挑战,江苏省道德发展智库、江苏省公民道德与社会风尚协同创新中心、东南大学道德发展研究院、东南大学人文学院共同举办了"非常伦理"高层论坛——东大伦理·道德发展智库(第五届)。论坛围绕"非常伦理"的概念及其理论形态、"非常伦理"的前沿性课题以及"非常伦理"的文明史意义等方面进行研讨,力图在呈现"非常伦理"的问题谱系及其前沿发展领域的总体景观的基础上,揭示"非常伦理"作为一种伦理形态的价值旨趣,从根本上回应人类在非常时代所遭遇的"非常伦理"难题。

[关键词]　非常时代;非常伦理;日常伦理;伦理形态;文明史意义

---

*　胡珍妮(1996—　　),女,湖南郴州人,东南大学人文学院哲学与科学系博士研究生,主要研究领域为道德哲学、科技伦理。

面对百年未有之大变局和接踵而来的非常态事件,人们一直追求和依赖的伦理学资源和知识场域已经无力回应和指导他们在"非常时代"所遭遇的"非常难题",伦理学亟需完成一次深刻的自省,以解答非常态境遇下人类如何安身立命的根本问题。为此,2022 年 10 月 29 日至 10 月 30 日,江苏省道德发展智库、江苏省公民道德与社会风尚协同创新中心、东南大学道德发展研究院、东南大学人文学院共同举办了"非常伦理"高层论坛——东大伦理·道德发展智库(第五届),邀请伦理学、中西方哲学、教育学等领域的著名专家学者,以及 15 位长江学者,多位万人计划领军人才或青年拔尖人才云集东南大学,以期在非常时代背景下共同研讨"非常伦理",破解"非常难题"。

一、"非常伦理"的概念与理论形态

何谓"非常伦理"?"非常伦理"与"日常伦理"(或"常态伦理")呈现为何种关系?对"非常伦理"的概念考察以及对"非常伦理"与"日常伦理"之间的关系分析是不可回避的问题,这不仅关涉"非常伦理"的合法性问题,也关涉如何正确理解和运用"非常伦理"的问题。从伦理学语言结构来看,"非常伦理"存在两种可能且符合语言逻辑的理解和诠释方式:"非常态下的伦理建构"与"伦理的非常态运用"。

将"非常伦理"解释为"非常态下的伦理建构"的学者侧重于强调"日常伦理"在非常状态下的乏力,旨在建构一种新的伦理学范式来应对非常态下的伦理困境与危机。东南大学樊浩教授指出,"非常"概念区别于表征病态的"异常"概念,而是相对于偏离了常态的"日常"概念,因此"非常伦理"指向的是一种日常伦理"失灵"的境遇下应对非常态时期人们如何"在一起"的伦理形态和伦理储备。清华大学万俊人教授同样肯定了在社会常态之外还存在一个以不确定性为基本特征的社会非常态,并将这种非常态社会的主要标志概括为以下三点:(1)社会非常态所需社会资源远远超出正常的社会储备;(2)社会生活的正常秩序面临瓦解;(3)社会非常态带来的代价剧增。他认为,在这种社会非常态中,建基于日常伦理场域的普遍规范性原则并不足以应对非常伦理场域的不确定性情境。湖北大学江畅教授在承认"非常伦理"与"正常伦理"必然存在冲突的基础上,将"非常伦理"明确定义为"在战争、重大自然灾害和严重疫情等特殊情况下,为了维护社会整体利益和基本社会秩序所不得不规定并强制人们践行的与正常伦理不同的特殊伦理"。中山大学李萍教授指出,"日常伦理"是指以规律的伦理生活为前提的道德规范,而"非常伦理"关涉到在特殊情形下伦理生活何以能实现道德自律的问题,二者存在着不同场域之间的巨大张力。东南大学庞俊来教授进一步揭示了"常态伦理"与"非常伦理"之间不可取消的矛盾张力,他认为"非常伦理"此偏正结构在现象上是相对于"常态伦理"的反常表现,在认识上是对"常态伦理"逻辑的否定,因此并不适用于以追求确定性为宗旨的当代伦理学研究范式。东南大学陈爱华教授基于认知逻辑、情怀逻辑、意志逻辑、信念逻辑和治理逻辑等方面来解读"非常伦理",认为"非常伦理"无法使用业已确定的常态伦理规范体系来维系非常态下的伦理秩序,因而是一种区别于常态伦理的特殊类型的伦理形态。

将"非常伦理"解释为"伦理的非常态运用"的学者则主张,"非常伦理"与"日常伦理"之间存在某种内在关联,"日常伦理"对于非常态下的道德生活依然具备一定的解释力。在中国人民大学姚新中教授看来,理解"非常伦理"概念的关键不在于为非常时期所采取非常措施进行伦理正当性的论证,而在于诉诸既有的思想资源来为非常时期人们的非常态生活确立一些基本价值共识。华东师范大学杨国荣教授进一步指出,"非常伦理"和"日常伦理"都关涉普遍的伦理规范和主体的内在德性,所谓的"非常"与"日常"、"确定"与"不确定"并不是截然分离的,而是可以相互转化、互通共融的。这一观点同时得到了中国人民大学焦国成教授的积极响应,他从文字考古学的角度来考察"常"与"非常"等概念,进而将"非常伦理"看作是一种应对社会非常态境遇的特殊伦理。但他强调,"非常伦理"是对"日常伦理"的补充,二者之间并不存在明确的界限,并且在不同的境遇中是可以相互转化的。首都师范大学王淑芹教授持相似的观点。在她看来,"非常伦理"并不是对"日常伦理"的简单否定,"日常伦理"可以为社会成员所面临的不确定的道德选择境遇提供一定程度的价值指导。此外,东南大学副教授张学义聚焦于深度技术化时代的"非常伦理"问题,认为人与技术的深度互构催生出一种有别于常态的"非常伦理形态",它与"常态伦理"呈现为看似两面、实为一体的"莫比乌斯环",共同构成了深度技术化时代的价值生态。

在这场思想盛宴中,与会者以其独到的见解丰富了"非常伦理"的概念内涵,并通过分析"非常伦理"与"日常伦理"之间的关系更加立体地呈现了"非常伦理"的问题谱系。尽管不同学者对"非常伦理"的概念定义有所差异,但他们都从根本上承认了"非常伦理"作为一种新的伦理形态的理论合法性。

二、"非常伦理"的前沿性课题

有待进一步讨论的问题是,鉴于愈益严峻的"非常"状态,"非常伦理"应该如何应对?针对人类当前的"非常"处境,一些学者直面"非常伦理"研究中"我们如何在一起"的前沿性课题,积极寻求可行的伦理方案,以纠正或走出当下世界的"非常态"。

一方面,围绕"非常态下的伦理建构"问题,与会者首先对发展一种"非常伦理"形态的伦理旨趣和价值方向表达了不同的看法。面对人类种族的"绵亘危机",樊浩教授提出的伦理方案是:期待一场"学会为伦理思考所支配"的文明观的伦理革命,即以超越中心主义的"伦理思考"告别"非常态",提高非常态下的"'非常'伦理思考"的能力和水平,实现非常伦理成果向日常文明成果的自觉转换。通过追问人类的共同存在是否可能以及如何成为可能的问题,吉林大学贺来教授主张建构一种新型的伦理主体,即作为人类共同存在的"人类主体",旨在克服新世纪的不确定性和全球性风险所带来的现代社会的"分化"和"脱嵌",为人类社会未来发展方向提供一种伦理价值理念。在清华大学李义天教授看来,对非常态是否会成为常态这一问题的不同回答取决于对非常态内容的不同理解以及非常态自我存在能力的殊异,而矫正非常态社会的关键不仅仅在于伦理观念的文明程度和精致程度,更重要的是在于实践的力量。上海交通大学王强教授从社会系统、共同体以及主观精神这三个维度来建构一种"韧性伦理",试图为非常时代背景下的道德主体提供一种伦理觉悟。东南大学赵浩副教授主张通过重返道德生活的"附近"来疏解社会非常态所导致的结构性问题,即孤独的"个体"和趋向虚幻的"实体",以期提供一种建构当代伦理理论、走出"非常态"的新方案。

其次,建构"非常伦理"规范体系以破解"非常伦理"难题成为一种可行方案。为了应对全球化风险所带来的种种挑战,中山大学张任之教授试图在义务论与后果论这两种规范性理论之间建构一种植根于人格之上的新实践理性——责任理性。吉林大学曲红梅教授基于消极义务、积极义务和超义务等层

439

『非常伦理』及其文明史意义

面来考量"非常伦理",主张发展积极承担道德责任、适度尊重道德权利、互相表达道德赞许的规范性要求来解决"例外状态"下的伦理困境和道德难题。英国威尔士三一圣大卫大学赵艳霞教授以中国传统的阴阳理论为立论基础来考察"非常伦理"建构的可能性和必要性,将人的生命尊严和社会的安定发展视为"非常伦理"的核心精神和基本原则。在宁夏大学李伟教授看来,一种以人的生存权和发展权为核心内容的底线伦理即人权准则,为应对人类非常态危机所造成的道德生活中集体与个体的对立提供了一种新的视角。东南大学卞绍斌教授认为,基于自律和目的王国理念进而保障人格尊严的康德式义务体系是构建"非常伦理"形态不可或缺的规范前提和思想资源。

另一方面,以"伦理的非常态运用"为讨论的出发点,一些学者首先试图通过寻找某种确定的价值共识或价值视阈来回应非常时代所带来的挑战。杨国荣教授认为,非常态社会应该关切人的美好生活,而所谓的好生活可以从中国传统价值的角度表述为"万物并育而不相害"与"道并行而不相悖",即在合乎人性正当性的基础上兼容多样性的生活。姚新中教授则提出了和平、发展、公平、正义、民主、自由这六项人类共同价值,力图实现以文明交流超越文明隔阂、以文明互鉴超越文明冲突、以文明共存超越文明优越。在武汉大学李建华教授看来,以不确定性为核心特征的风险社会和非常态社会为伦理普遍主义和境遇伦理学提供了新的叙事场景,伦理法则和具体情境的结合成为现代伦理学的客观要求。东南大学徐嘉教授批判性地考察了以往研究所采取的静态的、原子式的思维方式,进而从"群己权界"的辩证视角和讨论架构出发,认为群体的"伦理秩序"在非常状态下优先于个体的"道德权利"。东南大学菲利普·布鲁诺齐(Philippe Brunozzi)教授指出,"非常伦理"概念本身表征着正常伦理秩序的倒退,回到正常的伦理秩序的解决方案在于:和解(reconciliation),即找到一个共同生活的新基础。

其次,"伦理的非常态运用"在处理规范性问题上依赖于对既有理论资源的援引。一些学者致力于将中国传统的理论资源纳入到"非常伦理"的论争语境中来,进而将其转化为应对非常时代所带来的伦理困境与危机、发展一种"非常伦理"的思想资源。华东师范大学陈赟教授借用中国古典思想来应对不确定的当下,即通过在大化之流中践履"与化为体"的生存方式、采取"贞一之德"的应对方案,进而提出一种随时而化、以常待变、合常变为一的历史性生存。在南京大学杨明教授看来,儒家修身俟命的主体精神、居安思危的忧患精神以及守经达权的变通精神有助于应对日常伦理之外的非常状态。安徽大学丁成际教授寄希望于儒家日常生活伦理形态以"礼"为中心的"五伦""五常""十义"的规范性内容及其精神实质,来实现伦理生活的异化状态向日常状态的回归。基于"一切历史都是当代史"的理念,贵州师范大学唐应龙教授通过考察古代"齐桓争霸"的历史变局,主张在历史与现实的互动中探讨和回应非常态社会中的现实问题。围绕"古今异情说"之争的历史背景,广东药科大学李福建讲师认为荀子"道贯"思想中"遏恶扬善""仕者必如学"的基本理路为纠正或摆脱社会的非常状态提供了教益和启示。

西方思想资源也为非常态境遇下"伦理的非常态运用"贡献了独特的思路和视角。南京师范大学冯建军教授结合马克思的观点,主张回到人的类存在的本性,以摆脱人类目前的发展困境。浙江大学林志猛教授以柏拉图在面对不确定性时所主张的政治勇敢为切入点,通过重点研究苏格拉底式哲人对灵魂秩序和政治正义的关切,力图避免智术师式知识和计算的理性主义对自我利益过度关注的做法。东南大学范志军教授采取此在生存论的视角来分析非常态的本真生存,旨在提出一种海德格尔式的"非常伦理",即把共在的他人和自己带向个别化的罪责的存在和向死存在,从而赢得本真的整体能在。为了即时回应百年未有之大变局和人类的非常态处境,贵州大学宋君修副教授从黑格尔式的伦理概念出发来讨论伦理战争的意识和理论自觉,试图在伦理底层架构下对当下和未来进行恰当的伦理范式重构。东南大学武小西讲师主张在当代理性主义与女性主义交织的语境之下来探讨非常态下理性的柔化与灵活运用。

此外,"非常伦理"研究还涉及一些其他重要的前沿课题。在国家政治领域,华东师范大学朱承教授着眼于生活政治的确定性和不确定性,认为应当避免由政治意志和力量的过多介入所带来的日常生活的不确定性;河海大学胡芮副教授运用精神哲学方法来分析非常状态下的国家叙事,试图在"叙述-记忆-观念"的精神运动轨迹中来阐释和抚慰非常状态下的集体性创伤记忆。在技术领域,北京师范大学田海平教授从人类增强技术出发来讨论"非常伦理",认为伦理的高阶思考及其实践理性的旨趣在于寻求共识框架下的伦理安全;西南大学黎松副教授试图在非常时代背景下寻找一种基于德性的技术发展理论,将技术德性的价值基准规定为善、自由、责任的统一体。在医学领域,复旦大学尹洁教授聚焦于不确定性情境下卫生保健资源配置的伦理框架建构,着重考察一种基于复合平等主义立场的伦理指引;东南大学程国斌副教授通过考察和澄清中国传统瘟疫理论与现代传染病学这两种医学观念及其伦理意义之差异和共识,致力于推动这两种不同的医学瘟疫理论在当下疫情境遇中的相互理解,以应对疫情对人类伦理生活结构底层的主体间关系的解构;南京医科大学郭玉宇副教授在"非常伦理"的语境下探讨人类卫生健康共同体建构的可能性和必要性,并将其作为道德多元化背景下人类共同体这一诉求在政策层面的智慧回应。在网络空间领域,东南大学蒋艳艳副教授关注网络空间对非常事件的道德审判问题,主张通过情感主义伦理学中的旁观者视角探索一种公正的道德审判的可能进路。

从总体上看,大多数学者着眼于问题本身的前沿性和迫切性以及研究视角的新颖性,对"非常伦理"的实践向度和前沿课题展现出了必要关照和历史视野,力图勾勒出"非常伦理"前沿发展领域的总体景观。

三、"非常伦理"的文明史意义

"非常伦理"这一重大学术课题和时代课题的提出不仅具备重要的理论意义和实践价值,而且具有深刻的文明史意义。它的问题意识始于其对非常时代的到来所导致的日常伦理失灵的担忧,而着力于促进中国伦理学界对"非常伦理"问题的深度思考,以期为这一关键性课题研究提供扎实的学术支援和学理资源,从根本上回应人类在非常态境遇所遭遇的"非常伦理"难题。

在非常时代构建一种"非常伦理"形态的理论意义在于,它有助于人们深入反思业已存在的各种伦理理论(乃至哲学理论)的局限性,并谋求和贡献一种应对人类非常态处境的理论方案和伦理智慧。首先,"非常伦理"的出场提供了一个独特的视角来帮助人们审视现代伦理学知识结构的局限性。中国伦理学会会长孙春晨教授宣称,当今世界正在经历百年未有之大变局,世界之变、时代之变、历史之变以前所未有的方式席卷而来,日渐凸显的不确定性或将成为现代社会的本质特征。他指出,一个显见的事实是,不确定性已经渗透进了人类生活的方方面面,它不仅使得传统的生存伦理、交往伦理、自由伦理遭遇了前所未有的挑战,而且给长期沉浸于理性主义和乐观主义即追求确定性观念的人类敲响了警钟。王淑芹教授对此表示赞同。在她看来,"非常伦理"这一概念话语的提出具有鲜明的学术前沿性,它在某种程度上打破了人们一直以来对道德的普遍确定性的追求和礼赞,转而关注人们当下非常态的生存境遇,为新时代伦理学开拓了一个新的研究方向。

更为重要的是,"非常伦理"重大课题的当代使命还在于从理论设计的层面为解决非常时代频出的社会伦理问题贡献独到的伦理智慧和伦理力量,进而勾勒出人类精神发展的未来走向。正如东南大学原党委书记郭广银教授所指出的,当前科技革命、全球气候变化、新冠疫情、老龄化加速这些黑天鹅、灰犀牛事件,正在重构人类的生产方式、生活方式和交往方式。面对非常时代的到来所引发的种种挑战,伦理学需要一种新的伦理智慧、伦理精神和伦理战略来接受这方面的冲击,回应这方面的挑战,从而使自身在现代学术谱系中立稳脚跟。为此,在非常时代背景下建构一种在日常伦理之外的伦理形态即"非常伦理",具备非凡的学术意义。东南大学何志宁副教授对"非常伦理"课题的理论价值作进一步展望,他指出,将"非常伦理"作为伦理学新的研究田野不仅见证了伦理学当下的理论作为,而且有助于对未来社会伦理发展的长远预判。

在非常时代构建一种"非常伦理"形态的实践意义在于,这种学术努力和理论探究体现了当下生活世界的真实诉求,它试图回应人们在非常时代所面临的"我们如何在一起"的前沿性课题。华东师范大学付长珍教授认为,伦理学必须直面当下生活世界的难题,其当务之急在于从根本上回应人们应当如何面向实践、面向未来的问题。通过对现实社会的批判性考察,贺来教授敏锐地洞察到,最具挑战性的问题乃是人类共同存在的问题,这是当代社会必须解决的问题。对此,江畅教授认为,社会伦理问题在非常时期的持续涌现和不断激化根源于人们对于构建一种"非常伦理"的必要性缺乏足够的观念认识,并对"非常伦理"的价值合理性进行了概括和总结:首先,它是维护社会基本秩序的特殊规定;其次,它是社会动员公众扶危济困、共克时艰的道义力量;最后,它可以促进社会道德规范体系的完善。在此基础上,庞俊来教授指出,非常时代背景下面向生活本身的"非常伦理"的实践价值体现在,它关系到一次世界观的革命,即提供了一种辩证的世界观而非形而上学的方法论来回应和处理人们在非常态境遇下的现实诉求。正如江苏省哲学社会科学规划办公室主任许益军所认为的那样,在国际形势纷繁复杂、社会思想风云激荡的大变革时代背景下,对"非常伦理"的理论探究展现出当代学者忧患天下的实践品格和追求真理的坚定信念。

综上所述,"非常伦理"在理论上演绎出了一种面向非常时期的新型伦理形态,在实践中提供了一种适应非常态社会并以伦理为主题的世界观。换言之,"非常伦理"的提出不仅仅是一种概念话语的表达,而且关系到哲学理念的变革和转向。在此基础上,樊浩教授认为,"非常伦理"是一次关乎人类前途命运的文明革命,其在应对非常时代的到来所引发的挑战中凸显出了重要的文明史意义。他指出,之所以要围绕"非常伦理"此议题进行讨论,主要是基于以下三点:第一,为何是儒家而非道家成为中国文化的主流和显学? 第二,当代学术研究为何不能脱离老子、孔子、柏拉图、亚里士多德等传统资源的理论背景? 一个引人深思的问题是,究竟是古人过于卓越还是今人缺少足够的创造力? 第三,社会科学尤其是人文科学领域的学者是寻求"变"还是"不变",他们坚守的职责是什么以及要为这个世界贡献什么? 在他看来,"非常伦理"构成了对以上三个问题的回应。一个基本观点是,学术不仅需要他信,更需要自信,这直接关涉学者自身的学术气质和学术气派。通过对"非常伦理"的形而上学讨论,"非常伦理"的高阶方案应当是或可能是寻求和建构一种非同寻常的即卓越的伦理形态,以守望精神家园,破解非常态下"我们如何在一起"的前沿性难题。从这个意义上可以说,在非常时代构建一种"非常伦理"形态具有深刻的文明史意义。

作为一个颇具冲击力的概念话语,"非常伦理"一经提出便得到了学术界的热烈响应和积极支持。在非常时代对"非常伦理"课题的深度研究不仅是伦理学自身进行的一次理论革新,也从根本上回应了"非常时代,我们如何在一起"的伦理追问。基于时代背景的现实考量,一场关注人类生存方式、生活样态和精神秩序的非常伦理思潮悄然掀起。这场思潮通过探讨人类道德发展的"非常"前景,旨在让人类期待和拥抱一个"广阔无垠"的伦理前程。

"Extraordinary Ethics" and its Significance in the History of Civilization

Hu Zhenni

Abstract: The technological revolution, climate change, the COVID-19 pandemic, and accelerating aging have plunged people into value disorientation and spiritual distress, indicating the advent of an "extraordinary era". In the face of a series of challenges arising from the "extraordinary era", Moral Development Think-tank of Jiangsu Province, Jiangsu Collaborative Innovation Center of Civic Virtues and Social Customs, Moral Development Institute of Southeast University, and School of Humanities of Southeast University have jointly held the Forum on "Extraordinary Ethics" during October 29th to 30th, 2022. The forum discussed the concept of "extraordinary ethics" and its theoretical form, the cutting-edge issues of "extraordinary ethics" and the significance of "extraordinary ethics" in the history of civilization, in an effort to present the spectrum of issues of "extraordinary ethics" and its overall landscape of cutting-edge areas of development. Its intention was to reveal the values and interests of "extraordinary ethics" as an ethical morphology, and to respond fundamentally to the extraordinary ethical dilemmas encountered by human beings in an extraordinary era.

Keywords: extraordinary era, extraordinary ethics, daily ethics, ethical morphology, significance in the history of civilization

「非常伦理」及其文明史意义

执道·循理·追光

——回忆陈旭麓恩师的教研特色和教育艺术

赵子明遗作　赵建永整理 *

[整理者按]　享有国际声誉的史学大家陈旭麓(1918—1988.12.1)先生一生致力于"以史经世",是华东师范大学建校元勋之一。《陈旭麓文集》(5卷本)2018年由上海教育出版社出版。其中《近代中国社会的新陈代谢》等著作,被誉为新时期"中国本土史学的标志性文本",获第七届"中国图书奖"等奖项。本文据先父赵子明(1933—2010.9.26)教授临终前夕成稿的《回忆录》和口述整理而成,以期传承和发扬前辈学者把马克思主义基本原理与中华优秀传统文化相结合的传统。从文中可知,1950年代陈旭麓虽未明确提出中国近代史"新陈代谢"的研究范式,但他在研究生教学和指导论文时,已经酝酿并透露出这种分析框架的雏形。

[关键词]　陈旭麓;近代史;教学研究;情景体验;新陈代谢

---

* 赵子明(1933—2010),男,山东青州人,生前为山东临沂教育学院历史系教授,主要研究领域为近现代历史文化。

赵建永(1972—　),男,山东青州人,哲学博士,天津社会科学院哲学所研究员,主要研究领域为中国哲学、跨文化比较。

1952年，我从益都师范学校毕业，通过全国第一次高校统一招生考试，就读于山东师范学院(今名山东师范大学)历史系本科。那时，鲜有人谈及"研究生"一词，即便偶然听闻，也感觉是可望而不可及的事。毕业前夕，即1956年5月底，学院通知我们到办公楼开会。教务长田仲济(1907—2002)教授在会上说："高教部指示我院从各系年轻教师和本科应届毕业生中，遴选人才报考研究生。你们被选中参加三天后进行的考试，请认真填写报名表，积极准备应考。"在50多位人选中，我与同学何启俊被指定报考华东师范大学陈旭麓先生的研究生。至此，"研究生"才成为我们热议的话题。考场由院长彭畏三(1901—1969)主持，他亲自把试卷送到我们手中，并与多位院系领导共同监考，以示对我院首次举行研究生考试的重视。20多天后，入学通知下发，全校共考上14名，连我在内我班有三人被录取到华东师范大学历史系，这是国内最早培养研究生的单位之一。我在陈旭麓先生指导下度过了研究生学习阶段，这对我此后工作及人生影响至深。回想起来，可从以下几个方面略窥陈先生教学育人的特点。

一、寓教于乐，情景体验

1956年9月初，我们从全国各地来到热切向往的华东师范大学，入学历史系第一届近代史研究生班①。在师生见面会上，陈旭麓先生宣讲本班的学程规划，并引用《孟子·尽心篇》说："'得天下英才而教育之'是老师最快乐的事情。"言谈中充满了对大家的期望和器重，每位同学都沉浸在对美好未来的憧憬和幸福之中。

陈先生时任本校研究生处处长(尚未设研究生院)兼历史系副主任、副教授，年龄38岁。我当时23岁，班内与先生年龄相仿者有多位，甚至有人比先生还年长。如同学柳仲文40岁，他解放前已大学毕业，入校前是安徽嘉山中学校长、行政17级干部，其子正读高中。他烟瘾很大，但在陈先生面前却拘谨得不

---

① 我的同学杨奇有毕业后留山东师范学院历史系当助教，这时也来到华东师范大学我班跟陈旭麓先生进修中国近代史。——作者注

敢抽烟。课间，先生特意对他说："在课下还是可以抽烟的，这虽然有害健康，但养成习惯后不容易纠正，咱们就慢慢地改变吧！"简短的一句话，便使得师生之间的距离感拉近了许多。

开学之初，我与何启俊同学一下课就到船坞，各自划出一只小船，荡桨击水，饱赏丽娃河风光，观鸢飞鱼跃，煞是惬意。有一次在河中忽遇暴雨，浑身湿透，我们惊呼着急忙划回原处，系牢绳索，从船上跳下，慌不择路地狂奔。途经河畔的校长宅邸大门前时，警卫员从院里跑出来问："跑什么？"我说："躲雨嘛！"他这才转回门内。也许因为惊动了校长，我俩天天划船的事情很快就被老师知道了。

一天陈先生在课间休息时，对我俩亲切而又诙谐地问："你们的'划船周'过得怎么样啊？"我不好意思地回答："从今天开始不过了。"陈先生说："你们刚从北方来此水乡，划船体验江南生活也挺好嘛！"我答道："这样下去会耽误完成作业。"先生说："学习之余，荡舟赏景是很好的调剂。过一段时间，我还要带你们外出旅游考察，在参观游览中开阔眼界、增长见识呢！"我与何启俊本以为要遭受批评了，未曾想先生却春风化雨般地提点了我们。陈先生这几句话尽管不是批评，却比严厉批评更有效果。自此以后，我们专心学业，再也没有浪费宝贵的时间。

陈先生平时工作非常繁忙，除了校内上课与指导论文外，还抽空带我们考察各地文物古迹、观看历史剧，并即景生情地进行精辟评论。他运用多种方式展开专业教学活动，使课堂内外的历史学习都丰富多彩。

第一学期，陈先生带同学们乘坐公交车在市内参观，第一站是上海历史博物馆。给我们上课的老师中，钱实甫（1909—1968）教授年纪最大，身形赢瘦，但我班的重要活动他都参加。我们考虑到他多次来过博物馆，且体弱多病，就劝他在家休息，他仍坚持说："博物馆也是我的讲堂嘛！"我们到达博物馆后，陈先生提议："古代部分要看，但重点是近代，对于有研究价值的文物应详细看。"在参观中，有些文物在讲解员介绍后，再由老师择要补充。我印象最深的是陈列在精致橱窗里的一份清代进士考卷。走到橱窗前，两位先生的目光不约而同地注视着这份字体优美的考卷，我们随之围拢过去。此卷为八股文格式，有三尺多长，白色微黄的毛边纸上写着单字荔枝般大小的八段毛笔正楷。陈先生请管理人员把考卷取出来，并邀钱实甫教授给同学们讲解。

钱教授把考卷在桌上展开，让我们先读一遍，看出问题即可提问。大家基本上没有发现什么，仅觉得卷面最后一行字，文义互不关联。钱教授说："问题就在这里，只是还有些问题没看出来。这行字是为凑足八股文的固定字数而写的，考生完稿后，还有空行，但已无有关题意的话了，便硬凑合着写上，所以无法看出要表达什么。主考官看重格式和字数是否符合规定，并不关注这行字的意思。另外，这份卷子写错过几个字，考生将它挖去后，均匀地撒上纸浆补起来，再用烤炉烘干。你们透过阳光就可看出这部分与周围的纸质不一样。"我们对着太阳看到果然不同。钱教授接着说："为预防考试时笔误，考生进考场前，与卷纸相类的纸浆和毛刷、瓶子、刀子、剪子、炉子等工具都要带足备用。对考卷的修补，直至同原卷外表没有区别才算合格。在笔误处挖洞、补浆、焙干是一套非常细致的技术，这却是每个考生必备的基本功。这都体现出八股取士制度的腐朽性和局限性，太注重表面形式，严重束缚着学子的才华，罕有人能写出有思想的好文章。"经这么直观而形象地说明，我们加深了对科举制被历史淘汰必然性的认识。

孙中山先生是我们研究的关键人物，导师除在理论上详加讲述外，还从情景体验层面予以启迪和引导。1956年国庆节后数日①，陈先生的助手袁家毅老师通知："老师们已在中山公园等候，请同学们快去。"中山公园离校园不过三五里路，我们迅速乘车赶到。陈先生和钱实甫教授正在一家茶社竹椅上谈话，看见我们即起身招手相迎，我们趋前问候。陈先生示意每人找个座位，请我们吃瓜果，品盖杯香茗。大家都坐好后，他说："今天我们在中山公园纪念孙中山先生，缅怀他的丰功伟绩。孙中山的革命事业也是我们研究的重要课题，同学们要加强这方面的学习。"接着他说："有些人前期是革命的、先进的，后来则变成阻碍进步的绊脚石，但孙中山却不是这样。他从最初向李鸿章上书的改良主义者，转变为资产阶级革命家，领导了辛亥革命。他提出'驱除鞑虏'的革命纲领，从最初排满到欢迎满人参加革命，并改进为'五族共和'。新民主主义时期，他把旧三民主义发展为新三民主义，成为第一次国共合作的思想基础。这都表现出他'顺乎天理，应乎人情，适乎世界之潮流，合乎人群之需要'、与时代共进的

① 很可能是武昌首义纪念日10月10日左右。陈先生选择这一天前后，在中山公园和孙中山故居缅怀孙中山，富涵纪念意义，这与稍早前他发表《纪念孙中山逝世三十周年》一文的主旨一脉相承。——整理者注

伟大思想品格，令人崇敬。"讲完后，陈先生领我们参观园内景点，一边走一边继续评述孙中山的事迹。纪念孙中山的活动就这样在张弛有度的游学中结束了。

不久，导师又带同学们参观位于上海香山路7号的孙中山故居。我们沿着孙中山当年的足迹，经过寓所院门，踏入一幢深灰色的小洋楼。一楼客厅的孙中山遗像下是壁炉，冬日他常坐在炉边捧书而读。扶梯登上二楼办公室，墙上悬挂着许多地图，有两幅是他亲手绘制。桌案摆放着他用过的砚台、毛笔、印泥盒等旧物。他素爱读书，在办公室和过道边，堆满了他遗留的政治、军事、经济、文史等各种书籍。办公室隔壁为卧室，室内悬挂着一张他和宋庆龄的合影。陈先生解说道："孙中山一直奔波于海内外领导革命，曾任大总统、大元帅，却没有一间属于自己的住所。不像有些历史人物一旦有了权势，就先经营私家宅园以贪图享受。爱国人士集资买下此宅捐赠给他，自1918年起成为孙中山和宋庆龄唯一的共同寓所。他在此潜心研究革命理论，写成《孙文学说》《实业计划》等著作；会见李大钊、马林等中共和苏俄代表，重新阐释三民主义；改组国民党，酝酿国共合作，见证了新旧民主主义革命的伟大转折。1924年，孙中山赴京召开国民会议前，在院内草坪上举行记者招待会，申明他与旧军阀和帝国主义势不两立的决心。随后他扶病北上，次年3月在北京逝世，为革命贡献了一生。"[①]

1956年冬季的一天晚上，陈先生带我们到剧院观看话剧《清宫外史》，以使我们切身感受"戊戌变法"的历史情景。剧中人物如皇帝、太后、妃嫔、太监、宫女和官员的服装样式、礼节用语及其时代特点，一目了然地呈现在我们眼前。光绪皇帝向慈禧太后请安时，称她为"亲爸爸"而不叫"妈妈"，使同学们大感惊诧。维新派与顽固派之间的斗争，通过舞台演出鲜活地展现出来，更是给我们留下深刻的印象。陈先生不仅称赞光绪帝和维新人士的爱国行动，而且很欣赏小太监寇连材的义勇：寇连材原是慈禧派去监视光绪的，但他有强烈的正义感，不顾慈禧的权势，大胆同情并支持维新图强的光绪，冒死谏请慈禧归政光绪，因此触怒慈禧而被杀，他位卑未敢忘忧国的爱国心值得尊敬。我们那时看的是话剧，虽不是已禁演的香港电影《清宫秘史》，但两者内容大体一致。

陈先生为我们制定的外地考察计划，是在第一学期末实施的，他带领学生

---

① 陈先生后来写成《香山路孙中山故居》一文，刊发于上海文化出版社1985年出版的《上海风物志》。从文中可知，陈先生对此故居的布局和历史十分熟悉，相关研究也极精深。他担任上海中山学社副社长，诚为实至名归。——整理者注

到苏州、南京游学了一周。为节省开支,师生们都各自带上被褥等行李,学校派汽车送至火车站,坐火车到苏州站下车后,住宿在江苏师范学院(原东吴大学)。我们在苏州游览了天平山、狮子林和洋务派实业家盛宣怀①继承家业后亲手经营的留园。在虎丘园参观了斜塔和有一道裂痕的巨石,相传吴王夫差用干将所献莫邪剑试刀时一剑就把此石劈开,反映了我国古代高超的冶金锻铸技术。陈先生带我们游赏秀丽的山水林木和人文名胜,深度地陶冶和激发了我们对祖国悠久历史文化的热爱情怀。

我国四大名园之一的苏州拙政园曾被李秀成改建为忠王府,园内曲径通幽,茂林修竹,楼台亭榭,松石花木,别有洞天,置身于此,我这本来不懂欣赏风景的农家孩子也不由得流连忘返。1860 年太平军进驻苏州,李秀成以拙政园中的见山楼为其治事、居住之所,这是我们来此园考察的主要史迹。陈先生讲:"李秀成在《自述》中说,洪秀全深虑其不忠,才封为忠王,以儆诫之。在不受天王信任,中外敌人又凶猛进攻的情况下,他与英王陈玉成共同支撑着'太平天国'残局。忠王扩建这天堂般美景的园林时,已处于形势危急关头。在陈玉成牺牲后,他是支撑'天国'的唯一栋梁。他被俘后,无论投降是真是假,一个农民将领的心术,怎能骗过经验老道的曾国藩?忠王既然作了阶下囚,还想劝曾氏反清,警惕的曾国藩不候圣旨便将其在南京处死。李秀成之死是农民起义难以避免的一场悲剧。"②听着陈先生的动情评说,我在感慨农民义军悲惨命运的同时,也体会到在此美轮美奂的花园之中学历史,兴味盎然而不觉疲倦,诚为一种难得的精神享受。

在苏州考察完后,我们乘火车到南京下关车站下车,入住南京师范学院(原金陵女子大学)。第二天,陈先生安排我们到南京大学历史系听清史专家王栻(1912—1983)教授作近代改良主义思想的学术报告。然后在南京各处胜景参观,我们先来到"总统府",见大门口树立着"太平天国起义百年纪念碑"。陈先生讲解说:"总统府原址是洪秀全的天王府③,在天京失陷后,被湘军烧得所余

① 参阅陈旭麓:《盛宣怀传略》,《清史人物列传》下编第 7 卷,沈阳:辽宁人民出版社,1993 年;陈旭麓主编:《盛宣怀档案资料选辑》,上海:上海人民出版社(1981 年起陆续出版)。——整理者注

② 参阅陈旭麓:《〈李秀成供〉原稿释疑》,《上海师范大学学报(哲学社会科学版)》,1979 年第 4 期。——整理者注

③ "总统府"最初为朱元璋所建汉王府,明代称为"煦园",这是一座颇具江南特色的园林。清朝辟为两江总督衙门,1870 年重建。1948 年改称国民政府总统府。——整理者注

无几。孙中山幼年就以'洪秀全第二'自命,立志要完成前人反清未竟之愿。1912年他把临时大总统办公处设在这里当有这层意义,然其明显超越了以往的农民起义领袖。洪秀全虽然也向西方学习,但是主要学来了拜上帝教。孙中山景仰洪秀全的反清斗争,却不像他那样实行极为森严的封建等级制度以维护自己的至尊权力。孙中山心胸宽广,也不像洪秀全那样实行反孔政策,焚烧经典,把读书人赶到敌方阵营。孙中山虽深受西方资产阶级学说影响,但其思想是对包括传统儒学在内的人类全部文明成果精华的吸收与重铸。"

随后,我们到中山陵,在祭堂中拜谒了孙中山塑像。陈先生接着说:"孙中山生前遗愿归安钟山,中山陵与明孝陵虽相邻而建,但孙中山与朱元璋的思想境界则不可同日而语。他赞赏朱元璋的反元斗争,却迥异于残杀异己的封建专制皇帝,并对部下以革命同志相待。朱氏建立皇权专制,孙中山则为实现民主共和奋斗终身。"

陈先生还特地请来当年的吴淞炮台司令,由他给我们讲述其主事期间接待孙中山偕宋庆龄视察炮台的往事。这位老司令一身黑色袍褂,一副瘦弱的学究模样,在外形上已无当年做将领时的雄壮体魄,但眼神和言辞中充满着英武之气和对孙中山无限敬重与怀念之情。讲毕,又放映了他珍藏的孙中山于1924年11月视察炮台时的纪录片。这一部无声老片上,孙中山尽管已患肝癌重病,却依然精神抖擞,并向驻守炮台的军队进行激动人心的演讲。孙中山演讲时,常用力挥动着右手,来回快速走动,我感觉其形象和列宁讲演的举动有些相似。宋庆龄头戴一顶大礼帽,伫立在他身后凝神倾听。这次活动中,陈先生一直与我们在一起,听报告,看影片,他和同学一样地投入。大家看到先生如此为我们的学业操心尽力,皆深受感动。

陈先生此前已出版《辛亥革命》等著作[①],我们读后对孙中山为革命事业"鞠躬尽瘁"的精神都很敬仰。现又经陈先生引导我们观瞻中山故居、中山陵及相关影像,进一步缅怀孙中山领导人民推翻帝制、建立共和的伟业,带给我们的教育就更深刻了。孙中山"天下为公""世界大同"的光辉思想和伟大形象,将永远屹立在我们每个人的心里,鞭策和激励着后人继续努力奋斗。

在雨花台革命烈士陵园,我们聆听陈先生讲先烈英雄事迹,瞻仰纪念馆内

① 1949年后,陈先生开始从事研究辛亥革命和中华民国史,是该领域的最早倡导者和重要开拓者。1955年,上海人民出版社出版他的《辛亥革命》一书,这是新中国建立后第一本辛亥革命史专著。陈先生的二公子陈辛之名,取自《辛亥革命》第一个字,因其出生那年恰逢该书出版。——整理者注

的遗物、图片和文献资料,心灵受到了洗礼和升华。这使我体会到所享受的胜利成果来之不易,下定决心要克服为个人利益打算的私心杂念,认真学好功课,不怕任何艰难苦困,为建设新社会尽心尽职工作,唯有如此才能对得起革命先烈的无私奉献精神和陈先生的谆谆教导。

陈先生不仅教我们做学问,还特别重视提升大家的道德素养和思想觉悟。我入校后成为中国近代史研究生班党支部成员,由于与导师都是共产党员,我们接触机会就比其他同学稍多一些。为配合现代史的学习,陈先生领我们参观了中国共产党"一大"会址纪念馆。^① 在党的首任总书记陈独秀的简介旁,陈先生对我们说:"从陈独秀的经历中可以看到,一个人的历史作用,仅是在某个特定时期。像他在建党时,即便没有出席'一大',也能被选为总书记,足见其影响力。后来由于种种原因,他被自己创建的党开除了,这说明当时革命形势的复杂和艰难。但他不屈服于国外政治势力的压力而坚持自己的主张,是难能可贵的气节。他坚决拒绝蒋介石的收买利用,尤其是他在组织上被开除后,依然在思想上笃守共产党的坚定信念。他始终忠诚于党,并且培育出两个忠心耿耿为共产主义事业流血牺牲的好儿子——陈延年和陈乔年。"陈先生讲话时流露出对建党伟业的无限敬仰,令我们深感动容,我暗自立志要像陈先生那样成为新中国又红又专的史学家。^②

陈先生计划在我班毕业前,率领同学们沿着当年太平军从金田起义到建都天京的进军路线实地考察^③。但从 1958 年起对知识分子的劳动教育和思想改造力度明显增强,于是原计划取消,代之以劳动实践^④。我们先到产品远销中

453

执道·循理·追光

---

① 该馆位于黄浦区兴业路 76 号,原是出席中共"一大"的上海代表李汉俊与其兄李书城(同盟会发起人之一)的寓所。新中国成立后,党中央根据董必武等人回忆,几经寻找终于确定了原址。这座古朴而庄严的石库门建筑,当时重新修缮后不久,纪念馆内辟有一间陈列室,展出创党时期的文物和事迹。——作者注

② 参阅赵子明遗作、赵建永整理:《学史明志,赓续传统——跟随陈旭麓学党史提升觉悟》,《中国社会科学报》,2021 年 9 月 15 日,第 12 版。——整理者注

③ 2019 年,笔者到山东大学拜访李德征教授时,谈及本文内容。她说:1961 年她师从陈旭麓攻读研究生后,已没有这样丰富的游学活动了。1981 年,她随陈先生一行参加了从广州到桂平、桂林以学术研讨和遗迹考察相结合的纪念太平天国起义 130 周年的活动。——整理者注

④ 陈旭麓作于 1959 至 1961 年间的《赠研究生》诗云:"学海汪洋终可济,读书实践复深思。"(陈旭麓:《陈旭麓文集》第 4 卷,上海:华东师范大学出版社,1997 年,第 327 页)这与本文所述陈旭麓指导研究生的主旨一致。——整理者注

东诸国的上海电讯器材厂实习,在技师指导下参与整个生产流程,亲身体验工人生活和现代化大生产所要求的集体协作模式。当自己制造的电器组装成型,我内心充满了自豪和成就感。随后,我和潘若鹏同学被分派到上海市报刊图书馆,整理国内外各种报刊,得空就如饥似渴地阅读。这些工作虽紧张劳累,但获益颇多,令人大开眼界。

二、广邀名家,开阔视野

陈先生不仅给我们讲授专业课,还广泛延请校内外学术名家来给我们开课。我们的课程有:陈先生主讲中国近代史,钱实甫教授讲中国近代的政治制度史和外交史,古代史教研室一位教授(姓名已记不清)讲明清经济,本校图书馆王馆长给我们讲授版本学、目录学,政教系的冯契(1915—1995)教授讲历史唯物主义等。此外,华东师大党委书记兼副校长常溪萍还为我做过思想政治辅导。

这已经使我们的学习内容非常充实,但为拓展我们的学识视野,陈先生还多方聘请校外专家来作系列专题讲座,例如:周予同(1898—1981)教授讲经学史,汤志钧(1924—2023)先生讲戊戌变法,陶菊隐(1898—1989)先生讲"北洋军阀",苏联专家波伐良也夫讲世界近代史。这类活动少不了筹划、接待、应酬等繁琐事务,但陈先生为全方位提高我们学习质量,费尽心血,任劳任怨。陈先生经常和我们一起听这些课,他对学生尽心负责的精神,润物无声地感化着大家,为我们树立了崇高的典范。

在陶菊隐先生作的"北洋军阀"讲座上,陈先生开场说:"陶先生是北洋政府统治时期著名的记者,他从1912年到1942年投身新闻界30年,被誉为'北洋活词典'。由他来讲述亲身经历、耳闻目睹的这段历史,一定会比我讲的更生动。"陶先生与《大公报》主编张季鸾并誉为当时中国报界"双杰",他所讲引人入胜,将听众带回到历史发生"现场"。尤其是他讲1923年孙美瑶临城(山东峄县)劫车绑架洋人一案,加深了我们对在历史上广泛存在的匪患与政局变化、社会变迁之间密切关系的认识。

陈先生为训练我们的史学理论思维,特邀其知交好友冯契教授开讲历史唯物主义的哲学课,因此我们非常重视。那天,当同学们在教室里坐好静候冯教授的到来时,陈先生与一位老师从楼道一起走来,刚进教室,全体同学自动起立热烈欢迎。陈先生请冯先生坐下后,介绍了他的情况,并说:"冯教授在哲学上造诣很深,今天由他来给同学们先讲授马克思和恩格斯关于历史唯物主义的通信。大家要认真地听讲和记录,课下继续学习原著并进行讨论,以加深理解。"冯先生讲道:"马、恩关于历史唯物主义的通信及其专著各有不同的特点,是研究唯物历史观的必读文献,特别是书信中对历史唯物主义的性质、经济与上层建筑的相互作用、历史中偶然和必然等辩证观点都有新的解释。恩格斯晚年通信是更为成熟的历史唯物主义著作,意义尤为重要。"他还说:"马克思晚年非常贫困,全靠好友恩格斯的大力帮助,才完成他的鸿篇巨著,他们的伟大友谊是后人的楷模。"听冯先生讲课,不仅大幅提升了我对辩证唯物史观的认识,还让我极为倾慕马、恩之间的革命友情。

　　冯先生晚年在《怀旭麓》一文中写道:"自从搬进了师大校园之后,在佛年(华东师大校长)、旭麓和我之间,确实建立了一种'乐与数晨夕'的关系……"[①]我拜读这篇纪念文章,进一步看到恩师们之间的深情厚谊,也更激起我对在陈冯两先生身边受教的美好回忆。冯先生授课虽然理论很深,但又使我们能够听得清晰明白。他是学识渊博的大哲学家,与同学们相处却平易近人,课间还和我们聊校园生活,师生关系颇为和谐融洽,给我们留下难忘的印象。在此后的学习和工作中,我遵循陈先生和冯先生的教导,用功研读马克思主义论著,这对我史学理论水平的提高助益很大。我根据老师们授课内容,常去书店大量购买相关书籍,以至于曾被店方误会为图书采购员而受到盛情款待。

　　当时,陈先生安排中国近代史专业的研究生与世界近代史的研究生一起听苏联专家讲世界史课程。苏联专家称我们为"副博士",每次听到这样的称呼,同学们就感到有些好笑。那时苏联专家用俄语讲课,多数同学只能听懂几个单词,全凭翻译转达所讲的内容。一次苏联专家波伐良也夫在给我们讲授法国资产阶级大革命时,提到"波拿巴"。翻译不解其意,口中不断重复着"怕那、怕那……"。我看到陈先生很为他着急,这时坐在翻译旁边的历史系副主任、世界史研究生导师林举岱(1913—1980)教授轻声对翻译说:"不用'怕那'了,那是拿破仑·波拿巴。"这才缓和了尴尬局面。林教授话音虽小,同学们还是听见了,

① 冯契:《怀旭麓》,《冯契文集》第 11 卷,上海:华东师范大学出版社,2016 年,第 728 页。——整理者注

455

热道·循理·追光

因而翻译有些脸红。苏联专家好像看出翻译遇到困难，略停片刻，又接着讲课。我想陈先生或许知晓翻译的难题，可能觉得还是由主持人林教授就近指明为宜而未喧宾夺主。

下课后我十分疑惑地请教陈先生："俄语翻译怎么水平不高呢？连起码的历史名人都听不懂！"陈先生说："他不是专业翻译，因为国家尚未培养出史学专业翻译来，普通翻译遇到这种事在所难免。现在翻译人才缺乏，你们可要用心学好外语呀！"在陈先生这句话的指引下，我次日就去跟着世界史专业的研究生上俄语课，勤奋刻苦学习。在我毕业前夕，波伐良也夫的讲义也由本系世界近现代史教研组汉译出版了。[①]

受益于陈先生为我打下的广博而扎实的学问基础，我到临沂大学工作后，能够较自如地广泛开讲历史、哲学、政治经济学等课程，还担任了马列主义教研组组长。那时因俄语教师紧缺，校领导看到我的学籍档案中俄语成绩优秀，所以让我给学生兼教俄语课。可惜我发音不够标准，当俄语教师是勉为其难了。

三、立德树人，培根铸魂

陈先生对我在学业、生活各方面都很关心，师生情谊深厚。陈先生知道我来自山东农村，家庭成分是"贫农"，因此时常询问我有无困难，多次要给予经济资助。我都说没有困难而坚决推辞，并对导师的爱心关怀一直感激在心。

在我进校之初与陈先生的一次单独谈话中，我问起老师家乡，陈先生说是湖南湘乡。我说："湖南是英才辈出之地。"导师说："你们山东是孔孟之乡——儒家的发祥地。"我说："不如湖南啊！这还是领袖毛泽东和刘少奇同志的家乡。"陈先生说："湖南确是革命先进较多的省，但孔孟儒学中很多有价值的思想资源，应该传承和发扬。"自幼便读私塾的我感叹道："可惜孔孟之道不合时宜了！"陈先生说："我们对儒家可以剔除糟粕，取其精华，不仅要汲取儒学中的合理成分，而且要把先贤智慧与学习马列主义结合起来，以提高我们的思想政治素质。刘少奇在《论共产党员的修养》中，屡次引用孔子、孟子、《中庸》和范仲淹等古训，主张继承中华民族优良传统，以加强共产党员思想道德修养。"先生一

---

① 维·彼·波伐良也夫：《世界近代史讲义》第一、二册，上海：华东师范大学出版社，1958年。——整理者注

席话令我犹如听了一堂加强党性修养的党课,收获极大。

我们研究生的课程,当时尚未正式定名,只是笼统地称为中国近代史专题讲座或专题报告。陈先生主要讲近代政治思想和文化方面的系列专题,但他对于古代史中有影响的哲学家、思想家,如张载、王夫之、顾炎武、黄宗羲、颜习斋与李恕谷,也都为我们作了专门讲授。他尤其欣赏顾炎武"天下兴亡,匹夫有责"和张载"为天地立心,为生民立命,为往圣继绝学,为万世开太平"的思想境界,希望我们深刻体悟先贤对人生理想的崇高抱负。初听陈先生讲张载"四句教",我还没深解其意,后来越思考越觉得对人生意义重大,而先生毕生都是这样竭力践行的。

陈先生在讲中国近代史课程时说:"林则徐是近代中国睁眼看世界的第一人,他不仅在国难当头时英勇抗英,在革职流放中仍满怀爱国热情,并赋诗言怀'苟利国家生死以,岂因祸福避趋之'(《赴戍登程口占示家人》)。他为官清正廉洁,国内外的敌对方到处查其贪污把柄都一无所获。不仅中国人景仰他为民族英雄,英国著名的蜡像馆也为其塑像纪念。我们新中国的青年和共产党员也要继承和发扬先贤这种优秀品质。"陈先生以林则徐的世界眼光、爱国情怀和高尚人格为主题,为我们开讲了中国近代史的第一课。[1]

讲到近代的改良和革命时,陈先生说:"改良派'戊戌六君子'变法失败后被杀,谭嗣同'我自横刀向天笑,去留肝胆两昆仑'的豪迈气概,有力地鼓舞了革命派推翻封建统治建立共和国的斗争决心。资产阶级革命派邹容、陈天华、秋瑾及'为天下人谋永福'的林觉民等黄花岗烈士,他们皆是极富理想和爱国热忱的青年,为中华民族的美好前途而慷慨捐躯。"陈先生对上述人物的讲评,使我从这批英烈身上深深感受到中华民族的伟大与光荣。他们虽是封建官员、改良派和资产阶级革命派,但其爱国精神值得我们肯定、学习与借鉴。

陈先生在做总结时讲:"我虽然高标准地要求你们,像司马迁那样具有'究天人之际,成一家之言'的史学本领[2],为国家作出一番事业,但关键是做人的思想品质要好,这是人生首先应确立的根本。毛泽东《纪念白求恩》一文提倡做

---

[1] 在此基础上,先父撰文《中国近代第一位民族英雄——林则徐》,发表于《齐鲁学刊》1986 年第 5 期第 66—68 页。——整理者注

[2] 陈先生 25 岁时(1943 年)发表长篇毕业论文《司马迁的历史观》,在其史学起步阶段就对司氏深怀景仰。——整理者注

'一个高尚的人,一个纯粹的人,一个有道德的人,一个脱离了低级趣味的人,一个有益于人民的人'。大家应学习这种毫不自私自利的奉献精神。"陈先生还说:"这些崇高品格,常人很难都做得到,但是一个人能力有大小,只要做有益人民的事,即便做一个平凡的人也很好。我们共同勉力、一起进步吧!"从这席话中可见先生对我们寄予的殷切厚望。

在恩师们言传身教的带动和崇高精神的感召下,我总是以优秀共产党员的标准要求自己。1958 年夏毕业时,我主动坚决放弃留在大城市的高校任教的机会,志愿到最艰苦的地方工作,并选定到为革命战争贡献力量最大,当时仍很贫困落后的山东沂蒙山区去创建临沂大学,支援革命老区的文化教育事业。

四、因材施教,循循善诱

我入学时,陈先生已不再给本科班上课,全力指导研究生。他在为我们讲授一阶段中国近代史的专业课程后,布置了许多研究课题,并列出相当数量的参考书。可是同学们到图书馆借阅却有诸多不便,有些书不让外借,有些则在馆藏目录上找不到,所以我们都盼望能到书库中直接查阅资料。加之在陈先生请图书馆馆长给我们作了版本学讲座后,便更想入库亲身感受善本、珍本和孤本典籍的魅力。但馆方说:"研究生是学生,按惯例不准进入书库。"于是,我班约请图书馆有关领导进行了一场对话会。

对于我们入书库查阅的请求,馆方观点是:"以往没遇到过这种情况,不知道研究生需要这么多书,而且担心学生入库后把善本等珍贵书籍弄乱、损坏,给国家造成损失。"我方则认为:"对于珍贵典籍,我们不是非看不可,主要是希望馆方能提供一个查找对写论文有用之书的机会。这不仅对教学、科研有帮助,还可以使馆藏图书发挥更大的作用,双方都受益。"经过反复论辩,馆方最终认可了我们的意见,表示会尽快修改有关规定,为研究生的学习和科研创造便利条件。

同学们推选我把对话会的前后经过整理成《研究生能否进入书库的辩论》一文,投稿校刊。几天后,一位校刊编辑来到在夏雨岛西侧的研究生宿舍,对我说:"稿件很好,只是字数多了些,受版面限制,不能全发。所以找你商议,共同精简一些如何?"我忙把椅子移到方便交谈和修改文章的位置,请他坐下。我们一起压缩调整,减少许多文字,解决了原来结构松散、语句拖沓、重点不明等问题,并且言简意赅,增添了几分文采,文章旋即发表。

陈先生在同学们面前对我颇为赞赏地说:"看了你那篇文章,我觉得行文思路清晰,能够把道理准确而鲜明地表达出来,写得真不错!"我说:"这只是像块饼干那样的非专业小文,不值得老师劳神过目,您还这么夸我呢!"陈先生说:"别看文章短,你只要能写出高水平的小文章,将来就能写出有水平的大论文。"我说:"这也是编辑的功劳。"陈先生说:"如果原稿不像样,人家也编不出来嘛!"导师盛情的赞誉鼓动起我对写作的信心,当时虽感到距离能写长篇大论还很遥远,但回味此文修改过程,使我对文章结构布局和文词运用的能力有了很大提升。没想到这篇小不点文章竟给我带来如此大的收获。

我的论文习作题目《读张之洞〈劝学篇〉》,是从陈先生和钱实甫教授共同为我们商定的参考题目中选出的。陈先生要我先写出:选题缘由、写作提纲和参考书目等。依此,拙作论述了"中体西用"的形成过程及其意义:从魏源"师夷长技"开始,经过冯桂芬、薛福成、郑观应、沈寿康、孙家鼐等人不断发展,最终明确提出"中学为体,西学为用"之说。这些提法虽早于《劝学篇》,但张之洞倡导此论所造成的影响最大,梁启超《清代学术概论》也指出此论"张之洞最乐道之"。1898 年 5 月,张之洞撰成《劝学篇》,系统论证"旧学为体,新学为用"的思想。光绪帝阅后甚嘉许,遂颁行全国,轰动一时。因此,"中体西用"往往被当成张之洞首倡的言论,实际上这是当时已流行的说法。"中体西用"论在"中体"框架下采纳西学,虽有维护封建统治、抵制变法的企图,但当时若不以"中体"作前提,"西用"在中国便无法立足。这使国人部分引入西学,起到推动中国融旧趋新的进步作用。

陈先生在课堂上对此文点评道:"子明同学这篇文章收集了很多有价值的史料,只是运用材料的火候不够,缺乏理论分析的力道。要是我利用这些材料,就能写出一篇好论文!"当时我想,如果陈先生用这些材料写出论文后,我对照着学习提高,那该有多么好啊! 进而则意识到,先生此话又是在勉励我把文章写好。因为《劝学篇》等资料都是先生所熟知的,至于他说用这些材料写出佳作,不过是不失时机地启发我要善于运用材料、提炼史识、精心成稿的一种热切希望。可惜我还没有来得及对此文加工提高,就投入毕业论文的写作中了。

陈先生晚年以"新陈代谢"为主旨,研究中国近代社会的变迁轨迹,梳理改良与革命的变奏,写成《中国近代史上的革命与改良》《论"中体西用"》等传世名篇。① 欣见陈先生大作,史料既多且精,分析论证清晰有力,创新之处层见迭出,而拙文那点材料则相形见绌,微不足道,因此愈加叹服先生驾驭史料、升华史识的非凡功力。如陈先生在《论"中体西用"》一文中画龙点睛地提出:"新陈代谢是个客观法则,人们不能不受到它的制约,人们的观念不能不受到它的制约。'中体西用'是在这种制约下提上日程的。"20世纪50年代,陈先生虽未明确提出中国近代史"新陈代谢"研究的新思维,但从他对我们论文指导和课内外讲授的关注点中,都已透露出这种分析框架的雏形。

在写毕业论文的过程中,陈先生给予我们的指导颇为耐心细致。那时除个别年龄较大又教学多年的同学具有写作能力、发表过论文以外,大多数都对如何写作学术论文很陌生。为此,陈先生与钱实甫教授先给我们开列出20多个题目作为论文选题,每人选定论题后,在准备写作前,须向导师汇报写作计划、中心大意和参考文献等事项。

我毕业论文选择以《论康有为与戊戌变法》为题,原因有二:(一)当时人们普遍认为,康梁变法是改良主义,在政治思想氛围上,改良主义起着阻碍革命的作用,属于贬意词,甚至是反动的。但陈先生在讲康有为的改良主义时,不仅没有贬低,反而肯定其历史进步作用②,令人耳目一新。(二)由于我从小接受私塾教育而崇拜孔子,因此对康有为打着孔子旗号进行的变法及其新孔学很感兴趣,于是想尝试写这一选题。

陈先生审阅我的写作意向和参考书目后欣然同意,并指出应着重看的史籍和理论文章。他特别强调:"你若想写好为什么康有为请出孔子来助力变法,就

---

① 参阅陈旭麓:《中国近代史上的革命与改良》,《历史研究》,1980年第6期。陈旭麓:《论"中体西用"》,《历史研究》,1982年第5期。《近代中国社会的新陈代谢》列有"中体西用"专节,并指出:"因为,西学是新学,中学是旧学,'中体'和'西用'不会互不侵犯,'用'在'体'中会发酵,势必不断促进事物的新陈代谢。"陈旭麓:《近代中国社会的新陈代谢》,《陈旭麓文集》第1卷,上海:华东师范大学出版社,1997年,第264页。——整理者注

② 陈先生早年就读于私塾,后入长沙孔道国学专科学校、无锡国学专科学校专修国学,熟读经史,儒学功底深厚。孔道国专有位赵姓老师,是康有为弟子,他出作文题常以"天下兴亡,匹夫有责"为主旨。他在陈先生习作后批诗"心有阴符谁可授,圯桥坐得到天明",自比黄石公,视陈先生为张良,而期待至殷。康有为所著《大同书》对"天下大同"的传统社会理想加以新阐释,这类问题在当时已成为陈先生治学的重点,因此他还为1957年出生的幼子取名陈同。——整理者注

要仔细阅读马克思的名著《路易·波拿巴的雾月十八日》。"我遵嘱找到该书,看见其中讲:人们并不是随心所欲地创造自己的历史,而是在从过去承继的条件下创造。他们战战兢兢地请出亡灵,借用其久受崇敬的名字、语言和衣服作为道具,以便演出世界历史的新剧目。[1] 我读后,顿然明白了康有为借孔子之名来号召变法的用意。陈先生的这一指点还引发了我学习马克思主义理论的兴趣。

在汇报写作进度时,陈先生指出我搜集的材料已经不少,重点应放在分析提炼上,这样才能总结出其历史价值。我写毕业论文花费不少功夫,又经陈先生屡屡倾心指导方得以完稿。陈先生审阅拙文后说"这比前一篇有质的飞跃,写得很有水平",其他老师也对此文给予一致好评。因为那时历史刊物极少,同学们的毕业论文都没有机会发表。系里将之油印成研究生论文集,除留存档案外,每人发了一本作为纪念。

我原来打算在对改良主义作一番梳理后,接着重点研究资产阶级革命,因为陈先生在此领域已有多种专著和论文可作先导。我到临沂工作后,当地图书馆有关专业书籍还不如自己的藏书多,没有条件做学问,只好暂将治学计划搁置起来。我在"运动"中受批判后不敢再写作,且长时间做管理工作,无法从事学术研究。改革开放后,我调入临沂教育学院任教务长,组办历史系,重登讲台,仍对写作心有余悸,后来见形势确有好转才开始动笔,并打听有关陈先生的情况。

1986 年春,我找到机会回母校看望陈先生。当时他已从学校南部一村的旧楼搬到校西北二村一座新楼上。看到饱受磨难折腾的陈先生比当年苍老了许多,但依然神采奕奕,这令我由衷欣悦。因为我长期脱离治学环境,回到史学本行数载,仍以教学管理为主,兼职教课,在学术上没有多少成果可向先生汇报:只在《山东省历史学会会刊》1982 年总第四期上发表一篇《辛亥革命时期资产阶级革命派的爱国精神》,并与老同学骆承烈一起为曲阜师范大学主编函授教材《中国近代史》和《中国近代史参考资料》[2]。陈先生听后,热心安慰并鼓励

热道·循理·追光

---

[1] 参阅《马克思恩格斯选集》第 1 卷,北京:人民出版社,1995 年,第 585 页。——整理者注

[2] 这两本书后来重新增订改编出版,分别为:孙玮、赵子明主编:《新编中国近代简史》,天津:天津教育出版社,1989 年;赵子明主编:《中国近现代史参考资料》(大专院校历史教学参考书),长春:吉林人民出版社,1989 年。——整理者注

我说:"做一段时间行政工作,加深了对社会的认识,再做学问更扎实。把教学管理工作做好,也是为国家做贡献! 你现在又走上历史教学讲台,可以一边工作,一边研究! 什么事情都不必勉强,要量力而行,已取得这些成绩就很好嘛!"

在陈先生的激励下,我又发表一些论文,都是在重温先生授课内容后写成的。其中青岛大学学报《东方论坛》刊发的拙文《康有为对传统儒学的利用与革新》①,就是在陈先生指导我写《论康有为与戊戌变法》的基础上改写而成。因毕业论文毁于劫火,在重写这篇文章的过程中,常常回忆起陈先生对康有为历史作用的评价及其音容笑貌。故此文虽与毕业论文不是同一篇,但皆饱含着先生辛勤教导我治学的思路和心血。

五、感念师恩,以行缅怀

1988年12月初,我忽然接到邮递员送来的一封电报,拆开一看,竟是陈旭麓先生治丧委员会发来的讣告。我大吃一惊,顿时热泪盈眶,泣不成声。随即发去唁电沉痛哀悼,当时因公务无法脱身,未能赴申拜祭,怅憾不已! 多年来对陈先生感念无限,脑海不时浮现当年导师关心培养我们的情景。

如今重温陈先生的教诲,仍感到格外亲切。现实生活中的各种问题,使我们看到历史虚无主义抛弃祖国传统文化所带来的严重后果。② 陈先生为人师表的高尚品格,在我心中始终可亲可敬、可师可法,也激励着他每一位学生和私淑弟子。他聚"史学、史才、史识、史德"于一身,著述丰厚,成为杰出的马克思主义史学家。他培养的百余位研究生中,不少人已成为国内外知名学者和史学骨干。我离陈先生的期待相差甚远,与那些成就可观的同门相比差距更大,实有愧于心。略感欣慰的是,我虽没啥学术建树,但祖国还是给了我不少荣誉。如:历任临沂大学师范系党支部书记、山东省高校招生办公室考生录取组组长、临沂地区历史学会会长、山东省历史学会常务理事、全国高校历史教学研究会常务理事、临沂地区职称评委副主任,还任山东省高等学校职称评定委员会历史

---

① 赵子明:《康有为对传统儒学的利用与革新》,《东方论坛》,1993年第4期。——整理者注

② 红色文化的传统也是中国传统文化的有机组成,把马克思主义同中华民族优秀文化融合起来,对于促进马克思主义的中国化,提高党员、干部队伍和人民群众的思想境界,经受住改革开放和发展社会主义市场经济的严峻考验,都具有极为重要的现实意义。——作者注

学科组成员,与史学名家一起评审教授、副教授的晋升工作。1992 年,我受临沂地区教委委托,以地区优秀教师身份,代表临沂教师向北京西城区优秀教师赴沂蒙山区考察团作教学事迹汇报。会议主持者说:"赵子明老师作为新中国第一代研究生,第一个来到这经济贫困、文化落后的革命老区,为他们提高文化,摆脱贫困,永远在沂蒙山扎下根来,和他们同甘苦,共患难。他为沂蒙文化教育事业献身的精神,是我们学习的榜样。"同年秋,考察团在北京的《西城教育》杂志刊发专题报道,称我为"沂蒙教师之魂",还邀请我赴京为师生们现身说法作报告。我也以此作为对师恩的一点回报吧!

我之所以能为人民做出点滴贡献,与陈先生对我知识视野的开启,治学方法的引导,乃至人文精神、家国情怀的培养和熏陶是分不开的。今将我所亲历的陈先生传道、授业、解惑的教研特色和教育艺术记述下来,以广其传,谨此寄托对先生的深切怀念。①

Following the Tao, Reason, and Light: Recall Master Chen Xulu's Teaching and Research Characteristics and His Educational Art

Zhao Ziming

Abstract: Mr. Chen Xulu (1918 – Dec. 1st, 1988), an internationally renowned historian, devoted his life to "guiding the world through history" and was one of the founding fathers of East China Normal University. The *Collected Works of Chen Xulu* (5 volumes) were published by Shanghai Education Publishing House in 2018. Among them, the *Metabolism of Modern Chinese Society* and other works have been praised as "landmark texts of Chinese native historiography" in the new era, and won the 7th China Book Award and other awards. This article is based on the memoirs and oral writings of Professor Zhao Zi-ming (1933-September 26th, 2010), which were drafted on the eve of his death, with a view to carrying forward the tradition of combining the basic principles

---

① 1958 年 7 月华东师大近代史研究班第一届毕业合影今存,本文提到的该校历史系师生皆在其中。该照片及人名序位,详见华东师范大学网站:http://www.lib.ecnu.edu.cn/msk/2022/0628/c2620a112978/page.htm。

of Marxism with the excellent traditional Chinese culture of previous scholars. It can be seen from the article that although Chen did not explicitly propose the research paradigm of "metabolism" in modern Chinese history in the 1950s, he had already brewed and revealed the prototype of this analytical framework when he taught and directed his thesis for graduate students.

Keywords: Chen Xulu, modern history, teaching and research, scene experience, metabolism

哲学 · 经学 · 语言